Handbuch Jugend – Musik – Sozialisation

Robert Heyer · Sebastian Wachs
Christian Palentien

Herausgeber

Handbuch Jugend –
Musik – Sozialisation

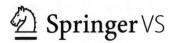 Springer VS

Herausgeber
Robert Heyer
Sebastian Wachs
Christian Palentien
Fachbereich 12, Erziehungs- und
  Bildungswissenschaften
Universität Bremen
Bremen
Deutschland

ISBN 978-3-531-17326-9   ISBN 978-3-531-18912-3   (eBook)
DOI 10.1007/978-3-531-18912-3

Die Deutsche Nationalbibliothek verzeichnet diese Publikation in der Deutschen Nationalbibliografie;
detaillierte bibliografische Daten sind im Internet über http://dnb.d-nb.de abrufbar.

Springer VS
© Springer Fachmedien Wiesbaden 2013

Gedruckt auf säurefreiem und chlorfrei gebleichtem Papier

Springer VS ist eine Marke von Springer DE. Springer DE ist Teil der Fachverlagsgruppe
Springer Science+Business Media
www.springer-vs.de

Inhaltsverzeichnis

Teil I
Einleitung

Jugend, Musik und Sozialisation – Eine Einführung in die Thematik

Robert Heyer, Sebastian Wachs und Christian Palentien

„Ohne Musik wäre das Leben ein Irrtum."
Friedrich Nietzsche

Zusammenfassung

Der Artikel beleuchtet einleitend den komplexen Zusammenhang der Dimensionen Jugend, Musik und Sozialisation. Ausgehend von verschiedenen thematischen Foki der vergangenen Jahrzehnte beschreibt er überblickhaft, welche Bedeutung die immer komplexeren musikalischen Welten für Jugendliche haben (können). Dabei wird auf die Jugendlichen fokussiert und verdeutlicht, dass es verkürzt ist, von ‚den Jugendlichen' verallgemeinernd zu sprechen. Vielmehr erscheint eine differenzierte Betrachtung aufgrund der verschiedenen sozio-kulturellen, sozio-ökonomischen, ethnischen und subjektiven Sozialisationsbedingungen angemessen, um musikorientierte Lebenswelten der Jugendlichen zu verstehen. Vor diesem Hintergrund erfolgt auch die Begründung einer disziplinären wie interdisziplinären Betrachtungsweise des im Titel des Bandes benannten Zusammenhangs zwischen Jugend, Musik und Sozialisation. Der Beitrag verschafft zudem einen Überblick über die einzelnen Kapitel des Handbuchs.

R. Heyer (✉) · S. Wachs · C. Palentien
FB 12 - Erziehungs- und Bildungswissenschaften, Universität Bremen, 1-3, Bibliothekstr, 28359 Bremen, Deutschland
e-mail: rheyer@uni-bremen.de

S. Wachs
e-mail: s.wachs@uni-bremen.de

C. Palentien
e-mail: palentien@uni-bremen.de

R. Heyer et al. (Hrsg.), *Handbuch Jugend – Musik – Sozialisation*,
DOI: 10.1007/978-3-531-18912-3_1, © Springer Fachmedien Wiesbaden 2013

Schlüsselwörter

Jugend und Sozialisation • Jugend und Musik • Musik und Sozialisation • Lebensbedingungen Jugendlicher

1   Zum Zusammenhang der Dimensionen Jugend, Musik und Sozialisation

Zweifellos stellt Musik eine der bedeutsamsten Interessen von Jugendlichen dar. Die eigenständige Rezeption musik(pop)kultureller Angebote durch Jugendliche kann mittlerweile auf eine etwa 80jährige Tradition zurückblicken. Jugendlichen und ihren spezifischen Rezeptionsweisen und Aneignungsprozessen, ihren Leistungen der Weiterentwicklung und Transformation musikalischer Gegenstände ist es maßgeblich zu verdanken, dass sich die musikalische Landschaft in den letzten Jahrzehnten derart stark ausdifferenziert hat (und dies weiter tut), dass ein Überblick über all die professionellen, semi-professionellen und alternativen musikschaffenden Künstlerinnen und Künstler, ihre Produktionen, Adaptionen und Weiterentwicklungen und die damit jeweilig verbundenen stilistischen Eigenschaften kaum mehr möglich zu sein scheint. Einher geht diese Entwicklung mit vielfältigen Zugängen Jugendlicher zu eigenen Produktionsmöglichkeiten (Instrumente, Zeit, Räume, (mediale) Verbreitung) und einer damit verbundenen Zunahme jugendlichen Musikschaffens: Die Bandbreite reicht von sehr klassisch orientierten Instrumentalistinnen und Instrumentalisten, die in formalen oder non-formalen Settings – wie in Musikschulen – Instrumente lernen und diese für sich oder in Ensembles und Orchestern mit anderen ausüben bis hin zu informellen, freizeitlichen Bereichen individuellen und/oder gemeinsamen Textens und Musizierens. Auch die autodidaktische Aneignung von Techniken des Instrumentalspiels oder der vielfältigen Möglichkeiten elektronischer Musikproduktion hat zugenommen.

Ein erster Schritt, Jugend und Musik auch wissenschaftlich in den Blick zu nehmen, wurde – neben zahlreichen anderen Veröffentlichungen – in den 1980er Jahren vor allem von Dieter Baacke mit der Herausgabe seines Handbuches ‚Jugend und Musik' gegangen: Jugend und ihre Musik, ihre Geschichte, Rezeptionsweisen, jugendkulturelle Stile, Medien und derlei Perspektiven mehr wurden in den Blick genommen. Jugend wird als eine Phase immer wiederkehrender „Abgrenzungs- und Neuorientierungserfahrungen" bezeichnet, in der Musik als „Existenzerfahrung […,] als ein ganzheitliches, lebensweltübergreifendes Spektrum" erfahren wird und dabei „emotionale Verarbeitungen bietet", so Baacke (1998, S. 14) in der Einleitung seines Handbuchs. Bereits hier wurden die Sozialisationsinstanzen Schule und Peer-Groups – auch für die musikalische Sozialisation – betont. Vollzogen war mit dem Erkennen der Bedeutsamkeit der Popkultur (hier bes. für Jugendliche) die Auflösung einer wertenden bis dahin üblichen Dichotomisierung von Musik in höherwertige und rein unterhaltende im Sinne Adornos: populärkulturelle Musik wurde erstmals als zentraler Fokus der jungen Generation, Ausdrucks- und Verarbeitungsmittel benannt.

Mehr als zwei Dekaden nach der Veröffentlichung von Baackes vielbeachteten und in mehreren Auflagen erschienenen Werks ist die Frage nach dem Sinn der ‚Jugend und (ihrer) Musik' keineswegs beantwortet. Hinzu kommt: Nicht nur die Musik, auch die Jugend(-zeit) hat sich weiter verändert; sie unterliegt stetigen Ausdifferenzierungs- und Pluralisierungsprozessen. Mögen die von Baacke explizierten Orientierungsmuster Jugendlicher in ähnlicher Form noch vorhanden sein, so ist davon auszugehen, dass sich ihre Bedeutungen verschoben, teils intensiviert oder abgeschwächt haben – und dies in mannigfaltigen Formen und Weisen, die sich nur schwer umfassend rekonstruieren lassen.

Durch den Band ‚Wozu Jugendliche Musik und Medien gebrauchen' von Müller et al. (2002a) wurde eine Diskussion um die Pop-Fähigkeit der Soziologie angestoßen und die Frage nach der gesellschaftlichen Einbettung der Jugend (*welcher?*) und ihrer Musik (und auch hier: *welcher?*) gestellt. Welchen Vergesellschaftungspraktiken folgen Jugendliche mit und durch Musik (und Medien)? Besonders soziale Funktionen von Musik – bezogen auf das Jugendalter – wurden im Zuge von Sozialisationsprozessen diskutiert. Der Fokus lag bei Müller sowie ihren Kolleginnen und Kollegen auf der von Zinnecker (2000) und Bauer (2002) geführten Debatte um Selbstsozialisation. Zinnecker (2000, S. 274) hatte Selbstsozialisation als „Reformulierung von Sozialisationskonzepten" beschrieben, die mit einer „Aufwertung der Rolle, die Sozialisierte in diesem Prozeß [sic] spielen", einherging: Kinder und Jugendliche sozialisieren sich selbst, „indem sie erstens den Dingen und sich selbst eine Bedeutung zuschreiben; indem sie zweitens eine eigene Handlungslogik für sich entwerfen; und indem sie drittens eigene Ziele für ihr Handeln formulieren". Aus dieser Eigentätigkeit heraus entwickle „sich ein eigener Kindheitsraum, eine kindliche Lebenswelt" (Zinnecker 2000, S. 279). Diese Ausführungen kritisierte (Bauer 2002, S. 118) als „strukturlose[n] Subjektzentrismus": „Die Gleichsetzung von Sozialisation und Individuation, exemplarisch im Programm der Selbstsozialisation, übergeht nur allzu leicht die spezifischen Grenzen, die der Fähigkeit zu autonomem, selbstgesteuertem Handeln durch die Struktur der Sozialisationsbedingungen gesetzt werden" (Bauer 2002, S. 130). Müller et al. (2002a) fokussieren diesen ‚Eigenanteil der Subjekte' im Sozialisationsprozess und verweisen darauf, dass z. B. durch die hurrelmann'sche Definition eines ‚produktiv-realitätsver-arbeitenden Subjekts' und des damit wechselseitigen Verständnisses von Sozialisation als Beziehung zwischen Subjekt und Gesellschaft dieser bereits Eingang in die verstärkt das Subjekt einbeziehende, reflexiv gedachte Form von Sozialisation gefunden habe. Ein reflexives Verständnis von Sozialisation findet sich auch bei Veith (2004, S. 363f.): Durch eine organisatorische „Verselbstständigung funktional spezifizierter sozialer Systeme werden die lebensweltlichen Grenzen zwischen den Gesellschaften immer durchlässiger, so dass die Einzelnen sich in einer vieldeutig gewordenen Umwelt vorfinden, die sie reflexartig zu Komplexitätsreduktionen nötigt". Es erfolgten „in der über die kontextspezifischen Reaktionen der anderen vermittelten Reflexionen der eigenen performativen Tätigkeiten [...]. Weil die einzelnen in der konkreten Praxis des sozialen Handelns schon sehr frühzeitig durch ihre alterstypischen Statusrollen hindurch mit ihrer eigenen Subjektivität konfrontiert werden, bietet sich ihnen biographisch die Chance, ihre eigene Sozialisation auf der Grundlage interpretationsbedürftiger Sinnbezüge als Selbstsozialisation selbstreflexiv zu gestalten", wodurch, so Veith, die „Subjektivität des Individuums" steige.

Insbesondere für musikalische Orientierungen im Jugendalter ist dieser Eigenanteil des Subjekts von hoher Relevanz. Denn: Jugendliche wählen aus der Vielzahl musikalischer Angebote aus und ‚funktionalisieren' Musik dabei auch; sie ‚durchlaufen' musikalische Identitäten (vgl. hierzu auch die Perspektive in Hargreaves et al. 2002) und schaffen sich Räume, die Orientierung für sich bieten (vgl. Müller et al. 2002b, S. 9). Dies wird – bspw. in Szenen – einerseits durch die Selbstbestimmtheit einer ‚Mitgliedschaft' erreicht. Andererseits entsteht hierdurch ein Zusammengehörigkeitsgefühl, da innerhalb dieser sozialen Räume ein eigener kultureller Code geprägt wird, welcher weniger Unsicherheiten mit sich bringt als der anderer Sozialisationsinstanzen – er basiert auf dem musikalischen Hintergrund, wird eigenständig erworben und ist jeweilig (szenen-) spezifisch (vgl. Dartsch 2003, S. 22). Somit stellen (musikalische) Räume dieser Art für Jugendliche in sich schnell wandelnden gesellschaftlichen Verflechtungen einen Halt dar und bieten, wie Hill (2002, S. 196) dies ausdrückt, „Zeichen und Symbole", dass das „Zurechtfinden unter veränderten Beziehungsmustern" erleichtert. Jugendliche definieren sich über verschiedene Symbole und generieren eine Art Habitus, welcher aus Kleidung, Körpersprache, Gesten, verbaler Kommunikation und weiterer materieller wie nicht-materieller Ausdrucksformen zusammengesetzt ist (vgl. ebd.).[1] Eintrittsmöglichkeiten erfolgen über eigene Präferenzen (vgl. Ruud 2006, S. 64), durch die man (sich gegenseitig) zeigt, dass ‚man dazu gehört'. In diesen Räumen kann Identität dann durch seine symbolische Präsentation tatsächlich generiert werden (vgl. Müller et al. 2007, S. 139). Diese Identifikation nach innen geht gleichzeitig einher mit einer Distinktion nach außen (vgl. dazu auch die Termini *in-* und *out of a group perspective* bei Folkestad 2002, S. 156), und zwar in Richtung der Erwachsenenwelt und gegen andere Gruppen von Gleichaltrigen und ihren musikorientierten Räumen (vgl. Kopiez und Schramm 2008, S. 259).

Unabhängig von der Frage, wie stark die Eigenanteile der Subjekte als Selbstsozialisation beschrieben werden (vgl. auch die einzelnen Beiträge in diesem Band, die sich zu dieser Frage äußern bzw. die kritischen Stimmen z. B. von Neuhoff und Weber-Krüger 2007) bleibt die Frage nach dem Zusammenhang von Jugend, Musik und Sozialisationsprozessen aktuell. Bis heute existiert noch keine anerkannte und umfassende Theorie musikalischer Sozialisation. Modelle sozialer (und auch emotionaler u. a.) Funktionalisierung von Musik haben gleichzeitig keinen Anspruch auf allgemeine Gültigkeit bezogen auf ‚die' Jugendlichen, da es keine homogene Jugend gibt und sich damit stets nur für bestimmte, annähernd eingrenzbare musikalische Genres Aussagen zu Sozialisationsprozessen im Jugendalter machen ließen. Vermutlich ist Musik auch darum ein interdisziplinäres Forschungsfeld.

---

[1] Einen eindrucksvollen Einblick in Szenen bes. auch musikalischer Natur bietet der Internetauftritt jugendszenen.com oder auch die Publikation von Hitzler und Niederbacher 2010.

Notwendigerweise muss ein Band mit dem Anspruch, ein Handbuch sein zu wollen, die unterschiedlichen disziplinären Zugänge, mit denen Musik (unter den Beschränkungen Jugend, Sozialisation) verstanden und beforscht wird, aufgreifen und würdigen. Dies wird im vorliegenden Band versucht, wobei jeweils theoretische Zugänge genauso expliziert werden wie empirische. Die zahlreichen Fragen zum Zusammenhang von Jugend, Musik und Sozialisation können dabei nur unter bestimmten Fragestellungen beantwortet werden (bzw. es werden neue Fragen aufgeworfen). Einerseits liegt dies an den unterschiedlichen (empirischen) Wirklichkeiten oder Perspektiven, die bspw. Musikpädagogik, -soziologie und -psychologie haben, andererseits aber auch an der zunehmend ausdifferenzierten Gesellschaft: Differenzkategorien wie das Geschlecht, ethnische und kulturelle Herkunft oder Migrationshintergründe resp. -erfahrungen, Bildungsunterschiede oder (sozial)räumliche Milieus haben zur Erhellung gewisser Fragen eine hohe Relevanz (wie sich dies auch in diesem Band zeigen wird), auch wenn diese in Anbetracht der (musik)kulturellen Pluralität von Jugend immer verkürzt sein müssen. Seine Ursache hat das in der hohen Individualität der Subjekte und der hohen Vielfalt an ‚Vergesellschaftungsangeboten‘ auf der einen Seite. Beispielhaft seien hier musikalische bzw. musikorientierte Szenen genannt, die nicht nur ‚lose‘ Gebilde darstellen, sondern deren Strukturen auch undurchschaubar sind und die als gemeinsamen Nenner nur bestimmte Symbole, Events oder Inhalte haben. Auf der anderen Seite trägt die Flüchtigkeit dieser Angebote, die von heute auf morgen vollständig ihre Relevanz verlieren können, dazu bei. Man denke an die zahlreichen TV-Shows, die Musik in unterschiedlicher Form zum Thema haben: Bei ‚Deutschland sucht den Superstar‘, ‚X Factor‘ oder ‚The Voice of Germany‘ wurden und werden einzelne Stars (durch singen, performen und Selbstinszenierungen usw.) oder bei ‚Popstars‘ auch Bands in mehrwöchig ausgestrahlten, umfangreich beworbenen und bis zum Exzess in die Länge gezogenen Castingshows gesucht (und gefunden).[2] Castingshows wie ‚Das Supertalent‘ – oder etwas älter ‚Star Search‘ – sind breiter aufgestellt und suchen nicht nur musikalische Acts. Die aus zahlreichen Bewerberinnen und Bewerbern ausgesuchten Kandidatinnen resp. Kandidaten erlangen zwar innerhalb der mehrwöchigen Sendezeit große Popularität und werden zu ‚Stars‘, nur wenige Wochen später nach Ende der jeweiligen Staffel, ebbt dieses Interesse schnell ab und die kürzlich noch gefeierten Teenie-Helden geraten in Vergessenheit – und werden bald durch neue ersetzt.

Auch im Internet – denkt man an ‚My Space‘ und ‚YouTube‘ sowie Twitter und Facebook – spielt zunehmend auch Musikrezeption und -produktion eine große Rolle; Amateurmusikerinnen und -musiker können entweder selbst gefilmte Interpretationen eigener oder gecoverter Songs einem breiten Publikum zugänglich machen oder sich mit bekannten Musikgruppen – z. B. bei MySpace – befreunden. Sobald eine Musikgruppe, Band oder Sängerin einzelnen Nutzerinnen und Nutzern bei Facebook ‚gefällt‘, sind regelmäßig News auf der persönlichen Startseite von Facebook sichtbar.

---

[2] Ganz neu: DSDS Kids, hier werden ‚Jungstars‘ zwischen vier und 14 Jahren gesucht.

Die strukturellen Veränderungen der Lebensbedingungen Jugendlicher führen zu dieser bis dato kaum erfassbaren Ausdifferenziertheit. Die Zahl von Schülerinnen und Schülern in Bildungseinrichtungen im Jugendalter hat zugenommen, während die Erwerbsarbeit in der Jugend abnimmt – damit einher geht eine Zunahme von ‚Frei-Zeit‘, die Jugendliche (und auch schon Kinder) selbstbestimmt füllen können (vgl. Shell Deutschland Holding 2006, S. 77ff.). Gestaltungsmöglichkeiten bestehen durch Mobilität, vielfältige Freizeit- und Konsumangebote für Jugendliche und frei zur Verfügung stehende finanzielle Mittel: Freunde treffen, Disco- und Partybesuche, Internet- und Mediennutzung sowie Musik sind dabei hauptsächliche Freizeitbeschäftigungen (vgl. ebd.; Hurrelmann 2010, S. 134f.). Peers und die Schule haben heute eine immense Bedeutung. Die Schule ist „zur zentralen gesellschaftlichen Organisation des Kindes- und Jugendalters geworden" (Helsper und Böhme 2010, S. 619). Qualifikation und Bildung sind von immer größerer Bedeutung bereits für einen Großteil der Jugendlichen, was sich auch in den steigenden Zahlen höherer Schulabschlüsse niederschlägt, für die Jugendliche eine hohe Eigenverantwortung haben. Aus struktureller, soziologischer wie psychologischer Perspektive haben sich auch Veränderungen familialer Strukturen ergeben, die sich in sehr unterschiedlichen Familienkonstellationen und Haushaltsformen zeigen und gleichsam Erziehungsstile und -methoden prägen. Jugendliche haben heute mehr Möglichkeiten, sich in außerfamilialen Räumen wie Schule und Freizeit der elterlichen resp. der Kontrolle Erziehungsberechtigten zu entziehen. Verantwortung tragen Jugendliche in diesen Bereichen mitunter (biografisch) früh und treffen dabei ‚erwachsene‘ Entscheidungen wie beim Lernen, bei den ersten Nebenjobs, bei sexuellen Erfahrungen. In anderen Bereichen zeichnet sich ein anderes Bild: finanzielle Absicherung und bspw. Verantwortung für eigene Familiengründungen oder erzieherische Verpflichtungen stehen heute weniger im Zentrum der Jugendphase.

Diese Veränderungen schlagen sich in unterschiedlicher Form in durch Ungleichheitsmerkmale geprägten Sozialisationsmilieus – soziale, geschlechtliche und migrationsbedingte Unterschiede – nieder. Nach Herwartz-Emden et al. (2010, S. 62) sind für Entwicklungsprozesse – rekurrierend auf Bronfenbrenner – sozialökologische Erfahrungsräume – Selbsterfahrungen, konkrete Erfahrungen durch Beziehungen zu Sozialisationsinstanzen und abstrakte Erfahrungsräume institutioneller und medialer Natur – von Bedeutung. Diese sind geprägt durch „Vorgaben wie Einkommenshöhe, Geschwisteranzahl, Wohnungsgröße, soziale Milieuzugehörigkeit der Familie, Bezugsgruppen oder Netzwerke, Formen der familialen Alltagsgestaltung, Erziehungsstile, Wertmuster und Zukunftsvorstellungen" (ebd.).

Verbindungen dieser Differenzlinien lassen sich durch die Betrachtung des Bildungsdiskurses zeigen. Dabei werden formale, non-formale und informelle Bildungsorte und -anlässe gleichsam in den Blick genommen und geprüft, inwieweit bspw. Ganztagsschulen Perspektiven eröffnen können, die in der Lage sind dazu beizutragen, die Dichotomisierung von ‚bildungsnah – bildungsfern‘ weiter aufzulösen. Gerade Musik mit ihren unterschiedlichen Funktionen und Rezeptionsweisen bietet ein probates Mittel dazu, denn neben ihrer Bedeutung für vornehmlich freizeitliche

Lebenswelten sollte sie auch dahingehend betrachtet werden, einen Dialog entlang kritischer Marker gesellschaftlicher Interaktion zu ermöglichen.

All diese Perspektiven – die Heterogenität des Jugendalters in struktureller, soziologischer und psychologischer Hinsicht, die spezifischen Aufwachsens- und Sozialisationsprozesse unterschiedlicher Sozialisationsmilieus, die Komplexität des Gegenstands Musik in ihren disziplinären wie interdisziplinären Betrachtungsweisen – werden in diesem Band zusammengeführt und exemplarisch unter verschiedenen Blickwinkeln betrachtet. Dabei wird zunächst eine historische Perspektive eingenommen, die die Entwicklung von Musik und Jugend(kultur) in den letzten 65 Jahren in den Blick nimmt. Im Anschluss daran werden drei theoretische Standpunkte und ihre spezifischen Blickwinkel auf den Zusammenhang von Jugend, Musik und Sozialisation betrachtet, bevor in einem empirischen Teil unter verschiedenen Betrachtungsweisen bzw. mit verschiedenen Ausgangspunkten (Sozialisationsinstanzen und Differenzkategorien als Querdimensionen dieser) Forschungsbefunde dargestellt werden.

2   Zum Aufbau des Bandes

Einleitend beschreibt **Wilfried Ferchhoff** sehr dezidiert, detail- und umfangreich die Entstehung und Entwicklung musikalischer Jugendkulturen seit 1945 (bezogen insbesondere auf den Raum der heutigen Bundesrepublik). Der Beitrag lässt sich dabei als historischer Abriss musik(sozial)geschichtlicher Entwicklungen begreifen. In umfassender Form charakterisiert Ferchhoff die Spezifika und Eigenheiten der jeweiligen Musikstile, ihre Entstehung und Entwicklung und beschreibt parallel dazu ihre musikalischen Vorreiter, die ‚Größen‘ einzelner Stile – Bands, Musikerinnen und Musiker – und ihre Bedeutungen für die Fortentwicklung des Musikalischen. Er bezieht dabei auch stets die insbesondere seit etwa den 1990er Jahren immer weiter ausdifferenzierende Landschaft musikalischer Stile ein und fokussiert ihre Verwurzelungen in der Gesellschaft und ihren Zusammenhang zu spezifischen Symbolen, besonderen Modeerscheinungen sowie typischen Haltungen. Gegenstand sind die komplexen, gegenseitigen Wirkungszusammenhänge zwischen historischer Entwicklung und Fortentwicklung des jeweilig Musikalischen, sozialgeschichtliche Begründungen für das Ent- und Bestehen (schließlich auch das Ende bzw. erneutes Aufflammen) einzelner Jugendmusikkulturen sowie die jeweiligen Perspektiven und Wünsche aus Sicht der Akteurinnen und Akteure – der Jugendlichen.

Ausgehend von dem bereits vor und während des Zweiten Weltkriegs rezipierten Jazz zeichnet Ferchhoff die Anfänge jugend(musik)kultureller Teenager-Kultur (mit Rückgriff auf traditionelle Elemente wie dem Wandervogel) nach und deren erstes tatsächliches Auftreten als Musikkulturen im Übergang zwischen Swingjugend und dem Aufkommen des Rock'n'Roll. Sehr dezidiert werden dann Rock'n'Roll, Twist und Mods sowie die Ausdifferenzierungen in den 1960er Jahren – bis hin zu den Skinheads und den

Anfängen der Beat-Ära – beschrieben. Die sich weiter entwickelnde Musiklandschaft am Ende der 1960er und zu Beginn der 1970er Jahre schuf unterschiedliche jugendkulturelle Orientierungen wie bspw. die Hippies und den Rock. Die bis Anfang der 1970er Jahre oft rebellischen Orientierungen jugendlicher Musikkulturen verloren zugunsten eines zunehmenden Mainstreams und der Kommerzialisierung allmählich an Bedeutung. Zudem kam es zu weiteren Pluralisierungen – im Lebensstil wie in den Jugendkulturen. Gleichzeitig entstanden aber annähernd parallel an sozial benachteiligten Standorten der Punk und der Hip-Hop sowie im Verlauf deren Ausdifferenzierungen und Teilformen. Sehr ausführlich beschreibt Ferchhoff die Entstehung und Wirkung des Techno, auch aktuelle Phänomene musikalischer Jugendkultur – bes. Emo oder Pop-Ikonen – und solche jenseits oder an der Peripherie von Musik – Comedy, Castingshows, Social Networks – werden behandelt.

Jan Reinhardt und **Günther Rötter** widmen sich in ihrem Beitrag „Musikpsychologischer Zugang zur Jugend-Musik-Sozialisation" auf der Basis empirischer Befunde den Determinanten musikalischer Sozialisation. Die Autoren beginnen mit einem Überblick über Studien zur Musikpräferenz, dem musikalischen Geschmack – als Abbild musikalischer Sozialisationsprozesse – sowie der Ausbildung entsprechender Vorlieben und Einstellungen Jugendlicher. Als zentrale Faktoren der Einflussnahme werden der musikalische Bildungsgrad, der emotionale Status sowie das soziale Umfeld dargestellt. In einem empirischen Vergleich, der unter Verwendung des gleichen Untersuchungsinstruments und den Ergebnissen zweier Studien (1986 vs. 2011) basiert, untersuchen die Autoren die Veränderung musikalischer Präferenzen bei dem Übergang von primärer (Familie) zu sekundärer Sozialisationsinstanz (Peer-Group). Die empirischen Befunde zeigen, dass Eltern heutzutage nur wenig Einfluss auf den Musikgeschmack von Kindern haben, aber dass Unterschiede beim Musikgeschmack zwischen Eltern und Jugendlichen heute auch deutlich geringer ausfallen als noch vor 25 Jahren. In einer weiteren Studie untersuchen Reinhardt und Rötter die Wirkung von Musik auf die kognitiven Leistungen von Jugendlichen. In Rahmen unterschiedlicher Experimente lassen sich keine signifikanten Zusammenhänge zwischen Rezeption von Musik und Konzentrations- und Leistungsfähigkeit nachweisen. Den Ergebnissen folgend werfen Reinhardt und Rötter schließlich die Frage von Wirkungslosigkeit von Musik auf Jugendliche auf.

Friedemann Lenz formuliert in seinem Beitrag einen Zugang zur Thematik aus sozialisationstheoretischer Perspektive. Nach einer Einleitung, in der Sozialisation unter Bezugnahme auf verschiedene Autoren definiert wird, untersucht der Autor Aussagen zunächst soziologischer Klassiker – wie Bourdieu und Parsons – auf die Anschlussfähigkeit an eine Theorie musikalischer Sozialisation, die in allgemein gültiger Form noch nicht vorliegt. Dabei wird auch die Selbstsozialisationsdebatte einbezogen. Zugleich stellt Lenz auch die Frage nach (musikalischer) Identität(sentwicklung). In einem Ausblick werden schließlich Dimensionen einer zukünftig zu bildenden Theorie musikalischer Sozialisation, die sowohl theoretischen wie auch empirischen Ansprüchen Rechnungen zu tragen hat, skizziert.

Ausgehend von dem historischen Wandel der Musikerziehung nimmt **Wolfgang Pfeiffer** die Perspektive der Musikdidaktik ein und betrachtet dabei die Veränderungen der Musikerziehung seit Platon. Das Singen, die Jugendmusikbewegung, Ideologisierungen im Dritten Reich, die Entwicklung musikalischer Jugendkulturen und schließlich die Diskussionen um Werte und Massenkultur münden in die „neue Generation: Klassenmusizieren und musikalische Gebrauchspraxen" (Pfeiffer in diesem Band), welche damit den Ausgangspunkt für eine Darstellung musikpädagogischer Perspektiven heute bilden. Diese ist orientiert an den Lebensbedingungen von Kindern und Jugendlichen und nimmt daher bspw. die Mediatisierung der Lebenswelten und auch deren Möglichkeiten auf. Zentraler Bestandteil des Kapitels ist darüber hinaus die Klärung offener Fragen, die sich der Musikpädagogik aus den veränderten Rahmenbedingungen wie Kompetenzorientierung und veränderten Lehrerinnen- resp. Lehrer- bzw. Schülerinnen- resp. Schülerrollen stellen.

Winfried Pape zeigt zu Beginn seines Beitrags „Familiale musikalische Sozialisation" die noch sehr stark lückenhaften theoretischen und empirischen Grundlagen des Forschungsbereichs familiale musikalische Sozialisation auf. Danach wendet sich Pape der Bedeutung der Familie als primären Sozialisationsinstanz zu. Neben der theoretischen Erörterung der einzelnen Akteure innerhalb der Familie (Eltern, Kind, Geschwister), äußerlichen Erscheinung und familialen Lebensformen werden hierbei auch familienunterstützende Einrichtungen, denen eine zunehmende Rolle zukommt, benannt. Nach einem Review zentraler Kinder- und Jugendstudien zunächst zur Familie und daraufhin zu musikbezogenen Freizeitbeschäftigungen Kinder und Jugendlicher skizziert Pape familiale musikalische Beziehungsebenen. Dabei benennt er musikbezogene Vorgänge, die als Orientierungshilfen musikalischer Sozialisation dienen können: eine grundsätzliche Aufgeschlossenheit gegenüber Musik, Sprechen über Musik, gemeinsames Musizieren, gemeinsames Erleben von Musik. Im Folgenden wird die Forschungsproblematik von Untersuchungen zur Entwicklung musikalischer Fähig- und Fertigkeiten von Kindern und Jugendlichen dargelegt. Zeigt sich, dass insbesondere die Musikpsychologie die Untersuchung elementarer musikalischer Wahrnehmungs- sowie Reproduktions- und Produktionsleistungen fokussiert, so wird ebenso deutlich, dass diese gerade gewisse Bereiche (sozialisatorische Kontext, gewisse Musikgenres wie z. B. Jazz oder Populäre Musik und Gesellschaftsschichten) gänzlich vernachlässigt.

Stars, Vorbilder und Idole musikalischer Art und ihre sozialisatorische Relevanz im Jugendalter stehen im Fokus des Beitrags von **Marcel Eulenbach**. Nach einer einleitenden begriffstheoretischen Analyse von ‚Star', ‚Vorbild' und ‚Idol' unter Berücksichtigung historischer Entwicklungen werden konkret Elemente der Konstitution von Musik- und Castingstars charakterisiert – historische Bezüge werden dabei genauso aufgegriffen wie aktuelle Star-Images. Eulenbach entfaltet eine Bandbreite von Perspektiven innerhalb einzelner Images und fragt auch nach Gründen für die Flüchtigkeit des Startums, welche durch die starke Mediatisierung des Alltags Jugendlicher begünstigt würde. Zum Lösen von Entwicklungsaufgaben des Jugendalters bieten Stars mannigfaltige, gleichsam komplexe Orientierungen – wenn auch die empirische Überprüfbarkeit schwer möglich ist.

Schließlich verweist Eulenbach auch auf Anknüpfungspunkte für die Identitätsarbeit Jugendlicher durch mediale Orientierungen. Diese theoretischen Erkundungen münden in einem empirischen Kapitel, in dem die sozialisatorischen Funktionen von Musik- und Castingstars untersucht werden – Eulenbach zeigt, dass Jugendliche vornehmlich als „als aktive Identitäts- und Medienkonstrukteure" beschrieben werden können.

Marius Harring liefert mit seinem Beitrag einerseits Einblick in den Forschungsstand zu jugendlichen Freizeitwelten und der Bedeutung von Peers und Peer-Groups innerhalb dieser. Dabei legt er sein Augenmerk immer wieder auf Bildungsprozesse vornehmlich informeller Art: Besonders in informellen Lernprozessen wird das Potenzial von Musik als zentrale Beschäftigung der Jugendlichen herausgestellt. Darüber hinaus werden fünf Typologien jugendlicher Freizeitwelten, die aus eigenen quantitativ-empirischen Daten generiert werden, auf den Zusammenhang von Freizeit(aktivitäten), Peers und Musik (neben anderen Beschäftigungen) aus Perspektive der Jugendlichen hin untersucht. Abschließend werden Maßnahmen zur Förderung von an den Bedürfnissen Jugendlicher orientierten Freizeit- und Bildungsangeboten umrissen.

In dem Beitrag von **Tina-Berith Schrader** und **Nicolle Pfaff** wird die Frage nach dem Verhältnis von Jugendkultur und Geschlecht thematisiert. Aus unterschiedlichen Sichtweisen auf dieses Verhältnis werden drei Forschungsperspektiven skizziert: Ausgehend von der lange Zeit dominierenden Annahme, dass jugendkulturelle Kontexte stärker von männlichen Jugendlichen geprägt waren als von weiblichen, fragen sie in einem ersten Schritt – auf der Basis der Shell-Jugendstudien – nach der Beteiligung von Jungen und Mädchen an einzelnen Stilen im Zeitvergleich zwischen Anfang der 1970er und Ende der 1990er Jahre mit einem quantitativen Kohortenvergleich, in denen Fragen nach der Partizipation in und der Wahrnehmung von jugendkulturellen Gruppierungen regelmäßig erfasst wurden. In einem zweiten Schritt nehmen die Autorinnen vor dem Hintergrund der Ergebnisse dieser Forschungsperspektive bestehende Geschlechterverhältnisse in zwei ausgewählten Szenen in den Blick. Die Grundlage dieser Analyse bilden dokumentarische Interpretationen aktueller Gruppendiskussionen mit Besucherinnen und Besuchern von Gothic- und Metal-Festivals. Schließlich fragen sie in einem dritten Abschnitt – auf der Basis von Rekonstruktionen aus der gleichen Studie – nach der Bedeutung jugendkultureller Kontexte für die Konstruktion von Geschlecht. Neben den exemplarischen empirischen Analysen skizzieren sie für jede der drei angedeuteten Perspektiven relevante Forschungsergebnisse und -zugänge sowie -desiderata.

Friederike von Gross und **Thomas Walden** thematisieren in ihrem Beitrag Musikpräferenzen in Abhängigkeit vom Bildungshintergrund. Dabei postulieren Autorin und Autor zunächst die Auflösung einer dichotomen Betrachtung von Bildungsnähe und -ferne, die „in postindustriellen Gesellschaften ohnehin schon als brüchig zu betrachten ist" (von Gross und Walden in diesem Band), bevor sie sich der Frage, was Musik sei, zuwenden und diese bezogen auf Sozialisations- und Vergemeinschaftungsprozesse hin erörtern. Ihre empirischen Betrachtungen des Bildungshintergrunds Jugendlicher eröffnen von Gross und Walden mit Daten zum Medienbesitz und Freizeitaktivitäten.

Dezidiert werden sodann einzelne Rezeptionsweisen – Radio, Internet, Fernsehen und auf Liveevents – Jugendlicher thematisiert sowie ihr Verhältnis zu klassischer Musik und Musikproduktion auf Basis empirischer Daten und separat auch für Jugendliche mit Migrationshintergrund expliziert. Der musikpädagogischen Arbeit (nicht nur in der Schule) wird abschließend Nachholbedarf attestiert – hier sei die längst bestehende enge Verknüpfung von Musik und Popkultur noch nicht angekommen, die musiksoziologische Arbeit Adornos wirke fort.

Entwicklungsaufgaben stehen im Zentrum des Beitrags von **Sebastian Friedemann** und **Dagmar Hoffmann**. Diese würden im Jugendalter maßgeblich mit hohen Eigenanteilen bearbeitet, Medien und Musik werden als bedeutsame Ressource der Bearbeitung verstanden und als identitätskonstruierend aufgefasst. Im Zentrum stehen, insbesondere auch bei der Betrachtung des musikalischen Selbstsozialisationskonzepts nach Müller, die Eigenanteile des Subjekts als – anknüpfend an Hurrelmanns produktiv realitätsverarbeitenden Subjekts – in einem sozialen Raum (hier wird auch der Glokalisierungsbegriff bearbeitet). Dabei werden Medien und Musik ebenfalls auf ihre Bedeutung für die Identitätskonstruktion bzw. -arbeit hin untersucht. Friedemann und Hoffmann fokussieren besonders die unterschiedlichen disziplinären Perspektiven hinsichtlich von Musikaneignungsprozessen im Jugendalter.

Nicolle Pfaff beschäftigt sich in ihrem Beitrag „Musik, Szenen und Politik – Jugendkulturen und das Projekt der besseren Welt" mit den Zusammenhängen zwischen Jugendszenen, musikalischen Vorlieben und politischer Beteiligung. In ihrem Beitrag werden drei Perspektiven der politischen Beteiligung aufgenommen und auf die Frage nach der Bedeutung von Jugendkulturen für den Prozess der politischen Sozialisation bezogen. Hierzu geht die Autorin in einem ersten Schritt der Frage nach, in welcher Beziehung Jugendkultur und Gesellschaft zueinander stehen, welche Bedeutung politische Themen, Inhalte und Aktionsformen für die Konstitution von jugendkulturellen Stilen spielt und welche Bedeutung jugendkulturelle Szenen als politische Akteure und Sozialisationsinstanzen haben. In einem historischen Zugriff geht es in einem zweiten Schritt um einen kurzen Nachvollzug des jeweiligen sozialhistorisch bedingten Verhältnisses von Gesellschaft, Jugendkultur, Musik und Politisierung. In einem dritten Schritt sollen einige beispielhafte empirische Rekonstruktionen helfen, das in diesem Beitrag angedeutete Forschungsfeld in seinen Dimensionen und seiner Komplexität zu konturieren und weitere Anschlüsse für künftige Studien und derzeitige Forschungsdesiderata abzuleiten.

Giacomo Bottà untersucht in seinem Beitrag insbesondere populäre Musik „als wichtiges Instrument und als bedeutendes Ergebnis des interkulturellen Dialogs" (Bottà in diesem Band). Ausgehend von der musikalischen Sozialisation Jugendlicher mit Migrationshintergrund wird Musik in Beziehung zu Alltag und Raum gesetzt und verschiedene interkulturelle Perspektiven geprüft. Migrantische Jugendkulturen werden dabei nicht als statische Konstrukte verstanden, sondern dargestellt, dass sich die Identitäten ihrer Mitglieder insbesondere durch Musik flexibilisieren. Durch unterschiedliche Kurzanalysen bekannter Musikgruppen wie Cartel oder Massiv, von Personen wie

Kaminer und ,seiner' Berliner Russendisko oder die Bedeutung und Rezeption von Hip-Hop für Jugendliche mit Migrationshintergrund, wird diese Argumentation gestützt.

Theo Hartogh beschäftigt sich in seinem Beitrag „Musizieren und Musikhören im höheren Erwachsenenalter" mit den musikalischen Aktivitäten älterwerdender und alter Menschen, einem Thema, das in den nächsten Jahren aufgrund des demographischen Wandels eine zunehmende Relevanz erfahren wird. Ausgehend von den im Alter zwar zunehmenden körperlichen Beeinträchtigungen verweist er auf eine Tendenz der Verjüngung – durch einen besseren Gesundheitszustand und gestiegene Mobilität – und Umwertung des Alters. Defizitorientierte Sichtweisen auf das Alter sind zurückgetreten, stattdessen richtet sich der Blick auf Kompetenzen und Ressourcen älterer und alter Menschen. Sowohl aus politischer Sicht wie auch aufgrund der Notwendigkeit nachberuflicher Identitätssicherung wird gefordert, diese durch altersgerechte musikalische Angebote zu fördern. In diesem Bereich existieren bereits zahlreiche spezifische Angebote mit und ohne Anbindung an Institutionen (stationäre Einrichtungen und Altenpflegeeinrichtungen, Gemeinden, Musikschulen, Bands, Orchester oder Chöre). Mit Blick auf die musikalischen Biografien und die Musikpräferenzentwicklung im Lebenslauf verweist Theo Hartogh darüber hinaus auf ein notwendiges Umdenken im Bereich der Musikpädagogik bzw. Musikgeragogik: Altersbedingte Einschränkungen können kompensiert werden, wenn die Motivation älterer und alter Menschen zum Musizieren ist hoch.

Abschließend formulieren **Robert Heyer**, **Sebastian Wachs** und **Christian Palentien** Forschungsdesiderata zum Themenfeld. Dabei beziehen sie einerseits die in den einzelnen Kapiteln benannten Desiderata systematisch mit ein, andererseits entwickeln sie weitere Perspektiven und Forschungsfragen bezogen auf das Themenfeld Jugend, Musik und Sozialisation.

Literatur

Baacke, D. (Hrsg.). (1998). *Handbuch Jugend und Musik*. Opladen: Leske & Budrich.

Bauer, U. (2002). Selbst- und/oder Fremdsozialisation: Zur Theoriedebatte in der Sozialisationsforschung. Eine Entgegnung auf Jürgen Zinnecker. *Zeitschrift für Soziologie der Erziehung und Sozialisation, 22*(2), 118–142.

Dartsch, M. (2003). Mit Musik den Reichtum der Lebenswelt erschließen. Über das Wechselspiel zwischen Musik und Identität. *Neue Musikzeitung, 52*(7–8), 22.

Folkestad, G. (2002). National identity and music. In R. MacDonald, D. Hargreaves, & D. Miell (Hrsg.), *Musical identities* (S. 151–162). Oxford: Oxford University Press.

Hargreaves, D. J., Miell, D., & MacDonald, R. A. R. (2002). What are musical identities, and why are they important. In R. A. R. MacDonald, D. J. Hargreaves, & D. Miell (Hrsg.), *Musical identities* (S. 1–20). Oxford: Oxford University Press.

Helsper, W., & Böhme, J. (2010). Jugend und Schule. In H.-H. Krüger & C. Grunert (Hrsg.), *Handbuch Kindheits- und Jugendforschung* (2. Aufl., S. 619–659). Wiesbaden: VS Verlag für Sozialwissenschaften.

Herwartz-Emden, L., Schurt, V., & Waburg, W. (2010). *Aufwachsen in heterogenen Sozialisationskontexten. Zur Bedeutung einer geschlechtergerechten interkulturellen Pädagogik.* Wiesbaden: VS Verlag für Sozialwissenschaften.

Hill, B. (2002). Musik als Medium in der Jugendarbeit. In R. Müller, P. Glogner, S. Rhein, & J. Heim (Hrsg.), *Wozu Jugendliche Musik und Medien gebrauchen. Jugendliche Identität und musikalische und mediale Geschmacksbildung* (S. 195–207). Weinheim/München: Juventa.

Hitzler, R., & Niederbacher, A. (2010). *Leben in Szenen. Formen juveniler Vergemeinschaftung heute* (3. Aufl.). Wiesbaden: VS Verlag für Sozialwissenschaften.

Hurrelmann, K. (2010). *Lebensphase Jugend. Eine Einführung in die sozialwissenschaftliche Jugendforschung.* Weinheim/München: Juventa.

Kopiez, R., & Schramm, H. (2008). Die alltägliche Nutzung von Musik. In H. Bruhn, R. Kopiez, & A. C. Lehmann (Hrsg.), *Musikpsychologie. Das neue Handbuch.* (S. 253–265). Reinbek bei Hamburg: Rowohlt.

Müller, R., Calmbach, M., Rhein, S., & Glogner, P. (2007). Identitätskonstruktion mit Musik und Medien im Lichte neuer Identitäts- und Jugendkulturdiskurse. In L. Mikos, D. Hoffmann, & R. Winter (Hrsg.), *Mediennutzung, Identität und Identifikationen. Die Sozialisationsrelevanz der Medien im Selbstfindungsprozess von Jugendlichen* (S. 135–147). Weinheim/München: Juventa.

Müller, R., Glogner, P., Rhein, S., & Heim, J. (2002a). Zum sozialen Gebrauch von Musik und Medien durch Jugendliche. Überlegungen im Lichte kultursoziologischer Theorien. In R. Müller, P. Glogner, S. Rhein, & J. Heim (Hrsg.), *Wozu Jugendliche Musik und Medien gebrauchen. Jugendliche Identität und musikalische und mediale Geschmacksbildung* (S. 9–26). Weinheim/München: Juventa.

Müller, R., Glogner, P., Rhein, S., & Heim, J. (Hrsg.). (2002b). *Wozu Jugendliche Musik und Medien gebrauchen. Jugendliche Identität und musikalische und mediale Geschmacksbildung* (S. 9–26). Weinheim/München: Juventa.

Neuhoff, H., & Weber-Krüger, A. (2007). „Musikalische Selbstsozialisation". Strukturwandel musikalischer Identitätsbildung oder modischer Diskurs? In W. Auhagen, C. Bullerjahn, & H. Höge, (Hrsg.), *Musikpsychologie – Musikalische Sozialisation im Kindes- und Jugendalter. Jahrbuch der Deutschen Gesellschaft für Musikpsychologie* (Bd. 19, S. 31–53). Göttingen: Hogrefe.

Ruud, E. (2006). The role of music in the development of identity. In B. Stålhammar (Hrsg.), *Music and human beings. Music and identity* (S. 59–69). Örebro: University Universitetsbiblioteket.

Shell Deutschland Holding (Hrsg.). (2006). *Jugend 2006. Eine pragmatische Generation unter Druck.* Frankfurt am Main: Fischer.

Veith, H. (2004). Zum historischen Wandel des theoretischen Selbstverständnisses vergesellschafteter Individuen. In D. Geulen & H. Veith (Hrsg.), *Sozialisationstheorie interdisziplinär* (S. 349–370). Stuttgart: Lucius und Lucius.

Zinnecker, J. (2000). Selbstsozialisation – Essay über ein aktuelles Konzept. *Zeitschrift für Soziologie der Erziehung und Sozialisation, 20*(3), 272–290.

Teil II

Historischer Zugang

Musikalische Jugendkulturen in den letzten 65 Jahren: 1945–2010

2

Wilfried Ferchhoff

Zusammenfassung

Der Beitrag fokussiert die Entwicklung musikalischer Jugendkulturen seit 1945. Er stellt einerseits einen vornehmlich sozialhistorischen Abriss populärer musikalischer Entwicklungen dar, in welchem die Spezifika und Eigenheiten der jeweiligen Musikstile, ihre Entstehung und Entwicklung – insbesondere die sich immer weiter ausdifferenzierende Landschaft musikalischer Stilistiken spätestens seit etwa 1990 – sowie musikalische Vorreiter – Bands, Musikerinnnen und Musiker – dargestellt und in ihren Bedeutungen für die Fortentwicklung der populären Musik beschrieben werden und bezieht andererseits dabei aber auch stets ihre Verwurzelungen und Einbettungen in der Gesellschaft und ihrer Akteure mit ein. Durch das Aufzeigen der komplexen, gegenseitigen Wirkungszusammenhänge zwischen sozialgeschichtlichen Ursachen und musikalischer Entwicklungen liefert der Beitrag einen Zusammenhang zwischen Aufwachsens- und Sozialisationsprozessen Jugendlicher und damit verbundener musikalischer Orientierungen. Der Beitrag stellt dabei aber nicht nur einen historischen Überblick über Jugend und Musik der letzten 60 Jahre dar, sondern zeigt auch aktuelle und bislang wenig fokussierte Bereiche musikalisch-populärer Jugendkultur.

Schlüsselwörter

Jugend • Jugendkultur • Musikentwicklung • populäre Musik • musikalische Entwicklung • Rock'n'Roll • Punk • Techno • Mods • Beat • Gothic • Emo • Jugend und Musik • Musikhistorie • Popmusik

W. Ferchhoff (✉)
EFH Bochum, Immanuel-Kant-Straße 18-20, 44803 Bochum, Deutschland
e-mail: ferchhoff@efh-bochum.de

R. Heyer et al. (Hrsg.), *Handbuch Jugend – Musik – Sozialisation,*
DOI: 10.1007/978-3-531-18912-3_2, © Springer Fachmedien Wiesbaden 2013

1   Einleitung – Die Anfänge nach dem Zweiten Weltkrieg in der Bundesrepublik Deutschland

Spätestens seit den 50er Jahren des 20. Jahrhunderts galten die Jugendkulturen in den USA und Großbritannien – und in abgeschwächter Form in Frankreich – „weltweit als Quelle der Dauerinspiration" (Roth 2002 S. 20), gleichwohl jugend-, alltags- und populärkulturelle amerikanische Einflüsse trotz klischeehafter, scharfer sozialkultureller Polarisierungen der Amerikabilder etwa im Musik-, Tanz-, Film-, Mode- und Habitusbereich teilweise schon vor dem Ersten Weltkrieg, verstärkt freilich erst in den 20er, 30er und 40er Jahren in Europa und vornehmlich auch in der Weimarer Republik (selbst während des Zweiten Weltkriegs) vorhanden waren. Unter den Bildungsschichten in Deutschland dominierten seit dem 19. Jahrhundert stereotype anti-amerikanische Kulturvorstellungen: *Schablonisierte Massenhaftigkeit, niveaulose Oberflächlichkeit, Vulgarität des intellektuellen Lebens und der populären Künste.* Dennoch setzten sich in den kapitalistischen Gesellschaften Europas nicht zuletzt qua Medien und Kommerz Tendenzen des – von Amerika beeinflussten – unkonventionellen, schrägen und farbigen Massen- bzw. Populärkulturellen durch.

Diese frühen (musik-)kulturellen Globalisierungstendenzen (vgl. Ferchhoff 2007a, S. 25ff.) wurden im Rahmen eines positiven Amerika-Bildes freilich jenseits bestimmter Bildungseliten und zumeist auch jenseits der bündischen Jugendbewegung insbesondere von Jüngeren, der sogenannten *einfachen Leute* im Angestellten-, teilweise auch in bestimmten Sektoren des städtischen Arbeitermilieus und auch in Teilen der intellektuellen und künstlerischen Avantgarde (etwa von *Grosz* bis *Brecht*) begeistert aufgenommen. So gesehen fand schon ansatzweise im Medium der Technisierung des Alltags und der kommerzialisierten und mediatisierten Populärkultur in den 20er Jahren ein – zunächst noch nicht radikaler – Bruch des Hochkulturmonopols der *Gebildeten* statt: Kino, Radio, Jazzmusik, populäre Musikrhythmen, Tanzfieber, Starbegeisterung, Sportbewegung und Körperkultur fanden Eingang in den von Amerika beeinflussten populärkulturellen Unterhaltungssektor der städtischen Metropolen Europas.

Exzentrische Kulturimporte aus den USA wurden allerdings in Europa auch von Teilen der ‚vergnügungssüchtigen Oberschichten' und speziell von der *Jugend der Hautevolée* hochgeschätzt – und dies betraf vor allen Dingen den *Jazz*, die *schwarze Tanzmusik* – und in den dreißiger Jahren auch den *Swing*. Eine sogenannte *Swing-Jugend* gab es in den späten 30er und Anfang der 40er Jahre in vielen Metropolen Europas und der westlichen Welt, „ein Großstadtphänomen also, und die erste von USA ausgehende" tendenziell globale Jugendkultur, die allerdings noch nicht zur vollen Entfaltung kam, mit ihren – auch für historisch spätere Jugendkulturen wichtigen – typischen Eigenschaften: Musik, Tanz, Mode, Kleidung, Habitus etc. (Pohl 1991, S. 242). Diese angloamerikanischen Musik-, Tanz-, Kleidungs- und lässigen Haltungsformen hatten freilich nichts oder nur wenig mit dem volkstümlichen Liedgut, den Landsknechtsliedern, den – vom historischen Bauerntum (Volkstrachten) und von wandernden Gesellen und Scholaren im Mittelalter abstammenden – Kleidungsstilen und Freiluft- und Lichtkulturen und den Reigen- und Volkstänzen des Wandervogels, der bündischen Jugend und des Pfadfindertums zu tun.

Vom amerikanisch beeinflussten *Jazz-* und *Swingstil* führten im Genre der klassenübergreifenden Stil-Zeichen und Unterhaltungsmusik deutliche globale Linien in die sich anbahnenden Freizeitgesellschaften der Nachkriegszeit (vgl. zur Entstehungs- und Verlaufsgeschichte der globalen Jugendkulturen in gesamten 20. Jahrhundert: Ferchhoff 2007a, S. 25ff.).

Nach dem Zweiten Weltkrieg trat der ohnehin schon seit den 20er Jahren jugendkulturell international wirksame us-amerikanische *Jazz* in allen Spielarten nicht zuletzt durch die US-Siegertruppen seinen weltweiten (vor allem in Westeuropa inklusive Deutschland) Siegeszug an. Amerikanische Radiosender, Clubs und Musikveranstaltungen verbreiteten den Jazz im größeren Stil – freilich überwiegend in den polierten Varianten der *Bigband-Sounds* und des Dixieland – als demokratieaffine Musik der Freiheit und des lässigen American Way of Life, während die tendenziell intellektuellen Varianten des *Modern- und Cool-Jazz* vorzugsweise in den frühen 50er Jahren des 20. Jahrhunderts in den existentialistisch geprägten Studenten- und Gymnasiastenmilieus Eingang gefunden haben. Nicht nur im Paris der 50er Jahre traten in einer Art antibürgerlicher Aufmachung und Haltung jugendliche Intellektuelle in den Espresso Bars, Hot-Clubs, Jazz-Kellern und Jam-Sessions auf den Plan, die mit St oppelhaarfrisur/Cäsarenschnitt in einer unheimlich coolen, antispießigen Haltung als Existentialistinnen und Existenzialisten mit *Camus, Greco, Sagan* und *Sartre,* teilweise auch schon mit der amerikanischen *Beatliteratur* im Arm, *Cool-Jazz* in den Ohren sowie vornehmlich schwarz in schwarz, schwarze Rollkragenpullover, schwarze Hose, manchmal schon Jeans, Armee-Parka oder Duffle Coat und schwarze dickrandige Brille trugen und Pfeife oder selbstgedrehte schwarze Zigaretten nach dem Vorbild des *Quartier Latin* rauchten. Mädchen in den boheme-orientierten Existentialistenmilieus bevorzugten kurze Haarschnittformen wie *Jean Seberg,* Pferdeschwanz oder einen Zopf auf der einen Seite oder Ponyfrisuren und trugen oftmals Ballerinaschuhe.

Etwa zur gleichen Zeit (in den 50er Jahren) breiteten sich in den USA – im Anschluss an einige wichtige Vorläufergestalten der sogenannten *white negros* (Norman Mailer): die *Hipster* – weitere gegenkulturelle Strömungen aus. Für Mailer waren die *Hipster* ganz im Gegensatz zur heutigen weitgehend negativ assoziierten Verwendung des Begriffs als existenzielle Besserwisser, die mit spirreligen Schnauz- oder Vollbärten, starken Hornbrillen, richtig gewickelten Schals-, mit Truckerkappen, Holzfällerhemden u. a. eine ironisch gebrochene Inbesitznahme ehemals als bieder geltender kleinbürgerlicher Herkunftcodes gegen den Mainstream perfektionieren, amerikanische Existenzialistinnen und Existenzialisten, die bspw. als *Hobo* oder *Gammler* in der Haltung von Mobilität zwischen Güterwagons, von aktivem Widerstand aber auch latenter Rebellion einen extremen Nonkonformismus lebten und die lässigen Codes einiger afroamerikanischer Jazzmusiker der zwanziger und dreißiger Jahre imitierten. Insbesondere in den Boheme-Vierteln der kulturell lebendigen Großstädte der Nachkriegszeit in San Francisco und New York, Chicago und New Orleans, aber auch in

Paris und London war dies in der Melange zwischen schwarzer Kultur, Bohemienkultur und verschiedenen gestrandeten, buntscheckigen jugendlichen Abweichlerinnen und Abweichlern sowie Delinquentinnen und Delinquenten zu beobachten.

In den USA und speziell in New York und San Francisco kristallisierte sich aus den diversen gegenkulturellen Strömungen eine sich selbstverwirklichende und das System herausfordernde und provozierende, vornehmlich *weiße Gegenkultur* in den frühen 50er Jahren heraus: die legendären — in der Geschichte der globalen Jugendkulturen, mit vielen Umwegen und zunächst auch Verzögerungen, sehr wirksamen – *Beatniks*. Mit den Protagonisten *Allen Ginsberg, William S. Burroughs* und *Jack Kerouac* zelebrierten die *Beatniks* vornehmlich in Gedichten und Prosa einen, oftmals mit Alkohol und anderen Drogen unterstützt, gegenkulturellen Entwurf mit jugendlichem Elan zur Leistungsgesellschaft, zur Konsummentalität und zum schnöden Gewinnstreben. Mit Abenteuerlust und Freiheitsbestreben gegen die bürgerlich biederen, seriösen, verklemmten und spießigen (moralischen) Klischees, Konventionen und Verpflichtungen der kommerziellen Erwachsenenwelt in der Nachkriegsgesellschaft setzten sie sich mit einer Bewusstseinsrevolution, gerade nicht nur mit Musik und auch nicht nur mit großen politischen Demonstrationen zur Wehr. Und anders als bei allen späteren amerikanischen globalen Protestbewegungen (*Rock'n'Roll, Rocker-, Studenten-, Flower-Power resp. Hippiebewegung, amerikanische Punk-, Grunge-, Hip-Hop- und Techno-Kulturen*), die jeweils sofort im Anschluss an ihre Genese nicht nur medial nach Europa schwappten, dauerte es eine Zeit lang, bis die Botschaft der *Beat-Generation* in Europa etwa in den (stark französisch geprägten) bürgerlichen *Existenzialistenmilieus* und später im Rahmen der *Gammlerbewegung* Anfang der 60er Jahre ankam.

Im Zuge der Herausbildung einer eigenständigen Jugendkultur fand im Anschluss an die Überlebensstrategien und Notzeiten der Jugend direkt nach dem Kriege in den 50er Jahren eine erhebliche „Umstrukturierung jugendlichen Lebens in Jugendgruppen statt. Diese waren durch die Staatsjugend des Nationalsozialismus, in der sie hierarchisch streng und weitgehend autoritär organisiert waren, in Verruf geraten. Zwar hatten sich über die Nazizeit hinweg Traditionen jugendlicher Gesellung erhalten, da sie historisch stark angebunden waren. Dazu gehörten die Lokalgruppen der ländlichen Jugend mit ihren überlieferten Brauchtümern (Burschentreffen, Trinkkultur, Burschentanz, Rügespiele) oder städtische Gruppentraditionen, wobei die Unterschicht eher quartiersbezogene Territorialgruppen bildete, während die Oberschicht sich in spezialisierten Gruppen wie Schützenbrüderschaften, religiösen Brüderschaften oder anderen organisiert hatte (vgl. dazu im Einzelnen: Mitterauer 1986, S. 164ff.). Insbesondere die Kirchengemeinden, die auf dem Lande (Kirchplatz, Gottesdienst) seit jeher Treffpunkte anboten und Spielräume des jugendlichen Eigenlebens eröffneten, füllten nach dem Kriege (nicht zuletzt) den durch die Auflösung der organisierten Hitlerjugend entstandenen Leerraum. Hinzu kam das Wiederaufleben der vielgestaltigen Jugendbünde aus den 20er Jahren, während der Nazizeit verboten; Turnvereine, konfessionelle Jugendbünde, Pfadfinderschaft und CVJM und die kommunalen, mit Hilfe der Besatzungsmächte im Zuge der *Re-education*-Maßnahmen eingerichteter

Häuser der offenen Tür, die im Sinne des präventiven Jugendschutzes Maßnahmen *offener* Jugendbildung praktizieren sollten" (Baacke 1993, S. 11). Jugendliche sollten im Rahmen einer *bewahrpädagogisch* legitimierten Vorstellung möglichst lange vor den Vergnügungen der Erwachsenengesellschaft geschützt werden, die bspw. in erotisch-sexueller Hinsicht „die Sinne und Sinnlichkeit anregen, sei dies nun die Welt des Kinos, der Gaststätte, des Alkohols, der Motorisierung, der großstädtischen Sperrbezirke des Vergnügens" (Zinnecker 1987, S. 40). Sicher unterstützte die Tatsache, dass organisierte Jugend in Verruf geraten war, die Entstehung offener Cliquen mit wechselnden Mitgliedern. „Hinzu kam nun der Einfluss der Massenmedien (Kino, vor allem aber Radio, Telefon, Transistorradio, ein wenig später Fernseh- und Tonbandgerät), die Verkehrserschließung ländlicher Räume, die steigende Motorisierung (und Kaufkraft) von Jugendlichen – all dies trug ohne Zweifel zu einer *Teenager-Kultur* bei, die auch pädagogisch organisierten Einflüssen schnell entwuchs und schon damals statt dessen stark unter kommerzielle Einflüsse geriet (Filmwirtschaft, Herausbildung des Kinos als Jugendmedium, Jugend- und Jugendmusikzeitschriften, Schallplatten, Musik- und Kosmetikindustrie bspw.). Wichtige Treffs wurden nun öffentliche Lokale, Tanzpaläste, Clubs (noch keine – geschweige denn szenenspezifisch ausdifferenzierte – Diskotheken; als jugendkulturelle Treffpunkte und Kultstätten entstanden diese erst seit 1964 im größeren Stil) oder Wohnungen (Partys). Die alten Gruppenrituale lösten sich auf, denn die informellen Jugendgruppen fragten nach (Lebens-)Stil nicht in irgendeinem gestaltenden oder erzieherischen Sinne" (Baacke 1993, S. 11f.).

Allerdings hatte sich noch keine altersspezifische Musikkultur und Musikszene etwa jenseits der Jugendabteilungen, Jugend-Spielgruppen, jenseits der Jugendsinggruppen und Volkstanzkreise im Rahmen der Vereins- und Verbandsstruktur herauskristallisiert. Jugendliche und ihre Eltern hörten getrennt zwischen Massen- und Elitekultur ähnliche Musik und besuchten ähnliche Musikveranstaltungen: „Je nach sozialer Herkunft und musikalischer Bildung, mehr Konzerte mit klassischem Musikrepertoire, geistliche und weltliche Chormusik, Gesangvereine mit dem ge- oder verschulten Singen oder eher Operetten und volkstümliche Unterhaltungsmusik (so genannte bunte Veranstaltungen, Märsche und Blasmusik; Zinnecker 1987, S. 94f., S. 190ff.). Erst mit der Herausbildung der *Halbstarken-* und *Teenagerkulturen* änderte sich dies gegen Mitte der 50er Jahre. Jedoch befand sich eine private, eigenständige jugendliche Musikkultur auch nach 1955 noch in den Anfängen. Musikgeschmack und musikalische Praxis von Jugendlichen werden dann aber über den *Rock'n'Roll* und später über den *Beat* sehr schnell zum maßgeblichen Ausdrucksmittel für Anderssein und lebenszyklisch „Trennendes zwischen Jung und Alt" (Baacke 1985, S. 155; Zinnecker 1987, S. 186).

Immerhin kündigte sich im Anschluss an die *Swingjugend* mit dem Auftauchen der *Teenager- und Halbstarkenkulturen* in den 50er Jahren (die Entdeckung bzw. Erfindung des *Teenagers* fand allerdings schon 1944 in den USA durch Marketingprofis statt, denn Jugendliche zwischen 14 und 18 Jahren wurden, wie der amerikanische Kulturwissenschaftler und Medienjournalist *Jon Savage* in seiner detailgenauen kulturellen historischen Analyse von 1875–1945 in dem Band: „*Teenage*. Die Erfindung der

Jugend 1875–1945" im Jahre 2008 rekonstruiert hat, als neue attraktive wirtschaftliche Zielgruppe wahrgenommen) im Lichte von Mediatisierung, Kommerzialisierung, Technisierung und Internationalisierung, aber auch im Zuge der Aufwertung ‚kultureller Schlüsselobjekte' wie Musik, Medien, Sport, Fahrzeug, Tanzhalle etc. sowie im Zuge einer generellen Aufwertung der „alltagskultureller Gegenstände" wie Aussehen, Kleidung, Frisur, Körperhaltung etc. eine schrittweise Ablösung der moralisch-pädagogischen Codes – vor allem unterstützt durch amerikanische Idole der Populärkultur (zunächst *Frank Sinatra* als erster Superstar der amerikanischen, vornehmlich *weißen weiblichen Teenager* – 1944 kam in den USA das erste Magazin nur für Teenager ‚17' auf den Markt –, ein wenig später *James Dean, tendenziell klassenübergreifend, Little Richard, Elvis Presley, Buddy Holly, Fats Domino, Bill Haley)* – durch freizeitorientierte, spaßbetonende, hedonistische Lebensgefühle an (vgl. Lindner 1986, S. 282; Doderer 1988, S. 580; Lindner 1996, S. 45; Zinnecker 2002, S. 474; Breyvogel 2002, S. 446).

Weltweit verstanden sich häufig in der Bipolarität zwischen *Stones- und Beatle-Fans* etwa in den 60er Jahren die begeisterten jugendlichen Fans und Konsumentinnen und Konsumenten wiederum – auch eingedenk möglicher befristeter erlebnisintensiver Autonomie und zugleich fröhlicher kommerzieller Selbsttäuschungen – als „aktiver Bestandteil einer total subversiven Jugendkultur" (Lehnartz 2005, S. 120). Und dieses ambivalente globale weltumspannende protest- und konsumbezogene Strukturmuster von Jugendkulturen tauchte spätestens seit diesen Tagen in immer neuen, jugendkulturell selbstkreierten und gleichsam von der Kultur-, Musik- und Konsumgüterindustrie funktionalisierten (inklusive von dieser erst in Gang gesetzten) Metaphern, Variationen und Varianten von Jugendkulturen auf: zwischen *Teilkultur* und *Gesamtkultur*, zwischen *Subkultur* und *Hochkultur*, zwischen *Gegenkultur* und *Mainstream*, zwischen *Widerstand* und *Anpassung*, zwischen *Rebellion* und *Integration*, zwischen *Exklusion* und *Inklusion*, zwischen *Protest* und *Vereinnahmung*, zwischen *Revolte* und *Restauration*, zwischen *Anti-Haltungen* und *Adaption*, zwischen *progressiven* und *regressiven* Jugendkulturen.

Das 20. Jahrhundert hatte mit der Hofierung oder gar mit der *Vergötzung der Jugend* und Jugendkulturen im Sinne eines *eigenen Jugendreichs* begonnen. Mit dem Wandervogel, den Scouts und der bürgerlichen Jugendbewegung und auch mit den vielen anderen Lebensreform- und Protestbewegungen wurden aufbegehrende, normabweichende und traditionelle Lebens- und Verhaltensstandards lockernde Jugendkulturen zum Leitmotiv nahezu aller späteren jugendkulturellen Avantgarden (vgl. Lehnartz 2005, S. 158f.).

Und Jugend, Jugendlichkeit und Jugendkulturen wurden seit der Jahrhundertwende zum 20. Jahrhundert noch zögerlich und nur für bestimmte bürgerliche Milieus, seit den 20er Jahren schon in Ansätzen milieuübergreifend universaler werdend und vor allem seit den 60er Jahren vollends gleichgesetzt mit vergesellschafteten Tendenzen des Individualismus, einer individualistischen und antitechnokratischen Lebensführung und Kreativität.

Jugend und Jugendkulturen wurden im Markt, in der Werbung, in der Technik, in der Musik, in der Mode, im Sport und im gesamten Konsumsektor zur neuen globalen Leitkultur, zur tendenziell nonkonformistischen flexiblen Geisteshaltung, die immense – von vielen Jugendkulturen gerade nicht intendierte – Innovationspotentiale in Gang setzten und dynamische ökonomische und kulturelle Schubkräfte für gesellschaftliche Entwicklungsprozesse ermöglichten.

Jugend und Jugendkulturen wirkten darüber hinaus – in historisch nie gekannter Weise – als Multiplikator geschmacks- und lebensstilprägend für Ältere. Das Gegenkulturelle, Subversive und Rebellische wurden sehr schnell zur Life-Style/ Lebensstil-Metapher nicht nur für Erwachsene, sondern – paradox genug – auch für konsumierende Konsumkritikerinnen und -kritiker (Lehnartz 2005, S. 152). Und daran scheint sich bis heute nur wenig verändert zu haben. Zudem wird es für Jugendliche, Jugendgruppen und Jugendkulturen immer schwerer gegenüber den Mächten und Sogwirkungen des Marktes – aber auch der öffentlichen Hand – Eigenständigkeit zu bewahren (vgl. Mitterauer 1986, S. 223).

In der Eltern-, Großeltern- und Urgroßelterngeneration war man noch mit Leib und Seele Wandervogel, Pfadfinder und Arbeitersportler oder war mit Haut und Haaren Mitglied einer informellen Jugendgruppe oder Clique. Auch Schützen-, Feuerwehr-, Turn- und Sport- sowie Jugendvereine und konfessionelle Jugendgruppen mit spezieller Zielsetzung bedeuteten meistens eine generelle umfassende, alle wichtigen Lebensbereiche einschließende Eingliederung und Sozialisation. Schon der enorme Konformitätsdruck und der hohe Grad der Ritualisierung in allen Lebensbereichen ließen wenig Spielraum für individuelles Handeln (vgl. Mitterauer 1986, S. 242), Toleranz gegenüber Fremden war sehr begrenzt. Eine solche multifunktionale, totale Bindungsbereitschaft der Jugendlichen wurde seit den 50er und 60er Jahren des 20. Jahrhunderts immer seltener (vgl. Mitterauer 1986, S. 235). An deren Stelle traten partikularisierte und stärker individualisierte Formen, etwa was Dauer und Intensität der Zugehörigkeit betrifft. Vorläufergestalten hierzu waren das aus den USA importierte offenen Clubwesens oder im Zuge der erörterten Aufweichung traditioneller Gesellungsformen tendenziell deinstitutionalisierte und entritualisierte jugendliche Gemeinschaftsbindungen der informellen Jugendgruppen bzw. Jugendkulturen oder Jugendszenen, obwohl neue individualisierte Rituale auch in informellen Jugendgruppen entstehen und auch etwa bei Aufnahme (Mutproben, Kleidung, Habitus und Ausdrucksformen bspw. im Rahmen von Großveranstaltungen wie Rock- und Popkonzerte, Fußballspiele) praktiziert und durchgesetzt werden (vgl. zum Folgenden auch: Ferchhoff 2005, S. 413ff.).

2   Teddy-Boys, Halbstarke und Rockerphänomene in den 50er und 60er Jahren. Zur Entstehung und Verbreitung des Rock'n'Roll

Das Erscheinungsbild der Halbstarken war von Beginn an medial und kommerziell mitbestimmt. Ihr spezieller Sprachjargon, ihre körperliche Ausdrucksformen und Attitüden (raubeinige Körperkraft als wichtiges internes Differenzierungs- und Hierarchisierungsprinzip), ihre Kraftsportarten (Boxen, Ringen etc.), ihre körperkulturellen Haltungen, ihre Kleidungsstile (enge Röhren- bzw. Niethosen, aufgeknöpfte Hemden, teilweise schwarze Lederjacken, Schnürsenkel-Schlipse), ihre Geschmacksäußerungen (Elvis-Tollen, hochfrisiert und viel Pomade, Marke Brisk, eingeschmiert, resp. Entenschwänze, Cäsarenfrisuren) und schließlich ihre Raumaneignungen (Bindung an lokale Territorialität/street-corner-societies; Eroberung und Verteidigung von Straßenzügen gegenüber rivalisierenden Gruppen und zugleich mobiler expansiver Drang durch Motorisierung/eigene Mopeds) waren wesentlich durch die Produkte, Symbole und Accessoires der amerikanischen und in Teilbereichen der britischen Konsum, Medien- und Kulturindustrie vermittelt worden. Dies traf freilich auch auf ihre Macho-Allüren zu (rohe und derbe, manchmal gewalttätige Männlichkeit mit chauvinistischen Zügen, Imponiergehabe und Beschützersyndrom gegenüber Frauen. Mädchen hatten trotz der erwähnten kleinen zarten Zeichen der Befreiung aus dem üblichen Rollengefüge nach wie vor ab- und zuwartende, fürsorgende und erotisch-zuliefernde, also traditionell passiv-erduldende und untergeordnete Rollen zu spielen).

Neben der erwähnten weltweiten, heute würden wir sagen, globalisierten Amerikanisierung der Jugendkulturen nicht nur in Deutschland und Europa, übrigens auch entgegen aller ideologischen Verlautbarungen in Osteuropa war und ist auch im 21. Jahrhundert Großbritannien der zentrale Zulieferer für die jugendkulturellen Musikströmungen und Musikszenen in der Bundesrepublik Deutschland, in Europa und in der Welt. Anfang der 60er Jahre wurde England mit dem Aufkommen der britischen Beatmusik (vor allem *Beatles, Yardbirds, Rolling Stones, Who, Kinks* u.v.a.m.) tonangebend und übernahm für einige Jahre mindestens bis zur Durchsetzung der kalifornischen west-coast-, surf-, oder *good vibrations-music* die Führung in der jugend- und musikkulturellen Beeinflussung Deutschlands. Erst ab 1967 änderte sich dies wiederum. Eine neue Phase der Rock- resp. Popmusik wurde nicht nur mit dem sophisticated werdenden britischen Beat (Entstehung und Entwicklung des Londoner ‚Underground'; zu erkennen auch in den *Beatles-Alben*: ‚Rubber Soul' ‚Revolver' und ‚Sergeant Pepper'; zu erkennen auch in der *Stones-LP* ‚Beggars Banquet', 1968) eingeleitet (vgl. Chambers 1985, S. 85). Nach dem britischen Interregnum der Beatmusik wurden vor allem auch die kalifornischen Surf-Gruppen wie die Beach Boys, Jan & Dean oder *Scott McKenzie* mit ‚San Francisco' in Deutschland bekannt, berühmt und erfolgreich. So gesehen fand eine Revitalisierung der amerikanischen *Rock-* und *Pop-Musik* statt. Andere, so genannte *Acid-Rock-* und *Popgruppen* von der amerikanischen Westküste folgten und wurden im Zuge der Hippiebewegung weltweit und auch in Deutschland sehr bedeutsam wie etwa *The Byrds, The Doors, Jefferson Airplane, The Grateful Dead, Country Joe* und *The Fish* u. a. Sie nahmen psychedelische Klänge auf und vertonten surrealistische Texte, die drogenunterstützt eine Erweiterung des Bewusstseins versprachen. Dabei bezogen sie sich auch auf weiße Folkmusik, auf Countryklänge und *Cityblues*. Hinzu kamen musikalische Anregungen aus Großbritannien bspw. von *Donovan* oder später auch von *Steeley Span* und *Fairport Convention* (mit *Sandy Denny*), die sie mit lyrisch-literarischen Ambitionen, wie es etwa *Bob Dylan* vorgemacht hatte, anreicherten (vgl. hierzu: w.u.).

2.1   Rocker-Szene

Obgleich sich das amerikanische *Rockerwesen* (sich in bestimmten Stadtvierteln befehdende wilde Motorradgruppen) bis in die dreißiger Jahre zurückverfolgen lässt, wird die eigentliche Geburtsstunde der *Rockerkultur* generell auf die so genannten Hollister-Unruhen 1947 (in einer Kleinstadt im Süden der USA randalierten während eines Motorradrennens mehr als 3.000 Motorradfahrer) zurückgeführt. 1948 gab sich eine kleine Gruppe mit schweren Motorrädern vom Typ einer in den Kreisen hochgeschätzten ‚Harley-Davidson‘ aus San Bernadino den Namen *Hell's Angels*. Diese Gruppe ist dann weit über den US-amerikanischen Raum seit Mitte der 60er Jahre zumeist wegen ‚krimineller‘ Handlungen und spätestens in Deutschland 1969 seit dem Altamont Rockfestival, das die *Rolling Stones* mit über 300.000 Tausend jugendlichen Besuchern veranstalteten, unrühmlich bekannt geworden (vgl. Simon 1989, S. 84). „Die *Hell's Angels* waren als Ordnergruppe engagiert, und in einer Vermischung der Rollen von Polizei, Richter und Henker erstachen sie vor den Augen der Zuschauer einen Farbigen. Dies hinderte nicht ihre internationale Ausbreitung" (Baacke 1993, S. 55), und es bildeten sich in vielen Metropolen Europas *Hell's Angels-Rocker-Gruppen*.

In Europa waren die mobilen US-amerikanischen Lebensformen, die sich neben vielen anderen auch die amerikanischen Rocker zu eigen machten, schon deshalb nicht ganz nachvollziehbar, weil in Europa der Mythos der Weite, Größe und Leere des USA-Kontinents fehlt. Zu dem äußeren Erscheinungsbild trat die provokante stilbildende soziale Verwendung von Moped und Motorrad. Das Unterwegssein wurde lange vor der individualisierten Motorisierungswelle zum Selbstzweck, zum Symbol für jugendliche Sehnsucht und ‚Unrast‘ und zur äußeren und zugleich zur inneren erlebnisorientierten Action in unterschiedlichen Lebensmilieus und zu unterschiedlichen Zeiten. Dieses ‚Unterwegssein‘ konnte man allerdings schon weiter früher bei den Wanderungen der ‚zünftigen Gesellen‘, den Fahrten und Lagern der deutschen Jugendbewegung um die Jahrhundertwende und der vielgestaltigen ‚bündischen‘ Jugendbewegung in den zwanziger Jahren des 20. Jahrhunderts beobachten.

2.2   Rock'n'Roll: die Musik

Als Erfinder des Begriffs *Rock'n'Roll* gilt der o.g. (weiße) Diskjockey *Alan Freed*, der Anfang der fünfziger Jahre (seit 1951) schon Konzerte mit farbigen R&B-Musikern für schwarze und weiße Jugendliche organisiert hatte, und auch seine Musiksendungen (*Alan Freed's Rock and Roll Party*) häufig bewusst gegen die Coverversionen der weißen Interpreten mit genuin schwarzen Rhythm & Blues-Titeln würzte bzw. den *Jive-Talk* der Schwarzen imitierte. Es ist allerdings in der Musikgeschichte umstritten, ob *Freed* den *Rock'n'Roll-Begriff* tatsächlich erfunden und/oder von seinem Plattenhändler *Leo Mintz* in Cleveland übernommen hat (vgl. Kneif 1982, S. 118f.).

Vor allem mit *Elvis Presley*, mit *Bill Haley*, mit *Little Richard, Fats Domino* u. a., dem populär- und massenkulturell wirksamen amerikanischen *Rock'n'Roll*, aber auch mit den britischen Teds und den deutschen Halbstarken (ebenfalls *Rock'n'Roller*) erschienen gerade in nicht bohemehafter, in nicht intellektueller und in nicht avantgardistisch-bürgerlicher Weise im Kontext massenmedialer und konsumorientierter Verbreitung weitere Sendboten „einer global wirksamen, kapitalistisch befeuerten Kulturrevolution", welche zunächst die jugendlichen Bewohner vorwiegend aus dem Arbeitermilieu der „westlichen Hemisphäre" – und in den 50er Jahren noch nicht über alle Sozialmilieugrenzen hinweg – nachhaltig „dauerverjugendlicht" hatten (Lehnartz 2005, S. 72). Der Stil der *Rock'n'Roller*, der *Teds* und der *Halbstarken* war – wie bspw. schon in den historischen proletarischen ‚*Wilden Cliquen*' der 20er Jahre in der Tradition der Arbeiterkultur – ausgeprägt machistisch.

Mit *Elvis* 1954, aber auch mit *James Dean* (‚Rebels without a Cause') und ein wenig eher schon 1953 mit *Marlon Brando* in Ergänzung und Kombination der *Hipster* und *Beatniks* wurde auch die Metapher und die (Geistes-)Haltung Coolness – freilich im historischen Verlauf im Kontext verschiedener ‚Coolness-Mutationen'" wegweisend und weltweit in eine Art Dauerhaltung von Jugendkulturen transportiert. Im Anschluss an die schwarzen Wurzeln des *Cool Jazz* der dreißiger und vierziger Jahre des 20. Jahrhundert wurde speziell durch den wegweisenden jugendkulturellen Film ‚*The Wild One*' zum ersten Mal die Basis der (weißen mainstreamaffinen) jugendgemäßen Coolness als attraktive individuelle Daseinsform in *Rock'n'Roll-, Redneck- und Ted-Attitüde* des *Bossanova* und *Bebop* kultiviert und präsentiert, unmittelbar bevor der *Rock'n'Roll*, der auch Anleihen bei der weißen *Country-* und *Hilbillymusik* sowie beim schwarzen Blues machte, – schon mit kräftiger ökonomisch-industrieller Geburtshilfe – auf den Plan trat.

Mit Coolness wurde eine emotionale Distanzierung und Unantastbarkeit ausgedrückt; eine ursprünglich aus Westafrika stammende und über den Sklavenhandel in die Karibik und in die Südstaaten der USA transportierte rituelle schwarze Haltung der Beherrschung und des Charakters – eine Art Überlebenstechnik von Sklaven, um körperliche und seelische Degradierungszeremonien der Sklaventreiber auszuhalten und zu ertragen (vgl. hierzu Ferchhoff 2011).

Der ehemalige Lastwagenfahrer *Elvis Aaron Presley* war neben *Bill Haley* derjenige Weiße, der in der Mitte der 50er Jahre den *Rock'n'Roll* gerade auch im Zusammenhang einer grenzüberschreitenden kulturellen Herausforderung durch Temperament und sexuelle Ausstrahlung der ‚sauberen Mittelklassenwelt' in bestimmten weißen jugendkulturellen Lebensmilieus noch ‚schmackhafter' machte. 1956 wurde das Chartgeschehen mit *Rock'n'Roll-Hits* wie ‚Don't Be Crue', ‚Jailhouse Rock', ‚Hound Dog', ‚Heartbreak Hotel', ‚I Want You, I Need You, I Love You' von *Elvis* wesentlich (mit-)bestimmt (vgl. Pollock 1981, S. 7). Insbesondere *Elvis Presley* war es auch, der den *Rock'n'Roll* mit ‚schwarzem Timbre in der Stimme', seiner berühmten Elvis-Tolle, seinen provozierenden Texten und vor allem mit seinen legendären ‚Zuckungen', seinen Schlotter-, Hüft- und Beckenbewegungen, die zum Markenzeichen für *Elvis the Pelvis* wurden, ‚authentisch' verkörperte und dadurch bei einem großen Teil weißer Jugendlicher in den

USA Rassenbarrieren zumindest kulturell einebnete. „It was the force of *Presley's* voice and performance on the combined features of the musical material that mashed white gospel, country music and black rhythm and blues in a new musical and cultural code" (Chambers 1985, S. 37).

Unumstritten ist auch, dass schon damals die ,Propagandaqualitäten' der im Musikgeschäft einflussreichen *DJs* (eine Mixtur aus Musik, Werbung und Small Talk) genutzt und auch erste ,Schmiergelder' (,Pay-to-play'/,Payola-Skandal' in den USA Ende der 50er Jahre) „gezahlt wurden, um sicherzugehen, dass die Radio-DJs die zu promotenden Platten auch wirklich spielten" (Poschardt 1995, S. 44).

Technisch mediale Neuerungen übernahmen wichtige Funktionen für die Verbreitung des ökonomischen Massenerfolges des *Rock'n'Roll*. Die nach dem Zweiten Weltkrieg entwickelten 17 cm Schallplatten aus Vinyl waren dünner, bruchsicherer und leichter zu transportieren als die vorher verwendeten 78er Schellackplatten. Und die 45er-Singles ermöglichten den Massenumsatz mit der „schnell verderblichen Ware der Hits" (Maase 1992, S. 95). Hinzu kam beim Plattenspieler die „Umstellung des Abtastsystems von der Stahlnadel zur Saphirspitze". Dadurch wurde die Abspielfreude von *Rock'n'Roll-Scheiben* erheblich vergrößert. Die Wiedergabe war – wie die Aufnahme – ebenfalls besser, und die Nadel hielt länger. Mit den neuen Mikrophonen und Tonbändern sowie den leistungsstärkeren Verstärkeranlagen wurden auch die Echo- und Halleffekte gesteigert. *Rock'n'Roll* lebte auch von der „Lautstärke, die den treibenden Rhythmus erfahrbar machte" (Maase 1992, S. 95). Darüber hinaus wurden die kleinen, batteriebetriebenen, in Bakelit-Gehäusen untergebrachten Transistorradios und Mignons (tragbarer Plattenspieler für Singles von Philipps) geschätzt, um *Rock'n'Roll-Musik* auch im Freibad oder Park zu hören. Schließlich war es die elektrische Gitarre, die entscheidend mit dazu beitrug, dass der *Rock'n'Roll* auf die Erfolgsspur geriet (vgl. Zimmermann 1984, S. 68).

Vor allem mit dem populär- und massenkulturell wirksamen amerikanischen *Rock'n'Roll*, aber auch mit den *britischen Teds* und den deutschen *Halbstarken* (ebenfalls *Rock'n'Roller*) erschienen gerade in nicht bohèmehafter, in nicht intellektueller und in nicht avantgardistisch-bürgerlicher Weise im Kontext massenmedialer und konsumorientierter Verbreitung weitere Sendboten „einer global wirksamen, kapitalistisch befeuerten Kulturrevolution", welche zunächst die jugendlichen Bewohner vorwiegend aus dem Arbeitermilieu der ,westlichen Hemisphäre' – und in den 50er Jahren noch nicht über alle Sozialmilieugrenzen hinweg – nachhaltig „dauerverjugendlicht" haben (Lehnartz 2005, S. 72). Trotz des ,ausgeprägt machistischen' Stils von Rockern, Teds und Halbstarken (vgl. w.o.) ließen sichselbst in den Erscheinungsformen des *Rock'n'Roll* (Tanz- und Kleidungsstile, Habitus) immerhin schon „Züge einer androgynen Aufweichung oder Facettierung harter Männlichkeit ausmachen" (Maase 1992, S. 120). In den sich vornehmlich aus der Arbeiterklasse sich rekrutierenden proletarischen Jugendcliquen selbst spielten die Mädchen, wenn sie überhaupt zugelassen wurden und auftauchten, eine noch untergeordnetere Rolle als in den zeitgenössischen, eher bürgerlichen Jugendkulturen. Sie waren Anhängsel und auch Statussymbole der männlichen

Anführer (vgl. Kluchert und Schilde 1985, S. 186; Krüger 2010). In den *Rock'n'Roll*- und *Halbstarkenkulturen* – und auch ein wenig später in den *Rockerkulturen* – wurden die mitwirkenden Mädchen in einer eindeutig subalternen und manchmal auch sexistischen Einstellung als *‚Moped-Bräute'*, *‚Stammzähne'* oder *‚Sozius-Miezen'* bezeichnet und diskriminiert (vgl. Maase 1992, S. 134).

Grundlegend sollte sich dies erst in den tendenziell sozialmilieuübergreifenden Jugendkulturen ändern, die seit den 60er und in den 70er Jahren des 20. Jahrhundert in enger Verbindung zu der immer stärker aufkommenden Emanzipationsbewegung der Frauen standen. Mit dem Aufstieg und der Durchsetzung der amerikanisierten globalen Populärkulturen war nicht unterschiedslos „der Aufstieg der einfachen Leute zu sehen." Die Klassen- und Milieugrenzen wurden nicht vollends aufgehoben; dennoch kam es zu Machtverschiebungen. Soziale und kulturelle Hierarchien und Machtunterschiede wurden abgeflacht und wirkten in vielen jugendkulturellen Alltagszusammenhängen quer durch die Klassen egalisierend. Das galt und „gilt insbesondere für das Verhältnis der Geschlechter und der Altersgruppen" (Maase 1997, S. 275).

Jugendkulturen und -szenen hatten seit den späten 60er Jahren eine milieu- und geschlechtstranszendierende globale Avantgarderolle übernommen. Sie wurden noch stärker als beim *Rock'n'Roll* und *Beat* insgesamt auch zum Jungbrunnen der Kultur- und Konsumgüterindustrie. Die Konsum- und Kulturgüterindustrie wuchsen in neue Größenordnungen. Neben der verlängerten Jugendphase auch für Mädchen und die traditionellen Unterschichten sowie der Ausweitung der Gleichaltrigengruppen universalisierten sich die Kaufkraft, Zeitressourcen und die Kreativität der Jugendlichen noch stärker, die auch schon den 50er Jahren des 20. Jahrhunderts gegenüber den Kriegs- und Vorkriegszeiten sehr bedeutsam waren, sie stiegen noch schneller. Und die Märkte der Popmusik und Mode – unterstützt durch technische Neuerungen wie elektronisch ausgerichtete Studios, Entstehung eines flächendeckenden Systems individuell nutzbarer Tonträger, durch die Entstehung eines „dichten Netzes von Einrichtungen und Verhaltensmustern: (Lang-)Spielplatten und Festivals: Partys, Discos, Radio- und Fernsehsendungen, Jugendzeitschriften, Kleidung und Frisuren" (Maase 1997, S. 256), inszeniertes, ästhetisierendes und stilisiertes Auftreten, expressives zur Schau stellen, Jugendsprache etc. – wurden transkulturell weltumspannend zum Leit- bzw. Hypermedium der alltäglichen Populärkultur, zur „flächendeckenden Basiskultur", kannten nun wirklich keine nationalen Grenzen mehr.

Das lässige, die bürgerlichen Verhaltensstandards lockernde Lebensgefühl des *Rock'n'Roll* dürfte nicht zuletzt auch durch kulturelle Umwälzungen unterstützt worden sein: (Durchsetzung der Massenmedien, vermehrte Arbeiterfreizeit und Freizeitkultur, Entstehung einer immer wichtiger werdenden Freizeit- und Jugendkulturindustrie, Aufkommen des und Teilhabe am Massenkonsum(s), demokratisierende Effekte einer pluralistischen, nicht mehr nur bildungsbürgerlich gegängelten und zensierten Massenkultur) Kaugummi, Coca Cola, Blue Jeans, Boots etc. als Faible für US-Produkte und Sinnbilder des „american way of life", das (tragbare) Radio, der (tragbare) Plattenspieler (in Deutschland der Schneewittchen-Sarg von

Braun), die Venyl-Schallplatte als Single, der Kinofilm, die Motorisierung (Kreidler-Mopeds und Motorräder), Plätze, Straßen, Quartiere, sogenannte Pressluftschuppen mit Musikboxen und Kicker-Automaten, Kinopaläste sowie Kirmesplätze mit Auto-Scooter und Raupe unterstützt haben (vgl. Sträter 1985, S. 137ff.; Zinnecker 1987, S. 85ff.).

Traditioneller Männlichkeitskult, der historisch für nahezu alle bürgerlichen und proletarischen Jugendkulturen galt, überlebte in einigen Jugendkulturen auch die Frauenbewegung und die vielen androgynen Tendenzen in den meisten anderen zeitgenössischen Jugendkulturen. Dezidiert machistische Züge wiesen und weisen die jugendlichen *Rocker-, Mods-, Biker-, Skinhead-, Fußball-Fan-(Hooligans-), Punk-, Grunge- und Hip-Hop-Kulturen* auf, gleichwohl in den *Modskulturen* der 60er Jahre und in den *Punk- und Grungekulturen* der 70er und 90er Jahre die Dominanz und die Rigidität der harten Männlichkeitsrituale aufgeweicht und zurückgedrängt wurden.

Dass *Rock'n'Roll* Slang-Ausdruck für Beischlaf ist, ‚Schaukeln und Wälzen‘ oder ähnliches bedeutet (man vergleiche das deutsche ‚hämmern‘, ‚nageln‘, ‚bumsen‘), war in Deutschland kaum bekannt. Aufregung im Zusammenhang des *Rock'n'Roll* gab's auch so genug. Die „ersten Tourneen mit einigen amerikanischen *Rock'n'Roll* Stars, allen voran *Bill Haley* and the Comets führten in der Bundesrepublik Deutschland zu historischen Saalschlachten" wie in der Ernst-Merck-Halle in Hamburg oder im mittlerweile abgerissenen Berliner Sportpalast (Brauer 1981, S. 255).

Eine derartige, unter anderem auch auf die Musikströmung des *Rock'n'Roll* bezogene popularisierte und alltagskulturelle ‚Amerikanisierung von unten‘ wurde in den 50er Jahren von Teilen der Arbeiterjugendlichen und vornehmlich von den *Halbstarken* und (ein wenig später von den) *Teenagern* in der Bundesrepublik Deutschland zuerst aufgegriffen, weil Bezüge und Linien (zumindest latent und vermittelt) zur – wenn auch schon in Ansätzen aufgeweichten –Arbeiterkultur vorhanden waren und als Stilelemente zum Habitus hart arbeitender einfacher Menschen aus den Unterschicht-Milieus passten.

Dennoch wurde der *Rock'n'Roll* als Musik-, Tanz- und Kleidungsform nicht nur in bürgerlichen Kreisen als kulturelle Verführung und Bedrohung aufgefasst. Traditionelle Vorstellungen vom Habitus eines ‚ordentlichen deutschen Jungen und eines ordentlichen deutschen Mädchens‘ gerieten ins Wanken. (Jeans-)Hosen und Make-up ‚galten als dem Lernen abträglich‘, und ‚lange und gestylte Haare, körperbetonte Hosen und grelle Farben bei Jungen – kurze Haare, Schlabberpullover und Hosen bei Mädchen‘ schienen neben einer Lockerung der Kleiderordnung und Verhaltensstandards eine Verwischung der Geschlechtscharaktere und damit eine Verletzung der ‚alltäglichen Korrektheit‘ anzuzeigen.

Immerhin konnten über die zweifellos wichtigen elementaren sinnlichen Genüsse hinaus insbesondere Kontrollen, Abhängigkeiten und kulturell hegemoniale Legitimität durch massenkulturelle Prozesse der Vulgarisierung, Informalisierung und Kommerzialisierung gemildert sowie persönliche Handlungsmöglichkeiten, Autonomiebestrebungen und Verhaltensstandards jenseits von vorherrschender Lebensweise und enggeführter Alltagsmoral erweitert werden.

Insbesondere auch der Titelsong von *Bill Haley*: ,*Rock around the Clock*' in dem Film *Blackboard Jungle* war ebenfalls in Kombination mit der Coverversion – und im Zuge einer schleichenden zögerlichen Aufweichung von Rassismusgrenzen – mit einer Prise *Hilbilly* eingeweißten Version von ,*Shake, Rattle und Role*' Wegbereiter des weltweiten popkulturellen Siegeszugs des *Rock'n'Roll*. Hinzu kamen zeitgleich seit Mitte der 50er Jahre die in unmittelbarer Begleitung des *Rock'n'Roll* entstehenden gleichsam weltweiten Halbstarkenphänomene. Auch in Deutschland setzte sich der *Rock'n'Roll* zunächst qua Soldatensender AFN und BFN durch (vgl. wie der *Rock'n'Roll* nach Deutschland kam: Bloemeke 1996). Ein Film, der *Rock'n'Roll* und *Halbstarkenphänomene* thematisierte, namentlich: Die Halbstarken mit *Horst Buchholz* kam in die Kinos.

Coolness, *Rock'n'Roll, Ted-Attitüde,* halbstark und – in der gemäßigten Variante – *Teenager-Haltung* können leitkulturell für die zweite Hälfte des 20. Jahrhunderts im Anschluss an die erwähnten wichtigen historischen Vorläufergestalten der tendenziell noch begrenzten, noch nicht voll milieutranszendierenden und noch nicht voll entfalteten globalen jugendkulturellen Bewegungen (*Wandervogel, Pfadfinder, bündische Jugendbewegungen, Arbeiterjugendbewegung, Jazz, Swing, Existentialismus, Hipster, Beatniks, Tänze wie Boogie-Woogie, Jitterbug* in den frühen 50er Jahren) als wirklich erste große, durchaus schon vollständig mediatisierte und kommerzialisierte globale jugendliche, die bürgerliche (Jugend-)Kultur aufweichende und enthierarchisierende Massenbewegung gesehen werden. Man kann auch sagen: Während die britischen *Teddy-Boys*, die französischen *Blousons noirs*, die niederländischen *Nozems*, die italienischen *Vitelloni* und die deutschen *Halbstarkenkulturen* noch hohe Milieu-Affinitäten zur Arbeiterklasse aufwiesen, verbreiteten der *Rock'n'Roll* insbesondere im Medium der ein wenig *weichgespülten Teenagerkulturen* sein „Credo bis in die letzten Winkel des Planeten: Jugendlichkeit ad nauseam" (Lehnartz 2005, S. 72).

Immerhin kündigte sich im Anschluss an die *Swingjugend* mit dem Auftauchen der *Teenager- und Halbstarkenkulturen* in den 50er Jahren (die Entdeckung bzw. Erfindung des *Teenagers* fand allerdings schon 1944 in den USA durch Marketingprofis statt, denn Jugendliche zwischen 14 und 18 Jahren wurden, wie der amerikanische Kulturwissenschaftler und Medienjournalist Jon Savage rekonstruiert hat, als neue attraktive wirtschaftliche Zielgruppe wahrgenommen, vgl. w.o.) im Lichte von Mediatisierung, Kommerzialisierung, Technisierung und Internationalisierung, aber auch im Zuge der Aufwertung ,kultureller Schlüsselobjekte' wie Musik, Medien, Sport, Fahrzeug, Tanzhalle etc. sowie im Zuge einer generellen Aufwertung der ,alltagskultureller Gegenstände' wie Aussehen, Kleidung, Frisur, Körperhaltung etc. eine schrittweise Ablösung der moralisch-pädagogischen Codes – vor allem unterstützt durch amerikanische Idole der Populärkultur (zunächst *Frank Sinatra* als erster Superstar der amerikanischen, vornehmlich weißen weiblichen *Teenager*).

In der britischen *Teenager-Szene* kam es im Zuge einer Aufweichung eines ausgeprägten Klassenbewusstseins zu einer Entwicklung einer spezifischen klassenübergreifenden Jugendkultur, die gerade nicht auf die Angehörige der Arbeiterklasse beschränkt war, die in Großbritannien in den 60er Jahren des 20. Jahrhundert viel stärker ausgeprägt war und deutlich sichtbarere Konturen aufwies als in den USA oder auch in der Bundesrepublik Deutschland.

Es fand eine „allmähliche Assimilierung des Lebensstils der *Arbeiter-Teenager* durch die Mittelschichtjugend" statt. „Fish and Chips Mädchen machten sich die neuen informellen Umgangsformen ebenso zu eigen" wie die Mädchen aus den vornehmen Vierteln (Frith 1981, S. 218f.).

Zum *Teenager* gehörten im Übergang vom pädagogisch-moralischen Code zum kommerziellen, konsumorientierten Code in der Jugendthematik (vgl. Maase 1992, S. 164ff.). Definitionselemente eines neuen vorwiegend weiblich geprägten amerikanisierten Freizeit- und Konsumstils und Umgangsformen aus den Angestelltenmilieus; eine ‚Ästhetik des Flotten'. Im alltäglichen, nicht nur deutschen Sprachgebrauch waren *Teenager* in den 50er und 60er Jahren Jugendliche, die im Gegensatz (es gab auch gemeinsame Schnittmengen und eine allzu strikte Entgegensetzung ging an der Wirklichkeit vorbei) zu den *Halbstarken* von vielen Erwachsenen gerade noch so, was ihre Lebensstilbildungen anging, geduldet wurden. Der *brave Teenager* war so gesehen nicht die Antwort auf den *wilden Halbstarken*. *Teenager* arrangierten sich mit den ökonomischen Triebkräften und Konsummöglichkeiten, kosteten diese – zumeist mit dem selbst verdienten und zur eigenen Verfügung stehenden Geld trotz der noch bestehenden Institution des *Kostgeldes/Haushaltsabgabe* – genussvoll für weitere Autonomisierungs- und Informalisierungsprozesse aus. Sie hörten die Musik von *Elvis Presley*, sie schätzten in den USA, in Europa auch in Deutschland die Musik von den amerikanischen, kanadischem und britischen Soft-Rockern *Paul Anka, Pat Boone, Ricky Nelson, Cliff Richard,* speziell in Deutschland auch von *Ted Herold*, der auch als *Elvis Verschnitt* die *Halbstarken* begeisterte, *Peter Kraus* und *Conny Froboess*. Sie fuhren mit ihren Vespa-Rollern unbesorgt und vergnüglich in der Gegend herum, lasen BRAVO, die mit der ersten Ausgabe 1956 auf den Markt kam, versammelten sich vor den Spielautomaten und Musikboxen etwa in Jugendclubs, Cafés und Milchbars. Beliebt waren für *Teenager-Girls* Pferdeschwanz und Pony, Petticoats, gelegentlich auch schon Jeans, die zu jener Zeit wie das Make-up noch in pädagogischer Vorstellung dem Lernen abträglich galten, spitze Pfennigabsätze, mit denen Löcher in das Parkett gebohrt werden konnten, und Hula-Hoop-Reifen (vgl. Zimmermann 1984, S. 80f.; Maase 1992, S. 212; Krüger 2010).

Jugendmusik, Rock'n'Roll, Beat und Pop, aber auch (Jugend-) Sport und Mode (Symbole, Ikonen; Stars und Marken) und ein Prozess der Juvenilisierung der gesamten (westlichen, jenseits der offiziellen staatsideologischen kulturellen Mogelpackungen auch in der Alltagskultur der osteuropäischen) Gesellschaften schienen spätestens seit jener Zeit unter der Domäne einer amerikanischen Populärkultur ein (fast) universelles, weltumspannendes globales Phänomen zu werden. Ehemals vereint im Kampf gegen das Spießertum, gegen das Establishment und gegen den uncoolen Mainstream: in den späteren Jugendkulturen freilich noch viel stärker und schneller vereinnahmt im Konsum für das Establishment, gleichwohl die Ökonomie des Establishments auch einen radikalen mobilen Nonkonformismus etwa des *Hipstertums* oder der *Beatniks* sehr gut in ihrer Logik gebrauchen und funktionalisieren konnte. Seit jener Zeit ereilte fortan jede jugendliche gegenkulturelle Widerstands- und Protestbewegung. Die Logik, manche meinen der Fluch, dass die Ökonomie, die Zwänge des Marktes gegen die sie antrat(en), „immer schon auf sie gewartet hatte(n) und sie begeistert empfing(en)". Trotz aller gegenkulturellen, kreativen Durchbrüche, in denen die Jugendkulturen qua Musik tatsächlich empirisch die Bedürfnisse wirklich zusammengehöriger oder her- gestellter Gemeinschaften repräsentierten, hatte nicht selten „gerade die (Kultur-) Industrie sogar erheblich dazu beigetragen, die jeweils nächste Jugendwelle ins Leben zu rufen" (Lehnartz 2005, S. 116). Nur für sehr kurze Zeiten schienen etwa jugend- liche Musikkulturen in der Lage zu sein, gegenkulturelle Interessen derjenigen Gruppen von Jugendlichen zu repräsentieren, der die Musikerinnen bzw. Musiker selbst angehören. Man ging davon aus, dass die Musikerinnen und Musiker ein Teil der Gemeinschaft blieben, für die sie Musik machten. Ihre gegenkulturelle Musik war bewusster Ausdruck der gemeinsamen Lebensvorstellungen. Einen solchen gegenkulturellen Anspruch erhoben bspw. die *Hippie-Kulturen* in den späten 60er Jahren. Die *Skinheads* ebenfalls in den 60er Jahren und die *Punks* in den 70er Jahren. Allerdings gerieten auch diese – oftmals allzu idealistischen – Wunschvorstellungen in die unhintergehbaren Strukturen und Zwänge der Schallplatten-, Medien- und Kulturgüterindustrie, die nationale und internationale Erfolge anstrebten (vgl. Frith 1981, S. 59f.). Sie heizte die Inszenierung von jugendkulturellen Stilen mittels Kleidung, Musik, Freizeitangeboten und Gebrauchsgegenständen an. Hinzu kam und kommt, dass jugendliche Rebellion und Widerstand in ‚coolen Posen' massentauglich unter- stützt durch die Konsumgüterindustrie (Mode, Musik, Film, Sport, Marketing und Werbung) zum „Exportschlager der globalen Kulturindustrie, der buntesten Speerspitze des globalen Kapitalismus" (Lehnartz 2005, S. 130) wurde. Aber selbst wenn rebelli- sche Jugendkulturen zum massenkulturellen Mainstream und jugendliche Protest- und Gegenkulturen wie schon beim *Rock'n'Roll* von Anfang an nicht nur kriminalisiert, son- dern auch funktionalisiert, deformiert und kommerzialisiert werden, wurde und wird im Rahmen der ‚eigenartigen Symbiose von Gegenkultur und Konsumindustrie' zumindest der Mythos der authentischen Rebellion und des emanzipatorischen Protests nicht wirk- lich nachhaltig und ernsthaft erschüttert.

2.3   Twist und andere Tanzstile

Mit dem *Rock'n'Roll*, angefangen in den 50er Jahren, nahm und nimmt der Rock als „Exklusiveigentum der Teenager" (Cohn 1976, S. 19), vielleicht sogar als milieuüber- greifende, jugendeigene Musik eine für die kommenden Jahre und Jahrzehnte immer zentralere Bedeutung in den Jugendkulturen ein. Zwar war der originäre *Rock'n'Roll* am Ende der 50er Jahre erst einmal am ‚Ende'. *Elvis'* Karriere spiegelt auch den Niedergang des *Rock'n'Roll*. Er ging 1959 zur Army nach Deutschland und sang ‚Muss i denn zum

Städele hinaus'. Sodann wanderte ‚*Elvis the Pelvis*' in das Lager der seichten und leichten Muse und sang 1960 ‚It's now or never' oder ‚o sole mio'. Andere epochemachende Rock'n'Roller wie *Buddy Holly* starben. 1960 war der *Rock'n'Roll* in den Hitlisten vollends verschwunden. Andere Musikformen wie bspw. der *Twist*, der – in der ‚Peppermint Lounge' in Manhatten durch die New Yorker Society über Nacht berühmt und kreiert wurde (vgl. hierzu Chapple und Garofalo 1980, S. 291ff.) – zwar einen ähnlichen Rhythmus wie der *Rock'n'Roll* aufwies und auch Elemente des *Blues* einschloss, traten Anfang der 60er Jahre auf den Plan. Den originären *Rock'n'Roll* beerbte Anfang der 60er Jahre zunächst der in New York (‚Peppermint Lounge' in Manhatten) von *Joey Dee & The Starlighters* eingespielte *Peppermint-Twist*. Nicht entstanden, aber bekannt geworden ist der *Twist* zur gleichen Zeit durch *Chubby Checker*. Er hatte ihn mit Auftritten in Dick Clarks Musik- und Fernsehshow *Bandstand* mit ‚Let's twist again' weltberühmt gemacht. Die Genese des Twists reicht als Tanzform bis ins 19. Jahrhundert zurück. „In ihrem Buch „Jazz Dance" beschreiben die Tanzforscher Marshall und Jean Stearns einen Tanz namens Twist, der während der Sklaverei aus dem Kongo nach Nordamerika kam. Schon 1844 hatten schwarze Tänzer dem staunenden Publikum in Schottland und England den „Grape Vine Twist" vorgeführt. Als wahrer Vater des modernen Twists aber gilt nicht Chubby Checker, sondern der Rhythm & Blues-Musiker Hank Ballard" (Mrozek 2011) mit seiner Band *The Midnighters*, der Ende der 50er Jahre eine vom Gospel-Musiker *Brother Jo Jo Wallace* geschriebene erste Demo- und Venyl-Version von *The Twist* aufnahm. Der weltweite Durchbruch gelang allerdings erst mit *Chubby Checker*.

Und auch Jugendliche in der Bundesrepublik Deutschland konnten Körperlichkeit und Beweglichkeit durch den *Twist* ausdrücken und verdrehten kurze Zeit später ihre Hüften zu *Chubby Checkers* ‚Let's twist again', ‚Twist and shout' und ‚The Twist' (vgl. Zimmermann 1984, S. 87ff.). Die Begeisterung für die *Twist-Musik* und für den hüftschwenkenden butterweichen Tanzstil konnte allerdings in den zwei Jahren seiner weltweiten Hochzeit, gleichwohl auch *Twist-Unruhen* und *Twist-Krawalle* in den sogenannten *Gammler-Kreisen* in München-Schwabing 1962 diagnostiziert wurden, nie an die vitale gegenkulturelle und die jugendkulturell wegweisende Kraft des *Rock'n'Roll* anschließen. So schnell wie die *Twisteuphorie* aufkam, so schnell flaute sie auch wieder ab. Im Gegensatz zum *Rock'n'Roll* war der *zahme* Twist und auch die anderen Modetänze der damaligen frühen 60er Jahre wie *Hully-Gully, Madison, Mashed Potato* oder *Bossa-Nova* etc. von vornherein bis in die konventionellen Tanzschulen hinein geduldet und als Gesellschaftstanz geschätzt. So schnell, wie der *Twist* und die anderen Modetänze aufgetaucht waren, verschwanden sie auch wieder.

Der englische *Mersey*- und *London Beat* verdrängte auf der globalen Weltbühne zu Anfang der 60er Jahre des 20. Jahrhundert den klassischen amerikanischen *Rock'n'Roll* und den nicht so bedeutsamen *Twist*, gleichwohl sehr viele Elemente des amerikanischen *Rock'n'Roll* neben dem britischen *Skiffle*, eine Verbindung von Folklore- und Jazz-Elementen, in den *britischen Beat* eingegangen sind (vgl. w.u.).

3   Zur Ausdifferenzierung der Jugendmusikkulturen.
Die Mods der 60er Jahre – Vorreiter und Vorbilder von
Jugendkulturen und -musikkulturen späterer Jahrzehnte

3.1   Die Mods

Die *Mods* ('*Modernists*') – vornehmlich aus dem Osten Londons – waren größtenteils
Arbeiter- und Angestelltenjugendliche und häufig in sogenannten *Scooter-Gangs* organisiert. Ihr zentrales Symbol waren die Auto-Scooter der Kirmesplätze. Die *Mods* waren
noch stärker als Teile der *Teds* vor allem „obsessed by clothes". Im Gegensatz zu den
Teddy Boys waren ihre Aspirationen – zumindest symbolisch – eher „upward", gleichwohl ihre ökonomische und soziale Lage als un- oder angelernte Arbeiterinnen und
Arbeitern bzw. als kleine Angestellte eher nicht von glanzvollen Wohlstandserfahrungen,
luxuriösen Clubs und „schönen Frauen" geprägt war (Hebdige 1979a, b, S. 163).
Sie bevorzugten als 'Arbeiterdandys', wenn auch meistens nur in einer prunkvollen
Phantasiewelt, supermoderne Kleidung im 'Italiano-Stil' und aufgemotzte, chrom-
verzierte Motorroller. In der Wirklichkeit reichte es allerdings meistens nur zu einem
„abgewetzten Parka, einer aufgedonnerten Vespa und zu Fish & Chips aus einer fetti-
gen Tüte" (Hebdige 1973, S. 7). Die *Mods* reflektierten im Rahmen ihres Lebensstils und
ihrer Musik- und Kleidungsvorlieben freilich nur auf dem Weg der Imagination das
hedonistische Bild vom wohlhabenden Konsumentinnen und Konsumenten. Neben dem
wichtigen Klamotten- und Plattenshopping bewegten sie sich im aktiven Nachtleben
der City „als Flaneure und Dandys durch die Straßen und versammelten sich abends
in Clubs, Bars und Diskotheken". Ihr Habitus war geprägt durch Coolness, ein distan-
ziert beobachtendes Gehabe, das noch im narzisstischen Werben um Aufmerksamkeit
'Mehrscheinen' und 'Überlegenheit' ausdrücken sollte. Neben der Mode waren – jenseits
der Unterdrückung und Kontrolle am Arbeitsplatz durch Erwachsene – Action, Körper,
Musik, Medien und Amphetamine für die *Mods* sehr bedeutsam. Durch die Alchimie
des Speed schienen die *Mods* jugendbezogen, gegenwartsorientiert und unersättlich
eine 'magische Omnipotenz' zu erreichen, wodurch die Dynamik ihrer Bewegungen
gesteigert, die Möglichkeit ihres Handelns vermehrt und ihre Beschäftigungen verklärt
wurden. Amphetamine machten das Leben erträglich, blockierten die sensorischen
Nervenbahnen, damit Action, Risiko und Aufregung möglich wurden, hielten einen auf
der endlosen Konsumrunde in Trab und schränkten alle Aufmerksamkeit auf die Suche,
das Ideal, das Ziel ein, statt auf das Erreichen des Ziels: Erleichterung, statt Befreiung.
Der Song 'The Searcher', von den *Who*, sprach die Bedeutung der Suche als selbststän-
diges Ziel aus: „I ain't gonna get what I'm after, till the day I die" (Hebdige 1979a, b,
S. 164). Die Musik der *Mods* war in den Anfängen, was die Inspiration anging, strikt
schwarz: Rhythm & Blues, früher *Soul* und *jamaikanischer Ska*.

„When not spun by a DJ – discothéques were now opening: there was LA Discothéque
in Wardour Street in this period – the chosen sounds of *James Brown, The Miracles,
Prince Buster, Mary Wells, John Lee Hooker*, were recreated by *Georgie Fame and the*

Blue Flames, Chris Farlowe and the Thunderbirds, Long John Baldry and the *Hoochie Coochie Men, Ronnie Jones and the Night-Timers.* Not long afterwords, a more local 'Londonesque' sound, also influenced by *R & B.* and early soul music, appeared. The *Who* were probably the nearest thing to a mod group. Their first record, when they still called themselves The High Numbers, was fittingly titled, 'I'm The Face'. The music was altogether more edgy, more nervous, more distinctly white and English than the earlier British *R & B* groups. *Pete Townshend's* chopped guitar chords, the mannic drumming of *Keith Moon,* and *Roger Daltrey's* waivering vocals – whether by intention or association – neatly caught the pilled up London night life on the mod mythology in a series of effective anthems: *My Generation, Can't Explain, Anyhow, Anywhere"* (Chambers 1985, S. 77).

Wie die meisten Jugendkulturen und Jugendmusikkulturen setzten auch die *Mods* unmissverständlich auf Jugendlichkeit und Gegenwartsorientierung. Prozesse des Älterwerdens wurden – wie sie bspw. in den Songs der *Who* und der *Rolling Stones* vorkamen (beide ‚*Heroen der Mods*') – eher als Alptraum wahrgenommen. Aus *My Generation,* von den *Who,* dem thematischen Kultsong der Schlachten von 1964 in den englischen Küstenkurorten wie etwa Brighton oder Bornmouth: ‚Things they do look awful cold/Hope I die for I get old'. Oder die Nummer der *Rolling Stones,* ‚Mother's Little Helper', die von der Amphetaminsucht der mittleren Jahre handelt, ein verständlicherweise voraussehbarer Alptraum der *Mods:* „What a drag it is getting old" (Hebdige 1979a, b, S. 165).

Musikalische Kultgruppen waren für die *Mods* zumindest in den Varianten der *Scooter-Boys* und der *Hard Mods* die frühen *Rolling Stones,* die später auch im Kontext ihrer musikalischen Weiterentwicklung Rockerkulturen, nahezu alle Versionen von *Beat-* und *Rockfans* und sogar Hippiekulturen faszinierten, und ganz besonders *The Who,* die mit ihren Kult-Hymnen wie *I can't explain, Substitute* und wie schon erwähnt mit *My Generation* gut gelaunt und emotional aufgeheizt in die berühmten und berüchtigten südenglischen Seebadschlachten mit den Rockern gingen (vgl. Cohen 1972, S. 169).

Darüber hinaus hatten die *Mods* seit 1963 ihre eigenen, lebensstilgemäße musikkulturelle Kultsendungen: „jeden Freitagabend gab es die Popshow „Ready, Steady, Go" (RSG!), mit der Inszenierung einer Clubatmosphäre (Baacke 1993, S. 73f.). Hinzu kam das *Mod-Programm* ‚Whole Scene Going'. In beiden *Mod-Programmen* tauchte das Verb ‚to go' auf und dies deutete darauf hin, dass im Lebensstil der *Mods* der Bewegung und dem Tempo etwa beim Motorroller fahren und Tanzen eine bedeutende Rolle zugewiesen wurde.

Die *Mods* waren – unterstützt durch Aufputschmittel – ständig in Bewegung, von einem Tanz- und Mode-Laden (Aufkommen der Boutiquen) zum anderen, von einem Club zu anderen. Sie waren extrem konformitätsablehnend und ehrgeizig, gaben sich arrogant, narzisstisch, kleidungsbewusst und zynisch und waren in der Vorliebe für das gute Aussehen im dezidiert exklusiven konsumorientierten Lebensstil verbissen. Sie traten auf wie Mehrscheiner und fühlten sich in der Wahl und dem Mitmachen der Mode-Gags als Gewinner. Sie fuhren aufreizend cool mit ihren Motorrollern im 25-Kilometer Tempo und in Formation durch die Straßen – denn im Gegensatz zu vielen aus der Arbeiterklasse stammenden städtischen jugendlichen Territorialgruppen lebten die *Mods* nicht auf der Straßen und brauchten auch kein Territorium zu verteidigen (vgl. Frith 1981, S. 251).

Durch die verschiedenen Medieninszenierungen erlangten die *Mods* nicht nur durch ihre Auseinandersetzungen mit den Rockern Aufmerksamkeit. Sie waren in der Mitte der 60er Jahre die wahren Sieger und Vorreiter eines bemerkenswerten unersättlichen Konsumismus auch in der *Beat-* resp. *Rockmusik*, obgleich sie selbst nicht nur passive Konsumenten, wie ihre hedonistischen Nachfahren vornehmlich aus den Mittelschichten waren (vgl. Hebdige 1979a, b, S. 166). Die *Mods* waren arrogant und narzisstisch; sie „traten auf wie Gewinner, und der Konsum war für sie gleichermaßen Tummelplatz und letzte Zuflucht, sie bedienten sich der neuesten Modegags, benutzten Aufputschmittel; und gleichzeitig entwickelten sie seine Straßenkultur mit Gangs, Kämpfen, Herausforderungen und Provokationen" (Frith 1981, S. 251).

Freilich nicht nur durch die kreativen *Mods* wurde nach Liverpool nun eindeutig London zum Mekka der *Beatmusik*. Es begann die Zeit des ‚Swinging London‘, die Blütezeit der Clubs und Discotheken, in denen – wie z. B. in den berühmten Marquee- und Flamingo-Clubs – zugleich auch die bekanntesten Bands seiner Zeit auftraten. In London kam es auch zu einem erfolgreichen *Mod-Marketing*. Nicht mehr das ‚Schwarz-Weiß‘ der Liverpooler Szene wurde tonangebend, sondern „eine als Shocking verkaufte Farbenexplosion aus der Carnaby Street. Die Girls trugen zitronengelbe, locker herunterhängende Hemden mit überdimensionierten Kragen und blaugrüne, weit ausgestellte, eng über den Hüften sitzende Hosen mit einem superbreiten Skai-Gürtel. Jede(r) sah mindestens so chemiesüß wie ein figurativ aufgeblähtes Marshmellow aus […]. Grelle und plakative Plastikfarben dominierten" (Kraushaar 1986, S. 221) im innovationsträchtigen Klima Londons. Mit der Kreation der Minimode durch *Mary Quant* gelang weltweit eine invasionsähnliche Durchsetzung. Neben den entstehenden Clubs und Discotheken wurden Boutiquen, Jeans-Shops und Modegeschäfte eröffnet. In bestimmten Clubs wie dem Scotch of St. James, dem AdLib, dem Cromwellian, versammelten sich wichtige und glitzernde Menschen, fotografiert von David Bailey und *Terrence Donovan*, gekleidet durch Mary Quant, Ossi Clark und *Angela Crash*, das Haar gestylt durch *Vidal Sasson*, dicht an dicht gedrängt mit *John Lennon, Jean Shrimpton, Mick Jagger, Dusty Springfield, Roger Daltrey* und *Twiggy:* dort verwirklichten sie ihren Lebensstil aus den bunten Magazinen zu den Rhythmen von König Beat und *Pop* (vgl. Chambers 1985, S. 57). Auf diese Weise entstand eine lebendige, dynamische und hochkommerziell geprägte, trotz femininer und androgyner Züge immer noch männlich dominierte jugendkulturelle Szene, obgleich inzwischen auch für Mädchen erheblich größere Bewegungsspielräume nicht nur durch Mode und Pille entstanden, deren Errungenschaften – Szenegründungen im kommerziellen Raum – wiederum weltweit auch in andere Großstädte und später auch in die Provinz getragen wurden (vgl. Baacke 1993, S. 158). Im Zusammenhang und teilweise auch jenseits der Modskulturen, die eine sehr starke britische Affinität und Fokussierung aufwiesen, in den USA zumindest als *Modskulturen* gar nicht auftauchten und im übrigen Festland-Europa auch nur eine kurzlebige jugendkulturelle Randerscheinung blieben, setzten sich die gleichsam britischen Beatkulturen nach 1963/1964 international durch (vgl. w.u.).

3.2   Hard-Mods und Skinheads

Die in den 60er Jahren aus den *Mods-Szenen* hervorgegangenen *Hard-Mods* in Großbritannien hatten im Anschluss an die spektakulären ‚seeside clashes' (Seebäderschlachten) in Brighton, Margate, Scarbourough und Clayton zwischen den eher am *Dandy-Stil* der *Teds* orientierten *Mods* und den eher aus den *harten Ted-Traditionen* stammenden *Rockern* noch gelegentliche Zusammenstöße mit den übriggebliebenen, versprengten *Rockern.* Die *harten Mods* und nicht die übriggebliebenen *Rocker* wurden als unmittelbare Vorläufer der Ende der 60er Jahre auftretenden *Skinheads* in den untergehenden nordenglischen Industriemetropolen Großbritanniens gesehen. Die von den gesellschaftlichen Aufbruchsstimmungen jener ausgeschlossenen Arbeiterjugendlichen aus den industriellen Ballungsräumen und Vorstädten, die am stärksten von Arbeitslosigkeit betroffen waren, und in Teilkulturen des (sub-)proletarischen Arbeitermilieus angesiedelten und sich als proletarische Underdogs fühlenden *Skinheads* hegten Aversionen nicht nur gegenüber den aus den Ober- und Mittelschichten stammenden soften, verweichlichten und feminisierten *Hippies*, sondern auch gegenüber großen Teilen der mit modischen (Bekleidungs-)Accessoires spielenden *weichen Mods.* Sowohl die *Mods* als auch die *Hippies* hatten ja die überkommenen Rollenbilder männlichen und weiblichen Aussehens und Auftretens in gewisser Weise aufgeweicht und unterminiert. Die *britischen Skinheads* signalisierten und repräsentierten nicht nur mit dem Tragen der traditionellen Kleidung der männlichen arbeitenden Klasse wie schwere Arbeitshosen, breite Hosenträger, Jeans, Westen, schwere Schnürstiefel etc., sondern auch im Zusammenhang ihrer rigiden männlichen Ausdrucksformen und puritanischen Bildern von harter Männlichkeit, dass sie im Zuge der Aufweichung der proletarischen Arbeits- und Lebensgemeinschaften zumindest an deren symbolischen Wiedergewinnung bezüglich der Arbeiterklassenidentität interessiert waren (vgl. Cohen 1972, S. 201). Die Betonung sichtbarer Maskulinität zeigte sich auch in der „Gefängnisglatze, dem Haarschnitt, dem sie ihren Namen verdankten" (Clarke und Jefferson 1976, S. 58). Die *britischen Skinheads* übernahmen als „enterbte Erben" der Arbeitergemeinschaft oder -solidarität eine kollektive Tradition, der die wirkliche ökonomische und soziale Grundlage abhanden gekommen war (Clarke 1979, S. 173).

Die Musik der *Skins* war in den 60er Jahren zunächst eine *Reggae-Variante*: der *Ska* („Hervorhebung unbetonter Taktteile, Lautstärke-Akzente, Verwendung von Blechbläsern in der Rhythmusgruppe). Dessen stilisierte Aufsässigkeit verkörperte für bestimmte Mitglieder schwarzer wie weißer britischer Jugend" (vornehmlich für die Jungen) eine „gemeinsame Sprache, die der Rhythmen aus Jamaika und der aufsässigen Jugend von Kingston Town" (Chambers 1985, S. 163). „Es handelte sich zunächst um eine auch in der Szene nicht anerkannte Musik, weil sie nicht zur Theorie *progressiven Rocks* passte. Man nannte sie, „Zero degree music" (Chambers 1985, S. 151). John Gee, Manager des Marquee Club, der Pilgerstätte der *britischen Rock- und Popwelt* in den 60er Jahren, schloss den *Reggae* aus – aus stilistischen und geschäftlichen Gründen, während die Vorgänger des *Reggae, Ska und Blue Beat* gespielt wurden. Damit war der *Reggae* frei für neue, sich abgrenzende Bewegungen, und dazu gehörten die *aggressiven Skins*". Dies wurde erst anders, als die schwarzen, vorwiegend aus Jamaika stammenden *Rastafarians* sich ihrerseits auf ihre musikalischen roots ,zurückbesannen'. Die ihre weiße Ethnizität in den Vordergrund rückenden *Skinheads* gaben die *Ska-Musik* auf und orientierten sich später in den 70er Jahren im Zuge der Renaissance der *Skinheadbewegung* an bestimmten Versionen der *Punkmusik* und kreierten dann sehr schnell ihre eigene – mit noch radikaleren Vereinfachungen arbeitende – sogenannte *Oi–Oi-Musik*. Es gab und es gibt verschiedene Varianten von *Skinheads*, die nicht nur das *Böse* und *Prollige* verkörperten und nicht nur als *Symbole für Neofaschismus* und *Ausländerfeindlichkeit* galten. Bei den *Skinheads* handelte und handelt es sich um die vermeintlich gegenwärtig letzten proletarisch-männerbündisch dominanten, stolzen, kultigen (vgl. Farin 2001, S. 103) und mit „viriler Selbstbehauptung" (Schneider 1997, S. 112) aufwartenden rebellisch-provozierenden Jugendkulturen in ihren verschiedenen Exemplaren:

- Es gab und gibt *Red-Skins*, die aus der *Punk-Bewegung* und aus der jamaikanischen und westindischen schwarzen Kultur (*Skinheads und Rude Boys*: schwarz und weiß gemischt) der nicht-rassistischen *Ska-Szene* (Sammelbegriff aus den 60er Jahren für frühen *Reggae*, *Rocksteady* und *Blue Beat*) hervorgegangen sind. Hierbei handelte es sich bspw. um Mitglieder von *RASH* (,*Red And Anarchist Skinhead*').
- Hinzu kamen die ebenfalls nicht-rassistischen *SHARP-Skins* (1988 in New York: Zusammenschluss von ,*Skinheads Against Racial Prejudice*', die allerdings im 21. Jahrhundert nur noch die Aufnäher trugen), die es seinerzeit leid waren, immer nur pauschal als Faschisten gelabelt zu werden, und politisch eher links standen (Lebensstilmotto allerdings: Eher keine Politik: „Wir wollen weder Führerhauptquartiere noch Politbüros. Die Frage, die uns wirklich tief beschäftigt, ist: Wo ist die nächste Party?"; Skintonic S. 8 zit. n. Farin und Seidel-Pielen 1993, S. 133; oder: „Lieber mal eine Prügelei als ständige Schleimerei"; Farin 1997a, S. 10; 2001, S. 105).
- Darüber hinaus gab es die *Oi-Skins*, die, politisch eher gespalten, *Oi-Musik* (legendär bspw. *Skrewdriver*, im Zusammenhang mancher ehemaliger *Punk/Oi!-Bands* Verbindungen zur *Heavy Metal Musik* und zum *Hardcore*) hörten und häufig überhaupt nicht standen, weil sie in der Regel dafür als tumbe *Suff-Prolls* durch ihr Koma-Saufen zu besoffen waren und sich eine Glatze zulegten, weil ihre Haare nichts mehr unter der Schädeldecke vorfanden, worin sie hätten sich festkrallen können (Farin und Seidel-Pielen 1993, S. 136). Zwar waren nicht alle jungen Leute, die eine Glatze trugen, *Skinheads*.

In großen Teilen der jugendlichen *Skinheadszene* galten neben traditionellen „Insignien der Arbeiterklasse früherer Jahrzehnte" (Farin 2001, S. 106) die (Gefängnis-) Glatze und die Heroisierung körperlicher Arbeit sowie die „Pflege traditioneller Männlichkeitsrituale" (Farin 1997a, S. 24) lange Zeit als ein „starkes Zeichen". Die *Skinheads* der ersten Generation in Großbritannien in den späten 60er Jahren waren leidenschaftliche Fußballfans und quartiersbezogen auf Schlägerein aus. Die „Nassrasur

des Schädels folgte einem puritanischen Design, und diese Askese des Haarschmucks"
hinterließ wie ihre Musik, ihre Stiefel und klobigen Bergarbeiterschuhe, ihre Lonsdale-
Shirts, ihre Hosenträger, ihr geselliges Alkoholvernichten, Komasaufen und Raufen,
ihre Feindbilder vor allem gegen *Spießer, Hippies* und verweichlichte *Mods*. Ihre
raue Sprache, ihre Gemeinschaften, ihre Gewaltriten und -erlebnisse sowie ihre
Tätowierungen „reine Marken des Männlichen" (Schneider 1997, S. 113).

- Schließlich gibt es rechte *Rüssel-Skins* oder *Nazi-Skins*. Seit den späten 80er
  Jahren gab es auch eine ausdifferenzierte Palette von weit über 100 martialisch lau-
  ten und volksverhetzenden skinheadorientierten ‚Rechtsrock-Bands' mit eindeu-
  tig nazistischen Namen wie bspw. *Landser, Zillertaler Türkenjäger, Doitschtum,*
  Endsieg, Elbsturm, Kahlkopf, Gestapo, Zyklon B, Volksverhetzer, Waffen SS,
  Hauptkampflinie, Einherjer, Spreegeschwader oder mit anderen, nicht immer eindeu-
  tig nazistischen Bezeichnungen wie *Bierpatrioten, Schlagabtausch, Pöbel und Gesocks,*
  Westsachsengesocks. Vor allem die inhumanen, menschenverachtenden Liedtexte von
  Landser (mit Bandleader *Michael Regener,* später mit neuem Bandnamen: *Lunikow-*
  Verschwörung), aber auch die musikalischen Spaßproduktionen der *Zillertaler*
  Türkenjäger repräsentierten die *rechten Skinheadkulturen* in den 90er Jahren. Im 21.
  Jahrhundert traten bspw. „die *Neonazi Bands Kommando Freisler* und die so genann-
  ten *Weißen Jäger* in die Fußstapfen der braunen Fun-Kultur" (Fromm 2007, S. 205).

Vorherrschend in allen *Skinheadkulturen* waren und sind Machismo, eine männlich
proletarische Variante; Imagination und historische Rekonstruktion von Männlichkeit,
Mythos und Stolz auf die physische Manneskraft und auf die hypermaskuline weiße
Arbeiterkultur, Saufrituale, bestimmte, körperbezogene Tanzformationen, ähnlich
wie beim *Punk, der Pogo-Tanz.* Die *Skinheads* kommen bis heute in großen Teilen aus
dem Arbeitermilieu, zumindest werden Bezüge zum legendären Spirit of 1969, dem
Widerstandsmythos der working claas in Großbritannien hergestellt (vgl. Breyvogel
2005, S. 60).

Weibliche Skinheads, die es – zwar unterrepräsentiert – freilich auch meistens im
Schatten der männerdominierten Szene gab und oftmals von *echten* Männern und harter Musik fasziniert waren, unterteilten sich in sogenannte *„Renees" und „Torten",* wobei
die *„Torten"* als Bräute der *Skinheads* fürsorglich und meistens blond sind und szenespezifisch feminin als *hübsch* gelten, oftmals Dauerwellen, Bomberjacken, aber selten
Springerstiefel tragen, Discotheken und Clubs aufsuchen und sich nicht in körperlichen
Auseinandersetzungen prügeln, während die *„Renees"* i.d.R. ihre Haare abschneiden
und nur ein paar Strähnen stehen lassen, zuweilen im Zusammenhang ihrer robusten
und ruppigen Umgangs- und Erscheinungsformen als *„fett und hässlich"* gelten, die
Mädchencliquen auch mit Gewalt traktieren, kontrollieren und dominieren und sich
zudem zur Selbstbehauptung von den berüchtigten männlichen Schlägern nichts sagen
lassen (vgl. Schröder 1997, S. 85; El-Nawab 2007, S. 129).

Freilich schien gerade auch im Gegensatz zu den *ersten Skinheads* in den 60er Jahren
im historischen Verlauf nichts begreiflicher als die „Feindschaft der Skins gegen lange

Haare, gegen aufwendige, manieristische Semiotisierungen des Gesichts, gegen die androgyne und metrosexuelle Vertauschung der Geschlechtscharaktere". Die *Skin-Gruppe Endstufe* verdeutlichte dies prägnant: „Frauen mit Schwänzen, Männer mit Fotzen, das sind Transvestiten und die find ich zum Rotzen" (ebd., S. 121). Manchmal gab es fließende Übergänge zur *Rechtsradikalen-Szene* mit vielen Prügeleien und Hetzjagden gegenüber Asylantinnen und Asylanten, Ausländerinnen und Ausländern und Migrantenjugendlichen. Viel Alkohol und extensives Alkoholvernichten sind immer im Spiel. Hinzu kommt eine weitverbreitete Stimmungslage der informellen, ‚freien', ‚lokalen Kameradschaften' – mit einer dumpfen Mischung aus Nationalismus, Arbeiterstolz, Ausländerhass, Fremdenfeindlichkeit, Gewalttätigkeit, Aggression und Zukunftsangst. Die militanten und gewaltbereiten *Boneheads* oder *Fascho-* bzw. *Scheitel-Skins* stehen i.d.R. mit dem Heben der rechten Hand zum Hitlergruß und zuweilen mit dem gesungenen *Horst-Wessel-Lied* sowie dem nicht selten ironisch gebrochenen Hass, mit manchmal indizierten Texten, die neben Rassenwahn auch „Straßenlyrik" über „Sex und Liebe, Partys und Freundschaften, Fußball und die Randale danach, über Arbeitslosigkeit und Ärger mit den Staatsorganen" (Farin 1997b, S. 240) beinhalten, ganz weit rechts. Der *skinheadorientierte Rechtsrock*, obwohl in erster Linie immer noch *Message-Rock*, schien allerdings in seiner Mehrheit seit den späten 90er Jahren nicht mehr ganz so barbarisch, „weniger schockierend, weniger spontan" (ebd., S. 235), wie noch einige Jahre vorher, zu klingen. Es hatte im Anschluss an die staatliche Repressionswelle von 1992 und 1993 ein Mimikry vom rebellischen Aufbegehren gegen die Obrigkeit im Rahmen einer „nationalen Revolution zum quasi staatstragenden Blockwart und *kleinbürgerlichen Spießerwelt* der rechten Musik-Szene stattgefunden: *Anpassung im öffentlichen Auftreten*, ohne *traditionelles Skinhead-Outfit*, Verbreiterung des musikalischen Spektrums, nicht nur knallharter *Hardcore* und aggressive Texte, sondern auch Balladen wurden etwa vom *nationalen Barden Frank Rennicke* für die *schmachtenden Herrenmenschenherzen* (ebd., S. 240) präsentiert. *Rechtsrockorientierte Skinheadkonzerte* waren und sind in der Regel im Sinne und Selbstverständnis der Beteiligten *familiäre Ereignisse* und sind bis heute im ersten Jahrzehnt des 21. Jahrhunderts, wenn ihre *Message-Konzerte* offen nationalsozialistisch sind, nur unter „strengster Abschirmung" möglich (ebd., S. 230). Untereinander kennt man sich. Die *Rechts-Rock-* und *Skinheadbands* konnten und können allerdings nicht von ihrer Musik leben. Von daher besitzt der *skinheadorientierte Rechtsrock* – wie auch der Mehrheit der *nicht-rechten Oi!-Musiker*, wie immer noch viele *Punk-, Hardcore-* und auch andere *Milieu-Bands* – eine gewisse authentische und antikommerzielle *Bodenhaftung*. Die Musiker waren und sind meistens männliche *Stars zum Anfassen* und stammen aus ähnlichen Lebensverhältnissen wie ihre ebenfalls zumeist männlichen „Fans Sie sind keine Stars. Sie leben, denken und sprechen wie sie, trinken mit ihnen, beantworten ihre Briefe und E-Mails, verschicken ihre Platten auf szeneeigenen Plattenlabels und Konzertdaten oft höchstpersönlich. MTV, Viva und die etablierte Musikpresse boykottierten ihre Musik. Interviews mit ihnen las man nicht in der *Bravo*, im Musik-Express oder im *Rolling Stone*, sondern auf Homepages im Internet und in szeneeigenen Fanzines" (ebd., 240; Farin 2001, S. 122ff.). Selbst wenn der *Rechtsrock* inzwischen in weiten Teilen auf dem „Weg zur Mitte der Gesellschaft" sei und die Grundhaltung eines kleinbürgerlichen Spießers eingenommen haben soll, der „sich eine ordentlichere, besser aufgeräumte, männlichere Gesellschaft ohne Fremde, Kritiker und Problemgruppen wünscht" (ebd., S. 230), trat und tritt man etwa via *Kraft durch Froide, Commando, Pernod, Endstufe, Skrewdriver* (mit dem 1993 tödlich verunglückten einzigen Popstar der Rechtsrockszene Ian Stuart), *Schlachtruf, Triebtäter, Sturmwehr, Rheinwacht, Sperrzone, Kahlkopf, Nordwind, Radikahl, Sturmgesang, Störkraft, Volkszorn* und via anderer (z. T. *rechtsextremer*) Skinhead-Bands „nicht nur gelegentlich nationalgesinnt gegen alles Nicht-Doitsche" (Kersten 1997, S. 97) auf und bspw. für die ‚White-Power-Bewegung' in England an. In den *rechtsorientierten Skinheadszenen* malträtierte man *Aussiedlerinnen und Aussiedler, Schwule, Linke, Behinderte, Kanaken* und *Ausländerjugendliche* und zündete Asylantenheime an. Hinzu kamen die verschiedenen, das „rebellische jugendliche Potential" abschöpfenden, sich mehr und mehr vor allem im Osten Deutschlands breitmachenden Gruppierungen der aus England stammenden neonazistischen *„Blood and Honour-Bewegung"* sowie der aus den Vereinigten Staaten stammenden, ebenfalls neonazistischen *„Hammerskins"*, die sich als „Elite-Organisation mit rassistischer Ausrichtung" (Wehner 1998, S. 10) verstehen, und die nicht nur das „Gefühl genießen", und Spaß daran hatten, gehasst zu werden (Farin 1997a, S. 9; 2001, S. 125). Sie spielten und kokettierten nicht nur mit den Symbolen der Nazizeit, sondern signalisierten schon eher männlichkeitsbezogene aggressive Dauerbereitschaft, initiierten und provozierten – wie SA-Sturmtrupps, unterstützt durch die *verbotene* Musik von *Ostseefront, Kraftschlag* oder *Landser* im Rahmen geschlossener rechter und faschistoider Weltbilder und dem ganzen Gedankenschrott des Dritten Reiches – gewaltförmige Aktionen und betrieben auf diese in ihrem Sinne eindeutige Weise praktisch wirksame ideologisch-rassistische Propaganda in Form von übersichtlichen, gewalttätigen Auseinandersetzungen. In einigen Orten und Kleinstädten Ostdeutschlands waren und sind viele Kneipen, Clubs und auch Jugendeinrichtungen sowie wichtige einsehbare Orte und Plätze (vgl. Farin 2001, S. 201) von den *neonazistischen Skinheadgruppierungen* erobert, so dass man sogar in den „Wir-Gefühlen" der Kameradschaften und der ritualisierten und ordnungsliebende Männerbünde von ausländerfreien, „von befreiten Zonen" spricht, die von den Rechtsradikalen und den erwähnten *Skinheads* nahezu vollständig – manchmal ohne Gegenwehr – ideologisch und alltagspraktisch sozialräumlich wirksam besetzt und kontrolliert werden (Heitmeyer 1998, S. 18; Farin 2001, S. 201). Und für viele Jugendliche in Ostdeutschland schien es offensichtlich bis in das 21. Jahrhundert hinein normal und cool, *rechts* zu sein. Auch die populistischen Stimmungen in der Bevölkerung schienen ebenfalls zumindest diffus *rechts* zu sein. Der verbohrte und rassistische Hass bezog und bezieht sich in den Augen der *Neonazis* auf alle Menschen, die als Ausländerinnen und Ausländer, Flüchtlinge, Asylsuchende und Einwandererinnen und Einwanderer eine *falsche* Hautfarbe haben, die *sexuell abweichend, obdachlos, behindert* oder auch nur als *Zecken* oder *Punks* eine linke Gesinnung besitzen. Beweggründe für diese Feindbilder waren und sind Neidgefühle und eigene diffuse Ängste. Im Falle der Ausländerinnen und Ausländer gibt es bis heute in den rechtsradikalen Ideologiebildern drei zentrale

Vorwürfe: *Erstens*: Ausländerinnen und Ausländer werden als hochgradig kriminell definiert – vor allem im Drogendealerbereich und was den ‚sexuellen Missbrauch' angeht. *Zweitens*: Ausländerinnen und Ausländer werden zudem beschuldigt, dass sie als Flüchtlinge, ALG II- bzw. Hartz IV-Empfänger und Arbeitslose, ohne zu arbeiten, *unser* Geld einheimsen und auf Kosten der Deutschen vergleichsweise luxuriös leben können. Darüber hinaus werden *drittens* Ausländerinnen und Ausländer verdächtigt, die deutschen Frauen anzumachen, um ihre eigenen zu *schonen* und den Deutschen die Frauen, Wohnungen und vor allem die Arbeitsplätze wegzunehmen (vgl. Farin 1997b, S. 227). Die zuweilen losen, ohne feste Organisationsstrukturen, manchmal aber auch stärker vernetzten *neonazistischen Szenen* in den neuen Bundesländern (der Verfassungsschutz schätzte schon vor über zehn Jahren die unorganisierte gewaltbereite rechte Szene in Gesamtdeutschland auf insgesamt 7600 Personen, nahezu ausschließlich männlichkeitsspezifisch, davon sollen allein in dem kleinen Bundesland Mecklenburg-Vorpommern 800 leben; vgl. Wehner 1998, S. 9) begreifen sich selbst als alltagskulturelle, sozialisatorisch wirksame soziale Bewegung und normative Kraft bzw. als nationalpopulistische Avantgarde (vgl. Schröder 1997, S. 245), als vollstreckender „Ordnungsfaktor in direkter Konkurrenz zur Polizei" und versuchen den „Eindruck zu erwecken, dass sie die Bevölkerung eher vor den vermeintlich schädlichen Folgen *massenhafter* Zuwanderung", die allerdings empirisch gesehen etwa im Vergleich zu den alten Bundesländern eher bescheiden ausfällt, und „den Reibungen zwischen diversen kulturellen Traditionen schützen könnten als die politischen Entscheidungsträger" (Schröder 1997, S. 19; Farin 2001, S. 195ff.). In der *neonazistischen Szene* nicht nur Ostdeutschlands ist seit einiger Zeit festzustellen, dass das ehemals *skinheadaffine* obligatorische und klischeehafte Outfit: Glatze, Bomberjacke und Springerstiefel nur noch bei Teilen des minderjährigen Nachwuchses anzutreffen ist. In den Outfits gleichen sich die linken und *rechten Szenen* (*linke* und *rechte Autonome* sind oftmals nicht mehr zu unterscheiden) immer mehr an. Der Körperkult und das Outfit der *Skinheadszene* waren – ein wenig anders als in der *ultrarechten Neonaziszene* – lange Zeit eindeutig proletarisch und vor allem gegen das herrschende tendenziell androgyne Schönheitsideal – schlank, knackig, ohne Fettröllchen und Waschbrettbauch – gerichtet. Die nackten, immer nur männlichen Oberkörper mit Bierbäuchen der *hässlichen Deutschen*, wie sie bei *Skinheadkonzerten* hundertfach zur Schau gestellt wurden und beim Tanzen, beim *Pogen*, unterstützt durch hammerartige Rhythmen, „verschwitzt aneinander rempeln, waren der elementarste Ausdruck des *Skinhead-Vitalismus*" (Hillenkamp 1997, S. 205). Seit der Jahrhundertwende ist es neben einem leichten Abebben der *Skinheadwelle* (auch das traditionelle, stets aus der alltagskulturellen Mitte der Gesellschaft heraus diffamierte und stigmatisierte Outfit der Skinheads ist nur gelegentlich noch zu sehen, oftmals aber einem, aus anderen aktuellen Jugendkulturen entliehenen Outfit gewichen) zu einer tendenziellen Entpolitisierung und Ausdifferenzierung der *Skinheadkulturen* gekommen. Spaßkulturen wie „Saufen, Partys, Pöbeln und Sex" sind – im Sinne ‚back to the roots' – wieder zentraler geworden. Mittlerweile ist neben heidnischen Sonnenwendfeiern, Runenkult, Germanenmystik auch in den *rechten Jugendkulturen* – wie in anderen Jugendkulturen – ein Patchwork aus Musik, Sprache und Kleidung festzustellen. *Rechte Jugendkulturen der Neo-Nazis haben* vornehmlich auf dem flachen Land und in den Kleinstädten im Osten Deutschlands mit pop-, spaß-, wohlfühl- und erlebniskulturellen Elementen der vielseitig kombinierbaren Mode- und Musikstile weite Teile der Jugendszenen erobert. Sie stellen zwar selten die Mehrheit, aber sie geben in einer Art der kulturellen Hegemonie den Ton an, indem sie Räume, Plätze, Orte und Gebäude einnehmen, die von anderen gesellschaftlichen Gruppierungen dann gemieden werden. Neben aktiven Parteikadern, welcher Couleur auch immer, und neben einem „dumpfen Ressentiment gegen *„linke Zecken"*, das wie die *Neonazi*s immer noch die meisten *Skinheads* hegen" (Hillenkamp 1997, S. 208), sind auch pazifistische, offen homosexuelle, intellektuelle, kiffende und drogenfreie *Straight-edge-Skins* in den Skinheadkulturen zu finden. Immerhin ist das alleinige Bild vom „Skin als gewalttätige Inkarnation des Neonazismus" (ebd., S. 208), wie es vornehmlich von den meisten Medien produziert wurde und bis heute produziert wird, mindestens jenseits der neuen Bundesländer in den Hintergrund getreten. Obgleich die Mehrzahl der *Skins* zumindest ein diffuses rechtradikales Weltbild besitzt, und die Zahl der *gewaltbereiten Skins* vor allem in Ostdeutschland in den vergangenen Jahren auf einem vergleichsweise hohen Niveau stagniert (vgl. Wehner 1998, S. 9), scheint dennoch ein großer Teil der *Skinheadszene* wie auch der Rechtsrock mit den erwähnten textlichen und musikalischen Glättungen der letzten Jahre sowie mit dem Anknüpfen etwa an den *Hip-Hop-Sound* oder an die „aktuelle *Schlagerretrowelle*" auf „dem Weg zur Mitte der Gesellschaft" (Farin 1997b, S. 236; 2005, S. 5). Inzwischen gibt es auch neue, eher undogmatische, „aktionsorientierte" Erscheinungsformen des Rechtsextremismus; die neonazistischen ‚*Autonomen Nationalisten*' (vgl. w.o.), die im Gegensatz zu den eher spontan zuschlagenden *Skinheads* durch gezielte Angriffe auffallen und im äußeren Erscheinungsbild zuweilen kaum von den linken Autonomen oder kaum von Mainstream-Jugendlichen zu unterscheiden sind. Darüber hinaus gibt es auch ‚*diskursiv-orientierte Rechtsextremisten*', die als Anwalt der Ausgemusterten, Vergessenen und Ausgegrenzten quasi zivilgesellschaftlich auftreten und zuweilen auf demokratischen (Wahl-)Veranstaltungen ihre politischen Gegner lautstark durch sogenannte ‚Wortergreifungsstrategien' verunsichern wollen. Vielleicht kann man sogar sagen, ohne zu verharmlosen, dass inzwischen Teile der ohnehin nicht so großen Skinheadszene so verschieden wie der „ganze Rest der sogenannten *normalen* Leute" sind. „Vielleicht verstehen sie auch nur", Spaß zu haben und „besser zu feiern" (Farin 1997a, S. 64).

4   Die Entstehung und Entwicklung des (Mersey-)Beat: Die Beatwelle

Als in der Bundesrepublik Deutschland viele noch gar nicht ahnten, was Sache war, machte der Beat etwa seit Ende 1962 in Großbritannien Schlagzeilen, die vorwiegend – ähnlich wie schon acht Jahre vorher der *Rock'n'Roll* – zwei Themen hatten: die ‚Krawalle' im Anschluss an Beat-Veranstaltungen und die verblüffenden internationalen Erfolge der nunmehr britischen Beatgruppen allen voran der *Beatles* und seit 1964 die der *Rolling Stones, Yardbirds, Kinks, Who, Small Faces, Troggs, Pretty Things* usw., zu denen im tendenziellen Gegensatz zum Rock'n'Roll vor allem auch über die ersten englischen Anfänge hinaus Jugendliche aus den Mittelschichten beitrugen und für die Beteiligten stets mehr bedeuteten und mehr waren als durch Massenmedien verbreitete Moden.

Bevor die erste Single der *Beatles* im Oktober 1962 (,Love Me Do') erschien, wurde in Großbritannien die (Vor-)Beatszene noch von reinen Instrumentalgruppen wie den *Shadows* (die ein wenig später auch mit *Cliff Richard* auftraten) und den *Tornadoes* oder vom geglätteten High-School-Rock'n'Roll eines *Pat Boone* und dem auslaufenden Twist als zahmen *Rock'n'Roll* Verschnitt beherrscht. Die *Beat-Musik* entstand nun in den Kellern, Eckkneipen und im Ambiente der ,Hinterhofschuppen' im industriellen Ballungsgebiet Englands Mersey-Side:

- Liverpool mit ,The Mersey Beats', ,Lee Curtis with the All Stars', ,The Big Three', ,Billy Kramer and the Coasters', ,Peter MacLaine with the Dakotas', ,Rory Storm and the Hurricans', ,Gus Travis and the Midnighters', ,The Four Jay', ,The Undertakers'
- Manchester mit ,Wayne Fontana', ,The Statesmen', ,The Hollies', ,Freddie and the Dreamers'; Sheffield mit ,The Sheffields', ,Dave Berry and the Cruisers', ,The Debonaires';
- Birmingham mit ,Rockin'Berries', ,The Beachcombers', ,Carl and the Cheetahs', ,Mike Sheridan and the Night Riders';
- Newcastle mit den späteren ,Animals', inklusive ,Eric Burdon' und ,The Alan Price Combo'.

Hier gab es schon seit den 50er Jahren eine lebendige, mit nordamerikanischen Importen durchsetzte Musikszene. Und hier spielten Jugendliche, u. a. auch die späteren Beatles und Rolling Stones, in Skiffle-Gruppen à la Lonny Donegan (vgl. Gebhardt und Stark 2010, S. 12), die den Beat mit Blues- und Dixielandtiteln im Anschluss an Alexis Corner und Chris Barber sowie vornehmlich im Nachspielen des US-amerikanischen *Rock'n'Roll* von *Little Richard, Bill Haley, Eddy Cochran, Chuck Berry, Buddy Holly* und *Elvis Presley* entstehen ließen.

Die ausgelassen-fröhliche, *authentische Beatmusik* setzte sich aus den Traditionen des *Skiffle*, der seinerseits Anleihen aus der schwarzen US- amerikanischen Musik New Orleans und Harlems machte (vgl. Chambers 1976, S. 162), des Tamla Motown Sounds der ,black girl groups' wie *The Ronettes, The Christals* u. a., des *Folklore-Jazz*, aber auch des unbekümmerten weißen klassischen *Rock'n'Roll* (inklusive der schwarzen Blues-Anteile) zusammen. Der klassische US- amerikanische *Rock'n'Roll* hatte zweifellos dem englischen Beat vorgearbeitet – zuallererst noch in der Gestalt des in *Teddy-Boy-Allüren* vorgetragenen ,dumpf-dröhnenden Hammerbeats', der noch sehr viel Ähnlichkeiten mit dem klassischen *Rock'n'Roll* besaß. Neben den harten Tönen des ,Hammerbeats' setzten sich nahezu gleichzeitig auch die gedämpfteren, weicheren, filigranen und ,süßlichen Varianten' eines dynamisch beschwingten Liverpooler *Mersey-Sounds* durch (mit walisischer Melancholie, irischem Witz und englischer Skurrilität). Man kann auch sagen, dass sich mit dem *Easy Beat* in the long run weltweit der *Mods-Stil* in der melodisch eingängigen Beat-Musik durchgesetzt hatte. „Die meisten modischen Sujets, mit denen typisch britische Beat Bands in den 60er Jahren weltweit avancieren sollten, entstammten dem ästhetischen", phantasierten, aber auch dem ökonomischen Waren- und Stilarsenal der smarten, adretten und modisch extravaganten Mods. Dies war nicht nur bei den *Who*, den *Protagonistenband* der Mods – etwa mit ‚My Generation' – zu beobachten. Auch die *Rolling Stones* wurden von den *Mods* geschätzt, während die *Beatles* von den meisten *Mods* abgelehnt wurden. Die *Mods* machten zu jener Zeit noch wegen ihrer Pillen, Aufputschmittel und vor allem wegen ihrer „gewalttätigen Zusammenstöße mit den von ihnen besonders verachteten *Rockern*" (*Teds als Rocker*) Furore machten (Kraushaar 1986, S. 216). Und sie wurden schon damals von den Medien zu willkommenen Superstars hochstilisiert.

Die bekanntesten *(Beat-)Gruppen* der Merseyside waren neben den *Beatles*, die (damals 1961/1962 noch unbekannt) schon mit ihrem frühen Engagements im Hamburger *Top Ten* und im *Star-Club* über Auslandserfahrungen verfügten, *Gerry & the Pacemakers*, die *Swinging Blue Jeans* und die *Mersey Beats*. Sie alle waren Anfang der 60er Jahre Hausbands im legendären Cavern Club: das *eigentliche Zentrum der Liverpooler Szene*. Als die Beatles am 3. August 1963 zum 292. und letzten Mal im Cavern Club auftraten, hatten sie einen ‚Beat-Boom' ausgelöst, der vom Merseyside auf London, auf ganz Großbritannien und dann quasi auf die ganze Welt übergriff. Der *(Mersey)Beat* kehrte dann vornehmlich dynamisiert durch die *Beatles*. Ihnen folgten die *Rolling Stones*, die in ihrem frühen Musikrepertoire mit den Beatles den klassischen *Rock'n'Roll* hochschätzten, gleichzeitig aber gegenüber den *Beatles* größere Anleihen beim Chicago urban black blues von *Muddy Waters* und *Howlin 'Wolf* sowie beim entwickelten Detroit und Memphis Soul eines *Marvin Gaye* und *Otis Redding* machten (vgl. Chambers 1985, S. 66), auch sehr schnell aus der englischen Ferne in die amerikanische Heimat seiner Vorfahren (des *Rock'n'Roll*), freilich mit eigenen Konturen und heimischen Folkloreamalgamationen zurück. Ähnliche Erfolge feierten auch die *Who*, die *Kinks*, die *Animals*, *Manfred Mann*, *Freddy and the Dreamers*, *Georgie Fame and the Blue Flames*, *Chris Farlowe*, *Mike Sheridan*, die *Small Faces*, die *Hollies*, die *Searchers*, die *Yardbirds*, die *Spencer Davis Group* und viele andere mehr.

Mit ihrem doppelten Stilwechsel im Erscheinungsbild (was Outfit, Ausstrahlungs-, aber auch Anziehungskraft insbesondere auf pubertierende Mädchen und Musik anging), von Lederjacken und Jeans zu weichen, glatten und adretten Samtanzügen, von den harten Tönen des *Hammerbeats* zum melodisch-süßlichen *Easy Beat* und ihren femininen Pilzkopffrisuren sowie ihren zwei Gitarren, Bass und Schlagzeug wurden die *Fabulous Four* zum internationalen Markenzeichen und zum ‚Phänotyp' einer symbolisch, gerade nicht mehr klassenspezifisch oder milieuspezifsch eingebetteten, weltweit vernetzten Jugendkultur in den 60er Jahren. „Die frühen Songs der *Beatles* – wie etwa ‚Please, Please me' (ihre erste Nummer 1 in England), ‚From Me to You',‚I Wanna Hold Your Hand', ‚Please Mr. Postman', ‚Hold Me Tight' oder ‚Can't Buy Me Lov', ‚All' My Loving', aber auch wie ‚She Loves you', mit dem sie in der Bundesrepublik Deutschland ihren „unmittelbaren Durchbruch schafften", gehörten im Zusammenhang des glatten Gitarrensounds und mehrstimmigen Gesangs in das Genre des unkomplizierten, aber mitreißenden und vor allem speziell mit dem stakkatoartig hervorgestoßenen „Yeah, Yeah, Yeah" (vielleicht die entscheidende kommerzielle Chiffre für den Beat überhaupt) kollektiven Optimismus ausstrahlenden süßlichen *Easy Beat* (Kraushaar 1986, S. 217).

In den ersten Jahren der *Beat-Ära* kamen die *Rolling Stones*, die sehr schnell in kultureller Perspektive als effektvolles Gegenbild zu den *Beatles*, als sogenannte ‚Inkarnation des Bösen', als ‚Bad Boys' aufgebaut und vermarktet wurden, mit ihren durchaus schon erfolgreichen Songs wie ‚Good Times, Bad Times', ‚Time is on My Side' und ‚The Last Time' bei weitem nicht an die ‚massenwirksame Suggestionskraft' der *Beatles* heran. Allerdings bauten die *Rolling Stones* vornehmlich mit ihrem Superhit ‚I Can't Get No Satisfaction' ihr „sexuell obszön-freizügiges" und „schmutziges" Rebellenimage um so entschlossener aus, nachdem die *Beatles* ihre Songs mit leiseren, „mitunter balladesken Formen produzierten" (ebd., S. 221). Die Titel der *Stones* sprachen für sich selbst: „„Get Off My cloud", „Under My Thumb" und „Stupid Girl".

„Where the Beatles had begun experimenting in the popular song tradition, and offered a deprecating humour in their music and films that still left room for sentimentality (Michelle, Yesterday, Eleanor Rigby), the Stones, in the best blues tradition, mumbled disturbing lyrics over neurotic rhythmus and a jarring sound that promised no compromise with earlier pop music. There were exceptions – 'As Tears Go By', 'Ruby Tuesday' – but their rarity was shocking. The black beam […] of their music illuminated the powerful 'erotic narcissism' of the blues" (Chambers 1985, S. 68).

Der pulsierende Rhythmus des *Beat* und die oftmals ‚kreischende', zuweilen sogar wie bei den Ausschreitungen des *Rock'n'Roll* gewalttätige Kulisse (wie 1965 beim *Stones Konzert* auf der Berliner Waldbühne) der ansonsten zumeist weiblichen, aber auch gemischt-geschlechtlichen Beat-Fans deuteten darauf hin, dass mit dem *Beat* und den kulturellen Events, die im Zusammenhang der *Beatmusik* stattfanden, quasi schichtenunspezifische jugendliche Gefühle, Stimmungen, Erlebnisse, Hoffnungen und Sehnsüchte ausgedrückt wurden. Hier stellten sich zweifelsohne im Medium der Musik bspw. zwischen Musiker und Hörer in den pädagogisch kontrollarmen Beatkellern oder auch nur durch den Tastendruck auf Radio Caroline und Radio London, später auch beim legendären Beat-Club der ARD von Radio Bremen temporäre Glücksmomente ein. Botschaften wurden mitgeteilt. Befristete Freiheiten ermöglichten ähnlich wie beim *Rock'n'Roll* ein Stück Widerspenstigkeit gegenüber den konventionellen Wert- und Normvorstellungen.

In der Bundesrepublik Deutschland fehlten die Traditionsströmungen, auf denen der *Beat* in England basierte. Insofern blieb den zahlreichen deutschen Beatbands etwa in der Nachfolge der *Jazz- und Skiffle-Jamborees* auf den vielen Beatfestivals „kaum etwas anderes übrig als die britischen zu kopieren und nach einer gewissen Anlaufzeit auf eine eigene Entwicklung zu hoffen", was allerdings allenfalls den Berliner *Lords* und den Hamburger *Rattles* in bescheidenem Maße gelang. Es fehlte den deutschen (Amateur-)Bands gerade nicht nur beim Auftritt im Star-Club auf der Reeperbahn, dem unbestritten „Mekka" aller deutschen und zum Teil auch internationalen Beatbands, das „Überbordende, das Ansteckende", das Feeling, „der Kick", der insbesondere die Liverpooler, Manchester, Birminghamer und Newcastle Bands auszeichnete" (Kraushaar 1986, S. 218), obgleich die vielen Amateurbands vornehmlich am Wochenende in nahezu allen deutschen Städten und Provinzen in Tanzsälen, Beatschuppen und Jugendheimen mit großem Engagement und Enthusiasmus die Bestseller der englischen Hitparade mehr oder weniger gekonnt und erfolgreich nachspielten: ‚The House of the Rising Sun' von den *Animals*, ‚You Really Got Me' von den *Kinks*, ‚I Can't Get No Satisfaction' von den *Rolling Stones* oder ‚My Generation' von den *Who* (ebd., S. 219). Der Hamburger Starclub (es gab auch in anderen deutschen Großstädten seit 1963 weitere Star-Club-Gründungen als Dependencen des Originals) eröffnete ab 1962 die Möglichkeit, in den ersten Jahren der Beat-Ära neben den deutschen auch vielen englischen Bands wochenlang hintereinander zu spielen. „Wer hier seine Bewährungsprobe vor dem Publikum bestand, dem winkte ein (zumeist lukrativer) Vertrag mit einer der großen Plattengesellschaften. So war es kein Wunder, dass neben den *Beatles* mit *Gerry & the Pacemakers*, *Billy J. Kramer & the Dakotas* und den *Swinging Blue Jeans* bald schon der fast vollständig versammelte Mersey-Sound sowie mit den wirklich kultigen *Pretty Things* hier seinen Einstand feierte. Danach folgten die internationalen Rock'n'Roll-Stars aus den USA: *Fats Domino, Gene Vincent, Chuck Berry, Little Richard, Jerry Lee Lewis, Bo Diddley, Bill Haley, Chubby Checker, Tomy Roe, Joey Dee* – bis auf *Elvis Presley* traten sie hier zu Beginn der sechziger Jahre alle ein oder mehrere Male auf" (ebd., S. 219; vgl. auch Gebhardt und Stark 2010, S. 119).

Die *Beat-Ära* symbolisierte Bedürfnisse nach weniger Unterdrückung und Entfremdung mindestens im alltäglichen Freizeitleben von vielen Jugendlichen. „Variantenreich formulierte Beatmusik den emotionalen Widerstand gegen ein allzu funktional ausgerichtetes Leben in der modernen Gesellschaft und avancierte so zu einem zentralen, quasi gegenkulturellen Ausdrucksmedium" (Voilliéme 1987, S. 30) einer etwa gegenüber der Studentenbewegung eher politisch *sprachlosen* oppositionellen Lebenshaltung (vgl. Baacke 1969), die allerdings im Medium von Jugendlichkeit durch jugendorientierte Waren und gelungene Marketingprozesse einer weitgehenden Kommerzialisierung unterlag.

5   Die Nach-Beat-Ära: Zur ersten Ausdifferenzierung und Pluralisierung der Rock- und Popmusik in den späten 60er Jahren und der Beginn der 70er Jahre. Surfmusik, Soul, Progressiv-Rock; Jazz-Rock; Acid- bzw. psychedelischer Rock, Folk-Rock, Glam-Rock, Latin-Rock

Schon die sechziger Jahre waren, was die Spannbreite der Musik anging, komplex, vieldeutig und schwer zu rubrizieren. Diese Tendenz setzte sich freilich in den späteren Jahrzehnten verstärkt und nachdrücklich fort. 1967 endete die ‚wilde', originäre Entwicklung des *Beat*, was einige Kritiker bedauerten. Der traditionelle *Mersey-Beat* wurde durch raffiniertere Arrangements ersetzt. Die *Beat-* resp. *Rockmusik* differenzierte sich in mannigfache stilistische Richtungen aus (vgl. dazu w.u.). In einer spezifischen Hinsicht wurde die *Beat-Ära* mit einem ,musikalischen Werk' beendet, das sowohl den Höhepunkt des traditionellen *Beat* markierte als auch in gleicher Weise einen neuen, stilistisch verfeinerten, komplexeren Standard für die kommende Rockmusik setzen sollte. Anleihen, Montagen und Mischungen aus unterschiedlichen musikalischen Genres wie etwa Amalgamationen aus der E-Musik unterstützten diesen technisch perfektionierten, artifiziellen Trend. Das Album Sgt. Pepper's Lonely Heart's Club Band der *Beatles* was in many respects the most remarkable of the Decade: in its production, instrumentation, lyrics, and conceptualization it was a musical revolution. It virtually created the concept album. It introduced multitrack recording technique. It turned rock into art" (Pichaske 1979, S. 80).

Einer solchen stilistischen Verfeinerung – man sprach auch von einem „sophisticated sound" – des neuen, zuweilen *avantgardistischen Beat* entsprach ein stets größerer technischer Aufwand, eine in den elektronischen Studios produzierte Raffinesse der akustischen Darbietungsmittel, die in einem Life-Konzert häufig gar nicht mehr zu erreichen waren (Baacke 1969, S. 222).

5.1   Surfmusik

Eine zentrale Stilrichtung des *Beat*, die sich zeitgleich in der *Beat-*, aber auch noch in der *Nachbeat-Ära* fast mainstreamgemäß durchsetzte, war zweifellos der *Californian surfing sound* oder der US-amerikanische *West-Coast-Rock* mit den Haupttrends der *Teenager*: ,surfing' and ,wheels' und in dessen Schlepptau – mit vielen Ingredienzen *weißer Folk-* und *Countrymusik* sowie *rural-und city-blues* – der vornehmlich im Zusammenhang der *Hippiebewegung* entstandene, intellektuell angehauchte *psychedelische Acid-Rock* – häufig auch über die Hippie- und *gegenkulturelle Bewegung* hinaus generalisierend als „progressiver Rock" mit „subversiven" Zügen charakterisiert. Als das radikalste Album der 60er Jahre in diesem Sinne wurde Volunteers (1969), von *Jefferson Airplane*, bezeichnet. "Look what's happening out in the streets, got a revolution, got a revolution" (Pichaske 1979, S. 71). In einem solchen Revolutionsslogan kam der *Rockmusik* eine zweifache Aufgabe zu: Das Aufbegehren und Abgrenzen einer Jugendkultur sollte einerseits in politischer, musikalischer und gegenkultureller Hinsicht ,Protest' gegenüber der etablierten Politik und Kultur ausdrücken. Andererseits sollte mit ,love und peace' im gegenkulturellen Lebensstilprozess des ästhetisch-romantisch artikulierten gesellschaftlichen Protestes Befriedigung und Lebensgenuss vermittelt werden und im neuen ,amerikanischen Traum' zum Ausdruck kommen. „We are only what we feel" – so eine programmatische, griffige Musikformel von *Neil Young*.

5.2   Hippie-Szene

Die *Hippie-Szenen* der amerikanischen Westküste wiederholten gegen Mitte und Ende der 60er Dekade den Auszug der *Beatniks* einige Jahre vorher „aus der Gesellschaft" und versuchten – freilich viel aktiver und massenwirksamer als die *Beat-Generation* in ihrem freiwillig gewählten Ghetto – in einer Art gegengesellschaftlicher Keimzelle netzwerkorientiert die Gesamtgesellschaft zu unterhöhlen und quasi missionarisch „diese mit Blumen, Liebe und Gewaltlosigkeit zu einer besseren zu bekehren" (Hollstein 1969, S. 26).

Die Freisetzungen ihrer Vorgänger (etwa der amerikanischen Beatgeneration, die europäischen, lässigen und ungezwungenen, die bürgerlichen Arbeits-, Anstands-, Kleidungs-, Sauberkeits-, Lebensnormen, -regeln und -tabus verhöhnenden Gammler, die niederländischen und skandinavischen alltagspolitisch kreativen *Provos*, die mit klugen und gezielten Happenings Autoritäten auf ironische Art und Weise bloßstellten) waren den *Hippies* nicht umfassend genug: Der optimistische und „lebensgläubige" *Hippie-Code* lautete: „1. Do your own thing, wherever you have to do it and wherever you want. 2. Drop out. Leave society, as you have known it. 3. Blow the mind of every straight person you can reach. Turn them on, if not to drugs, then to beauty, love, honesty, fun" (Robert Jones). Die *Hippies* oder besser: die ‚flower children' (Blumenkinder) bzw. ‚love-generation' (‚Liebesgeneration'), weil dies ihr eigener und nicht von außen zugewiesener Name war, protestierten ‚gewaltlos' im Medium von Liebe, Respekt und gelebtem Verständnis für andere gegen die Monotonie und Sterilität des ‚american way of life' und der westlichen Zivilisation, die nur die materielle Seite des Lebens entwickelt und Seele und Geist verloren hatte. Jugendliche *Hippies*, die überwiegend aus den Ober- und Mittelschichten stammten, begeisterten sich im Rahmen neuer gegengesellschaftlicher Erfahrungen von Gemeinschaft für mystische und außeralltägliche Lebenswelten, für Zen-Buddhismus und andere spirituelle Meditations- und Gebetsriten asiatischer Religionsbewegungen. Sie suchten in einer Art selbstgewählten ‚Drop out-Karriere' dort vor allem das, unterstützt durch kreativen Umgang mit den Quellen ganz unterschiedlicher Musikstile wie *Blues, Rock'n'Roll, Jazz* und *Folk*, Marihuana und LSD, Meskalin und Kokain als Schlüssel zur Selbsterkenntnis, was dem Leben im Westen „so offensichtlich fehlte: Besinnung, Geistigkeit, Intuition, Introversion, Innerlichkeit, Seele und Geheimnis" (Hollstein 1969, S. 76). Alle Körper-, Geistes- und Seelenkräfte sollten allumfassend verwirklicht werden. Dabei verweigerten sich die *Hippies* einer konformistischen Gesellschaft, die sie „formierte, manipulierte und geistig kastrierte". Ihre Leitvorstellungen glichen denen ihrer Vorgänger, den *Beatniks* gegen Anpassung (adjustment), gegen soziale Einordnung (togetherness) und die gegen die vorherrschenden bürgerlichen Werteordnungen des „blitzblanken Zivilisations-Amerika" (american way of life; Baacke 1972, S. 75). Beklagt und verhöhnt wurde diese abgestumpfte und abgetötete Gesellschaft als ein „Friedhof mit Komfort und Luxus". Die vorherrschenden gesellschaftlichen Werte, Tugenden und Statussymbole wurden als hohl, degeneriert und heuchlerisch enttarnt: Arbeit, „Konversation, alberne Witze, Golfpartie als gesellschaftliches Muß, Wagenpolieren als ein religiöser Akt, Party als sozialer Zwang, Ersatzbefriedigung im „Playboy"-Club, Müdigkeit, Ehe als Ritual, der Abend vor dem Fernsehapparat, vor dem man schließlich frustriert einschläft" (Hollstein 1969, S. 66f.). In den späten 60er Jahren konnten im Medium der *Hippies* Rockmusik und Gegenkultur verstanden werden als „a particular cultural option that posed probing questions about previous distinctions between music and everyday life, between politics and experience. The stylist moments of imaginative freedom that the *mods* had once snatched from the working week were now overtaken by confident ambitions that naively thought to establish a whole new life. The counter-culture proposed to abolish the taken-for-granted division between leisure and work time, between pleasure and daily routine. In its place it offered the programme, iconography and sounds of a 'total experience', a radical reintegration of 'culture' and 'society'. *Rock* and the counter-culture extended the scope and vision of pop music and its surrounding youth cultures. It was destined to remain, even its appeal turned out to be less universal than was imagined, a persistent referent under these wider skies" (Chambers 1985, S. 96f.).

5.3   Ausdifferenzierung und Verfeinerung der Musikformen

Die *Beat-* und Rockmusik oder die *Popmusik*, die seit Anfang der 60er Jahre im Rahmen der Ausdifferenzierung der Musikformen in *Rock* und *Pop* musikalisch eher für den mainstream, also den allgemeinen populären Geschmack diente (vgl. Baacke 1993, S. 91), schien sich in vielen Bereichen immer mehr vom *Ursprünglichen* und *Authentischen* zu entfernen und wurde in den späten 60er und Anfang der 70er Jahre immer experimentierfreudiger, aber auch immer glatter, raffinierter, gestylter, perfekter, manieristischer und immer noch – etwa gegenüber der relativ einfachen Melodik und Motivik des *Rock'n'Roll* der 50er Jahre und des *frühen Beat* der 60 Jahre – marktförmiger, massenkultureller und konsumierbarer. Die LP hatte inzwischen auch die Single in ihrer Vorreiterrolle abgelöst und damit gab es auch Raum für minutenlange Gitarren- und Schlagzeugsoli. Insbesondere entwickelte sich im Zuge der stilistischen Verfeinerung des *Beat* durch musikalische Collagen und Montagen (zu Gitarre, Schlagzeug und Gesang traten philharmonische Orchester, elektronische Musik und konkrete Klangereignisse, gekoppelt über verfremdende Maschinerien mit Multi-Playbacks, Rückwärts-Läufen und Hall-Effekten in elektronischen Studios) in Großbritannien und vor allem in den USA die sogenannte *psychedelische Rock-Musik* zum großen unterhaltungsbezogenen Geschäft (vgl. Baacke 1969, S. 222). „Bands, Tanzhallen, Schallplatten und Tourneen popularisierten den *Acid-Rock* und verwandelte viele der musizierenden Hippie-Gruppen wie *Jefferson Airplane, The Doors, Grateful Dead, Quick Silver, Messinger Service, Trans-Atlantic Train, Blackburn and Snow, The Blues Project, Mojo Men, Harpers Bizzar, Sopwith Camel* oder *Peanut Butter Conspiracy* in bloße Vergnügungsorchester" (Hollstein 1969, S. 79). Und jenseits der eigentlich schon in den späten 60er Jahren absterbenden *Hippie-Szenen* wurde trotz aller Differenzierungen der Musikgenres ganz generell *Beat-* oder *Rockmusik* zum „*Superrock*" und kam durch musikalische Montagen technisch „vorfabriziert" und immer professioneller und raffinierter, aber auch steriler aus den Studios und lebte mit Studioproduzenten und Toningenieuren nicht mehr nur im direkten Zusammenhang mit kulturellen Gegenbewegungen oder im situationsbezogenen, Musiker-Hörer-Verhältnis. Obwohl im Frühjahr 1967 noch Superstars wie *Ginger Baker, Jack Bruce* und *Eric Clapton* ebenso wie *Jimi Hendrix* im

Hamburger ‚Starclub' mit ‚I feel free' und ‚Hey Joe' auftraten und brillierten, gingen die Zeiten der Clubauftritte solcher Bands dem Ende zu. Die Massenresonanz machte riesige Hallen und vor allem große Stadien oder riesige Areale für die ins Gigantonomische gesteigerten Live-Auftritte notwendig (vgl. Kraushaar 1986, S. 222). Diese Entwicklung, die mit dem Ende der 60er Jahre nicht zuletzt auch vor dem Hintergrund des Absterbens von Jugendbewegungen bzw. jugendlichen Protestbewegungen wie *Hippies, Schüler-* und *Studentenbewegung* usw. rasant zunahm, „beschnitt die Möglichkeiten zur eigentätigen Aneignung und verstärkte die konsumierende" (Zimmermann 1984, S. 125). Gleichwohl der Kommerzialisierungsprozess im Zusammenhang von Jugend und *(Rock-)Musik* via Radio- und Schallplattenentwicklung schon immer eine bedeutsame Rolle spielte, explodierte nunmehr die Musik der Jugendlichen zum riesigen Business. Die sogenannten monströsen, bombastischen, und extravaganten ‚Techno-flash-Supergruppen' wie *Pink Floyd, Yes, Emerson Lake and Palmer, Genesis* etc. oder die Schwermetallmonster wie *Deep Purple* oder *Led Zeppelin* produzierten jenseits von gigantischen Live-Auftritten (vor allem was das raffinierte Equipment, inklusive der hochtechnischen und hochelektrifizierten Bühnenshows sowie der überladenen, wohlabgemischten Synthesizersounds betraf) in zeitraubender Studioarbeit Musik für teure Stereoanlagen und konnten – bei aller Wertschätzung von sehr vielen Jugendlichen und auch ohne ihre Massenpopularität einzubüßen – mit ihrem Trend zur schüchternen Innerlichkeit viele Lebenslagen das vitale Lebensgefühl eines großen Teils der Jugendlichen nicht mehr erfassen.

Daran konnte zunächst auch der Aufstieg des sogenannten, surrealistisch bzw. manieristisch angehauchten, mit absichtlich irritierenden androgynen und exzentrischen Selbstinszenierungen (was bspw. Frisur, Make-up, Rouge, falsche Wimpern, Duftwasser, prätentiöse Kostümierung, Samt und Seide, hautenger Silberdress und das ganze Outfit angeht) aufwartenden *Glam-Rock* mit den Protagonisten wie *Gary Glitter, David Bowie, Roxy Music, Lou Reed* u.v.a.m. sowie der „Aufstieg der Teeny-Stars" wie *T. Rex, Slade, Sweet* wenig ändern, zumal sich die Musik der zuletzt Genannten „extrem am Geschmack von sehr jungen", vornehmlich „weiblichen Popfans" orientierte (Krüger und Kuhnert 1987, S. 208). Immerhin nahm der *Glam-Rock* im Rahmen seiner modisch-exzentrischen Selbstdarstellung etwas auf, was schon bei *Elvis Presley* und den britischen *Teddy-Boys* begann, den *Mods,* von *Mick Jagger* und viel später etwa von *Michael Jackson* weiter vorangetrieben wurde: eine, zumindest nicht nur durch lange Haare, visuelle Angleichung der Geschlechterrollen sowie eine androgyne Aufweichung und „Facettierung harter Männlichkeit". Der *Glam-Rock,* aber auch viel später der *New Wave,* der starke Anleihen beim *modischen Punk* machte, und die *Glam-Rock* und *New Wave* affinen New Romantics, die sich Anfang der 80er Jahre vornehmlich durch *Bowies* Phantasiekostümierungen und seinem dandyhaften Habitus anregen ließen und wie *Spandau Ballet, Human League, Eurythmics, Duran Duran* usw. elektronische Discomusik bevorzugten, nahmen auch etwas vorweg, was dann in den 80er Jahren im Rahmen der Ingredienzien des Lebensstildesigns (etwa was Musik, Mode, Showbusiness, Ästhetik, persönliches Styling anging) als Erlebnis- und Gestaltungsform im Alltag auf die Spitze getrieben werden sollte und bis heute anhält: das Prinzip der Bricolage resp.

der Stilmischung bzw. des patch-work (vgl. hierzu Ferchhoff und Neubauer 1997), bezogen auf das gesamte Outfit, wurde – vornehmlich im Kontext des artifiziell Androgynen – dieses zum zentralen Bedeutungsträger.

Neben dem für den *Disco-Sound* und für die Mehrzahl der Diskotheken nicht unwichtigen *Glam-Rock* und neben dem ökonomisch riesigen Aufplustern des *Superrock* im Rahmen der großen Festivals mit ihren internationalen Völkerwanderungen in Woodstock (400.000), den 250.000 auf der Isle of Wight oder den 250.000 im Londoner Hyde Park und schließlich den 300.000 in Altamond gab es Ende der 60er und Anfang der 70er Jahre zahlreiche Ausdifferenzierungen und Unterteilungen des *progressiven Rock* und *Pop*, des Hard Rock und des *sophisticated Glam-Rock*. Hinzu kamen auch Gegenbewegungen.

5.4 Folksongs und Folkmusik

Es gab mindestens seit dem legendären Auftritt von *Bob Dylan*, der mit elektronischem Gitarrenverstärker und Rockcombo auf dem Newport Folk Festival des Jahres 1965 seinen Song ‚Like a Rolling Stone' intonierte (die meisten *Folk-Puristen* meinten seinerzeit, dass hiermit der *Folk* mit dem *Rock* besudelt würde), den Folk- oder *Country-Rock*, der neben dem „revolutionären Untergrund" etwa im Zusammenhang der Bürgerrechtsbewegung und des Vietnamkriegs im weitesten Sinne auch das Regionale, Idyllische, Naturhafte, Ländliche und das Traditionelle betonte. Schon seit Mitte der 50er und Anfang der 60er Jahre entstand vor allem im New Yorker Künstlerviertel Greenwich Village eine Renaissance des *American Folksong,* gewissermaßen ein Konglomerat einer kritischen, aktiven *Folk-Szene,* deren ‚topical oder contemporary songs' im Anschluss immer wieder an *Woody Guthrie's* ‚patriotische', den herben Reiz seiner Heimat betonende Lieder (bspw. mit dem wohl bekanntesten: ‚This Land is your Land, this Land is my Land from California to The New York Island') der ‚kleinen' Leute mit ihren kleinen Wünschen und Hoffnungen, die ‚kleine' Jobs machen, mit den Protagonisten *Bob Dylan, Joan Baez, Phil Ochs, Judy Collins* und *Pete Seeger* von allen Belangen emanzipatorischer und sozialkritischer Politik handelten, von der Rassendiskriminierung bis zur Arbeiterarmut (vgl. Poschardt 1995, S. 78). Die *Topical Songs* nahmen in sozialkritischer Perspektive Themen aus der Gesellschaft und Politik auf und wollten als *songwritersinger* (*Liedermacher*) mit ihrem sozialkritischen oder engagierten Liedgut eine breite Hörerschaft politisch etwa mit Antibombensongs und mit Protesten gegen die amerikanische Vietnampolitik aufklären. Paradebeispiele für *Topical Songs* waren *Bob Dylans* ‚Blowing in the Wind', ‚The Lonesome Death of Hattie Carroll' und ‚The Times they are A-Changing', *Pete Seegers* ‚Where Have All the Flowers Gone?', *Buffy Saint-Maries* ‚Universal Soldier' *,Phil Ochs'* ‚Too Many Martyrs – Ballad of Medgar Evers' und *Woody Guthries* ‚Dust Bowl Ballads' (vgl. Kröher und Kröher 1969, S. 18). ·

Nach dem ersten Newport (Rhode Island) *Folk Festival* 1959 in den USA, das u. a. auch von *Pete Seeger* mitorganisiert wurde und als überregionale Plattform von zahllosen *Folk-Musikerinnen* und Musikern diente (*Peter, Paul and Mary,* das *Kingston Trio,* die *Limeliters* und die *Clan Brothers* u. v. a. machten von hier aus ihren Weg), kam es auch nicht zuletzt, weil das Nachlassen des *Rock'n'Roll* eine Marktlücke hinterließ, zu einer von unterschiedlichen Seiten willkommenen kommerziellen und industriellen Verwertung der *Folkmusik*. Der Ausdruck *Folkmusik* wurde übrigens von *Pete Seeger* gerade deshalb nicht geschätzt, weil der Begriff ‚*Folkmusik* ist nur das, was mit Banjo und Gitarre gemacht wird', zu euro- und angelsächsisch-zentristisch angelegt war (vgl. Frey und Siniveer 1986, S. 221). Während die *Rock'n'Roller* hauptsächlich weiße und auch einige schwarze Jugendliche aus der ‚working class' waren, setzten sich die *Folk-Anhängerinnen und Anhänger* vorwiegend aus der weißen Studentenschaft der Mittelklasse zusammen (Frey und Siniveer 1986, S. 207).

5.5   Liedermacher in Deutschland

Als Folge der amerikanischen *Folkrevivals* der 50er und 60er Jahre (übrigens auch der britischen Revivals) wurden die Begriffe *Folksong* und *Folkmusik* auch in Europa verbreitet. In der Bundesrepublik Deutschland schätzte man diese Begriffe, weil sie die vor allem im nationalsozialistischen Deutschland „missbrauchte Bezeichnung" Volkslied umgingen. Nach amerikanischem Verständnis beschrieben sie eine „populäre" Musikströmung, die ihre „Wurzeln in der Tradition" besaß (Steinbiß 1984, S. 10). In Deutschland gab es in den 60er Jahren im Zusammenhang und im Anschluss an die Ostermärsche gegen die atomare Rüstung sogenannte ‚*Aktionslieder*'. Obwohl es in Deutschland keinen „*Yves Montand* oder *George Brassans*, keinen *Pete Seeger*, keine *Joan Baez*" gab, machten dennoch auch schon vor 1967 *politische Liedermacher*, die allerdings seinerzeit noch nicht so genannt wurden, wie bspw. *Dieter Süverkrüp, Wolf Biermann* und *Franz-Josef Degenhardt* auf sich aufmerksam. Sie standen mit ihren zeitkritischen Protestliedern noch am ehesten in der Tradition der amerikanischen *Topical Songs*, während *Hannes Wader, Walter Moßmann* und *Reinhard Mey* u. v. a. zumindest noch vor 1966/67 das im Selbstverständnis eher unpolitische, subjektbezogene, zuweilen jenseits von romantischer (Gemeinschafts-)Schwärmerei und Sentimentalität sehr humorvolle und unbändige Lebenslust anzeigende Chanson und Folklore repräsentierten. Freilich waren auch hier die Übergänge zwischen *lyrischen Liebesliedern, ‚poetisch-makaber-skurrilen Balladen'* und politisch-klassenkämpferischen Agitationen fließend.

Erste schüchterne Versuche, deutsche Texte und Folklore auf der Bühne zu singen, wurden 1964 auf der Burg-Waldeck beim ersten so genannten internationalen ‚*Bauhaus-Folklore-Festival*' unternommen. Viele Impulse und viele *Waldeck-Sänger* kamen aus der ehemaligen Bündischen Jugend. In der bündischen Vergangenheit wurde vornehmlich an ‚linke' Traditionen der deutschen Jugendbewegung (an den Nerother Wandervogel, der auf der Burg Waldeck 1950 „in alter Form" wieder gegründet wurde, und vor allem an „tusk/dj. 1. 1; Deutsche Jungenschaft" seit 1929) angeknüpft. Die Pfingsttreffen auf der wiederbelebten Burg-Waldeck im Hunsrück der *Musikbarden*, die fast alle wie etwa *Moßmann, Degenhardt, Schobert und Black, Stählin, Rohland* etc. aus den Nestern und

Horten der rotgrauen Jungenschaften und dem Nerother Wandervogel kamen, nahmen im musikalischen Sinne jenseits des *reinen Schlagers*, jenseits des *reinen Kunstgesangs* und jenseits der *Rock-* und *Popmusik* eine Traditionslinie auf, die zunächst das *Chanson*, den *Bänkelgesang* und die ,*unverkitschte' Volksmusik* als *Folklore* und im Anschluss an die ,Politisierung und Aufbruchstimmung der Waldeck' (nach 1966) das engagierte politische Lied in den Mittelpunkt rückten (vgl. Kröher und Kröher 1969, S. 65).

5.6   Jazz-Rock und Soul

Eine weitere Musikversion in den endsechziger Jahren war der sogenannte *Jazz-Rock*, eine Synthese aus *Jazz* und *Rock* (als intellektuell-ironische, musikalische Grenzen überschreitende Variante bspw. *Frank Zappa* und die *Mothers of Invention*, wo *modern-klassische Musik* mit *Jazz-Traditionen* und *weißem Blues* gekoppelt wurden, der wiederum von Gruppen wie *Canned Heat, Ten Years After, John Lee Hooker, James Taylor, John Mayall and his Bluesbreakers, Cream* etc. repräsentiert wurde).

In den USA wurde ein subtiler, swingender und virtuoser *Jazz-Rock* 1968 vor allem neben *Colosseum* über die Gruppe *Blood Sweat & Tears* mit ihrer ersten LP ,Child it Father to Man' definiert (vgl. etwa Baacke 1972, S. 95). 1969 erschien von *Chicago* ,Transit Authority', ebenfalls eine bekannt gewordene *Jazz-Rock-Scheibe*, während *Santana* lateinamerikanische Elemente und Rhythmen in den *Jazz-Rock* mit einfließen ließ. *Britischer Jazz-Rock* wurde in jenen Jahren von Gruppen wie *If* oder *Nucleus* gespielt (vgl. Chambers 1985, S. 221).

Hinzu kamen die vielen schwarzen Bands, die mit schwarzem Stolz *Soul* (paradigmatisch: ,I'm Black and Proud' von *James Brown*), *Gospel* und *klassischem Rhythm & Blues* gegen jede Form des Rassismus und der Repression agitierten. Der *Soul* war zunächst eine Mischung aus *Rhythm & Blues* und *Gospel*, und dieser Sound war in den Anfängen kompromisslos schwarz. Eigentlich galt *Ray Charles* als der erste Star des *Soul*, obwohl man diesen tiefgrabenden und leidenschaftlich-gefühlsbetonten Sound zwischen Kanzel und Bandstand, der (sexuellen) Lust (physische Befriedigung) und geistliche Freude (transzendentale göttliche Erleuchtung) miteinander verband, damals in den 50er Jahren noch nicht *Soul* nannte. Auch *Aretha Franklin* und *Al Green* waren seit ihrer Jugendzeit vornehmlich von den *afroamerikanischen Gospel-Traditionen* der *Soulmusik* beeinflusst. Aber erst mit *James Brown* wurde die säkularisierte Soul-Musik vornehmlich via „schwarzem Radio und seinen DJs" sowie die den *Soul* promotenden Plattenfirmen Motown aus Detroit (mit den *Soul-Gruppen*: *Marvelettes*, den *Miracles, Martha and the Vandellas, Stevie Wonder* u. a., später auch mit dem *Detroit-Sond: The Four Tops, Diana Ross and The Supremes, The Temptations, Junior Walker and The All Stars*), Stax aus Memphis (*Otis Redding, Sam and Dave, Arthur Conley*) und schließlich z. T. auch Atlantic (mit *Wilson Pickett* und *Aretha Franklin*) berühmt und auch über die USA hinaus erfolgreich. „Mit *James Browns* Platten Out of Sight und Papa's Got A Brand New Bag […] entwuchs 1964 die Musik dem alten Konzept des *Rhythm & Blues* und entwickelte sich zu einem kräftigen *Soul-Sound* mit fettem Groove. Die Arrangements waren basslastiger, die Basstrommel und die Bassgitarre drängelten sich akustisch in den Vordergrund" (Poschardt 1995, S. 116). Auch die Bläsersätze wurden „gestrafft und nicht mehr länger für melodische *fills* eingesetzt. Sie knallten rhythmisch auf den *Beat*, ihr süßlicher Klang wurde durch harte, schneidende Klänge und ein unterlegtes Baritonsaxophon entfernt" (Toop 1985, S. 145). Die „lasziven Endlosschleifen führten die *Popmusik* das erste Mal an den Rand der Nichtmelodie. Die ewige Wiederkehr der gleichen Figuren, an der Grenze zur Monotonie, akzentuiert durch das rhythmische Stöhnen, Jauchzen, Rappen und Singen der von Kraft trotzenden Stimme, hypnotisierte jede Form von linearer Wahrnehmung von Musik." So gesehen können die circa neun Minuten „heißblütigen" Titel von *James Brown* wie Hot Pants oder Sex Machine als direkte Vorfahren „der *Funk-Rekonstruktionen* des *Hip-Hop*" und auch des „*Dance Remixe*" gesehen werden, „die erst in den 70er Jahren für die *Disco* erfunden werden sollten" (Poschardt 1995, S. 117).

5.7   Das Ende der kulturrevolutionären Ära

Immerhin: alle zuletzt erwähnten Musikströmungen verfielen nicht dem ‚*totalen Superrock*' und hatten kaum Bezüge zur Szene des *Glam-Rock* (vgl. Zimmermann 1984, S. 108).

Aber auch diese verschiedenen Differenzierungen und Stilrichtungen des *Rock* und *Pop* hatten nicht mehr die einschlägigen *rebellischen* Wirkungen (und wohl auch nicht die einschlägigen jugendkulturrevolutionären Bewegungen hinter sich) wie der *optimistische Beat* aus Liverpool und Manchester und wie der ehemals so bezeichnete *Acid-Rock* oder *Progressive Rock* vornehmlich von der amerikanischen Westküste. Freilich gab es auch eine britische Variante des *Progressiven Rock*. Bekannteste Versionen waren wohl *Jethro Tull's* Living in the Past, *King Crimson's* ‚In the Court of the Crimson King' sowie das *Genesis*-Album Tresspass.

Hinzu kam, dass manche Rock-Kritiker wie *Nik Cohn* (1976, S. 200) am Ende der 60er Jahre glaubten, dass die kulturrevolutionäre Aufbruchstimmung der *Beatmusik*, die seine Zeit in Rhythmen gefasst hatte, vorbei sei, und die *Rockmusik* ihre besten Tage hinter sich hätte, und dass es auch keinen „ehrlichen Dreck" mehr gäbe (ebd., S. 119). Andere diagnostizierten mit dem Tod von *Jimi Hendrix, Janis Joplin, Brian Jones, Jim Morrison, Duane Allman* ein gar vorläufiges Ende der *Rockmusik*. Dies schien zwar übertrieben zu sein, traf aber wohl einen großen Teil der nicht gerade optimistischen Stimmungslage zu Anfang der 70er Jahre. Andere Rock- und *Popheroen* der 60er Jahre rauchten nicht nur Marihuana, schluckten nicht nur in den kalifornischen Landhäusern LSD und andere halluzinogene Drogen. Immerhin hatte sich auch die bekannteste und erfolgreichste *Beat-* resp. *Rockgruppe* aller Zeiten: die *Beatles* im Anschluss an musikalisch-experimentelle Klangcollagen und *Hippie-Einflüssen*, mit ihren zauberhaften, melancholischen, psychedelisch anmutenden und mit Drogenrauschmetaphorik gespickten Stücken wie ‚Lucy in the Sky with Diamonds', ‚With a little Help from my Friends', ‚A Day in the Live' und

‚Strawberry Fields Forever' sowie ihrem indischen (Meditations-)Besuch bei *Maharishi Mahesh Yogi* aufgelöst. Ihr letzter Live-Auftritt hatte ohnehin schon im August 1966 in San Francisco stattgefunden, obwohl via Satellit weltweit noch im Sommer 1967 eine Live Uraufführung von ‚All You Need is Love' stattfand und mit ‚Sgt. Pepper's', mit dem ‚White-Album', mit ‚Abbey-Road' und ‚Let it Be' noch vier weitere konzeptionell ausgefeilte Langspielplatten aus reinen Studioproduktionen am Mischpult mit dem Producer *George Martin* ohne Live-Praxis folgen sollten. Auch die *Rolling Stones* hatten sich nach der größten Katastrophe des *Rock Age* bei einem Live-Konzert im kalifornischen Altamount zur Besinnung und um Einkommenssteuer zu sparen nach Südfrankreich abgesetzt. Und auch der vermeintlich wunderbare ‚*Goodwill'* von Woodstock 1969, wo durch die Auftritte bspw. von *Jimi Hendrix, Joe Cocker, The Who, Ten Years After, Ritchie Havens, Sly and the Family Stone* verschiedene musikalische Stilrichtungen zusammenkamen, wurde – wie bei den anderen großen Völkertreffen, den Gipfelerlebnissen der *Rockmusik* auf der Isle of Wight und im Hyde Park Londons (Gedächtniskonzert der *Rolling Stones* für *Brian Jones*) im gleichen Jahr – nicht nur ein paar Monate später durch die Katastrophe von Altamount 1969 zunichte gemacht. Die Woodstock-Nation einer jungen Gesellschaft voller Liebe, Toleranz, Freundschaft und Hilfsbereitschaft wurde durchschaut als das, was es war: das Geschäft derer, die es veranstalteten. Während viele junge Menschen im Untergrund der späten 60er Jahre als *Hippies, Gegenkulturelle* und *Protestlerinnen und Protestler* meinten, sie seien unter sich und könnten den Moloch der Bewusstseinsindustrie unterlaufen, waren sie doch Teilnehmerinnen und Teilnehmer an Arrangements kommerzieller Organisationen des Mainstream (vgl. Baacke 1972, S. 125ff.). In New York und San Francisco schlossen die Hauptstätten der *Rockmusik,* das ‚Filmore East' und das ‚Filmore West' ihre Tore. Mit einem Mal war die Luft aus dem *Rock Age,* der *Rock aus dem Age.* Keine *neuen* überragenden Gruppen oder Einzelpersönlichkeiten (so meinte man) betraten die Szene. Am Ende dieser Jahre sang *Don Mc Lean* das traurige, resignierende Lied vom ‚Tag an dem die Musik starb' (*American Pie,* das mehr als 25 Jahre später übrigens auch kommerziell sehr erfolgreich von *Madonna* recovered wurde), die – allerdings ex post gesehen nur vermeintliche – „*Abschiedshymne der Rockzeit"* (Berendt 1983, S. 50). Und es schien so, dass das gesamte Peace- und Love-Jahrzehnt an sein Ende gekommen war: An einer Überdosis von Drogen starben 1970 und 1971 die – nicht nur ex post Kultstatus erlangenden – Rockstars der *Hippie-Ära Janis Joplin* in Los Angeles, *Jimi Hendrix* in London und der *Doors-Sänger Jim Morrison* in Paris.

6 Jugendliche Musikszenen in den 70er, 80er, 90er und 2000er Jahren – weitere Differenzierungen, Crossover, Patch-work, Remixing

Die Rubrizierung der jugendkulturellen Musikszenen in den 70er, 80er, 90er Jahren im 20. und zu Beginn des 21. Jahrhunderts fällt noch schwerer als in den 50er und 60er Jahren des 20. Jahrhunderts. Denn es differenzierten sich immer mehr Szenen aus:

eine Folge der Pluralisierung von Lebensstilen, Lebensformen, Lebensordnungen und Lebenswelten. Die weltweite Verbreitung resp. Globalisierung vornehmlich via USA und Großbritannien von *Rock* und *Pop* als kulturübergreifendes, welt-einheitsstiftendes Element war jeweils begleitet von neuen Regional- und Lokalbezügen, und selbst die über Medien globalisierte Musik trug lokale Traditionen in andere Kulturen hinein, die sie oft sehr schnell und bereitwillig übernahmen. So gab es auch in Deutschland – zuweilen ein wenig zeitversetzt – gleiche oder ähnliche Jugend- und Musikkulturen wie in den Ursprungsländern. Soziologisch höchst bedeutsam war in diesem Zusammenhang die nachlassende Milieuverhaftung und die gleichzeitige Aufweichung „durch symbolische Milieukulturen, die sich über Mode und vor allem über „Medien generalisierten und so unterschiedliche Traits und Trends in die Jugend- und Musikkulturen der Länder trugen. Dies ist sicherlich ein Teil der Erklärung für die nach wie vor anhaltenden und sogar verstärkt stattfindenden Pluralisierungs- und Differenzierungsprozesse im Bereich der Jugendkulturen und ihrer Musik. Ein anderer Grund lag in den sozialen Milieus selbst, die [...] ihre verbindliche Kraft abschwächten, so dass lebensweltliche Herkünfte von frei verfügbaren Lebensstilmustern zumindest verdeckt werden können" (Baacke 1997, S. 257).

6.1   Punk

In den späten 70er Jahren wurde wieder einmal – wie häufig in der Geschichte der Jugend – von einer *krisengeschüttelten* und problembeladenen bzw. *problembelasteten Jugend* gesprochen, die im Kontext massiver gesamtgesellschaftlicher Krisenszenarien zwar einerseits sehr stark von gegenkulturellen, alternativen und ökologischen Lebensvorstellungen und Lebensstilen *(Alternativ-Generation)* beeinflusst und geprägt, aber auch andererseits zugleich von Arbeitslosigkeit bedroht und von außerordentlichen hohen Zukunftsbelastungen und -sorgen, von Verunsicherung, Sinnverlust und Orientierungslosigkeit in allen Lebensbereichen geplagt wurde. Daher sprach man von einer *verunsicherten oder geschockten Generation* (vgl. Sinus-Institut 1983; Abels 1993, S. 428ff.). Verunsichert oder geschockt waren die Jugendlichen durch Erfahrungen wie Jugendarbeitslosigkeit, Numerus Clausus, durch den Streit um Kernenergie und Technik und durch die Konflikte um die Nachrüstung (vgl. Abels 1993, S. 434).

So gesehen waren nicht die Jugendlichen problematischer geworden, sondern schon eher die segmentierten und hierarchisierten Arbeitsmärkte und die gesellschaftlichen Lebensbedingungen, mit denen sich Jugendliche seit den späten 70er und in den 80er Jahren existenziell auseinandersetzen mussten. Viele von ihnen konnten von daher schon keine alternativen Lebensmuster herausbilden und arbeitsjenseitige Flausen im Kopf haben. In musikalischer Hinsicht war bspw. der geniale *Dilettanten-Punk*, der in der Anfangsphase mit wenig professioneller, einfacher, ungehobelter Live-Musik und aggressivem Pogo-Dancing aufwartete, im Gegensatz zu dem manierierten Pop und dem virtuosen ‚*Bombast-Rock*' in den späten 70er Jahren Ausdruck eines düsteren und kalten Lebensgefühls des ‚*no future*' für viele Jugendliche. Zumindest jenseits von *The Jam* und *The Clash,* die nicht nur mit sägenden Gitarren, Abbrüchen, Satzfetzen und polternden Beats arbeiteten, sondern wirklich ausgefeilte Songs zu Stande brachten (vgl. Rumpf 1996, S. 143), wurden – wie oben gezeigt – die sagenumwobenen Rockgiganten und Rockklassiker entmystifiziert (vgl. Lau 1992, S. 59).

Der *Punk* stellte ein wenig später in einer stilisierten *Ästhetik des Hässlichen,* der Armut und der Schäbigkeit noch einmal auf seine kraftvoll raue und rüde und die meisten Geschmacksnormen verletzende Art in demonstrativer Absicht die Perspektivlosigkeit der vermeintlichen Errungenschaften der Konsum– und Wohlstandsgesellschaft an den Pranger (vgl. Spengler 1985, S. 118f.). Die gespielten und gelebten *anarchoaffinen Punknormen* provozierten, faszinierten, karikierten und die Dampf ablassenden Fans suhlten sich zuweilen im *subkulturellen Schmuddel* atmosphärisch, mit warmem Flaschenbier, mit viel Schund, Müll- und Plastikaccessoires eines Wergwerf-Marktes. In ekstatisch-gelebter, respektlos-kritischer Absicht wurden das ideologische Werbedesign und der schöne Schein der Waren- und Konsumgesellschaft (vgl. Soeffner 1986, S. 334ff.; Greverus 1995, S. 196; Rumpf 1996, S. 135ff.) nicht nur im Umfeld der aufrührerischen Aktivitäten und Szenen der Hausbesetzer in den späten 70er Jahren und zu Anfang der 80er Jahre demontiert. Indem die *Punks* in den Hauptverkehrszonen der Innenstädte lagerten, provozierten sie die vermeintliche zivilisatorische Vernunft und zeigten sehr eindrucksvoll nicht nur an den Chaos-Tagen in Hannover seit den frühen 80er Jahren, die bis in die späten 90er Jahre reichten, wie schnell diese zu zerreißen war.

Immerhin kann musikalisch gesehen das Aufkommen des *Punk* zunächst vor allem in England in den Mitsiebzigern als Antwort etwa auf den vermeintlichen intellektuellen Tiefgang, der außergewöhnlichen technischen Fähigkeiten und der großen elektronischen Gerätschaften und Lautsprecher der sogenannten Supergruppen und zugleich auch als ein empörter Aufschrei gegen die Gepflogenheiten des mittlerweile schon etablierten *Hippietums* gesehen werden.

Punk verzichtete in seinem Anspruch auf Autonomie zunächst in den lokalen Versionen der Straßen-, Garagen- und Clubbands auf jedwede Organisation der Musik, selbst die sogenannten Independent-Labels (die unabhängig von den großen Plattenlabels arbeiteten) wurden abgelehnt, gleichwohl die weltweit bekannten britischen Punk-Bands wie *Sex Pistols, Wire* u. a., *The Clash (mit London Calling und Sandinista, den Meilensteinen der Punk- und Rockmusik),* Damned, Eater, Vibrators, *Laughter and The Dogs* sowie die *legendären Stooges, Ramones* aus New York oder die deutschen wie *PVC,* die seit 1977 mit ihren Konzerten und ihren direkten, schnellen kurzen Songs (wie bspw. *Berlin By Night*) in den legendären West Berliner Auftrittsorten für Furore sorgten. Der *Punk* wanderte sehr schnell von Charlottenburg nach Kreuzberg. vom ‚Kant-Kino' über das ‚Punkhouse' nach ‚SO 36'. Zudem verkörperte und repräsentierte der *Punk* in den späten 70er Jahren den perfekten Soundtrack der grauen Mauerstadt. Neben *PVC* re-präsentierten *Punk-Gruppen* wie *Malaria, F. S. K., Palais Schaumburg, Einstürzende Neubauten, Der Plan, Die Tödliche Doris usw.* den *Punk* gerade nicht als Mode, sondern *Punk* war immer leidenschaftliche, vornehmlich gegen Spießerinnen und Spießer und *Althippies* gerichtete Geisteshaltung mit einem besonderen antibürgerlichen, antikapitalistischen und anti-kommerziellen Habitus. Die West-Berliner *Punkgruppen-Szene* war anders als etwa die kommerziell erfolgreichen *deutschen Punkbands* wie *Die Ärzte* oder die *Fortuna Düsseldorf-Anhänger* (mittlerweile wieder in der 2. Bundesliga angelangt): *Die Toten Hosen* und auch *Commando* aus Berlin. 30 Jahre später scheint der *Punk* noch lange nicht tot zu sein. Heute wären im *Punk-Kontext* paradigmatisch etwa die britischen *Babyshambles* etwa mit *Fuck Forever, Killamangiro, Sticks and Stones oder What Katy Dis Next,* eine wunderbare *Kate-Moss-Liebeserklärung,* zu erwähnen, die zwischen *Punk, Reggae und Kollaps-Wave* anzusiedeln sind, mit dem vermutlich unzuverlässigsten Popstar *Pete Doherty* – eine räudige Ausgabe von *David Bowie.*

Freilich: *Punk* war vom Selbstanspruch provokativ, radikal unversöhnlich und wendete sich vor allem gegen jede Form der intellektuellen und akademischen Vereinnahmung und wollte sich gerade nicht wie *Rock* und *Pop* von der bestehenden Kulturwelt vereinnahmen lassen. Kulturell setzte sich der *Punk* vom bürgerlich anerkannten Mainstream ab. Obwohl er am *Punk-Rock-Geschäft* teil hatte, klagte er dessen Gebaren ebenso wie die Armut in den Metropolen, die öde Zukunft und die jugendliche Zukunftslosigkeit, die Langeweile und Isolation in den Wohnsiedlungen, die nervende Routine des Schlangestehens vor den Arbeitsämtern, die Geschäftemacherei und – schließlich generell und diffus – den Kapitalismus an. Das nicht nur musikalische Material drückte ein neues ambivalentes Lebensgefühl aus. Die *Punk-Szene* war jugendlich leidend nicht nur ästhetisierend in den Trash (Abfall/Müllhalden) verliebt. Die präsentierte eigene Apathie und der gelebte eigene Stumpfsinn waren oftmals bewusst so angelegt, um die Öffentlichkeit zu schockieren. Allerdings bot der *Punk* in seinen besten Momenten eine außergewöhnliche(n) Subtilität, Humor und Ironie auf, von denen die Superstars des *Mainstream-Rock* in den „Bastionen des Establishments nicht einmal träumen konnten" (Greig 1998, S. 185). Die *Punkszene* fiel als eine Art *Do it yourself-Bewegung* nicht nur qua ästhetischer Negation des Konsumterrors und der beinharten Leistungsgesellschaft und nicht nur durch demonstratives Nichtstun und Nicht-Konsumieren auf; es ging immerhin auch als gelebte Gesellschaftskritik gegen (spieß-)bürgerliche Lebensformen und -normen – *rebellisch, hasserfüllt, rücksichtslos und gewaltandeutend.* Image war u. a. eine Infragestellung aller Autoritäten, ein zerfranstes Aussteigerimage; zerzauste, oft farbige Haare, auch harte, teilweise monotone *Beats* und düster mäandernde Sounds, Musik mit rauen und derben Texten, die ironische Tiefschläge andeuteten und manchmal blanken Zynismus verkörperten, und dilettantischem Gestus mit Feuer und Leidenschaft präsentierten. *Schnorren,* das in der Szene nicht als betteln galt und gilt, war und ist nicht nur in den Fußgängerzonen angesagt. Obwohl die legendären Chaos-Tage in Hannover schon mehr als zwei Jahrzehnte zurückliegen, gibt es nach wie vor immer wieder Jugendliche nach vielen Totsagungen, die mit einigen *Altpunks* als Vorbilder der *Punk-Szene* – auch als Revival oder stets beliebt als *Retrowelle* – etwas abgewinnen können. Neben den bunten, eher kommerziellen, designorientierten Lifestyle-Produkten und den zelebrierten Kunstszenen des *Punk* und des stets schon modisch hippen, designorientierten *New Wave* (auch in den

Spätsiebzigerjahren gab es eine oftmals unüberbrückbare Kluft zwischen *Straßen-* und *Art-Punk* als Ausdrucksform des Nihilismus, Dadaismus und Anarchismus).

Meistens findet heute nur noch eine latente Provokation und Aggressivität etwa der Straßenkids statt. Äußerst selten stellt man sich wirklich pöbelnd vor die Spiegelglasfassaden der Banken und Konsumtempel von gestern mit den schwarzen Hunden beim Schnorren und Saufen (Bier, vor allem Hansa und Oettinger oder regional auch Paderborner) und Kiffen in den Fußgängerzonen und an den Bahnhofsvorplätzen. Dann wird man immer wieder in den Fußgängerzonen von Kontrollkameras oder den schwarzen Sheriffs der privaten Ordnungsdienste polizeiüberwacht. Die eigenen Terrains und Areale, in denen man sich aufhält, und die man teilweise auch geschaffen hat, sind stets gefährdet. Es gab in der Vergangenheit z. T. auch Übergänge zur *Hausinstandbesetzerbewegung,* zu den *linken Autonomen,* zum *New Wave,* dem *Grunge* und dem *amerikanischen Hardcore* (inklusive der *Straight Edge-Szene,* die z. T. alkohol- und drogenfrei und vegan lebt), später auch zur sogenannten *Düsseldorfer Szene* (bspw. die Gruppen: *Male, Mittagspause,* dann *Fehlfarben* und *DAF*), auch zur *Neuen Deutschen Welle* und nicht zuletzt auch zum sogenannten *Post-Punk* in Deutschland etwa in den späten 80er Jahren und zu Anfang der 90er Jahre, wo *Blumfeld,* die 2007, weit weg vom *Post-Punk,* sich aufgelöst und ihr Abschiedskonzert in Hamburg gegeben hatten, und *Tocotronic,* deren vorletztes Album bezeichnenderweise *Kapitulation* hieß, in den letzten 20 Jahren die „beständigsten und populärsten Träger" dessen (waren), was man „kritisches linkes Bewusstsein in der deutschsprachigen Popmusik" genannt hatte (Peitz 2007, S. 16; vgl. auch w. u.). Wo ist heute noch Platz, fragt *Dirk von Lowtzow,* der ehemalige Intellektuellen-Popper und Sänger von *Tocotronic,* zwischen all den wohlmeinenden Gutmenschen und den beinharten Neoliberalen, „zwischen Grönemeyer, *Demo-Clowns* und *Henna-Hippies,* die ja mindestens ein ästhetisches Problem haben mit ihrem kreativen Dagegensein, wo ist Platz zwischen autonomer Gewaltaffinität und altlinker Phraseologie, zwischen dem an seiner eigenen Buntheit besoffenen altgrünen Kulturenkarneval und den gutgelaunt prekären Selbstausbeutern und ihrer Laptopisierung allen öffentlichen Raums" (ebd.). Mittlerweile sind viele (Stil-) Vermischungen und Übergänge sowohl (als *Siff-Punks*) zur *Obdachlosen-, Berber-, Penner-* und *Alkiszene,* als auch manchmal zur linken autonomen Szene (zuweilen auch Hausbesetzer, Demonstrationen gegen Castor-Transporte, gegen Atomkraft etc.) und zu Teilen der *Skinheadszene* zu beobachten. In Berlin randalierten im November 2008 junge, *nostalgische Punks* mit überkommenen Gesten im Hauptgebäude der Humboldt-Universität, die mit „Bildung für alle Plakaten" die Exponate einer Ausstellung im Foyer zerrissen und anzündeten, die an die Enteignung jüdischer Unternehmer in der Nazizeit erinnerte. Sie demonstrierten damit, wie „dümmlich" und „blind" inzwischen die *Punkbewegung* geworden ist und wie „sehr diese Jugendbewegung mittlerweile auf den Hund gekommen ist" (Rapp 2008). Selbst traditionell nie für möglich gehaltene und ehemals fundamental widersprechende Beziehungen zu *Nazi-Szenen* sind inzwischen im ersten Jahrzehnt des dritten Jahrtausends möglich – freilich immer noch sehr randständig. Hinzu kommen ästhetisierende Einsprengsel des Hässlichen mit ätzendem

Zynismus gegen Spießertum, gegen den (vermeintlich) alltäglichen Wahnsinn, den wir im Mainstream der Normalität stehend ja i. d. R. für vernünftig halten, und für Tabubrüche, Regelverletzungen, ja für Anarchie mit Mitteln der Unvernunft. Neben den Veteranen und Altpunkern gibt es viele neue Mitläuferinnen und Mitläufer und experimentierende *Fun-Punker*, schließlich auch einfach nur medienkonstruierte *Neo-Punks*, die als lauter kleine Klone von *Johnny Rotten* und *Sid Vicious* herumlaufen. Zu guter letzt gab es junge Dröhner und sehr erfolgreiche Epigonen-Bands des *Punk-Rock* wie *Green Day* mit *Billy Joe Armstrong* als Sänger, *Offspring*, *Weezer* oder *Rancid*, die musikalisch gesehen nicht mehr ganz so nicht-könnerhaft, brachial und ungestüm dilettantisch auftraten. Mittlerweile haben bspw. *Green Day* ihr neuntes Studioalbum *21st Century Breakdown* aufgenommen, deren Songs aktuelle, ambitionierte kapitalismuskritische Verfallserscheinungen anprangern und Krisenkommentare repräsentieren. Und *Green Day* galten und gelten, obwohl auch sie Millionen Dollars eingespielt haben, in den USA als antibürgerliche Entsprechung zum Staatskünstler *Bruce Springsteen*. Auch nach der ersten Dekade des 21. Jahrhunderts gibt es eine *Neo-New-Wave-Szene* zumindest in musikalischer Hinsicht. In Deutschland gehören bspw. *Mia* mit der Sängerin *Mieze Katz* zu den an *Ideal* erinnernden, umstrittenen, aber durchaus erfolgreichen *Neo-New-Wave-Gruppen*, die mit *Alles neu*, *Stille Post* und ihrem Album *Zirkus Elektropunk*, Neue Deutsche Welle-Gitarren und trotzig poetische Texte mischten. Mit ihrem Album *Willkommen im Club* (2008) verließen *Mia* den rotzigen Sound früherer Jahre und nähern sich einem tanzbaren, *geschliffenen Pop* und erinnerten an ihre heutigen Artverwandten wie *Klee*, *2Raumwohnung*, *Paula* etc. In die Fußstapfen der alten rotzigen frühen *Mia-Tradition* trat bspw. die *Elekropunkband Die Toten Crackhuren im Kofferraum*. Parallelen zur *Riot Grrrl-Bewegung* (*Punkattitüde* und feministische Anleihen gegen die männliche Dominanz in der Musikwelt) der neunziger Jahre sind unverkennbar, allerdings ist ihre Rebellion etwa gegen Brandenburger Prolls (solariumgebräunte Dorfdödels, die den ganzen Tag mit tiefergelegten Autos an Tankstellen herumhängen) und gegen gängige Schönheitsideale in den *Castingshows* eher spielerisch und trat in einer Art ironischen Trash-Maskerade auf.

6.2   Grunge

Als eine Weiterentwicklung des musikalischen *Punkstils* konnte – neben vielen anderen Do-it-yourself-Philosophien wie etwa Teile der Skinhead-Musik, des *Hardcore* oder wie die unterschiedlichen Spielarten des *New Wave* – der zunächst in Seattle entwickelte *Grunge* gesehen werden. Immerhin lehnte sich der *Grunge-Stil* an die Aggressivität des musikalischen *Punk-Stils* an.

In einer US- amerikanischen Gesellschaft und in einer Zeit, in der „Orientierungslosigkeit und Desillusionierung der Jugend, hervorgerufen durch die soziale Kälte und Ellbogenmentalität der Reagan-Ära, die Wirtschaftskrise der ausgehenden achtziger Jahre und als Folge daraus die in der Unterschicht der USA zunehmende

Arbeitslosigkeit und Verarmung" (Hansen 1992, S. 72f.) vorherrschten, gab vor allem
Kurt Cobain, Sänger der bekanntesten, legendären *Grunge-Band Nirvana* einem Teil der
Jugend mit der zugleich depressiven und selbstzerstörerischen Musik ein genuin jugend-
bezogenes Ausdrucksmittel.

In den 90er Jahren des 20. Jahrhunderts tummelten sich in den *Grunge-Szenen* die
zumeist nicht mehr ganz jugendlichen, herumhängenden, durchaus qualifizierten und
reflexiven, manchmal aber unterbeschäftigten und zuweilen auch arbeitslosen oder
zumindest an chronischem Geldmangel leidenden jungen Leute, die als sogenannte
Slacker (benannt nach einem von *Richard Linklater* 1991 erschienenen Film gleichen
Namens) den *Grunge (von Soundgarden, Pearl Jam, Nirvana u. a.)* hörten und wert-
schätzten sowie ein durch Langeweile, Weltschmerz, Gleichgültigkeit und Beliebigkeit
gekennzeichnetes und oftmals ein auf MTV- bzw. Sub-Pop Label-Niveau amorphes
Revoluzzertum an den Tag legten.

Dieses *Grunge-Lebensgefühl* (abgeleitet von *„grungy"* = schmutzig, ungewaschen,
stinkig) einer *Generation X* (vgl. Coupland 1991) der neunziger Jahre, einer merkwür-
digen Mischung aus Zukunftslosigkeit, Leid, Looserdasein, Elegie, Apathie, Zorn und
Engagement kam neben der Musik auch in der Mode zum Ausdruck. Es wurde dezidiert als Gegenbewegung zu den blauen Eddie-Bauer-Freizeitjacken des ehemaligen
Yuppietums gesehen. Wie bei bestimmten *Punkversionen* sollte das Outfit einen ungepflegten Eindruck machen. Zu den langen, filzigen Haaren gehörten aufgeschlitzte und
kaputte Jeans, verdreckte, sehr klobige Turnschuhe und fleckige T-Shirts sowie karierte
übereinandergeschichtete Röcke bzw. Flanelloberhemden, die jenseits der sich entwi-
ckelnden high technology in Seattle an rustikale Waldarbeitermilieus erinnern sollten. Die *Grunger* fühlten sich durchaus in den depressiv-melancholischen Zügen wohl,
schätzten den Schmutz nicht nur unter den Fingernägeln (der Kids von Seattle), lagen
fast den ganzen Tag im Bett, glotzen TV und bohrten nicht selten genussvoll in der Nase.
Die Haartracht war in der Regel filzig, ungewaschen und lang – ebenfalls eine Antwort
auf die Kurzhaarschnitte der damaligen Yuppies, aber auch eine Gegenbewegung zur
Hardcore-Szene. Lebensdevise der *Slacker*: „Klar geht es mir beschissen. Aber wenigstens muss ich dafür nicht auch noch arbeiten" (zit. n. Böpple und Knüfer 1996, S. 55).
„Die Bandzusammensetzung mit den Instrumenten Gitarre, Bass, Schlagzeug und
Gesang" brachte den wuchtigen „Sound hervor, der durch die voluminösen, heftig
durchdringenden Gitarrenpassagen" nichtsynthetischen Klängen und „den sich mit
wütenden Aufschrei abwechselnden sensiblen bis weinerlich anmutenden Gesang seine
Einzigartigkeit" erlangte (Nolteernsting 1997, S. 287).

Obgleich schon ein wenig Patina angesetzt, wurde auch in den ersten Jahren des 21.
Jahrhundert immer noch von einigen Epigonen der *Grunge-Szene* die Anfang der 90er
Jahre wegweisende, den Weltschmerz der Seele thematisierende und den Soundtrack für
die „*Generation X*" liefernde Gruppe *Nirvana* mit dem legendären *Kurt Cobain* hochgeschätzt, dies gilt auch für „Mudhoney" etwa mit „Touch me, I'm Sick" sowie für die
auch noch im Jahre 2012 legendären und immer noch melancholisch traumatisierten
Schmerzensmänner von *Pearl Jam* – vor zwölf Jahren im Jahre 2000 kamen beim *Pearl*

Jam Auftritt auf dem dänischen Roskilde-Festival zehn Fans im schlammdurchtränkten Gedränge ums Leben. Vornehmlich die *Grunge-Gruppen* aus Seattle lieferten die Musik zu dem Lebensgefühl des „I m a looser, baby. So why don't you kill me". Mit ,Nevermind' und ,Smells Like Teen Spirit' brachte auch *Kurt Cobain*, der sich – wie schon vorher andere mit 27 Jahren früh verstorbene Rockstars (*Jimi Hendrix, Janis Joplin, Brian Jones, Jim Morrison*) – als 27-Jähriger vor 20 Jahren erschossen hatte, die Enttäuschung der Zu-Spät-Geborenen auf den Punkt. Verweigerung gegenüber den *yuppiehaften* Zügen war nicht nur in Seattle (von hier aus trat auch Starbuck und die Antiglobalisierungsbewegung ihren Siegeszug durch die Welt an) angesagt. Ähnlich wie in der *ästhetisierten, kunstorientierten Punkszene*, ohne allerdings deren intellektuellen Diskurs zu teilen, wurden und werden Variationen des *Punk-Sounds* sowie das Ritual und das die Nähe zum Publikum anzeigende ,Stagediving' (wie auch schon bei den *Mods* in den sechziger Jahren und bei den späteren *Skinheads)* bis heute hochgeschätzt. Mittlerweile ist die inzwischen stark geschrumpfte *Grunge-Szene* zu Anfang des 21. Jahrhunderts schon längst nicht mehr diejenige, die sie Anfang der 90er war. Und auch die *Grunge-Musik* des ehemaligen Undergrounds in Seattle existiert schon seit mehr als einem Jahrzehnt nicht mehr in ihrer puristischen „Ursprungsform" (Schwendter 1995, S. 12). Die hohe Zeit von *Grunge* war allerdings spätestens zum Ende des Jahrtausends vorbei. Ehemalige Grunge-Bands wie *Limp Bizkit, Linkin Park, Korn, Pennywise, Smashing Pumpkins* u. a. wurden musikalisch schneller, härter und brutaler und trafen damit den Nerv der Jüngeren. Dennoch sind Restelemente der *Grunge-Philosophie* in der heutigen Musikszene (bspw. bei *Vines, Weezers, Silverchairs, Muse, Beck und Nickleback*), aber auch in der alltäglichen jugendkulturellen Lebenspraxis von einigen wenigen Gruppen von Jugendlichen nach wie vor präsent, selbst wenn sie keine *Slacker* mehr sind und das inszenierte schmerzaffine Traurigsein hinter sich gelassen haben.

Im Umfeld des Grunge und *Post-Punk* gab es *in Deutschland die Hamburger Post-Punk-Kultgruppen Tocotronic und Blumfeld. Dirk von Lowtzow* und *Jochen Distelmeyer* zelebrierten in ihren, die vermeintliche Wirklichkeit beschreibenden Texten „ die Wucht des Negativen". Nach 20-jähriger Erfolgsgeschichte hatten sich *Blumfeld* im Juli 2007 aufgelöst (*Jochen Distelmeyer* hat allerdings anschließend eine Solo-Karriere – quasi anknüpfend an die musikalische Logik von Blumfeld – begonnen), während *Tocotronic* mit ihrem furchterregenden achten Album ,*Kapitulation*' im umstellten Neoliberalismus gegen die „herrschende *Visuel-Kei* und *Emo-Kultur* gerade nicht kapitulierten, sondern trotzig weitermachten" (Peitz 2007, S. 16). Im Jahre 2010 ist das neunte Album *Schall & Wahn* erschienen und *Tocotronic* ist von den Königen der *postpunkigen, linksalternativen, dekonstruktivistischen Slacker-Slogans* zu einer *Breitwand-Indie-Rockband* geworden, die durchaus populäre Musik machen. Allerdings scheint es heute kein Platz mehr für ein kritisches linkes Bewusstsein zu geben, zwischen autonomer martialischer Gewalt bspw. von den militanten Linken etwa der ,*Autonomen Stinktiere*', die 2009 in Friedrichshain und Neukölln die (vermeintliche) Verdrängung, die Gentrifizierung und Yuppisierung der traditionellen Kiezkulturen gewalttätig randalierend bekämpften, und ,altlinker Phraseologie', zwischen altgrünem Kulturkarneval, Henna-Hippies und

den stets ‚gutgelaunten prekären Selbstausbeutern' in der heutigen deutschsprachigen
Popmusik, zwischen *Grönemeyer, Lindenberg,* den *Naidoos* und all den anderen bestver-
kauften ich- und herzwärmenden Nationalsinnstifterinnen und -sinnstiftern wie *Tomte,
Madsen, Jennifer Rostock, Kettcar, Wir sind Helden, Juli, Die Sterne* und *Silbermond* (vgl.
auch w. o. zur *Punkszene*).

6.3   Heavy Metal und ihre Subszenen

Historischer Bezugspunkt (vgl. etwa Langebach 2003, bes. S. 41ff.) in allen Subgenres
des *Speed-, Black-, Dark-, Trash- und Death-Metal* bleibt der *Heavy Metal*. In diesen Szenen ist es – wie in vielen anderen Szenen und Milieus auch – vor allem die
Musik, die den Fokus der Szene ausmacht. Vornehmlich Bands wie *Black Sabbath, Led
Zeppelin, Deep Purple, Judas Priest, Kiss, AC/DC, Alice Cooper und Motörhead* standen
in den 70er und frühen 80er Jahre (vorher schon semantische Anklänge im damaligen
Hardrock bei *Steppenwolf* 1968: ‚Born To Be Wild' und 1969 bei *Iron Butterfly*: ‚Heavy')
für den *Heavy-Metal-Stil*. Schon seinerzeit setzte ein bis heute nicht abgeschlosse-
ner Prozess der Diversifizierung ein. Es gab im *Heavy Metal* okkulte, satanische, vam-
piristische, anti-christliche und *rechtsextremistische musikalische Themen*, die auch
später in den 80er Jahren in den ausdifferenzierten und verschiedene Erlebniswelten
repräsentierenden Subgenres auftauchen sollten. Ein zentraler Wegbereiter des *Speed-
Metal* wurde bspw. die kalifornische Band *Metallica* aufgrund einer extrem schnellen Rhythmik. Die Geschwindigkeit in der Musik und die Härte der Texte und der
Musik waren es vor allem, die die Ausdifferenzierungen, Richtungen und die verschiedenen Strömungen der *Metal-Szenen* mit in Gang setzten. Äußerst harte Musik, mit
einem tiefen kehligen Gesang, wie sie von der kalifornischen Band *Slayer* präsentiert
wurde, galt als Wegbereiter des *Thrash Metal*, während der *Death Metal* mit gleichfalls
schneller Musik und ebenfalls kehligem Gesang mit zutiefst pessimistischer Weltsicht
(Kriegs-, Untergangs- und fiktive *Splatter-Horror-Szenarien*) aufwartete. Eine noch-
malige Steigerung der rhythmischen Geschwindigkeit wurde im *Grindcore* vollzogen,
dessen musikalische Wurzeln aus dem Punk und *Hardcore* stammen – freilich auch
sehr viele Gemeinsamkeiten mit dem *Death Metal* aufwiesen und aufweisen. Die *Black-
Metal-Szene*, die sich in den Musiktexten und Kreischgesängen – wie in den anderen
Metal-Szenen auch – mit der Aufblähung zum Göttlichen betreibenden Satanismus,
Teufel, dem Tod, der Zerstörung und der Hölle, in den nordischen Varianten (*Viking-,
Pagan-, Heathen- und Symphonic Metal* wie die finnische Gruppe *Nightwish* mit ‚Dark
Passion Play') auch mit Fabelwesen und diversen mythischen Parallelwelten, etwa den
nordischen Göttermythologien aus vorchristlichen Zeiten und Walhalla auseinandersetzen (vgl. Langebach 2003, S. 43). Eine düstere, eher depressive, untergangsbezo-
gene, manchmal misanthropische und teilweise pessimistische Weltsicht wird auch
durch den oftmals dämonischen, todessüchtigen Endzeitstimmungs-Sound transportiert. Gewaltverherrlichung, Sexismus und schwarze Magie klingen an. In den so

genannten Schwarzen Messen, abgeleitet von den schwarz gefärbten Rübenleibern, die als Hostienersatz fungieren, finden qua verwendeter Betäubungsmittel und narkotischer Drogen wie Bilsenkraut, Nachtschatten, Belladonna und Eisenhut im Sabbatrausch Verhöhnungen der christlichen Liturgie statt (vgl. Fromm 2007, S. 152). Extreme Richtungen neigen zu verschiedenen Strömungen den Satan und den blutsaugenden Vampyrismus verehrender Musik. Im *Dark-Wave*, der zweifellos als eine düstere Variante der Gothic-Szene thematische Berührungspunkte zum *Black-Metal* aufweist, und in Teilen der *Black-Metal-Szene* sind nicht nur im Zuge des sogenannten Hatecore auch rechte, nationalsozialistische Töne zu hören. Unter der Genrebezeichnung *NSBM* (*National-Socialist-Black-Metal*) werden nationalsozialistische, paganistische und odistische Bands (wie bspw. die sehr umtriebige Thüringer Band *Absurd*) charakterisiert, die nationalsozialistische arische Musik sowie Themen und Texte (sozialdarwinistische Feindbildmarkierungen, ethischer Nationalismus, Antisemitismus, Vertreibung und Ermordung von Migranten) präsentieren (vgl. Langebach 2003, S. 123). Ein patchworkaffines Aufeinanderzugehen von bestimmten Personen, Bands und Magazinen der braunen und schwarzen Szene findet jenseits von Funktionalisierungen statt. Immerhin besteht eine kulturkritische Affinität der „dynamischen Neuen Rechten" zur – für nationale Themen empfängliche Personen in der – *Dark-Metal* und auch *Dark-Wave-Szene* (vgl. Dornbusch et al. 2002, S. 195ff.). Bestimmte Bands aus dem Rechtsrockbereich wie *Landser* werden auch teilweise von neonazistischen *Black-Metal-Szenegängern* gehört. Die Grenzen zwischen den Richtungen werden aber von den kleineren Gruppen von Jugendlichen bewusst gezogen, gleichwohl auch die Grenzen zu *Hardcore* und *Punk* fließend (vgl. w. u.) sind. Frauen und junge Mädchen waren in allen männerdominierten *Metal-Szenen* eindeutig unterrepräsentiert, obwohl traditionelle Geschlechterklischees von Prachtkerlen mit martialischen Körperbemalungen und lasziven Groupies in den über 40 Jahren *Heavy Metal* keineswegs angesichts androgyner Tendenzen in der Szene stimmten. Internationale Open-Air- Festivals wie jedes Jahr seit 1990 im August das *Woodstock für Schwermetaller* im dörflichen nordfriesischen Wacken (jedes Jahr pilgern zirka 75.000 Besucher zwischen Underground-Veranstaltung und Mainstream-Event bei aller Kommerzialisierung und chaotischem Charme der frühen Jahre in immer noch sehr familiärer und harmonisch-friedlicher Atmosphäre dorthin) mit *Slayer, Mötley Crüe, Iron Maiden, Nightwish, Immortal, Soulfly, Alice Cooper, Anthrax, Gojira und Motörhead* besitzen seit einigen Jahren in Deutschland Kultstatus. Der einzige deutsche weibliche Star einer *Metal-Macho-Gesellschaft* ist *Doro Pesch*, Frontfrau bei *Warlock*.

In den Heavy Metal-Szenen hielten sich vor allem (männliche) Jugendliche auf, die gerne ursprünglichen und handgemachten *harten Rock* hörten – Übergänge zum *Hardcore* waren und sind vorhanden (vgl. auch w. o.). Musikalisch besonders beliebt waren ein auf monotoner Wiederholung angelegter Grundrhythmus, der Verlässlichkeit und Echtheit suggerierte. Wertgeschätzt in Deutschland waren seit den späten 80er Jahren Bands wie die slowenische Band *Laibach*, deren Musik neben *Heavy Metal* wahlweise auch *als Industrial-, Gothic-, Elektro- oder Technomusik* klassifiziert wurde, und deren Ästhetik von *Opus Dei* aus dem Jahre 1987 bis zu *Volk* aus dem Jahre 2006 stets mit – das angloamerikanische Entertainment und die angloamerikanische Popindustrie – herausfordernden und irritierenden totalitären, faschistischen und kommunistischen Elementen arbeiteten sowie vor allem auch die *Laibach* nachahmende deutsche und auch international erfolgreiche, mit kalkulierenden Tabubrüchen (Gewalt, Sexualität, Pornographie, Masochismus, Sittlichkeit etc.) aufwartende, das Spiel mit dem Feuer anheizende und dabei in der Mitte der Gesellschaft angekommenen Brachialrock- und Epigonen-Band *Rammstein* (bspw. mit ihrem 2009 indizierten Nummer *Ich tu dir weh* oder auch mit ihrer CD/DVD-Life-Anthologie *Völkerball*, vgl. Hesselmann 2006, S. 26) – archaisch, brachial, monsteraffin, provokativ, zuweilen auch mit faschistischen Symbolen in *Leni Riefenstahl*-Ästhetik spielerisch, schockierend und verführerisch, ironisierend umgingen und zugleich, was insbesondere die entkontextualisierte Ästhetik der „neuen deutschen Härte" betraf, mainstreamgemäß sehr wertgeschätzt (vgl. bspw. Lindke 2002, S. 231ff., der die beabsichtigte Entmystifizierung des Ästhetikverständnisses – das Spielen mit tabuisierten faschistischen Symbolen, Zeichen und Emblemen – scharf kritisierte und zurückwies), *Sepultura*, *Motörhead*, aber auch die sich im Jahre 2008 aufgelöste, eine Philosophie der Hässlichkeit und Abartigkeit stilisierende Berliner Radaubande *Knorkator* und immer noch – das Vorbild für ganze Generationen von Metal-Bands – *Metallica* mit dem sehr erfolgreichen Album: *Whatever I may roam* und dem Super-Hit *Unforgiven*, mit *Master of Puppets* und neueren Datums mit *St. Anger*, gleichwohl ehemalige Dresscodes und Frisurvorschriften für die alten und neuen Fans nicht mehr gelten, manchmal auch die sehr umstrittenen *Böhse Onkelz*.

6.4   Gothic

In historischer Perspektive beziehen sich die *Grufties/Gothics* auf die schauer-romantische englische Literaturgattung des 19. Jahrhunderts sowie in den zwanziger und dreißiger Jahren im 20. Jahrhundert an die expressionistischen Schauerfilme (etwa auf *Nosferatu* von *F.-W. Murnau*, auf *Dracula*, *Frankenstein* und später auch auf verschiedene Varianten der *Horrorfilme*). Die eigentliche *Gothic-Szene* entstand in den späten 70er Jahren des 20. Jahrhundert im Zuge der *Punk-*, *New Wave* und *New Romantic-Bewegung*. Die radikalen Punks waren den *Gothics* viel zu aggressiv und in ihren Ausdrucks- und Lebensformen schienen sie ihnen zu ungepflegt und hässlich. Koma-Saufen und das auf der Straße mit den schwarzen Hunden rumlungern schien nicht ihrem nach innen gerichteten und Weltschmerz verkörpernden Lebensgefühl zu entsprechen. Gleichwohl kleidete man sich schwarz, griff bei den Kleidungsstilen in das Reservoir vergangener Epochen (vor allem Mittelalter, Barock und Rokoko) zurück – schwerer Brokat, Spitzenapplikationen, Damastverzierungen, flatternd wehende Mönchskutten oder knöchellange Priestergewänder, Reifröcke, Korsetts, Rüschenhemden, schminkte sich vornehmlich schwarz-weiß, hatte eine Vorliebe für das Melancholische und Morbide, schätzte eine romantisch, spirituelle, düstere Ästhetik, interessierte sich für den Vampirkult, ließ die schwarzen Seiten des Lebens zu, sah aber auch Licht im Schatten, nährte sich aus den Tabus und Verdrängungen der Mehrheitsgesellschaft (Tod, Trauer, Magie, Satanismus, Sadomasochismus, Körperschmuck wie bestimmte Tattoos, besonderes Piercing usw.), schmückte sich mit okkulten Symbolen (Todessymboliken wie Sensemann. Totenkopf, Knochen usw.) Verwendung fanden und finden Tiersymboliken wie Tiere der Unterwelt, Nebelkrähen bzw. Raben als Symbole der Untoten, Drachen als gottfeindliche Mächte und Herrschaften des Schreckens. Hinzu kommen Fledermäuse als Vampirmythen, Spinnen, Schlangen, Kröten, Eidechsen etc.; darüber hinaus kommen Kreuzsymbole – christliche, ägyptische und keltische Kreuze –, Zahlensymbole wie die Zahl 666, die den Antichristen aus der Offenbarung des Johannes 13. 14. Psalm 18 darstellt, und die abergläubische Unglückszahl, vornehmlich Freitag der 13, zum Einsatz. Mystische und mittelalterliche Symbolgegenstände und -geschöpfe – wie Runenschriftzeichen in Metall, Knochen oder Holz geritzt – werden als Schmuck getragen; sie sollen Energie, Stärke, Mut und Eroberungswillen anzeigen; Schwerter und Äxte werden als Zeichen der Macht gedeutet. Verschiedene Edelsteine wie Türkies, Topas und Lapislazuli sollen beschützend wirken. Schließlich werden Anhänger mit Fabelwesen und Lichtgestalten wie Elfen, Feen, Einhörnern, Engeln hochgeschätzt (vgl. Meisel 2005). Es findet eine poetische Stilisierung und Inszenierung statt und „bringt männliche und weibliche „schöne" Todesengel nach romantischen Idealen des 19. Jahrhunderts hervor" (Richard 1997, S. 134). Als Schönheitsideal bevorzugen Frauen entgegen heutiger gängiger gesellschaftlicher Vorstellungen einen blassen Teint und Gebrechlichkeit. Die schwarze Szene verwendet sehr viel Zeit, Detailliebe und Kreativität für das passende Outfit (wallende Kleidung, Kutten, Talare, Frisur, Accessoires etc.) und greift dezidiert sinnorientiert die Schattenseiten des Lebens in einer Art ‚dunklen Poesie' (vgl. Nicodemus 2007, S. 29; 2009, S. 66) auf, die von Sehnsucht, Liebe, Morbidität und Tod erzählen, und die für viele Gesellschaftsmitglieder negativ empfunden werden. Mittlerweile treten in einigen Varianten der schwarzen *Gruftie-Szene* die ehemals düsteren, introvertierten und resignativen Seiten von *Punk* und *New Wave* (aus denen die *Gruftie-Szene* entstanden ist) oder von *Dark Wave* und *Heavy Metal* (zusammengenommen auch als *Black Metal* bezeichnet), also die Depressionen, Melancholien und okkult-mystischen Texten, aber auch die elegischen auf. Erwähnt werden auch die, das gewisse sanfte Frösteln, Verletzlichkeit und Weltschmerz symbolisierenden Songs von *The Cure* (mit dem extravaganten, androgynen Bandleader und Sänger mit der Elektroschockfrisur *Robert Smith*, der Lippenstift und Schminke wie schon vorher andere Kultgruppen der *Mods* aus den 60er Jahren oder die wie die legendären *Roxy Music* aus den 70er Jahren auch für Männer hoffähig machte), eine Kultband der 80er Jahre, die Charts, große Hallen und Stadien stürmte und auch nach über dreißig Jahren der Gründung mit ihrem 13. Album ‚4: 13 Dream' „kalte Klanglandschaften" mit hitverdächtigen Dauerbrennern hervorbringen und ‚hypnotische Energien' freisetzen, die – musik- und jugendkulturell etwa mit ihren Klassikern ‚*Boys don`t cry*' und ‚*Fridey I'm in love*' wegweisend – gleichsam mehrere Lebensstile beeinflussten und wahlweise den Punk einfrosteten, den *New Wave* (musikalisch-heroisch etwa qua *B-52 s*) ermöglichten und veredelten und den alternativen Rock sowie die *Gothic-Szene* befruchteten, gleichwohl *Robert Smith* mit dem

Trauerkult der schwarzgewandeten *Grufties* nichts zu tun haben wollte (vgl. Reichert 2008, S. 9). The *Cure* waren auch Wegweiser für viele noch jüngere Bands wie *Bloc Party, The Rapture* und *Interpol*. Hinzu kommt *Christian Death* (eine kalifornische *Gruftie-Band* der 80er Jahre, die ebenfalls wie die englische dämonische Punk- Prinzessin *Siouxie* als Frontfrau der Banshees zur Genese der *Gruftie-Szene* beigetragen hat) oder *Depeche Mode* (ebenfalls eine – bis heute etwa mit dem Album *Sounds Of The Universe* im ersten Jahrzehnt des neuen Jahrtausends sehr erfolgreiche – Elektroblues-Kultband aus den 80er Jahren. *Depeche-Mode* klingen mit ihren antiken Synthesizern wie ihre eigene Coverband; sie sind musikalisch den 80er-Jahren treu geblieben – eine Mischung aus Schwermut und Maschinengroove, aus dunkler Sehnsucht und Selbstzweifel) und *Joy Division* (eine Kultband der 90er Jahre) in den Hintergrund. Statt dessen sind in einigen *Gruftie-Szenen* im Medium lebensbejahender Stimmungen geile Lack-, Gummi- oder Kunst-Lederklamotten mit Strapsen, Sadomaso-Spielen, *Industrial-Deathmetal* mit harten Rhythmen etwa in den bekannten Bochumer *Gruftie-Szene-Lokalen* sowie in alten Kirchen, Ruinen, U-Bahn-Schächten und Friedhöfen angesagt. Die *Grufties* mit hohem Frauenanteil in der Szene sind eigentlich kein *street style,* weil häufig in einer Kultur der lebenssinnsuchenden Versenkung abgeschiedene Orte oder Privatsphären, die sich aura-tisch durch Stille, Trauer, Tod, Düsternis, Dunklem, Geheimnisvollem und Verbotenem auszeichnen, aufgesucht werden. Die ‚Schwarzen‘, wie sie sich selbst gern nennen, machen nicht nur auf ihrem jährlichen internationalen *Wave-Gothic-Treffen* in Leipzig mit ihren Verkaufsständen (esoterische Schriften, Poesie, Schwarzer Humor, Theatralik, Kleidung, Mode-Accessoires wie Ringe, Ketten, nordische Mythen, Runenkunde, Kreuze mit heidnischen und religiösen Motiven (die Auseinandersetzung mit dem Tod und der Reinkarnationsgedanke sind stets präsent) und mit Runen verzierte heilige Steine und Ornamente; vgl. Farin 2001, S. 161), mit ihren zuweilen apokalyptischen Vorstellungen und Bildern auf die dekadenten und desolaten Seiten der Welt aufmerksam und wehren sich symbolisch und zeichenhaft gegen die soziale Verdrängung des Todes und erinnern zumindest in ihrem Sinne auf der ästhetischen Ritualebene an die sozialen Defizite der Gesellschaft, die Tod und Trauer aus dem unmittelbaren Lebensalltag herausgenommen und in eigene Räume separiert und ghettoisiert hat. Mit den bunten, schrillen und laut-starken Welten, den Public-Viewing-Fanmeilen und den Höhepunkten kollektiver Massenevents und -verdichtung anderer Jugendkulturen haben bei aller Lebensfreude, etwa ihren Körper zu umhüllen und gleichzeitig in Szene zu setzen, allerdings die *Gothics* nichts zu tun. Sie widersprechen im Rahmen ihrer schwarzen altertümlichen Ästhetik allein durch ihre Präsenz der „bunten Vielfalt der Warenwelt" und vor allem auch den gängigen attraktiven „Jugend-, Schönheits- und Körperidealen" (Farin 2001, S. 165), gleichwohl ein bestimmter ästhetisch extravaganter *Schock-Schick* (blasser Teint, zer-brechliche Statur, totes Styling etc., vgl. Nicodemus 2009, S. 67) sich in manchen schwar-zen Strömungen durchzusetzen scheint. Es scheint gerade auch die ausgesprochen friedliche Toleranz zu sein, die in der schwarzen Szene vorherrscht, die sie zum Sammelbecken für viele Anhängerinnen und Anhänger gesellschaftlich tabuisierter und verpönter Lebensweisen wie den unterschiedlichen Fetischen, werden lässt (vgl. Fromm

2007, S. 32). Es sollte aber auch nicht unerwähnt bleiben, dass an den Rändern und in den Grauzonen dieser Szene durchaus zu Problemen kommen kann: Jugendgefährdung, Einsamkeit, Isolation, Wirklichkeitsflucht, Extremismus, Gewalt und sexuelle Abweichungen. Man lässt sich in der differenzierten *Gothic-Szene* ungern (und macht auch dezidiert darauf aufmerksam) – wie in vielen anderen Jugendszenen auch – in ein System pressen.

Bekannte Szenemagazine sind Orkus, Zillo und Sonic Seducer. Getragen wird alles, was vornehmlich schwarz und nicht immer alltagstauglich ist, zur düsteren, extrovertierten Ästhetik und vor allem zur individualisierten, kreativen Inszenierung beitragen kann; hinzu kommen Schmuckstücke mit Todessymbolik, oft edles Outfit, mit stundenlanger Mühe hergerichtete Frisuren und Make-ups, Accessoires: Spitzenfächer, Sonnenschirme, Silberschmuck, Fledermausapplikationen, Drachenuhren; Kultbands, historisch vor allem *The Cure* und *Christian Death*, aber auch die kantigen, melancholisch-kitschigen, düsteren, sakralen *Synthie-Pop-Sounds* und Soundtracks von (aus dem *Post-Punk*, der *New Romantic-* bzw. der *New Waver Szene* kommenden) *Depeche Mode*, die Hohepriester des *schwarzen Pop*, mit den bis heute stets grübelnden, leidenden und in der Abgründe gefallener Seelen sich wühlenden *Martin Gore* (*Mastermind* und geniale Songschreiber) und *Dave Gahan* (Stimme und Körper der Band); melancholisch, hymnisch stimmungsvolle Kultalben wie *Black Celebration Music for the Mass* und *Violato* bis hin zu den 2005 und 2009 erschienenen Alben *Playing the Angel* und *Sounds of the Universe*) dem wohl ersten metro-sexuellen Mann; ansonsten differenzierte Musikstile, (düsterer) *Industrial, Electronic Body Music, Metal* bzw. *Neo-Folk*.

6.5   Techno

Hip-Hop und *Techno* waren (trotz *Grunge*, trotz *Gothic*, trotz *Metal* und *Hardcore* dennoch) die beiden wesentlichen (jugendlichen) Popkulturen der 90er und teilweise auch noch der ersten Jahre nach der Jahrtausendwende.

Die Bezeichnung *Techno* kann einerseits als Oberbegriff für verschiedene Stilarten elektronisch orientierter Tanzmusik – *Techno-Musik* ist im wesentlichen Tanzmusik – aufgefasst werden. Andererseits wird mit dem Terminus *Techno* eine spezifische Jugend- und Popkultur rubriziert, die in den späten 80er Jahren entstand und seit Mitte der 90er Jahre des 20. Jahrhunderts weltweit ein jugendliches Massenpublikum hervorbrachte und auch faszinierte. Den Höhepunkt der Popularisierung hatte die jugendliche *Techno-Bewegung* vermutlich gegen Ende der 90er Jahre erreicht, gleichwohl noch in Teilen der ersten Dekade des 21. Jahrhunderts *Techno-Kultur* und *Techno-Musik* das Lebensgefühl vieler junger Menschen, das zuweilen vor dem Hintergrund mannigfacher gesellschaftlicher Prozesse der Entzauberung, der Enttraditionalisierung, der Entritualisierung, der Individualisierung, aber auch der Multioptionalität, der neuen Formen der Selbstvergewisserung und der neuen posttraditionalen Vergemeinschaftungen postmodern genannt wurde, beeinflusst und begleitet. Die Grenzen zwischen Arbeit, Freizeit und Spiel, zwischen Fest und Alltag, zwischen Normalität und Abweichung, zwischen Regelstruktur und Ausnahme, zwischen Hochkultur und Popkultur ist aufgeweicht – nicht aufgelöst. Die Menschen müssen zunehmend sich selbst definieren, und ihre Identitätssuche und -findung wird vor dem Hintergrund offener sozio-kultureller Horizonte zum vornehmlich individuellen Projekt (vgl. Vogelgesang 2001, S. 286). Immerhin schien *Techno* eine der einflussreichsten kulturellen Strömungen der Gegenwart zu sein. *Techno* verwendete die – und spielte mit den – heutigen technischen Möglichkeiten. Die digitale Technik und das damit zusammenhängende Sampling-Prinzip sind wie die Taktfrequenz der Informationsgesellschaft, die Lebensstil-Metamorphosen, das Spiel mit Selbstentwürfen und Identitäten, die Wahrnehmungssensibilität, die ambivalenten – zwischen ichbezogener, inszenierter distanzwahrender Coolness und gruppenbezogenen warmherzigen – Kommunikationsstrukturen, die inszenierte Erotik, der Körperbezug, die Tanzformen und die posttraditionale familiäre Struktur der Treffpunkte zum quasi postmodernen Leitprinzip der kulturellen Lebenspraxis geworden. So gesehen schien *Techno* auch als Prototyp einer Jugendmusikkultur mit all ihren verschiedenen Szenen und Unterszenen, ihrer Anti-Narrativität und ihren vornehmlich posttraditionalen Gemeinschaften (vgl. w.u.; Hitzler und Pfadenhauer 2001; Ferchhoff 2011) zu sein, deren kulturelle Praxis im Wesentlichen aus den ästhetischen Medien Musik, Körper und Tanz bestand. Die Techno-Kultur bestand jenseits der Clubszenen aus relativ offenen Szenen, deren Zugehörigkeit und Gemeinschaftsgefühl sich eher aus ästhetischen als aus politischen und sozialen Motiven begründet. Immerhin kann man sagen, dass Techno der Versuch ist, sich die digitale Cyber-Welt auch musikalisch anzueignen (vgl. Brauk und Dumke 1999, S. 11). Die Produktionsweise der *Techno-Musik* ist vornehmlich durch die digitale Sampling-Technologie geprägt. In der Techno-Musik diente das Sampling-Verfahren der Dekontextualisierung archivierter Musik und Klänge. Musikalische Werke haben ihre Endgültigkeit verloren, werden zweckentfremdet. Es fand mit Poschardt (1997, S. 366) gesprochen ein „ketzerischer Umgang mit Gebrauchsanweisungen" statt. Musikstücke sind Materialien, die in einzelne Teile zerlegt und patchworkartig wieder neu kombiniert und zusammengeführt werden können. Collage, Montage, Sampeln, Mixen, Remixen, Rekombinieren, Loopen, Recyeln, Scratchen, Kleben und Schneiden von Geräuschen und die Erstellung neuer synthetischer Klänge ermöglichen einen kreativen Umgang. Es werden also neue Voraussetzungen für die musikalische Produktion, aber auch für die Rezeption und Distribution geschaffen. Dieses gilt inzwischen nicht nur für die Erstellung von *Techno-Tracks*, denn in fast allen Musiksparten wird mit Computern und digitalen Medien gearbeitet. Diese werden auch als Musikinstrumente genutzt. Grundsätzlich lassen sich alle Instrumente (z. B. Syntesizer, Sequencer, Drumcomputer, Effektgerät, Mischpult) als Software simulieren, auf dem Bildschirm darstellen und prinzipiell wie Hardwaregeräte verwenden (vgl. Huraj 2001, S. 55).

Ein differenzierter Blick auf die *Techno-Musik*, die vor allem elektronische und synthetische Musik (Struktur, Klang und Konsistenz als Schlüsselelemente) ist, verdeutlicht, dass auch hier keine homogene Musikszene vorherrschte. Wie in anderen Musiksparten vollzog sich ein Ausdifferenzierungsprozess in verschiedene Sub-Genres – auch durch den Einsatz moderner digitaler Produktionstechnologien in immer kürzeren Zeitabständen. Ein Szene-Pluralismus hatte sich breit gemacht. Trotz Kommerzialisierung und Globalisierung ist es in der Techno-Kultur zu keiner Homogenisierung gekommen. *Techno-Kultur* blieb eine Mixtur aus verschiedenen globalen und lokalen Einflüssen mit Strömungen des kommerziellen Mainstream und der partikularen Nischenkulturen der Gegenwartsgesellschaft. Auch *Techno-Kulturen* waren – wie andere Jugendkulturen auch – stets beides: Die technologischen und medialen Bedingungen der Gesellschaft wurden angenommen und zugleich kreativ (um)gestaltet – Underground (via Independent- und Online-Labels und via Internet) und Mainstream (der Computer kann in ein virtuelles Studio verwandelt werden) mit subversiven Stacheln und angepassten Momenten. In den *Techno-Szenen* schienen Lebensalter und speziell der Musikgeschmack ein Medium der sozialen Distinktion zu sein. Ältere Szene-Gänger schienen die vermeintlich ‚authentischen‘ Clubkulturen zu bevorzugen, während jüngere *Raver* stärker die kommerzialisierten *Rave-Kulturen* aufsuchten.

Die vielen *Techno-Stile* sind von unterschiedlichen musikalischen Strömungen beeinflusst worden. Die wohl einflussreichsten Wegbereiter für die *Techno-Musik* waren sicherlich die Musiker der deutschen Formation *Kraftwerk,* während die Ursprünge der *Techno-Musik* historisch noch weiter zurückdatiert werden müssen.

Zu Beginn des 20. Jahrhunderts entwickelte sich eine Art *Geräuschmusik* im hochindustrialisierten Europa. In diesem Zusammenhang wurden immer wieder auf die *atonale Musik* von *Arnold Schönberg,* auf die Komponisten *Debussy, Hindemith, Bartok* und *Varese* sowie die multimedialen Kompositionen von *Erik Satie* hingewiesen (vgl. Anz und Walder 1995, S. 10; Meyer 2000, S. 36; Huraj 2001, S. 28ff.; Wiedemann 2002, S. 53). Weiterentwickelt wurde diese Musik in den 50er Jahren in Form von komplexen Montagen aus naturalistischen und synthetischen Klängen des deutschen Komponisten *Karl-Heinz Stockhausen,* der in allen (Alltags-)Klängen und Geräuschen Musik hörte. Die Idee einer Geräuschmusik und die Zusammenführung von Klangmontagen wurde in Paris vor allem auch durch *Pierre Schäffer* fortgeführt. Die ersten synthetischen Klänge entstanden mit Hilfe von Tonbandschleifen, die das Prinzip des ‚Sampling‘ (Geräusche speichern, digital schneiden und verändern) ermöglichten, wobei die Erfindung des sog. MOOG-Synthesizers bahnbrechend war. Im Unterschied zu den Umweltgeräuschen der *Musique Concrete* konnten nun ausschließlich elektronisch erzeugte Klänge für Kompositionen verwendet werden. Ebenfalls mit elektronischen Klängen arbeitete der amerikanische Komponist und Schüler *Schönbergs John Cage.* Er forderte eine Gleichberechtigung von absichtlich erzeugten Tönen und zufällig anfallenden Geräuschen in der Musik. Eine solche Auffassung von Musik schockierte einen Großteil der traditionellen Musikwelt. Bahnbrechend war auch die Musik von *Steve Reich, Philip Glas* und *Terry Riley,* deren Kompositionen auf eine Art Minimalismus sowie einer ausgedehnten Wiederholung einzelner, variierter Passagen basierten. In den Aufbruchstimmungen der 60er Jahre experimentierten Musikerinnen und Musiker in der *Rock- und Popszene* mit den neuen elektronischen Klangerzeugern.

Im Unterschied zu anderen Musikbands jener Zeit in den 60er Jahren, die die elektronischen Geräte nur als Begleitinstrumente einsetzten, machte sich Kraftwerk den technologischen Fortschritt zum Nutzen und komponierten ihre vordigitale Musik ausschließlich mit Synthesizern und Rhythmuscomputern. Der erweckungserlebnisorientierte und technopositivistische Durchbruch einer solchen elektronischen Musik war insbesondere mit dem vierten Album von *Kraftwerk Autobahn* gelungen. *Kraftwerks* Urknall-Musik aus Düsseldorf galt seit jenen Tagen als eine Mischung von konstruktivistischer Avantgarde und abstraktem Minimal Pop. Mit späteren Titeln und Texten wie *Radioaktivität* (1975), *Trans Europa Express* (1977) bzw. *Mensch-Maschine* (1978) wiesen *Kraftwerk* sehr futuristisch auf das Leben in einer technisierten diesseitigen Welt hin.

Insofern unterschieden sich in ihrer Schlichtheit die futuristischen Inszenierungen und kristallklaren Klängen sehr deutlich von den gängigen, vitalen und virtuosen Auftritten prominenter Rock- und Popstars jener Zeit. So gesehen war die Musik von Kraftwerk ohne traditionelle Instrumente auch nur einen kleinen Schritt entfernt vom Grundraster späterer *Techno-, House-* und auch *Hip-Hop-Produktionen* (vgl. Wicke und Ziegenrücker 1997, S. 29; Kreye 2011, S. 11). Die Inspiration von *Kraftwerks* Technopositivismus traf auch den „Nerv einer schwarzen Jugend" Amerikas, „die sich den Weg in die Mitte der Gesellschaft noch bahnen musste" (Kreye 2011, S. 11).

Neben *Kraftwerk* und neben der *Industrial Musik* – eine aggressive Ästhetik des *Punk* mit elektronischen Elementen und industriellen Geräuschen gemischt –, die sich Mitte der 80er Jahre insbesondere in den Benelux-Ländern zur ‚*Electronic Body Music*‘ (EBM) erweiterte (zu den bekannten Gruppen zählten Gruppen wie *Front 242* oder *Nitzer Ebb*), waren es vor allem zwei Musikrichtungen, die als direkte Vorläufer dessen gelten, was heute als sehr generalisierend *Techno-Musik* bezeichnet wird. Zum einen der *Detroit Techno* und zum anderen die in Chicago gespielte *House-Musik*. Zunächst entstand Anfang der 80er Jahre in den USA aus dem Genre *Disco* eine Variante namens ‚High Energy‘, die sich in der Schwulenszene etablierte. Es handelte sich dabei um eine schnelle und auf den Rhythmus reduzierte Form von Disco. Aus dem Genre ‚High Energy‘ kristallisierte sich dann die *House-Musik* heraus. Der Terminus *House* geht zurück auf die Chicagoer Diskothek ‚Warehouse‘, wo seit Anfang der 80er Jahre eine Mischung aus US-amerikanischer *Disco-Musik* und *elektronischer Pop-Musik* (*synthetischer Beat*) aus Europa gespielt wurde (vgl. Poschardt 1997, S. 246f.). *House* verkörperte die funktionale absolute Affirmation der Synthetik. *Chicago House* bedeutete einfache Bass-Lines und ‚four on the floor Rhythmus‘, also vor allem Tanzmusik (vgl. Cosgrove 1989, S. 17). Der Roland TB 303, das Synthesizer-Gerät, das ursprünglich als Bassbegleitung für Alleinunterhalter gedacht war, wurde von einigen Musikern wegen seines fiepernd-zirpenden Klangs entgegen der vorgesehenen Verwendung benutzt. Bis heute gilt der TB 303 als Kult-Standardgerät für *Techno-Musiker* und wird auch als Gitarre der *Techno-Musik* bezeichnet. Während in Chicago Disco das Fundament der *House-Musik* bildete, orientierten sich die Musiker und Produzenten in Detroit an amerikanischer Funkmusik und deutschen Elektronikklängen von Gruppen wie *Kraftwerk, Can* und *Tangerine Dream*. Das Spezifische an dieser Musik, die auch ‚*Electro*‘ genannt wurde, war die Verbindung von amerikanischem Hip-Hop und Rap-Elementen mit europäischer Elektromusik. Speziell bei den afroamerikanischen Breakdance-Kids waren diese Klänge beliebt (ebd., S. 14) In den 80er Jahren veröffentlichte *Juan Atkins* als Mitglied der Gruppe ‚*Cybotron*' in Detroit die ersten ‚*Elektro*'*-Platten*". Mit dem Track Techno-City verhalfen sie der Stadt Detroit und ihrer Musik zu einem neuen Namen. *Atkins* Werke waren geprägt – ähnlich wie bei *Kraftwerk* – von einer von *Alvin Toffler* beeinflussten futuristischen Ästhetik, den Visionen einer postindustriellen Gesellschaft. Die so genannten Techno-Rebellen wie *Atkins* arbeiteten mit den neuen Technologien gegen das repressive System, das diese Technologien entwickelt hatte. Der internationale Durchbruch der elektronischen Tanzmusik und die Etablierung der Bezeichnung *Techno* fand 1988 im Medium der Compilation bereits bekannter Stücke von Atkins in Großbritannien statt. Abgegrenzt gegenüber der *House-Music* und mit Bezug auf das Titelstück ‚*Techno Music*' wurden die musikalischen Produktionen als *Techno*, The New Dance Sound From Detroit in alle Welt vermarktet.

Zur gleichen Zeit als sich House und *Techno* in Europa durchsetzten, kristallisierte sich aus *Acid-House, Detroit-Techno*, elektronischer Avantgarde und *EBM* eine europäische Variante der *Techno-Musik* heraus, die abgesehen von einigen Ausnahmen wie auf den drogenaffinen *Acid-House-Parties* in Großbritannien 1988 zunächst im Untergrund blieb (vgl. Poschardt 1997, S. 268f.).

Auch in Deutschland verbreitete sich Ende der 80er Jahre der Techno-Virus. *Techno-Szenen* entwickelten sich in den Metropolen Berlin, Frankfurt und Hamburg. Schon Mitte der 80er Jahre wurde in Frankfurt etwa mit den DJs *Sven Väth* und *Westbam* Technoclubabende veranstaltet. Zu den bekanntesten Discotheken jener Zeit zählten das *Dorian Gray* in Frankfurt und das *Metropol* und der *Tresor* in Berlin. Nachdem *Techno-Parties* in der Anfangszeit der späten 80er Jahre häufig illegal durchgeführt wurden, gab es später große kommerzielle Veranstaltungen. Einer der ersten *Raves* fand im Dezember 1991 unter dem Motto „The Best of '91 House and Techno" im wiedervereinigten Berlin statt. Die Love-Parade in Berlin fing auch zu Anfang der 90er Jahre, was die Anzahl der Besucherinnen und Besucher betraf, sehr bescheiden an, erreichte in den folgenden Jahren jedes Jahr immer mehr Protagonistinnen und Protagonisten, bis sie schließlich im Jahre 2000 über 1,5 Millionen Raver anzog. In den folgenden Jahren gab es dann in den Ruhrgebietsstädten Essen, Dortmund und Duisburg keine wesentlichen Raver-Zuwächse mehr. Die bis zur letzten Love-Parade 2010 in Duisburg, die mit einer Katastrophe endete, immer noch größte *Techno-Veranstaltung* der Welt nahm, was zumindest die Anzahl der technofokussierten Teilnehmer anging, ab.

Angesichts der kommerziellen Erfolge und massenmedialen Verbreitung von *Techno* etablierten sich in vielen deutschen (Groß-)Städten lokale Szenen, in denen bis heute in Clubs und anderen Locations – bspw. *Raves* als Indoor- in riesigen Sport- und Lagerhallen (etwa ‚Mayday') und Outdoor-Veranstaltungen – elektronische Tanzmusik produziert und rezipiert wird. Im Rahmen der Kommerzialisierung (Sponsorenverträge auf den *Raves* mit Großunternehmen wie Marlboro, Langnese, Pepsi, VIVA) und Verbreitung von *Techno* war auch eine Ausdifferenzierung und Pluralisierung in unterschiedliche Stilrichtungen verbunden (vgl. etwa Meyer 2000, S. 55ff.; Eckert et al. 2000, S. 79ff.; Hitzler und Pfadenhauer 2001; Hitzler 2009, S. 55ff.; Denk und von Thülen 2012).

Seit circa 1990 begann die Ausdifferenzierung der *Techno-Musik* in weitere Sub-Genres:

- Die *Trance-Musik* präsentierte sich in den 90er Jahren als ein Musikstil, der sich gegen den harten, schnellen ,*Gabber'-Stil* (auch ein *Techno-Sub-Genre*) absetzte. *Trance* baut auf meditativ-entspannende Klanglandschaften auf, hat einen spirituellen Hintergrund, besitzt mit 130–140 bpm vergleichsweise gemäßigte Beats, einen geraden Rhythmus – über den melodiöse Flächen, Samples und Vocals gelegt sind. Typisch für Trance sind zudem relativ laute Hi-Hats, der höher und tiefer werdende Bass, die oftmals träumerischen und spacigen Soundlandschaften sowie die sich steigernden Drums, die zur Erzeugung eines Spannungsbogens verwendet werden (Wiedemann 2002, S. 64). *Trance* und *Trance-Sub-Genres* (wie bspw. *Happy-Trance, Trance* bzw. *Dream-House, Acid-Trance, Trancecore, Hard-Trance*; vgl. Koch 1999, S. 137) gehören zu den kommerziell erfolgreichsten Versionen von *Techno*. Diese Musik wurde vor allem bei großen *Techno-Raves* gespielt und war auch zum größten Teil jenseits der Szene für das Image der *Techno-Musik* in den öffentlichen Medien und in der Öffentlichkeit verantwortlich.
- *Goa* ist ebenfalls ein verwandtes Sub-Genre von *Trance*. Zuweilen wurde in diesem Zusammenhang auch von *Psychodelic-Trance* gesprochen. Ende der 80er und Anfang der 90er Jahre entwickelte sich in der westindischen Provinz Goa diese Stilrichtung. Hier gab es Berührungen und Vermischungen mit den Einflüssen aus dem *Psychedelic Rock* der späten 60er Jahre (*Pink Floyd, Grateful Dead, The Doors* etc.) und den Elementen indischer Musik. *Goa-Musik* ist in der Regel eher melodie- als rhythmusbetont, wodurch ein fließender Charakter entsteht, der sich deutlich von anderen Techno-Stilen unterscheidet. Mit *Goa* werden die Hörer auf eine Reise geschickt, die Musik kommt ohne große Soundsysteme und Lichtanlagen aus, baut sich langsam auf, wird intensiver, bis der Höhepunkt etwa nach 10 Minuten erreicht wird. Die inhaltliche Essenz und Purität des Sounds sollen mit der Verbindung zur Natur in ferne Sphären befördern.
- *Ambient-Techno,* auch *Intelligent-Techno* und *Electronic-Listening Music* genannt, ist eine Techno-Stilrichtung, die auf *Brian Eno* mit dem Album ,Music of Airports' (ehemaliges Mitglied von *Roxy Music*) zurückgeht. Ambient-Musik kommt weitgehend ohne rhythmische Elemente aus, ist unaufdringlich und vermittelt eine entspannte, ruhige Atmosphäre. Sie kommt ohne Beats aus, lebt von endlosen Zeitlupenschleifen ruhiger und kosmischer Klänge, oftmals verbunden mit Natur- und Alltagsgeräuschen und spacingen Klängen – Walgesänge werden gern genommen. In der *Techno-Szene* wird *Ambient-Musik* als *Chill-Out-Musik* bezeichnet und überwiegend – im Gegensatz und in Ergänzung zum Feiern – in Chill-Out-Räumen auf Partys und Clubs gespielt. Eine Variante von *Ambient* wird als ,Illbient'

charakterisiert, dessen düstere Elemente vermischen sich wiederum mit dem *Trip-Hop* oder dem *Minimal-Techno* (ebenfalls Varianten des *Techno*).

- In der *Techno-Szene* setzte sich der *Minimal-Techno* Anfang der 90er Jahre durch. *Minimal-Techno* bezog sich auf die sog. *Minimal-Music* der europäischen und amerikanischen Avantgarde der 60er Jahre. Das Wesen dieser Musik liegt gerade nicht in bombastischen Rave-Signalen und auch nicht in harmonischen Melodiefolgen. Es findet eine Reduktion des musikalischen Inhalts statt, um das Gehör auf das Wesentliche zu fixieren und Techno vom unnützen Ballast zu befreien. Die minimalen Veränderungen und rhythmischen Verschiebungen verlangen von Rezipientinnen und Rezipienten eine distinguierte, hohe Aufmerksamkeit – ansonsten wird gar nichts wahrgenommen oder es entsteht Monotonie. Eine Massenkompatibilität erscheint ausgeschlossen.

- Im *Tribal* dominieren unterschiedliche Aspekte der *Ethno-Musik*. Verschiedene Schlaginstrumente, Rhythmen und Gesänge aus aller Welt werden mit *Techno-Klängen* gemixt. Auch hier kann ein treibender, tranceartiger Rhythmus entstehen.

- Mit *Gabba* wird wohl die aggressivste und schnellste Variante von Techno bezeichnet. Die Taktfrequenz liegt bei über 200 Bpm. Die Genese dieses harten Techno-Stils stammt aus den Niederlanden, wo *Gabba* besonders populär ist. Speziell Gruppen von Fußballfans schätzen diese Stilvariante. Martialische Bezeichnungen aus Horrorfilmen wie z. B. ‚Hellraizer‘ oder ‚Terrordome‘ werden hochgeschätzt (vgl. Meyer 2000, S. 59).

- *Breakbeat: Jungle*/Drum’n‘Bass/*Trip-Hop*/*Big Beats*. Bei den Breakbeat-Stilen handelt es sich historisch gesehen um britische Varianten von *Techno*. Gegen Ende der 80er Jahre versuchten verschiedene Musikszenen, den aus den USA importierten House und den Detroit Techno zu verändern. Die Weiterentwicklung der *Sampling-Technologie* wurde von Musikerinnen und Musikern und DJs für Innovationen im Rhythmusbereich verwendet. Schlagzeugrhythmen konnten aus den alten *Hip-Hop* und *Reggae* Schallplatten herausgeschnitten und digitalisiert werden (vgl. Kösch 1999, S. 148f.). Der Rhythmus ließ sich in einzelne Teile zerlegen und konnte wieder neu aneinandergereiht werden. In Anlehnung an die Verwendung von Samples bzw. Breaks aus dem *Hip-Hop* und *Reggae* wurde dieses Musik-Genre auch *Breakbeat* genannt. Man versuchte aus dem 4/4-Takt-Schema, der in der *Techno*- und *House-Musik-Szene* dominierte, auszusteigen. Die Betonung wurde auf den zweiten und vierten Schlag eines Taktes gelegt. Mit *Jungle* tauchte in den frühen 90er Jahren ein neuer Begriff in der elektronischen Musikszene in England auf und verbreitete sich sehr schnell auch in anderen europäischen Ländern. *Jungle* setzte sich aus verdrehten, extrem schnellen Breakbeats zusammen, die durchmischt waren mit Elementen aus *Techno, Garage, Soul, House* und vornehmlich *Reggae*. Vermischt wurden auch die *Breakbeats* mit der Tradition des ‚Toasting‘ (ein Singen oder Übersprechen von Instrumentaltracks; vgl. Poschardt 1997, S. 332). Die Möglichkeiten des Sampling schienen unendlich. Deshalb sprachen die englischen Jungle-Virtuosen ‚Goldie‘ und ‚DJ Hype‘ auch vom ‚Freestyle‘ Sound. Jungle schien, ähnlich wie Hip-Hop in Amerika, eine kreative Form im alltäglichen Überlebenskampf der Verarbeitung von sozialer Deprivation und Ungleichheit zu sein (vgl. Kösch 1999, S. 148; Eckert et al. 2000, S. 89). Jungle versteht es bis heute, die Straßenglaubwürdigkeit und den ‚Underground Hype' nach vielen Vermarktungsansinnen der Szene und der Musik durch ‚Major-Labels' aufrechtzuerhalten. Ein weiteres technoides Sub-Genre entstand gegen Mitte der 90er Jahre in England mit dem Namen Drum'n'Bass. Diese innovative Musikrichtung wurde zunächst in London gefeiert und wurde schließlich in den Folgejahren zu einer der angesehensten Sparten der elektronische Musik. ‚D&B' zeichnet sich durch ‚gepitchte' (Tempoerhöhung) *Hip-Hop-Rhythmen* aus, die mit kräftigen Bassfiguren angereichert sind. Im Zentrum steht der Rhythmus, der nur gelegentlich von tranceartigen Synthesizerklängen unterbrochen und begleitet wird. Auch hier gibt es verschiedene musikalische Unterabteilungen wie *Rollin Style, Two Step, Dark Step, Tech Step, Jazz Step, Hard Step, Jump Up* u. a. Die *Drum'n'Bass-Szene* ist auch in Deutschland beliebt. Allerdings ist die Musik angesichts ihrer eigenwilligen Beats nicht zur Tanzmusik für die Massen geworden. Mitte der 90er entwickelte sich ebenfalls in England (Bristol) eine musikalische Gegenbewegung zu den immer abstrakter werdenden D&B-Tracks. Die Bezeichnung ‚*Trip*' *(Trip-Hop)* orientiert sich ähnlich wie ‚Acid' (*Acid House*) an einer anderen Bezeichnung der Droge LSD. Die Musik orientierte sich ebenfalls an Breakbeat Strukturen – freilich waren die Tempi wesentlich langsamer, melancholischer und erinnern eher an den ‚*Old School Hip-Hop*' der 70er Jahre. Zuweilen tauchte unter dem Genre *Trip-Hop* auch der Begriff ‚Dopebeats' auf. *Trip-Hop* wurde auch über die reine Studiomusik hinaus als Live-Musik präsentiert. Die englische Band ‚*Portishead*' zählte Mitte der 90er Jahre zu dem Aushängeschild von Trip-Hop-Produktionen (vgl. Poschardt 1997, S. 305ff.). Eine wesentlich härtere und schnellere Version von ‚*Big Beats*' wurde genannt. Bands wie ‚The Prodigy' gelang es, mit einer Mischung aus ‚*Post-Techno-Punk-Arrangements*' ein größeres Publikum für diesen Musikstil zu begeistern. Eine andre Variante hieß ‚*Breakcore*' – ein Mix aus *Breakbeat* und *Hardcore-Techno*. Der Sound war und ist extrem schnell – aber noch extrem tanzbar (vgl. Wiedemann 2002, S. 66).

Man schätzte, dass im ausgehenden 20. Jahrhundert mindestens drei bis vier Millionen junge Leute allein Deutschland die *Techno-Szene* zumindest als temporäre *Gelegenheits-Raver* bevölkerten. Auffällig war, dass seinerzeit in den Hochzeiten des *Techno* höhere Altersklassen weitgehend fehlten, deren Vertreterinnen und Vertreter ansonsten die Bars der Diskotheken mit den Jüngeren bevölkerten. Das Phänomen *Techno* war Mitte der 90er Jahre und im ausgehenden 20. Jahrhundert mainstreamgemäß zu einem jugendkulturellen Massenphänomen geworden. Sie bewegten sich – oberflächlich betrachtet – auf den alten Spuren der Beatniks und *Hippies*, ohne allerdings deren *Aussteigermentalität* und *utopischen Ideen* der gesellschaftlichen Emanzipation zu teilen. Sie waren meistens nur freizeitbezogen am Wochenende in Sachen *Techno* unterwegs und *standen* am Montag *wieder auf der Matte*. *Techno*anhängerinnen und -anhänger waren im Berufsalltag biedere Schülerinnen, brave Industrie- und Bankkauffrauen, solide Krankenpfleger, normale Verwaltungsangestellte, pfiffige (damals noch) KFZ-Mechaniker

(Mechatroniker), ganz gewöhnliche Gelegenheitsarbeiter und wissbegierige Studentinnen etc. Die *Technoszene* wurde musikalisch unterstützt durch ihre spezifischen High-Tech-‚Bretter', so nannten sie ihre Platten. Eine große Rolle spielten in diesem Zusammenhang des Technosounds die DJ-Heroen, die als etwas ältere Twens wie bspw. *Marc Spoon, Laurent Garnier, Marc Olbertz, The Prodigy, Sven Väth, Marusha und Westbam, Lenny D.* und viele andere Regional- und Lokalgrößen aneinandergekoppelte, computermanipulierte, gescratchte, monoton-meditative und ohrenbetäubende, monoton-rhythmisierte Klänge aus donnernden Bässen, jaulende und immer schneller pulsierende und aufpeitschende Sequenzen (das Stakkato der beats) entstehen ließen und hervorbrachten. Um ein *gutes* und *richtiges Techno-Feeling* – eine „rauschhafte Glückempfindung" (Vogelgesang 2001, S. 274) – zu erreichen, wurde der Sound zuweilen unterstützt durch die sogenannte Harmonie-, Erlebnis- bzw. Designerdroge XTC (Ecstasy, in der Szene selbst teilweise auch einfach als „E", „Cadillac" oder „Adam" bezeichnet), die in den ersten Zeiten als Droge sehr verharmlost wurde. Aber auch andere synthetische ‚smart drugs', auch Partydrogen genannt, setzten sich in der *Technoszene* durch, nicht zuletzt, weil sie häufig auf diversen *Rave-Parties* und in einschlägigen *Discotheken* und *Clubszenen* zur aufputschenden Leistungssteigerung genommen wurden, um auch noch die beliebten Chill-out- oder After-Hour-Parties der Technoiden abfeiernd wippend und schwitzend im Taumel der Gefühle wachhaltend durchzustehen, obgleich die Klangcollagen der *Techno-Musik* nicht nur allein in der psychodelisch orientierten *Goa-Variante* eine trance-ähnliche außeralltägliche Verzauberung des Alltags sowie – unterstützt durch ekstatische Tanzvariationen – starke psychoaktive, z. T. durch die Ausschüttung von Endorphinen euphorische und ekstatische Wirkungen hervorrufen konnten. Auch andere Drogen waren in der Szene verbreitet. In einer Art Drogen-Mix wurden psychoaktive Energy-Drinks wie Red Bull und Vitamin-Pillen, Amphetamine, synthetische Drogen sowie vor allem Speed geschluckt. Seit Mitte der 90er Jahre wurden verstärkt auch Kokain (seit 2009 auch als Kokainersatz die nicht ungefährliche und seit 2010 illegale Partydroge Mephedron) und LSD ‚eingepfiffen'. Selbst Haschisch, Cola und Kaffee waren szenegemäß zugelassen. Im ausgehenden 20. Jahrhundert wurde – bis in die ersten Jahre des 21. Jahrhunderts – selbst das ehemals in der Szene verpönte Bier als Mixform geschätzt. Neben der gesampelten Musik, der bearbeiteten Tracks und dem Drogen-Mix spielte – wie auch in anderen Jugendkulturen – vor allem das designisierte, ebenfalls gesampelte, patchwork-gestylte Outfit in den Technoszenen eine bedeutsame Rolle. Haar- und Kleidungsoutfit fielen besonders auf: Auch hier kam es zu einem Bekleidungs-, Haarschnitt- und Accessoirepluralismus. Insbesondere grelle Farbfrisuren wurden bevorzugt: Neongelbe, grüne (apple green), blaue und rote Haarschöpfe, zuweilen auch gebleichte Haare, anrasiert, angespitzt, geflochten, gezwirbelt, kahl, gebündelter Resthaarschopf, Kinnbehaarung und Spitzbart. In dem vielfältigen Arsenal an Bekleidungsstücken fielen Narrenkappen, Woll-, Pudel- und Zipfelmützen, kahle Köpfe, Pippi-Langstrumpf-Zöpfe, zerrissene Jeans, mit floralen oder ornamentalen Mustern bedruckte T-Shirts, vornehmlich Workwear Shirts und Clubwear, manchmal auch Streetwear (vgl. Niemczyk 1997, S. 32) in den späten 90er Jahren auf. Getragen wurden auch schweres und hohes Schuhwerk, Federboas, Sonnenblumen, in den ersten Jahren auch Gasmasken, Teesiebe als Sonnenbrillen, fluoreszierende Straßenfeger- oder Müllarbeiterwesten. Mitgeführt wurden insbesondere immer wieder Trillerpfeifen, Wasserpistolen und Gletscherbrillen allen Kalibers. Mit überdimensionierten Sonnenbrillen in Gelb, Grün und Rot schwirrten die Mädels wie Libellen durch die Nacht. Hinzu gesellten sich glitzernde Büstenhalter, Bustiere, Bikinioberteile, Badeanzüge, Bodys, winzige Lackhöschen, Miniröcke und körperbetonte, hautenge und manchmal durchsichtige synthetische Lackhöschen und Latexhosen, Schlabbershirts mit aufgedruckten roten Herzen und T-Shirts, die mit Kult-Firmen-Logos bedruckt waren, allerdings zugleich durch karikierend-ironische Zeichen entwertet wurden, Wegwerf-Overalls, hohe Stiefel mit Plateausohlen – als Accessoires bzw. als Körperschmuck – künstliche und kunstvolle Tattoos/Tätowierungen, Schnittverletzungen und Narben sowie Piercing/Durchbohrungen der Haut etwa am Bauchnabel und/oder an der Nase, um besondere, vornehmlich aus Silber bestehende Schmuckstücke an bestimmten Körperteilen zu tragen. Durchgängiges Kleidungsprinzip der technophilen Mädchen war zweifelsohne dem damaligen Girlie-Look abgeschaut und partiell immer noch bis heute modisch wegweisend, viel und wohlproportionierte Haut gekoppelt mit Zeichen, Symbolen, Emblemen und Signalen. Präsentiert wurde ein „hypersexualisiertes Erscheinungsbild", das allerdings in der Vergangenheit oftmals „durch Schnuller, Pfeife und Lutscher symbolisch versiegelt" wurde. Der zumeist schlanke, fitte und vitale „Körper sollte vor „Invasion" geschützt werden. Dies wurde in der schweren Arbeitsschutzkleidung der weiblichen und männlichen Fans im deutschen *Techno* am deutlichsten" (McRobbie 1997, S. 201). In den *Techno-Szenen* wollte man zumindest für einen begrenzten Zeitraum sich den gesellschaftlichen, individualisierungstheoretisch begründeten Entbindungen, den Autismus- und Vereinzelungstendenzen widersetzen. Dies fand seinen Niederschlag in einem inszenierten ganzheitlich-ausgeprägten Harmoniebedürfnis (vgl. Schwier 1998, S. 25). Und Ausdruck eines solchen inszenierten und lose vernetzten, posttraditionalen gemeinschaftlichen Lebensgefühls (vgl. Hitzler und Pfadenhauer 1997, S. 7ff.; Hitzler 2001, S. 19ff; 2009, S. 55ff.) auf Zeit waren etwa das keineswegs brandneue ‚Friday- and Saturday-Night-Fever', der Spaß bereitende Spaß bspw. im Medium von einprägsamen Metaphoriken wie: *Let the Sun Shine in your Heart, Hard Times, Big Fun, One Love, One World, We are one Familiy, Planet Love, Peace on Earth, Friede, Freude, Eierkuchen, Let the Sun Shine in your Heart* nicht nur beim ‚Members of Mayday' (bspw. 1998: ‚Save the Robots') in der Dortmunder Westfalenhalle, dem ‚Tunnel of Love' in Frankfurt oder auf der wärmespendenden Love-Parade und kühl-berechnenden ‚Raff-Parade' im Dancefloor-Mekka des Kurfürstendamms und der Straße des 17. Juni jeweils am ersten oder zweiten Juli-Wochenende in Berlin mit jeweils mehr als einer Million Besuchern in den späten 90er Jahren vor der Jahrhundertwende bis zur Absage im Jahre 2004. Hinzu kamen verschiedene Locations in entsprechenden Hallenkomplexen wie bspw. die *Rave-City* auf dem Gelände des ehemaligen Flughafen München-Riem oder als Open-Air. Dabei handelte es sich zumindest jenseits der intimeren – und raumabschließenden – Club-Szenen häufig um riesige Partylandschaften, namentlich die ehemaligen größten Kultstätten des Techno wie das *Powerhouse* in Hamburg, das *E-Werk* und der *Tresor* in Berlin und das legendäre *Omen* sowie das *Dorian Gray* in Frankfurt/Main. *Techno-Events* wurden hochkommerzielle, mit millionenschwerem Sponsoring der Getränke-, Tabak- und Bekleidungsindustrie ausgestattete und spaßerlebende Veranstaltungen mit hohen Eintrittspreisen, mehreren tausend Teilnehmerinnen und Teilnehmern, mit aufwendigem technischen Equipment (Stroboskope, Scanner, Nebelmaschinen mit der Produktion von Kunstnebel, hohe Licht- und Tonwattzahlen für flackernde Lichtspiele und monströses Brummen) und schnellem, metallischem Rhythmus und stampfendem 150 Beat pro Minute –beim niederländischen *Gabber* sogar 250 bpm. Insbesondere die kreischende Lautstärke und die Dauer der Beschallung schienen für austobend-ekstatische Stimulans zu sorgen und für das Wohlbefinden mancher Partygänger zentral zu sein. Diese Techno-Partys wurden ebenso wie der zugehörige Tanzstil als Rave (*'to rave' = phantasieren, irrereden, rasen, toben, ausgelassen feiern, im Delirium von sich geben, überschwängliches Toben, Schwärmen*) bezeichnet. Die Raserei und Schwärmerei – treffender vielleicht: Lebensgier (*raven = gierig sein*) – äußerte sich in einem Tanzmarathon bei zuweilen geringer Sauerstoffzufuhr und hoher Luftfeuchtigkeit, der sich am Wochenende bis zu 48 Stunden hinziehen kann – oft bis zur totalen Austrocknung und Erschöpfung der Tanzenden. Für einige schien der Tanz analog der unterschiedlichen Disco-Szenen das „entscheidende Medium der Rave- und Club-Szene zu sein, nicht zuletzt deshalb, weil die *Tanzkultur* als Body Talk der Raver den Musikstil etwa qua Dialog zwischen den *DJs* und den Tanzenden bestimmte (Klein 1997, S. 67ff.). Legale Energiedrinks wie Red Bull, Flying Horse und Purdeys halfen wie die illegale, in der Szene selbst aber akzeptierte Droge Ecstasy mit ihrer aufputschenden Wirkung, häufig gemixt mit anderen Party-Drogen, die mit dem *Rave* verbundenen körperlichen Anstrengungen in der Freizeit entgrenzend, trance- und rauschaffin, intensiv erlebend, nicht selten betäubend und quasi malochend durchzuhalten. Techno schien jenseits von Diskursobsessionen und trotz Betonung der quasi-familialen, posttraditionalen Gemeinschaft (vgl. Rufer 1995, S. 235) die ideale, mit Glücksgefühlen durchsetzte Verkörperung einer zugleich leistungsbezogenen, erlebnisorientierten, individualisierten und spaßbetonten sowie hedonistischen Freizeitkultur der 90er Jahre zu sein, die – ähnlich wie die *bewegungsorientierten Skater-, Streetballszenen* und wie bestimmte *Fun-Sportarten* – dem langweiligen und verpönten Alltagstrott vermeintlich entkam, aber dem unverblümten Totalanspruch folgte: *Glücklich-happy-sein, Spaß haben* (vgl. Niemczyk 1997, S. 30) und den eigenen Körper spüren (vgl. Meueler 1997, S. 247) bis zur glückseligen *Kollektiverschöpfung (durchtanzen, durchhängen, durch sein, durchmachen;* vgl. Werner 2001, S. 34) und *Weltmüdigkeit* (vgl. Hitzler und Pfadenhauer 1997, S. 8). Von den *Hippies* übernommen wurde – etwa oberflächlich betrachtet – das Leitmotiv von *love, peace and unity* – nur nicht so emphatisch ideologisch und provokativ-subversiv. Denn „*Techno* richtete sich gegen nichts und niemanden". Es fehlten wie bei früheren Jugendkulturen, die sich immer auch „über Oppositionen bildeten", einfach die „Gegner" und „Feindbilder" (Lau 1997, S. 31; Klein 2004, S. 74; Hitzler 2001, S. 29). Im

Unterschied zu vielen anderen Musikkulturen hatte *Techno* zumindest im adressaten-
nahen Underground lange Zeit mit den freilich unverwechselbaren *Szenen-DJs* keinen
Mega-Star-Kult entwickelt. Der *DJ* selbst galt als eigener Interpret und häufig auch als
Produzent der Musik. Jeder, der wollte und die computerunterstützten Mixverfahren der
Montage und Collage der elektronischen Musik beherrschte, konnte selbst mittels technischer Verfügbarkeit zum Musikproduzenten des instrumentell-elektronischen Sounds
zumeist ohne Text, Gesang und abstrakte Video-Collagen werden. Die technischen
Möglichkeiten der *DJ-Pulte* mit dem Mixen, Scanning, Scratching und Sampling verschiedener Musikpassagen durch Computer und durch die wieder an Wert gewonnenen,
hochgelobten Vinylplatten (vgl. Nolteernsting 1997, S. 280) hatten dennoch den publi-
kumsenthobenen „DJ zum eigentlichen Mittelpunkt der Musikproduktion gemacht. An
seinem bzw. ihrem Gespür lag es, ob ein Track (Musikstück/Song/Tonspur) an der richtigen Stelle, zum richtigen Zeitpunkt der Stimmung auf der Tanzfläche eingesetzt wurde,
um dessen Kommunikationswirkung voll zu entfalten" (Pesch 1995, S. 203). Insofern
übernahm der *DJ* im Rahmen seiner zumeist gemixten relativ eigenständigen Tracks
(vgl. Poschardt 1995, S. 250) zum Teil die Leitfunktion in der Szene, die im konventionellen „Star-System des Pop den Musikern zugedacht wird" (Schwier 1998, S. 23;
Poschardt 1995, S. 305ff.). *Techno* lebte vom gelungenen, situativen Augenblick, von
einer außeralltäglichen bzw. antialltäglichen „Maximierung des Jetzt", aber auch von den
gekonnt eingesetzten musikalischen, modischen und graphischen Reizen der *DJs*
(Meueler 1997b, S. 57). Mit der Entwicklung zur jugendkulturellen Massenszene wurden
die *DJs* in der *Technoszene* mehr und mehr wieder als professionelle Stars verehrt, nicht
zuletzt deshalb, weil kommerzialisierte Jugendkulturen ohne Identifikationsfiguren
kaum solche weitverbreiteten Entfaltungskräfte entwickeln könnten. Neben der
Ausdehnung und Ausdifferenzierung der Technoszene wurde auch die Technomusik in
diverse Stilrichtungen differenziert (siehe w.o.: *Hardcore*, eine Mischung aus *Punk und
Heavy Metal*, *Gabber-Techno/ultrahart*, *Trance/weicher und meditativ*, Acid, eine
Kombination aus *House, Jazz und Hip-Hop, Deep House, House, Tribal, Intelligent,
Jungle*, ein Konglomerat aus *Reggae, Techno* und *Minimal Music, klangsinnliches
Ambient, Trip-Hop*, behäbige und entspannte Rhythmik, gemächliche Tempi und
Betonung der Bassschwere, der heutige *Minimal-Techno* (2009) Berliner Provenienz in
den *Club-Szenen* des Undergrounds und den vielen Schleifen des Immergleichen, um
etwa über eine lange Strecke hinweg einen meditativen Sog zu entfalten, der sogenannte
Kirmestechno wie die bis heute (2012) auftretenden alten Herren der Band *Scooter* mit *H.
P. Baxter* und mit Hits *wie Hyper–Hyper, Jigga Jigga* und *Maria (I like it loud)* etc.). Und
Techno war – wie andere Musik- und Popkulturen auch – keineswegs ‚independent', wie
manche *Techno-Veteranen* und -*Aktivisten-Fans* glaub(t)en, sondern wurde – wie die
Szene selbst – vornehmlich seit 1992 verstärkt kommerziell vermarktet – ‚independent'
und ‚underground' wurden – wie quasi alle Jugendkulturen – auffällig unauffällig zum
Mainstream. Endgültig zum Mainstream wurde Techno durch die vielen Coverversionen
von *Kinder- und Schlagermelodien*, die mit *Technobeat* unterlegt wurden und hohe
Platzierungen in den Charts verbuchen konnten. Diese Art von *Techno* wurde in der

eigentlichen Szene naserümpfend – wie immer in solchen Fällen die Wege vom ursprünglich Gegenkulturellen zum Massenkulturellen, zur vollkonformistischen Durchkommerzialisierung gehen (vgl. bspw. Farin 2001, S. 126ff.) – und ein wenig stigmatisierend als *peinlicher Deppentechno* bezeichnet. *Techno* war popularisiert nicht nur in das „urbane Repertoire einer metropolistischen Zerstreuungskultur", die quasi jeden erreichte, nahezu unabhängig von der Milieuherkunft (Baacke 1999, S. 120). Zumeist auf Independent-Labels erschienen gegen Ende der 90er Jahre wöchentlich bis zu 500 so gut wie textfreie und sprachlose Neuerscheinungen. Zu den wichtigen Vordenkern der *Elektro-Pop-Projekte* und auch der *Techno-Kultur* gelten nicht zuletzt die in den 70er Jahren international sehr erfolgreiche deutsche Band *Kraftwerk*, die selten live auftreten und die mit dem damaligen neuesten Stand der Studio-Technik und mit ihren selbst konstruierten Instrumenten und Effekt-Geräten ein bis dahin ungehörtes Sound-Universum entwarf und mit ihrer „industriellen Volksmusik" eine Tür für die Musik der folgenden Jahrzehnte eröffnete (vgl. hierzu w.o.) – so auch für einen New Yorker Discjockey mit dem Namen *Afrika Bambaataa*. Er war insbesondere von *Kraftwerks* Platte *Trans Europa Express* mit den vier arischen Robotern, die kaum einen Muskel bewegten, so fasziniert, dass er die Platte bei seinen *DJ-Sets* zu einem Endlos-Mix verlängerte. Das daraus entstandene Stück *Planet Rock* gilt gemeinhin – neben anderen Strömungen – als Initialzündung des *Techno*.

Neben dem legendären ‚Warehouse‘ in Chicago, wo Anfang der 80er Jahre aus verschiedenen elektronischen Musikrichtungen ein tiefer Beat zwischen 120 und 135 bpm als *Housemusik* gemixt wurde, und neben Detroit, wo gegen Mitte der achtziger Jahre *elektronische Tanzmusik*, die man seinerzeit schon *Techno* genannt hat, produziert wurde, waren die *Techno-Vorläufer* in Europa die sogenannte *britische Club-Szene* in den 70er Jahren („mixing all kinds of styles on the same dance floor", wobei unterschiedliche subkulturelle Genres, Lebens- und Musikstile, die ansonsten nur in den gängigen ausdifferenzierten Spartendiscotheken vorkamen, für eine Nacht auf einer Veranstaltung, auf einem Tanzboden zusammenkommen konnten; Lau 1995). Hinzu kam die *Acid House Bewegung* in England, die seit Mitte bzw. Ende der 80er Jahre gerade jenseits von festen Clubs so genannte illegale *Acid-* bzw. *Warehouse-Partys* veranstalteten. Diese fanden zumeist in den alten deindustrialisierten, heruntergekommenen, leerstehenden Industrie-, Fabrikhallen, Lager- und Bürohäusern statt, die für eine Nacht besetzt wurden. Zunächst gab es nur kleinere Partys mit 100 bis 500 Besucherinnen und Besuchern. Später kamen dann spontan über Mund zu Mund Propaganda (Flyers) Hunderte oder Tausende von Jugendlichen zusammen, während die spätere ausdifferenzierte Szene über eigene Medien, zahlreiche Labels, Vertriebseinrichtungen, Läden, Clubs, Fanzines, Flyer und Techno-Zeitschriften (bspw. *Frontpage* mit einer Auflage von 120.000, die allerdings nach der Öffnung zum konventionellen Zeitschriftenmarkt seit 1997 nicht mehr gedruckt wird und Raveline) als Kauf- und Konsumleitfäden verfügte. Obgleich die Wurzeln des *Techno* musikalisch noch weiter zurückreichen (*Schönberg, Stockhausen*, erste Syntheziser in den 70er Jahren mit *Steve Reich, Can, Tangerine Dream, Kraftwerk* etc.; freilich in der elektronischen Klangerzeugung immer noch als Spezialisten und Eliten gesehen), hatte *Techno* neben den erwähnten Strömungen darüber hinaus auch seinen Ursprung via *Electronic Body Musik* in der amerikanischen *House-Musik*, die sich – wie oben beschrieben – in England im Gefolge des *Hippie-Revivals* und des tanzbar gemachten Psychodelicrock zum *Acid-House* wandelte. Obgleich die erwähnten historischen Vorläufer nur selten als solche wahrgenommen werden (vgl. Lau 1995), ist Techno eine Synthese aus *Acid-House, Industrial* und *Electronic Body-Music*: eine synthetisch erzeugte und *gesampelte Instrumentalmusik*, die vor allem in der Abkehr von der herkömmlichen Songstruktur und dem weitgehenden Verzicht auf Gesang von ihrem spezifischen monotonen elektronischen Grundrhythmus getragen wird. In Deutschland setzte sich zunächst die *Acid House Bewegung* nicht auf breiter Basis durch. Erst die eigene deutsche Richtung des *Hardtrance* machte *Techno* zu Anfang der 90er Jahre (vor allem seit 1992/1993) zu einer auch kommerziellen, wirtschaftlich bedeutsamen Massenbewegung in Form der genannten Mega-Raves und des *Pop-Technos*. Für viele überraschend avancierte *Techno* in den 90er Jahren zur wohl größten jugendkulturellen Massenbewegung in Europa, zumal noch Anfang der 90er Jahre eine breitere Öffentlichkeit und auch die Wirtschaft und die Massenmedien kaum Notiz vom *Techno* nahmen (vgl. w.o.). Es gab freilich seinerzeit schon zahlreiche Symbiosen mit anderen (Musik)Szenen und Stilmischungen waren ebenfalls an der Tagesordnung. Die damalige Unauffälligkeit resultierte vermutlich daraus, dass diese Szene seinerzeit weder eine milliardenschwere Zielgruppe im Rahmen des Jugendmarketing darstellte noch einen politischen oder kulturellen Konsens störte – mal abgesehen vom Drogenkonsum eines Teiles der Szene, den man den meisten Jugendkulturen ohnehin unterstellt(e) – und gewaltträchtigere Szenen die Schlagzeilen beherrschten. Im Vergleich zu anderen, „eher anonym tätigen Vertretern" dieser Berufsgruppe besaß der *Techno-DJ* (der gelegentlich auch eine sie sein kann) im Gesamtgeschehen in mehrfacher Hinsicht eine zentrale Position. Die *DJs* wurden „namentlich in Magazinen, auf Plakaten und Flugblättern zu den jeweiligen Veranstaltungen angekündigt. Die Kleidung, die Frisur und die Verwendung von Accessoires wurden von den tanzenden Gästen oftmals als modische Hinweise aufgenommen, was dadurch erleichtert wurde, dass die *DJs* nicht mehr – wie ihre Vorgänger – im Halbdunkel am Rand des Szenarios tätig, sondern relativ gut sichtbar in räumlicher Nähe zu den Tanzenden positioniert waren. Von dort steuerten sie nicht nur die technische Ausrüstung, sondern – unterstützt durch gestische und vokale Elemente – das Publikum" (Lau 1995, S. 12). Hinzu kam, dass in den *technoiden Dancefloor-Discos* „die Räume stark abgedunkelt wurden, damit die grellen Lichteffekte besser zur Geltung kommen konnten. Es gab nur sehr reduzierte farbige Lichteffekte; stattdessen viel weißes Licht und Stroboskopgewitter. Die komplizierten Lichteffekte waren computergesteuert, und es gab spezielle Lichtteams, die mit Licht den Raum immateriell gestalteten. Die Reduktion des Farbenspektrums entsprach hierbei der Musik" (Richard und Krüger 1995, S. 97). Musik und Farben wurden zu einer Einheit. *Techno* setzte zwar jenseits des Paartanzes (vgl. Poell et al. 1996, S. 131) die Universalisierung und Globalisierung jugendlicher Tanzformen fort, war aber – anders als beim *Pogo* der *Punks* und bestimmten Varianten der *Skinheads* – ein offener, durchaus Streicheleinheiten verteilender, körperbezogener, aber dennoch fast berührungsfreier, *pluraler Tanzstil*, bei dem es keine zwingend vorgeschriebenen Elemente gab und der mehr Raum für individuelle Erfindung und Improvisation ließ als etwa der *Breakdance*, der freilich mehr trainingsaffine, akrobatisch-sportive Könnenselemente voraussetzte. Allerdings gab es selbstverständlich auch hier bestimmte immer wiederkehrende Elemente, wie spezifische Armbewegungen, die ständig in die Luft gereckt werden und vordergründig an eine Massen-Aerobic-Veranstaltung erinnerten. Die *Techno-Tanzszene* übernahm Elemente des *Smurf,* die weißen Handschuhe und die pantomimischen Gebärden, die aber keinen bestimmten Vorgang mehr darstellten. Die Tänzerinnen übernahmen in ihren Hand- und Armbewegungen z. B. Elemente von traditionellen indischen oder balinesischen Tänzen Das mechanisch-rhythmisch-hüpfende, fast ekstatische Auf-der-Stelle-Treten, der *Techno-Jog* oder *Hamster im Laufrädchen*, wurde den afrikanischen Stammestänzen entlehnt. Die bis dahin immer durchgehaltene Trennung von Tanzfläche und übrigem Raum wurde mit *Techno* zum ersten Mal in der Geschichte der jugendlichen Tanzkulturen durchbrochen. Die permanente Bewegung der Tänzerinnen und Tänzer führte zur Mobilisierung des gesamten Tanzraumes. „Die Grenzen zwischen Tanzfläche und den übrigen Bereichen verschwanden. Alles wurde zur Tanzfläche. Überall wurde getanzt. Und alle durchquerten tanzend den Raum. Der Tanz eroberte den gesamten Raum. Er ließ sich nicht mehr auf ein kleines Quadrat auf dem Boden einengen. Die maschinenartige Gleichmäßigkeit des Tanzes wurde nur durch die allseits hochgeschätzten Trillerpfeifen oder die ekstatischen Schreie durch der Tänzerinnen und Tänzer, z. B. bei langsameren musikalischen Passagen unterbrochen" (Richard und Krüger 1995, S. 97f.). *Techno-Tanz* bestand außerdem in einer permanenten narzisstischen Pose und in exzentrischer Selbstdarstellung und Selbststimulation (vgl. Meueler 1997, S. 248) aller, „wobei sich die Wirkung aufhebt, weil sich kein Einzeltänzer mehr aus der tanzenden Masse herausheben" konnte (Richard und Krüger 1995, S. 98). *Techno-Raves* dehnten die Zeit aus, weichten die Zeitordnungen der Arbeitsgesellschaft auf, schufen einen ekstatischen, bewusstseinsverändernden Trance-Zustand durch Körpereinsatz (vgl. Schwendter 1995, S. 11ff.; Klein 1997, S. 67ff.; Sterneck 1997, S. 316; Schwier 1998, S. 24f.), überwanden angesichts des Durchbrechens des Schlaf- und Wachrhythmus physikalische Grenzen und schufen schließlich eine neue virtuelle, durch Musikmixing, Computerbilder und Video-Clips unterstützte Ästhetik und „kollektive Leiberfahrung" (Jahnke und Niehues 1995, S. 149ff.; Klein 1997, S. 69). *Techno* schien eine dezidiert medial *gesampelte,* die erste konsequent *eklektizistische,* vielleicht sogar eine *postmoderne* Jugendkultur (vgl. Schwier 1998, S. 25) zu sein, die eine auffällige Ich-Zentrierung, eine Erlebnis- und Gegenwartsorientierung, den Spaß an dem Mix unterschiedlicher Stilelemente und einen vermeintlich „selbstverständlichen Umgang mit Pluralität und Differenz" (ebd., S. 25) aufwies. Die „traditionell empfundenen, propagierten und theoretisch ausgearbeiteten Gegensätze zwischen Wirklichkeit und Schein, Kommerzwelt und Authentizität, Glücksverlangen oder Konfliktorientierung, Originalität oder Zitat, Alltäglich-sein oder Besonders-sein, Heimat oder Heimatlosigkeit" (Baacke 1999, S. 124) schienen sich aufzulösen, so dass auch im jugendkulturellen Diskurs eine Grenzüberschreitung stattgefunden hatte. Im *Techno* fand bricolagegemäß paradigmatisch „alles noch einmal, nur cooler und nur in temporären, posttraditionalen Mitgliedschaften statt: die Emphase der *Hippie-Bewegung* in Trance und Ekstase vornehmlich durch die esoterische, LSD-getränkte, sich zu *weichem Trance* wiegende *Goa-Variante*, die Buntheit der Kleider, Haare und Accessoires der Flower-Power-Zeit in fraktalen und tanzenden Mustern, der erotische Exhibitionismus und die Nabelschau der *Disco-Zeit*, der rebellische Narzissmus der Tanzfläche. Rebellieren, Affirmation und Anpassen" zugleich (Horx 1995, S. 77). Waren für *Beatniks*, für *Hippies*, für *Ökos*, selbst teilweise noch für *Punks* und *Skinheads* und andere jugendkulturelle Rebellen der hoffnungsfrohe Spaß am anderen Leben im vermeintlich schlechten gegenwärtigen Leben kontrafaktisch immer so eine Art Vorgeschmack auf eine bessere Zukunft, so waren für die verschiedenen Stilrichtungen der *Raver* die strikt hedonistischen Partys zugleich ihr temporäres Leben und ihre temporäre Zukunft (vgl. Hitzler und Pfadenhauer 1997, S. 11; Hitzler et al. 2001). *Techno* schien bis zum Jahre 2000 – danach keineswegs mehr – neben den wiedererstarkten *Hip-Hop-Szenen* nicht nur eine der populärsten Jugendkulturen, mit stark abnehmender Tendenz, sondern auch die affirmative und zugleich subversive Antwort auf die Entwicklung einer Gesellschaft zu sein, die mit den häufig rationalistisch überzogenen, sinnentleerten Maßstäben des Leistungsdenkens und gigantischer Technologisierung vielen Jugendlichen wie der alberne, sinnlose Tanz um eine leere Wertmitte erschien. Diese Kritik war für Jugendkulturen nicht neu – neu war nur der Modus, in dem die Kritik vorgebracht wurde. Während die *Hippies* in den 60er Jahren ideologiekritisch, wertwandelbezogen, den Mainstream-Konsum ablehnend und gegenkulturell gegen das Establishment die große Verweigerung zu leben versuchten und später in den 70er Jahren die *Alternativen* in bein-harten lebensasketischen Diskursen und manchmal lebenspraktisch mit *Öko-Aktionen* nach *Greenpeace*- oder *Attac-Art* quasi fundamentalistisch eine öko-moralische, korrekte Rückbesinnung der Gesellschaft einforderten, wendete sich *Techno* als subjektzentrierte, jugendrevoltierende *Party-Partei* mindestens implizit gegen die machtvollen „diskurser-fahrenen und diskursverwaltenden Erziehungs- und Sozialisationsinstanzen" (Lau 1995, S. 12). Dies geschah vornehmlich durch das manchmal sprach- und textlose subversiv-ironi-sierende Mittel der diskursentweihenden Dekonstruktion der durchaus vorhandenen kon-sumkulturellen Zeichen sowie durch die schweigende, aber sich bewegende, fröhlich-laute Übersteigerung ins (Bewegungs-)Groteske. Das zuweilen laszive, mitunter ironisch gebro-chene „Gutmenschentum der Partygänger ließ sich [...] auch als eine sprachloser Protest gegen die realen gesellschaftlichen" Lebensverhältnisse deuten (Schwier 1998, S. 27). „Die Welt schien ohnehin kaputt, was bleibt uns außer Tanzen"; oder: „Wir unterwandern die Gesellschaft" (so vor 17 Jahren, quasi dem Höhepunkt der Techno-Szene, Front-Page-Verleger Laarmann); die „Welt geht unter, aber wir kommen durch" (o.A. 1995, S. 160). Die „*Raver* wollen nichts von der „Öffentlichkeit", sie stellen keine Forderungen, mit ihren Demonstrationen wollen sie ihre Lebenslust" via „symbiotischer Samplings" in einer durchaus geschätzten „Konsumgesellschaft" „zur Schau stellen" (o.A. 1996, S. 94), selbst wenn die Zukunft seinerzeit für viele Jugendliche angesichts von Sinnzerrissenheit, dro-hender Arbeitslosigkeit und/ohne Lebensperspektive nicht immer besonders rosig aussah. Wenn dem fremdbestimmten Stress der Leistung in Familie, Schule und Arbeit sowie der technischen Reizüberflutung und medialen Umzingelung nicht zu entkommen war, dann konnte man immer noch in bestimmten Zeiträumen und an bestimmten Orten eigeninitiiert oder auch qua professioneller Veranstaltungsarrangements, sich fröhlich und partygemäß den Frust vom Leibe tanzen und vergnüglich respektive erlebnisorientiert Spaß haben. Der Bezug auf sich selbst, auf das eigene Vergnügen: „Enjoy yourself" schien kraftspendendes Lebensmotto zu sein. *Techno* war in dem Sinne jenseits von Avantgarde und Massengeschmack, jenseits von Kultur, Kunst und Kommerz und jenseits von Underground und Mainstream virtuell kulturoptimistisch resp. kulturaffirmativ, indem die sich rasch wandelnde moderne Gesellschaft als Spielfeld auch für kommerziell mitgeprägte „flirrende Identitäten" (Poschardt 1995, S. 144) und für „bruchstückhafte und fragmentarische Lebensentwürfe" gerade nicht im Medium des Defizitären und Scheiterns (Keupp 2005, S. 81ff.) *genutzt* wurde. Dabei wurde der Gesellschaft ein Spiegel, manche meinen, zur Reifikation von Macht und Herrschaft beitragender Zerrspiegel, zwischen *Millionenerfolg und Authentizität* (vgl. Poschardt 1995, S. 144), zwischen hochprofessioneller Kommerzialisierung und vermeintlicher Echtheit vorgehalten, der nicht aus dem trüben Glas eines ideologiekritischen, aber auch folgenlosen Kulturpessimismus geschliffen war. *Techno-Kultur* war nicht nur „Spiegel jüngerer Trends der Individualisierung, Globalisierung und Enttraditionalisierung, der Ästhetisierung und Medialisierung, sie war auch Vorreiterin kultureller Praxisformen, in denen Ästhetisches und Technologisches keine Gegensätze mehr darstellten, sondern eine Synthese eingegangen waren" (Poschardt 1997, S. 218). *Techno* schien freilich bei aller horizontalen und vertikalen Distinktion und selbst bei den auch hier – wie in anderen Jugendkulturen auch – vorhandenen Inklusions- und Exklusionsprozessen dennoch eine friedfertige, liberal-pluralistische, demokratische und vielschichtig-tolerante Jugendkultur zu sein, die zumindest in ihren Oberflächenstrukturen „nichtnationalistisch, -rassistisch, -sexistisch und -gewalttätig" war und – jenseits der großen Eventkulturen des *Techno* der Loveparaden zwischen Ballermann und Public Viewing in den weniger werdenden Varianten, die es heute noch gibt, nicht ist (Anz and Walder 1995 zit. nach Fricke und Groß 1995, S. 16; Farin 1996; Hitzler 2001, S. 18ff.): Auffällig war und ist, dass es im Rahmen des zusammen Feierns, Tanzens und Spaß haben als oberste Maxime keine oder kaum Feinde und Feindbilder gab und ein quasi latenter anthropologischer „Glaube an das Gute im Menschen" vorherrschte (Poschardt 1995, S. 328). Während bspw. die *Punks* und auch 10 Jahre später die *Grunge-Szene* noch dezidiert gegen die Kommerzialisierung der *Rockmusik* und gegen die herrschenden Regeln des Business und die *Hippies* gegen das bürgerliche Establishment rebellierten, wehrten sich *Techno-Fans* im Medium der Transzendierung und Verzauberung des Alltags (vgl. Hackensberger und Herrmann 1997, S. 22) allenfalls gegen die *Langeweile* und den *Alltagstrott*. Dies teilten und teilen sie freilich mit nahezu allen Jugendkulturen (vgl. Horx 1995, S. 77). *Techno* stand neben einer tendenziellen „Ortlosigkeit" (Pesch 1995, S. 204) auch für das wahnhaft übersteigerte Fortschreiten einer bloß instrumentell-technischen Vernunft, die wir deshalb nicht mehr ablehnen konnten, weil die Ideen und Optionen der Ablehnung nicht mehr vorhanden waren und sind. So gesehen probte *Techno* den Overkill der technischen und technokratischen Möglichkeiten – symbolisiert im alles überdeckenden Soundteppich der synthetischen Klanggeneratoren und im Irrlicht der Light-Shows, Laser- und Nebelkanonen. Im Unity-versprechenden Involvement des *Raves* fand sich stunden-, zuweilen auch tageweise die virtuelle individualisierte Spaßgemeinschaft und Erlebnisgemeinsamkeit der „Teilzeit-Stylisten" als Produzenten, Nutznießer und auch der Opfer allumfassender Rationalität und Technisierung. Diese waren wie im richtigen Leben auch im *Rave* schon vor der Massenhysterie im Tunnel bei der möglicherweise finalen Loveparade in Duisburg 2010 nicht ganz risikolos, der für einige Tänzerinnen und Tänzer im Overkill ihres körperlichen Leistungsvermögens enden konnte. An den Folgen der (Drogen-)Exzesse und des Dauerrausches („Koks am Morgen, Valium am Abend, zwischendurch Talcid mit Wodka"; Blasberg 2006, S. 68) der 90er Jahre starb im Januar 2006 einer der erfolgreichsten Frankfurter DJ-Heroen und einer der wenigen damaligen Popstars in der *Techno-Szene*, der ehemalige König und Entertainer der legendären, im Jahre 2000 geschlossenen Flughafen-Disco Dorian Gray *Mark Spoon* alias *Markus Löffel*. In den ersten Jahren des 21. Jahrhunderts waren nach der unterbrochenen Love-Parade im Jahre 2003 der Rausch und die ganz großen Zeiten des *Techno* vorbei. Immerhin galten in der jüngeren Vergangenheit die Dauerfeiern der Mainstream-Raves (Mega-Partyss/Events wie der ‚Summer of Love' in London 1988, das nach wie vor (2008) erfolgreiche Technofestival ‚SW4' (benannt nach der Postleitzahl) im Südwesten der britischen Hauptstadt, die legendäre internationale Berliner Loveparade und die osteuropäische ‚*freie Republik Kazantip*' – ein *Woodstock des Ostens* auf der Halbinsel Krim) als ein quasi sakrales Ereignis wie es Woodstock in der *Hippie-Kultur* war. Von 1989 bis 2001 besaß die Love Parade einen Status als politische Demonstrationsveranstaltung. Nachdem die Love Parade ihren politischen Demonstrationsstatus verloren hatte, galt sie in den Jahren 2002 und 2003 als rein kommerzielle Veranstaltung, was sie im Grunde genommen auch immer schon vorher war. Weder 2004 noch 2005 fanden sich, nicht zuletzt weil auch die Mega-Zeiten des *Techno* vorbei schienen, nicht genügend Sponsoren, um die Kosten einer solchen großen Hype-Veranstaltung zu decken, so dass in diesen beiden Jahren keine Love-Parade stattfand. In diesem Zeitraum kam es vor allem in der Hauptstadt Berlin im Technobereich zu einer Renaissance muffiger, aber spritaffiner Szeneclubs (back to the roots), die sehr exklusiv, über Türsteher selektierend und elitär waren. Es kam aber auch zu Clubschließungen ehemaliger Kultstätten des *Techno* in Berlin. Im Jahre 2003 wurde der Club *Ostgut* und im Jahre 2005 wurde der legendäre *Tresor* in der Leipzigerstraße in Berlin geschlossen, wo die unterschiedlichen *Techno- und Mix-Szenen* noch zusammen kamen. Neue Clubs eröffneten, die das Kultur- und Partyleben auch jenseits des *Techno* weiter belebten, wie bspw. das *Berghain* zwischen Kreuzberg und Friedrichshain oder das *Astra Kulturhaus* – auch *DJ Paul von der Dyk* ist im Jahre 2009 mit seiner Party-Reihe *Vandit Night* vom Kesselhaus der Kulturbrauerei ins Astra umgezogen – auf dem ehemaligen Reichbahnausbesserungswerk-Geländes (RAW) in der Revaler Straße zwischen Warschauer Brücke und dem gentrifizierten Szeneviertel an der Simon-Dach-Straße in Friedrichshain. Und im Mai 2007 wurde an einem neuen Ort im alten Heizkraftwerk Mitte mit einigen Déjà-vu-Erlebnissen der legendäre Tresor mit dem *Star-DJ Sven Väth* als Zugpferd wiedereröffnet. *Techno-, House- und Trance-Fans* pilgerten 2007 und 2008 zum

Gipfeltreffen der beiden international sehr erfolgreichen Ausnahmekünstler und *DJ-Weltstars Westbam* und *Paul van Dyk* in die Treptower Arena. Und der ‚unbekannte Weltstar' *Paul von Dyk* (nach *Vanity Fair*) wurde vom Szenefachblatt *DJ Mag* zweimal hintereinander in den Jahren 2006 und 2007 zum besten *DJ* der Welt gekürt, der mit seinem sehr erfolgreichen Album ‚In Between' freilich in den Musikmetropolen der Londoner und New Yorker *Rave-Szene* alles andere als unbekannt war und ist. Zu einer Wiederbelebung und Neufassung der Loveparade unter dem Motto ‚*the love is back*'mit den *DJ-* und Love-Parade-Veteranen *Westbam und Paul van Dyk* und mit einer breitgefächerten elektronischen Tanzmusik, aber ohne Dr. Motte kam es schließlich im Jahre 2006, gesponsert von einem Besitzer einer Fitnessstudiokette. Auch die mitgebrachten Accessoires der über eine Million Techno-Jünger lagen voll im Retro-Trend: Trillerpfeifen, Buffalo Schuhe, T-Shirts mit mehr oder wenigen witzigen Sprüchen, Kuhfell Outfits, knallbunte Stachelfrisuren, Polyesterhosen und rudernde Tanzbewegungen. Im Jahre 2007 (‚Love is Everywhere') feierte die Loveparade ihre Premiere mit ebenfalls 1,5 Millionen Besucherinnen und Besuchern im Ruhrgebiet in Essen (manche meinten: *war besser als die Cranger-Kirmes in Herne*), zog dann 2008 weiter auf der vielbefahrenen Bundestrasse 1 unter dem Motto ‚Highway to Love' nach Dortmund mit 1,6 Millionen Teilnehmerinnen und Teilnehmern, während 20 Jahre nach der ersten Love Parade im Jahre 2009 das vorgesehene Spektakel am 20. Juli in Bochum aus Sicherheitsaspekten und aus Angst vor dem nicht zu bewältigenden Massenandrang abgesagt wurde. In Duisburg wurde am 24. Juli 2010 die Loveparade zur Todesfalle für 21 (und zur Verletztenfalle für über 500) Teilnehmerinnen und Teilnehmer. Zum ersten Mal in der Geschichte der Loveparaden kam es im Lichte von hypertrophem Vermarktungswillen, Profitinteressen, totalem Größenwahn, organisatorischer Unfähigkeit, Selbstüberschätzung und völlig unzureichenden Sicherheits- und Raumaspekten der Macher zu einer unkontrollierten Massenpanik in einem viel zu engen und überfüllten Tunnel. Der von den Offiziellen völlig unterschätzte, nicht erwartete Massenandrang (1,4 Millionen Besucherinnen und Besucher waren auf dem Weg, das umzäunte Veranstaltungsgelände war allerdings nur für 350.000 Teilnehmerinnen und Teilnehmer ausgelegt) der eigentlich sehr friedlichen Loveparade (sie stand ja auch unter dem Motto ‚The Art of Love/Parade der Liebe') führte zu einer Katastrophe unvorstellbaren Ausmaßes und wurde der Loveparade zum Verhängnis. Der Franzose *David Guetta und Tiesto* aus den Niederlanden sind ebenfalls weltweite *DJ-Superstars* der *Techno-* bzw. *der House-Musik-Szene*, die auch 2010 in Duisburg die Feierkulturen der großen und kleinen Events (legendäre Ibiza-Partys, Loveparade und bspw. beim *House-Festival Dream-Berlin* auf dem ehemaligen Flughafen Tempelhof) bereichern. Die nach wie vor spektakulären, partykulturellen und hochkommerzialisierten Großevents der *popkulturellen Techno-Veranstaltungen* konnten und können aber nicht darüber hinwegtäuschen, dass in jugendkultureller Hinsicht der genuine *Technobereich*, der sich allerdings auch in den 90er Jahren schon in zahlreiche Subgenres von Technostämmen ausdifferenziert hatte, erheblich geschrumpft war und schon längst nicht mehr die technospezifische Strahlkraft der späten 90er Jahre besaß. Immerhin: Die erheblich kleiner gewordene Nischenkultur der *Techno-* resp. *Rave-Szene*, in der sich die ehemals Jüngeren austoben durften, hatte sich aufgeweicht. Sie diffundierte bis zur Totalverprollung immer mehr – wie auch die gesamte elektronische Tanzmusik –, während die Nischenkultur in kleineren Clubs florierte und nach wie vor floriert. Es kam und kommt oftmals sogar zu geheimen, teilweise improvisierten, illegalen *Party- und exklusiven Club-Szenen* (qua Informationsverknappung an ungewöhnlichen Orten/in Berlin bspw.: *Ringbahnpartys, Reclaim the Sparkasse-Partys*, ohne Werbung, keine Flyer, keine Plakate, ohne Facebook- oder Myspace-Seite und keine Internetpräsenz etc.), in der Sehnsüchte nach dem Undergroundgefühl der 90er Jahre ausgelebt werden durften und dürfen (vgl. bspw. Heymann und Graf 2007, S. 14ff.). In diesen Nischenbereichen kann die gute alte Popdistinktion von einigen älteren postadoleszenten Jugendlichen und jungen Erwachsenen jugendkulturell betrieben werden. Dem eigenen Selbstverständnis dürfen sich in den Räumen einer tendenziell exklusiven Clubkultur Techno-Hipster und *Raver*, die sich schon seit Jahren indigniert von dem Ballermann-Image der vermeintlich stumpfsinnigen Loveparaden abwandten, nach wie vor als ästhetische Avantgarde des Undergrounds fühlen. Dennoch haben die auch schon in ihren Anfängen weitverzweigten und facettenreichen *Technokulturen* ihre Spuren in der gesamten (Musik-, Tanz- und Pop-)Kultur hinterlassen. *Techno* mit seinen angeschlossenen Szenen und vielen Spielarten ist allgegenwärtig. *Techno* steht für „Hedonismus, Freizügigkeit und ein gesteigertes Körperbewusstsein, für Ekstase, Feierschweinereien und das Glück auf Tanzflächen, er gilt vor allem aber auch weiterhin als Metapher für die gesellschaftliche Modernisierung, für ein Leben in und mit der digitalen Welt, für die Cyborgisierung des Menschen". Die klaren und schnörkellosen Techno- und Housebeats dominieren große Teile der Mainstream-Popkultur. Aus vielen heutigen Popgenres wie *„Rock, Indie-, HipHop oder R&B* […] sind *Technobeats* nicht mehr wegzudenken. Da funktionierten Anfang der nuller Jahre Remixe (der alten dekonstruktivistischen Hamburger Schule; vgl. hierzu w.o.) von *Tocotronic-* oder *Blumfeldsongs* genauso wie plötzlich ganz New York mit Gitarrenbands wie *The Rapture* und *Radio 4* oder LCD Soundsystem tanzen wollte. Und da braucht man nur einmal auf ein Konzert der einst als Hip-Hop-Gruppe firmierenden *Black Eyed Peas* zu gehen und fühlt sich wie auf einer Technoveranstaltung – oder man hört das neue Album der R&B-Sängerin *Kelis. Techno* ist überall" (Bartels 2010, S. 25).

6.6   Hip-Hop

Mit dem Song *Rappers Delight* von der *Sugarhill Gang* hatte *Hip-Hop* zu Anfang der 80er Jahre seinen ersten breitenwirksamen Durchbruch in den USA geschafft. Und auch die Platte *The Message* von *Grandmaster Flash & The Furious Five* schaffte den Durchbruch mit einem enormen kommerziellen Verkaufserfolg in den USA.

Wie kam es dazu? Seit den 70er Jahren fanden schwarze Jugendliche in den USA, zunächst in der New Yorker Bronx, bestimmte kulturell-ästhetische Ausdrucksformen im vermeintlich hoffnungslosen Leben im Kreislauf von Jugendarbeitslosigkeit, Banden-Kriminalität und Drogenabhängigkeit. Die Genese des *Hip-Hop* war eng verwoben mit den sozialen Bedingungen zumeist ethnischer Minderheiten in einem marginalisierten, oftmals zerstörten städtischen öffentlichen Raum von verwahrlosten Fabrikgebäuden, bizarren Ruinen, heruntergekommenen und leerstehenden Mietskasernen. In einem solchen randständigen öffentlichen Raum, in dem ein großer Teil der afroamerikanischen Bevölkerung, aber auch Einwanderer bspw. aus Mittelamerika und Jamaika in den USA zum Teil zwangsumgesiedelt wurden und (über-)leben mussten, gelang es inmitten der Verelendung und separiert vom Mainstream der Gesellschaft, Gruppen von schwarzen jugendlichen Ghettobewohnern mit sehr minimalen Mitteln und Medien – durchaus ähnlich wie beim britischen (allerdings weißen) Punk – via verschiedener Ausdrucksmittel, die vornehmlich auch gegen die weiße Hegemonialkultur gerichtet waren, bahnbrechende Innovationen zu erschaffen, die noch bis heute in die Musik, Kunst und Kultur hinein wirken (vgl. etwa zur Entstehungsgeschichte Rose 1994a; 1994b; Dufresne 1997; Verlan und Loh 2000; Farin 2001; Hagen 2001). Die ausgegrenzten schwarzen Jugendlichen veranstalteten eigene Partys in stillgelegten Fabrikhallen, verlassenen Hinterhöfen oder im Park, wobei der Strom häufig von Straßenlaternen abgezweigt wurde. Die sogenannten ‚Block Partys‘ waren geboren. Protagonist dieser *Block Partys* war *Kool DJ Herc*, ein 1967 aus Jamaika nach New York gezogener DJ. Er war Erfinder des *Hip-Hop*, gleichwohl der Terminus damals noch nicht existierte und erst 1979 zum ersten Mal auftauchte. *Kool DJ Herc* war im Besitz eines gewaltigen ‚Soundsystems‘, einer Art rollenden Disco mit riesigen Bassboxen, das er zur Beschallung der Block Partys einsetzte. Seine musikalische Innovation, einzelne Teile von Musikstücken zu separieren, war die Basis für alles, was später im Hip-Hop musikalisch möglich wurde. Diese Einzelteile konnte man isolieren, wenn man zwei Exemplare einer Platte auf zwei Plattenspieler verwendete und die betreffende Stelle auf dem einen spielt, während man auf dem anderen die Platte zurückdreht, wenn der Break auf der ersten Platte vorbei ist. Der Plattenspieler wurde so zum Musikinstrument (vgl. Toop 1985; Dufresne 1997; Hagen 2001, S. 11ff.).

Die Aufklärung und Attacken der *Rapper* trafen vor allen Dingen das weiße Amerika ins Mark, vornehmlich durch die Demaskierung des American Creed: des Glaubens an das Glück des Tüchtigen und die Gleichheit aller trotz unterschiedlicher Hautfarbe (vgl. Nolteernsting 1997, S. 282).

In der *Rap-Musik*, die in ihren Anfängen eigentlich nur eine „alternative Partyform jugendlicher Ghetto-Kids" war, „preiswert selbstorganisiert und fernab vom langweiligen *Rock- und Disco-Mainstream*", sahen einige jüngere *Rap-Musiker* Jahre nach der Zerschlagung der *Black-Panther-Bewegung* ein Potential zur Veränderung ihrer Lebenslage. „Statt sich gegenseitig umzubringen und Stellvertreterkriege gegen sich selbst via Drogen, Kriminalität, Gangwars" zu führen, „motivierten sie die Gangs, ihre Rivalitäten in sprachgewaltigen Verbal Contests und DJ-Battles auszutragen, sprühten ihre erfahrungsgesättigten Warnungen von der selbstzerstörerischen Wirkung von Drogen an die Wände, verkehrten das verächtliche Nigger-Dasein im *Rap* zum selbstbewussten, Black and Proud. Wie einst aus der schwarzen Bürgerrechtsbewegung und den *Black Panthern* entsprangen der *Hip-Hop-Szene* politisch-religiöse Vereinigungen wie die *Zulu-Nation* von *Afrika Baambaataa,* der selbst Mitglied der Bronx-Gang *The Black Spade*s war. Nachdem er aber erleben musste, wie ein Freund bei einer Gangschießerei von neun Kugeln niedergestreckt wurde, ging er auf Distanz und entdeckte in der *Hip-Hop-Kultur* eine neue Heimat und die Chance zur Deeskalation" (Farin 2001, S. 134), gleichwohl insbesondere auch im amerikanischen *Hip-Hop* stets gewaltaffine Dimensionen in den nicht immer nur symbolischen Auseinandersetzungen und Rivalitäten zwischen verschiedenen Hip-Hop-Szenen bedeutsam waren und sind. Denn nicht alle *Rapper* schlossen sich der *Zulu-Nation* an und bekannten sich auch nicht im Überlebenskampf der Straße und den Gangs erzieherisch zur Gewalt- und Drogenfreiheit. Speziell der *Gangsta-Rap* bezog sich seit den 80er Jahren auf das Genre physische Gewalt. Einige Stars der East- und Westcoast wurden nach Anklage wegen Totschlags selbst Opfer von Gewalt wie z. B. *Notorius B.I.G.* und *Tupak Shakur.* Beide wurden erschossen. Andere wie etwa *Flavor Lav* von *Public Enemy* oder *Snoop Doggy Dogg* saßen ebenfalls auf der Anklagebank wegen Totschlags. Streitthema zwischen *Eastcoast-* und *Westcoast-Rap* war vor allem, wer den besseren *Rap* machte und repräsentierte, die *New Yorker Szene,* die ihn generiert hatte oder die Szene in L.A., die ihn – ihrer Ansicht nach – weiterentwickelt und qualitativ auf eine höhere Stufe gestellt hatte (vgl. Eckert et al. 2000, S. 51ff.). Die Gruppen bekämpften sich, machten aber (darin waren sie sich einig) für die Ermordungen von *Tupak Shakur* und *Notorius B.I.G.* die CIA verantwortlich.

Es gab und gibt aber auch in den USA die ,schmusig-groovigen *Rappertypen*' der sanften Tour wie *Puff Daddy* alias *Sean Combs,* der jenseits des ,Bösen' mit einer Prise Ghetto-Mentalität im Mainstrem als *Hip-Hop-Mogul* Millionen mit dem *Rap* und der so genannten urban wear (auf jedem T-Shirt und jedem Hemd, auf jeder Jacke und jeder Hose war der Schriftzug ,Sean Joan' angebracht) verdiente. Der *„Herr des Hip-Hop"* schien ökonomisch gesehen alles erreicht zu haben. „Seine Firma Bad Boy Entertainment" erwirtschaftete mit einem *Police-Sample* wie *„I'll Be Missing You",* das zu einem „Welthit" wurde, Millionen und versuchte verschiedene musikalische Stilrichtungen – bspw. „eine *Nirvana-Melodie,* einen *Metallica-Song* oder *Soundgardens: ,Black Hole-Sun'* zu kombinieren". Die Visionen eines kommerzialisierten *Hip-Hop* mit den glorifizierten Markenartikeln der *Hip-Hop Mogule* wie *Combs, Jay-Z, Russel Simmons, 50Cent* und *Kanye West* waren in den ersten Jahren des 21. Jahrhunderts so weit vorangeschritten, dass zukünftig, so mutmaßte man, das Zusammenspielen von „Film, Musik, Fashion, Merchandising und Politik erstligareif und vergleichbar mit IBM und Coca Cola sein würde (o.A 1998, S. 35). Immerhin war das Geschäft mit Urban Wear der erwähnten *Hip-Hop-Szene* zumindest bis in die erste Dekade des 21. Jahrhunderts sehr erfolgreich und weltweit trendsetzend zu einem weitverbreiteten massenwirksamen Jugendstil geworden, der zunächst den coolen Jungs auf der Straße gefiel und der – wie manche andere Jugendstile auch – Protest und Anpassung zugleich repräsentiert(e). Inzwischen finden viele der ehemaligen Stammkunden der Street-wear-Marken der *Rapper* nicht zuletzt angesichts der massenhaften Verbreitung diese Label und Logos als zu kommerziell, zu uncool und zu unsexy, so dass in den

Schulen, auf den Basketballcourts und Pisten andere Labels getragen werden. Im Jahre 2012 schien in den kommerzträchtigen Modewelten der verschiedenen afroamerikanischen *Rapper-Szenen* kaum noch einer an die straßenkulturellen politischen Botschaften und Visionen des *Hip-Hop* und an die einigende und sinnstiftende Kraft ihrer Break-Beats und Sprechgesänge zu glauben. Die idealistischen Zeiten sind längst vorbei, wo man noch meinte, dass der *Hip-Hop* vielen schwarzen Jugendlichen die Möglichkeit bot, aus dem Teufelskreis der Bandenkriminalität auszusteigen und zu rappen, statt zu dealen. *Hip Hop* wurde – wie auch andere musikalische Stilrichtungen – zu einem ökonomisch erfolgreichen, gigantischen Musikgenre, in dem die Stars des Genres auch branchenübergreifend tätig wurden (Modelabels, Kosmetiklinien, Schmuckeditionen etc.). Die beiden größten Stars des heutigen amerikanischen *Hip Hop Kanye West* und *Jay-Z* produzierten 2011 ein gemeinsames Album, *Watch the Throne*, in dem noch einmal fokussiert die standesgemäßen protzigen hedonistischen Lebensstile auch jenseits der Gewaltverherrlichung und die nicht nur musikalischen unbegrenzten Möglichkeiten des *Hip-Hop* aufscheinen. Obgleich die ehemals gewaltverherrlichenden Texte und nihilistischen Botschaften – erörtert wurden vor allem Themen der Prostitution, der Vergewaltigung, der Waffen- und Raschgiftgeschäfte etc. – von den vielen Kritikern etwa des *Gangsta Rap* angeprangert wurden, ging die *Ästhetisierung der Gewalt* freilich nur in bestimmten *afroamerikanischen Hip-Hop-Kulturen* weiter, während in Europa – die französischen Vorstädte und die Jugendlichen aus dem Maghreb einmal ausgenommen – und vor allem in Deutschland die afroamerikanischen Botschaften, weder in Marzahn und im Märkischen Viertel, weder bei dem gelernten Lackierer *Bushido* (japanischer Künstlername ‚Weg des Kriegers' und dessen umstrittenes Album ‚Von der Skyline zum Bordstein' etwa 2007 vom Berliner Landgericht an der Verbreitung gehindert wurde) weder bei *Sido* (‚Mein Block') noch bei *Fler* (alle starteten ihre Rapper-Karriere bei dem *Berliner Aggro-Label*, das mit Universal zusammengeschlossen wurde) kaum puristisch wirken konnten und können und geradezu zwangsläufig in der Logik des *afroamerikanischen Rap* sozial und kulturell abgeschliffen und verfremdet werden mussten. Als musikalische Vorläufer des *Hip-Hop* galten *Ska, Reggae, Soul* und *Gospel*. Traditionell war der *Hip-Hop* eher – in politischer Semantik und als Klischeebild über Jahrzehnte hinweg tauglich – schwarz, ghettoaffin, habituell körperbetont, männlich (selbst wenn es mittlerweile einige international prominente queens oder bad girls von *Rapperinnen* wie *Foxy Brown, Lil Kim, Sister Soulja, Queen Latifa*, und *Missy Elliott* im weiblichen *Hip-Hop* gibt, die mit den männlichen Zuschreibungen und Bildern von Weiblichkeit weiblich selbstbewusst, subversiv, spielerisch und ironisch umgehen; vgl. Klein und Friedrich 2003, S. 205ff.), straßenkulturell, gesellschaftskritisch und alltagspolitisch eher *links* orientiert.

Die amerikanische *Hip-Hop-Szene* wurde auch von *Eminem* mitbestimmt, ein Schützling aus dem Lager von *Dr. Dre*. Markant waren und sind seine provokativen, sexistisch angehauchten und Gewalt verherrlichenden Texte, die häufig unter die Gürtellinie zielten und weltweit zu einer starken öffentlichen Polarisierung geführt hatten. Interessant war, dass Eminem zum ersten weißen Superstar des *Hip-Hop* wurde, der auch von den afroamerikanischen Szenen des *Hip-Hop* Respekt und Anerkennung erhielt.

Die aus der Bronx entstandene Jugendkultur wurde zur weltweiten Bewegung, die überall Charterfolge feierte. Wie kaum in einer anderen Jugend(musik-)kultur – auch *Techno* konnte und kann da kaum mithalten – ist selbst nach der ersten Dekade im 21. Jahrhundert kein wirkliches Ende dieses Booms abzusehen. *Hip-Hop* war und ist aufgrund seiner musikalischen Offenheit wandlungsfähig und flexibel. Das zeigte nicht nur die amerikanische Entwicklung. Die unterschiedlichen Spielarten sind – wie auch in anderen jugendkulturellen und musikalischen Genres – stark diversifiziert und unüberschaubar geworden. Ob *Hardcore-Rap, Pop-Rap, Gangsta-Rap, Jazz-Rap, Latino-Rap, Crossover, Native Tongue* etc. Überlagerungen, Überschneidungen und Mischformen finden sich überall. Und selbst weiße *Rockbands* wie *Limp Bizkit, Korn* oder die *Deftones* geben an, sehr stark vom *Hip-Hop* beeinflusst zu sein.

Die originären Bedeutungen der schwarzen *Hip-Hop-Kultur*, die in New York und in den USA an dortige gesellschaftliche und soziale Bedingungen geknüpft waren, konnten nach Europa und nach Deutschland nicht transportiert werden. Die Adaption konnte nicht 1:1 erfolgen. Standen bei den *USA-Rappern* neben dem Standardrepertoire aus heroischem Männlichkeitsbezug und *Sex & Crime* vor allem wirtschaftliche und soziale Probleme, der Ausschluss vom materiellen Wohlstand der Gesellschaft im Zentrum, so identifizierten sich etwa viele Jugendliche mit Migrationshintergrund in Deutschland, die den *Hip-Hop* für sich entdeckten, zunächst vornehmlich mit der antirassistischen Botschaft. Mit eindeutigen Messages gegen Gewalt und Drogen gaben türkische *Hip-Hop-Crews* wie etwa *Da Crime Posse* in Berlin vielen Jugendlichen eine neue Heimat. *Da Crime Posse* setzten in Berlin das fort, „was *Public Enemy* oder *KRS-One* und viele andere in New York und L.A. begonnen hatten: Edutainment, Unterhaltung und Aufklärung" (Farin 2001, S. 143). Später kamen auch immer mehr bürgerliche deutsche Wohlstandskids zum *Hip-Hop,* die die Ghetto-Kultur nicht aus ihrem persönlichen Alltagsleben kannten, aber dennoch auf die Coolness des für sie exotischen Ghetto-Thrills abfuhren. *Hip-Hop,* die nicht nur musikalische Lebensform aus dem Ghetto, brachte und bringt ein wenig Abenteuerstimmung in das Leben vieler Gesamtschülerinnen und -schüler sowie Gymnasiastinnen und Gymnasiasten und machte mächtig Eindruck bei den „Jungs und Mädels mit den aufgeräumten Jugendzimmern" (Jacob 1993, S. 193).

In den folgenden Jahren etwa bis 1991 entstand die sog. *Tramper-Ticket-Generation,* die durch die ganze Republik reiste (vgl. Verlan und Loh 2000, S. 13; einen Überblick geben auch Krekow und Steiner 2000). Besonders relevant für die Szene in Deutschland war *Torch* und seine Gruppe *Advanced Chemistry* aus Heidelberg. *Torch* war der erste, der zumindest beim Freestyle in deutscher Sprache rappte, vorher war Englisch die bestimmende Sprache. Auf den Jams waren inzwischen 2.000–3.000 Besucherinnen und Besucher – weitgehend von der Öffentlichkeit unbemerkt.

1991 wurde die deutsche *Hip-Hop-Szene* bekannter: Die *Fantastischen Vier* aus Stuttgart veröffentlichten bspw. ihre erste Platte bei einem großen Plattenlabel. Die *Hip-Hop-Szene* reagierte verunsichert, denn die Stuttgarter traten auf den Jams nicht in Erscheinung. „Sollte das erste Album der *Fantastischen Vier* noch Verunsicherung auslösen, so war die Wirkung nicht zu vergleichen mit dem, was 1992 die Veröffentlichung von ‚*Die da?*‘ bewirkte. Analog zu der *Sugarhill Gang* in den USA setzten die *Fantastischen Vier* in Deutschland einen ähnlichen Mechanismus wie 1979 in den USA in Gang. Das Interesse der Medien und der Öffentlichkeit war da und die *Hip-Hop-Szene* entsetzt, denn die *Fantastischen Vier* wurden dort nicht akzeptiert" (Hagen 2001, S. 22). Ein heftiger Streit zwischen der ‚Old School‘ und den *Fantastischen Vier* entbrannte: Den *Fantastischen Vier* wurde mediale und kommerzielle Unterwanderung vorgeworfen, während der ‚Old School‘ Engstirnigkeit, Dogmatismus und Humorlosigkeit attestiert wurde. Die Medien standen auf der Seite der *Fantastischen Vier* (vgl. hierzu Verlan und Loh 2000, S. 145ff.). Immerhin war der deutsche *Hip-Hop* kreiert. Sehr viel öffentliche Beachtung erhielt 1992 ein Stück von *Advanced Chemistry*, ‚*Fremd im eigenen Land*‘, das lange Zeit das einzige antirassistische Stück bleiben sollte. Den Gegenentwurf zu den *Fantastischen Vier* lieferte 1994 das ‚*Rödelheim Hartreim Projekt*‘ mit der LP ‚*Direkt aus Rödelheim, pack Deinen Dödel ein*‘. Die in der Tradition des *Gangsta*-Raps stehenden Rödelheimer um *Moses P.* griffen in einer Art Rundumschlag jeden an: Die *Fantastischen Vier*, die *Old School*, die *Polit-Rapper* usw. Deutschland hatte seinen ersten öffentlich ausgetragenen *Hip-Hop-Streit*, der szenenspezifisch auch ‚*Dissin*‘ genannt wird (vgl. Verlan und Loh 2000, S. 187).

Gegen Mitte der 90er Jahre kam es zur Wachablösung in der deutschen Hip-Hop-Landschaft. Neue Gruppen wie *Der Tobi und das Bo* (später *Fünf Sterne Deluxe*), *Absolute Beginner, Fettes Brot, Massive Töne, Main Concept, Freundeskreis* etc. sorgten in der Szene für Entkrampfung und lösten die *Old School* in ihrer Vorreiter-Rolle ab.

Die *Neue Schule* entstand. Vor dem Hintergrund der medialen Unterstützung von VIVA und MTV, die jeweils eigene raptaugliche Sendeformate entwickelten, wuchs der *Hip-Hop-Boom* in Deutschland ständig. Die ehemals dezentralisierte *Tramper-Ticket-Generation* hatte sich vor allem in Hamburg und Stuttgart zentralisiert. Die Szene wurde professioneller, chaotische Jams gehörten der Vergangenheit an. Allerdings wurden Musikgruppen in den Mittelpunkt gerückt, während andere Aspekte der *Hip-Hop-Kultur* wie *Breakdance* und *Graffiti* in den Hintergrund traten. Die Befürchtung der *Old School*, das gleichberechtigte Nebeneinander der Disziplinen zu verlieren, bewahrheitete sich (vgl. im Überblick Verlan und Loh 2000). Mit Platten wie *Kopfnicker* von den *Massiven Tönen* (1996), *Flashizm* von *Absolute Beginner* (1996), *Auf einem Auge blöd* von *Fettes Brot* (1996), *Die Quadratur des Kreises* von *Freundeskreis* (1997), und *Bambule* von *Absolute Beginner* (1998) baute die *Neue Schule* ihre Position weiter aus und feierte auch Charterfolge. In den späten 90er Jahren wurde die *Hip-Hop-Szene* zur wirklich *dominanten* und *zentralen Jugendkultur* in Deutschland. Neue Stilrichtungen und Mischformen entstanden, bspw. eine Amalgamierung von *Hip-Hop-Musik* mit *Reggae* und *Dub*, wie es z. B. von der Berliner Band *Seeed* oder von *Gentleman* aus Köln betrieben wurde. Zudem hatte die *Hip-Hop-Szene* ihren Frieden mit den *Fantastischen Vier* geschlossen, die mit ihren weiteren Alben bewiesen hatten, dass sie Hip-Hop-affine, anspruchsvolle Musik und Texte produzieren konnten. Darüber hinaus hatten sie mit der Gründung ihres eigenen Labels ‚*Four Music*‘ auch Talenten der *Neuen Schule* wie *Blumentopf* und *Freundeskreis* einen erfolgreichen Einstieg in die Szene ermöglicht.

Im deutschen *Hip-Hop* schien die jugendkulturelle Stilbildung vor allem über ästhetische Dimensionen, Lokalkolorit und Kommerzialisierungsprozesse zu laufen. Die bedeutsamen *Hip-Hop-Szenen* in Deutschland (Hamburg, Stuttgart, Berlin, Frankfurt) waren jeweils vom unterschiedlichen Lokalkolorit geprägt. Hamburg zeichnete und zeichnet sich vornehmlich durch eine trockene Art von Humor aus, der mit viel Wortwitz präsentiert wurde, während Stuttgarter *Rapper* oftmals bewusste Aufklärung in und mit ihren Texten betrieben (z. B. *Freundeskreis, Massive Töne*).

Ein Großteil der *deutschen Hip-Hop-Szene* wurde seit Mitte der 90er und in den späten 90er Jahre(n) zum erfolgreichen, eher aufgeklärten, spaßorientierten bürgerlichen Mittelstandsprojekt und somit im Medium der (rohen, aber gegenüber dem *originalen Hip-Hop* entauratisierten und zugleich gefühlsorientierten) Poesie der Sprache zum jugendkulturellen Massenphänomen – spätestens seit es eine *'deutsche, serbokroatische und türkische Hip-Hop-Welle* mit witzigen, wortakrobatischen, oftmals in Reimkunst vorgetragenen Texten gab. Die Texte gerade auch jenseits der *'Fantastischen Vier'* etwa von *'Fünf Sterne Deluxe', 'Deichkind'* (etwa mit dem Krawallhit: *Remmidemmi*, seit einigen Jahren sind die ehemaligen Hip-Hopper bspw. mit ihrem 2011 erschienen Album: *Befehl von ganz unten* in ironisierender spartenübergreifender Musik zwischen Rap, Techno und Lady Gaga dadaistisch unterwegs), *'Dynamate Deluxe', 'Eins-Zwo', 'Doppelkopf', 'Absolute Beginner', 'Afrob', 'Die Massiven Töne', 'Fettes Brot'* (mit Uralt-Klassikern wie *Silberfische und Definition von Fett* aus den 90er Jahren, mit *Nordish by Nature, Schwule Mädchen, Soll das alles sein* und *Lass die Finger von Emanuela, Hamburg geht unter*; etwa mit ihrem Album *Sturm und Drang* mit der ausgekoppelten Single über den TV-Striptease nächtlicher Castingshows und Verkaufssendungen: *Bettina (pack deine Brüste ein, zieh dir bitte etwas an)* und *Freundeskreis* waren und sind durchaus mit Pennälerhumor und Alltagspoesie ausgestattet, lebensweltbezogen, allerdings insbesondere was die lebensweltlichen Dimensionen und Aspekte der Oberschülerinnen und -schüler betrifft. Sie repräsentierten manchmal sogar soziologisch präzise, scharf geschliffene Sozialanalysen und vor allem Lebensgefühlstimmungen und wiesen und weisen Affinitäten zu den gesampelten Informationen der Multi-Media-Welt auf. Dagegen mochten es Berliner *Rapper* eher 'prollig' – so etwa die *Spezializtz* mit „Nutten, Nutten überall Nutten/Nutten, Nutten nichts als Nutten/Nutten, Nutten überall Nutten/Fake wannabe oder Star aber ihr könnt nichts/Ihr gottverdammten Nutten" (1999). Auf schwäbisch rappten die *Stieber Twins* auf dem Track *Susanne zur Freiheit* von *Fischmob* (1998), während *Fettes Brot* auf dem Track *Nordish by Nature* (1995) auf plattdeutsch rappten – alles Beispiele für die regionalen Dimensionen des *Hip-Hop*.

Teure szenespezifische Markenkleidung, aufwendige Handys, Schallplatten etc. gehörten zur Ausstattung eines jeden *Hip-Hopper*, mit denen er wie in anderen Jugendkulturen auch seine Zugehörigkeit symbolisierte. Die Insignien der *Hip-Hop-Kultur* wurden von den Szene-Gängern als Werkzeuge und gerade nicht als Luxusgüter aufgefasst.

Freilich wurde in den verschiedenen Bereichen des *Hip-Hop* auch in Deutschland kreativ und innovativ gearbeitet: Die *Graffiti-Sprüher*, die mit ihren aufwändigen

Zeichen und Bildern auch gegen die städtischen Zeichenmonopole antreten, die *Breakdancer* mit den sportiven und kunstvollen Tanzeinlagen, die *DJ's* mit den Bricolage-Techniken als kreative Neuordner alter Sounds und nicht zuletzt die wortgewaltigen *Rapper* mit ihrer distinguierten Verbalakrobatik. Man ging oftmals spielerisch mit einer Fülle von Flows, Battleraps, Wortreimen und Metaphern um. Ohnehin schien das Medium *Rap* der öffentlichwirksamste Bereich, der auch von den *Rappern* genutzt wurde, um eigene Lebensperspektiven authentisch inszenierend darzustellen. Als Motor der *Rap-Bewegung* wurden immer wieder die typischen Ausdrucksformen im *Rap* wie das *Dissin* genannt. Der immanente Wettbewerbsgedanke kam hier zum Ausdruck. Gleichwohl waren diese beiden Stilvarianten, obwohl sie sehr bedeutsam waren, nicht die einzigen im *Rap*. Auch hier war Stilvielfalt angesagt und reichte in der deutschen Szene bspw. von den elaborierten, intellektuellen Texten von *Doppelkopf* (*Rap vom Mond*; 1999) über den Wortwitz und die Spaßattitüde von *Fettes Brot* (*Schwule Mädchen*; 2001) hin zu den ironisch sexistischen Verbalangriffen eines *Kool Savas* (*Schwule Rapper*; 1999).

Hip-Hop war aber nicht nur *Rapmusik*, nicht nur ein Musikstil, also nicht nur *Sprechgesang*, sondern eine kulturelle Ausdrucksform, die *(Rap-)Musik*, aber auch *DJ*, *Breakdance* und *Graffiti* einschloss.

In den 90er Jahren des 20. Jahrhundert war *Hip-Hop* spätestens aus den jugendkulturellen Nischen herausgetreten, wurde in der jugendkulturellen Öffentlichkeit quasi zum Mainstream und war aus den Charts nicht mehr wegzudenken. Die *Hip-Hop-Szene* kann in der zweiten Dekade des 21. Jahrhunderts auf eine über 30-jährige, insbesondere afroamerikanische Geschichte zurückblicken und schien im Zuge der Globalisierung und Medialisierung weltweit die erfolgreichste und langlebigste jugendliche Populärkultur zu sein, die – wie keine Jugendkultur zuvor – mit vielen (freilich nicht mit allen wichtigen) szenespezifischen Zeichensystemen, Moden, Mimiken, Gesten, Haltungen, Körper- und Bewegungssprachen, Sprechweisen und Begrüßungsszenarien nachhaltig und universalisierend, freilich nicht homogenisierend in die generelle Alltagskultur von Jugendlichen insbesondere auch jenseits des *Hip Hop* eingewandert ist (vgl. Klein und Friedrich 2003, S. 14; Klein 2006, S. 29ff.). Erst in den letzten Jahren schien es jugendkulturell eine zaghafte Abkehr von Hip-Hop-affinen kulturellen Elementen zu geben, gleichwohl – ähnlich wie beim *Techno* – viele Elemente des *Hip-Hop* (Musik, Tanz, Mode, Malen etc.) habituell in die gesamte *Popkultur* eingewandert sind.

Immerhin: Die Avantgarde der *deutschen Hip-Hop-Szene* kam in der zweiten Hälfte der ersten Dekade im 21. Jahrhundert aus Berlin. Es war eine Avantgarde der inszenierten vulgären Härte, die die Grenzen des *guten* Geschmacks mit gezielten antibürgerlichen Ressentiments, die weit über den Punk hinausgingen, austestete. In diesem Sinne war eine Art *Grob-Hop,* ein vermeintlich *böser Rap* von Heimkindern und Migrantensöhnen, der allerdings in den Lebenswelten der Pitbullhalter und Vorstadtaraber existentiell längst nicht so hart, hasserfüllt, bedrohlich und bahnbrechend war, wie der *algerisch-marokkanisch-arabisch-französische Hip-Hop* in den Banlieues. *Hip-Hop* verarbeitete seit den 70er Jahren von Anfang an in den USA und vornehmlich auch in den französischen Vorstadtghettos nicht nur Strukturen der Deindustrialisierung („musealisierte Innenstädte', verlassene Industriekomplexe und ‚urbane Wüstenlandschaften'), der gesellschaftlichen Exklusion, der Arbeitslosigkeit, Gewalt, Verbrechen und des Sexismus, sondern es kam wie im November 2005 in Frankreich und bis heute 2012 auch immer wieder zu Überschneidungen mit der individuell zu verarbeitenden trostlosen Wirklichkeit. Die gelegentlichen Scharmützel mit Zensurbehörden in Deutschland wirk(t)en dagegen wie im seinerzeit (bis in die erste Hälfte der ersten Dekade im 21. Jahrhundert) sehr erfolgreichen *amerikanischen Rap* bei den globalen Popstars der *Hip-Hop-Szene* wie *50Cent, Talib Kweli, Jay Z, Kenye West* oder *Nelly* trotz Lebenserfahrung der sozialen Marginalisierung und krimineller Vergangenheit ein wenig künstlich ritualisiert. Die dem *Hip-Hop* nachgesagte *Street Credibility* schwand allerorten – die *Hip-Hop-Stars* sind ihren einstigen Lebenswelten längst entfremdet. Hinzu kam die Krise, die mit dem Bedeutungsverlust physischer Tonträger die gesamte Musikindustrie in den letzten Jahren erfasst hatte. Zweifellos war der *amerikanische Hip-Hop* etwa in der Variante des *Gangsta-Rap* davon besonders betroffen. Der tendenzielle kommerzielle Niedergang ließ sich vor allem schon an den 2007 erschienenen Platten, die nicht mehr an die ökonomischen Erfolge vorangegangener Platten anschließen konnten, der beiden erfolgreichsten *Hip-Hop-Solokünstler* der letzten zehn Jahre *50Cent* (das Image eines geläuterten Ghetto-Gangsters mit ‚*Curtis*': gespiegeltes Klischee als Bad Boy mit monotonen Sprechgesängen und düsteren Tracks, die cabrio- und klingeltontauglich scheinen) und *Kanye West* (das Image eines *intellektuellen Nerds* mit ‚*Graduation*': gespiegeltes Klischee als Intellektueller mit innovativen Soundcollagen und selbstironischen Texten; vgl. Wunder 1984, S. 29).

6.7   Emo

Das Wort *Emo* steht für emotional und wurde in den 80er Jahren des 20. Jahrhunderts zur Kennzeichnung für eine neue Variante des *Hardcore-Punks* verwendet. *Emotional* und *Hardcore* wurden oftmals von außen durch den Begriff *Emo* wörtlich und sinngemäß zusammengebracht. So gesehen ist *Emo* eine Kurzform von *Emotional Hardcore*. Obwohl diese musikalische Emo-Jugendkultur schon in den späten 80er und zu Anfang der 90er Jahre(n) entstand, tauchte der Begriff *Emo* im Kontext jugendkultureller Phänomene erst nach der Jahrhundertwende und eigentlich vor allem als modische Jugendkultur erst seit 2005 in der (medialen) Öffentlichkeit und zögerlich seit 2007 und 2008 in der wissenschaftlichen Debatte auf (vgl. bspw. Klockowski 2009). Man übernahm in der *Hardcore-Punkszene* die Grundideale von *Punk und Hardcore* – wie etwa die tendenziell linkspolitische und unkommerzielle *Do it Yourself Ethik* („DIY-Ethik') – ersetzte die zynischen und destruktiven Botschaften des ‚No Future' und des exzessiven Drogenkonsums jedoch durch positive. Der Verzicht auf Tabak, Alkohol und andere Drogen wurde zum Charakterzeichen der *Straight-Edge-Bewegung*. Der Verzicht ging oftmals sogar noch weiter, indem bspw. Koffein, Fleisch, Milch und Käse (Vegetarismus,

Veganismus) und auch wechselnder Geschlechtsverkehr verweigert wurden. Das schwarze X auf dem Handrücken wurde zum Identifikationssymbol von *Straight Edge* etwa im Anschluss an ein Cover der 1980 erschienenen ‚Minor Disturbance E.P' der Band *The Teen Idles*. Dieses X ist bis heute in verschiedenen Varianten für viele (nicht für alle) Erkennungs-, Symbol-, Vergemeinschaftungs- und Identitätszeichen der Szene. *Straight Edge* und *Hardcore* gingen ein Bündnis ein. So gesehen kam es in den 80er Jahren zu einer neuen Lebenseinstellung, die weit über das Musikalische hinauswies, für viele Jugendliche im *Hardcore* (vgl. zu diesen historischen Entwicklungen, vielschichtigen Verlaufsformen sowie szenemöglichen Grundprinzipien und Ausdifferenzierungen der Lebensstilkonzepte in der *amerikanischen Hardcoreszene* bis in die Gegenwart durch *Straight Edge*: Wood 2006; Calmbach 2007; Mulder 2009 und sehr kenntnisreich, detailliert und Musik-, Mode-, Lebensstil- und Kommunikationstexte rekonstruierend: Draws 2010). Sowohl Bandnamen und Albentitel als auch bestimmte Songs fielen durch alternative, oppositionelle politische und sozialkritische Strömungen und Themen auf (bspw.: *Swing-Kids, Four Hundred Years of Slavery* etc.). In musikalischer Hinsicht galten jenseits von *Straight Edge* die Bands *Rites of Spring, Embrace, Fugazi* und *Minor Threat* gegen Mitte der 80er Jahre als Wegbereiter des Emotional Hardcore, die mit melodiösen Einsprengseln und subjektiven Themen wie Liebe, Gefühle, Trauer, Schmerz, Freude etc. den traditionellen machismogeprägten Hardcorebereich neu justierten. Hinzu kamen *Indierockkontexte*, in denen ebenfalls *emoaffine*, melodische Parts Eingang fanden wie bspw. in dem 1994 erschienen Album ‚Diary' von *Sunny Day Real Estate*. In Deutschland setzte sich Anfang der 90er Jahre das sogenannte *Screamo*, ein Subgenre des *Emo* durch, das allerdings als Begriff seinerzeit noch nicht verwendet wurde. *Screamo* ist nur teilweise us-amerikanisch (sich allerdings auf die us-amerikanischen Wurzeln des *Hardcore* berufend und einer gewissen Verwandtschaft zum *Grindcore*) und von daher nicht *indieorientiert*, steht für interpretenzentrierten *Schrei-Emo*, für den dynamischen Wechsel zwischen sanften, schnellen und chaotischen Stellen. Es wird geschrien, gebrüllt, gesprochen und geflüstert. Die bekanntesten deutschen Bands dieses Sub-Genres sind *Yage, Escapado* und *Kill.Kim.Novak*, seit 2007 *andorra ~ atkins* mit gewissen kommerziellen Erfolgen.

Die Grundstimmung der *Emos* ist ähnlich wie in der *Gothic-* und auch in der *Visual-Kei-Szene*, unterstützt durch Kosmetikprodukte und Schminke, um zuweilen lolitahaft, düster auszusehen, melancholisch bis verzweifelt. Sie verstehen sich vor allem als dezidierte Gegenbewegung zur *Hip-Hop-Szene*. Ihr Musikstil kann als *Emotional Hardcore* charakterisiert werden – eine Mischung aus *Punk, Hardcore und Melodramatik* Ihre Lieblingsbands sind heute etwa *Jimmy Eat World* und *My Chemical Romance*.

Im Zuge der ersten Vertreter der *Emos* gab es noch keine szeneeinheitlichen Dresscodes. Ihre Kleidung ist seit der Mitte der ersten Dekade im 21. Jahrhundert häufig von der Musikszene unabhängig Street look-like – und durch Anleihen aus anderen Jugendkulturen (insbesondere *Gothic, Pop-Punk*) – vornehmlich schwarz, kombiniert mit pink, rot und grün. Sie tragen Röhrenjeans, nicht selten auch in Karottenform, Hinzu kommen Kettchen mit und ohne Anhänger, Schweißbänder, Stulpen, Haarreifen, Haarspangen mit Karo-, Herz- und Totenkopfmuster, Haargummis, Broschen,

Ohrringe, Nietenarmbänder, enges Top, Totenkopfhalstücher, pinke Nietengurte und geschnürte Stoffturnschuhe, vornehmlich Chucks, Jack Purcells, Oldschool-Vans und verschiedene Sneaker-Variationen. Während bei den Jungen die androgyne ‚Zelda-Frisur' (benannt nach der sehr bekannten Konsolen-Spielfigur von Nintendo) vorherrscht, erinnern die weiblichen Frisuren an Stilelemente der *Rockabillys* oder an die *Gothic-Szene* und sind oftmals inspiriert durch *Betty Page* (Fotomodell der 50er Jahre) und *Emily The Strange* (Comicfigur) und *Hello-Kitty-Accessoires* mit düsteren Symbolen. Die Haarfarbe ist meistens dunkelbraun oder pechschwarz gefärbt; die Haare selbst sind in der Regel kurz und fransig geschnitten mit Seitenscheitel und Pony quer über der Stirn.

6.8   Jugendkulturelle Musik(-Szenen) jenseits von Techno und Hip-Hop

In den seinerzeit schon coolen 80er Jahren gelangten die großangelegten Reformentwürfe und Weltverbesserungsbotschaften an ein vorläufiges Ende. Die großen sozialen Utopien waren endgültig verblasst. Die kleinen Lebenswelten, Oberfläche, Schein und Design wurden im Sinne von „Look und Trug" (Hoppe 1993, S. 16) wichtiger als das Sein.

Lebensstile, Mode, Kleidung, Musik, Kosmetik, Styling, Accessoires, Selbstemblemisierungen aller Art und ein von Misstrauen gepanzerter Narzissmus schienen bis an das Ende des 20. Jahrhunderts bei dieser adretten, gut gekleideten *postalternativen Jugendgeneration* inzwischen jenseits mythologisch überhöhter Lebenssinnfragen lebensbedeutsamer und entscheidender zu sein als gesellschaftspolitische Problemstellungen, Analysen und Programmatiken (welcher Couleur auch immer), die sie nur anwiderten und langweilten. Lifestyle wurde zum Synonym für Lebensphilosophie. Seit den 80er Jahren wurden große Teile der Jugendlichen immer mehr zu Freizeit-, Medien-, Musik- und Konsumprofis.

Sinn wurde befristeter, aber viel intensiver über Tempo, Lebensart, Darstellung, Musik, Tanz, Outfit, Symbole, Stile, Accessoires, Mode und Habitus ausgedrückt. Ganz wie es gefällt, bediente und bedient sich bis heute diese hedonistische, *postalternative Jugend*ungeniert aus dem differenzierten und reichhaltigen Arsenal und Warenkorb der Wahlmöglichkeiten und dem gigantischen Supermarkt der Stile in allen Lebensbereichen. Durch raffiniertes Arrangement, Kombinieren und Zitieren von historisch unterschiedlichen Stilrichtungen wurde und wird z. T. versucht, das prosperierende Ich–Finish aufzupolieren. *Identität* als *ich-zentrierte Vergewisserung des eigenen Selbst* und als Entwicklung zu einer abgeschlossenen und reifen Persönlichkeit scheint nicht auf Dauer angelegt zu sein (vgl. Abels 1993, S. 553).

Man war und ist bis heute nicht nur in jugendlichen Lebensstilenklaven nach wie vor konsumrausch- und eventgemäß stets hungrig und gierig nach neuen Ereignissen und neuen Erlebnissen, die auch prompt häufig mit extrem kurzen Halbwertzeiten von den

Erlebnisindustrien und Medien angeboten werden. Sie schienen und scheinen immer wieder getoppt werden zu müssen. Starke Reize waren stets – nicht nur in den urbanen Räumen und Pistengängerszenen – vor allem am Wochenende oder an einem der zum Kult stilisierten Wochentage bis zum *Frühclubbing* in den diversen *Discomilieus* des *Trip-Hop, Metal, Hardcore, Hip-Hop, House, Jungle* und *Trash,* der *Grufties* usw., sondern auch in der Provinz bei drittklassigen Miss-Wahlen und im Urlaub auf den inzwischen ebenfalls in die Krise geratenen Inseln Mallorca und Ibiza gefragt. Exhibitionismus und obszöne Selbstdarstellungen pur, ohne Wenn und Aber.

Im Rahmen exzentrischer Nostalgie- und auch Ostalgiephasen war nicht nur mit den weichgespülten Hits der Sechziger und Siebziger und *Bert Kaempferts Easy Listening* und den alten Ostbands (wie *Karat, Puhdys, Silly, City u. a.*) Start zu machen. Mit der Rehabilitierung des Spießig-Biederen waren sogar Bowle schlürfen, Plastik-Klunker, ähnlich bunt wie aus den Kaugummiautomaten, Drei-Streifen-Turnschuhe und Plateausohlen, Cord-Schlaghosen und palmolivgrüne Hemden mit spitzen Kragen und Blümchenhaarspangen nicht einmal verpönt. Selbst der kollektive Genuss des pensionierten *Derrick* und die altbackenen Hitparaden von *Dieter Thomas Heck* und *Ilja Richter* waren in einigen Jugendszenen zur *echten* Coolness avanciert. In den seifig-schnulzigen Schlagerwelten zum Mitsingen (vor allem *Rex Guildos Hossa!*) eines *Dieter Thomas Kuhn* (seinerzeit auch als sin-gende Fönwelle bekannt) oder eines kultigen – ‚ich hab Euch alle lieb‘ – *Guildo Horn* (der langhaarige Schlagerschreck und zugleich Retter des deut-schen Schlagers und die selbsternannte Re-Inkarnation des verstorbenen Schlagerstars *Roy Black*) schienen für einen kurzen Zeitraum die letzten dekadenten, frechen und iro-nisch-satirischen An-spielun-gen des deutschen Schlagers zu verschwinden. Die Revivals des deut-schen Schlagers tauchten – anders als im Kontext der *Neuen Deutschen Welle* zu Anfang der 80er Jahre, die zwar auch schon mit frisch-fetzigem Elan, Unbe-kümmertheit und Fröhlichkeit, herrlichem Nonsens und interpre-tativen Ausflügen ins Experimentelle den Muff der deut-schen Schlagerszene etwa mit den Vorreitern der NDW wie *Spliff, Fehlfarben und Deutsch-Amerikanische Freundschaft,* mit *Ich steh auf Berlin* oder *Mit Deinen blauen Augen* und *Eiszeit* von *Ideal,* mit *Polizei* von *Extrabreit,* mit *Der goldene Reiter* von *Joachim Witt,* mit *Major Tom* von *Peter Schilling,* mit *99 Luftballons* von *Nena,* mit *DaDaDa* von *Trio,* mit *Der Kommissar* und *Amadeus* von *Falco* und vielen anderen hinweg-fegte (vgl. Rumpf 1996, S. 147ff.; Wagner 1999, S. 149ff.) – in gestrenger und todernster Seriosität eines trivial-konformen und zugleich arroganten, avantgardistischen Be-wusstseins (Hecht 1997, S. 8) auf. Die Begeisterung für Kitsch, Spießertum, Trivialität und vor allem auch für eine völlig abgedrehte, richtungslose Absichtslosigkeit teilte am Ende des 20. Jahrhunderts das ju-gendliche Massenpublikum längst mit vielen jugendlichen Intellektuellen.

Die in den 50er Jahren vorhandene und in den 70er Jahren des 20. Jahrhunderts noch spürbare, aber schon abgeschwächte Demarkationslinie zwi-schen Bildungs- und Kleinbür-gertum – freilich immer noch mit enormen kulturellen Geschmacks- und Lebensstildifferenzierungen – schien im Medium der romantischen Schlagerwelten am Ende der 90er Jahre, die bis heute anhalten, fast verschwunden zu sein. Die nicht nur jugendlichen Adressatinnen und Adressaten schätzten mainstreamgemäß diese trällernden postmo-dernen Kö-nige des Kitsches als prima Laune verbreitende, unbe-schwerte und unan-strengende Stimmungsmacher freilich stets auch im Szenenmix anderer Lebens- und Mu-sikstile. Die deut-schen Schlager wollten, so die Selbstinszenierung der dama-ligen – auch schon längst wieder der Vergangenheit angehörenden – Interpretinnen und Interpre-ten, nicht mehr hörschadenverdächtig mit einem avantgardi-sti-schen Entwurf einer ironischen Stahlgewitter-Poesie mit Provokation, Krach, Ge-schrei, Getöse und vor allem Industrielärm provozieren wie noch die von *Lou Reed, Nick Cave* und *John Cale* inspirierten wildesten Heroen der Neuen Deutschen Welle *Blixa Bar-geldt* mit seinen Einstürzenden Neubauten (Rumpf 1996, S. 156). Sie wollten „auf ihrem Kreuzzug der Zärtlichkeit" in einer Art „ekstatischen Absichtslosigkeit" (Baacke 1999, S. 118) gerade nicht verändern, so der ehemals erfolgreiche Kulturkritiker Guildo Horn. Und sie wollten etwa mit Katja Ebsteins *Wunder gibt es immer wieder* in der gefühlten Katastrophenstimmung, in der vermeintlich krisenreichen Gegenwart und im Un-Sinn der Lebensverhält-nisse temporäre Illusionen schaffen. Schlager besan-gen eine heile Welt, die wir zu Zeiten der großen Natur- und Sozialkatastrophen, der Strukturkrisen der Ökonomie und der Arbeitsgesellschaft sowie am Sterbebett der wohlfahrtstaatlichen nationalen Vollkaskogesellschaft nicht mehr haben. Wer Schlager hörte, und wem sie auch noch Spaß bereiteten, konnte wenigstens für eine kurze Zeit der beinharten Flexibilität und Mobilität entkommen und ein wenig spielerischer und leichter durchs Leben gehen und temporär in eine Art Trash-Traumwelt abtauchen. Die ehemaligen Daseinsdilettanten, Trash-Heroen oder Galgenvögel der nicht nur nach dem Börsencrash und dem Zusammenbruch des Neuen Marktes im Jahre 2000, nach dem 11. September 2001 und spätestens nach dem PISA-Schock und im Zuge der weltwei-ten Finanz- und Wirtschaftskrise seit dem Jahre 2009 sich ein wenig zurückhaltenden Spaßgesellschaft sowie die vielen Rund-um-die-Uhr-Talkmaster inszenierten dies vor allem in den späten 90er Jahren an der Wende zum 21. Jahrhundert zu den Hochzeiten der *Wachstumsträume des Superkapitalismus* (vgl. Reich 2008; vgl. auch Ferchhoff 2007b; 2008; 2011) auf besondere Weise:

- wie vor allem das enfant terrible der Schlagerbranche: der Schwabbel-Meister Guildo Horn, der uns erlaubte, Schlager zu hören, und uns gleichzeitig davon zu distanzieren,
- aber auch wie die – eine positive, eigentümliche, zur Selbstveralberung neigende Aura des perfekt Unperfekten ausstrahlende – postfeministische Erotik-Queen und braunhaarige Schönheit Verona Feldbusch – heute verheiratete Pooth und bekennende traditionelle Mutter –, eine Art ohne Punkt und Komma quatschen-des, stotterndes, piepsiges und frivoles Comic- bzw. Wondergirl, personifiziertes Püppchen der Barbiewelt und Sinnbild einer infantilisierten Medien- und Ballermann 6-Gesellschaft,
- oder wie der zweckfreie, stets nur andeutende, montierende und nichtssagende, kei-ner oder kaum noch einer Sinndeutung mehr zugängliche (Sprach-)Ironiker Piet Klocke, ein noch größerer Könner des Sprach- und Satznonsens pur als seine vielen

– oftmals immer noch nach manchmal unappetitlichen Grenzüberschreitungen, Provokationen, Witzen und Pointen stochernd, zuweilen verkrampft und anstrengend, oftmals aber auch genial wirkenden – Satire-, Humor-, Ulk-, Kalauer- und Blödel-Vorfahren wie Otto (Otto Walkes bekannte sich zu Heinz Erhardt als Vorbild, der sich wiederum auf Morgenstern, Ringelnatz und Kästner als Vorbilder berief, und sich mit nassforschem Tonfall, Lausbubencharme, und Tollpatschigkeit oftmals als Biedermann und Trottel inszenierte und dafür geliebt wurde). Bis Ende der 80er Jahre blieb Otto der erfolgreichste komische Deutsche vor Loriot, Hallervorden und Harald Juhnke. Die Texte lieferten Mitglieder der ‚Neuen Frankfurter Schule‘ des Humors mit den Zeitschriften ‚Pardon‘ und später mit ‚Titanic‘ – allen voran der Lyriker Robert Gernhardt. Ottos Einsatz auf der Bühne war und ist anders als bei Kurt Valentin und Heinz Erhardt kindsbezogen, ungeduldig, hektisch, nervös, zappelig, kasperhaft, sportiv und körperbetont, er schneidet Grimassen, hüpft und ist in ständiger Bewegung. Ottos Texte waren nicht so literarisch wie bei Valentin, obwohl der Ideengeber und Ghostwriter Robert Gernhardt die literarische Qualität eines Valentin besaß Der verstorbene Altmeister Rudi Carell, Karl Dall, Mike Krüger etc. oder auch die späteren Fernsehcomedians, Humoristen, Ulk-, Klamauk- und Spaßmacher wie Die Doofen mit Wigald Boning, Dieter Nuhr, Gaby Deckers, Rüdiger Hoffmann, Badesalz, Stefan Raab, Elton, Oliver Pocher, Atze Schröder, Hans Werner Olm, Herbert Knebel, Michael Mittermeier, Harald Schmidt, Cindy aus Marzahn, die dem Prekariat, milieugerecht inszeniert, mit grellem Witz Würde gibt, Olli Dittrich (alias Dittsche, der geniale Eimsbütteler – an der Grenze zu Eppendorf – Imbissbuden-Philosoph als Stammgast und Hartz IV Bezieher in Bademantel mit Aldi-Tüte, der die Differenz zwischen Wirklichkeit und Fiktion quasi aufzuheben scheint) oder die Multitalente Helge Schneider und Hape Kerkeling als Ober-Faker, der Lebensmilieus und Perspektiven wechselnde, sehr differenzierte, mutige, allerdings deeskalierend wirkende Verkleidungskünstler, also kein kasachisch-deutscher Borat wie der britische Sacha Baron Cohen (finnischer Rapper, litauischer Fußballtrainer, iranischer Schachgroßmeister und die Ösi-Tucke Brüno), sondern zuletzt als rückengeplagter, provinzieller Grevenbroicher Lokaljournalist Horst Schlämmer, der mit fettgrauer Tolle, mit schiefen Schneidezähnen im grauen, zu kurz geratenen Knittermantel, Herrenhandtasche und rheinisch schnarrendem Akzent als Kunstfigur auch in der Wirklichkeit und vor allem auch in der Glitzerwelt mit den Ikonen der Moderne (selbst mit den Politikern (‚Isch kandidiere‘) als Kanzlerkandidat für den der Herzen mehr als zurechtkommt (vgl. bspw. Gäbler 2007, S. 34; Schulz-Ojala 2009, S. 19) oder der Kabarett-Geheimtipp Florian Schroeder, der extrem unterhaltsame, mit einem breiten Repertoire an Prominenten-Imitationen im ständigen Wechsel aufwartet (Dieter Bohlen, Horst Köhler, Ulrich Wickert, Roman Herzog, Johannes B. Kerner, Mathias Richling usw.), die eigene Zunft nicht außen vorlässt und so gesehen die gesamte Klaviatur von politischer Satire zu intelligentem Comedy beherrscht u. v. a.

- oder wie das seit einigen Jahren aufgelöste Power Quartett des schönen Quatschs, das den Ritualen des deutschen Fernsehens in der Wochenshow mit tiefer Ironie und hohem Nonsens nachkam: Der Bielefelder Ingolf Lück, die Baden-Badenerin Anke Engelke, der Schweizer Marco Rima und die Bonner Bastian Pastewka sowie das Riesenbaby, der schwergewichtige Markus Maria Profitlich (später mit eigenem Sendeformat ‚Mensch Markus‘) lagen mit ihren typischen Wochenshow-Gags zwischen dem intellektuellen Unsinn von Harald Schmidt, ‚minus dessen Zynismus‘ und den Stegreif- und Straßendadaisten älterer Provenienz

- und wie schließlich die Veralltäglichung des Jedermann-Stars in den vielen Casting-Shows, etwa in der mehrmonatigen medialen musikalischen Inszenierung – ‚Deutschland sucht den Super-Star‘, ein Mix aus Exhibitionismus, Voyeurismus und adäquater Dramaturgie: erster Sieger *Alexander Klaws* zweite Siegerin: *Elli Ehrl*, Sieger der dritten Staffel: *Tobias Regner*, vierter Sieger: *Mark Medlock*, Gewinner der fünften Staffel: *Thomas Godoj, Daniel Schumacher* als Sieger der sechsten Staffel und schließlich der Sieger der siebten Staffel, der gebürtige Iraner Mehrzad Marashi von DSDS – immer noch sehr erfolgreich mit zirka 6–7 Millionen Zuschauern (2010/2011) in der siebten Ausgabe bei RTL; bis zur, die öffentlichen Gemüter erregenden und magersüchtig verdächtigen *Parade der Hungerhaken*: Heidi Klums Model-Show ‚Germany‘s Next Topmodel‘ bei Pro7 – im Jahre 2011 wurde die fünfte Staffel beendet mit den Fernsehhupfdohlen und dem Opfer-Image der Models (Konkurrenzkampf, Neid, Missgunst und Zickenkrieg sind vorprogrammiert) und schließlich Eva Padbergs und Karolina Kurkovàs erste Castingshow ‚Das perfekte Model‘ bei Vox im Jahre 2012.

Zwischen globaler, krisengeschüttelter, geprellter, prekärer, gespaltener, pessimistischer und optimistischer, abgeschotterter und in künstliche Medienwelten flüchtende sowie *deukischer* (eine Mischung aus deutsch und türkisch) *Generation* changierten am Anfang des 21. Jahrhunderts *hochambivalente Generationsbilder* zur Jugend. Jugendliche mit unterschiedlichem Migrationshintergrund (Türken, Araber, Bosnier, Kroaten, Serben, Albaner, Libanesen, Afghanen etc.) mussten seit Jahren erkennen, dass ein beträchtlicher Teil von ihnen in den – durch keine Aussicht auf einen Job, durch hohe Arbeitslosigkeit, Drogen, (Klein-)Kriminalität und manchmal durch rivalisierende Jugendbanden (im Jahre 2010 in bestimmten Bezirken Neuköllns, im Soldiner Kiez am Gesundbrunnen im Wedding und in bestimmten Arealen in Kreuzberg bspw. ‚Weserboys‘, ‚36-Juniors‘, ‚Neuköllner Killer Boys‘, ‚Herrmannboys‘, ‚Neuköllner Arabian Boys‘, ‚Jokers 44‘, ‚Spinne‘ etc.) gekennzeichneten – gewaltaffinen Milieus und Ghettos der Armut (bewaffnete Überfälle, Handyraub mit Messer, Nötigung, Körperverletzung usw.) mit oftmals hohen Ausländer- und Aussiedleranteilen überleben mussten. Insbesondere im Osten Deutschlands, wo vergleichsweise nur wenige Jugendliche mit Migrationshintergrund aufwachsen, gab und gibt es – mittlerweile ein wenig abnehmend, weil die rechtsextremen Glatzen für die Mehrzahl der Jugendlichen etwa im Vergleich zu den *Hip-Hop-affinen Skateboardern* oder im Vergleich zu den vielen, ihrer Lieblingsbeschäftigung nachgehenden, shoppenden Jugendlichen ‚einfach uncool‘ geworden sind – von *Neonazis* beherrschte sogenannte national befreite Zonen der ‚kulturellen Hegemonie‘, denen mit Kampftrinken, viel Dosen- und Flaschenbier und Springerstiefeln mit schwarzen oder weißen Schnürsenkeln und Baseballschlägern in manchen Regionen die Gegner ausgegangen waren (vgl. Schröder 1997). Die Ghettos der Armut und die Zeichen der Verwahrlosung waren und sind bis heute in Deutschland, selbst wenn man Weddinger-, Neuköllner- und Lichtenberger-Areale und andere Problem-Quartiere nicht nur in Berlin in Rechnung stellt, allerdings nicht, was die Lebensbedingungen und das Ausmaß des Gewaltpotentials angeht, mit den chronisch heruntergekommenen, isolierten und segregierten französischen Immigranten-Vorstädten, den ‚Banlieues‘, den ‚quartiers sensibles‘, den ‚Orten der sozialen Exklusion‘, mit den Einwanderern aus dem Maghreb und Schwarzafrika zu vergleichen. Jugendliche aus den französischen Banlieues sind so deklassiert, dass sie die ebenfalls gegen soziale Deklassierung protestierenden Studentinnen und Studenten bekämpfen, bestehlen und prügeln, weil sie wirklich so deklassiert sind, und es keine Solidarität der Deklassierten gibt. Viele Jugendliche der *prekären Generation Zeitvertrag* und *‚Generation Praktikum‘* protestierten in Deutschland im Gegensatz zu Frankreich, aber auch im Gegensatz zu England nicht; dennoch merkten sie, dass jenseits der ohnehin nahezu chancenlosen Jugendlichen mit niedrigem und schlechtem Schulabschluss oder gar ohne Schulabschluss und ohne Berufsausbildung selbst gute Schul-, Hochschulbildung und gute Ausbildung zur Investition ohne sicheren Ertrag (*Walter R. Heinz*) geworden war und Angst um den Arbeitsplatz und ihre persönliche Zukunft hatten und wiederum in Teilen den sicherlich auch fragwürdigen Lebensstandard ihrer Eltern (wenn sie nicht zu den nicht einmal wenigen privilegierten Erben gehören) nicht wird halten können. Man konnte vielleicht etwas vereinfacht auch von einer *gespaltenen Generation* sprechen – diejenigen Jugendlichen, deren Lebens- und Zukunftsperspektiven eindeutig durch strukturbezogene Armutsrisiken (Arbeitslosigkeit, Scheidung der Eltern, Arbeitslosengeld II, Hartz IV-Einkommen, Alleinerziehende, Migrationshintergrund, ohne, mit niedrigem und schlechtem Schulabschluss etc.) erheblich eingeschränkt waren („40 Prozent der Jugendlichen, die sich pro Jahr bewerben, finden keine reguläre Lehrstelle und landen in berufsvorbereitenden Maßnahmen“, so *Martin Baethge* zit. n. Brönstrup 2007, S. 15) sowie diejenigen bildungsprivilegierten Jugendlichen, deren Armutsrisiken geringer und deren Lebensressourcen höher zu veranschlagen waren und die – gleichwohl die Furcht vor dem Abrutschen und dem sozialen Abstieg für viele auch in der Mitte der Gesellschaft beunruhigend wirkte und die Wohlstandszuwächse in Deutschland vorbei zu sein schienen - optional mit den heutigen gesellschaftlichen Anforderungen einer krisengebeutelten globalisierten Wirtschaft und Welt (Fach-, Schlüssel- und Lebensbewältigungskompetenzen) sinnadäquat zurechtkamen, immer noch im gesellschaftlichen „Klima einer allgemeinen Verunsicherung“ (Heinz Bude) mit (bescheidenem) Wohlstand rechnen durften und dezidiert bessere Lebens- und Zukunftsaussichten besaßen.

So gesehen gab es in den ersten zehn Jahren des 21. Jahrhunderts *jugendliche Generationsbilder*, die trotz prekärer Arbeits- und Lebensverhältnisse und trotz gravierender persönlicher Zukunftsängste (Verlust des Arbeitsplatzes oder die Furcht, keinen Ausbildungs- und Arbeitsplatz zu bekommen) dennoch Zuversicht und Optimismus ausstrahlen. Ein nicht einmal geringer Teil der Jugendlichen geht ganz pragmatisch mit den unsicheren Berufs- und Lebensperspektiven um. Die 15. Shell-Jugendstudie aus dem Jahre 2006 (vgl. Shell Deutschland Holding 2006) und auch die 16. Shell-Jugendstudie (vgl. Shell Deutschland Holding 2010) brachten diese Weltsicht prägnant auf die Formeln: *„Eine pragmatische Generation unter Druck"* bzw. *„eine pragmatische Umgehensweise mit den Herausforderungen in Alltag, Beruf und Gesellschaft".* Selbstbewusstsein, Leistungsbereitschaft und -orientierung in Schule, Hochschule, Verwaltung und Betrieb sind für viele Jugendliche keine Fremdwörter. Lebensmotto: Mit dem gesellschaftlichem Druck flexibel umzugehen und sich unter schwierigen Rahmenbedingungen behaupten, Zuversicht, Selbstvertrauen und Zukunftsoptimismus nehmen bei aller Genervtheit und Verunsicherung und trotz Wirtschafts- und Finanzkrise wieder zu. Viele Jugendliche arrangieren sich mit den wirtschaftlichen Gegebenheiten und stellen sich ihnen. Pragmatik und Leidenschaft müssen sich nicht ausschließen. Herzblut, Passion und auch spielerische und trainingsaffine Lernbereitschaft insbesondere in eigener Regie sind vor allem im nicht nur passiven Umgang mit den Neuen Medien in und noch mehr – in außerpädagogischen Räumen – jenseits der Schul- und Arbeitswelt zu beobachten. Deshalb etikettiert man die heutigen, von den virtuellen Oberflächen, der multimedialen Realität und vor allem der Digitalisierung der Medien- und der Entmaterialisierung der Musikkultur faszinierten Jugendlichen in diesem Sinne pointiert etwa als *Mediengeneration* oder als *Generation Internet,* als *Generation iPod,* als *Generation @* (vgl. Opaschowski 1999) als *virtuelle Generation,* als *Generation My Space,* als *Generation YouTube,* als internetbasierte und nachrichtenbeschleunigende *Generation Facebook* oder als *Generation Twitter* mit sehr guten medientechnischen Kenntnissen, mit veränderten Wahrnehmungen, mit veränderten Seh- und Hörgewohnheiten und kompetentem Umgang. D. h.: auch bei Mediennutzerinnen und Mediennutzern und bei der Medienrezeption liegt bereits auf der basalen Ebene ein aktiver, mit alltagsweltlichem Sinn versehener „Prozess der Bedeutungskonstitution", eine so genannte konkreative „Mitkonstruktion von Bedeutung und Anschlusshandlung" vor, die auch nichtmediale Kommunikationsformen der Kultur, des Sports, der Mode usw. einschließt (Zinnecker und Barsch 2007, S. 295), mit Digital-, Breitwand/Plasma-Fernsehen, MTV, VIVA, Multimedia-PC, Internet, Cyber-Space, Video-Clips, iPod, iPhone (eine multifunktionale Kreuzung aus Mini-Computer, mp3-Player und Handy), Podcasts, Tracks, internetbasiertem Handy, Blackberry, Skype, den vielen Chatrooms und Internetforen wie bspw. YouTube, Twitter, Facebook, Myspace und schon wieder veraltet: SchülerVZ, StudiVZ etc.

Die medialen Bilder waren und sind immer wieder durchsetzt mit allerlei nicht nur virtuellen lebensweltlich-ästhetisierten vernetzten Zeichensystemen, mit vielen Hedonismen und Banalitäten, mit good vibrations: Stileklektizismen, Remixing und semiotischem Sampling, Revivals und Retrospektiven. Dies reichte nicht nur von der Jugendkultur-Musik vom spacigen *Star Trek* bis zu den Popdiven *Britney Spears, Mariah Carey, Lady Gaga, Alicia Keys, Beyoncé* und bis zu den Pop Heroen *Robbie Williams* und *Justin Timberlake,* bis zum *Britpop* von *Blur* und *Oasis* aus Manchester mit den Manchester-City Fans und Brüdern *Noel* und *Liam Gallagher,* mit Prollgehabe,

Großmäuligkeit und ihren Super-Hits wie *Supersonic, Wonderwall, Don't look Back in Anger*, 2008 mit dem siebten Album *Dig Out Your Soul, Pulp* oder von *Natalie Imbruglia* in den 90er Jahren, von der *New-Britannia-Welle* und *New Wave Revivals* im 21. Jahrhundert von *Darkness* (eine Rückbesinnung auf den *Glamrock*), The *Strokes, Bloc Party* mit dem sehr erfolgreichen Debütalbum *Silent Alarm* und dem mitreißenden *Indierock* und Hits wie *Banquet* und *Helicopter*, die zu Tanzflächenfüllern wurden, und dem 2007 erschienenen Album *A Weekend in the City*, das musikalisch melancholischer angelegt ist und in den Texten zu einer neuen politischen Nachdenklichkeit anregt, *Kaiser Chiefs, Coldplay* mit Sänger *Chris Martin* mit ihrem fünften Album im Jahre 2011:*Mylo Xyloto* und ihrem hymnischen Glitzersound, den viele Musikkritiker mit Häme überschütten und als traumwandlerisches Gefühl für das Uncoole verspotten (vgl. zuletzt Lange 2011, S. 27) und *Franz Ferdinand* mit der faszinierenden Hymne *Take Me Ou*, mit *You could have it so much better* sowie mit dem dritten Album *Tonight* im Jahre 2009. Oder gar die Arctic *Monkeys*, eine hyperaktive und fröhlich tanzbare Spielart des *Brit-Pop*, deren Musik zunächst ohne traditionelle Vertriebswege wie ein digitales Lauffeuer nur aus dem Internet von Fans geladen werden konnte – ein Hype war geboren. Vom *Acid House* als Geburtsstätte der *Rave-Kultur*, deren treibende massenkulturelle Kraft – wie auch verschiedene *streetartaffine Graffiti-Styles* der *Hip-Hop-Szenen* – in das zeitgenössische Graphikdesign der Werbung, Kunst und Literatur Eingang gefunden hat, über den seichten und leicht verrosteten *Post-Punk* von den *Ärzten*, mit damaligen Hits wie *Männer sind Schweine*, mit *Westerland*, mit *Geschwisterliebe*, die gelegentlich auch bei Geheimkonzerten im Berliner Kiez – wie andere *Punkgruppen* auch – unter Pseudonymen wie *Invasion der Gurkenmöpse, Paul* oder *Die Zuspäten* und den – immer noch Mäzenen von Fortuna Düsseldorf – *Toten Hosen* bis zu den *post-punkigen Pseudo-Irokesenfrisur* eines David Beckham bei der Fußballweltmeisterschaft im Jahre 2002 in Japan und Süd Korea. Das dezidiert Metrosexuelle eines *David Beckham* wurde allerdings erst ein wenig später vor und nach dem Wechsel von Manchester United zu Real Madrid betont. Mittlerweile hat fußballerisch für den alternden, auch in der englischen Nationalmannschaft ausgemusterten (auch wegen Verletzung nicht für die Weltmeisterschaft in Südafrika 2010 nominierten) Star ein Wechsel (2007) von Madrid nach Kalifornien in die viertklassige amerikanische Fußball-Profiliga stattgefunden, bevor, wiederum im Jahre 2008/2009 und in 2009/2010 ein Ausleihgeschäft zum AC Mailand zustande kam. Young Urban Metrosexual hatten, wie jede andere Szene auch, ihren eigenen Code und Style und übernahmen – ohne Schwulsein anzuzeigen – von Sport-, Film- und Musikidolen männlich innovative Formen, Körperbilder und Körperpraktiken wie den makellosen, glatten, haarlosen Körper, „Waschbrettbauch und den trainierten, Kraft suggerierenden, muskulösen Oberkörper, der durch enge T-Shirts akzentuiert" wurde, während der männliche Unterkörper jenseits des potenzprotzenden Hip-Hop meistens unsichtbar blieb. Neben Hairstyle (Gel im Haar schon für Kinder), Cremetöpfen, Anti-Faltenmitteln und anderen Kosmetika waren Ohrringe oder Brillanten im Ohr (Stil-Attitüden aus dem *Hip-Hop*) erlaubt. Allerdings gab es keine ästhetischen Anleihen an femininen, weichen Körperformen, die Androgynität

ausdrücken und repräsentieren könnten. Das Bodysampling – eine bricolage aus homo-
und heterosexuellen Formen – bestand darin, das traditionelle Rollenverständnis eines
Macho-Bildes aufzuweichen und freilich innerhalb klar gezogener Grenzen männlich-
keitsspezifischer Art mit „ästhetisch schwulen" Formen ohne Schwulsein anzureichern
(Richard 2005, S. 238f.). Das Bild des Metrosexuellen sprach und spricht vornehmlich
sportlich und an modischen Outfits interessierte männliche Durchschnittsjugendliche
an, die gemäßigte Szenegänger sind, mit Stileklektizismen, -mixen und -emblemen kreativ umgehen und nicht eindeutig einem spezifischen männlich dominierten subkulturellen Genre des Unzivilisierten, Rauen, Ungepflegten etc. zuzurechnen sind, gleichwohl
etwa schon im Jahre 2006 von Trendforschern wieder eine leichte Abkehr von den allzu
selbstverliebten metrosexuellen Typen festgestellt wurde. Es geht wieder moderat in die
maskuline Richtung der „Alpha-Männer" (*Miriam Salzmann*). In der Mode-Werbung
tragen Männer robuste Kleidung, die nicht nur an Angel-, sondern insbesondere an
Jagdpartien erinnert oder kommen im Anzug als Beschützer oder Gentlemen daher.
Mixformen sind aber nach wie vor angesagt. Dieses Sampling, Remixing, diese Revivals,
diese Retrospektiven reichten auch jenseits der metrosexuellen Erscheinungen von der
Love-Parade über die Kolorierkultur der *Dance-floor-Szene*, die darauf verzichtete, ethnische Herkunft und Zugehörigkeit zu betonen, über die verschiedenen, übrigen auch
nachlassenden *Hip-Hop-Kulturen*, die neben den brillanten Stilmix-Techniken der *DJs*
und neben den kreativen musikalischen Sprechgesängen das trainingsintensive und leis-
tungssportaffine *Breakdance* als akrobatischen Körperausdruck und das hochkomplexe,
anspruchsvolle und erlebnisintensive Graffiti-Malen als optischen Ausdruck zuweilen in
nichtbezahlter Nachtarbeit bei unzureichender Arbeitssicherheit an häufig sehr gefährli-
chen Arbeitsplätzen unter großem Zeitdruck mit Grenzerfahrungen hochschätzten, über
die ironische Wiederauferstehung der skurrilen Kunstprodukte und Glitterszenen des
bizarren und androgynen und metrosexuellen *Glam-Rock* (*Garry Glitter, Sweet* und
Slade), der die Grenzen zwischen Mann und Frau, zwischen Homo und Hetero, zwischen Wahrheit und Fiktion und zwischen Zukunft und Vergangenheit schon weit vor
den Diskursen über Metrosexualität aufgeweicht hatte, und dem mit dem Film Velvet
Goldmine ein Denkmal gesetzt worden war, bis zur Wiedergeburt der kitschig-trivialen
deutschen Schlagerszene jetzt auch mit und jenseits der ‚neuen' ‚Neuen deutschen Welle'
für Kluge und nicht nur für Ältere. Beim Grand Prix Eurovision de la Chanson des europäischen Schlagers landeten die deutschen Schlagerinterpretinnen und -interpreten in
den letzten Jahren meistens auf den hinteren Plätzen – etwa in Birmingham, Göteburg,
und Riga. Immerhin erreichte noch im Jahre 2000 *Stefan Raab* nach seinem eigenen
Auftritt mit dem Blödelsong *Wadde-hadde-Dude-da* – wie schon vorher der ebenfalls
von *Raab* produzierte Schweiß- und Nusseckenmeister *Guildo Horn* – den siebten Platz,
während *Max Mutzke* 2004, gleichfalls – allerdings erstmals ohne Parodie und Ulk – ein
Protagonist von *Stefan Raab*, noch auf Platz acht in Istanbul kam. *Mutzke* war auch noch
im Jahre 2009 als Pop-Sänger (mit *Marie*) sehr erfolgreich und zumindest in der
Deutschpopszene bekannt. Dagegen landete Gracia beim – umbenannten – Eurovision
Song Contest in Kiew 2005 weit abgeschlagen auf dem vorletzten Platz. Und selbst der in

Deutschland *kultige Dittsche* (alias *Olli Dittrich*) erreichte mit seiner Country-Combo *Texas Lightning* im Jahre 2006 beim Eurovision Song Contest in Athen nur einen der letzten Plätze. Schließlich landete auch der *Swing-Sänger Cicero* im Jahre 2007 in Helsinki ebenfalls abgeschlagen auf Platz 19. Ein noch größeres Desaster erlebten die *No Angels* in Belgrad im Jahre 2008 – sie wurden gnadenlos auf den letzten Platz gevoted. Auch der 20. Platz von 25 Teilnehmern der deutschen Formation in Moskau von ‚*Alex sings, Oskar swings*‘ (*Alex Christensen* und *Oscar Loya*) mit der Burlesque-Tänzerin *Dita von Teese* im Jahre 2009 war wiederum zum wiederholten Mal sehr enttäuschend. In Oslo 2010 begann mit dem grandiosen Sieg von *Lena Meyer-Landrut* eine neue Zeitrechnung für Deutschland. Im Anschluss an eine nationale Aufgabe wurde im Kontext eines seriösen Castings ohne Drama und Krawall beim Bundesvision Song Contest ‚Unser Star für Oslo‘ bei Pro7 und ARD mit *Stefan Raab* und stets wechselnden Jurymitgliedern der musikalischen Elite Deutschlands (wie bspw. *Marius Müller-Westernhagen, Jan Delay, Peter Maffay, Joy Denalane*) mit der Siegerin und Abiturientin *Lena Meyer-Landrut* aus Hannover präsentiert, die wirklich eine phänomenale, eine quasi natürliche Ausstrahlung ohne choreographischen Firlefanz und ohne allzu große Kostümierung besitzt, herzerwärmend singen kann, Publikum, Jury und Feuilleton mit dem Titel – in nicht deutscher Sprache – *Satellite* und auch mit ihrem Debütalbum *My Cassette Player* (Popmusik für die breite Masse) schon vor und insbesondere nach ihrem Triumph bei der europäischen Musikmeisterschaft am 29. Mai 2010 entzückt und begeistert hatte. Auch dies ist wiederum längst Vergangenheit: Denn 2011 gab es für *Lena* in Düsseldorf keine Titelverteidigung mit dem Song *Touch A New Day* – immerhin erreichte sie noch Platz zehn. *Lenas* Nachfolger *Roman Lob* wurde wiederum in verschiedenen Ausssscheidungsshows bei ARD und Pro7 per Telefonvoting mit prominenten Musikerinnen und Musikern in der Jury wie *Thomas D* (Sänger der *Fantastischen Vier*), *Alina Süggerler* (Sängerin der Bochumer/Hattinger Band *Frieda Gold*) und *Stefan Raab* ‚Unser Star für Baku‘ in Aserbaidschan im Jahre 2012 gesucht – und wurde achter.

Zum Mainstream gehören zweifellos auch in globaler internationaler Perspektive ‚The‘-Bands mit ihrer authentischen *Pop-* bzw. *Rock-Musik* aus Großbritannien und den USA: *The Vines, The Strokes, The White Stripes, Coldplay, James Blunt* und vor allem die Gitarrenpopband *Maximo Park*, Herzbeschleuniger und nach einem kubanischen Revolutionär benannt, aus Newcastle mit ihrem charismatischen Frontmann *Paul Smith*, mit ihren tumultösen Konzerten sowie mit ihren drei sehr erfolgreichen Alben *A Certain Trigger, Our Earthly Pleasures* und *Quicken the Heart, The Kooks,* das *Britpop-Quartett*, nach einem *David-Bowie Song* benannt, Jungspunde und Senkrechtstarter mit dem Sänger und Liebling der weiblichen Fans *Luke Prichard* des Jahres 2006 aus Brighton und insbesondere *Franz Ferdinand*, das schottische kunstsinnige Glasgower Quartett mit einer Flut von Einfällen, Geistesblitzen, mit abrupten Tempowechsel, mit zackigen, abgehackten Rhythmen und stilistisch-distanziertem Gesang, die mit ihrem damaligen unbetitelten Debütalbum 2004 England mit der *New Britannia-Welle*, die mittlerweile wieder abzuebben scheint, auf die Popkarte zwischen Rock'n'Roll und Tanzmusik der Welt zurückgeholt haben. Hinzu kommen *Indie-Rock Bands* wie *Bloc Party*, die *Kaiser Chiefs* und *The Ting Tings* mit – für ihre wilden Auftritte bekannte – *Katie White*, die Elektro-Clash-Ikone *Peaches*, die blonde englische Soul-Sängerin mit der schwarzen Südstaaten Mama-Stimme *Joss Stone*, wie auch die schon mit 24 Jahren zur Soul-Ikone und zur rüpelhaften *Ladette* stilisierte Engländerin *Amy Winehouse* mit Bienenkorbfrisur aus den 60er Jahren, die auch schon vor ihrem frühen Tod mit 27 Jahren im Jahre 2011, der uns wie auch bei anderen, mit Drogenexzessen in Berührung gekommenen, früh verstorbenen Idolen der *musikalischen Popkultur* (siehe etwa *Janis Joplin* 1967, *Jim Morrison* 1971, *Sid Vicious, Kurt Cobain* 1994 u. a.) in eine ‚kollektive Melancholie' versetzte, oftmals noch mehr Schlagzeilen mit ihren Alkohol-, Drogen- und Beziehungsproblemen produzierte als mit ihren fünf Grammys, die sie im Jahre 2008 für ihre Musik bekam, wie die ehemalige Frontfrau von *Destiny's Child*, Schmusesoul-Diva, Wonder Woman und das Spiel mit wechselnden Identitäten liebende *Beyoncè Knowles* mit ihren Superalben *B'Day* und *I am… Sasha Fierce*, wie der Frauenschwarm *Justin Timberlake*, der ehemalige Kopf der *Softboyband N'Sync*, der *schwarze Musik (R&B)* mit knalligem *Disco-Sound* für weiße Jungs mixt, wie aber auch der sogenannte *Feel-Good-Pop*, ein *Britpop Stilmix* aus *Reggae, R'n'B* und *Grime-Elementen* von der Britin *Lily Allen*. Sie war 2005 eine der ersten, die durch das Internet, durch MySpace, zum internationalen Popstar wurde. Ihr Song im Jahre 2009, beispielsweise ihre feuchtgebietsaffine Provokationspoesie in *It's Not Me, It's You* ist nicht geschliffen, nicht weichgespült worden. Ein perfektes und erfolgreiches *Role-Model* einer digitalisierten Welt in der Dämmerung des Gutenberg-Zeitalters ist zweifellos auch die im Jahre 2009 durchgestartete futuristische Bühnendiva und exzentrische New Yorkerin *Lady GaGa (Madonna 2.0),* die als Klosterschülerin noch *Stefanie Germanotta* hieß und in die gleiche Schule ging wie *Paris Hilton* und relativ privilegiert auf der Upper West Side von Manhattan aufwuchs. In einer Art *warholaffinen* Shock-Art-Performance und postironischem Selbstbewusstsein – aus einem Mix von Erotik-Irritationen, die auch an die Sängerinnen *Peaches* und an die schwergewichtige *Beth Ditto* erinnern, die sehr selbstbewusst ihre sexualisierten Körper inszenieren, von ordinärer Schlampe, Roboter und Burlesque-Tänzerin – inszenierte und skandalisierte sie ihre eigene Bisexualität und stürmte mit Mieder, Latex, Leopardentangas und vor allem – nachdem sie zuvor schon Stücke für *Britney Spears* und die *Pussycat Dolls* geschrieben hatte – mit eingängigem *Elektro-Disco-* bzw. Trashpop (mit ihrem Debüt-Album *The Fame* 2008 und ihren Singles *Just Dance* 2008, *PokerFace* 2009 und *Love Game* 2009, *Alejandro* 2010, *Born This Way* 2011) in die Charts. Auch die mit *Lady Gaga* als Vorprogramm auftretende Band *Cinema Bizarre*, mit dem Album *Toyz* war im Jahre 2009 auch jenseits der *Visual-Kei-Szene* bei Jugendlichen sehr beliebt. Sie erinnern in ihrem außergewöhnlichen Outfit sehr an *Tokio Hotel* und ihre Musik changiert irgendwo zwischen *Pop* und *Glamrock.*

Boy Groups a la *Tokio Hotel* waren und sind oftmals Trostspender für Teenager-Dramatiken und zugleich phantasieanregend für fast jedes (vor-)pubertierende Mädchen zwischen acht und vierzehn Jahren. Kreischende, hysterische Mädchen fielen und fallen in Ohnmacht, tapezierten und tapezieren ihre Zimmer mit den Gesichtern der Bandmitglieder. Erstaunlich ist, dass *Tokio Hotel* es in den Jahren 2007, 2008 und

2009 geschafft hat, über den deutschen Musikmarkt hinaus auch international (etwa in Frankreich, Japan, Israel und selbst im wichtigsten Musikmarkt der Welt, in den USA mit einem englischsprachigen Album ‚Scream') befruchtend zu wirken. Spätestens mit der Verleihung des MTV-Video-Awards im Herbst 2008 in Los Angeles nahm die internationale Karriere weiter Fahrt auf. Von den jungen Mädchen kreischten nicht nur alle, sondern Heulkrämpfe wurden ausgelöst, einige pubertierende Mädchen fielen vor oder während der Konzerte – wie schon vor fünfzig Jahren bei den *Beatles* oder vor 25 Jahren bei *New Kids on the Block* aus Boston (auch sie starteten 2008 gealtert ein Comeback) oder vor 20 Jahren bei *Take That* aus Manchester (die in der dortigen hochkarätigen Musikszene mit sehr kreativen und bedeutenden *Rock- und Popbands* wie *Joy Division, New Order, The Smiths, Oasis, The Verve* und die *Charlatans* immer mit ihren allzu poppigen Liebesliedern umstritten waren, und die auch schon ohne *Robbie Williams* bspw. mit der Hitsingle *Patience* ein glänzendes Comeback feierten und mit *Robbie Williams* ebenfalls ein einmaliges Comeback in 2011 feierten) in Ohnmacht. Im Anschluss an die von Musikmanagern 1965 erfundene erste amerikanische Retorten-Boygroup *The Monkees* – eindeutig ein Plagiat der britischen *Beatles* – waren die wohl prägendsten *Boygroups*, Schwarm und intime Vertrauenspersonen vieler Mädchenherzen und mit schnulzig erfolgreich aufwartenden Songs in den späten 80er Jahren und zu Anfang der 90er Jahre *Take That* mit *Robbie Williams* sowie in den frühen 90er Jahren die *Back Street Boys* (auch heute noch berufsmäßiger Mädchenschwarm, Großverdiener in der Musikbranche und sehr aktiv) oder *N'Sync* und *Boyzone*. Den Casting-Agenten kam und kommt es bei der Suche nach den ‚total süßen Jungs' weniger auf das Musiktalent, die Musikalität oder Sangeskraft an, als auf holzschnittartige Charaktere der einzelnen Bandmitglieder (Feinheiten der romantischen Liebe bei *Boygroups*, Vorbildfunktionen wie Selbstbewusstsein, Aufmüpfigkeit, Verführungskunst etc., ähnlich einer großen Schwester, bei Girlgroups) und vor allem poppige Liebeslieder, gutes Aussehen und Bildschirmtauglichkeit. Inzwischen (2012) müssen *Boygroups* als *Teenie-Idole* mit ihrem *Kuschelrock* nicht mehr rebellisch sein, sie dürfen ohne Alkohol und ohne Drogen christliche Wertvorstellungen verkörpern und auch keusch sein – wie etwa die süßen *Jonas Brothers* aus New Jersey. Als bekannteste Girlgroups wären immer noch die – seit Jahren aufgelösten, mittlerweile auch wieder auftretenden – britischen *Spice Girls*, in jüngeren Varianten die *No Angles, Destiny's Child* und *Monrose* zu nennen.

Mainstream waren auch der Top Hit *Wonderful Life* im Jahre 2011 von der *Elektropop Band Hurts* aus Manchester und zweifellos auch spätestens seit 2009 der kanadische sehr junge, 17-jährige Sänger und Teenie Schwarm *Justin Bieber,* der mittlerweile schon seine pralle Lebensgeschichte als Autobiographie, was sehr ungewöhnlich für das Lebensalter ist, hat schreiben lassen und im Februar 2011 als 3-D-Format ins Kino kam. Auch bei dem schönen Teeniestar kreischen viele Mädchen, wenn *Bieber Somebody to Love* singt.

Zum heutigen Mainstream gehören zweifellos auch spätestens seit 2009 der schillernde Popstar *Rihanna* und die sehr erfolgreiche britische Soulsängerin und Songwriterin *Adele* (*Someone Like You*) mit ihrem 2011 erschienenen Album ‚*21*' sowie der belgische Liedermacher *Milow,* der mit Popsong *You Don't Know* mindestens seit 2007 und ein wenig später mit dem pornographischen *Hip-Hop-Song Ayo Technology* (eine Art Parodie des Originals von *50Cent, Justin Timberlake* und *Timbaland*) und mit dem 2011 erschienenen Album *North and South* vor allem in Deutschland sehr bekannt wurde. Ähnliches gilt für *Bruno Mars* – mit: *Just The Way You Are* und mit: *I want to Mary You.* Selbst der *Trip-Hop* wurde zum Mainstream – manche spotteten, es handele sich im makellosen Klangkosmos um eine *Fondueabendmusik.* Stilprägende Alben waren vor allem *Dummy* von *Portishead, Blue Lines* von *Massive Attack* und *Maximquaye* von *Tricky.* Über zehn Jahre später sind bspw. *Portishead* mit ihrem dritten Album *Third* unter dem Einfluss von knallenden *Stakkato-Beats* und von *Doom-Metal-Bands* und auch *Krautrock-Avantgardisten* wie *Can,* den ,Schöpfergöttern' des *Elektropop Kraftwerk* sowie den *Einstürzende Neubauten* etc. musikalisch schneller, härter sperriger und unvorhersehbarer geworden. Vor allem dekonstruierten sie ihren eigenen Wohlklangmythos (vgl. Lange 2008).

Mittlerweile ist es üblich, dass musikalische Genregrenzen überschritten werden, so etwa wenn der Erfurter *Clueso (Thomas Hübner)* Hip-Hop, Reggae, Funk, Rock, Jazz in eigenen Sounds zusammenmixt und mit *Udo Lindenberg (Cello)* einen Riesenerfolg im Jahre 2011 feiert; oder wenn der Berliner/Bielefelder Senkrechtstarter *Casper (Benjamin Griffey)* mit dem in den Charts erfolgreichen Album 2011 *XOXO* der Mix von *Pop, Rap* und *Indie* gelingt.

In der ersten Dekade des 21. Jahrhunderts war auch die z.Zt. (2012) wieder leicht abebbende *neue* ,Neue deutsche Welle' sehr beliebt. Hierbei handelt es sich um die ganze Palette und die differenzierten Genres der jeweiligen Hitparadensongs. Internationale Alt-Stars und durchglobalisierte, ehemalige Hardrock- oder Bombastrockbands, inzwischen weichgekochte und weitgehend elektronikfreie Konsensrockbands traten und treten in der Krise des Tonträgermarktes vermehrt live auf (endlose Retrowellen dominieren), wie *Pink Floyd, U2* mit Sänger *Bono* aus Irland und der längst vergangenen Ära des *Grunge* mit rollenden Bassläufen und schnellen Gitarrenriffs, *Santana, The Rolling Stones, Genesis* mit *Phil Collins, Police, David Bowie, Led Zeppelin, Axl Rose* von *Guns'N'Roses,* die Ende der 80er Jahre in der letzten Blütezeit des *Hardrock* auf dem Spuren von *Aerosmith* und *Alice Cooper* ironiefrei machistische und sexistische Sex-, Drugs-and-Rock'n'Roll-Nummern spielten, der alte, Selbstzerstörungen inszenierende *Punk-Leguan Iggy Pop* mit der Reaktivierung der *Stooges, R.E.M.* (seit Anfang der 90er Jahre eine sehr erfolgreiche Konsensrockband (von *Out of Time* bis *Accelerate*), mit deren Protestpotential sich gut leben lässt), *Lenny Kravitz, Robbie Williams, Michael Jackson,* der im Juni 2009 – kurz vor seinen Comeback-Konzerten in London – verstorbene *King of Pop,* ein vermeintlich ruinierter, ausgebrannter, gebrochener und abgedankter globaler Superstar, ein zwischen den Rassen, den Geschlechtern, den Generationen fluoreszierendes und faszinierendes Wesen, ein Kind-Mensch, der schon als Kind, als jüngster Spross der *Jackson-5* im legendären Detroiter Motown-Stall des Soul Labels seit 1969 sehr viel musikalischen Erfolg, aber keine Kindheit hatte, einer, der mit den Zombies tanzte (*Thriller* – das weltweit meistverkaufte Album der Musikgeschichte) und sich mit einer für Popstars ungewöhnlichen schauerlichen Morbidität umgab, *Madonna*, die überdauernde weltweite Mega-Star-Ikone schlechthin, die ehemalige Disco-Queen, Rollenspielerin mit permanenten Imagewechsel und einem untrüglichen Gespür für Musik- und Mode-Trends (Queen of the Pop, Trendsetterin im *Mainstream-Pop*, etwa im Jahre 2008 Inszenierung im alten Image einer tabulosen Domina sowie als musikalische Zitatpop-Produktion *Hard Candy*), mit dem amerikanischen grenzenlosen Superproduzenten *Timbaland, Timothy Zachery Mosely*, der ersten Dekade des 21. Jahrhunderts für unterschiedlichste Musikgenres und seinen Zögling *Justin Timberlake*; im Jahre 2012 kopiert sich *Madonna* als *Dance-Girlie* mit dem Album: *MDNA*, das wiederum an ihr 2005 erschienene Album: *Confessions On A Dancefloor* erinnert; *Kylie Minogue, Nelly Furtado, Pink* u. v. a. In Deutschland gab und gibt es nur ganz wenige Weltstars, die in der *Hard-Rock-Musik* wie bspw. die aus Hannover stammenden *Scorpions,* die in den letzten vierzig Jahren im eigenen Land oftmals verspottet, aber dennoch weltweit als erfolgreichste deutsche Band nicht nur mit dem Überhit *Wind of Change* sehr geschätzt wurden. Ähnliches gilt für die nur im deutschsprachigen Raum bekannten, auftretenden und reüssierenden Stars wie etwa die wichtigste Ostrockband die *Puhdys,* der aus Gronau stammende *Udo Lindenberg,* der Alt-Bochumer *Herbert Grönemeyer, Annett Louisan, Wir sind Helden* mit der personifizierten natürlichen Frontfrau *Judith Holofernes,* (im Jahre 2010 mit dem Comebackalbum *Bring mich nach Hause*), die – wie andere Gruppen auch – manchmal bei Geheimkonzerten bspw. im Kreuzberger Kiez Tarnnamen verwenden (für *Wir sind Helden* wird der Bandnahme *Helmet* (,Wo sind Helmet') ausgeliehen, im Original eine kalifornische *Post-Hardcore-Band,* die insbesondere bei ihren Live-Auftritten für ihre gitarrenspezifischen Lärmattacken berüchtigt sind), das Duo *Rosenstolz mit Anna R. und Peter Plate* (mit sehr erfolgreichen Alben wie *Das große Leben* und *Die Suche geht weiter* sowie im Jahre 2009 mit dem Superhit *Blaue Flecken* und nach einer längeren Auszeit im Jahre 2011 mit dem Album *Wir sind am Leben* und im Jahre 2012 mit dem Single-Hit *Lied von dem Vergessenen*, das seit Jahren in ihren Songs mit viel Pathos, Gefühlsseligkeit, Zusammengehörigkeitsgefühl in einer Art musikalischer Gottesdienst für die gesamte Familie aufwarteten und – weit über die Schwulen- und Lesbenszene hinaus – mit seelenlebendigen Balladen Herzenswärme ausstrahlten und musikgewordene Lebenshilfe betrieben). Herzwärmende Sehnsuchtsmelodien werden bspw. auch vom deutsch-norwegischen Popquartett *Whitest Boy Alive* angeboten. Auch sie rückten ins kollektive Bewusstsein des Mainstream. Mehr als 35 Jahre nach den mit deutschsprachigen Texten aufwartenden musikalischen Hymnen und Hochzeiten von *Ton Steine Scherben* mit *Rio Reiser* (etwa mit *Keine Macht für Niemand*) im Zusammenhang der politisch emanzipatorischen Jugendzentrumsbewegung und 30 Jahre nach *Ideal, Fehlfarben, Extrabreit und DAF* macht(e) der Begriff von der neuen ,Neuen Deutschen Welle': die Runde (vgl. hierzu w.o.). Neben den Alten wie die wieder erfolgreiche *Nena* mit ihrem 2009 erschienen Album *Made in Germany,* wie die auch im angelsächsischen Raum sehr erfolgreichen, mit verquasten Texten der Kälte, des Mysteriums und der Finsternis aufwartenden Brachialrocker Rammstein, wie die alten *Punk-Rocker* und Fortuna Düsseldorf-Fans die

Toten Hosen (Tarnname beim SO 36 Konzert: *Essen auf Rädern*), wie die tief ins Schmalztöpfchen greifenden, ein Meer von Wunderkerzen herausfordernden und mit eingängigen Popsongs ein breites, vornehmlich Frauen beglückendes Publikum befriedigenden *Pur* und wie die, die den deutschen *Hip-Hop* in den Mainstream des Pop einführten *Die Fantastischen Vier*, preschten neue Gruppen vor allem seit der zweiten Hälfte im Jahre 2004 und bis heute (2011) anhaltend in die Charts und in die Gunst eines jüngeren, man kann schon sagen: jugendlichen Publikums wie bspw. auch die Berliner Band ,*Britta*', die mit ihrem 2006 erschienenen Album ,*Das schöne Leben*' (Flittchen Records/ Indigo) in der Rolle der Habenichtse den Ich-AG-Kapitalismus in einer „Suada" attackiert, die sich gegen „Alte Zausel, Indieboys, Neocons, Mutanten/Junge Spießer, Pradafrauen und ihre Anverwandten/Höhere Töchter, Bessere Söhne" (Schröder 2006) usw. wendet. Es gab bspw. im Jahr 2006 mit der Berliner Band NM Farmer und ihrem Album ,*Das Gesicht*' auch wieder Anschlüsse an den mit kühlen und monotonen Tönen aufwartenden *postpunkigen Diskurspop* bzw. deutschen Gitarrenrock der 90er Jahre mit den damaligen Protagonisten der Hamburger Schule wie *Cpt. Kirk*, *Die Sterne*, *Tocotronic*, *Blumfeld*, *Ostzonenwürfelmachenkrebs* (vgl. w. o.). Jenseits eines diffus-linken Lebensgefühls und jenseits einer herrschenden vermeintlich Authentizität versprechenden, vor allem vom Herzen kommenden (brachialen) *Emo-Kultur* wird ähnlich wie schon bei *Tocotronic* und von *NM Farmer* das Konstruktivistische hervorgehoben. Betont wird der ironische Verweisungszusammenhang auf das Uneigentliche, das Ambivalente, das Paradoxale, das Zersplitterte, das Diskursgerede wird selbst notgedrungen parodiert. „So raffiniert wie [...] sie wirft sich keine andere Popband derzeit auf das Ungefähre ungeklärter Lebenslagen. Sie liefern den Soundtrack für die Generation der urbanen Penner [...]. Also jener kreativen Elite, die durch ihren niedrigen Lebensstandard die Stadtkultur prägt, aber weder beruflich noch privat weiterkommt. Und die zunehmend verärgert auf ihre Risikobiographien reagiert. Wir sind hier!" (Müller 2006, S. 29). Im Gegensatz zu diesen gerade nicht im heutigen Mainstream verankerten nüchternen konstruktivistischen und dekonstruktivistischen Lesarten müssen vornehmlich auch die vielen subjektiv emotionalen, sinnstiftenden musikalischen Lebensratgeber in einer Authentizität versprechenden *Emo-Kultur* genannt werden, wie sie etwa *Tomte*, *Madsen und Kettcar* präsentieren. Auch nationale Sinnstifter fallen hierunter. *Die Sportfreunde Stiller* aus Germering bei München, die vor allem während der Fußballweltmeisterschaft 2006 in Deutschland mit ihrer WM-Hymne ,54, 74, 90, 2006' (bzw. nach dem dritten Platz bei der WM statt ,2006' ,2010') deutschlandweit Furore machten.

Zu erwähnen in diesem Zusammenhang ist freilich auch die mit authentischen Gefühlen aufwartende Österreicherin *Christine Stürmer* mit ihrem aktuellen Album ,*In dieser Stadt*' und dem Erfolgshit *Ist mir egal*. Darüber hinaus sind erwähnenswert: die Gießener Band *Juli*, die Kölner Gruppe *Klee* etwa 2008 mit dem Hit *Berge versetzen* und 2011 mit *Willst Du bei mir bleiben*, *Silbermond* aus Bautzen mit dem Erfolgshit *Irgendetwas bleibt* aus dem dritten Album *Nichts passiert* (2009 und auch mit ihrem vierten Album *Himmel auf* 2012), die Berliner Gruppe *Cobra Killer*, die *Söhne Mannheims* mit *Xavier Naidoo*, *2raumwohnung* alias *Tommi Eckart* mit *Inga Humpe* (Clubhit: *36*

Grad auch in kubanischer Version oder mit den Hit-Singles *Wir werden sehen* und *Rette mich später*) sowie *Ich + Ich* (*Adel Tawil* und *Annette Humpe*, die *Ex-Ideal-Sängerin* aus Berlin) mit *Vom selben Stern* und *Gute Reise* und der Single *Pflaster*, zudem der *Bohlen* Protagonist *Mark Medlock*, darüber hinaus auch *Peter Fox*, derzeit wohl der populärste *Stadtaffe* (so auch der Name des erfolgreichsten Albums in Deutschland im Jahre 2009) und Berliner Musiker mit *Haus am See, Aufstehn, Dickes B (mit Seeed) und Schwing dein Teil*. Vor allem wäre auch der Weltretter aus Köpenick zu nennen: *Tim Bendzko* im Jahre 2011 mit dem Ohrwurm: *Nur mal kurz die Welt retten*. Schließlich ist in diesem Zusammenhang auch die Aachener Gruppe *Unheilig* mit dem *Grafen*, dem gelernten Hörgeräte-Akustiker, Krankenpfleger und düsterem Gruftiecharme zu nennen, die seit 2010 mit ihrem siebten Studioalbum *Große Freiheit* mittlerweile im *Mainstream-Pop* angekommen ist. Noch mehr Furore machten zumindest für die ganz jungen Jugendlichen forsche *Teenie-Bands*, die mit Spaß, Weltschmerz, Liebeskummer, Charakterschwächen, Kindesmissbrauch usw. den Soundtrack (etwa einschneidende Rockmusik mit *Teenie-, Gothic-, Manga- und Metal-Elementen*) der Schulhof-Debatten liefern, wie die *Killerpilze* aus Dillingen oder wie die mittlerweile dreimalige Echo-Gewinnerin und Herrscherin der Kinderzimmer im frühen Schlampenlook von Madonna, im *Rammstein-Look*, aber auch als Kinderprinzessin oder Engelchen mit frechem, kompromisslosem und drastischem Teenie-Vokabular (gesungen wird bspw.: ,*Heul doch*', das dritte Album ,*Ring frei*' mit ,*Pisst du mir ans Bein, Dann piss ich zurück*', ,*Du kleines Stückchen Dreck, ich wünsch dir fiese Pickel ins Gesicht*', ,*Die Schlampe ist so link, dass es bis zur Hölle stinkt*' oder ,*Prinzesschen*') auftretende *LaFee* aus Augsburg, die eigentliche *Christina Klein* heißt. Sie kam mit ihrer Band jenseits flacher Kitschigkeit und überzeugte mit frechen Texten und ehrlicher Musik nach dem Casting-Trubel überdrüssiger Fans wie bspw. auch *Annett Louisan* mit ihrem Lied *Das Spiel* und ihrem Album *Boheme* in die Charts und in die Radiosender – auch ohne Radioquoten für deutsche Musik. Vielleicht können ja einige junge Jungen in der deutschen Schlagerszene jenseits der knallharten *Raps* und auch jenseits der für viele jungenuntauglichen *Emo-Szene* mit einer wie *Jeanette Biedermann*, die einen für viele irritierenden Imagewechsel vollzogen hat, oder auch mit *Mia* und ihrem neuen *Fallschirm-Hit* aus dem im Jahre 2012 erschienenen Album *Tacheles* gewonnen und begeistert werden.

Literatur

Abels, H. (1993). *Jugend vor der Moderne. Soziologische und psychologische Theorien des 20. Jahrhunderts*. Opladen: Leske & Budrich.

Anz, P., & Walder, P. (Hrsg.). (1995). *Techno*. Zürich: Rico Bilger Verlag.

Baacke, D. (1969). *Beat – die sprachlose Opposition*. München: Juventa.

Baacke, D. (1972). *Jugend und Subkultur*. München: Juventa.

Baacke, D. (1985). Jugendkulturen und Popmusik. In D. Baacke & W. Heitmeyer (Hrsg.), *Neue Widersprüche. Jugendliche in den 80er Jahren* (S. 154–174). Weinheim, München: Juventa.

Baacke, D. (1993). *Jugend und Jugendkulturen* (2. Aufl.). Weinheim, München: Juventa.

Baacke, D. (1997). Die Welt der Musik und der Jugend. Eine Einleitung. In Ders (Hrsg.), *Handbuch Jugend und Musik* (S. 9–26). Opladen: Leske & Budrich.

Baacke, D. (1999). *Jugend und Jugendkulturen. Darstellung und Deutung* (3. Aufl.). Weinheim, München: Juventa.

Bartels, C. (2010). Bass muss sein. Die Loveparade wird es nicht mehr geben – aber Techno dominiert heute die Popkultur. *Der Tagesspiegel* (vom 29.07.2010), 25.

Berendt, J. E. (1983). *Das Jazzbuch. Von Rag bis Rock*. Frankfurt, Main: Suhrkamp.

Blasberg, A. (2006). Tod eines DJ. Mit der Generation Techno durchlebte Markus Löffel alias Mark Spoon die Exzesse der Neunziger. Daran starb er. *Die Zeit* (vom 30.03.2006), 68.

Bloemeke, R. (1996). *Roll over Beethoven. Wie der Rock'n'Roll nach Deutschland kam*. St. Andrä Wörder: Hannibal-Verlag.

Böpple, F., & Knüfer, R. (1996). *Generation XTC. Techno und Ekstase*. Berlin: Volk und Welt.

Brauer, A. (1981). „Schaukeln und Welzen". In B. Siekmann (Hrsg.), *BIKINI. Die fünfziger Jahre. Kalter Krieg und Capri-Sonne* (S. 245–258). Reinbek: Rowohlt Verlag.

Brauk, M., & Dumke, O. (1999). *Techno. 180 Beats und null Worte*. Gütersloh: Gütersloher Verlagshaus.

Breyvogel, W. (2002). Provokation und Aufbruch der westdeutschen Jugend in den 50er und 60er Jahren. Konflikthafte Wege der Modernisierung der westdeutschen Gesellschaft in der frühen Bundesrepublik. In U. Herrmann (Hrsg.), *Protestierende Jugend. Jugendopposition und politischer Protest in der deutschen Nachkriegsgeschichte* (S. 445–459). Weinheim, München: Juventa.

Breyvogel, W. (2005). Jugendkulturen im 20. Jahrhundert. Ein Überblick. In Ders (Hrsg.), *Eine Einführung in Jugendkulturen. Veganismus und Tattoos* (S. 9–68). Wiesbaden: VS-Verlag für Sozialwissenschaften.

Brönstrup, C. (2007). Aus ohne Bildung. *Der Tagesspiegel* (vom 30.01.2007). http://www.tagesspiegel.de/wirtschaft/aus-ohne-bildung/804548.html. Zugegriffen: 24. Mai 2012.

Calmbach, M. (2007). *More than music. Einblicke in die Jugendkultur Hardcore*. Bielefeld: transcript.

Chambers, I. (1976). A strategy of living. Black music and white subcultures. In S. Hall & T. Jefferson (Hrsg.), *Resistance through rituals. Youth subcultures in post-war Britain. Centre for Contemporary Cultural Studies* (S. 157–166). London: Hutchinson.

Chambers, I. (1985). *Urban rhythms, pop music and popular culture*. London: St. Martin's Press.

Chapple, S., & Garofalo, R. (1980). *Wem gehört die Rockmusik? Geschichte und Politik der Musikindustrie*. Reinbek: Rowohlt Verlag.

Clarke, J. (1979). Die Skinheads und die magische Wiedergewinnung der Gemeinschaft. In J. Clarke et al. (Hrsg.), *Jugendkultur als Widerstand* (S. 171–175). Frankfurt, Main: Syndikat Verlag.

Clarke, J., & Jefferson, T. (1976). Jugendliche Subkulturen in der Arbeiterklasse. *Ästhetik und Kommunikation, 24*,48–61.

Cohen, S. (1972). *Folk devils and moral panics. The creation of Mods and Rockers*. London: St. Martin's Press.

Cohn, N. (1976). *A WopBopaLooBop ALopBamBoom. Pop history*. Reinbek: Rowohlt Verlag.

Cosgrove, S. (1989). Music is the key. In G. Hündgen (Hrsg.), *Chasin a Dream* (S. 218–230). Köln: Kiepenheuer & Witsch.

Coupland, D. (1991). *Generation X. Tales from an accelerated culture*. New York: St. Martin's Press.

Denk, F., & von Thülen, S. (2012). *Der Klang der Familie: Techno und die Wende*. Frankfurt, Main: Suhrkamp.

Doderer, K. (Hrsg.). (1988). *Zwischen Trümmern und Wohlstand. Literatur der Jugend 1945–1960*. Weinheim, Basel: Beltz.

Dornbusch, Ch., Raabe, J., & Speit, A. (2002). Synergie-Effekte. Bewegungen zwischen Schwarzer Szene und braunem Spektrum. In A. Speit (Hrsg.), *Ästhetische Mobilmachung. Dark Wave, Neofolk und Industrial im Spannungsfeld rechter Ideologien* (S. 195–230). Hamburg, Münster: Unrast Verlag.

Draws, S. (2010). *Jugendkulturelle Lebensentwürfe am Beispiel der Straight Edge-Philosophie.* Bochum: Unveröffentlichte Diplomarbeit.

Dufresne, D. (1997). *Rap Revolution.* Zürich, Mainz: Edition Olms.

Eckert, R., Reis, Ch., & Wetzstein, Th. (2000). *„Ich will halt anders sein wie die anderen!"– Abgrenzung, Gewalt und Kreativität bei Gruppen Jugendlicher.* Opladen: Westdeutscher Verlag.

El-Nawab, S. (2007). *Skinheads, Gothics, Rockabillies. Gewalt, Tod & Rock'n'Roll.* Berlin: Archiv der Jugendkulturen.

Farin, K., & Seidel-Pielen, E. (1993). *Skinheads.* München: Beck.

Farin, K. (1996). *Skinhead. A Way Of Life. Eine Jugendbewegung stellt sich selbst vor.* Hamburg: Europäische Verlagsanstalt/Syndikat.

Farin, K. (1997a). Urban Rebels. Die Geschichte der Skinheadbewegung. In K. Farin (Hrsg.), *Die Skins. Mythos und Realität* (S. 9–69). Berlin: Christoph Links Verlag.

Farin, K. (1997b). „In Walhalla sehen wir uns wieder…". In K. Farin (Hrsg.), *Die Skins. Mythos und Realität* (S. 213–243). Berlin: Christoph Links Verlag.

Farin, K. (2001). *Generation-kick.de. Jugendsubkulturen heute.* Reinbek: Rowohlt Verlag.

Farin, K. (2005). Wie politisch sind Jugendkulturen heute? So schlimm wie bei den alten Griechen. In *Das Parlament* (vom 31.10.2005), S. 5.

Ferchhoff, W. (2005). Musikalische Jugend(sub)kulturen. In R. Oerter & Th. H. Stoffer (Hrsg.), *Enzyklopädie der Psychologie. Serie VII. Musikpsychologie. Spezielle Musikpsychologie* (Bd. 2, S. 411–460). Göttingen u.a.: Hogrefe.

Ferchhoff, W. (2007a). Geschichte globaler Jugend und Jugendkulturen. In U. Sander, D. Villányi, & M. Witte (Hrsg.), *Globale Jugend und Jugendkulturen* (S. 25–52). Weinheim, München: Juventa.

Ferchhoff, W. (2007b). *Jugend und Jugendkulturen im 21. Jahrhundert. Lebensformen und Lebensstile.* Wiesbaden: VS-Verlag für Sozialwissenschaften.

Ferchhoff, W. (2008). Neue Trends in der Jugendforschung. Jugendkulturen zwischen Globalisierung und Individualisierung. *Kindheit, Jugend, Sozialisation. Freiburger Geschlechter Studien, 22,* 127–154.

Ferchhoff, W. (2011). *Jugend und Jugendkulturen im 21. Jahrhundert. Lebensformen und Lebensstile* (4. Aufl). Wiesbaden: VS-Verlag für Sozialwissenschaften.

Ferchhoff, W., & Neubauer, G. (1997). *Patchwork-Jugend. Eine Einführung in (post)moderne Perspektiven.* Opladen: Leske & Budrich.

Frey, J., & Siniveer, K. (1986). *Ein Geschichte der Folkmusik.* Reinbek: Rowohlt Verlag.

Fricke, H., & Groß, Th. (1995). Den Spirit weitergeben. Quo vadis Love Parade? *taz* (vom 07.07.1995), 11.

Frith, S. (1981). *Jugendkultur und Rockmusik.* Reinbek: Rowohlt Verlag.

Fromm, R. (2007). *Schwarze Geister, neue Nazis. Jugendliche im Visier totalitärer Bewegungen.* München: Olzog.

Gäbler, B. (2007). Mit Mut und Grazie. Warum das Multitalent Hape Kerkeling so viel sanfte Heiterkeit gelingt. *Der Tagesspiegel* (vom 18.02.2007), 34.

Gebhardt, G., & Stark, J. (2010). *Wem gehört die Popgeschichte?.* Heilbronn: Bosworth Edition, The Music Sales Group.

Greig, Ch. (1998). Marry Me (If You Really Love Me) Punk, Funk, Hip Hop. In P. Kemper, Th. Langhoff, & U. Sonnenschein (Hrsg.), *„but I like it".* Jugendkultur und Popmusik (S. 176–196). Stuttgart: Reclam.

Greverus, I.-M. (1995). Anthropologische Horizonte zwischen Glückssuche und dem Prinzip Collage. Ist das anthropologische Prinzip Hoffnung verloren? In W. Kaschuba (Hrsg.), *Kulturen – Identitäten – Diskurse. Perspektiven Europäischer Ethnologie* (S. 186–209). Berlin: Aufbau-Verlag.

Hackensberger, A. & Herrmann, O. (1997). Techno-DJ's. Die Maschinisten der Gefühle. *Zeitmagazin, 22,* 12–16.

Hagen, V. (2001). *Deutscher Hip-Hop – Eine Jugendkultur. Verstehende Zugänge und pädagogische Sichtweisen.* Unveröffentlichte Diplomarbeit, Universität Bielefeld.

Hansen, St. (1992). Grunge-Rockalternative. *Musik und Unterricht, 30*(1), 72–77.

Hesselmann, M. (2006). Völker, hört die Fanale! Wie die Band Laibach auf ihrer neuen CD das „Lied der Deutschen"und andere Nationalhymnen unterwandert. *Der Tagesspiegel* (vom 07.12.2006), 26.

Hebdige, D. (1979a). *Subculture: The meaning of style.* London: Methuen.

Hebdige, D. (1979b). Die Bedeutung des Mod-Phänomens. In J. Clarke (Hrsg.), *Jugendkultur als Widerstand* (S. 158–170). Frankfurt, Main: Syndikat Verlag.

Hebdige, D. (1973). *The style of the Mods.* Paper no. 20 of the Centre for Contemporary Cultural Studies. Birmingham.

Hecht, M. (1997). Gruppe 4711. Die Subkultur schmückt sich mit den Insignien des Biedersinns. *Süddeutsche Zeitung* (vom 11.09.1997), 8.

Heitmeyer, W. (1998). Wenn junge Deutsche Ehre und Tradition mit Gewalt zurückholen. Ist der rückständige Rechtsextremismus zukunftsträchtig? Über die Bedingungen der Politisierung und Entpolitisierung Jugendlicher. *Frankfurter Rundschau* (vom 18.12.1998), 18.

Heymann., N. & Graf, R. (2007). Geschlossene Gesellschaft. Weil sich Veranstalter nur noch ihr Lieblingspublikum auf ihre Partys holen, bleibt für die meisten Berliner die Clubtür zu. *zitty, 23,* 14–21.

Hillenkamp, S. (1997). Glatzköpfe und Betonköpfe. In K. Farin (Hrsg.), *Die Skins. Mythos und Realität* (S. 177–212). Berlin: Christoph Links Verlag.

Hitzler, R. (2001). Erlebniswelt Techno. Aspekte einer Jugendkultur. In R. Hitzler & M. Pfadenhauer (Hrsg.), *Techno-Soziologie. Erkundungen einer Jugendkultur* (S. 11–27). Opladen: Leske & Budrich.

Hitzler, R. (2009). Brutstätten posttraditionaler Vergemeinschaftung. Über Jugendszenen. In R. Hitzler, A. Honer, & M. Pfadenhauer (Hrsg.), *Posttraditionale Gemeinschaften. Theoretische und ethnografische Erkundungen* (S. 55–72). Wiesbaden: VS Verlag für Sozialwissenschaften.

Hitzler, R., Bucher, Th, & Niederbacher, A. (2001). *Leben in Szenen. Formen jugendlicher Vergemeinschaftung heute.* Opladen: Leske & Budrich.

Hitzler, R., & Pfadenhauer, M. (Hrsg.). (2001). *Techno-Soziologie. Erkundungen einer Jugendkultur.* Opladen: Leske & Budrich.

Hitzler, R., & Pfadenhauer, M. (1997). Jugendkultur oder Drogenkultur? Soziologisch-ethnographische Eindrücke aus der Techno- Szene. In J. Neumeyer & H. Schmidt-Semisch (Hrsg.), *Ecstasy – Design für die Seele?* (S. 47–60). Freiburg: Lambertus.

Hollstein, W. (1969). *Der Untergrund. Zur Soziologie jugendlicher Protestbewegungen.* Neuwied, Berlin: Luchterhand.

Hoppe, R. (1993). Die Kinder von 68. *Zeitmagazin, 31* (vom 30.07.1993), 10–18.

Horx, M. (1995). *Trendbüro. Megatrends für die späten 90er Jahre.* Düsseldorf u.a.: Econ-Verlag.

Huraj, R. (2001). *Techno: Szenepluralismus im Zeitalter digitaler Revolution?* Unveröffentlichte Diplomarbeit, Universität Bielefeld.

Jacob, G. (1993). *Agit-Pop: Schwarze Musik und weiße Hörer. Texte zu Rassismus und Nationalismus, HipHop und Ragamuffin.* Berlin: Schwarzkopf & Schwarzkopf.

Jahnke, K., & Niehues, St. (1995). *Echt abgedreht. Die Jugend der 90er Jahre.* München: Beck.

Kersten, J. (1997). Die Gewalt der Falschen. Opfermentalität und Aggressionsbereitschaft. In K. Farin (Hrsg.), *Die Skins. Mythos und Realität* (S. 96–117). Berlin: Christoph Links Verlag.

Keupp, H. (2005). Die Reflexive Modernisierung von Identitätskonstruktionen. Wie heute Identität geschaffen wird. In B. Hafeneger (Hrsg.), *Subjektdiagnosen. Subjekt, Modernisierung und Bildung* (S. 60–91). Schwalbach, Ts: Wochenschau-Verlag.

Klein, G. (1997). Body Talk. Zum Tanz der Raver. In H. Artmaier, R. Hitzler, F. Huber, & M. Pfadenhauer (Hrsg.), *Techno zwischen Lokalkolorit und Universalstruktur* (S. 67–71). München: Jugendamt der Stadt München.

Klein, G. (2004). *Electronic Vibration. Pop Kultur Theorie*. Wiesbaden: VS Verlag für Sozialwissenschaft.

Klein, G. (2006). Hip-Hop: Coolness und Hipness seit mehr als 20 Jahren. *tv diskurs, 10*(3), 29–31.

Klein, G., & Friedrich, M. (2003). *Is this real? Die Kultur des HipHop*. Frankfurt, Main: Suhrkamp.

Klockowski, M. (2009). *Die Jugendkultur der Emos*. Unveröffentlichte Diplomarbeit, Universität Marburg.

Kluchert, G., & Schilde, K. (1985). Jugendkulturen im Wandel der Zeit. Erfahrungen aus einer Veranstaltung. In: Berliner Geschichtswerkstatt e.V. (Hrsg.), *Vom Lagerfeuer zur Musikbox. Jugendkulturen 1900–1960* (S. 171–188). Berlin: Elefanten Press.

Kneif, T. (1982). *Rockmusik. Ein Handbuch zum kritischen Verständnis*. Reinbek: Rowohlt Verlag.

Koch, T. (1999). Trance. In P. Anz & P. Walder (Hrsg.), *Techno* (S. 135–141). Rowohlt Verlag: Reinbek.

Kösch, S. (1999). Jungle, British Hardcore. In P. Anz & P. Walder (Hrsg.), *Techno* (S. 148–159). Rowohlt Verlag: Reinbek.

Kraushaar, W. (1986). Time is on my side. In W. Bucher & K. Pohl (Hrsg.), *Schock und Schöpfung. Jugendästhetik im 20. Jahrhundert* (S. 214–222). Darmstadt, Neuwied: Luchterhand.

Krekow, S., & Steiner, J. (2000). *Bei uns geht Einiges – Die deutsche HipHop-Szene*. Berlin: Schwarzkopf & Schwarzkopf.

Kreye, A. (2011). Echo des Urknalls. „Kraftwerk"sind die Schöpfergötter des Elektropop – jetzt als 3D-Gesamtkunstwerk in München. *Süddeutsche Zeitung* (vom 14.10.2011), 11.

Kröher, O., & Kröher, H. (1969). *Rotgraue Raben. Vom Volkslied zum Folksong*. Heidenheim: Südmarkverlag.

Krüger, H.-H. (2010). Vom Punk bis zum Emo – ein Überblick über die Entwicklung und die aktuelle Karthographie jugendkultureller Stile. In B. Richard & H.-H. Krüger (Hrsg.), *INTER-COOL 3.0 JUGEND BILD MEDIEN. Ein Kompendium zur aktuellen Jugendkulturforschung* (S. 13–41). München: Wilhelm Fink Verlag.

Krüger, H.-H., & Kuhnert, P. (1987). Vom Bebop über'n Beat zum Punk. Jugendliche Musikkulturen im Revier nach 1945. In W. Breyvogel, H.-H. Krüger, & W. Thole (Hrsg.), *Land der Hoffnung – Land der Krise. Jugendkulturen im Ruhrgebiet 1900–1987* (S. 200–211). Berlin, Bonn: Verlag Dietz Nachfolger.

Lange, N. (2008). Spuk in der Kathedrale. Comeback nach 11 Jahren: Die Trip-Hop-Pioniere Portishead in der Berliner Columbiahalle. *Der Tagesspiegel* (vom 03.04.2008), S. 22.

Lange, N. (2011). Hymnen und Hiebe. Weinen wie ein Wasserfall: Coldplay und ihr Album „Mylo Xyloto". *Der Tagesspiegel* (vom 22.10.2011), S. 27.

Langebach, M. (2003). *Die Black-Metal-Szene – Eine qualitativ explorative Studie*. Unveröffentlichte Magisterarbeit, Sozialwissenschaftliches Institut der Philosophischen Fakultät, Heinrich-Heine-Universität Düsseldorf.

Lau, Th. (1992). *Die heiligen Narren. Punk 1976–1986*. Berlin: New York.

Lau, Th. (1995). Vom Partisanen zum „Partysanen". Die Raving Society als eine neue Form der Jugendkultur? *Frankfurter Rundschau* (vom 18.07.1995), S. 12.

Lau, Th. (1997). Mayday. Notizen zum Notruf einer Jugendkultur, die vielleicht gar keine ist. In H. Artmeyer, R. Hitzler, F. Huber, & M. Pfadenhauer (Hrsg.), *Techno zwischen Lokalkolorit und Universalstruktur. Dokumentation zum Workshop im Haus der Jugendarbeit in München am 24. und 25. Januar 1997*, München, S. 29–32.

Lehnartz, S. (2005). *Global Players. Warum wir nicht mehr erwachsen werden*. Frankfurt, Main: Fischer TB Verlag.

Lindke, St. (2002). Der Tabubruch von heute ist der Mainstream von morgen. Die „Neue Deutsche Härte"als authentisches Spiegelbild der wieder erstarkten Nation. In A. Speit (Hrsg.), *Ästhetische Mobilmachung. Dark Wave, Neofolk und Industrial im Spannungsfeld rechter Ideologien* (S. 231–266). Hamburg, Münster: Unrast-Verlag.

Lindner, R. (1986). Teenager. Ein amerikanischer Traum. In W. Bucher & K. Pohl (Hrsg.), *Schock und Schöpfung. Jugendästhetik im 20. Jahrhundert. Buch zur gleichnamigen Ausstellung* (S. 278–283). Darmstadt, Neuwied: Luchterhand.

Lindner, W. (1996). *Jugendprotest seit den 50er Jahren. Dissens und kultureller Eigensinn*. Opladen: Westdeutscher Verlag.

Maase, K. (1992). *BRAVO AMERKA. Erkundungen zur Jugendkultur der Bundesrepublik in den 50er Jahren*. Hamburg: Junius.

Maase, K. (1997). *Grenzenloses Vergnügen. Der Anfang der Massenkultur 1850–1970*. Frankfurt, Main: Fischer TB Verlag.

McRobbie, A. (1997). Shut up and Dance. Jugendkultur und Weiblichkeit im Wandel. In SPoKK (Hrsg.), *Kursbuch JugendKultur. Stile, Szenen und Identitäten vor der Jahrtausendwende* (S. 192–206). Mannheim: Bollmann.

Meisel, U. (2005). *Die Gothic-Szene. Selbst- und Fremdrepräsentation der umstrittenen Jugendkultur*. Marburg: Tectum Verlag.

Meueler, Ch. (1997a). Auf Montage im Techno-Land. In SPoKK (Hrsg.), *Kursbuch JugendKultur. Stile, Szenen und Identitäten vor der Jahrtausendwende* (S. 243–250). Mannheim: Bollmann-Verlag.

Meueler, Ch. (1997b). Die zweite industrielle Revolution. Die Zeichen und ihre Anwender. In H. Artmeyer, R. Hitzler, F. Huber & M. Pfadenhauer (Hrsg.), Techno zwischen Lokalkolorit und Universalstruktur. Dokumentation zum Workshop im Haus der Jugendarbeit in München am 24. und 25. Januar 1997. München. S. 55–57.

Meyer, E. (2000). *Die Techno-Szene. Ein jugendkulturelles Phänomen aus sozialwissenschaftlicher Perspektive*. Opladen: Leske & Budrich.

Mitterauer, M. (1986). *Sozialgeschichte der Jugend*. Frankfurt, Main: Suhrkamp.

Mrozek, B. (2011). Let's Twist Again – ein Tanzstil erobert die Welt. *Der Tagesspiegel* (vom 22.07.2011). http://www.tagesspiegel.de/kultur/verdrehte-sechziger-lets-twist-again-ein-tanz-stil-erobert-die-welt/4423920.html. Zugegriffen: 24. Mai 2012.

Mulder, M. (2009). *Straight Edge, Subkultur, Ideologie, Lebensstil?*. Münster: Telos Verlag.

Müller, K. (2006). Wir wollen Probleme machen. Laut, schmutzig, intelligent: Die Berliner Band NM Farmer und ihr neues Album „Das Gesicht". *Der Tagesspiegel* (vom 18.02.2006), 29.

Nicodemus, I. (2007). *Die Jugendkultur der Gothics, historischer Rückblick und Vorurteile*. Unveröffentlichte Seminararbeit, Bochum.

Nicodemus, I. (2009). *Die Jugendkultur Gothics*. Unveröffentlichte Diplomarbeit, Bochum.

Niemczyk, R. (1997). Die moderne Versuchung aus dem Untergrund. In Medien Concret Special 1, - Cross Culture, Innnenansichten - Außenansichten (S. 30–33), Köln.

Nolteernsting, E. (1997). Die neue Musikszene: vom Techno bis Crossover. In D. Baacke (Hrsg.), *Handbuch Jugend und Musik* (S. 275–292). Opladen: Leske & Budrich.

o.A. (1995). „Vergeßt alle Systeme". *Der Spiegel. Jugend-Kultur: Love & Chaos*, 33, 154–160.

o.A. (1996). Die Party-Partei. *Der Spiegel. Der Triumph der Party-Rebellen*. 29, 92–94.

o.A. (1998). Puff Daddy: Herr des HipHop. *Musik Express* (Februar 1998), 35.

Opaschowski, H. W. (1999). Generation @. Die Menschenrevolution entlässt ihre Kinder: Leben im Informationszeitalter, Hamburg.

Peitz, D (2007). Alles löst sich auf. „Blumfeld" gehen, „Tocotronic" kapitulieren, der deutsche Pop-Rest will bloß bleiben. *Süddeutsche Zeitung* (vom 30.06., 01.07.2007), S. 16.

Pesch, M. (1995). Techno. Kulturelles Phänomen zwischen Millionenerfolg und Authentizität. *medien + erziehung, 39*(4), 199–204.

Pichaske, D. (1979). *A generation in motion. Popular music and culture in the sixties.* Belmont, CA: Wadsworth.

Poell, K., Tietze, W., & Toubartz, E. (1996). *Wilde Zeit: Von Teddyboys zu Technokids.* Mühlheim/Ruhr: Verlag An der Ruhr.

Pohl, R. (1991). „Schräge Vögel, mausert euch!" Von Renitenz, Übermut und Verfolgung. Hamburger Swings und Pariser Zazous. In W. Breyvogel (Hrsg.), *Piraten, Swings und Junge Garde, Jugendwiderstand im Nationalsozialismus* (S. 241–270). Bonn: Verlag J.H.W. Dietz Nachfolger.

Pollock, B. (1981). *When Rock was Young. A Nostalgic Review of the Top 40 Era.* New York: Holt.

Poschardt, U. (1995). *DJ-Culture.* Hamburg: Rogner & Bernhard bei Zweitausendeins.

Poschardt, U. (1997). *Anpassen.* Hamburg: Rogner & Bernhard bei Zweitausendeins.

Rapp, T. (2008). Plädoyer gegen Punks. Die dümmste Jugendkultur. *Die Tageszeitung* (vom 14.11.2008). http://www.taz.de/!25773/. Zugegriffen: 24. Mai 2012.

Reich, R. (2008). *Superkapitalismus. Wie die Wirtschaft unsere Demokratie untergräbt.* Frankfurt, Main, New York: Campus Verlag.

Reichert, K. (2008). Das gewisse Frösteln. The Cure waren die ersten Megastars des Alternative Rock. *Der Tagesspiegel* (vom 11.02.2008), S. 9.

Richard, B. (1997). Schwarze Netze. Die Gruftie- und Gothic Punk-Szene. In SPoKK (Hrsg.), *Kursbuch JugendKultur. Stile, Szenen und Identitäten vor der Jahrtausendwende* (S. 129–140). Mannheim: Bollmann-Verlag.

Richard, B. (2005). Beckham's Style Kicks! Die metrosexuellen Körperbilder der Jugendmode. In K. Neumann-Braun & B. Richard (Hrsg.), *Coolhunters. Jugendkulturen zwischen Medien und Markt* (S. 244–259). Frankfurt, Main: Suhrkamp.

Richard, B., & Krüger, H.-H. (1995). Vom „Zitterkäfer" (Rock'n'Roll) zum „Hamster im Laufrädchen" (Techno). Streifzüge durch die Topographie jugendkultureller Stile am Beispiel von Tanzstilen zwischen 1945 und 1994. In W. Ferchhoff, U. Sander, & R. Vollbrecht (Hrsg.), *Jugendkulturen. Faszination und Ambivalenz. Einblicke in jugendliche Lebenswelten* (S. 93–108). Weinheim/München: Juventa.

Rose, T. (1994a). A Style nobody can deal with: Politics, Style and the Postindustrial City in Hip Hop. In A. Ross & T. Rose (Hrsg.), *Microphone Friends: Youth Music & Youth Culture* (S. 71–88). New York, London: Routledge.

Rose, T. (1994b). *Black noise: Rap music and black culture in contemporary America.* Hanover, NH: Wesleyan University Press.

Roth, R. (2002). Globalisierungsprozesse und Jugendkulturen. *Aus Politik und Zeitgeschichte, 52*(5), 20–27.

Rufer, M. (1995). *Glückspillen - Ecstasy, Prozac und das Comeback der Psychopharmaka.* München: Droemer Knaur.

Rumpf, W. (1996). *Stearway to Heaven. Kleine Geschichte der Popmusik. Vom Rock'n' Roll bis Techno.* München: C.H. Beck.

Schneider, M. (1997). Aus der Welt des männlichen Unter-Ich: Skinheads. *Kursbuch,* (127), 111–124.

Schröder, B. (1997). *Im Griff der rechten Szene. Ostdeutsche Städte in Angst.* Reinbek: Rowohlt Verlag.

Schröder, C. (2006). Das Labern der Anderen. *Der Tagesspiegel* (vom 30.01.2007). http://www.tagesspiegel.de/kultur/das-labern-der-anderen/v_print/701568.html. Zugegriffen: 24. Mai 2012.

Schulz-Ojala, J. (2009). Wie eiskalt ist dies Herzchen. Irgendwie live: Horst Schlämmer alias Hape Kerkeling bei der Berliner Wahl-Werbe-Show für seinen Film „Isch kandidiere". *Der Tagesspiegel* (vom 05.08.2009), S. 19.

Schwendter, R. (1995). Gibt es noch Jugendsubkulturen? In W. Ferchhoff, U. Sander, & R. Vollbrecht (Hrsg.), *Jugendkulturen-Faszination und Ambivalenz. Einblicke in jugendliche Lebenswelten* (S. 11–22). Weinheim, München: Juventa.

Schwier, J. (1998). Stile und Codes bewegungsorientierter Jugendkulturen. In Ders (Hrsg.), *Jugend – Sport – Kultur. Zeichen und Codes jugendlicher Sportszenen* (S. 9–29). Hamburg: Czalina.

Shell Deutschland Holding. (Hrsg.) (2010). *16. Shell Jugendstudie. Jugend 2010. Eine pragmatische Generation behauptet sich.* Frankfurt, Main: Fischer TB Verlag.

Shell Deutschland Holding. (Hrsg.) (2006). *15. Shell Jugendstudie. Jugend 2006. Eine pragmatische Generation unter Druck.* Frankfurt, Main: Fischer TB Verlag.

Simon, T. (1989). *Rocker in der Bundesrepublik. Eine Subkultur zwischen Jugendprotest und Traditionsbildung.* Weinheim, Beltz: Deutscher Studienverlag.

Sinus-Institut. (1983). *Die verunsicherte Generation. Jugend und Wertewandel.* Opladen: Leske & Budrich.

Soeffner, H.-G. (1986). Stil und Stilisierung. Punk und die Überhöhung des Alltags. In H.-U. Gumbrecht & K. L. Pfeiffer (Hrsg.), *Stil. Geschichten und Funktionen eines kulturwissenschaftlichen Diskurselements* (S. 317–341). Frankfurt, Main: Suhrkamp.

Spengler, P. (1985). *Rockmusik und Jugend: Bedeutung und Funktion einer Musikkultur für die Identitätssuche im Jugendalter.* Weinheim: Beltz.

Steinbiß, F. (1984). *Deutsch-Folk: Auf der Suche nach der verlorenen Tradition.* Frankfurt, Main: Fischer TB Verlag.

Sterneck, W. (1997). "Rave New World" - die Techno-Kultur. *Deutsche Jugend, 45*(7–8), 315–322.

Sträter, W. (1985). Jugendkulturen im Wandel der Zeit. Erfahrungen aus einer Veranstaltung. In Berliner Geschichtswerkstatt e.V. (Hrsg.), *Vom Lagerfeuer zur Musikbox. Jugendkulturen 1900–1960* (S. 137–170). Berlin: Elefanten Press.

Toop, D. (1985). Lost in music. In K. Frederking (Hrsg.), *Rock session 8, sound and vision* (S. 141–152). Reinbek: Rowohlt Verlag.

Verlan, S., & Loh, H. (2000). *Arbeitstexte für den Unterricht – Rap Texte.* Stuttgart: Reclam verlag.

Vogelgesang, W. (2001). Design-Kultur, Techno'. In R. Hitzler & M. Pfadenhauer (Hrsg.), *Techno-Soziologie. Erkundungen einer Jugendkultur* (S. 265–289). Opladen: Leske & Budrich.

Voilliéme, H. (1987). *Die Faszination der Rockmusik. Überlegungen aus bildungstheoretischer Perspektive.* Opladen: Leske & Budrich.

Wagner, P. (1999). *Pop 2000. 50 Jahre Popmusik und Jugendkultur.* Hamburg: Ideal Verlag.

Wehner, M. (1998). Besonders Hammerskins sind erfolgreich. Trinken, pöbeln, schlagen: Skinheads in den neuen Ländern sind „zum Kampf bereit". *Frankfurter Allgemeine Zeitung* (vom 26.09.1998), S. 9–10.

Werner, J. (2001). Die Club-Party. Eine Ethnographie der Berliner Techno-Szene. In R. Hitzler & M. Pfadenhauer (Hrsg.), *Techno-Soziologie. Erkundungen einer Jugendkultur* (S. 31–50). Opladen: Leske + Budrich.

Wicke, P., & Ziegenrücker, W. (1997). *Handbuch der populären Musik.* Frankfurt, Main: Fischer TB Verlag.

Wiedemann, M. (2002). *Jugend in der Postmoderne. Das Phänomen Techno.* Unveröffentliche Diplomarbeit, Universität Bielefeld.

Wood, R. T. (2006). *Straightedge youth: Complexity and contradictions of a subculture.* Syracuse, NY: Syracuse University Press.

Wunder, J. (1984). Der Bad Boy und der Intellektuelle. Ghetto oder Collage: 50 Cent und Kanye West folgen mit ihren neuen Alben konträren Stimmungen des Hip-Hop. *Der Tagesspiegel* (vom 01.09.2007), S. 29.

Zimmermann, P. (1984). *Rock'n'Roller, Beats und Punks. Rockgeschichte und Sozialisation.* Essen: Rigodon-Verlag.

Zinnecker, J. (2002). „Halbstarke"– die andere Seite der 68-Generation. In U. Herrmann (Hrsg.), *Protestierende Jugend, Jugendopposition und politischer Protest in der deutschen Nachkriegsgeschichte* (S. 461–485). Weinheim, München: Juventa.

Zinnecker, J. (1987). *Jugendkultur 1940–1985.* Opladen: Leske & Budrich.

Zinnecker, J., & Barsch, A. (2007). Jugendgenerationen und Jugendszenen im Medienumbruch. In L. Mikos, D. Hoffmann, & R. Winter (Hrsg.), *Mediennutzung, Identität und Identifikationen. Die Sozialisationsrelevanz der Medien im Selbstfindungsprozess von Jugendlichen* (2. Aufl., S. 279–297). Weinheim/München: Juventa.

Teil III

Theoretischer Zugriff

Musikpsychologischer Zugang zur Jugend-Musik-Sozialisation

3

Jan Reinhardt und Günther Rötter

Zusammenfassung

Die Musikpsychologie als Kerndisziplin der systematischen Musikwissenschaft untersucht eine Vielzahl der beeinflussenden Faktoren, die den musikalischen Sozialisationsprozess des Individuums determinieren. Im Fokus des musikpsychologischen Forschungsinteresses stehen unter anderem die musikalische Begabung und Entwicklung, Ausprägung von Musikpräferenzen sowie musikalische Sozialisationsprozesse im Kontext psychophysiologischer Prämissen des Rezipienten. Ausgehend von einer universellen entwicklungsfähigen Musikalität unterschiedlichen Ausmaßes, die den Gesetzmäßigkeiten einer Normalverteilung folgt, prägen sich musikalische Fähigkeiten, Geschmack, Präferenzen und der Gebrauch von Musik in hoch individuellen Mustern aus. Bedingt durch komplexe Wirkungsgefüge, sind als wichtigste Faktoren der Einflussnahme der musikalische Bildungsgrad, der emotionale Status sowie das soziale Umfeld zu nennen, wobei letzterem besonders im Jugendalter eine starke manipulative Bedeutung zukommt. Speziell die Musikpräferenzen, die als Abbild des musikalischen Sozialisationsprozesses verstanden werden können, unterliegen dem Einfluss der situativen Gegebenheiten, die eine Modifikation im Sinne des psychophysiologischen Status des Rezipienten erfahren. So werden z. B. unter dem Einfluss einer akuten Alkoholintoxikation aktiv Anpassungen der strukturellen Merkmale der rezipierten Musik innerhalb des Präferenzspektrums vorgenommen, die

J. Reinhardt (✉) · G. Rötter
Institut fur Musik und musikwissenschaft, Technische Universitat Dortmund,
50 Emil-Figge Straße, 44227 Dortmund, Deutschland
e-mail: jan.reinhardt@tu-dortmund.de

G. Rötter
e-mail: guenther.roetter@tu-dortmund.de

R. Heyer et al. (Hrsg.), *Handbuch Jugend – Musik – Sozialisation*,
DOI: 10.1007/978-3-531-18912-3_3, © Springer Fachmedien Wiesbaden 2013

dem Erhalt des hedonistischen Potenzials der Musik dienlich sind. Die kognitiven Fähigkeiten von Jugendlichen scheinen durch das Hören von selbst gewählter Musik im Freizeitbereich keine Beeinflussung zu erfahren. Hier legen die
Ergebnisse mehrerer Studien die Wirkungslosigkeit von Musikrezeption bei der
Anfertigung der Hausaufgaben durch Jugendliche nahe. Veränderungen in der
Struktur der sozialisierenden Instanzen, vor allem die Effekte auf die Ausprägung
der Musikpräferenzen Jugendlicher, können in Bezug auf das Elternhaus festgestellt
werden, indem deren Bedeutungsgrad hierfür innerhalb der letzten 25 Jahre deutlich
abgenommen hat.

Schlüsselwörter

Musikpräferenzen • Musiksozialisation • Musikgeschmack • Kognition •
Hausaufgaben • Emotionen • Präferenzmodifikation

1   Arbeitsfelder der Musikpsychologie

Musikpsychologie ist eine eigenständige Wissenschaft, die eine Vielzahl von
Teildisziplinen umfasst. Aus der Perspektive der Systematischen Musikwissenschaft
stellt die Musikpsychologie zusammen mit der Musikästhetik, der Musiktheorie und
der Musiksoziologie eine Kerndisziplin des Fächerkanons dar. Die Musikpsychologie
ist stark beeinflusst durch die allgemeinpsychologische Forschung, aber auch durch
die Rückbindung an die systematische Musikwissenschaft (vgl. de la Motte-Haber
2010, S. 19). Als empirische Wissenschaft rückt die Musikpsychologie seit dem
Ende des 19. Jahrhunderts vor allem Untersuchungsgegenstände zur musikalischen
Wahrnehmung unter Berücksichtigung kognitiver und emotionaler Aspekte in den
Fokus der Untersuchungen (vgl. Rötter 2001, S. 813). In der Anwendung psychologischer
Methoden manifestiert sich die hohe Bindung an die Psychologie.

Aufgrund der untersuchten Fragestellungen und Berührungspunkte innerhalb der
Musikpsychologie mit weiteren Disziplinen der Psychologie besteht der Bedarf einer weiteren Untergliederung. Untersuchungen zur musikalischen Begabung und Motivation geschehen in Anlehnung an die differentielle Psychologie. Weitere Gebiete der Forschung sind die
Entwicklung musikalischer Fähigkeiten (Entwicklungspsychologie) sowie die Ausprägung
von Musikgeschmack und Musikpräferenzen (Sozialpsychologie). Überlegungen der allgemeinen als auch differentiellen Psychologie fließen in die Performance-Forschung ein, die
die Aufführung und Darbietung von Musik hinterfragt. Studien zur Wirkung von Musik
finden Parallelen in der angewandten Psychologie (vgl. ebd.).

Im Rahmen des vorliegenden Handbuchs ist die Aufmerksamkeit speziell auf die
Forschung der Musikpsychologie zu richten, die Fragen zur Musikpräferenz, des
musikalischen Geschmacks sowie der Ausbildung entsprechender Vorlieben und
Einstellungen vor allem Jugendlicher behandelt.

2   Musikpsychologisch relevante Einflussfaktoren der musikalischen Sozialisation

Sozialpsychologische Studien zur Entstehung und Entwicklung von Einstellungen und Wertvorstellungen zur Musik sowie von Musikpräferenzen im Kontext des Sozialisationsprozesses stellen einen nicht unerheblichen Teil der musikpsychologischen Forschung dar. Das Jugendalter ist dabei für den musikalischen Sozialisationsprozess von besonderem Interesse, ist hier doch die Genese tiefgreifender Veränderungen des Individuums lokalisiert. Beginnend mit der musikalischen Begabung und Entwicklung folgt aufgrund relevanter Aspekte für die Musiksozialisation und des musikpsychologischen Interesses an der Thematik eine ausführliche Darstellung zu Musikpräferenzen sowie deren Entstehung und Entwicklung unter Berücksichtigung der Prozesse im Jugendalter.

2.1   Musikalische Begabung und Entwicklung

Musikalische Fähigkeiten beschreiben jenen Gesamtkomplex der individuellen Anlagen, die uns zu emotionalem Erleben, kognitiver Verarbeitung, Komposition, Improvisation und Interpretation von Musik befähigen (vgl. Gembris 2005, S. 398f.).

Generell ist davon auszugehen, dass „[…] jeder Mensch eine entwicklungsfähige und entwicklungswürdige Musikalität besitzt" (Gembris 2005, S. 399). Das bedeutet, dass zwar jeder potenziell musikalisch ausbildungsfähig ist, aber die ausprägbaren Fähigkeiten stark von der individuell gegebenen Musikalität abhängen (vgl. Gordon 1986, S. 21). Es existieren Hinweise, dass bereits pränatal musikalische Fähigkeiten ausgeprägt werden. Neugeborene zeigen entsprechende Reaktionen auf Melodien, die in den letzten Schwangerschaftswochen dargeboten wurden (vgl. Fassbender 1993, S. 271f.). Konform mit der Normalverteilung (Gauß-Verteilung) des Maßes an Intelligenz in der Bevölkerung kann bei den Menschen auch von einer Normalverteilung der Musikalität ausgegangen werden. Demnach besitzen ca. 2 % der Bevölkerung eine musikalische Hochbegabung. Eine absolute ‚Unmusikalität' ist demnach auszuschließen. Die musikalischen Fähigkeiten erfahren einen lebenslangen Entwicklungsprozess, was z. B. im hohen Alter im Rahmen einer Musiktherapie genutzt wird.

2.2   Einleitung der Präferenzentwicklung

Innerhalb der Sozialisation des Menschen ist die Entwicklung individueller musikalischer Präferenzen, Einstellungen und Wertnormen die obligate Folge des Gesamtprozesses. Diese sind nicht angeboren, sondern stehen in direktem Zusammenhang mit dem gesamten Sozialisationsprozess des Individuums, der abhängig von dessen soziokultureller Umwelt ist. Die Objekte musikalischer Präferenzen bzw. des Musikgeschmacks können dabei ganz unterschiedlicher Natur sein. Jede Form von Musik, Stilrichtung, Komponist oder Interpret kommt unter anderem dafür infrage. Musikalische Präferenzen sind demzufolge auf Erfahrung basierende Wertorientierungen (vgl. Kloppenburg 2005, S. 358). Bei diesen Formen der musikalischen Prägung führen Lernprozesse in sensiblen Phasen der Ontogenese zu lang anhaltenden, oft irreversiblen Einstellungsänderungen. Unter Umständen ist der Musikgeschmack in späteren Lebensjahren durchaus veränderbar, entweder infolge von langfristigen, bewussten oder unbewussten Lernprozessen oder durch musikalische Schlüsselerlebnisse (vgl. Jost 1982, S. 246). Kloppenburg behauptet hingegen, musikalische Attitüden seien durch operantes Konditionieren veränderbar, wie es „[…] jeder Lehrer in der Schule [praktiziert], indem er Einstellungen zu Musik belohnt (z. B. durch eine gute Note) und damit verstärkt […]" (Kloppenburg 2005, S. 362). Er geht hier noch weiter als Jost, da es sich bei der Konditionierung um eine spezielle Form des Lernprozesses handelt. Konditionierung als Ursache der Veränderung von Musikpräferenzen betont aber einen externen Einfluss, der schließlich auf unbewusster Ebene zu einer Verhaltensänderung führt. Die operante Konditionierung ist jedoch nicht unbedingt als langfristiger Prozess einzustufen, der von Jost jedoch für eine Präferenzänderung gefordert wird. In der angegebenen Quelle führt Kloppenburg keinen Beleg für seine vertretene Möglichkeit der Einstellungsänderung an, so dass das genannte Beispiel der Lehrer-Schüler-Beziehung eher als fragwürdig einzustufen ist.

Eine weitere Begründung für die Veränderung musikalischer Präferenzen kommt von den Einstellungstheorien aus der Sozialpsychologie. Wenn auch schon mehr als ein halbes Jahrhundert alt sind die unter dem Begriff Konsistenztheorien zusammengefassten Erklärungsansätze von Festinger, Heider, Osgood und Tannenbaum von besonderer Bedeutung. Die Gemeinsamkeit dieser Theorien liegt in einer Erklärung der Einstellungsänderung basierend auf dem menschlichen Bedürfnis nach stabilen Verhältnissen. Festinger (1957) postuliert in seiner Theorie der kognitiven Dissonanz, dass ein Mensch in Situationen unvereinbarer Kognitionen deren Lösung durch eine Einstellungsänderung vornimmt. In Alltagssituationen häufig als Störgefühl oder Peinlichkeit empfunden, tritt in Bezug auf Musik möglicherweise eine Unvereinbarkeit zwischen empfundener und zuvor geäußerter musikalischer Präferenz auf. Die Auflösung dieser Dissonanz gelingt durch eine generelle Abänderung der Einstellung zu einem bestimmten Musikstil, einem Interpreten etc. Festingers Schüler Elliot Aronson gelangen zahlreiche empirische Nachweise für die Theorie der kognitiven Dissonanz. Auch Behne (1993, S. 344) vertritt die Auffassung, dass „[…] neuartige Erfahrungen sowie Dissonanzen in den verfügbaren Wissens- und Erfahrungsbeständen […]" sich in individuellen Erlebnismustern konsolidieren, worin der Grundimpuls zur Abänderung von Musikpräferenzen besteht. Die 1946 veröffentlichte Balancetheorie von Heider ist in ihrer Grundaussage sehr ähnlich (vgl. Heider 1946, S. 107ff.). Sie besagt, dass der Mensch in einem Beziehungsdreieck versucht, eine Balance herzustellen und zu erhalten. Bei den Elementen in diesem Beziehungsdreieck kann es sich um Personen oder Objekte (in diesem Fall Musik) bzw. das Verhältnis und die Einstellung zu diesen Objekten handeln (vgl. Heider 1958). Bei einer Störung der Homöostase der Balance wird das resultierende Unbehagen z. B. durch Alteration der Werterelationen wieder hergestellt. Osgood und Tannenbaum (1955, S. 42ff.) behandeln in ihrer Kongruitätstheorie die Einstellungsänderung durch Kommunikation. In Bezug auf Musik ist diese Theorie in der Bedeutung nachrangig den beiden vorherigen zu bewerten. Bei auftretender Inkongruenz zwischen den Elementen Sender, Empfänger und Einstellungsobjekt aufgrund der Kommunikation zwischen Empfänger und Sender wird die Kongruenz durch Änderung der Bewertung von Sender und Einstellungsobjekt wieder hergestellt. Grundsätzlich entspricht diese Theorie der kognitiven Dissonanz und der Balancetheorie. Das Problem der Kongruitätstheorie in Bezug auf Musik besteht darin, dass keine Kommunikation in Form eines Dialoges zwischen Sender und Empfänger bezüglich des Einstellungsobjektes existiert.

Genetische Dispositionen haben keinen Einfluss auf die musikalischen Einstellungen, können jedoch indirekt durch vererbte Persönlichkeitsmerkmale (volatiles Temperament, Ausgeglichenheit, Rastlosigkeit etc.) eine höhere Affinität zu bestimmten musikalischen Stilrichtungen bedingen (vgl. Aronson et al. 2004, S. 173). Meißner (1979, S. 364) ist der Ansicht, dass die Wirkung der Persönlichkeit auf die Ausprägung von Musikpräferenzen nachrangig dem Faktor von musikalischer Vorbildung und Vorinformation einzustufen ist. Der Einfluss des Geschlechts auf die Musikpräferenzen ist nicht schlüssig nachgewiesen (vgl. North und Hargreaves 2008, S. 113). Nur wenige Autoren postulieren das Geschlecht als primäre Quelle der Variation von Musikpräferenzen. Es existieren jedoch Hinweise, dass weibliche Personen zu weicheren musikalischen Stilrichtungen tendieren (Pop, Rang etc.), wohingegen männliche Personen eher zu härteren Stilen (Rock, Heavy Metal, Rap etc.) neigen (vgl. Christenson und Peterson 1988, S. 297f.; siehe auch Abschn. 4.1.3).

Wie dargelegt entsprechen die ausgebildeten Musikpräferenzen und der Musikgeschmack der direkten Manifestation des musikalischen Sozialisationsprozesses. Vor allem Jugendliche funktionalisieren Musik im Sinne einer Identifikation bzw. Identität und Distinktion untereinander und gegenüber Erwachsenen (vgl. Knobloch et al. 2000). Nachfolgend wird daher ausführlich auf Aspekte des Musikgeschmacks und der Musikpräferenzen eingegangen.

3 Musikgeschmack und Musikpräferenzen

Die Bindung an und der Gebrauch von Musik sind individuell unterschiedlich stark ausgeprägt. Für viele Menschen, vor allem für Jugendliche, ist Musik eine der wichtigsten Freizeitbeschäftigungen, wobei die Kriterien für die Auswahl der Musik und die Motivation überhaupt Musik zu hören und zu machen meist unklar und diffus bleiben. Während einige Menschen in der Lage sind, konkret anzugeben, warum sie ein bestimmtes Musikstück mögen, können die meisten Befragten keine klaren Gründe dafür anführen. Bei denjenigen, die letztendlich in der Lage sind, eine Antwort zu erteilen, sind diese von äußerst unterschiedlicher Natur. Bis heute existiert kein

geeignetes Modell zur Erklärung von Musikpräferenzen, in das alle bisher gewonnenen Erkenntnisse überzeugend integriert wurden und das vor allem beantworten
kann, warum wir Musik mögen und warum unterschiedliche Menschen unterschiedliche Arten von Musik in verschiedenen Situationen bevorzugen. Die existierenden
Modelle beschreiben Musikpräferenz als eine Interaktion musikalischer Charakteristika,
Persönlichkeitsmerkmale des Rezipienten und Rezeptionskontext. Dabei beschränken diese meist nur auf kurzfristige Präferenzentscheidungsmomente für ein bestimmtes Musikstück. Nicht geklärt wird jedoch, warum wir überhaupt Musik hören und
warum wir einen bestimmten Musikstil bevorzugen. Das folgende Kapitel liefert eine
Darstellung der wichtigsten Ergebnisse relevanter Studien zu Musikpräferenzen, der
Entwicklung von musikalischen Präferenzen sowie zu psychosozialen Aspekten der individuellen Musikpräferenz.

3.1   Terminologie und Abgrenzung des Gegenstandsbereichs

Musikalische Präferenzen sowie die Entwicklung des individuellen Musikgeschmacks
im biografischen Kontext eines Menschen stehen im Blickpunkt des musikpsychologischen Forschungsinteresses. Ebenso hoch ist der Gebrauch unterschiedlicher Termini
zur Beschreibung dieser Phänomene. Die in Studien häufige synonyme Verwendung
von Musikpräferenz, Musikgeschmack, musikalischen Interessen und Vorlieben ist zu
abstrus und steht einem präzisen Gebrauch entgegen (vgl. Gembris und Hemming 2005,
S. 279ff.). Es bedarf daher der Konkretisierung des Begriffs Musikpräferenz, um einen
unmissverständlichen, fachwissenschaftlich korrekten Gebrauch zu gewährleisten. In
der musikwissenschaftlichen Forschung existiert kein Konsens über die Verwendung des
Terminus Musikpräferenz. Die unpräzise terminologische Abgrenzung in Verbindung
mit der Vielzahl an beeinflussenden Faktoren bewirkt eine große Schwierigkeit in der
Erfassung des Begriffs der Musikpräferenz.

Musikpräferenz wird von de la Motte-Haber (1996, S. 150) synonym mit allgemeiner Einstellung zu Musik sowie auch mit dem Begriff musikalische Attitüden verwendet. Eine Verwendung in dieser Form ist zu unscharf, um präzise Aussagen bei
präferenzpsychologischen Fragestellungen zu treffen. Das Spektrum der allgemeinen
Einstellung zu Musik ist damit zwar relativ weit gefasst, jedoch wird der sozialpsychologischen Konvention Rechnung getragen, Präferenzen und Vorlieben der Kategorie
Einstellungen zuzuordnen. Bei Jost (1982, S. 246) hingegen wird Musikpräferenz als
positive Subjekt-Objekt-Relation konkretisiert, bei der „[...] grundsätzlich jede Art von
Musik, jeder Stilbereich, aber auch ganz bestimmte Komponisten und Interpreten zum
Objekt musikalischer Präferenzen werden können". Immer noch sehr weit gefasst hält
er Musikpräferenzen nicht für temporäre Dispositionen, sondern für relativ beständig und unabhängig von alternierenden psychophysiologischen Zuständen und situativen Bedingungen (vgl. ebd.). Musikpräferenzen sind nach Jost keine angeborenen

Eigenschaften, sondern werden vielmehr in einem Sozialisationsprozess erworben. Insofern bieten sie bis zu einem gewissen Grad eine Reflexion der „[…] Werthaltungen und Erwartungen der soziokulturellen Umwelt, in der sie erworben wurden." (ebd.). Jost spricht Musikpräferenzen hier im weitesten Sinne auch eine Identifikationsfunktion zu, bei der das Feedback durch das soziale Umfeld die von ihm eingeräumte Möglichkeit der Veränderung von Musikpräferenzen auslösen kann. Behne (1993, S. 339) grenzt Musikpräferenz als positive situationsbezogene Einstellung zu Musikgeschmack als langfristige Einstellung ab. Bei Präferenzen handelt es sich um ein Bündel von psychischen Phänomenen und Entscheidungen aktueller Natur in spezifischen Situationen. Die Musikpräferenz ist schärfer abgrenzbar als der Musikgeschmack und kanalisiert in einer konkreten Entscheidung für ein bestimmtes Musikstück. Während Behne zuerst dafür plädierte, den Geschmacksbegriff aufgrund der Diffusität zunehmend durch den Präferenzbegriff zu ersetzen (vgl. Behne 1976, S. 139ff.), gelangte er später zu der Ansicht, dass es sich beim Musikgeschmack um langfristige Orientierungen handelt, die Einfluss auf die rezente situative Musikpräferenz nehmen (vgl. Behne 1993, S. 339). Der Musikgeschmack ist der Musikpräferenz übergeordnet und bezeichnet global den Gesamtkomplex der musikalischen Einstellung, der sich in den Musikpräferenzen äußert. So bezeichnete er Musikpräferenzen als „sichtbaren Ausfluss musikalischer Konzepte" (ebd.). Gembris konnte (1990, S. 73ff.) zeigen, dass Musikpräferenzen situationsabhängig variieren und keineswegs starre, schwer veränderbare Konstrukte bilden. Musikpräferenzen sind in Abhängigkeit von der Situation variabel, die sich jedoch in einer bestimmten Situation in unterschiedlichen Präferenzmustern ausprägen. Diese stehen in Zusammenhang mit spezifischen Funktionsvorstellungen von der rezipierten Musik. Weiterhin wies er ein komplexes Korrelationsmuster zwischen Persönlichkeitsvariablen und den situativen Musikpräferenzen nach. Schulten (1990, S. 52) fokussiert neben der Einstellung als Kriterium für die Ausprägung einer Musikpräferenz auf die bewusste Entscheidung. Ungeachtet der Gründe für diese Entscheidung wird von einer Person ein bestimmter Teil aus dem Bereich der Musik bevorzugt. Schulten betrachtet diese Entscheidung als bewussten Prozess und als Ausdruck des Willens einer Antizipation des jeweiligen musikalischen Objekts. Dadurch ist die Musikpräferenz eine Form der Ausdrucksmöglichkeit eines Individuums in einer bestimmten Situation. Der Musikgeschmack wird von Schulten als umfassender und der Musikpräferenz übergeordnet betrachtet. Die beobachtbaren Musikpräferenzen dienen als Indikator für den oft latenten Musikgeschmack, wobei diese ein notwendiges, aber nicht hinreichendes Kriterium darstellen. Der Musikgeschmack setzt restriktiv definierte ästhetische Maßstäbe voraus. Die von Schulten dargestellte bewusste Entscheidung impliziert eine Funktionalisierung der Musik für die Bewältigung einer bestimmten Situation, wobei sie jedoch einen wertenden Charakter ausschließt. Diese Ansicht wird von den hier vorgestellten Autoren und ihren Definitionen nicht geteilt. Konsens besteht jedoch in der Ansicht, dass es sich bei Musikgeschmack um den übergeordneten Begriff von Musikpräferenz handelt.

3.2 Determinanten von Musikpräferenzen und allgemeine Präferenzcharakteristika

Die bisher herausgestellten Fakten lassen die Komplexität der beeinflussenden Faktoren von musikalischen Präferenzen erahnen. Es geht an dieser Stelle daher lediglich um die Darstellung der musikpsychologisch relevanten Hauptfaktoren. Diese betreffen, wie bereits angesprochen, die Musik, den Rezipienten und dessen Sozialisation sowie den Kontext der Rezeption. Weiterhin werden die wichtigsten Bestimmungsgrößen der situativen Musikpräferenz erläutert.

3.2.1 Determinanten von Musikpräferenzen: Die Musik

Die Charakteristika und musikalischen Parameter der rezipierten Musik bieten erwartungsgemäß die wichtigsten Faktoren im präferenzpsychologischen Sinne. Die Determinanten sind vor allem die Lautstärke, das Tempo, der Rhythmus, der Komplexitätsgrad in Verbindung mit dem Grad der Vertrautheit und Wiedererkennung sowie dem daraus resultierenden subjektiven Erregungspotenzial des Musikstücks. Nicht zuletzt ist auch die Qualität der musikalischen Darbietung bzw. die Performance ausschlaggebend für die Ausprägung einer musikalischen Präferenz (vgl. Schäfer 2009, S. 15). Das Auftreten dieser Faktoren in einer bestimmten Konstellation kann die Wahrscheinlichkeit einer Präferenz bei einer bestimmten Hörerschaft wesentlich beeinflussen. Diese Parameter bedürfen der individuellen Betrachtung; subjektiv müssen folgende Charakteristika auf die einzelnen musikalischen Parameter zutreffen, um eine musikalische Präferenz für ein Musikwerk wahrscheinlich zu machen.

Ein früher Ansatz zur Klärung des musikalischen Wohlgefallens auf der Grundlage der ästhetischen Beurteilung eines Kunstwerks wurde vom Mathematiker George D. Birkhoff unternommen. Birkhoff (Birkhoff 1932, S. 189) war der Ansicht, dass das ästhetische Maß eines Kunstwerks, so auch eines Musikstücks, in Abhängigkeit der Faktoren Ordnung und Komplexität steht. Die Ergebnisse seiner Forschung konnten in einer Formel ausgedrückt werden, die das ästhetische Maß eines Kunstwerks zu beschreiben vermag (vgl. Abb. 1). Diese wurde gebildet durch den Quotienten von Ordnung und Komplexität. Das bedeutet, dass bei konstanter Komplexität eines Kunstwerks das ästhetische Wohlgefallen mit dessen zunehmender Ordnung linear ansteigt (vgl. ebd.). Eine Zunahme der Ordnung kann hier auch als Zunahme der

Abb. 1 Birkhoffs Formel zum ästhetischen Maß eines Kunstwerks. Das ästhetische Wohlgefallen wird aus dem Quotienten von Ordnung und Komplexität gebildet

$$M = \frac{O}{C}$$

M: Ästhetisches Maß, O: Ordnung, C: Komplexität

Vertrautheit mit einem bestimmten Musikstück gleichgesetzt werden. Viele nachfolgende Studien, besonders in der neuen experimentellen Ästhetik, betrachten die Komplexität und Ordnung als wichtiges Charakteristikum in der Ausbildung einer Präferenz. Bei diesen Untersuchungen wurde auch eine Abnahme der wahrgenommenen Komplexität eines Kunstwerks mit dessen zunehmender Vertrautheit beobachtet. Im Falle von Musik als einer Kunstform mit einem zeitlichen Verlauf kann der Komplexitätsgrad eines Musikstücks jedoch nicht ausschließlich durch die Anzahl von Informationen pro Zeiteinheit definiert werden. Vielmehr ist die Komplexität eines Musikstücks wiederum von einer Vielzahl Faktoren abhängig, wobei die Melodik eine bestimmende Rolle einzunehmen scheint. Eine der Schwächen der Formel Birkhoffs liegt in der Tatsache, dass vor allem musikalisch gebildete Rezipienten konform mit Ciceros Erkenntnis ‚variatio delectat' einen hohen Gefallensgrad an einem Musikwerk konstatieren, wenn dieses im Verlauf einen alternierenden Komplexitätsgrad aufweist.

Untersuchungen der New Experimental Aesthetics konnten eindeutig lineare Korrelationen zwischen Aversionen und Komplexitätsgrad beim Rezipienten nachweisen, wenn die Musik strukturell eine kognitive Überforderung verursacht. Daher wird im Bereich der Komplexität ein mittlerer Grad bevorzugt (vgl. Abb. 2; vgl. Berlyne 1974, S. 179). Die gleiche Abneigung tritt bei zu einfacher Struktur der Musik auf. Ferner entstehen größere Abneigungen, wenn die Musik sehr wohl in Struktur und Botschaft verstanden wird, aber eine Auseinandersetzung und Verarbeitung aufgrund eines bewussten Entscheidungsprozesses verweigert wird (vgl. Behne 1990, S. 19). Ebenso fand Werbik (1971) heraus, dass die stärkste Präferenz auftritt, wenn ein mittlerer Komplexitätsgrad in der musikalischen Struktur vorherrscht. Crozier (1974) beschrieb eine weitere Facette dieses Sachverhaltes. Urteile auf einer Rating-Skala uninteressant – interessant hingen signifikant linear von der Komplexität des melodischen Materials ab. Hingegen wurden bei gleichem Sachverhalt kurvilineare Zusammenhänge auf Skalen wie unbefriedigend – befriedigend und hässlich – schön festgestellt (vgl. ebd., S. 40f.). Behne (1990, S. 18) nimmt an, dass mit zunehmendem Alter und Sozialstatus die hier beschriebene Urteilsdimensionalität zunimmt, welche möglicherweise auch mit der sprachlichen Intelligenz korreliert. Insgesamt muss die Komplexität eines Musikstücks

Abb. 2 Abhängigkeit der Präferenz vom Komplexitätsgrad der Musik. Eine optimale Präferenz wird bei einem mittleren Komplexitätsgrad der rezipierten Musik erreicht

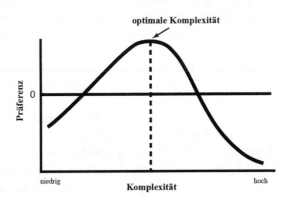

aus subjektiver Perspektive betrachtet werden (vgl. North und Hargreaves 2008, S. 81). Die Notwendigkeit besteht einerseits in der Heterogenität der musikalischen Bildung, andererseits im Vertrautheitsgrad mit dem Musikstück.

Die Präferenz für sogenannte Lieblingslieder bleibt trotz wiederholter Exposition länger auf hohem Niveau, da hier andere präferenzspezifische Faktoren wirken. Einige können, wie z. B. die Lautstärke, gezielt modifiziert werden, um das Erregungspotenzial zu erhöhen. Dennoch finden auch hier ähnliche Prozesse statt, wobei eine spezielle Form der Vertrautheit bzw. Wiedererkennung, die Habituation, eine Rolle spielt. Dabei kann zwischen kurzlebigen favorisierten Musikstücken und Langzeitfavoriten unterschieden werden (vgl. Lamont und Webb 2010, S. 238). Die kurzfristigen Lieblingslieder werden über einen beschränkten Zeitraum weitgehend täglich gehört, beabsichtigt oder zufällig. Die langfristigen Lieblingslieder werden sporadisch absichtlich rezipiert. Der Unterschied der beiden Formen besteht darin, dass die langfristig favorisierten Musikstücke mit intensiv emotionalen Ereignissen im Leben des Rezipienten assoziiert sind (vgl. North und Hargreaves 2008, S. 239). Dieser Sachverhalt verdeutlicht erneut die enge Verbindung von Musik und Emotionen sowie die Kontextabhängigkeit der Musikrezeption.

Die Lautstärke der zu rezipierenden Musikstücke sollte ein angenehmes, behagliches Maß aufweisen. Es existieren jedoch Hinweise, dass bei hohem Gefallensgrad aufgrund der vorherigen Bekanntheit des Stückes eine höhere Lautstärke präferiert und gewählt wird (vgl. Cullari und Semanchik 1989, S. 186). Dadurch wird ein höheres Erregungspotenzial erreicht, da zwischen Lautstärke und Erregungspotenzial ein linearer Zusammenhang besteht.

Das Tempo eines Musikstücks wird vor allem durch die melodische und harmonische Informationsdichte pro Zeiteinheit bestimmt. Diesbezüglich wird ein moderates Maß bevorzugt (vgl. Kellaris 1992, S. 732). Auch hier liegt ein umgekehrt u-förmiges Verhältnis von Tempo und Präferenz vor, wobei zwischen Erregungspotenzial und Tempo ein linearer Zusammenhang besteht. Je höher das Tempo eines Musikstückes, desto stärker ist sein Erregungspotenzial einzustufen. Inwiefern das Erregungspotenzial einen Einfluss auf die Musikpräferenzen ausübt, wird nachfolgend geklärt.

Berlyne fand heraus, dass eine musikalische Präferenz eng mit dem gesamten Erregungspotenzial (arousal potential) des Musikstückes korreliert. Die neurobiologische Verarbeitung auditiver Information evoziert ein bestimmtes Maß an Aktivität im aszendierenden retikulären Aktivierungssystem (ARAS). Berlyne konnte nachweisen, dass ein mittlerer Grad an Erregungspotenzial eines Musikstücks bevorzugt wird. Extreme Erregungspotenziale (sowohl hohe als auch niedrige) gehen mit einem stark abfallenden Gefallensgrad einher. Daraus ergibt sich ein umgekehrt u-förmiges Verhältnis zwischen der Präferenz zu einem ästhetischen Stimulus und dem arousal potential (vgl. Berlyne 1971), welches bereits in Bezug auf Ordnung und Komplexität von Wundt (Wundt-Kurve) beschrieben wurde (vgl. Wundt 1874).

Stimulative und sedative Musik können anhand charakteristischer musikalischer Parameter identifiziert werden. Stimulative Musik mit einem hohen Erregungspotenzial wird besonders durch Tempo und Rhythmus bestimmt. Akzentuierte, perkussive Rhythmen in mittlerem bis hohem Tempo besitzen ein höheres Erregungspotenzial als Musik, die diese Merkmale nicht aufweist. Weitere Attribute sind hohe Lautstärke mit ausgeprägter Dynamik, erweiterter Ambitus und verdichtete Rhythmen in der Melodik, die sich in einer verstärkten physiologischen Reaktion manifestieren (vgl. Radocy und Boyle 1997, S. 32). Musik mit hohem Erregungspotenzial ist demnach eher laut, komplex, unbekannt, schnell und rhythmusbetont. Bei sedativer Musik mit niedrigem Erregungspotenzial verhält es sich gegenteilig. Beruhigende Elemente stellen hier nicht-perkussive Legato-Klänge mit minimierter rhythmischer Aktivität dar. Die Lautstärke ist als mäßig bis gering einzustufen, die Melodik bewegt sich in engem Ambitus. Das Metrum weist eine monotone Regelmäßigkeit auf (ebd.). Insgesamt besteht hier ein hoher Ähnlichkeitsgrad zur empfundenen Komplexität und der Musikpräferenz, wie in Abb. 2 beschrieben wurde.

Musik transportiert auch immer selbstbezügliche Bedeutungen und Emotionen, die auch individuelle Assoziationen bedingen können. Melodische, harmonische, rhythmische Strukturen des Musikstücks beeinflussen gerade durch diese persönlichen Assoziationen den Gefallensgrad (Jungaberle et al. 2001, S. 14). Diese können erfreuliche oder traurige Erinnerungen, Gedanken oder anderweitigen emotionalen Inhaltes sein. Die Wertschätzung eines Musikstückes hängt entscheidend von den individuellen Empfindungen aufgrund der inhärenten Qualitäten eines Musikstückes ab. Darüber hinaus scheint es eine genetische, angeborene Disposition für die Präferenz von harmonischer Konsonanz vor Dissonanz zu geben.

3.2.2 Determinanten von Musikpräferenzen: Der Rezipient

Die wichtigsten hörerspezifischen Aspekte der Ausprägung von Musikpräferenzen betreffen vor allem den sozialen Status, Alter, Persönlichkeit und musikalische Bildung. Im Einzelnen führen Prestige und Fügung in einer bestimmten sozialen Gruppe (Peer-Group) zu Einflüssen auf die musikalischen Präferenzen, welche auch als compliance and prestige effects bezeichnet werden. Die Zugehörigkeit zu einer Peer-Group äußert sich demnach auch in den Musikpräferenzen, wodurch innerhalb der Gruppe ein gewisser sozialer Status erreicht bzw. erhalten werden soll. Unpopuläre Musikpräferenzen führen unter Umständen zu einem verminderten sozialen Status innerhalb der Peer-Group und werden deshalb nicht ausgelebt. Es kommt zu einer Konformität durch den Einfluss von Mehrheiten.

Die musikalische Entwicklung im Verlauf der Ontogenese beinhaltet genauso eine Veränderung der musikalischen Präferenzen in Abhängigkeit des Lebensalters. LeBlanc (1991) versuchte, die Entwicklung der Musikpräferenzen über die gesamte Lebensspanne zu erfassen und zu erklären. Eine wichtige Erkenntnis LeBlancs ist, dass das Interesse und der Gefallen an Musik über die gesamte Lebensspanne nicht abnimmt. Seine Ergebnisse fördern die Annahme, dass unterschiedliche Altersgruppen lediglich ihre eigenen Musikpräferenzen ausprägen und nach Passieren einer kritischen Phase in der Entwicklung auch beibehalten. Unterstützung erhalten LeBlancs Ergebnisse von North und Hargreaves (1995, S. 63f.), die mehrfach die Musikpräferenzen in Relation zum Lebensalter untersuchten. Genannt wird hier die späte Jugend bzw. das frühe Erwachsenenalter als kritische Periode für die Fixierung von Musikpräferenzen. Weiterhin wurde festgestellt, dass das Lebensalter oft mit den Musikpräferenzen für einen bestimmten Künstler resp. eine bestimmte Künstlerin korrespondiert, der bzw. die in der kritischen Periode in der Musikszene erfolgreich und in den Medien präsent war (vgl. North und Hargreaves 2002, S. 397). Zu beachten ist hierbei, dass die erwähnten Studien keinen Hinweis darauf geben, ob und wie Musikpräferenzen nach dieser kritischen Phase verändert werden können, wie es z. B. Jost oder Kloppenburg postulieren. Dollase (1997, S. 348) hingegen beschreibt ab Mitte der dritten Lebensdekade eine „[…] Abnahme des Musikinteresses bei gleichzeitiger Zunahme anderer (beruflicher, familiärer) Interessen". Im Zuge dessen nimmt die Dauer des Musikhörens ab, der Stellenwert von Musik sinkt, das emotionale Engagement bezüglich Musik und die Funktionalisierung nehmen ebenfalls ab. Sollte Dollase mit seiner Annahme über die Entwicklung der Bedeutung von Musik Recht haben, ist dieser Sachverhalt in der speziellen Situation sozialer Zusammenkünfte (z. B. Partys etc.) der Musikrezeption weniger von Bedeutung, da hier weiterhin Musik ein fester Bestandteil der situativen Gegebenheiten ist.

Wenn auch der Einfluss der Persönlichkeit eine untergeordnete Rolle bei der Entwicklung bestimmter Musikpräferenzen zu spielen scheint, zeigen einige Studien jedoch einen nicht unerheblichen Effekt. Dabei ist das Persönlichkeitsmodell von Eysenck und Eysenck von besonderer Bedeutung. Die Persönlichkeitsforscher sind unter anderem der Frage nachgegangen, inwieweit Persönlichkeitsmerkmale wie Introversion und Extraversion mit abweichendem sozialen Verhalten oder Konditionierbarkeit einhergehen (vgl. Eysenck und Eysenck 1975). Sie bedienten sich der Messung physiologischer Prozesse, um eine Verbindung zu den Persönlichkeitsmerkmalen herzustellen. Bei Extrovertierten konnte eine erhöhte Reizschwelle des aszendierenden retikulären Aktivierungssystems (ARAS) festgestellt werden. Ferner gehen von der Formatio reticularis vermehrt hemmende Impulse aus. Folglich befinden sich Extrovertierte in einem permanent verminderten Erregungsprozess durch die Umwelt, der durch entsprechendes Verhalten kompensiert werden soll. Das kann sich in Risikofreude, Offenheit, Lebhaftigkeit etc. äußern. Bei Introvertierten verhält es sich gegenteilig. Eine verminderte Reizschwelle des ARAS setzt diese Personen einer chronischen Reizüberflutung aus. Introvertierte meiden deshalb Situationen mit hohem Erregungspotenzial, sie sind in der Regel pessimistischer und reservierter als Extrovertierte und trainieren sich entsprechende Verhaltensweisen an. Eysenck und Eysenck gingen davon aus, dass Introvertierte deshalb leichter einer operanten Konditionierung erliegen, was sie unter anderem durch Lidschluss-Experimente nachwiesen. Ihre Theorie lässt sich möglicherweise mit Erkenntnissen der Präferenzforschung parallelisieren. Kloppenburg postuliert die Modifizierbarkeit von Musikpräferenzen durch operantes Konditionieren (s. oben). Das bedeutet, dass die Musikpräferenzen introvertierter Personen möglicherweise nicht die Stabilität aufweisen wie bei Extrovertierten. Entsprechende Situationen und

Ereignisse führen dann leichter zu einer Präferenzverschiebung. Weiterhin existieren Hinweise, dass Hörer, die klassische Musik präferieren, konservativer ausgerichtet sind als Hörer von Stilrichtungen sogenannter ‚Problem-Musik' (z. B. Rap oder Hard Rock). Letztere scheinen liberaler eingestellt zu sein (vgl. North und Hargreaves 2008, S. 116). Außerdem scheinen konservative Attitüden gegenüber Sexualität und Religion sich in einer Abneigung dieser Problem-Musik zu äußern.

3.2.3 Determinanten von Musikpräferenzen: Der Rezeptionskontext

Der Rezeptionskontext bzw. die situativen Bedingungen, in denen die Musikrezeption erfolgt, stellen den dritten relevanten Hauptfaktor in der Ausprägung von Musikpräferenzen dar.

In einer frühen Studie von Konečni (1976) wurde bereits die ausgedehnte Beziehung von Situation und Emotion auf die momentan präferierte Musik belegt. In dieser wurde die abnehmende Häufigkeit in der Wahl von komplexen Melodien nachgewiesen, wenn die Hörer zuvor durch entsprechende Reize zu aggressiver Stimmung angeregt wurden (vgl. Konečni et al. 1976, S. 52f.). Der Autor dieser Untersuchung räumte später ein, dass die künstliche Herbeiführung spezifischer Stimmungszustände zur Erhebung der Präferenzmodifikation eher ungeeignet ist und Situationen, die zu Assoziationen mit realen Gegebenheiten anregen, zu aussagekräftigen Ergebnissen führen (vgl. Konečni 2010, S. 705). Aufgrund der gegebenen Relevanz werden weitere wichtige Untersuchungen zur Ausprägung und Veränderung situativer Musikpräferenzen, vor allem durch kontextuelle Einflüsse, im folgenden Abschnitt beschrieben.

3.3 Empirische Forschung zur Entwicklung von situativen Musikpräferenzen

Die musikpsychologische Forschung beschäftigt sich bereits seit einigen Jahrzehnten mit der Untersuchung von Musikpräferenzen und deren Beeinflussbarkeit in speziellen Situationen. Was aber determiniert die situative Musikpräferenz? Zahlreiche Studien belegen eine hohe Korrelation zwischen der präferierten Musik und den situativen Bedingungen, insbesondere des emotionalen Status des Rezipienten.

Bis zu Beginn der 1980er Jahre wurde aufgrund alltagsempirischer Beobachtungen von einer Modifizierbarkeit der musikalischen Präferenzen in stimmungskongruentem Sinne ausgegangen, ohne dieses Prinzip je in Frage zu stellen. Erst durch die Forschungen von Schaub (1981) wurde eine erste Überprüfung dieser Annahme vorgenommen. Die Beeinflussung musikalischer Präferenzen mittels alltäglicher, situativer Gegebenheiten unterliegt viel komplexeren Mechanismen, als dass diese allein durch das Iso-Prinzip (Erklärung folgt weiter unten) erklärt werden könnten. Die empirischen Forschungen zur Beeinflussung von Musikpräferenzen bieten mittlerweile ein differenziertes Bild zu deren Ursachen und beeinflussenden Faktoren. Unabhängig von Persönlichkeit und Befindlichkeit existieren stereotype Präferenzen und Musikwünsche, die deren Erfassung jedoch erschweren. Häufig wird angegeben, die Musik solle schön, heiter, beruhigend, belebend, fröhlich etc. sein. Die Subjektivität dieser Beschreibung zeigt sich allein in der Anzahl unterschiedlicher Musikstile, da keine Uniformität in den musikalischen Präferenzen existiert.

Flath-Becker (1984) untersuchte den Einfluss von Stress auf die musikalischen Präferenzen. In Situationen psychischer Anspannung in Form von Zeitdruck beim Lösen einer Denkaufgabe zeigten die Versuchspersonen eine vermehrte Auswahl von strukturell einfacherer Musik (vgl. Flath-Becker und Konečni 1984, S. 48f.). Dieser Effekt war bei musikalisch Gebildeten geringfügig schwächer ausgeprägt. Die Hierarchie des Komplexitätsgrades der Musik bezog sich hauptsächlich auf die rhythmischen Strukturen. Bei der Untersuchung wurde die Präferenz anhand der Hördauer von realen Musikstücken ermittelt, die sich vor allem in Instrumentierung und Rhythmus unterschieden. Diese Ergebnisse zeigen ebenfalls, dass der Komplexitätsgrad eines Musikstückes hoch individuell ist und von subjektiven Faktoren beeinflusst wird. In diesem Fall ist der Faktor der musikalischen Vorbildung der Versuchspersonen von Flath-Becker für die Wahl komplexerer Musikstücke verantwortlich, da diesen entsprechende Musikstücke folglich weniger komplex erscheinen.

Schaub führte 1981 eine Studie durch, in der er Musikpräferenzen bzw. Musikwünsche in Abhängigkeit der Stimmung des Rezipienten untersuchte. Er bezog sich dabei auf die Variablen ‚Freude – Glück‘, ‚Trauer – Melancholie‘, ‚Wut – Ärger‘ sowie ‚Ruhe – Gelassenheit‘. Nachgewiesen wurde in dieser Studie eine stimmungskongruente Auswahl von Musik durch die Rezipienten, was auch unter dem Terminus Iso-Prinzip (vgl. Schwabe 1978) bekannt ist. Das bedeutet, dass traurig gestimmte Hörer seltener fröhliche Musik präferieren als fröhlich gestimmte Hörer, sowie dass ein Bedürfnis nach einer Musik besteht, die eine hohe Übereinstimmung mit der eigenen Befindlichkeit widerspiegelt (vgl. Schaub 1981, S. 267).

Behne untersuchte 1984 die Befindlichkeit und Zufriedenheit als Determinanten situativer Musikpräferenzen. In dieser Studie wurde gezeigt, dass die Musikpräferenzen eines Individuums nur mäßig stark durch die situative Befindlichkeit beeinflusst werden (vgl. Behne 1984, S. 19). Er verwendete einen erweiterten Fragebogen nach Schaub (vgl. ebd.), da er dessen Validität aufgrund des geringen Umfangs für eingeschränkt hielt. Behne gestand jedoch zu, dass die Formulierung „Die Musik, von der ich mich im Moment am besten verstanden wüßte [sic], wäre […]" geschickt die situative Präferenz erfasst, da er davon ausgeht, dass die Musik, von der man sich momentan am besten verstanden wüsste auch diejenige ist, die man momentan am liebsten hören würde. Er konnte jedoch keinen Effekt nach dem Iso-Prinzip im Sinne der musiktherapeutischen Literatur nachweisen. Durch das erweiterte Versuchsdesign im Schaub'schen Sinne wurde das Iso-Prinzip nur bei Personen bestätigt, die ihre Befindlichkeit mit ‚Zufriedenheit‘ klassifizierten. Bei Versuchsperson, die unzufrieden mit ihrer Befindlichkeit waren, wurden vermehrt Kompensationseffekte beobachtet. Interessant hierbei war der Nachweis, dass Musikpräferenzen mindestens durch vier Variablen beeinflusst werden. Diese sind stereotype Musikwünsche der Versuchspersonen, die situative Befindlichkeit, die Bewertung dieser Befindlichkeit und naive Theorien über die Wirksamkeit von Musik.

Besonders die naiven Theorien über Musik, die mit der bereits angesprochenen musikalischen Vorbildung zusammenhängen, spielen Behnes (ebd.) Ansicht nach eine große Rolle für die Präferenzausprägung. Musikalische Naivität bedingt Werturteile über Musik und Musikpräferenzen, die einer individuellen Betrachtung bedürfen. Die musikalische Vorbildung des Rezipienten und die individuellen Erfahrungen schlagen sich möglicherweise in einer Korrelation zwischen verschiedenen, eigentlich unabhängigen Urteilsskalen nieder. Dabei kann es sich z. B. um die Skalen langsam – schnell und langweilig – interessant handeln. Diese Individualkorrelationen führen dazu, dass ein musikalisch nicht vorgebildeter Hörer ein langsames Stück möglicherweise als langweilig einstuft und schnelle als interessant klassifiziert.

Ein weiterer interessanter Faktor der Einflussnahme auf die situativen Musikpräferenzen ist deren Sensibilität gegenüber Alkohol. Dieser Umstand ist aufgrund der mannigfaltigen Situationen des parallelen Konsums von Alkohol und Musik von besonderer Bedeutung, der gerade bei Jugendlichen eine große Rolle spielt. Das statistische Bundesamt teilte im Januar 2011 mit, dass die Anzahl behandlungsbedürftiger akuter Alkoholintoxikationen bei Jugendlichen (10 bis 20 Jahre, 26.400 Fälle) 2009 im Vergleich zum Jahr 2000 um 178 % gestiegen ist (vgl. Statistisches Bundesamt 2011). In einer Studie zur Modifikation von Musikpräferenzen unter Alkoholeinfluss konnte gezeigt werden, dass eine akute Alkoholintoxikation charakteristische Determinanten der Musikpräferenzen, die vor allem mit dem Erregungsspotenzial der Musik korrelieren, aktiv modifiziert werden (vgl. Reinhardt 2011, S. 161ff.). Diese betreffen vor allem die Lautstärke, das Tempo sowie das Genre der gewählten Musikstücke. Eine nicht alkoholisierte Kontrollgruppe zeigte keinerlei Veränderung der Musikpräferenzen, wohingegen starke Modifikationen mit zunehmender Alkoholisierung bei der Experimentalgruppe auftraten. Eine progrediente Alkoholisierung führte zu einer hoch signifikant zunehmenden Präferenz für höhere Lautstärken, schnellere Tempi und zur Präferenz von strukturell einfacheren Musikstücken. Diese entstammen vorwiegend den Genres Electro und Schlager, die zunehmend zu ungunsten der Genres Rock, Pop und Rap gewählt werden. Basierend auf den ermittelten Resultaten wird in dieser Studie ein Modell der Modifikation von Musikpräferenzen unter Alkoholeinfluss vorgeschlagen (ebd., S. 164). Dieses geht davon aus, dass den alkoholbedingten Einbußen des hedonistischen Potenzials der Musik durch die Adaption hin zu stärker aktivierenden Parametern der zunehmend sedierenden Wirkung des Alkohols entgegengewirkt werden soll, um den ursprünglichen Genuss der Musikrezeption zu erhalten. Es konnte nicht festgestellt werden, dass Musikrezeption unter Alkoholeinfluss trotz des wesentlich höher präferierten Erregungspotenzials zu stärkeren psychophysiologischen und emotionalen Reaktionen führt, sofern diese durch die erhobenen physiologischen Indikatoren erfasst werden konnten. Wie zuvor erwähnt, können häufige Vorkommnisse oder Schlüsselerlebnisse zu langfristigen Einstellungsänderungen führen. Häufig vorgenommene Alkoholisierungen könnten sich demnach nachhaltig auf den Musikgeschmack und / oder die Einstellung zur Musik auswirken.

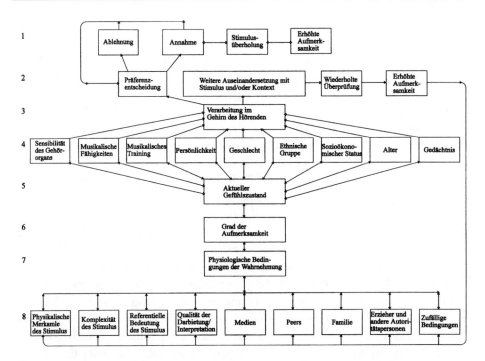

Abb. 3 Interaktives Modell der Entwicklung von Musikpräferenzen nach LeBlanc (1982). Trotz der hierarchischen Gliederung sind alle Faktoren untereinander verbunden und beein-flussen sich gegenseitig (vgl. Kloppenburg 2005)

3.4   Musikpräferenzmodelle und Theorien

Die erste seriöse Studie zur Entwicklung von Musikpräferenzen im Sinne einer konkreten Präferenzentscheidung im Kontext einer bestimmten Situation stammt von LeBlanc (1982, vgl. Abb. 3). Interessant ist, dass in seiner postulierten interactive theory of music preference weitgehend alle zuvor erläuterten beeinflussenden Faktoren von Musikpräferenzen eine Rolle spielen. Als interaktives Modell konstruiert, interagieren die beschriebenen Faktoren auf verschiedenen Ebenen, was als hierarchischer Prozess verstanden werden kann. Die Basis wird von sozialen und musikalischen Faktoren gebildet, die ihren Einfluss über mehrere Ebenen der Verarbeitung hinweg auf das zentrale Nervensystem des Rezipienten ausübt. Hier kommt es schließlich zu einer konkreten Entscheidung für ein bestimmtes Musikstück. Über Feedback-Schleifen auf mehreren Ebenen und Sammlung von Erfahrungswerten wird eine Modifikation der Musikpräferenz vorgenommen oder aufrecht erhalten. Auf der Ebene der Prozessierung im zentralen Nervensystem des Rezipienten ist ebenfalls ein Verständnis des Modells als Regelkreis möglich, da sich die gesamten Informationen auf dieser Ebene bündeln und nach wenigen weiteren Verarbeitungsschritten wieder der Basis zufließen.

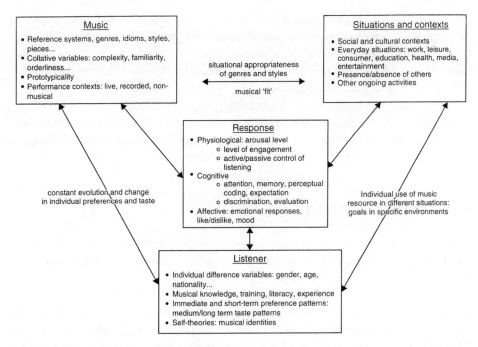

Abb. 4   Reciprocal feedback model of musical response. Beschrieben wird der simultane bidirektionalen Einfluss auf Musikpräferenzen durch die drei Hauptwirkgrößen Situation/Kontext, Musik
und Rezipient sowie der zentral angeordneten physiologisch-kognitiv-affektiven Komponenten
(vgl. Hargreaves et al. 2005)

Ein neueres Modell zur Entwicklung von Musikpräferenzen, das reciprocal feedback model of musical response, stammt von Hargreaves, MacDonald und Miell
(2005). Obwohl der Fokus nicht direkt auf den Musikpräferenzen lastet, liegt der
Vorteil dieses Modells in einer rekursiven Anlage unter der Berücksichtigung der drei
Haupteinflussgrößen von Musikpräferenzen: Musik, Rezipient und Rezeptionskontext
(vgl. Hargreaves et al. 2005, S. 7ff.) (vgl. Abb. 4).

Das Modell beschreibt geschickt den gegenseitig simultanen bidirektionalen Einfluss
dieser drei Faktoren untereinander. Zentral ist die Response-Box angeordnet, in der
alle Informationen zusammenfließen und gleichzeitig Ausgangspunkt beeinflussender
Parameter auf die drei Hauptgrößen ist. In der Response-Box sind eine physiologische,
eine kognitive und eine affektive Komponente eingegliedert. Die Musikpräferenzen letztendlich sind Teil der affektiven Komponente in Form von emotionalen Reaktionen und
Stimmungen auf das rezipierte Musikstück, die sich in einer Ablehnung oder Annahme
des Musikstücks manifestieren. Ebenso erscheinen Musikpräferenzen als Teil des
Rezipientenfaktors in Form von kurzfristigen Präferenzmustern (short-term preference
patterns) sowie mittel- und langfristigen Musikgeschmacksausprägungen (medium/
long term taste patterns). Die Beziehung zwischen Musik und Rezeptionskontext

gestaltet sich als ein Abgleich der Angemessenheit von Musikgenre und Situation, wobei zwischen Musik und Rezipient eine fortwährende ‚Evolution' und Veränderung der individuellen Musikpräferenzen auftritt. Weiterhin besteht die wechselseitige Beziehung von Rezeptionskontext und Rezipient in der Funktionalisierung und dem zweckdienlichen Gebrauch von Musik in situationsspezifischen Begleitumständen.

Wenn auch schlüssig unter Berücksichtigung der Haupteinflussfaktoren von Musikpräferenzen formuliert, ergeben sich in diesem Modell aufgrund der umfassenden gegenseitigen Einflussnahme Schwierigkeiten in der Vorhersage der Entwicklung bei einer Veränderung des Inputs eines einzelnen beeinflussenden Parameters.

3.5 Zusammenfassung

Der vorstehende Abschnitt hat versucht, ein Bild von Musikpräferenzen zu zeichnen, das als Abbild des musikalischen Sozialisationsprozesses angesehen werden kann. Die Vorliebe für ein bestimmtes Musikstück muss immer im Kontext der Situation betrachtet werden, in der es rezipiert wird. Die Musik wird häufig im Sinne einer Situationsbewältigung funktionalisiert. Herausgearbeitet wurde, dass Musikpräferenzen oft eine rein situationsbezogene Musikauswahl darstellen, in denen der emotionale Zustand und die Befindlichkeit der Rezipientin bzw. des Rezipienten eine entscheidende Rolle spielen. Je nach Erregungspotenzial, transduzierter Emotion und subjektiver Assoziation erfolgt eine Selektion der zu rezipierenden Musik nach hoch individuellen Präferenzmustern. Schließlich kommt es zu einer Präferenzentscheidung, der eine Antizipation der funktionalen Eigenschaften des Musikstückes vorausgeht und der Befriedigung der situativen Bedürfnisse gerecht wird. Im besonderen Maße wirkt die Autorität einer Peer-Group als einer der bedeutendsten Einflussfaktoren auf den Rezipienten ein. Der musikalische Sozialisationsprozess erfährt hier im Jugendalter eine starke Manipulation.[1]

4 Empirische Studien

4.1 Musikalische Sozialisation gestern (1986) und heute (2011) im Vergleich

Folgt man allen gängigen Beschreibungen bezüglich der Präferenzen von Jugendlichen, so treten während der Pubertät die stärksten Veränderungen innerhalb der musikalischen Vorlieben auf.

Bei Kindern bilden die Eltern einen Anhaltspunkt für die Bildung von Wertvorstellungen (primäre Sozialisation). Dann tritt die Peer-Group auf den Plan, eine

---

[1] Kapitel 3 stammt auszugsweise aus Reinhardt 2011.

Gruppe gleichaltriger und gleichgesinnter Jugendlicher, die von nun an für eine Weile die Orientierung ermöglicht (sekundäre Sozialisation). Aber für die meisten Jugendlichen tritt nach einiger Zeit dann auch hier ein Ablösungsprozess auf, der durch die allmähliche Bildung eigener individueller Einstellungen und Werte entsteht. Dies gilt auch für die musikalischen Einstellungen. Der Übergang von primärer und sekundärer Sozialisation wurde 1986 durch ein Experiment an Schülerinnen und Schülern gezeigt (vgl. Rötter 1986). Diese Studie wurde im Jahr 2011 wiederholt, um zu prüfen, ob sich im Laufe der letzten 25 Jahre Änderungen im Verhalten Jugendlicher ergeben haben. Man kann hier also von einer Art Längsschnittstudie sprechen, wenngleich sie an unterschiedlichen Probanden erhoben wurde.[2]

Die beiden Haupthypothesen lauteten:

1. Der Musikgeschmack wird bei jüngeren Schülerinnen und Schülern überwiegend durch die Eltern bestimmt.
2. Als Zeichen der zweiten Sozialisation bestimmen dagegen Freunde den Geschmack der 13- bis 18-Jährigen.

Zusätzlich wurde damals untersucht, wie groß der Einfluss der Medien auf die Präferenzbildung ist. Es wurde auch nach Geschlechtsunterschieden bei der Ausprägung musikalischer Präferenzen gefragt.

Die erste Studie (1986) wurde an 104 Schülern von Berliner Gymnasien durchgeführt. Die Stichproben stammten aus einer fünften Klasse (ca. 10 Jahre), einer siebten Klasse (ca. 13 Jahre) und einer Oberstufenklasse (ca. 18 Jahre).

Die Fragen lauteten:

1. Welches Musikstück hörst Du zur Zeit am liebsten?
2. Wie hast Du dieses Musikstück kennengelernt?
3. Wie gefällt Deinen Eltern das Musikstück?

Die zweite Studie (2011) wurde an 204 Schülern eines Dortmunder Gymnasiums durchgeführt.[3] Die Stichproben stammten aus Klassen, die in etwa der Altersstruktur der Studie von 1986 entsprachen.

Es wurde derselbe Fragebogen verwendet.

4.1.1 Musikalische Präferenzen der Jugendlichen

Die Auswertung ergab 1986, dass sich die musikalischen Präferenzen vorwiegend auf die aktuellen Musiktitel der Hitparaden und etwa gleichermaßen häufig auf andere

---

[2] An dieser Stelle werden die Ergebnisse dieser Studie erstmalig veröffentlicht.
[3] Wir danken Frau StR' Manuela Paula Monte für die Durchführung der Studie und für anregende Diskussionen.

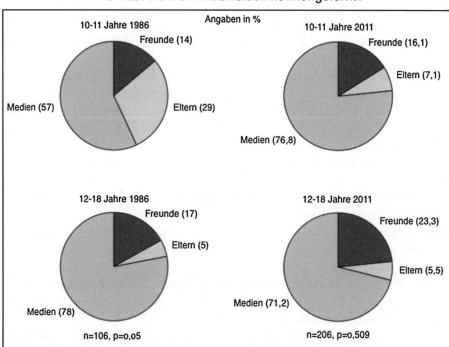

Abb. 5 Prozentuale Angaben der Antworten zur Frage „Wie hast Du Dein Musikstück kennenge-lernt" bei 10 bis 11- bzw. 12–18-Jährigen im Vergleich 1986 und 2011

Kategorien wie Jazz und ältere bzw. experimentelle Rockmusik bezogen. Nur geringfügig –wie zu erwarten – wurde klassische Musik angegeben; insbesondere unter der Gruppe der 13-Jährigen wurde diese Musik nur von 2 % der Schüler gewählt.

2011 hört nur ein verschwindend geringer Anteil der 206 Schüler Klassik (vier Schüler) oder Schlager (drei Schüler). War früher die Aussage, dass Schüler zwischen zehn und elf Jahren und 18-Jährige eher klassische Musik hören als 13-Jährige belegbar, so lässt sich dies heute nicht mehr zeigen. Mit 43,7 % sind die Musiktitel der sog. ‚Charts' die Favoriten, dies entspricht der Studie von 1986.

4.1.2 Zugangswege zur präferierten Musik

Die Frage nach der Art des Kennenlernens der Musik ergab 1986 zunächst einen überwiegenden Einfluss der Medien mit 60 %, wobei Radio und Fernsehen die Hauptinformationsquellen bildeten. Nur 2 % der Schüler gaben an, dass sie ihre Musik über den Musikunterricht kennengelernt hätten. Diese Situation hat sich bis heute nicht geändert (vgl. Abb. 5).

Untersucht man die Unterschiede zwischen den Altersgruppen, so sind die Eltern bei den 11-Jährigen wesentlich bestimmender für den Musikgeschmack als für die älteren

Schüler, was für die Theorie der zwei Sozialisationsstufen spricht. Der Einfluss der Freunde ist bei den jungen und älteren Schülern in beiden Studien etwa gleich groß.

Die Einwirkung der Peer-Group bei den Älteren wurde als eine wichtige Einflussgröße vermutet. Stattdessen aber erwiesen sich bei den älteren Schülern mit 78 % die Medien als bedeutsam und auch bei den Jüngeren stellten sich die Medien mit immerhin 57 % als stärkste Einflussgröße für die musikalischen Präferenzen dar. Wir deuteten dies damals in dem Sinne, dass ein Meinungsführer in der Peer-Group (Opinion-Leader) bestimmt, welche Sendung man höre, um mitreden zu können. Diese Person nutze die Medien nämlich intensiver und habe daher gegenüber den Anderen ein Informationsprivileg. Zusammenfassend interpretierten wir dies so: „Bei den 13-Jährigen haben nicht die Medien die Rolle der Eltern als Informanten ersetzt, sondern die neue soziale Gruppe, in der die Jugendlichen sich jetzt befinden, wirkt indirekt, sozusagen getarnt, auf musikalische Präferenz. Die medial besser informierten Opinion-Leader bestimmen, welche Sendung man hört, um dazuzugehören und mitreden zu können. Die interpersonale Kommunikation mit den Meinungsführern der Gruppe ist hier als Kontrollinstanz zu verstehen, aber die Nutzung der Medien ist dann wieder Sache des Einzelnen" (Rötter 1986, S. 364f.).

Nun ergibt die Studie von 2011 ein anderes Bild: Die Rolle der Eltern ist sowohl bei den jüngeren als auch bei den älteren Schülern nicht mehr bedeutsam. Der Anteil der Freunde als Informationsquelle ist bei den Älteren nur um 6,3 % gestiegen. Die Medien bestimmen vorwiegend die Präferenzbildung. Hier wäre nun die drastisch veränderte Art der Mediennutzung zu erwähnen. So lassen sich zum Beispiel die Kategorien ‚Freunde' und ‚Medien' nicht mehr trennen. Die Präferenzbildung verläuft häufig über soziale Netzwerke wie z. B. Facebook. Hier kann man auf einer Pinnwand die Lieblingsmusik (z. B. Link zu Youtube) hinterlegen und mit Bekannten austauschen. Aber auch hier ist zu vermuten, dass ein Meinungsführer einer Gruppe die Aktivitäten beeinflusst.

4.1.3 Einstellung der Eltern zur Musik der Jugendlichen

Die Frage, ob den Eltern das Lieblingsstück gefalle, wurde zum einen nach Geschlecht differenziert und zum anderen nach dem Alter unterschieden.

Zunächst ergibt sich in der Studie von 1986 ein signifikanter Geschlechtsunterschied: Besonders Jungen geben an, dass ihre Eltern deren Musik nicht mögen (73 %). Hingegen beträgt dieser Wert bei den Mädchen nur 45 %.

Bei der Variablen Geschlecht fällt außerdem auf, dass sich die Zustimmung und die Ablehnung von Seiten der Eltern über die von den Schülerinnen gewählten Musikstücke in der Studie von 1986 etwa die Waage halten. 2011 sind Ablehnung und Zustimmung bei den Schülern gleich, aber bei den Schülerinnen zeigt sich jetzt, dass besonders viele Eltern die Lieblingsstücke ihrer Töchter mögen (76,1 %). Beim männlichen Anteil der Stichprobe sind die Wahlen für Zustimmung und Ablehnung der Eltern gleich groß.

Im Falle der Studie von 1986 wäre eine mögliche Erklärung, dass sich die Pubertät in Form von größeren Aggressionen bei den Schülern durch die Wahl eines besonderen Stils, der von den Eltern nicht präferiert wird, niederschlägt. Die Schülerinnen sind

Tab. 1 Prozentuale Antwortverteilungen auf die Frage „Gefällt Deinen Eltern das Musikstück" 1986 (n = 104, p = 0,05) und 2011 (n = 129, p = 0,003) nach Geschlecht

	ja 1986	nein 1986	ja 2011	nein 2011
männlich	27,0	73,0	50,0	50,0
weiblich	55,0	45,0	76,1	23,9

Tab. 2 Prozentuale Antwortverteilungen auf die Frage „Gefällt Deinen Eltern das Musikstück" 1986 (n = 106, p = 0,05) und 2011 (n = 128, p = 0,43) nach Alter

	ja 1986	nein 1986	ja 2011	nein 2011
10–11 Jahre	58,0	34,0	77,8	22,2
12–18 Jahre	42,0	66,0	58,1	41,9

aufgrund ihrer unterschiedlichen sozialen und biologischen Determination nicht so aggressiv und eher den Präferenzen der Eltern angepasst.

In der Studie von 2011 wäre der Gleichstand zwischen Zustimmung und Ablehnung bei den Schülern dadurch zu erklären, dass die heutige Elterngeneration stärker an die Pop- und Rockmusik gewöhnt ist; teilweise war dies je bereits Teil ihrer eigenen Sozialisation. Der nun noch größere Anteil der elterlichen Zustimmung bei den Schülerinnen mag möglicherweise daran liegen, dass sie mit eher ‚weichen' Musiktiteln die Präferenz ihrer Eltern noch besser treffen (vgl. Christenson und Peterson 1988, S. 297f.) (vgl. Tab. 1).

Untersucht man die elterlichen Urteile nach den beiden Altersgruppen getrennt, zeigt die ältere Studie erwartungsgemäß, dass die Eltern der jüngeren Probandengruppe deren Musik zu 58 % akzeptieren, wohingegen es bei den älteren Schülern nur noch 42 % sind. Die Ablehnung hat in dieser Gruppe mit 66 % ihren größten Wert.

2011 finden sich in beiden Gruppen weniger Ablehnungen und dafür mehr Zustimmungen. Dies ist ein klarer Beleg dafür, dass Musik als Ausdruck pubertären Protests an Bedeutung abgenommen hat. Ein Grund dafür könnte darin liegen, dass die heutige Elterngeneration mit einer Musik aufgewachsen ist, die bereits eine ähnliche Klangstruktur wie die Musik ihrer Kinder besaß (vgl. Tab. 2).

Zusammenfassend kann man sagen, dass in den letzten 25 Jahren die Bedeutung der Eltern als Grundlage für die Bildung von Präferenzen bei jüngeren Schülern deutlich zurückgegangen ist. Bei den älteren Schülern lässt sich außerdem feststellen, dass sich der klassische Generationenkonflikt bei den musikalischen Präferenzen nicht mehr zeigt, man kann einen Wechsel von einer primären zu einer sekundären Sozialisation anhand unserer Daten nicht mehr ausmachen.

4.2   Der Einfluss von Musik auf kognitive Leistungen Jugendlicher

Im Folgenden soll über eine Reihe von Studien zum Thema ‚Musik bei den Hausaufgaben' berichtet werden. Möglicherweise weist der heutige Umgang der

Jugendlichen mit Musik auf Veränderungen der Hörgewohnheiten hin. Zunächst folgt ein kurzer Bericht über bisherige Forschungsergebnisse. Der Forschungsstand zu diesem Thema ist überschaubar und nur bedingt widersprüchlich.

Drewes und Schemion (1992) untersuchten an ca. 50 Probandinnen und Probanden, ob Musik bei Lernaufgaben einen Effekt auf die Qualität dieser Ergebnisse habe. Dabei wurden drei unterschiedliche Testsettings miteinander verglichen: eine Versuchsgruppe hörte beim Lösen der Aufgaben selbstgewählte Musik, eine andere Gruppe seitens des Forscherteams vorgegebene Musik und eine dritte Kontrollgruppe löste die Aufgaben ohne Musik. Beide Musikarten beeinflussten die Leistungen der Aufgaben mit sehr unterschiedlichen Anforderungen nicht (d2-Test, IST 70, Textanalyse). In diesem Zusammenhang bemerkt Kopiez (2009), dass die Aufgabenstellung zu einfach gewesen sei und daher keine Beeinflussung durch die Musik stattfand. Dies kann als Erklärung allerdings nur für den d2-Durchstreichtest gelten.

Klatte und Hellbrück (1993) und Klatte, Kilcher und Hellbrück (1995) berichten von einem Experiment, mit dem die Hypothese geprüft werden sollte, ob Musik im Sinne eines störenden Hintergrundgeräusches (Irrelevant Speech Effekt) die Leistungen bei einer Aufgabe, in der man sich Zahlen merken sollte, beeinflusst. Besonders markant zeitlich-strukturierte Musik, wie eine Flötenmusik mit staccato oder Musik mit hohem Tempo, beeinflusste die Leistungen. Diese Musik konnte die Leistungsminderung anderer störender Schallquellen wie einer Hintergrundsprache erreichen. Im Gegensatz zur Studie von Drewes und Schemion (1992) hatten die Probandinnen und Probanden aber hier keine Möglichkeit, die Musik selbst zu bestimmen. Da diese Studie aus dem Bereich der Lärmforschung stammt, ist dies insofern verständlich, als dass Lärm nicht freiwillig gewählt wird. Um eine Aussage zum Thema Hausaufgaben zu treffen ist aber die freiwillige Auswahl der Musik durch die Probandinnen und Probanden notwendig. In der Regel befinden sich auf in den Musiksammlungen der Schülerinnen und Schüler nur präferierte Musikstücke.

Pool, Koolstra und van der Voort (2003) untersuchten den Einfluss von Radiomusik und Fernsehsendungen, die während der Erledigung von Hausaufgaben rezipiert wurden. Dabei zeigte sich, dass zwar das ‚Nebenbei-Fernsehen' die Leistung beim Lösen von komplexeren Hausaufgaben beeinträchtigte, das Radio-Hören aber nicht.

Jäncke und Sandmann (2010) spielten Probandinnen und Probanden langsame und schnelle Musikstücke vor, die entweder verstimmt oder nicht verstimmt waren sowie Lärmgeräusche. Es zeigten sich keine Leistungsunterschiede beim Lernen von Vokabeln. Aufgrund der neurologischen Messverfahren, die die Autoren verwendeten, schlossen sie: „The most plausible is that when background music draws more attention verbal learnig performance is kept constant by the recruitment of compensatory mechanisms" (Jänke und Sandmann 2010, S. 1).

Eine Umfrage von Beentjes und van der Voort zeigte (Beentjes and van der Voort 1997, vgl. auch Pool et al. 2003), dass Studierende bei einfachen Aufgaben (Paper and Pencil) Musik als förderlich für die Leistungsfähigkeit einschätzten, aber Musik bei anspruchsvolleren Aufgaben als leistungsmindernd ansahen. Diese Einschätzung stimmt aber mit den empirischen Befunden nicht ganz überein.

Aufgrund dieser Datenlage unternahmen wir 2010 mehrere Experimente,[4] um den Einfluss von Musik auf die Leistungsfähigkeit beim Erledigen von komplexeren Aufgaben zu prüfen. Zunächst ergab eine Befragung an einer Gesamtschule, dass ca. 84 bis 87 % der Schüler bei der Erledigung von Hausaufgaben nebenbei Musik hören. In einem Experiment wurden die Schüler einer 10. Gesamtschulklasse (n = 25) gebeten, zur nächsten Stunde ihr mp3-Abspielgerät mitzubringen, damit sie während des Lösens bestimmter Aufgaben selbstgewählte Musik würden hören können.

Die ersten 25 Minuten der folgenden Stunde durften die Schüler ihr Gerät benutzen und die Musik in selbstgewählter Lautstärke hören, während sie einen Teil der Aufgaben aus einem Intelligenztest lösten, die sich auf das räumliche Denken bezogen (Grundintelligenztest CFT 20 von Cattell, Weiß). Eine Kontrollgruppe (n = 25) musste dieselben Aufgaben lösen, allerdings ohne dabei Musik zu hören. Die Auswertung fand mit Hilfe einer zweifaktoriellen univariaten Varianzanalyse statt (Faktor 1 = ohne / mit Musik, Faktor 2 = Geschlecht, abhängige Variable = Punktwerte des Tests). Beide Faktoren und deren Interaktion waren nicht signifikant. (Faktor 1: df = 1; F = 0,028; p = 0,868. Faktor 2: df = 1; F = 0,037; p = 0,868; Interaktion: df = 1; F = 0,148; p = 0,702). Die Daten sind normalverteilt (Kolmogorov-Smirnov-Z = 1,070, p = 0,202). Die Musik beeinflusste das Lösen des Tests nicht, die Ergebnisse unterschieden sich nicht signifikant von der Kontrollgruppe. Dies ist umso bemerkenswerter, da die meist erhebliche Lautstärke, die jeder Schüler selbst wählen konnte, aus Gründen der Realitätsnähe nicht vom Versuchsleiter kontrolliert wurde (die Musik der meisten Jugendlichen war während der Versuchsdurchführung im Klassenraum außerhalb des Kopfhörers wahrzunehmen). Die gewählte Musik bestand im Übrigen vorwiegend aus sogenannter ‚Atzen-Musik', einer textierten Variante von Techno-Musik.

In einem weiteren Experiment sollte eine Eigenschaft getestet werden, die bei vielen Arten von Hausaufgaben gefordert ist: die Konzentrations- und Leistungsfähigkeit. Die Untersuchung verlief nach folgendem Versuchsplan: Zwei Schulklassen (n = 22 und 29) eines 10. Jahrgangs einer Gesamtschule füllten 25 Minuten lang einen Test aus (KLT Düker, Lienert). Die eine Klasse durfte wie im oberen Experiment Musik hören, die andere musste die Aufgaben ohne Musik lösen. Eine Woche später hörte die Klasse Musik, die beim ersten Mal keine Musik hörte; mit der anderen Klasse wurde umgekehrt verfahren.

Die Auswertung wurde mit einer dreifaktoriellen Varianzanalyse (Faktor 1 = ohne / mit Musik, Faktor 2 = Geschlecht, Faktor 3 = Klasse) vorgenommen. Alle drei Faktoren und deren Interaktion waren nicht signifikant (Faktor 1: df = 1; F = 0,058; p = 0,810. Faktor 2: df = 1; F = 0,379; p = 0,541; Faktor 3: df = 1; F = 0,235; p = 0,597). Die Daten sind normalverteilt (Kolmogorov-Smirnov-Z (mit Musik: Z = 0.647; p = 0,797 ohne Musik: Z = 0,790; p = 0,560).

---

[4] Wir danken Herrn StR Lars Hartmann und Herrn stud. mus. Erhard Strauss für die Mitarbeit bei der Durchführung und Auswertung.

Dies bedeutet, dass die Musik keinen Einfluss auf die Konzentrations- und Leistungsfähigkeit von Schülern hat, wenn man die Werte mit einer Kontrollgruppe vergleicht. Es fand sich außerdem weder ein Unterschied zwischen den beiden Schulklassen noch zwischen den Geschlechtern.[5]

Überblickt man die beschriebenen Studien spricht einiges für eine Wirkungslosigkeit von Musik bei Hausaufgaben. Gerade die letzte Studie, bei der eine recht schwierige Konzentrationsaufgabe und Teile eines Intelligenztests gelöst werden mussten und dies bei selbst gewählter größtenteils lauter Musik, lässt darauf schließen, dass gerade Jugendliche es gelernt haben, Musik auszublenden. Klaus Ernst Behne sprach 1999 von einer ‚Theorie der Wirkungslosigkeit von Musik‘. Und an anderer Stelle fragt er kritisch: „Können wir sowohl die Ohren verschließen (im Kaufhaus, im Wartezimmer), wie in Situationen der bewussten Zuwendung zur Musik (im Konzert, vor der Stereoanlage) sie jedoch wieder öffnen, um Musik in ihrer ganzen Ausdruckskraft zu erleben? Haben wir uns eine ‚Hornhaut im Ohr‘ zugelegt, die uns zu ‚emotional Schwerhörigen macht?‘" (Behne 2001, S. 147). Dies würde gerade für die jüngere Generation gelten, denn diese Effekte scheinen hier besonders deutlich ausgeprägt zu sein. Zum anderen gäbe es neben dem Aspekt der Abstumpfung noch die Möglichkeit, die Jäncke und Sandmann (2010, S. 22) andeuten. In diesem Falle würde Musik in anderen Arealen des Gehirns verarbeitet (vgl. ebd.). Darüber hinaus ist noch eine Einschränkung zu machen: Die Wirkung von funktionaler Musik ist auf der anderen Seite sehr oft nachgewiesen worden (vgl. Rötter 2005, S. 311ff.; 2010, S. 129ff.). Aber die Gewöhnung an Musik führt dazu, dass ihre aktivierende Wirkung nachlässt (vgl. North und Hargreaves 2008, S. 81). Auch wenn die Schülerinnen und Schüler in den beiden letztgenannten Studien laut ihre Lieblingsmusik hörten, so kann es sich dabei um sehr vertraute Musik handeln, deren Wirkung dadurch stark eingeschränkt wird.

5   Ausblick

Die Untersuchungen in Kap. 4 werfen einige Fragen auf. So müsste z. B. in weiteren Forschungen der Einfluss der Medien auf die Präferenzbildung von Jugendlichen, der sich als sehr massiv erwies, wesentlich weiter ausdifferenziert werden. Seit web 2.0, das eine mediale Revolution darstellt, wurde die soziale Komponente des Internets in den Vordergrund gerückt. Für den Außenstehenden geradezu beängstigend sind Entwicklungen wie Facebook Timeline, in das Benutzerinnen und Benutzer ihr ganzes Leben mit ihren persönlichsten Details von der Geburt bis zum Tod der Nutzergemeinschaft zugänglich machen können. Zu diesen Details gehören, und das ist bei der Betrachtung der Facebook-Seiten augenfällig, zu einem großen Teil die musikalischen Präferenzen im Verlauf des Lebens. Hier wäre nun genauer zu untersuchen,

---

[5] Diese Studie ist die dritte Replikation einer Studie. Die Experimente zeigten mit leichten Abwandlungen im Design kongruente Ergebnisse.

welche Mechanismen der Interaktion zwischen Freunden, Meinungsführerinnen und -führern und sozialen Internetplattformen für die Bildung musikalischer Präferenzen wirken.

Die Studien zur Wirkung von Musik auf Jugendliche erwecken zunächst den Eindruck, dass eine neue Generation auftritt, die Musik unter Umständen nicht mehr bewusst erlebt, sondern wie Markenzeichen verwendet. Ob dies wirklich der Fall ist, müsste an Studien zur Wirkung funktionaler Musik in verschiedenen Altersgruppen überprüft werden.

Literatur

Aronson, E., Wilson, T., & Akert, R. (2004). *Sozialpsychologie*. München: Pearson Education Deutschland.

Beentjes, J., & van der Voort, T. (1997). The impact of background media on homework performance: Students' perceptions and experimental findings. In P. Winterhoff-Spurk (Hrsg.), *New horizons in media psychology: Research cooperation and projects in Europe* (S. 175–189). Wiesbaden: Westdeutscher Verlag.

Behne, K. (1976). Zur Struktur und Veränderbarkeit musikalischer Präferenzen. *Zeitschrift für Musipädagogik*, (2), 139–146.

Behne, K. (1984). Befindlichkeit und Zufriedenheit als Determinanten situativer Musikpräferenzen. In K. Behne, G. Kleinen, & H. de la Motte-Haber (Hrsg.), *Musikpsychologie. Empirische Forschung, ästhetische Experimente. Jahrbuch der Deutschen Gesellschaft für Musikpsychologie* (Bd. I, S. 7–21). Wilhelmshaven: Heinrichshofen Verlag.

Behne, K. (1990). *Hörertypologien. Zur Psychologie des jugendlichen Musikgeschmacks*. Regensburg: Gustav Bosse Verlag.

Behne, K. (1993). Musikpräferenz und Musikgeschmack. In H. Bruhn, R. Oerter, & H. Rösing (Hrsg.), *Musikpsychologie. Ein Handbuch* (S. 339–344). Reinbek: Rowohlt.

Behne, K. (1999). Zu einer Theorie der Wirkungslosigkeit von (Hintergrund-) Musik. In K. Behne, G. Kleinen, & H. de la Motte-Haber (Hrsg.), *Musikpsychologie. Jahrbuch der Deutschen Gesellschaft für Musikpsycholgie* (Bd. 14, S. 7–23). Göttingen: Hogrefe Verlag.

Behne, K. (2001). Musik-Erleben: Abnutzung durch Überangebot? Eine Analyse empirischer Studien zum Musikhören Jugendlicher. *Media Perspektiven, 3,* 142–148.

Berlyne, D. (1971). *Aesthetics and psychobiology*. New York: Appleton-Century-Crofts.

Berlyne, D. (1974). Novelty, complexity, and interestingness. In D. Berlyne (Hrsg.), *Studies in the new experimental aesthetics: Steps toward an objective psychology of aesthetic appreciation* (S. 175–180). New York: Halsted Press, Wiley.

Birkhoff, G. (1932). *A mathematical theory of aesthetics*. The Rice Institute Pamphlet 19.

Christenson, P., & Peterson, J. (1988). Genre and gender in the structure of music preferences. *Communication Research, 15*(3), 288–301.

Cicero, M.: de natura deorum 1, 9, 22. Phädrus fabulae 2, prologus 10 ("varietas delectat").

Crozier, J. (1974). Verbal and exploratory responses to sound sequences varying in uncertainty level. In D. Berlyne (Hrsg.), *Studies in the new experimental aesthetics: Steps toward an objective psychology of aesthetic appreciation* (S. 27–90). New York: Halsted Press, Wiley.

Cullari, S., & Semanchick; O. (1989). Music preferences and perception of loudness. *Perceptual and Motor Skills, 68*(1), 186.

de la Motte-Haber, H. (1996). *Handbuch der Musikpsychologie*. Laaber: Laaber Verlag.

de la Motte-Haber, H., von Loesch, H., Rötter, G., & Utz, C. (Hrsg.), (2010). Lexikon der systematischen Musikwissenschaft. *Handbuch der systematischen Musikwissenschaft* (Bd. 6). Laaber: Laaber-Verlag.

Dollase, R. (1997). Musikpräferenzen und Musikgeschmack Jugendlicher. In D. Baacke (Hrsg.), *Handbuch Jugend und Musik* (S. 341–368). Wiesbaden: Leske & Budrich.

Drewes, R., & Schemion, G. (1992). Lernen bei Musik: Hilfe oder Störung? – Eine experimentalpsychologische Analyse einer pädagogisch-psychologischen Kontroverse. In K. Behne, G. Kleinen, & H. de la Motte-Haber (Hrsg.), *Musikpsychologie. Empirische Forschung, ästhetische Experimente. Jahrbuch der Deutschen Gesellschaft für Musikpsychologie* (Bd. 8, S. 47–66). Wilhelmshaven: Heinrichshofen Verlag.

Eysenck, H., & Eysenck, S. (1975). *Manual of the Eysenck personality questionnaire.* London: Hodder and Stoughton.

Fassbender, C. (1993). Entwicklung grundlegender musikalischer Fähigkeiten. In H. Bruhn, R. Oerter, & H. Rösing (Hrsg.), *Musikpsychologie. Ein Handbuch* (S. 268–275). Reinbek: Rowohlt.

Festinger, L. (1957). *A theory of cognitive dissonance.* Stanford, CA: Stanford University Press.

Flath-Becker, S., & Konečni, V. (1984). Der Einfluß von Streß auf die Vorlieben für Musik – Theorie und Ergebnisse der Neuen experimentellen Ästhetik. In K. Behne, G. Kleinen, & H. de la Motte-Haber (Hrsg.), *Musikpsychologie. Empirische Forschung, ästhetische Experimente. Jahrbuch der Deutschen Gesellschaft für Musikpsychologie* (Bd. 1, S. 23–52). Wilhelmshaven: Heinrichshofen Verlag.

Gembris, H. (1990). Situationsbezogene Präferenzen und erwünschte Wirkungen von Musik. *Musikpsychologie, 7,* 73–95.

Gembris, H. (2005). Die Entwicklung musikalischer Fähigkeiten. In H. de la Motte-Haber & G. Rötter (Hrsg.), *Musikpsychologie. Handbuch der Systematischen Musikwissenschaft* (Bd. 3, S. 394–456). Laaber: Laaber Verlag.

Gembris, H., & Hemming, J. (2005). Musikalische Präferenzen. In T. Stoffer & R. Oerter (Hrsg.), *Spezielle Musikpsychologie* (S. 279–342). Hogrefe Verlag: Göttingen.

Gordon, E. (1986). *Musikalische Begabung. Beschaffenheit, Beschreibung, Messung und Bewertung.* Mainz: Schott Verlag.

Hargreaves, D., MacDonald, R., & Miell, D. (2005). How do people communicate using music? In D. Miell, R. MacDonald, & J. Hargreaves (Eds.), *Musical communication* (S. 1–26). New York: Oxford University Press.

Heider, F. (1946). Attitudes and cognitive organization. *Journal of Psychology, 21,* 107–112.

Heider, F. (1958). *The psychology of interpersonal relations.* New York: Wiley.

Jäncke, L., & Sandmann, P. (2010). Music listening while you learn: No influence of background music on verbal learning. *Behavioral and Brain Functions, 6*(3). http://www.behavioralandbrain functions.com/content/6/1/3

Jost, E. (1982). Sozialpsychologische Dimensionen des musikalischen Geschmacks. In H. de la Motte Haber & C. Dahlhaus (Hrsg.), *Systematische Musikwissenschaft. Neues Handbuch der Musikwissenschaft* (Bd. 10, S. 245–268). Wiesbaden: Athenaion.

Jungaberle, H., Verres, R., & DuBois, F. (2001). New steps in musical meaning – The metaphoric process as an organizing principle. *Nordic Journal of Music Therapy, 10,* 4–16.

Kellaris, J. (1992). Consumer aesthetics outside the lab – Preliminary-report on a musical field study. *Advances in Consumer Research, 19,* 730–734.

Klatte, M., & Hellbrück, J. (1993). Der „Irrelevant Speech Effect": Wirkungen von Hintergrundschall auf das Arbeitsgedächtnis. *Zeitschrift für Lärmbekämpfung,* (40), 91–98.

Klatte, M., Kilcher, H., & Hellbrück, J. (1995). Wirkungen der zeitlichen Struktur von Hintergrundschall auf das Arbeitsgedächtnis und ihre theoretischen und praktischen Implikationen. *Zeitschrift für Experimentelle Psychologie, XLII*(4), 517–544.

Kloppenburg, J. (2005). Musikpräferenzen. Einstellungen, Vorurteile, Einstellungsänderung. In H. de la Motte-Haber & G. Rötter (Hrsg.), *Musikpsychologie. Handbuch der Systematischen Musikwissenschaft* (Bd. 3, S. 357–393). Laaber: Laaber Verlag.

Knobloch, S., Vorderer, P., & Zillmann, D. (2000). Musikgeschmack und Freundschaft unter Jugendlichen. *Zeitschrift für Sozialpsychologie, 31*(1), 18–30.

Konečni, V. (2010). The influence of affect on music choice. In P. Juslin & J. Sloboda (Hrsg.), *Handbook of music and emotion. Theory, research, applications* (S. 697–723). New York: Oxford University Press.

Konečni, V., Crozier, J., & Doob, A. (1976). Anger and expression of aggression: Effects on aesthetic preference. *Scientific Aesthetics, 1*, 47–55.

Kopiez, R. (2009). Wirkungen von Musik. In H. Bruhn, R. Kopiez, & A. Lehmann (Hrsg.), *Musikpsychologie. Das neue Handbuch* (2. Aufl., S. 525–547). Reinbek: Rowohlt Verlag.

Lamont, A., & Webb, R. (2010). Short- and long-term musical preferences: What makes a favourite piece of music? *Psychology of Music, 38*(2), 221–241.

LeBlanc, A. (1982). An interactive theory of music preference. *Journal of Music Therapy, 19*(1), 28–45.

LeBlanc, A. (1991). *Effect of maturation/aging on music listening preference: A review of the literature.* Paper presented at the Ninth National Symposium on Research in Music Behavior, Oregon/U.S.A, Canon Beach.

Meißner, R. (1979). Zur Variabilität musikalischer Urteile. In H. de la Motte-Haber (Hrsg.), *Beiträge zur Systematischen Musikwissenschaft* (Bd. 4). Hamburg.

North, A., & Hargreaves, D. (1995). Eminence in pop music. *Popular Music and Society, 19*, 41–66.

North, A., & Hargreaves, D. (2002). Age variations in judgements of 'great' art works. *British Journal of Psychology, 933*, 397–405.

North, A., & Hargreaves, D. (2008). *The social and applied psychology of music* (S. 81–239). Oxford: Oxford University Press.

Osgood, C., & Tannenbaum, P. (1955). The principle of congruity in the prediction of attitude change. *Psychological Review, 62*, 42–55.

Pool, M., Koolstra, C., & van der Voort, T. (2003). The impact of background radio and television on high school students' homework performance. *Journal of Communication*, 74–87.

Radocy, R., & Boyle, J. (1997). *Psychological foundations of musical behavior* (3. Aufl.). Springfield, lL: Charles C. Thomas.

Reinhardt, J. (2011). *Die Modifikation von Musikpräferenzen unter Alkoholeinfluss. Eine psychophysiologische Studie.* Dissertation, Dortmund. http://hdl.handle.net/2003/29145

Rötter, G. (1986). Die soziale Situation in der Klasse. In H. de la Motte-Haber (Hrsg.), *Psychologische Grundlagen des Musiklernens. Handbuch der Musikpädagogik* (Bd. 4, S.332–382). Kassel: Bärenreiter Verlag.

Rötter, G. (2001). Musikpsychologie. In J. Straub, W. Kempf & H. Werbik (Hrsg.), *Psychologie in der Praxis. Anwendungs- und Berufsfelder einer modernen Wissenschaft* (S. 813–829). München: Deutscher Taschenbuch Verlag.

Rötter, G. (2005). Musik und Emotion. In H. de la Motte-Haber & G. Rötter (Hrsg.), *Musikpsychologie. Handbuch der Systematischen Musikwissenschaft* (Bd. 3, S. 394–456). Laaber: Laaber Verlag.

Schäfer, T. (2009). *Determinants of music preference.* Hochschulschrift, Dissertation, Technische Universität Chemnitz.

Schaub, S. (1981). Zum Einfluß situativer Befindlichkeit auf die musikalische Erwartung. *Musiktherapeutische Umschau, 2*(4), 267–275.

Schulten, M. (1990). Musikpräferenz und Musikpädagogik. Ein Beitrag zur musikpädagogischen Grundlagenforschung. Frankfurt am Main: Lang-Verlag.

Schwabe, C. (1978). *Methodik der Musiktherapie und deren theoretische Grundlagen.* Leipzig: Johann Ambrosius Barth Verlag.

Statistisches Bundesamt, (2011). Pressemitteilung Nr. 039, 28.01.2011. Online verfügbar unter: http://www.destatis.de/jetspeed/portal/cms/Sites/destatis/Internet/DE/Presse/pm/2011/01/PD1 1__039__231,templateId=renderPrint.psml (zuletzt geprüft am 27.09.2011).

Werbik, H. (1971). *Informationsgehalt und emotionale Wirkung von Musik.* Mainz: Schott-Verlag.

Wundt, W. (1874). *Grundzüge der physiologischen Psychologie.* Leipzig: Engelmann-Verlag.

Soziologische Perspektiven auf musikalische Sozialisation

4

Friedemann Lenz

Zusammenfassung

Der Beitrag expliziert eine soziologische Perspektive auf musikalische Sozialisation. Vor dem Hintergrund der soziologischen Theoriebildung wird zuerst ein allgemeiner Begriff der Sozialisation umrissen. Weiter werden Anknüpfungspunkte zu einem dezidiert musikalischen Sozialisationskonzept beleuchtet. Ebenso werden Klassiker der Sozialisationstheorie und der Musiksoziologie bezüglich ihrer Anschlussfähigkeit für ein mögliches Konzept der musikalischen Sozialisation diskutiert. Der Begriff der musikalischen Sozialisation wird kurz skizziert und besonders auf das enger gefasste Konzept der medialen und musikalischen Selbstsozialisation eingegangen. Besonderer theoretischer Schwerpunkte liegt auf dem Konzept Bourdieus und dessen Schnittstellen zu einem Begriff der musikalischen Sozialisation, ebenso wie die kultursoziologische Arbeit Gerhard Schulzes. Besondere Aufmerksamkeit kommt auch dem Identitätskonzept zu, da es als bedeutsam für die Sozialisation angesehen wird. Daneben werden Disziplinen, Paradigmen und Theorien, die in einem Zusammenhang zur musikalischen Sozialisation stehen, erörtert. Zuletzt wird unter Einbezug der vorhergehenden Erkenntnisse ein Konzept musikalischer Sozialisation aus einer soziologisch orientierten Perspektive skizziert.

Schlüsselwörter

musikalische Sozialisation • Musiksozialisation • Identitätsbildung • Musiksoziologie • Sozialisation • Sozialisationstheorie

F. Lenz (✉)
30, Graf-Hartmann-Str., 71706 Markgröningen, Deutschland
e-mail: friedemannlenz@yahoo.de

R. Heyer et al. (Hrsg.), *Handbuch Jugend – Musik – Sozialisation*,
DOI: 10.1007/978-3-531-18912-3_4, © Springer Fachmedien Wiesbaden 2013

1   Einleitung und zugleich Annäherung an den Gegenstand

Sozialisation ist wahrscheinlich einer der ältesten und am vielschichtig diskutiertesten Begriffe der Sozialwissenschaft. Aus einer naiven Perspektive heraus kann man ‚Sozialisation' als ‚Sozialwerdung' und ‚Sozialmachung' übersetzen. Dahinter steht die Frage, wie das Individuum sich in den gesellschaftlichen Kontext einfügt und im sozialen Raum eine Position einnimmt, welche als eine der grundlegendsten und ebenso komplexesten Fragen der Gesellschaftswissenschaften angesehen werden kann. Um an einer Gesellschaft partizipieren zu können, müssen viele verschiedene Bedingungen erfüllt sein. Dazu gehören neben der körperlichen Reifung, die psychische Entwicklung auch die Anpassung an die das Individuum umgebende ökologische und soziale Umwelt. Die letteren beiden Prozesse beinhalten den Umgang mit verschiedenen Elementen natürlicher, kultureller und sozialer Art. Für das soziale Zusammenleben ist dabei vor allem die Sprache ein bedeutsames, grundlegendes Element, welches nicht angeboren ist, aber welches sich Menschen im Normalfall ‚automatisch' aneignen. Implizit wird hier also davon ausgegangen, dass ein solcher Prozess bestimmte Elemente, wie Sprache, voraussetzt und nur hierdurch dieser gelingt. Die musikalische Sozialisation hingegen bezieht im Besonderen Elemente und Strukturen musikalischer Art mit ein. Die Ausgangsfrage ist also, wie diese musikalischen Elemente nun ‚in den Menschen gelangen' und musikalische oder musikrelevante Elemente so in dem einzelnen Menschen ausgebildet werden, dass er auf dieser Basis mit Musik ‚umgehen' kann: Wie schaffen es Menschen musikalische Elemente zu entschlüsseln, um am gemeinschaftlichen Erleben im Allgemeinen teilnehmen oder mit Hilfe der Aneignung und Nutzung ‚musikalischer Objekte' an bestimmten sozialen Interaktionen im Speziellen teilzunehmen?

Wie eine wissenschaftliche Annäherung an den Begriff der ‚musikalischen Sozialisation' erfolgen kann, soll in einem ersten folgenden Schritt erläutert werden, welcher ebenso auch eine Gliederung des Nachfolgenden darstellt. Die Herangehensweisen können auf übergeordneter Ebene in eine ontologische, eine disziplinäre und eine paradigmatische unterteilt werden.

Eine ontologische Betrachtung bezeichnet eine Herangehensweise, die alle musiksozialisatorisch vorliegenden Phänomene und deren wissenschaftliche Bearbeitung mit einbezieht. Konkret sind damit Theorien gemeint, die sich explizit mit als ‚musikalische Sozialisation' zu beschreibenden Phänomenen auseinandersetzen. Eine ausgearbeitete allgemeine Theorie, die sich dezidiert und ausschließlich mit musikalischer Sozialisation über alle Lebensalter hinweg auseinandersetzt, ist nicht existent. Daher wird zunächst der *quasi* Oberbegriff Sozialisation aus soziologischer Perspektive unter Einbezug von Merkmalen und Dimensionen beleuchtet, da er aus der hier zugrunde liegenden Perspektive die begriffliche Rahmung der musikalischen Sozialisation darstellt. Unter der Bezeichnung musikalische Sozialisation werden in der Forschung unterschiedliche Konzepte zusammengefasst – diese Unterscheidung wird hier nicht thematisiert, zumal keine ausgearbeitete Theorie der musikalischen Sozialisation existiert; hierunter könnte lediglich die Theorie der medialen und musikalischen Selbstsozialisation gefasst werden, welche sich vor allem auf das Jugendalter bezieht und zudem umstritten ist. Vielmehr wird ein Begriff entfaltet, der alle Beschreibungen, Konzepte und Theorien subsumiert.

Ein zweiter, disziplinärer Zugang erscheint zudem sinnvoll, da nicht nur eine Disziplin ausgemacht werden kann, die sich mit *musikalischer Sozialisation* auseinandersetzt. Im Besonderen wären hier die Musikwissenschaft bzw. -pädagogik und die Soziologie zu nennen – wobei der Schwerpunkt auf letzterer Disziplin liegt. Ebenso und besonders prädestiniert für die Auseinandersetzung mit dem Gegenstand *musikalische Sozialisation* ist die Musiksoziologie, welche aber sich nicht eindeutig disziplinär verorten lässt und im deutschen Raum sowohl in der Systematischen Musikwissenschaft als auch in der Kultursoziologie verortet werden kann.

Eine Unterscheidung, die sich lediglich auf die institutionelle Organisation bezieht, kann in der jeweiligen disziplinären Ausrichtung gesehen werden. So unterscheidet Hurrelmann (2006, S. 8) dezidiert zwischen einer psychologischen und einer soziologischen Tradition der Sozialisation. Aus dieser Unterscheidung folgt natürlich auch eine inhaltliche Akzentuierung der jeweiligen Tradition. So sieht er die Schwerpunkte der psychologischen Tradition vor allem in „Persönlichkeitstheorien, Lerntheorien und Entwicklungstheorien" und den subjektzentrierten Aufgaben und Problemlagen. In der soziologischen Tradition liegt der Fokus demnach auf „Systemtheorien, Handlungstheorien und Gesellschaftstheorien", die eher das Verhältnis zwischen dem Individuum und gesellschaftlichem Rahmen hinterfragen (ebd., S. 5). Mühler (2008) zeigt eine entsprechend soziologische Sicht auf Sozialisation auf und deutet eine Erweiterung um eine dritte, pädagogische Perspektive an (vgl. Mühler 2008, S. 7).

Diese disziplinäre Herangehensweise ist relativ eng mit einer paradigmatischen Herangehensweise verbunden, die bestimmte Paradigmen, also theoretische Betrachtungs- und Herangehensweisen als Unterscheidungskriterium heranzieht. Paradigmen zeichnen sich u.a. durch gemeinsame theoretische Annahmen, Begriffe und Konzepte aus (vgl. Westermann 2000). So gibt es einige Paradigmen, die sich zwar nicht direkt mit musikalischer Sozialisation auseinandersetzen, aber Überschneidungen mit dieser aufweisen, wie z. B. das Identitätskonzept, das sich im soziologischen bzw. psychologischen Diskurs findet. Daneben verweisen Ansätze zur musikalischen Sozialisation auf z. B. die Frage nach musikalischem Geschmack bzw. Präferenzen, die auch in der Musikwissenschaft und der Psychologie bearbeitet werden und auf eine disziplinäre Tradition verweisen. Auch die Disziplinen der Medienwissenschaft bzw. -pädagogik im Zusammenhang mit Mediensozialisation werden berücksichtigt. Ebenso lassen sich auch Überschneidungen beim Paradigma der Cultural-Studies finden.

Neben verschiedenen Begriffsfassungen von Sozialisation lassen sich ausgehend von verschiedenen Theoriekonzepten ebenso verschiedene Modelle von Sozialisation finden. So werden von Hurrelmann (2006, S. 12) verschiedene Basistheorien als klassische Theorien für die Auseinandersetzung mit Sozialisation genannt, die aus den Bereichen der Soziologie und Psychologie stammen. Dazu zählt in psychologischer Tradition die

Psychoanalyse nach Freud, der Behaviorismus von Watson und die entwicklungspsychologischen Vorstellungen Jean Piagets; in soziologischer Tradition die strukturell-funktionale Theorie von Talcott Parsons, der symbolische Interaktionismus nach George Herbert Mead und die marxistische Theorie nach Karl Marx (vgl. Hurrelmann 2006, S. 12f.). Abels und König (2010) beziehen sich auf andere Theorien. Von besonderem Nutzen scheint hierbei das Konzept Identität in seinen unterschiedlichen begrifflichen Varianten zu sein, da es eine genauere Beschreibung der Entität Individuum erlaubt.

Diese Herangehensweisen lassen sich nicht trennscharf unterscheiden und bringen teils inkonsistente Gliederungsteile mit sich, da es sich um jeweils unterschiedliche Perspektiven auf denselben wissenschaftlichen Bereich handelt.

Kurz zusammengefasst ist also das Vorgehen folgendermaßen: Zuerst soll vom soziologischen Begriff der ,Sozialisation' und dessen theoretischer Bestimmung ausgegangen werden, um einen Rahmen für das Konzept der musikalischen Sozialisation zu schaffen. Dazu werden exemplarische Definitionen von Sozialisation sowie Merkmale und Kriterien von Sozialisation erläutert. Zusätzlich wird auch der Begriff der Kultur erläutert, welcher dem der Musik übergeordnet ist und im Zusammenhang zur Sozialisation steht. Weiter wird auf musikalische Sozialisation eingegangen und aktuelle Theorien und damit zusammenhängende soziologische Theorien, wie dem Kapitalmodell Bourdieus und der Erlebnisgesellschaft Schulzes eingegangen. Für die musikalische Sozialisation wird hier vor allem das Identitätskonzept als wichtig erachtet, weswegen es besondere Beachtung findet und mehrere ausgewählte Theorien dazu dargestellt werden. Weitere bedeutsame Konzepte sowie nahestehende wissenschaftliche Disziplinen und Paradigmen werden im Anschluss erörtert. Darauf folgt der Versuch, ein Modell der musikalischen Sozialisation von den vorangestellten Theorien ausgehend zu skizzieren, um mit einem Ausblick auf künftige Forschungsschwerpunkte abzuschließen.

2   Sozialisation als soziologischer Begriff

Der Begriff der Sozialisation ist nicht nur für die Soziologie von grundlegender Bedeutung (vgl. Giddens 2006; Joas 2007), sondern kann auch zu den Grundbegriffen der Erziehungswissenschaft gezählt werden (vgl. Gudjons 2008; Hörner et al. 2010). Die historische Entwicklung des Begriffs reicht bis in das frühe 19. Jahrhundert (vgl. Veith 2008, S. 32), wenn auch eine theoretische Fundierung erst durch den Soziologen Émile Durkheim stattfand (vgl. Hurrelmann 2006, S. 11; Veith 2008, S. 33).

Sozialisation wurde von verschiedenen Theoretikern unterschiedlich gefasst und entsprechend ihrer eigenen theoretischen Ausrichtung dem jeweiligen Paradigma angepasst. In erster Annäherung beschreibt der Begriff Sozialisation einen Prozess, der sich auf die Relation zwischen Individuum und Gesellschaft bezieht (vgl. Hurrelmann 2006, S. 8; Böhnisch et al. 2009, S. 9).

2.1   Definitionen von Sozialisation

Nach Hurrelmann et al. (2008, S. 25) beschreibt Sozialisation einen Prozess, „durch den in wechselseitiger Dependenz zwischen der biophysischen Grundstruktur individueller Akteure und ihrer sozialen und physischen Umwelt relativ dauerhafte Wahrnehmungs-, Bewertungs-, und Handlungsdispositionen auf persönlicher ebenso wie auf kollektiver Ebene entstehen". Böhnisch et al. (2009, S. 63) legen dagegen keine explizite Definition vor. Sie sehen Sozialisation vor allem unter dem Aspekt der Problembewältigung. Demnach ist Sozialisation der „Prozess der Lebensbewältigung in einer sich historisch wandelnden Gesellschaft". Für Abels und König (2010, S. 9) ist Sozialisation „die Vermittlung von Gesellschaft und Individuum", wobei dem Begriff der Sozialisation die Begriffe Gesellschaft und Identität gegenüber gestellt werden. Zimmermann (2006, S. 15) unternimmt den Versuch, einen ‚kleinsten gemeinsamen Nenner zu finden'" und beschreibt Sozialisation „als Prozess der Entstehung und Entwicklung der Persönlichkeit in wechselseitiger Abhängigkeit von der gesellschaftlich vermittelten sozialen und materiellen Umwelt. Die Akzentuierung bei sozialisationstheoretischen Fragestellungen liegt im Mitglied-Werden in einer Gesellschaft" – im Gegensatz zu Mühler (2008). Er schafft zuerst den Rahmen für Sozialisation aus soziologischer Sicht und geht danach auf deren Differenzen ein, die er allerdings für gering erachtet (vgl. ebd., S. 41). Dabei hebt er die besondere Bedeutung von Normen und Werten hervor, wobei er Normen als implizite Handlungserwartungen sieht, und zwar mehr als deren Kenntnis. Sozialisation ist demnach gelungen, wenn das Individuum Normen im Handeln berücksichtigt und Werte anerkennt (vgl. ebd.). Ebenso stellt Mühler (2008, S. 60) die Prozesshaftigkeit von Sozialisation heraus und verweist besonders auf die Begriffe „Internalisierung" und „Interaktion". Grundmann versteht Sozialisation als *eine soziale Praxis [...], die sich durch das Zusammenleben von Menschen etabliert, wobei Erfahrungen, Fertigkeiten und Wissen zwischen Menschen ausgetauscht und kultiviert werden"* (Grundmann 2006, S. 30; Hervorhebung i.O.), was dann eine deutliche Betonung von interaktionstheoretischen Überlegungen zur Folge hat. Was sich bei aller Unterschiedlichkeit der dargestellten Definitionen festhalten lässt, sind verschiedene Merkmale, die den Ansätzen gemein sind – und die somit die begrifflichen Eckpfeiler eines Identitätsbegriffs bilden.

2.2   Dimensionen und Merkmale

(1) Bei Sozialisation handelt es sich um eine Relation zwischen einer wie auch immer gearteten Gesellschaft und dem Individuum. Diese Dichotomie ist dem Begriff Sozialisation inhärent, weswegen sich alle Bedingungen von Sozialisation aus Bedingungen des Individuums und der Gesellschaft ableiten lassen. Dennoch bestehen Unterschiede, welche Perspektive bei der Betrachtung dieses Verhältnisses eingenommen wird (vgl. Mühler 2008, S. 42ff.): Legen einige Ansätze den Fokus auf die Frage, wie die Integration verschiedener Individuen in die Gesellschaft möglich

ist, ohne die Stabilität einer Gesellschaft zu gefährden (vgl. Parsons 1952), betrachten andere Theorien die Komplexität der gesellschaftlichen Anforderungen, die das Individuum erreichen muss, um partizipieren zu können (vgl. Böhnisch et al. 2009, S. 40). Die jeweilige Schwerpunktsetzung ist dabei meist an die disziplinäre Verortung und paradigmatische Ausrichtung gekoppelt, die man zudem noch um den Umweltkontext und die damit verbundenen biologischen Bedingungen, die für die Sozialisation als wirksam angesehen werden, erweitern könnte. Dahinter steht die Frage, welchen Anteil an Sozialisationsprozessen die biologischen Anlagen in Form von Genen im Gegensatz zu den postnativen und sozial wirksamen Umweltbedingungen haben, was auch unter dem Stichwort der Anlage-Umwelt-Kontroverse diskutiert wird (vgl. Hurrelmann 2006, S. 24).

(2) Sozialisatorische Interaktionen differieren je nach gesellschaftlichem Kontext, wobei zwischen Sozialisationsinstanzen und Sozialisationsagenten unterschieden wird. Sozialisationsinstanzen sind nach Hurrelmann (2006, S. 30) die „Vermittler und Erschließer [sic] der äußeren Realität", die den Anpassungsprozess zwischen Individuum und Umwelt moderieren. Zugespitzt auf die musikalische Sozialisation wäre demnach z. B. das Jugendorchester als spezifische Sozialisationsinstanz zu nennen. Sozialisationsagenten werden bei Parsons (1952, S. 215) diejenigen Vermittler genannt, die für die Initiation des Sozialisationsprozesses verantwortlich sind. Der Begriff wird allerdings auch synonym zu dem der Sozialisationsinstanz gebraucht (vgl. Mühler 2008, S. 115).

(3) Bei der Betrachtung des Individuums kommt zudem noch die Dimension von innerpsychischem gegenüber den außerpsychischen Einflussfaktoren hinzu, die je nach theoretischer Ausrichtung stärker oder schwächer ausgeprägt ist, teilweise aber auch gänzlich fehlt. So kann Sozialisation gedacht werden als ein äußerer Prozess, dessen Wirkung sich an äußeren Merkmalen (z. B. bestimmten Rollen) feststellen lässt (vgl. Hurrelmann 2006, S. 28). Sozialisation verstanden als innerpsychischer Prozess beschreibt demgegenüber wie das subjektive Denken, Fühlen und Handeln von der Umwelt beeinflusst wird, und ebenso diese beeinflusst. Der Sozialisationprozess wird hierbei an dem Befinden des Subjekts gemessen. Neben Sozialisationstheorien, die ausdrücklich von inneren beeinflussenden oder sogar tragenden innerpsychischen Prozessen ausgehen, wie dies z. B. bei Böhnisch et al. (2009) der Fall ist, gibt es weitere Theorien, wie das für die Sozialisationstheorie bedeutsame Identitätskonzept, bei dem ebenfalls innere Prozesse als wichtig erachtet werden.

(4) Obwohl die Prozesshaftigkeit von Sozialisation als einen Parameter die Kontinuität des zeitlichen Ablaufs nahelegt, kann dies nicht als allgemeingültig angesehen werden. Diese Zustandsänderung kann sowohl diskret (wie im Fall des Stufenmodells der Identität von Erikson (2003) oder stetig erfolgen, wie dies (auch implizit) in den meisten Modellen z. B. von Durkheim (1984) oder Hurrelmann (2006) angenommen wird. Eine gängige grobe zeitliche Unterteilung des Sozialisationsprozesses unterscheidet in eine primäre und in eine sekundäre Sozialisation. Demnach findet die primäre Sozialisation in der Primärgruppe statt (vgl. Mühler 2008). Dieser Begriff

bezeichnet die Gruppe, in die das Individuum zeitlich am frühesten eingebettet ist und in der direkte unvermittelte Interaktionen stattfindet (vgl. Cooley 1909 zit. n. Mühler 2008, S. 46). Gemeinhin wird als Primärgruppe die Familie und engste Verwandte bezeichnet. Zeitlich nachgeordnet ist die Sekundärsozialisation, die entsprechend in der Sekundärgruppe stattfindet. Damit sind größere Gruppen und Institutionen gemeint, wie zum Beispiel Schulen und Gemeinden (vgl. ebd., S. 47). Eine diskrete Modellierung von Sozialisation geht von verschiedenen Stufen oder Phasen des Sozialisationsprozesses aus. Diese können dabei entweder lediglich analytischen Charakter haben, um verschiedene Stadien zu unterteilen, oder auch auf die Bewältigung bestimmter Entwicklungsaufgaben oder Probleme bezogen werden. In letzterem Fall kann der Sozialisationsprozess als normativ angesehen werden, der erst dann als vollzogen gilt, wenn die entsprechenden Aufgaben bzw. Probleme gelöst sind. Eine der problemorientierten Sichten des Sozialisationsbegriffs kann bei Parsons (1952, S. 205) implizit – in Form von adäquatem Rollenhandeln in einem System – und bei Böhnisch et al. (2009, S. 63) explizit – als *Streben nach biografischer Handlungsfähigkeit* (Hervorhebung i.O.) – gefunden werden. Ebenso können in verschiedenen Identitätskonzepten problem- bzw. aufgabenorientierte Komponenten gefunden werden (vgl. z. B. Krappmann 1993; Erikson 2003; Keupp 2006).

2.3   Sozialisation und Kultur

Durch die Implikation eines kulturellen Rahmens im gesellschaftlichen Kontext kann Sozialisation als untrennbar von Kultur angesehen werden (vgl. Trommsdorff 2008). Damit wird auch die Forschung des ‚Cultural-Studies'-Paradigmas (s.u.) für den Sozialisationsprozess bedeutend. Elias (1997) hat sich ausführlich mit den gesellschaftlichen Distinktionsprozessen durch spezifische kulturelle Umgehensweisen sowie deren Veränderungen beschäftigt. Er kritisiert die Überlegungen Parsons einer statischen Gesellschaft, in der ‚Sozialisierung' lediglich aus einer Anpassung an bestehende Werte und Normen besteht (vgl. ebd., S. 42ff.) und konstatiert dagegen, dass sich Individuen in gegenseitiger Abhängigkeit entwickeln und ‚Figurationen', Figuren von Gruppen zusammenhängender Menschen (ähnlich dem modernen Begriff der Netzwerke), bilden. Figurationen veranschaulicht Elias mit der kulturellen Praxis des Tanzes (vgl. ebd. 71), durch die Vorstellung von Tänzern (Individuen), die sie sich je nach Art des Tanzes (‚Menuett', ‚Tango', ‚Rock'n'Roll') verschiedentlich räumlich nahestehen als auch unterschiedlich stark aneinander gebunden sind. Auf Grundlage dieser Überlegungen zu menschlichen Beziehungsgefügen stellt er nun die Entwicklung der Begriffe ‚Zivilisation' und ‚Kultur' in verschiedenen nationalen Kontexten dar (vgl. ebd., S. 89–105) und interpretiert gesellschaftliche Entwicklung durch kulturelle Handlungsweisen. Elias verdeutlicht hiermit eine Lenkung der gesellschaftlichen Entwicklung durch interdependente Individuen, die sich durch bestimmte kulturelle Nutzungsweisen in einem andauernden Figurationsprozess befinden und sich ebenso selbst in diesem entwickeln. An die Frage nach dem Einfluss von Kultur im Sozialisationsprozess schließt sich die Erörterung des Einflusses der biologischen Anlagen an (vgl. Trommsdorf 2008). Dem Verhältnis von Kultur und Anlage gehen zum Beispiel Johnston et al. (2007) nach, indem sie untersuchen, welchen Einfluss die kulturelle Sozialisation der Mutter auf Adoptivkinder hat.

2.4 Ausgewählte Klassiker der Sozialisationstheorie und ihre Bedeutung für die musikalische Sozialisation

Einer der einflussreichsten soziologischen Theoretiker in der ersten Hälfte des 20. Jahrhunderts war Talcott Parsons. Er beschäftigte sich vor allem mit der Gesellschaft als sozialem System (vgl. Parsons 1952). Ausgehend von seiner Handlungstheorie entwickelte er einen umfassenden Ansatz, in dem er die Gesellschaft als ein System mit verschiedenen Subsystemen bestehend beschreibt. Die soziale Struktur bildet sich seiner Auffassung nach durch ein System mit unterschiedlicher Rollen ab (vgl. ebd., S. 114). Sozialisation wird dabei verstanden als das Lernen und Aneignen bestimmter Rollen (vgl. ebd., S. 116), welches eine Anpassung an Rollenerwartungen des Systems bedeutet. Zudem wird dieser Lernprozess bzw. Sozialisation explizit als lebenslanger Prozess verstanden (vgl. ebd., S. 208).

Verknüpft man Parsons Ausführungen mit musikalischer Sozialisation, würde diese verstanden als eine Übernahme von Rollen, die implizit ein entsprechendes musikalisches Rollenverhalten implizieren. So lernen Kinder, die Instrumentalunterricht erhalten oder in einem Chor singen, Erwartungsanforderungen kennen, die an sie bei der Probenarbeit oder bei einer konzertanten Aufführung gestellt werden. Diese an verschiedene Rollen geknüpften Erwartungen unterscheiden sich erheblich, was sich besonders an der Rolle einer Dirigentin resp. eines Dirigenten verdeutlichen lässt: Neben musikalischen Kompetenzen muss diese resp. dieser auch – im Gegensatz zu den Orchestermusikern – über weiterführende soziale Kompetenzen verfügen, um ein Orchester anzuleiten.

Die Arbeiten von Jean Piaget gelten als grundlegend für die Entwicklungspsychologie (vgl. Oerter und Montada 2002) und werden auch in der Pädagogik umfangreich rezipiert (vgl. Gudjons 2008). Dabei stehen besonders Piagets Forschungsarbeiten zur menschlichen Entwicklung des Denkens im Fokus des Interesses (vgl. Montada 2002), mit denen er als Vorreiter der Kognitionswissenschaft gilt (vgl. Varela 1990, S. 20). Mit seinen intensiven Beobachtungen von Kindern hat Piaget zum Verständnis der kindlichen Weltaneignung beigetragen und zeichnet damit deutlich die Grundlagen der individuellen Prozesse von Sozialisation nach (vgl. Piaget 1999). Für die psychologisch orientierte und auf das Individuum zielende Sozialisationsforschung kann das Werk von Piaget als grundlegend angesehen werden. Ebenso wie ‚allgemeine' Gegenstände gehört natürlich auch Musik zu den Gegenständen der Weltaneignung – und damit wurden auch theoretische Ansätze Piagets bei Fragestellungen zur musikalischen Entwicklung mit aufgenommen (vgl. Funk und Whiteside 1981; Nelson 1983): Die von Piaget entwickelten Begriffe, die zur Analyse der kognitiven Entwicklung dienen, lassen sich auch zur Beschreibung von musikalischem Schaffen und Erleben nutzen (vgl. Oerter und Stoffer 2005).

Als ein weiterer Klassiker der Soziologie, der zudem als Begründer des modernen Sozialisationsverständnisses gilt, ist der französische Soziologe Émile Durkheim (vgl. Hurrelmann 2006, S. 11). Durkheim ging von einem normativen, stark moralbildenden Erziehungsbegriff aus und verstand Erziehung als methodische Sozialisierung zur Förderung des notwendigen Zusammenhalts in der Gesellschaft (vgl. Durkheim 1984, S. 46). Ästhetische Erziehung für die moralische Bildung und der Stellenwert von Kunst für die Sozialisierung erscheinen bei Durkheim nachgeordnet (vgl. Durkheim 1984, S. 301). Da nach Durkheim (1984, S. 302) „Kunst [uns] tröstet [...], weil sie uns von uns ablenkt", kann zum einen geschlussfolgert werden, dass Kunst eine psychologische Funktion erfüllt, und zum anderen, dass kein wichtiger Bezug von Kunst zum Individuum besteht. Wenn auch Durkheims Überlegungen für den allgemeinen Sozialisationsbegriff von unschätzbarem Wert sind, scheinen weitere Überlegungen im Zusammenhang mit musikalischer Sozialisation nicht sehr ergiebig zu sein.

3   Zum Begriff der musikalischen Sozialisation

Unter musikalischer Sozialisation wird das ‚Vertraut werden und das Erlernen des Umgangs mit Musik' verstanden. Eine allgemein anerkannte Theorie der musikalischen Sozialisation gibt es nicht. Vielmehr speist sich der Diskurs über die musikalische Sozialisation aus verschiedenen Theorien oder es werden bestimmte Bereiche eines angenommenen Konstrukts ‚musikalischer Sozialisation' näher beleuchtet.

So werden die Urteils- und Meinungsbildung (vgl. Niketta 2002) und die Herausbildung von Musikpräferenzen bzw. Musikgeschmack (vgl. Behne 2002) als Konstituenten des musikalischen Sozialisationsprozesses angesehen. Dieser Prozess findet vor allem durch die Sozialisationsinstanzen Elternhaus, Peers, Schule und Medien statt (vgl. Shuter-Dyson 2004, S. 305). Der Ausgangspunkt hierbei liegt unter anderem in der frühen Sozialisation, zu deren Erforschung auch Konzepte des russischen Psychologen Vygotsky herangezogen wurden. Damit wird die besondere Bedeutung der Rollen Erwachsener in der frühkindlichen musikalischen Sozialisation hervorgehoben (vgl. Adachi 1994, S. 28), die als Vermittler von musikalischen Zeichen, als Übungspartner (ebd., S. 29) und musikalischer Begleiter angesehen werden. Wenn auch von verschiedenen Phasen der musikalischen Sozialisation im Lebenslauf ausgegangen wird, so liegen kaum Studien über Sozialisationsprozesse im Erwachsenenalter vor (vgl. Kleinen 2009). Dabei spielt auch das Erwachsenenalter eine nicht zu unterschätzende Rolle (vgl. Gembris 2002), auch wenn es in gewisser Weise als Endpunkt der musikalischen Entwicklung bzw. des Sozialisationsprozesses gesehen werden kann (vgl. dazu auch Hartogh in diesem Band). Im Vordergrund steht dementsprechend auch die Forschung zu Sozialisation mit populärer Musik (vgl. Dietrich und Schubert 2002).

Forschung zur musikalischen Sozialisation in ‚einfachen' Gesellschaften (vgl. Underwood und Honigmann 1947) zeigt, dass Musizieren und der Umgang mit Instrumenten zu den Kulturtechniken gehört, die erlernt werden, um am gesellschaftlichen Leben partizipieren zu können. Weiter verfügen nicht nur Hörende, sondern auch Menschen, denen der Hörsinn fehlt oder die ihn verloren haben, über eine Musikkultur, was bedeutet, dass auch hier musikalische Sozialisationsprozesse verortet werden können (vgl. Darrow 1993).

In welchem Verhältnis steht die musikalische Sozialisation zu den oben skizzierten Merkmalen und Dimensionen von Sozialisation? Insbesondere soll die Verbindung von Musik als kulturelles Objekt mit dem Begriff der Sozialisation verdeutlicht werden. Vor allem die Musikwissenschaft (vgl. Karbusicky und Schneider 1980; Bruhn et al. 2002, 2008) und Musikpädagogik (vgl. Dejager 1967; Rösing 2004) haben sich des Begriffs angenommen, eine tabellarische Übersicht bei Pape (1996, S. 84f.) zur Verwendung des Begriffs verortet die musikalische Sozialisation bis in die frühen 1970er Jahre hinein. Demnach wird von verschiedenen Autoren musikalische Sozialisation vor allem als ‚musikalische' Entwicklung verstanden, aber auch struktur-funktionale, sozialökonomische Ansätze in der Tradition Bronfenbrenners und Ansätze auf Basis des bourdieu'schen Kapitalmodells (ebd., S. 84ff.) legen eine solche Betrachtung nahe. Im Folgenden soll ein neuerer Ansatz vorgestellt werden, der verschiedene Annahmen integriert und dabei vor allem die aktive musikalische Sozialisation Jugendlicher in den Blick nimmt. Die Klärung des Verhältnisses von musikalischer Sozialisation und den Merkmalen der Sozialisation allgemein soll weiter unten erfolgen.

3.1   Musikalische und mediale Selbstsozialisation

Eine Theorie, die in den letzten Jahren eine besondere, wenn auch umstrittene Position eingenommen hat, ist die Theorie der musikalischen und medialen Selbstsozialisation. Der Ursprung des Konzepts der Selbstsozialisation lässt sich in der Systemtheorie Niklas Luhmanns (vgl. Veith 2008, S. 481) verorten. Durch die besondere Modellierung von Luhmanns (1987, S. 327) Systemtheorie wird Sozialisation immer als Selbstsozialisation betrachtet, da ihr „Grundvorgang [...] die selbstreferentielle Reproduktion des Systems" ist. Hierzu muss angemerkt werden, dass die von Luhmann vertretene Begriffsfassung des Sems (bedeutungstragende Einheit) ‚selbst' auf den Prozess referiert und somit einen Automatismus anspricht. Bei den Vertretern des Selbstsozialisationskonzepts sowie der musikalischen und medialen Selbstsozialisation referiert dagegen ‚selbst' auf das Individuum, was dessen aktiven Teil am Sozialisationsprozess unterstreicht (vgl. Schorb 2005, S. 382), die einer funktionalistischen Sicht, die Sozialisation als Anpassung an gegebene soziale Systeme begreift, entgegensteht (vgl. Schorb 2005, S. 381). Dabei wird besonders auf das von Hurrelmann (2006) proklamierte ‚Modell des produktiv realitätsverarbeitenden Subjekts' verwiesen (Müller et al. 2004, S. 1), bei dem die Eigenleistung des Subjekts betont wird. „Musikalische und mediale Selbstsozialisation vollziehen sich durch das Mitgliedwerden in selbstgewählten Kulturen", was auch die Aneignung verschiedener

Kompetenzen bzw. das Erlernen kulturspezifischer Codes bedingt (ebd.). Dadurch wird nach Müller et al. (2007, S. 22) Distinktion betrieben und „Identitäten konstruiert". Somit liegt es auf der Hand, dass sich das Konzept auch an Ansätze anlehnt, die vor allem den symbolischen Gebrauch von kulturellen Objekten betonen, wie dies beim Symbolischen Interaktionismus der Fall ist (vgl. Müller et al. 2007). Benannt werden darüber hinaus Cultural-Studies-Ansätze und weitere verwandte Konzepte (vgl. Müller et al. 2007, S. 16).

Das Konzept der Selbstsozialisation wendet sich dezidiert gegen die Thesen von Adorno (1975), der durch seinen dialektischen Ansatz eine stark normative Theorie vertritt, nach der die populäre Musik lediglich der Bedürfnisbefriedigung der Rezipientinnen und Rezipienten dient (vgl. Adorno 1975, S. 29) und deren Produktion vor allem durch kommerzielle Interessen gestützt wird (vgl. Adorno 1975, S. 42). Doch die vielfältigen empirischen Befunde hierzu sprechen nach Müller et al. (2007, S. 18) gegen derartige Thesen. Ebenso hat dieses Konzept teilweise auch in die Musikpädagogik Einzug gefunden und so wird eine Erscheinungsform von musikalischer Selbstsozialisation von Knolle und Münch (1999) beim Umgang Jugendlicher mit neuen Musiktechnologien verortet.

Das Konzept der musikalischen und medialen Selbstsozialisation ist dennoch äußerst umstritten und ist Gegenstand zahlreicher Kritik, die zum Teil auch von den Verfechterinnen und Verfechter dieses Ansatzes selbst formuliert wird: Zum einen wird der Vorwurf der Verschleierung sozialer Ungleichheit erhoben, zum anderen die Komplexität der Theorie angezweifelt (vgl. Müller et al. 2007, S. 18). So wurde von Neuhoff und Weber-Krüger (2007, S. 34) kritisiert, dass die Theorie der musikalischen Selbstsozialisation „diffus und in wesentlichen Punkten widersprüchlich formuliert" sei. Weiter werden die Prämissen und der theoretische Ausbau als zu trivial erachtet (vgl. Neuhoff und Weber-Krüger 2007, S. 37). Die Autoren kritisieren weiter, dass es keine postulierte Wahlfreiheit gebe, die Relevanz von dem propagierten populärkulturellen Kapital für den sozialen Status fehle, keine Marginalisierung der populären Kultur in Soziologie und Pädagogik vorherrsche und die empirischen Befunde unzureichend für einen Beleg der Theorie der musikalischen Selbstsozialisation seien (vgl. Neuhoff und Weber-Krüger 2007, S. 37ff.). Weitere Kritikpunkte betreffen Theoriedefizite, die in der impliziten Einschränkung der Theorie auf das Jugendalter bestehen, die die kommunikativen Bedingungen von Peer-Groups vernachlässigen und die Unterhaltungsfunktion von Musik und Medienwirkung generell unterschätzen. Schließlich sehen die Autoren unter der „medienbasierte[n] musikalischen Selbstsozialisation" hauptsächlich „systemkonforme Sozialisation" (vgl. Neuhoff und Weber-Krüger 2007, S. 50), was wiederum dem Konzept von Luhmann entspricht.

3.2 Musikalische Sozialisation und die musiksoziologischen ‚Klassiker'

Die musikalische Sozialisation findet bei den musiksoziologischen Klassikern keine Erwähnung: So lassen sich aus den Ausführungen Max Webers (1921) keine Erkenntnisse zur musikalischen Sozialisation ableiten, ebenso verhält es sich in der Musiksoziologie bei Blaukopf (1982), der den Problembereich der musikalischen Sozialisation außer Acht lässt – wie dies z. B. das Werk ‚Musik im Wandel der Gesellschaft' zeigt. Die frühen Arbeiten des Musiksoziologen Silbermann (1957) enthalten zwar noch keine expliziten Hinweise zu musikalischen Sozialisation, doch arbeitete er später zum „Musikalischen Sozialisierungsprozeß" (Silbermann 1976), wenn auch im schulischen Kontext. Es handelt sich hierbei um eine Querschnittsuntersuchung, auch wenn der Titel es anders suggeriert. Ein umfassender Sozialisationsbegriff wird nicht entfaltet.

3.2.1   Pierre Bourdieus Habitus, Lebensstile und Kapitalmodell

Zweifelsohne gilt Bourdieu durch seine umfangreichen Arbeiten, insbesondere durch die umfassende Darstellung der französischen Gesellschaftsstruktur der 1960er Jahre, als einer der einflussreichsten Soziologen (vgl. Bourdieu 2005). Eine nähere Beschäftigung mit der Sozialisationsfunktion von Musik erfolgte aber nie. Dennoch bieten sich seine Überlegungen in zweierlei Hinsicht besonders für eine soziologisch orientierte Auseinandersetzung mit musikalischer Sozialisation an: Zum einen prägte er maßgeblich den Begriff des Habitus, der als Produkt von Sozialisation gesehen werden kann, zum anderen setzt er sich konkret mit Kultur als Kriterium für Distinktion auseinander.

Das Habitusmodell bei Bourdieu

Der Begriff *Habitus* geht auf Marcel Mauss (1934) zurück, der ‚Habitus' als ‚Körpertechnik' versteht. Bei Bourdieu fungiert er als Grundlage einer Gesellschaftsanalyse. Habitus kann verstanden werden als die Gesamtheit der durch die primäre Sozialisation angeeigneten Dispositionen, die klassenspezifisch bzw. milieuspezifisch sind (vgl. Coulangeon und Lemel 2007, S. 124) und die in Kombination mit dem entsprechenden Kapital die angemessenen Praktiken hervorbringen. Habitus dient der Vermittlung zwischen der Situation und dem der Situation angemessenen Verhalten, ohne dass es dabei eines Verständnisses oder einer besonderen emotionalen Bindung bedarf (vgl. Bourdieu 2005, S. 174). Damit kann Habitus als ‚Kondensat' der Sozialisation gesehen werden, da im Habitus alle gesellschaftlich notwendigen Werte, Normen und Praxen angelegt sind.

Der Begriff Habitus ist eng mit dem Klassenbegriff und den zugehörigen Lebensstilen verbunden; Klassenhabitus ist das „sinnstiftende Erzeugungsprinzip" der Praxis, in denen sich diese Lebensstile ausdrücken (ebd., S. 175). Dem Habitus kommt zugleich auch noch eine reflexive Funktion zu, denn er konstituiert nicht nur die die spezifischen Praxen, sondern ist „als Inkorporation der Klassenlage" (ebd.) ebenso indirektes Produkt dieses zirkulären Prozesses.

Der Habitus ist aber darüber hinaus nicht nur ein methodischer Begriff, sondern nach Bourdieu ebenso Faktor der Genese des sozialen Raums. Er erzeugt „objektiv klassifizierbare" Praxisformen und konstituiert damit ein Klassifikationssystem (ebd., S. 277). Somit schafft er auch den Raum für die Verwendung von distinktiven Zeichen, denen die Urteile und Bewertungen zugrunde liegen. Zu diesen Merkmalen der Distinktion gehören unter anderem auch das „Unterschiede setzende Verhalten" bezüglich des

Umgangs mit kulturellen Objekten – wie der Musik (vgl. ebd., S. 61f.). Diese durch den Habitus herausgebildeten Praktiken, die mit einer Bevorzugung bestimmter kultureller Objekte einhergehen, werden als Geschmack bezeichnet (ebd., S. 63). Doch der Habitus formt über die individuellen Praktiken und den Geschmack hinaus vor allem auch den „Raum der Lebensstile" (ebd., S. 278) und damit die Struktur der Gesellschaft unter der Prämisse, dass der Raum des Kapitals homolog zum Raum der kulturellen Umgangsweisen bzw. zum kulturellen Kapital strukturiert ist. Damit steht die kulturelle Praxis – und damit auch musikalische Umgangsweisen – im Zentrum der Sozialstrukturanalyse Bourdieus.

Für die musikalische Sozialisationstheorie zeigt sich also, dass das Konzept des Habitus sozialisationstheoretische Aspekte mit Aspekten der sozialen bzw. kulturellen Praxis verknüpft und somit eine unmittelbare Verbindung zwischen diesen schafft.

Relevanz des Modells der Kapitalsorten für die musikalische Sozialisation

Die Erweiterung des Kapitalbegriffs von Karl Marx (1981) durch Bourdieu ist ein weiteres Merkmal seiner Theorie. Dabei unterscheidet Bourdieu mehrere Sorten von Kapital, wobei neben dem auf Marx zurückgehenden ökonomischen Kapital sicherlich das kulturelle Kapital die wichtigste Kapitalsorte ist: Bourdieu spannt den sozialen Raum über das Kapitalvolumen und diese beiden Kapitalsorten auf (gemeint sind das soziale und das wenig erwähnte symbolische Kapital, die hier wegen ihrer fehlenden Verknüpfbarkeit zur musikalischen Sozialisation nur randständig bzw. keine Erwähnung finden, auch wenn beide durch entsprechende Transformation auch wieder in ökonomisches und kulturelles Kapital umgewandelt werden können (vgl. Bourdieu 1983, S. 195).

Für die Betrachtung von musikalischer Sozialisation zeigt sich das Kapitalsortenmodell aufgrund der besonderen Berücksichtigung kultureller Objekte in Form des kulturellen Kapitals als besonders anschlussfähig. Dies wird deutlich, wenn man die weitere Differenzierung des kulturellen Kapitals betrachtet. Nach Bourdieu (1983, S. 185) existiert kulturelles Kapital in drei verschiedenen Formen: „(1.) in verinnerlichtem, inkorporiertem Zustand, [...] (2.) in objektiviertem Zustand, [...] und [...] (3.) in institutionalisiertem Zustand". Die erste Form des inkorporierten kulturellen Kapitals korrespondiert dabei mit dem Habitus, da es sich dabei ebenso um Dispositionen im Organismus handelt. Bourdieu (1983, S. 186) setzt für das inkorporierte Kulturkapital einen „Verinnerlichungsprozeß [sic]" voraus und dieses ist somit „grundsätzlich körpergebunden".

Durch den Verinnerlichungsprozess wird kulturelles Kapital für Bourdieu selbst zum Habitus (vgl. ebd., S. 187), wobei zu vermuten ist, dass es nur einen Teil des gesamten Konstrukts Habitus ausmacht. Der Prozess, der dieses Kapital hervorbringt, ist abhängig von der jeweiligen Epoche und Gesellschaft und kann sich ohne explizite Erziehungsmaßnahmen völlig unbewusst vollziehen, womit ein Verweis auf die Sozialisation offensichtlich wird und inkorporiertes kulturelles Kapital damit als das dispositionelle Produkt des Sozialisationsprozesses angesehen werden kann, welches alle kulturellen Komponenten in sich vereint. Als Beispiel kann man sich im Fall der musikalischen Sozialisation als kulturelles Kapital die Fähigkeit, ein Instrument zu spielen, vorstellen. Dabei beinhaltet das kulturelle Kapital nicht nur die psychomotorischen Fähigkeiten, sondern darüber hinaus auch die mentale Repräsentation der musikalischen Mittel sowie das Metawissen über Musik, wie z. B. Künstlerbiographien. Die Repräsentationen der musikalischen Mittel umfassen dabei unter anderem Wissen über die Notation und musikalische Formen und ermöglichen z. B. musikalische Teile als zusammengehörig zu erkennen oder in eine bestimmte Epoche oder Stilrichtung einzuordnen (musikhistorisches Verständnis). Zudem lässt sich zumindest in der Logik Bourdieus der musikalische Geschmack bzw. musikalische Präferenzen in dieser Form des kulturellen Kapitals verorten.

Das kulturelle Kapital kann allerdings auch noch in weiteren Formen vorliegen, die nur mittelbare Produkte des Sozialisationsprozesses sind. So wird unter objektiviertem Kulturkapital materiell transferierbares Kapital verstanden, wie es in Form von z. B. musikalischen Instrumenten oder Tonträgern vorliegt. Wenn es auch nicht direkt aus dem Sozialisationsprozess hervorgeht, so kann man doch eine gewisse Relevanz des objektivierten kulturellen Kapitals nicht abstreiten. Für Bourdieu besteht diese vor allem darin, dass das objektivierte kulturelle Kapital nur durch das inkorporierte Kapital genutzt werden kann, da die entsprechenden kulturellen Fertigkeiten den Genuss des objektivierten kulturellen Kapitals ermöglichen (vgl. ebd., S. 188). Dies lässt ebenso den Rückschluss zu, dass die Inkorporation von kulturellem Kapital nur durch vorliegendes objektiviertes Kapital möglich ist.

Die dritte Form des kulturellen Kapitals bildet das institutionalisierte Kulturkapital, welches in Form von Titeln vorliegt (ebd., S. 190). Dabei ist diese Form in gewisser Weise auch ein Produkt des Sozialisationsprozesses, wenn auch nur peripher, da institutionalisiertes kulturelles Kapital vor allem entsprechender Bildung geschuldet ist und auch Anteile der Erziehung beinhaltet, wenn man sich die einzelnen Stationen vor Auge führt, die zu einem schulischen Abschluss führen. Das institutionalisierte Kapital kann im Kontext der Sozialisation eher als Produkt dieser denn als Faktor gesehen werden. Dennoch ist das institutionalisierte Kapital dann wichtig, wenn der Zugang zu bestimmten Bereichen in Form von Gruppen oder Institutionen und den damit verbundenen spezifischen Sozialisationsprozessen nur durch die entsprechenden Zertifikate möglich ist. Dies ist vor allem für die Professionalität von Musikern wichtig, die sich auch dadurch auszeichnet, dass bestimmte musikalische Berufe meist Zeugnisse voraussetzen, die die staatlich geprüfte Beherrschung des Instruments voraussetzen, wie das z. B. im Falle von Kirchenmusikern durch die entsprechenden A-, B-, oder C-Scheine gegeben ist.

Neben dem kulturellen Kapital kann auch dem Sozialkapital (ebd., S. 190) eine gewisse, wenn auch weit geringere Bedeutung für den Sozialisationsprozess zugeschrieben werden. Das soziale Kapital besteht nach Bourdieu (ebd.) aus der „Gesamtheit der aktuellen und potentiellen Ressourcen". Diese Ressourcen bestehen aus einem „Netz von [...] Beziehungen", die zwischen verschiedenen Personen bestehen. Diese Ressourcen bestehen nach Bourdieu aus der „Zugehörigkeit einer Gruppe". Wenn man auch einwenden kann, dass nicht alle Beziehungen auf einer Zugehörigkeit zu bestimmten sozialen Gruppen bestehen, so können hier mehrere Verknüpfungen gesehen werden, die Anschlussmöglichkeiten zu anderen Konzepten, vorrangig dem Sozialisationskonzept, schaffen. Zum einen ist direkt einleuchtend, dass diese sozialen Beziehungen nur innerhalb eines Prozesses aufgebaut werden können, der dem Konzept der Sozialisation entspricht, andererseits, dass eine Gruppenzugehörigkeit ebenfalls Merkmal verschiedener Sozialisationskonzepte ist. Nebenbei ergibt sich hier zudem ein Anknüpfungspunkt für die relativ neue Forschung zu Netzwerken (vgl. Bommes und Tacke 2011). Dabei scheint soziales Kapital eine Form des Meta-Kapitals zu sein, da darüber nur auf das über dieses Netz verfügbare ökonomische und kulturelle Kapital zurückgegriffen werden kann (vgl. Bourdieu 1983, S. 191). Das soziale Kapital ist damit nicht direkt zugänglich, sondern muss zuerst transformiert werden.

Die Transformation des Kapitals (vgl. ebd., 195), also der Erwerb aller Kapitalarten mit ökonomischem Kapital, ist möglich, aber nur unter der Aufwendung von „Transformationsarbeit". So muss für die musikalischen Ausbildung, abgesehen von einer sängerischen, ein Instrument bereitstehen, welches nur durch Einsatz von ökonomischem Kapital erworben werden kann. Es sind aber auch andere Transformationen denkbar, in dem soziales Kapital z. B. durch musikalische Betätigung in einem Orchester erworben wird oder soziales Kapital, also die Nutzung persönlicher Kontakte, genutzt wird, um an kulturelle Güter wie z. B. Konzertkarten zu kommen. Bedeutsam ist vor dem Hintergrund einer Annäherung an musikalische Sozialisation aus soziologischer Sicht, dass das Konzept des Habitus in Verbindung mit den Kapitalsorten einen bedeutsamen Zugang darstellt, um musikalische Sozialisation zu erfassen. Dennoch ist das Habitus-Konzept recht starr und unflexibel, weswegen nun das modernere Konzept Schulzes folgt, welches allerdings eher ein sozio-kulturelles Analysekonzept als ein Sozialisationskonzept im engeren Sinne bereithält.

3.2.2   Gerhard Schulzes Erlebnisgesellschaft

Eine jüngere Annäherung an die Sozialstruktur auf Basis eines kulturtheoretischen Ansatzes wird von Schulze (2005) geleistet. Das Modell von Bourdieu wird dabei in mehrfacher Hinsicht kritisiert (vgl. Schulze 2005), vor allem aber, weil das Modell Bourdieus als zu starr angesehen und auch die Bedeutung der Distinktion überschätzt wird. Wenn Schulze auch Bourdieus Analyse als nicht zutreffend für die Bundesrepublik Deutschland der 1980er und 1990er Jahre ansieht, so werden dennoch Teile seiner analytischen Methoden nicht gänzlich abgelehnt (vgl. ebd., S. 16).

Das Modell Schulzes bietet zwar keine explizite Theorie zur musikalischen Sozialisation an, aber dafür viele Anknüpfungspunkte, die auf die Produkte musikalischer Sozialisation im gesellschaftlichen Kontext verweisen. Schulze geht nicht wie Bourdieu von einer Determiniertheit des Individuums auf sein Milieu bzw. seine Klasse aus, sondern nimmt die Orientierung der Individuen zum Anlass für eine gesellschaftliche Analyse. Ausgangspunkt ist hierbei die Feststellung, dass ein Wechsel von einer außenorientierten zu einer innenorientierten Lebensauffassung stattgefunden hat. Die innenorientierte Lebensauffassung zeichnet sich dadurch aus, dass nicht mehr die äußeren Bedürfnisse, wie z. B. Nahrungssättigung oder Sexualtrieb, sondern die innere Befindlichkeit zum Kriterium der Lebensführung wird. Die Orientierung der Individuen einer Gesellschaft an den inneren Bedürfnissen ist eines der Kennzeichen für die von ihm postulierte ‚Erlebnisgesellschaft'. Diese Innenorientierung führt nach Schulze zu einer „Ästhetisierung des Alltags" (Schulze 2005, S. 38), die sich in verschiedenen Lebensstilen ausdrückt und neben z. B. Sport und Hobbies vor allem auch kulturspezifische Verhaltensweisen betrifft.

Den sozialen Raum strukturiert Schulze nach alltagsästhetischen Schemata in den Bedeutungsebenen Genuss, Distinktion und Lebensphilosophie, die einen dreidimensionalen Raum der Stile aufspannen. Die Schemata unterscheiden sich dabei vor allem durch ihre spezifischen Zeichen, welche unter anderem in bestimmten Musikstilen bestehen. Dabei korrespondiert das Hochkulturschema zum Beispiel mit klassischer Musik, das Trivialschema mit deutschem Schlager und das Spannungsschema mit Rockmusik (vgl. ebd., S. 163). Bei der weiteren Analyse ordnen sich die von Schulze vorgeschlagenen Milieus abhängig von ihrer Nähe und Distanz im sozialen Raum an (vgl. ebd., S. 165).

Auch wenn Schulze keine expliziten Verweise auf das Konzept der Sozialisation vornimmt, so lassen sich dennoch Anknüpfungspunkte finden. So steht der konstruktivistische Ansatz, den Schulze propagiert, dem Konzept des realitätsverarbeitenden Subjekts nahe. Weiter verweist er auf psychophysische Interdependenzen, da neben einer gesellschaftlichen kognitiven Vorprägung ebenso „der Körper bestimmte gesellschaftlich vorgeprägte Erlebnismuster" (ebd., S. 89) in sich trägt. Damit lässt sich zumindest indirekt ein der Sozialisation entsprechender Vorgang als Vorbedingung für die kognitiv und die körperlich verinnerlichten Erlebnismuster vorstellen. Ein sozialisationstheoretischer Ansatz müsste daher untersuchen, welche Bedingungen für die Ausbildung derartiger Geschmacksmuster alltagsästhetischer Schemata vorliegen.

3.2.3   Identitätskonzepte

Wie bereits mehrfach angedeutet wird das Identitätskonzept als besonders fruchtbar und bedeutend für die Auseinandersetzung mit Sozialisation angesehen, weswegen hier nun einige der in Psychologie und Soziologie klassischen und aktuellen Modelle auf deren Ertrag für die Beantwortung der Frage nach der Genese und Struktur der musikalischen Sozialisation geprüft werden sollen.

In der Sozialisationsforschung liegt ein Schwerpunkt auf den Konzepten der Identität (vgl. Zimmermann 2006; Veith 2008; Böhnisch et al. 2009; Abels und König 2010). Abels und König (2010) stellen den Identitätsbegriff neben die Begriffe Gesellschaft und Sozialisation, was dessen besondere Bedeutung unterstreicht. Diese wird durch die Annahme, dass das Individuum in der Gesellschaft nur durch Identität ‚möglich' ist (vgl. ebd., S. 9), hervorgehoben. Ebenso hohe Bedeutung kommt der Identität bei Zimmermann (2006) zu, der in Anlehnung an Erikson „Sozialisation als Weg zur Identität" sieht (Zimmermann 2006, S. 24ff.).

Georg Herbert Mead als einer der Begründer des symbolischen Interaktionismus hat sich intensiv mit dem Individuum auf mikrosozialer Ebene beschäftigt (vgl. Veith

2008, S. 37), also mit dem Prozess, „Wie der Mensch zum Ich wird" (Mead 1969b, S. 55). Grundlage seiner Überlegungen ist die Frage – die in der Literatur eher systemtheoretischen Ansätzen zugerechnet wird – wie eine Gesellschaft ihre „Struktur und Ordnung" bewahren kann, aber dennoch notwendige Veränderungen möglich sind. (ebd., S. 57). Die Lösung dieses Problems sieht er darin, dass das Individuum nicht nur ein Selbstbewusstsein für sich, sondern auch ein Bewusstsein für eine gesamte Gruppe entwickelt, um auf Umweltbedingungen nicht nur individuell, sondern auch kollektiv reagieren zu können (vgl. ebd., S. 62). Dabei kommt dem Selbstbewusstsein und evolutionären Prozessen eine besondere Rolle zu (vgl. ebd., S. 64ff.). In dem von Mead (ebd., S. 69) bezeichneten „Ichbewußtsein" kommt der Lebensprozess selbst zum Vorschein. Besondere Bedeutung für die Herausbildung des Ich spielt aber die soziale Komponente. Demnach kann das Individuum nur „sein Ich ausbilden", sofern es in der Lage ist, „soziale [...] Gewohnheiten zu internalisieren" (ebd., S. 72). Diese Gewohnheiten sind Tätigkeiten wie das Lesen von Romanen, Kinobesuche und auch Radio hören – womit Mead hier eine deutliche Verknüpfung zwischen ästhetischen Umgangsweisen und der Ich-Werdung – oder anders gesprochen der Sozialisation – andeutet. Die Strukturierung der Gesellschaft durch kulturelle Umgangsweisen von Bourdieu wird hier vorweg genommen, da die Struktur der Gesellschaft auf „solchen Gewohnheiten" beruht (vgl. Mead 1969b). Die soziale Seite des Individuums wird als essentiell angesehen, da „ein Ich [...] nur dort entstehen [kann], wo ein sozialer Prozeß [sic] vorliegt, in dem das Ich seine Veranlassung findet" (vgl. ebd., S. 83). Weiter ist bei Mead (1969a, S. 219) besonders die kommunikative Fähigkeit des Menschen wichtig, da durch „signifikante Symbole" Bedeutungen geschaffen werden können. Durch diese Symbolisierung entstehen neue Objekte, die lediglich als mental geteilte Vorstellungen ihrer Bedeutung existieren (Mead 1969a, S. 221). Für Mead (ebd., S. 222) ist „Bedeutung [... die] höchste, komplexeste Stufe der Symbole".

Aus Sicht musikalischer Sozialisation kann man diese gemeinsam geteilte Bedeutung auch auf musikalische Objekte anwenden, da diese zwar unabhängig von ihrer physikalischen Gestalt in Form von Schall existieren, aber nur durch deren künstlerische Intention und spezifische Rezeption Bedeutung erhalten. Musik kann demnach als Symbolsystem aufgefasst werden, dessen Bedeutungsebene sich nur durch den sozialen Prozess manifestiert, welcher wiederum Individuen voraussetzt, die diesen Prozess durch Verinnerlichung und Praxis erhalten. Doch wie werden diese Symbole und Bedeutungen verwendet und welches integrierende Moment existiert für das Individuum?

Dazu kann man noch einmal auf die Genese des Individuums zurückkommen. Nach Mead (1969c) enthält das ‚Ich' zwei unterschiedliche Facetten. Die eine nennt er „ » Ich an sich « " und die andere „ » mich « " (Hervorhebung i.O.). Das ‚Ich an sich' ist „Reaktion des Organismus auf die Haltungen der anderen" (vgl. ebd, S. 294) und kann in gewisser Weise als Substrat des ‚mich' in vergangenen Situationen beschrieben werden (vgl. ebd, S. 293f.). Das ‚mich' dagegen stellt die Summe der verinnerlichten Haltungen der anderen dar (vgl. ebd., S. 294). Dabei fungiert das ‚mich' als soziale Kontrollinstanz (vgl. ebd, S. 303), welche die Grenzen des sozial zulässigen festlegt. Dem

‚Ich an sich' kommt neben dem Individuumspezifischen ein performatives und konstruktives Element zu, da es durch eine bestimmte „Handlung [...] realisier[t]" wird. Die Kombination dieser beiden Komponenten des Ich ergeben somit zusammen etwas, was als Identität bezeichnet werden kann.

Zur Beantwortung der Frage, wie musikalische Sozialisation vor diesem Hintergrund zu deuten ist, bieten sich mehrere Anknüpfungspunkte. So bedingt die Genese des Ich, wie sie Mead skizziert, einen Prozess, der einem möglichen Begriff von Sozialisation entspricht und darüber hinaus kulturelle Objekte im Besonderen beinhaltet. Aber auch bei der Differenzierung des ‚Ich' in das ‚Ich an sich' und das ‚mich' lassen sich Ansatzpunkte für eine musikalische Sozialisationstheorie finden. So verweist das ‚mich' auf den sozialen Prozess, der eine Verinnerlichung der Erwartung der Anderen zur Folge hat. Ebenso müssten auch die Verhaltensweisen der anderen beim Umgang mit musikalischen Objekten im ‚mich' gespiegelt sein, da es den gleichen Umgang des Individuums mit diesen Objekten impliziert. Den Anteil des ‚Ich an sich' verdeutlicht Mead (ebd., S. 302) zusätzlich an dem Bild des Künstlers, in dessen Ausdruck das Konventionelle aufs Minimum reduziert ist und er das Neue z.T. auch durch den gezielten Bruch der Konventionen schafft. Diese Form des ‚Ich an sich' lässt sich gleichsam für den Umgang mit ästhetischen Objekten bzw. den Symbolen denken, die sich eben auch in musikalischen Formen manifestieren können.

Das Konzept von Erik Eriksons beschäftigt sich ebenso wenig wie das von Mead explizit mit musikalischer Sozialisation, aber es hat in vielen Kontexten eine große Resonanz erfahren (vgl. Zimmermann 2006). Der Beitrag von Eriksons Identitätskonzept zur musikalischen Sozialisation kann dabei eher als bescheiden bezeichnet werden, wenn auch Versuche existieren, seine Identitätstheorie für die musikalische Sozialisation nutzbar zu machen (vgl. Neuhoff und de la Motte-Haber 2007, S. 395). So kann die erfolgreiche Entwicklung einer Identität zwar durch einen der Kultur entsprechenden Erfolg gestärkt werden (vgl. Erikson 2003, S. 107), doch eine vertiefte Auseinandersetzung mit kulturellen Objekten bleibt aus. Lediglich in einem Fallbeispiel zu George Bernhard Shaw wird darauf verwiesen, dass die Musikalität der Familie Shaws ihn dazu führte, Musikkritiker zu werden (vgl. ebd., S. 132).

Für die Einführung des Identitätskonzept in die deutsche Soziologie hat Lothar Krappmann mit seiner Monografie ‚Soziologische Dimensionen der Identität' (1993) einen wichtigen Beitrag geleistet. Er geht zwar auf verschiedene Konzepte ein (die Psychoanalyse Freuds und davon abgeleitete Ansätze wie das Modell Eriksons (vgl. Krappmann 1993, S. 17ff.), ein Schwerpunkt liegt aber ausgehend von der Betrachtung von Interaktionsprozessen auf der Aufarbeitung und Weiterentwicklung des symbolischen Interaktionismus (vgl. ebd., S. 32ff.).

Identität wird von Krappmann verstanden als das Ausbalancieren von „divergierende[n] Anforderungen und Erwartungen" und „eigenen Erwartungen und Bedürfnissen" in „Antizipation möglicher künftiger Interaktionssituationen" (ebd., S. 207f.). Dabei dient das Identitätskonzept nicht nur als kritisches Analyseinstrument von Interaktionen, sondern auch dazu, verschiedene Disziplinen und Ansätze zusammenzuführen. Diese von Krappmann herausgehobene Stärke des Identitätskonzepts und eine so gestaltete Modellierung von Identität, die deutlich auf den Überlegungen Meads und weiterer aufbaut, sind vor allem für die Analyse von musikalischer Sozialisation als interdependenter Prozess bedeutsam, da Musik ein soziales Produkt ist, welches meist durch Interaktion entsteht und seine Bedeutung erst durch die soziale Gemeinschaft erhält. Interaktionsprozesse und die damit verbundenen Erwartungen sind damit ein wichtiger Grundpfeiler nicht nur der musikalischen Sozialisation, sondern auch musikalischen Verhaltens und Handelns allgemein. Dass Interaktionsprozesse für musikalische Sozialisation wichtig sind, lässt sich an ihrer Bedeutung für die musikalische Praxis ablesen. Ein musikalisches Event lässt sich, damit es überhaupt sozial bedeutsam wird, nur durch eine Interaktion von zumindest zwei Teilnehmerinnen resp. Teilnehmern konstruieren. Ein Individuum kann zwar für sich alleine musikalisch aktiv werden, aber in den meisten Fällen ist die musikalische Darbietung an ein Publikum gerichtet, welche auf diese Darbietung reagiert. Wenn dies nicht medial vermittelt geschieht, dann ist mit einer Reaktion des musikalischen Akteurs zu rechnen – womit man von einer Interaktion sprechen kann. Noch deutlicher wird die Relevanz von Interaktionsprozessen, wenn man eine Gruppe von Musikerinnen resp. Musikern beim Musizieren oder das Erlernen eines musikalischen Instruments betrachtet. Gerade bei letzterem lassen sich verschiedene Interaktionsprozesse zwischen Schülerin bzw. Schüler und Lehrerin bzw. Lehrer erklären, die sich auf einer verbalen, deklarativen und musikalischen Ebene zeigen. Die verbale Interaktion betrifft das Lehrer-Schüler-Gespräch über musikalische Gegenstände oder die musikalische Ausführung. Die deklarative Interaktion bezieht sich auf das Zeigen der Lehrerin resp. des Lehrers der richtigen Haltung, Vorspielen von Phrasen usw. Die musikalische Ausführung kann dagegen ebenso Interaktionsprozesse z. B. beim gemeinsamen Musizieren, Spielen eines Duetts o.Ä., beinhalten.

Eine neuere, umfangreiche Studie zum Konzept der Identität hat der Sozialpsychologe Heiner Keupp (2006) vorgelegt, die sich in besonderer Weise mit der Konstruktion von Identität auseinandersetzt. Dabei wurde unter anderem auch versucht, die Frage zu beantworten, wie Menschen unter den Umständen veränderter Lebensbedingungen, die durch die Individualisierung hervorgerufen wurden (vgl. ebd., S. 300), Identität konstruieren können. Identität wird hierbei vor allem durch den Arbeitsbegriff analysiert; ihre Herstellung erfolgt unter anderem durch Ressourcenarbeit und Narrationsarbeit (vgl. ebd., S. 189). Dabei wird bei der Ressourcenarbeit auf die Kapitalsorten von Bourdieu Bezug genommen und entsprechend dem Modell in „Ökonomische Ressourcen", „Kulturelle Ressourcen" und „Soziale Ressourcen" umbenannt und in das Modell integriert (vgl. ebd., S. 198ff.). Auch bei Keupp zeigen sich sowohl die Möglichkeiten des bourdieu'schen Begriffsinventars für das Identitätskonzept allgemein als auch die Einbettungen von kulturellen Ressourcen in einem Identitätsmodell, mit dem sich weitere Aspekte der musikalischen Sozialisation beschreiben lassen, nämlich die Verknüpfung vom Modell der Kapitalsorten mit der subjektzentrierten Perspektive der Identität, welche von Keupp durch eine zeitliche

Dimension erweitert wird, die implizit im Konzept der Narrationsarbeit beinhaltet ist. Bei einer Narration handelt es sich um eine – in diesem Fall biographische – Geschichte, die sich über einen Zeitraum erstreckt, also explizit keine Zustandsbeschreibung ist. So wird davon ausgegangen, dass die Selbsterzählung ein wesentliches Mittel der Identitätsbildung ist (vgl. ebd., S. 208), die nur durch einen zeitlichen Aufwand erfolgen kann. Weiter bringt aber das Konzept der Narrationsarbeit auch methodologische Implikationen mit sich. Demnach ist der Selbstbericht über musikalische Erlebnisse und die subjektive Bedeutung von Individuen Teil der Identitätskonstruktion und kann unter der Prämisse, dass Identitätsbildung Teil der Sozialisation ist auch wiederum als Teil dieser angesehen werden. Musikalische Sozialisation vollzieht sich somit auch durch die Genese subjektiver Bedeutungen musikalischer Objekte in der Lebensgeschichte.

3.3   Weitere anschlussfähige Disziplinen, Paradigmen und Theorien für musikalische Sozialisation

3.3.1   Forschung zu musikalischen Präferenzen

Ein bedeutendes Forschungsfeld der Musikpsychologie bzw. der Musiksoziologie ist die Präferenzforschung. Unter Präferenz wird die Bevorzugung eines Nutzungsobjekts in einer konkreten Entscheidungssituation verstanden, die – im Gegensatz zum Geschmack – für eine langfristige Bevorzugung bestimmter Objekte steht (vgl. Behne 2002). Musikalische Präferenzen können dabei als Indikatoren der musikalischen Sozialisation gesehen werden. Dabei lassen sich disziplinär zwei verschiedene Ansätze verorten.

In der psychologischen Präferenzforschung werden eher individuelle Determinanten der musikalischen Präferenz untersucht (vgl. u.a. Kyme 1956), wie z. B. Fragestellungen der musikalischen Entwicklung (vgl. Lamont und Webb 2009), in der soziologischen Präferenzforschung stehen eher gesellschaftliche Zusammenhänge im Mittelpunkt der Betrachtung. Ausgangspunkt vieler Untersuchungen sind dabei Bourdieus Hypothesen eines stratifizierten musikalischen Geschmacks. Um die Frage von Statusmarkern und Distinktionsmitteln als Indikatoren sozialer Ungleichheit zu klären, untersuchten Peterson und Simkus (1992) bspw. die Art der Erwerbstätigkeit und den musikalischen Geschmack in der US-amerikanischen Bevölkerung. Sie konstatieren, dass eine Unterteilung in verschiedene Klassen, wie sie von Bourdieu für die französische Gesellschaft vorgeschlagen wurde, nicht durch das empirische Material bestätigt werden kann.

Entgegen der Annahme, dass eine Differenzierung des Geschmacks nach dem Milieu vorgenommen werden kann, wie es Bourdieu (2005) vorschlägt, nehmen Peterson und Simkus (1992, S. 169) an, dass die vertikale Differenzierung der sozialen Gruppen nach der Anzahl an präferierten musikalischen Stile bzw. Genres erfolgt. Demnach ist der Geschmack der Elite (Personen mit dem höchsten Einkommen bzw. Vermögen und der höchsten Bildung) nicht mehr an den Genuss hoher Kunstformen, sprich klassischer

Kunstmusik, gebunden, sondern zeichnet sich eher durch seine Vielseitigkeit aus, nämlich der eines „Omnivoren" – eines „Allesfressers". Diese konsumieren nicht nur ein bestimmtes Genre, wie klassische Musik, sondern haben einen ‚breiten' Geschmack mit verschiedenen präferierten musikalischen Genres. Diesem Personenkreis gegenüber stehen diejenigen am unteren Ende des sozialen Gefüges, die sich eher auf eine präferierte Musikrichtung festlegen. Sie werden als „Univoren", als „Einfresser", bezeichnet und bevorzugen nur ein oder zwei Musikgenres.

Diese Befunde treten damit in Konkurrenz zu den Thesen Bourdieus. In Folge dessen wurden entsprechende gesellschaftliche Strukturierungsmerkmale auf deren Bestand untersucht (vgl. Coulangeon und Lemel 2007; Coulangeon 2005; van Eijck und Knulst 2005; Chan und Goldthorpe 2007). So wurde zum Beispiel von van Eijck (2001) für die niederländische Gesellschaft der musikalische Geschmack in Abhängigkeit von Ausbildung und Beruf hin untersucht und herausgefunden, dass es zwar Formen von ‚Omnivorisation' gibt, diese aber auch Beschränkungen unterliegen.

Die Beantwortung und damit endgültige Klärung der Frage nach der Homologie von sozialem Gefüge und musikalischem Geschmack steht damit noch aus. Dies ist eine Kernfrage vor dem Hintergrund, dass es hierbei darum geht zu klären, wie das menschliche Individuum sich seinen musikalischen Geschmack aneignet und an seine gesellschaftliche Position im sozialen Koordinatensystem gelangt. Für eine weitergehende Analyse wäre in diesem Zusammenhang die Klärung der Fragestellungen von besonderem Interesse, wie und in welchem Verhältnis gesellschaftliche Position und der musikalische Geschmack stehen, ob sie unabhängig sind, sich einseitig oder gegenseitig beeinflussen und welche weiteren Einflussfaktoren auf dieses Gefüge einwirken.

3.3.2   Sozialisation in Medienwissenschaft und -pädagogik

Neben Psychologie und Soziologie beschäftigen sich auch Medienpädagogik bzw. Medienwissenschaft mit der sogenannten Mediensozialisation. Dabei wird von verschiedenen Sozialisationsperspektiven ausgegangen, angefangen von der Frage, wie sich Medienrezeption auf die Aneignungsprozesse in Kindheit und Jugend auswirken bis hin zu Fragen nach Gefährdungspotenzialen durch Medien (vgl. Hoffmann 2003, S. 197f.). Süss (2004, S. 65) beschreibt die Schwerpunkte der Mediensozialisationsforschung mit der Klärung der Frage, wie Menschen Medienkompetenz entwickeln und welche Wirkung Medien auf Sozialisationsprozesse haben. Hierbei geht es vor allem um eine pädagogisch ausgerichtete Mediensozialisationsforschung, die den Schutz des Menschen, insbesondere von Kindern und Jugendlichen vor dem Hintergrund der Gefahren von bspw. übermäßigem Medienkonsum im Blick hat.

Der Mediensozialisation kommt dabei eine doppelte Rolle zu, da zum einen durch die Medien die Aneignung der Umwelt vermittelt wird, also Medien als Vermittlungsinstanz im Sozialisationsprozess fungieren. Darüber hinaus sind aber Medien und deren Inhalte auch Gegenstand der Aneignungsprozesse (vgl. Bachmair 2006). Dementsprechend wird in der Medienpädagogik auf diese doppelte Funktion der Medien z. B. in der

Schule hingewiesen, in der sie entsprechend als Vermittler, aber auch als Gegenstand in Erscheinung treten (vgl. Schorb 2005, S. 384). Mediensozialisation ist zudem auch gebunden an die Form der jeweiligen Medien und deren Verfügbarkeit, die allerdings nicht einseitig die Mediennutzung bestimmt, sondern ebenso individuell aktiv gestaltet wird (vgl. Süss 2004, S. 56ff.). Die Mediennutzung ist dabei ein wichtiger Indikator zur Beschreibung des Sozialisationsprozesses, da sich dieser an der Nutzung herauskristallisiert.

Ebenso findet sich in der medienwissenschaftlichen Forschung aber auch das Konzept der Selbstsozialisation als ein Erklärungsansatz jugendlichen Medienhandelns (vgl. Baacke 1997, S. 42) vertreten. So werden heute musikalische Inhalte zunehmend medial eingebettet, in andere Formate umgewandelt, angeboten und vermittelt. Während in den 1980er Jahren die Medienformen noch stärker getrennt voneinander existierten, sind diese heutzutage durch die Digitalisierung und entsprechende Hardware zu audiovisuellen Medieninhalten verschmolzen. Musik wird aktuell meist mit dem Computer konsumiert oder zusammengestellt und auf ein mobiles Abspielgerät oder ein dafür taugliches Mobiltelefon geladen. Das Musikfernsehen, welches zu Beginn der 1980er Jahre startete, hatte an dieser Entwicklung einen nicht unerheblichen Beitrag. Daher ist die intensive Auseinandersetzung mit Medien in der musikalischen Sozialisationsforschung unabdingbar.

3.3.3 Ansätze der Cultural Studies

Ein weiteres Paradigma, das für die Betrachtung von musikalischer Sozialisation hinzugezogen werden sollte, ist das Forschungsprogramm der ‚Cultural Studies'. Die Cultural Studies bezeichnen keine einheitliche Theorie, sondern können vielmehr als ein Verbund von Wissenschaftlerinnen und Wissenschaftlern verschiedener Disziplinen begriffen werden, deren gemeinsames Interesse in der Erforschung kultureller Phänomene und Praktiken liegt (vgl. Grossberg 1999, S. 44) und die mit einem mehr oder minder ähnlichen theoretischen Ansatz arbeiten. Durch ihren besonderen Fokus auf kulturelle Praktiken, ihrem kritischen Anspruch und der Bedeutung von Prozesshaftigkeit (vgl. Hörning und Winter 1999), eignen sich die Cultural Studies gut für eine kulturelle Kontextualisierung der musikalischen Sozialisation.

---

4   Zusammenfassung – gleichsam eine Annäherung an ein Skizze musikalischer Sozialisation?

Da bisher keine umfassende Theorie der musikalischen Sozialisation vorliegt, soll hier ein mögliches Modell skizziert werden, das natürlich aufgrund des knappen Umfangs unvollständig und somit auch fehlerbehaftet bleiben muss. Dazu werden zunächst die Dimensionen von Sozialisation rekapituliert.

Es bleibt festzuhalten, dass Sozialisation als wechselseitiger Prozess verstanden wird, der zwischen einem Individuum und Gesellschaft abläuft. Die Frage, die sich im Zusammenhang mit musikalischer Sozialisation stellt, ist, in welchem Verhältnis die Musik zu dieser dyadischen Beziehung steht. Denn der wechselseitige Prozess, von dem z. B. Hurrelmann (2006, S. 15) ausgeht, impliziert ein Objekt, welches ausgetauscht wird, um einerseits Gesellschaft zu verändern, andererseits, um Dispositionen des Individuums hervorzurufen. Es muss also ein Austauschmedium vorhanden sein, über welches der Wechsel stattfinden kann. Im Falle musikalischer Sozialisation muss es sich dabei zwangsläufig um musikalische Objekte handeln. Damit lässt sich die grundsätzliche Frage musikalischer Sozialisation über das Dreieck Individuum, Gesellschaft und musikalische Objekte darstellen, deren Relationen jedoch noch geklärt werden müssen. Hier schließt sich nun eine weitere Frage an, nämlich die nach der Beschaffenheit und Austauschbarkeit von musikalischen Objekten. Eine Intentionalität von Musik muss hier vorausgesetzt werden, da Intentionalität die Bedeutsamkeit im sozialen Kontext erst ermöglicht. Dies sei am Beispiel eines Werkes von John Cage verdeutlicht. Sein berühmtes Stück 4'33" zeichnet sich dadurch aus, dass es von einer beliebigen Anzahl von Musikerinnen und Musikern auf beliebigen Instrumenten gespielt werden kann – lediglich die Ausführungszeit von vier Minuten und 33 Sekunden ist vorgegeben und wird als Generalpause ausgeführt. Dadurch wird die Bedeutung des Musikalischen erst mit der Zuweisung, dass etwas musikalisch sei, geschaffen. Stille als solche würde nicht als Musik gelten, wäre sie nicht in einen entsprechenden kontextuellen Rahmen – ein Konzert – eingebettet, der den Zuhörerinnen und Zuhörern anzeigt, dass hier Musik gespielt wird. Diese kontextuelle Rahmung entfällt oftmals, da vielfach bereits ein instrumentelles Schallerzeugnis als Musik klassifiziert wird. Physikalische Schallerzeugnisse werden eben durch ihre soziale Bedeutsamkeit zum kulturellen Ereignis *Musik*. Die soziale Bedeutsamkeit ist der Musik und musikalischen Objekten somit inhärent. Ein Sozialisationsprozess, der sich also auf den Austausch mit Musik bezieht, vermittelt demnach mit dem Schallereignis seine soziale Bedeutsamkeit an sich (was wiederum auf das Dreiecksverhältnis der musikalischen Sozialisation verweist).

Ein weiterer Austauschprozess liegt zwischen dem Inneren und Äußeren des Individuums. Der Begriff der Internalisierung bringt zum Ausdruck, dass es sich bei der Aneignung von kulturellen Objekten im weitesten Sinne um eine Transformation handeln muss, die eine Repräsentation der Außenwelt ermöglicht. Wie dieser Transformationsprozess aussieht, lässt sich möglicherweise mit dem Konnektionismus beantworten, der sich im Zuge der kognitionswissenschaftlichen Forschung etabliert hat.

Welche kulturellen und musikalischen Objekte internalisiert werden, hängt zu einem bedeutenden Teil von den individuellen Dispositionen, also der Motivation zur Aneignung, sowie von den äußeren Bedingungen, der Lebenswelt des Individuums, ab. Diese ist nicht zuletzt sozial verankert und determiniert damit die Aneignung kultureller Objekte entsprechend mehr oder minder..

Weiter muss neben der passiven Aneignung musikalischer Objekte ebenso die aktive Seite betrachtet werden, die zudem Ausgangspunkt des Subjektbegriffs von Hurrelmann (1983) ist. Diese aktive Aneignung steht auch im Zentrum des Selbstsozialisationskonzepts (s.o.). Wenn das Individuum auch insofern beschränkt ist, dass es nur mit ihm zugänglichen musikalischen Objekten in Kontakt kommt und Hemmnisse aufgrund von bestehenden Einstellungen gegenüber bestimmten musikalischen Objekten mit bestimmten Eigenschaften (z. B. Genrezugehörigkeit) bestehen, so kann es dennoch sein Verhalten, welchen musikalischen Reizen es sich aussetzen will, in gewissem Maß steuern und Einstellungen durch kognitive Auseinandersetzung ändern.

Die aktive Gestaltung musikalischer Objekte, bei der die Interdependenz des Individuums mit physikalischen und sozialen Umweltbedingungen stärker in den Vordergrund tritt, stellt einen weiteren Bereich dar. Das ‚Musik machen' als solches ist Ausgangspunkt und Endpunkt dieses Prozesses zugleich oder – anders verstanden – die Schnittstelle des Transfers. Damit musikalische Objekte vorliegen, müssen diese zuerst einmal hervorgebracht werden, was aber wiederum ein Individuum erfordert, welches diese hervorzubringen vermag. Das Individuum muss dafür aber erst die entsprechenden Fähigkeiten erworben haben. Somit handelt es sich dabei um einen zirkulären Prozess, der teilweise eine gegenseitige Abhängigkeit beinhaltet.

Diese bisher eher psychologisch orientierten Überlegungen müssen natürlich auch in einem Zusammenhang zu gesellschaftlichen, also soziologischen Dimensionen stehen. Hierfür bietet sich das Konzept der Kapitalformen von Bourdieu (1983) für die Einbettung von Individuen und deren Gebrauch von musikalischen Objekten an. Sozialisation kann demnach als Nutzung und Aneignung verschiedener nicht-materieller Kapitalsorten angesehen werden. Dabei kommen Kapitalsorten in doppelter Weise zum Tragen. Zum einen wird materielles Kapital in der Sozialisation für die Aneignung genutzt und zum anderen im Sozialisationsprozess verschiedenes Kapital in Form von inkorporiertem oder sozialem Kapital erworben.

Eine Verknüpfung ergibt sich zum Identitätskonzept. So wird bei Keupp (2006, S. 201ff.) die Nutzung von Ressourcen, die in Form verschiedener Kapitalien vorliegen, als bedeutsam für die Identitätsentwicklung angesehen. Wenn man nun den Habitus zusätzlich in die Überlegungen einbezieht, lassen sich folgende Abgrenzungen treffen: Der Sozialisationsbegriff kann als der gesamte Prozess, in dem Identität gebildet wird, gesehen werden. Identität ist damit in gewisser Weise das Kondensat, welches aus dem Sozialisationsprozess resultiert und zugleich den Sozialisationsprozess mitbestimmt. Dialektisch gedacht ist die Identität die Synthese der These Individuum gegenüber der Antithese Gesellschaft. Unter Habitus lassen sich dabei bestimmte motivationale Dispositionen fassen, die sich aus dem Milieukontext ergeben und damit in gewissem Maße determinierend für Interaktionen des Individuums sind. Bleibt die schwierigste Abgrenzung zwischen Identitätskonstruktion und Selbstsozialisation. Identitätskonstruktion besteht nach Keupp (2006) vor allem in Identitätsarbeit und manifestiert sich in narrativer Identitätsarbeit. Identität ist in diesem Sinne vor allem reflexiv nach innen gerichtet und mit dem subjektiven Ich-Empfinden verbunden. Ressourcen werden genutzt mit dem Fokus, das Selbst zu erschaffen, zu verändern, zu bewahren und dabei ein konsistentes Ich zu erleben. Selbstsozialisation dagegen ist eher als außenorientierter Prozess zu verstehen und bezeichnet soziale Umgangsweisen. Damit ist Selbstsozialisation eher ein Prozess, der die Verantwortlichkeit des Selbst in den Vordergrund stellt.

5   Ausblick

Eine zukünftige wissenschaftliche Bearbeitung des Themenkomplexes der musikalischen Sozialisation sollte auf verschiedenen Ebenen erfolgen. Ziel sollte dabei die theoretische Fundierung eines einheitlichen Konzepts der musikalischen Sozialisation sein, welches sich sowohl in bestehende allgemeine Sozialisationstheorien einfügt, sich trennscharf zu anderen Konzepten – wie z. B. der Mediensozialisation – abgrenzen lässt als auch bestehende untergeordnete Konzepte – wie z. B. musikalische Selbstsozialisation – integriert.

Theorieentwicklung – Für die wissenschaftliche Weiterentwicklung des Begriffs der musikalischen Sozialisation sollten vor allem bestehende theoretische Konzepte, wie das der musikalischen Selbstsozialisation, weiterentwickelt werden und auch eine Integration von eher psychologisch orientierten und soziologisch orientierten Konzepten vorangetrieben werden. Dabei sollten auch naheliegende theoretische Ansätze, insbesondere solche zur Identität, sowohl soziologischer als auch psychologischer Herkunft integriert sowie das Verhältnis von Individuum zu kulturellen und im speziellen musikalischen Objekten geklärt werden. Ein weiterer wichtiger Punkt wäre die Verknüpfung von makrosoziologischen und mikrosoziologischen Theorien, sowie die Einbettung eines zeitlichen Kontextes. Die Fragen, die hier gestellt werden sollten, sind: wie macht sich das Individuum im Laufe der Zeit mit den musikalischen Entitäten vertraut, wie wird sich musikalisch aktiv betätigt und wie werden musikalische Präferenzen entwickelt, verändert und darüber hinaus erlernt, Musik passiv oder aktiv zum Erreichen verschiedener Ziele zu nutzen.

Empirische Fundierung – Für verschiedene Bereiche der musikalischen Sozialisation liegen empirische Arbeiten vor, die eine Reihe interessanter Ergebnisse liefern. Dabei sind vor allem Befunde zur Entwicklung des musikalischen Umgangs bedeutsam. Es besteht bereits eine Vielzahl an Ergebnissen zum Erlernen von musikalischen Strukturen in der Kindheit, des Erwerbs von Instrumentalfertigkeiten und der Entwicklung der Präferenz in der Kindheit. Für das Erwachsenenalter dagegen gibt es zwar Studien, die sich mit Präferenz und Präferenzentwicklung im Lebenslauf beschäftigen (vgl. Rhein 2007), dabei wird aber musikalische Sozialisation nach der Jugendphase nicht explizit thematisiert. Auch wenn bereits einzelne Beiträge zum besonderen Einfluss der neuen Interaktiven Medien zur musikalischen Sozialisation bestehen, so sollte der Einfluss dieser Medien auf den musikalischen Sozialisationsprozess in den Fokus genommen werden (vgl. Lum 2008, S. 114), um veränderten medialen Rezeptionsprozessen Rechnung zu tragen.

Kern einer Theorie der musikalischen Sozialisation sollte dabei ein präzises Modell sein, das durch empirische Überprüfung, theoretische Weiterentwicklung und detaillierterer Ausarbeitung einen valideren Abbildungsgrad ermöglicht.

Literatur

Abels, H., & König, A. (2010). *Sozialisation – Soziologische Antworten auf die Frage, wie wir werden, was wir sind, wie gesellschaftliche Ordnung möglich ist und wie Theorien der Gesellschaft und der Identität ineinanderspielen.* Wiesbaden: VS Verlag für Sozialwissenschaften.

Adachi, M. (1994). The Role of the Adult in the Child's Early Musical Sozcialization: A Vygotskian Perspektive. *The Quarterly, 5*(3), 26–35 (Reprinted with permission in Vision of Research in Music Education, Vol. 16, No. 5. Autumn 2010).

Adorno, T. W. (1975). *Einleitung in die Musiksoziologie: zwölf theoretische Vorlesungen.* Frankfurt/Main: Suhrkamp.

Baacke, D. (1997). *Medienpädagogik. Grundlagen der Medienkommunikation.* Tübingen: Niemeyer.

Bachmair, B. (2006). Musiksozialisation im Alltag. In L. Mikos & W. Claudia (Hrsg.), *Qualitative Medienforschung. Ein Handbuch* (S. 95–115). Konstanz: UVK.

Behne, K.-E. (2002). Musikpräferenzen und Musikgeschmack. In H. Bruhn, R. Oerter, & H. Rösing (Hrsg.), *Musikpsychologie. Ein Handbuch* (S. 339–353). Reinbek bei Hamburg: Rowohlt.

Blaukopf, K. (1982). *Musik im Wandel der Gesellschaft: Grundzüge der Musiksoziologie.* München: Piper.

Bommes, M., & Tacke, V. (Hrsg.). (2011). *Netzwerke in der funktional differenzierten Gesellschaft.* Wiesbaden: VS Verlag für Sozialwissenschaften.

Bourdieu, P. (1983). Ökonomisches Kapital, kulturelles Kapital, soziales Kapital. In R. Kreckel (Hrsg.), *Soziale Ungleichheit* (S. 183–198). Göttingen: Schwartz.

Bourdieu, P. (2005). *Die feinen Unterschiede: Kritik der gesellschaftlichen Urteilskraft.* Frankfurt/Main: Suhrkamp.

Böhnisch, L., Lenz, K., & Schröer, W. (2009). *Sozialisation und Bewältigung. Eine Einführung in die Sozialisationstheorie der zweiten Moderne.* Weinheim/München: Juventa.

Bruhn, H., Kopiez, R., & Lehmann, A. C. (Hrsg.). (2008). *Musikpsychologie: das neue Handbuch.* Reinbek bei Hamburg: Rowohlt.

Bruhn, H., Oerter, R., & Rösing, H. (Hrsg.). (2002). *Musikpsychologie. Ein Handbuch.* Reinbek bei Hamburg: Rowohlt.

Chan, T. W., & Goldthorpe, J. H. (2007). Social stratification and cultural consumption: Music in England. *European Sociological Review, 23*(1), 1–19.

Coulangeon, P. (2005). Social stratification of musical tastes: Questioning the cultural legitimacy model. *Revue française de sociologie, 46*, 123–154.

Coulangeon, P., & Lemel, Y. (2007). Is "distinction" really outdated? Questioning the meaning of the omnivorization of musical taste in contemporary France. *Poetics, 35*(2–3), 93–111.

Darrow, A. A. (1993). The role of music in deaf culture: Implications for music educators. *Journal of Research in Music Education, 41*(2), 93–110.

Dejager, H. (1967). Musical socialization and the schools. *Music Educators Journal, 53*(6), 39–111.

Dietrich, C., & Schubert, V. (2002). Bildung und Popmusik. *Zeitschrift für Erziehungswissenschaft, 5*, 325–344.

Durkheim, E. (1984). *Erziehung, Moral und Gesellschaft. Vorlesung an der Sorbonne 1902/1903.* Frankfurt/Main: Suhrkamp.

van Eijck, K. (2001). Social differentiation in musical taste patterns. *Social Forces 79*(3), 1163–1185.

van Eijck, K., & Knulst, W. (2005). No more need for snobbism: Highbrow cultural participation in a taste democracy. *European Sociological Review, 21*(5), 513–528.

Elias, N. (1997). *Über den Prozeß der Zivilisation. Soziogenetische und psychogenetische Untersuchungen.* Frankfurt/Main: Suhrkamp.

Erikson, E. H. (2003). *Identität und Lebenszyklus: drei Aufsätze.* Frankfurt/Main: Suhrkamp.

Funk, J., & Whiteside, J. (1981). Developmental theory and the psychology of music. *Psychology of Music, 9,* 44–53.

Gembris, H. (2002). Fähigkeiten und Aktivitäten im Erwachsenenalter. In H. Bruhn, R. Oerter, & H. Rösing (Hrsg.), *Musikpsychologie. Ein Handbuch* (S. 316–329). Reinbek bei Hamburg: Rowohlt.

Giddens, A. (2006). *Sociology.* Cambridge: Polity Press.

Grossberg, L. (1999). Was sind Cultural Studies? In K. H. Hörning & R. Winter (Hrsg.), *Widerspenstige Kulturen* (S. 43–83). Frankfurt/Main: Suhrkam.

Grundmann, M. (2006). *Sozialisation: Skizze einer allgemeinen Theorie.* Konstanz: UVK.

Gudjons, H. (2008). *Pädagogisches Grundwissen: Überblick – Kompendium – Studienbuch.* Bad Heilbrunn: Klinkhardt.

Hoffmann, B. (2003). *Medienpädagogik: eine Einführung in Theorie und Praxis.* Paderborn: Schöningh.

Hörner, W., Drinck, B., & Jobst, S. (2010). *Bildung, Erziehung, Sozialisation: Grundbegriffe der Erziehungswissenschaft.* Opladen: Leske & Budrich.

Hörning, K. H., & Winter, R. (1999). Widerspenstige Kulturen. Cultural Studies als Herausforderung. Widerspenstige Kulturen. In K. H. Hörning & R. Winter (Hrsg.), *Cultural Studies als Herausforderung* (S. 7–12). Frankfurt/Main: SuhrkamS.

Hurrelmann, K. (1983). Das Modell des produktiv realitätsverarbeitenden Subjekts in der Sozialisationsforschung. *Zeitschrift für Sozialisationsforschung und Erziehungssoziologie, 3,* 91–103.

Hurrelmann, K. (2006). *Einführung in die Sozialisationstheorie.* Weinheim: Beltz.

Hurrelmann, K., Grundmann, M., & Walper, S. (2008). Zum Stand der Sozialisationsforschung. In K. Hurrelmann, M. Grundmann, & S. Walper (Hrsg.), *Handbuch Sozialisationsforschung.* Weinheim: Beltz.

Joas, H. (2007). *Lehrbuch der Soziologie.* Frankfurt/Main: Campus.

Johnston, K. E., Swim, J. K., Saltsman, B. M., Deater-Deckard, K., & Petrill, S. A. (2007). Mothers' racial, ethnic, and cultural socialization of transracially adopted Asian children. *Family Relations, 56*(4), 390–402.

Karbusicky, V., & Schneider, A. (1980). Zur Grundlegung der Systematischen Musikwissenschaft. *Acta Musicologica, 52*(2), 87–101.

Keupp, H. (2006). *Identitätskonstruktionen: das Patchwork der Identitäten in der Spätmoderne.* Reinbek bei Hamburg: Rowohlt.

Kleinen, G. (2009). Musikalische Sozialisation. In H. Bruhn, R. Kopiez, & A. C. Lehmann (Hrsg.), *Musikpsychologie. Das neue Handbuch* (S. 37–66). Reinbek bei Hamburg: Rowohlt.

Knolle, N., & Münch, T. (1999). „Dann trigger ich den einfach an …". Erscheinungsformen musikalischer Selbstsozialisation am Beispiel des jugendlichen Erwerbs von Kompetenz im Umgang mit Neuen Musiktechnologien. In N. Knolle (Hrsg.), *Musikpädagogik vor neuen Forschungsaufgaben* (S. 196–213). Essen: Die blaue Eule.

Krappmann, L. (1993). *Soziologische Dimensionen der Identität: strukturelle Bedingungen für die Teilnahme an Interaktionsprozessen.* Stuttgart: Klett-Cotta.

Kyme, G. H. (1956). Are musical tastes indicative of musical capacity? *Journal of Research in Music Education, 4*(1), 44–51.

Lamont, A., & Webb, R. (2009). Short- and long-term musical preferences: What makes a favourite piece of music? *Psychology of Music, 11,* 222–241.

Luhmann, N. (1987). *Soziale Systeme: Grundriß einer allgemeinen Theorie.* Frankfurt/Main: Suhrkamp.

Lum, C.-H. (2008). Home musical environment of children in Singapore. *Journal of Research in Music Education, 56*(2), 101–117.

Marx, K. (1981). *Das Kapital: Kritik der politischen Ökonomie: Der Produktionsprozeß des Kapitals.* Frankfurt/Main: Ullstein.

Mauss, M. (1934). Les techniques du corps. *Journal de Psychologie, 32,* 3–4.

Mead, G. H. (1969a). Bewußtsein. In H. Maus & F. Fürstenberg (Hrsg.), *Sozialpsychologie* (S. 169–260). Berlin: Luchterhand.

Mead, G. H. (1969b). Das Problem der Gesellschaft – Wie der Mensch zum Ich wird. In H. Maus & F. Fürstenberg (Hrsg.), *Sozialpsychologie* (S. 55–84). Berlin: Luchterhand.

Mead, G. H. (1969c). Ich. In H. Maus & F. Fürstenberg (Hrsg.), *Sozialpsychologie* (S. 263–315). Berlin: Luchterhand.

Montada, L. (2002). Die geistige Entwicklung aus der Sicht Jean Piagets. In R. Oerter & L. Montada (Hrsg.), *Entwicklunsgpsychologie* (S. 418–442). Weinheim: Beltz.

Mühler, K. (2008). *Sozialisation: eine soziologische Einführung.* Paderborn: Fink.

Müller, R., Glogner, P., & Rhein, S. (2007). Die Theorie der Selbstsozialisation: Elf Jahre … und ein bisschen weiser? In W. Auhagen, C. Bullerjahn, & H. Höge (Hrsg.), *Musikalische Sozialisation im Kindes- und Jugendalter* (S. 11–30). Göttingen: Hogrefe.

Müller, R., Rhein, S., & Glogner, P. (2004). Musikalische und mediale Selbstsozialisation. *Ludwigsburger Beiträge zur Medienpädagogik, 5*(5), 1–4.

Nelson, D. J. (1983). The *cognitive*-affective dualism of music learning. *Psychology of Music, 11,* 67–72.

Neuhoff, H., & de la Motte-Haber, H. (2007). Musikalische Sozialisation. Musiksoziologie. In H. Neuhoff & H. de la Motte-Haber (Hrsg.), *Handbuch der Systematischen Musikwissenschaft: Musiksoziologie* (S. 389–417). Laaber: Laaber.

Neuhoff, H. & Weber-Krüger, A. (2007). „Musikalische Selbstsozialisation". Strukturwandel musikalischer Identitätsbildung oder modischer Diskurs? In: Musikpsychologie – Musikalische Sozialisation im Kindes- und Jugendalter. Göttingen: Hogrefe.

Niketta, R. (2002). Urteils- und Meinungsbildung. In H. Bruhn, R. Oerter, & H. Rösing (Hrsg.), *Musikpsychologie. Ein Handbuch* (S. 329–339). Reinbek bei Hamburg: Rowohlt.

Oerter, R., & Montada, L. (Hrsg.). (2002). *Entwicklungspsychologie.* Weinheim: Beltz PVU.

Pape, W. (1996). Aspekte musikalischer Sozialisation. *Beiträge zur Popularmusikforschung, 18,* 80–110.

Parsons, T. (1952). *The Social System.* Glencoe: The Free Press.

Peterson, R. A., & Simkus, A. (1992). How musical tastes mark occupational status groups. In *Cultivating differences symbolic boundaries and the making of inequality.* Chicago: Chicago Press.

Piaget, J. (1999). *Das Weltbild des Kindes.* München: Deutsche Taschenbuch-Verlag.

Rhein, S. (2007). Einmal Schlager, immer Schlager!? Theoretische Überlegungen und empirische Befunde zur Bedeutung des Lebensalters für das Umgehen mit Musik. In G. Hofmann (Hrsg.), *Identität & Kreativität – Beiträge aus Musikwissenschaft und Musikpädagogik* (S. 37–54). Augsburg: Wißner.

Rösing, H. (2004). Musikalische Sozialisation. In S. Helms, R. Schneider, & R. Weber (Hrsg.), *Kompendium Musikpädagogik.* Kassel: Gustav Bosse.

Schorb, B. (2005). Sozialisation. In J. Hüther & B. Schorb (Hrsg.) *Grundbegriffe Medienpädagogik*(S. 381–389). München: kopaed.

Schulze, G. (2005). *Die Erlebnisgesellschaft: Kultursoziologie der Gegenwart.* Frankfurt/Main: Campus.

Shuter-Dyson, R. (2002). Einfluß von Elternhaus, Peers, Schule und Medien. In H. Bruhn, R. Oerter, & H. Rösing (Hrsg.), *Kapitel Musikalische Sozialisation* (S. 305–316). Reinbek bei Hamburg: Rowohlt.

Silbermann, A. (1957). *Wovon lebt die Musik? Die Prinzipien der Musiksoziologie.* Regensburg: Bosse.

Silbermann, A. (1976). *Musikerziehung in Nordrhein-Westfalen.* Köln: Greven.

Süss, D. (2004). *Mediensozialisation von Heranwachsenden.* Wiesbaden: VS Verlag für Sozialwissenschaften.

Stoffer, T. H. & Oerter, R. (2005). Enzyklopädie *der Psychologie: Musikpsychologie Bd. 2: Spezielle Musikpsychologie.* Göttingen: Hogrefe.

Trommsdorff, G. (2008). Kultur und Sozialisation. In K. Hurrelmann, M. Grundmann, & S. Walper (Hrsg.), *Handbuch Sozialisationsforschung* (S. 229–239). Weinheim: Beltz.

Underwood, F. W., & Honigmann, I. (1947). A comparison of socialization and personality in two simple societies. *American Anthropologist, 49*(4), 557–577.

Varela, F. J. (1990). *Kognitionswissenschaft, Kognitionstechnik: eine Skizze aktueller Perspektiven.* Frankfurt/Main: Suhrkamp.

Veith, H. (2008). Die historische Entwicklung der Sozialisationstheorie. In K. Hurrelmann, M. Grundmann, & S. Walper (Hrsg.), *Handbuch Sozialisationsforschung* (S. 32–51). Weinheim: Beltz.

Weber, M. (1921). *Die rationalen und soziologischen Grundlagen der Musik.* München: Drei-Masken-Verlag.

Westermann, R. (2000). *Wissenschaftstheorie und Experimentalmethodik: ein Lehrbuch zur psychologischen Methodenlehre.* Göttingen: Hogrefe.

Zimmermann, P. (2006). *Grundwissen Sozialisation. Einführung zur Sozialisation im Kindes- und Jugendalter.* Wiesbaden: VS Verlag für Sozialwissenschaften.

Jugend – Musik – Sozialisation: Perspektive der Musikdidaktik

5

Wolfgang Pfeiffer

Zusammenfassung

Im Mittelpunkt des Beitrags steht die Entwicklung von Musik hin zu einer Musikpädagogik, die den Prozess des Musiklernens unter wissenschaftlicher Perspektive erforscht. Zu Beginn wird eine historische Betrachtung des Wandels der musikalischen Erziehung der Jugend unternommen, ausgehend von einer Darstellung der Entwicklungen bis zum 20. Jahrhundert – hier bildete das Singen den Schwerpunkt, der außerschulischen Jugendmusikbewegung (Wandervogelbewegung), der Rolle von Musik im dritten Reich, der mit Elvis und den Beatles entstehenden Jugendkultur, den Anfängen einer wissenschaftlich-orientierten Musikpädagogik sowie ihr Wandel, der in den 1980er Jahren datiert wird. Den Strömungen der aktuellen Musikpädagogik auf der Heuristik veränderter Bedingungen des Aufwachsens von Kindern und Jugendlichen, gegliedert nach thematischen Schwerpunkten, wendet sich der zweite Teil des Beitrags zu, um dann die offenen Fragen und Probleme zu thematisieren. Der Beitrag wird durch die Betrachtung neuer musikdidaktischer Konzeptionen beschlossen: Kompetenzorientierter Musikunterricht, umfassende Konzeptionen für einen hand-lungsorientierten Musikunterricht sowie die Veränderung des Rollenverständnisses von Schülerinnen und Schülern sowie Lehrenden.

Schlüsselwörter

Musikdidaktik • Musikpädagogik • Geschichte der Musikpädagogik • Singen • Wandervogel • Jugendkulturen • Musikunterricht • Ziele von Musikunterricht • Jugend und Musik • Musik in der Schule • Musik und Kompetenz

W. Pfeiffer (✉)
Erlangen-Nürnberg Musikpädagogik, Friedrich-Alexander-Universität, 160, Regensburger Straße, 90748 Nürnberg, Deutschland
e-mail: wgpfeiffer@t-online.de

R. Heyer et al. (Hrsg.), *Handbuch Jugend – Musik – Sozialisation*,
DOI: 10.1007/978-3-531-18912-3_5, © Springer Fachmedien Wiesbaden 2013

Musik ist die alles überragende Freizeitbeschäftigung von Jugendlichen, sie umgibt sie im Alltag von früh bis spät, sie steht ihnen bei in Zeiten von Freude und Trauer, sie ist mit Erinnerungen und Situationen verknüpft. Die Erziehung durch Musik oder die Erziehung zur Musik findet sich in allen menschlichen Kulturen. Die Begriffe Musikerziehung und Musikpädagogik stehen für die historische Entwicklung der Disziplin mit sehr unterschiedlichen Gewichtungen. Die Musikerziehung bezieht sich weitgehend auf die Praxis in der Schule bzw. Musikschule, der Begriff hat zwei unterschiedliche Akzentuierungen. Zum einen werden da-mit Theorien bezeichnet, in denen Musik als Mittel zu Erreichung außermusikalischer erzieherischer Ziele eingesetzt wird, zum anderen Theorien, in denen die Erkenntnis musikalischer Strukturen und ihrer Wirkung, das Verstehen von Musik usw. als Ziel musikalischer Prozesse gesehen wird (vgl. Helms et al. 1994). Musikpädagogik dagegen steht in der wissenschaftlichen Diskussion für das theoriegeleitete Reflektieren über Lehr-/Lern-, Erziehungs- und Bildungsprozesse, in denen Musik eine Rolle spielt (vgl. ebd.). Beide Begriffe zusammengenommen spiegeln die verschiedenen Perspektiven in der Geschichte der Disziplin gut wider: von Theorien und Methoden zum Erlernen des Singens[1] hat sich die Musikerziehung zu einer Musik-Pädagogik entwickelt, die das Musiklernen unter wissenschaftlicher Perspektive erforscht. Der Beitrag beginnt mit der Darstellung der Ziele musikalischer Erziehung der Jugend aus historischer Perspektive. Die Skizzierung der Situation der Musikpädagogik heute erfolgt in thematischen Schwerpunkten und endet in offenen Fragen und Problemen. Die Perspektive der Jugend in den verschiedenen aktuellen musikdidaktischen Konzeptikonen soll entwickelte theoretische Lösungsansätze aufzeigen.

1 Musikerziehung im Wandel der Geschichte

1.1 Entwicklung bis zum 20. Jahrhundert: Singen für Gott und Vaterland

Der Umgang mit Geräuschen, Tönen und Rhythmen ist eng mit der Entwicklung des Menschen verbunden. Es ist davon auszugehen, dass Musik von Anfang an Menschen begleitet hat, ihr Leben zu bewältigen (vgl. Suppan 1984; Ehrenforth 2005). In den antiken Hochkulturen weisen überlieferte Zeugnisse auf ihre Bedeutung hin, wie Platon die Wirkung von Musik bereits in der ‚Politeia', beschreibt : „Die Erziehung durch Musiké ist der wichtigste Teil der Erziehung. Denn Rhythmus und Harmonia dringen am tiefsten in die Seele ein und verleihen ihr eine edle, charaktervolle Haltung" (Platon, Politeia III).

---

[1] Bis 1920 und teilweise bis 1950 bestand der Musikunterricht zum größten Teil aus Singen.

Platon bezeichnete mit Musiké die Einheit von Vers, Gesang, Instrumentalmusik und Tanz und betont die Erziehung, die auf Musiké beruht. Der Begriff ‚Musik' ist demnach in erster Linie philosophisch zu verstehen und bezeichnet ein übergreifendes, weltverstehendes Prinzip harmonischer Ordnung, in dem die Musik nur ein Teil ist (vgl. Ehrenforth 2005). Platons Ideal ist eine ethisch orientierte staatsbürgerliche Erziehung, in der auch Musik, die sich immer mehr als eigenständige Tonkunst entwickelt, eine bedeutende Rolle zugewiesen wird.

An den Universitäten im Mittelalter gehörte Musik zu den Septem Artes Liberales, die das Propädeutikum für das Studium der Philosophie waren: Grammatik, Rhetorik, Dialektik, Arithmetik, Geometrie, Astronomie/Astrologie und Musik (vgl. Ehrenforth 2005).

Im Zuge der Einführung der allgemeinen Schulpflicht zu Beginn des 19. Jahrhunderts entwickelte sich erst langsam ein systematischer Musikunterricht. Ziel der Musikerziehung, so weit sie überhaupt in die Schulen Eingang fand, war die Lehre vom Singen. Die Situation des Musikunterrichts im 19. Jahrhundert fasst Helms (1994, S. 88) zusammen: „Im Widerspruch zu älteren fachhistorischen Darstellungen ist für das 19. Jahrhundert verallgemeinernd festzustellen, dass es in der Volksschule – von glücklichen Einzelfällen abgesehen – Musikunterricht, dessen wesentlicher Inhalt die Musik selbst gewesen wäre, nicht gab und dass in den von einer Minderheit besuchten Gymnasien – noch um 1900 waren es nur 5 % aller Schüler – Musikunterricht kaum eine Rolle spielte, sieht man von den wenigen umstrittenen Gesangsstunden in Unterstufenklassen und von der hervorragenden Chorarbeit einiger Traditionsschulen ab."

Wenn Musik unterrichtet wurde, dann wurden Volkslieder oder Kirchenlieder gesungen. Den Unterricht erteilten meist schlecht ausgebildete Lehrer, eine systematische und geplante Unterweisung in Musik fand nicht statt. Zwar wurden mit der Gründung der Kirchenmusikinstitute in Königsberg (1811) bereits erste Grundlagen für eine systematische Ausbildung der Lehrer gelegt, diese blieb jedoch eher rudimentär. Bezüglich der Inhalte des Unterrichts entwickelte sich eine intensive Diskussion um die richtige Methode im Gesangsunterricht. Im Brennpunkt stand dabei die methodologische Entscheidung, ob die Kenntnis der Elementar-lehre und der Notenschrift vor dem Singen erworben werden müsse, oder ob die Grundlagen erst aus dem Gesang abgeleitet und systematisiert werden können (vgl. Helms 1994; Gruhn 2003). Nicht zuletzt auf Anraten von Goethe und Schiller wurde die Musikpflege, um überhaupt in der Schule bestehen zu können, eher in den Dienst der Kirche gestellt als rein musikalische Bildungsziele in den Vordergrund zu rücken. In der Folge des Humboldtschen Bildungsideals sollte musikalische Erziehung mehr einer einheitlichen „Gemüthsbildung" dienen und zur sittlichen und religiösen Veredelung des Menschen beitragen (vgl. Gruhn 2003). So überlebte die bildungspolitisch motivierte Rückbindung der Musik an die Kirche unter Humboldt das ganze 19. Jahrhundert (vgl. Ehrenforth 1986). Trotz der großen kulturellen Leistungen in dieser Zeit blieb der Zustand der schulischen Musikerziehung auf einem sehr niederen Niveau. Gegen Ende des 19. Jahrhunderts etablierte sich eine zweite Säule des Schulgesangs: neben die religiösen

Lieder traten verstärkt vaterländische Lieder, Schulgesang trat allmählich immer mehr mit allgemeinen und patriotischen Schulfeiern in Verbindung. Singen wurde verstanden als Mittel der Gefühlsbildung, die Vaterlands-, Kriegs- und Turnlieder sollten Mut und edle Gesinnung wecken (vgl. Gruhn 2003). Im Kaiserreich war schließlich jeder Gedanke an die Erziehung zum musikalischen Verstehen gänzlich verschwunden, der Gesangsunterricht diente ausschließlich ideologischen Zielen und bereitete durch die Auswahl der Liedtexte den Weg zu einer planvollen „Kriegserziehung" (vgl. Gruhn 2003). Das Singen in den höheren Mädchenschulen war ausschließlich auf das häusliche Singen ausgerichtet; Haus- und Familiengesang sollten durch das Singen der Volkslieder die deutschen Traditionen bewahren.

1.2   Die Jugendmusikbewegung: singend zum besseren Menschen

Als Protest gegen die bürgerliche Kultur entstand nach 1890 eine Gegenbewegung, die Alternativen zu den bürgerlichen Wertvorstellungen und Lebensformen suchte. Entscheidendes Bindeglied in der neuen Gemeinschaft im Wandervogel war das Singen, das sich von den Liedern der Studenten auf das Volkslied verlagerte. Der äußeren Flucht in die Natur entsprach der innere Rückzug in eine verklärte Vergangenheit mit der Sehnsucht nach dem Echten, Wahren und Ursprünglichen, das man im Volkslied gefunden zu haben glaubte. Nach dem Ende des ersten Weltkriegs fand ein Generationenwechsel im Wandervogel statt, neue Formen entstanden, in denen immer mehr eine ideologische Ausrichtung die Gruppierungen unterschied. Diese können unter dem Begriff der ‚bündischen Jungend' zusammengefasst werden (vgl. Kommer 1998). Entsprechend den unterschiedlichen politischen Strömungen der Weimarer Zeit waren diese auch verschieden orientiert. Kommer bezeichnet diese bürgerliche Jugendbewegung als eine eigenständige und gelebte Jugendkultur (vgl. ebd.). Das Singen und Musizieren in den für die Kultur spezifischen Formen stellte ein tragendes Element dieser Jugendkultur dar. Damit wird Musik zum ersten Mal zum „unverzichtbaren Zubehör jugendlichen Lebensstils" (ebd., S. 213). Durch die Lieder entstand eine eigenständige Jugendmusik, die sich sowohl von den Vorlieben der Eltern, als auch vom ‚gesellschaftlichen Mainstream' deutlich abgrenzte. Der von Geniekult und Virtuosentum geprägte offizielle Musikbetrieb wurde von den Jugendlichen abgelehnt, da er ihren Bedürfnissen und Idealen in keiner Weise entsprach. Sinn des Musizierens war nicht die künstlerische Darbietung, sondern die Schaffung eines Gemeinschaftsgefühls. Die emotionale Wirkung des Singens, das gemeinsame Erleben und Singen, das Verschmelzen der Einzelnen in der Gemeinschaft waren die zentralen Ziele.

Ein neues Musizierideal sollte in den Dienst der Jugend gestellt werden und die Jugend zum Dienst an der Musik erziehen: „Erziehung durch und zur Musik" (vgl. Gruhn 2003). Für die Älteren bot das Singen alleine zu wenig musikalische Betätigungsmöglichkeiten, sie wandten sich neuen Wegen zu, es entwickelte sich eine Auseinandersetzung mit der ‚richtigen Kunst' (Bach, Beethoven, Bruckner): die Jugendmusikbewegung entstand (vgl. Kommer 1998). Kommer (1998, S. 215). bezeichnet diese Bewegung nicht mehr als Jugendkultur im eigentlichen Sinne, sondern als eine von „Erwachsenen für Jugendliche (und junge Erwachsene) inszenierte Kultur". Nach 1945 erhielt die Jugendmusikbewegung Eingang in die schulische Musikpädagogik.

1.3   Musik im Dienste der Ideologie: Musik im Dritten Reich

Mit ihrem Ideal der musischen Gemeinschaftserziehung und Charakterformung hatten Wandervogel und Jugendbünde, eben die Jugendmusikbewegung den Boden für die nationalsozialistische Erziehungsideologie bereitet. Die Jugendarbeit der Partei fand im Liedgut der Sing-bewegung bereits ein reiches Erbe vor. Sie brauchte deren Strukturen (die Spielkreise, Jugend- und Volksmusikschulen) sowie den Gedanken einer ganzheitlichen musischen Erziehung nur aufzugreifen; Musikerziehung wurde so zum wichtigsten Mittel der ideologischen Volkserziehung (vgl. Günther 1986). Die Jugendverbände wurden entweder aufgelöst oder in die Hitlerjugend integriert. Wie alle Bildungsinstitutionen wurde auch Schule in den Dienst der nationalsozialistischen Menschenbildung gestellt (vgl. Helms 1994). Die Jugend war in Spielscharen und Musikzügen organisiert, ihre Musikführer wurden in den neu eingerichteten Musikschulen ausgebildet. Der NS-Lehrerbund formulierte die Ziele der Erziehung ganz klar: „Die deutsche Jugend soll nicht mehr wie im Liberalismus in sogenannter objektiver Weise vor die Auswahl gestellt werden, ob sie materialistisch oder idealistisch, völkisch oder national, religiös oder gottlos aufwachsen will, soll bewusst geformt werden nach Grundsätzen, die als richtig erkannt sind und die sich als richtig erwiesen haben: nach den Grundsätzen nationalsozialistischer Weltanschauung" (Hansen 1937, S. 1 zit. n. Gruhn 2003). Der Einzelne galt nichts mehr, er ging in der Gemeinschaft auf. Eine zentrale Rolle spielte das gemeinsame Lied. Inhalt der musikalischen Erziehung war nun das gemeinschaftsbildende Singen kämpferischer Lieder und die dadurch allumfassende Bekenntnis zur nationalistischen Weltanschauung. Stimmbildung, Stimmpflege und Musiklehre wurden gänzlich in den Hintergrund gedrängt, die „Seele des Singens" lag nicht mehr im ästhetischen Ausdruck, sondern alleine in der „Stoßkraft des Bekenntnisses" (Stumme 1936, S. 4 zit. n. Gruhn 2003).

1.4   Elvis und Beatles: eine eigene Jugendkultur entsteht

Nach 1945 wurden in der BRD zunächst die musischen Bewegungen wiederbelebt und restauriert, so wie sie vor der Zeit des Nationalsozialismus existierten. Fritz Jöde erklärte die Nachkriegsjahre zum singenden Aufbruch (vgl. Helms 1994). Man fühlte sich noch immer der Singbewegung verpflichtet, das Musizierideal der Jugendmusikbewegung wurde als ‚Junge-Musik-Bewegung' weitergeführt. Sehr viel eindeutiger war die Absage an musische Traditionen in der neu entstandenen DDR. Unter anderen politischen

Vorzeichen wurden aber dann Strukturen festgeschrieben, die denen der nationalsozialistischen Ära sehr ähnlich waren (vgl. ebd.): eine Ideologisierung des Unterrichts
wurde wieder eingeführt, das Singen bekam eine zentrale Rolle. In Westdeutschland
entstand Mitte der 1960er Jahre ein Umdenkprozess, der eine Entwicklung hin auf eine
wissenschaftliche Ausrichtung der Musikpädagogik einleitete. Ausgelöst wurde dieser Prozess durch die Kritik Adornos (1954) an der musischen Bildung, der ihr eine
latente Gemeinsamkeit mit dem Faschismus vorwarf. Michael Alt begründete 1968 die
Autonomie des Faches in der Orientierung am Kunstwerk, das Fach Musik wurde aus
seiner rein musischen Bestimmtheit gelöst. Inzwischen hatten sich aber die gesellschaftlichen Bedingungen der Musik grundlegend gewandelt. Medial vermittelte Musik war
im Begriff, die an Opus-Musik und dem Bildungsgut großer Meisterwerke gewachsenen
Bildungsvorstellungen zu verdrängen. Hier öffnete sich zum ersten Mal eine fundamentale Kluft zwischen der Musik der Jugendlichen und der Musik in der Schule.

Natürlich gab es in den 1950er Jahren eine musikalische Jugend, die sich in den
Jugendverbänden und -organisationen innerhalb der Vereins- und Verbandsstruktur der
Erwachsenen betätigen konnte: Jugend- und Kammerorchester, Jugendchöre, Jugend-,
Spiel- und Singgruppen und Volkstanzgruppen boten den Jugendlichen vielfältige musikalische Betätigung, eine altersspezifische, eigenständige Musikkultur jenseits von Verein
und Verband hatte sich bis dahin allerdings noch nicht herausgebildet. Jugendliche
und ihre Eltern hörten getrennt zwischen Massen- und Elitekultur ähnliche Musik und
besuchten ähnliche Musikveranstaltungen (vgl. Ferchhoff 1998). Erst mit dem Entstehen
der Halbstarken- und Teenagerkulturen Mitte der 1950er Jahre änderten sich diese
Einstellungen. Musikgeschmack und musikalische Praxis von Jugendlichen wurden
nach 1955 aber über den Rock'n'Roll und später über den Beat schnell zum maßgeblichen Ausdrucks- und Identifikationsmittel für Anderssein und zur Abgrenzung – eine
Trennung zwischen ,Jung' und ,Alt' wurde vollzogen (vgl. ebd.).

1.5   Beethoven gegen Beatles: Werteerziehung gegen Massenkultur

Die Curriculumreform 1967 sorgte dafür, dass die Wende zum wissenschaftlich orientierten Musikunterricht endgültig durchgeführt wurde. Wissenschaftlich objektivierbarer
Musikunterricht sollte sich an ganz neuen Kriterien messen: an taxonomischen Lernzielen,
deren Operationalisierung und objektiver Leistungsmessung. In den Vordergrund rückten die individual- und entwicklungspsychologischen Bedingungen des Lernens wie der
Lernenden. Musikunterricht sollte „zum Verhalten in der Welt ausstatten" (Robinsohn
1967), er musste sich an der gesellschaftlichen Relevanz der verfügbaren Musik, an
Verhaltensweisen und Präferenzen der Hörer, an Produktion und Konsumption der
Musik orientieren (vgl. Helms 1994). Im Angesicht von Jazz, Schlager, Rock'n'Roll und
Beat, welche besonders von Jugendlichen aufgenommen und rezipiert wurden, fiel es
der Musikpädagogik schwer, ein überzeugendes Konzept für die musikalische Bildung

zu erstellen. Die populäre Musik stellte die größte Herausforderung dar, „der sich Schulmusiker in der Geschichte jemals gegenüber gesehen haben, inhaltlich allenfalls vergleichbar der Herausforderung, die die ‚dionysische' Musik für Platon dargestellt hat, keineswegs aber im Umfang der Provokation" (Wiechell 1975, S. 147). Von den 1950er Jahren bis in die 1970er Jahre galt das Ziel des Schutzes der Jugend vor der Manipulation durch die Kulturindustrie; es sollte anfangs dadurch erreicht werden, dass der Musikunterricht von populärer Musik (hier zunächst Jazz und Schlager) freigehalten würde. Im Gegensatz dazu sollte die Behandlung von ‚besserer Musik' (hier traditionelle Kunstmusik bzw. Volkslieder) ein Gegengewicht schaffen, damit die richtigen Wertmaßstäbe bei den Jugendlichen verankert würden (vgl. Rolle 2005). Terhag (1998) spricht in diesem Zusammenhang vom ständigen Hinterherhinken der Musikpädagogik hinter den Entwicklungen der populären Musik. „Dieses Hinterherhinken zieht sich wie ein roter Faden durch die gesamte musikpädagogische Entwicklung: die Beatles erfahren besondere Wertschätzung nach dem Auseinanderbrechen der Gruppe, Jimi Hendrix ziert runde zwanzig Jahre nach seinem Tod das Titelbild der musikpädagogischen Fachzeitschriften, Hip-Hop wird erst nach seiner jugendkulturellen Hochphase pädagogisch bemerkt usw." (ebd., S. 440).

In den 1960er und 1970er Jahren wurde das kritische Reflexionsverhalten Ziel musikpädagogischen Handelns: durch Information und Aufklärung, durch sachliche Auseinandersetzung, sollte ein kritisches und selbstbestimmtes Rezeptionsverhalten erreicht werden (vgl. Rolle 2005). Aus eher taktischen Gründen sollten die Schüler bei ‚U-Musik' (Unterhaltungs-Musik) abgeholt werden und zur ‚E-Musik' (ernsthaften Musik) gebracht oder die unbeliebten musiktheoretischen Inhalte an populärer Musik vermittelt werden. Die Kluft zwischen den unterrichtlich vermittelten Inhalten und den Interessen der Schüler vergrößerte sich zusehends, Musik in der Schule entfernte sich immer weiter vom Schüler. Rolle begründet das Auseinanderdriften dadurch, dass sich die Bereitschaft der Schüler, sich im Unterricht zu engagieren, weniger von der Auswahl der Musikstücke als von den damit verbundenen Unterrichtsformen und Aufgabenstellungen abhängt. Analyse von populärer Musik oder soziologische Themen um die Musik (Musikbetrieb, Fanverhalten, Hörgewohnheiten etc.), von den verschiedenen musikdidaktischen Konzeptionen gefordert, vertieften diese Kluft durch die kognitive Aus-richtung des Musikunterrichts (vgl. Terhag 1998; Rolle 2005).

1.6   Die neue Generation: Klassenmusizieren und musikalische Gebrauchspraxen

Der Wandel der Musikpädagogik, beginnend in den 1980er Jahren, wurde auch verursacht durch einen Generationenwechsel, mehr und mehr Musiklehrerinnen und -lehrer hatten selbst eine rockmusikalische Sozialisation durchlaufen und begegneten dieser Musik ganz selbstverständlich (vgl. Rolle 2005). Nach und nach verkleinerte sich die Distanz zwischen ‚U' und ‚E', allgemeine Ziele des Musikunterrichts konnten durch Auseinandersetzung mit unter-schiedlichsten ‚Musiken' (unterschiedliche Formen gesellschaftlicher Praxis nach Kaiser 1995) erreicht werden. Neue Erfahrungsmöglichkeiten, die aus der Spezifität der Pop- und Rockmusik entstanden, wie Körperlichkeit, die Dimension von Rhythmus, Phrasierung und Sound, erweiterten das inhaltliche Unterrichtsangebot erheblich. Durch die Arbeiten von Schütz (1982, 1995), die den Eigenwert von Rock und Pop betonen, nimmt die Musikpädagogik allmählich Abschied vom Kunstwerk als alleinigem Maßstab. Die musikalisch-ästhetischen Kompetenzen der Schülerinnen und Schüler sollen nun durch Musikmachen, Tanzen und vergleichbare handlungsorientierte Unterrichtsformen, die mit populärer Musik besonders gut zu verwirklichen sind, gefördert werden. Gleichzeitig rücken handlungs- (vgl. Rauhe et al. 1975) und schülerorientierte (vgl. Günther et al. 1982, 1983) Konzeptionen des Musikunterrichts die aktive Auseinandersetzung mit Musik und die Interessen, bzw. die Lebenswelt der Schülerinnen und Schüler in den Vordergrund. Das aktive Musikmachen mit unzähligen Varianten vom Musizieren mit Percussioninstrumenten, Keyboards bis hin zu Bläser-, Band- und Streicherklassen stellt einen handlungsbezogenen Schwerpunkt des Unterrichts dar. Im Gefolge schülerorientierter Ansätze rücken die musikalischen Gebrauchspraxen von Schülerinnen und Schülern (vgl. Jank 2005; Pfeiffer 2005), die Lebens- und Alltagswelt sowie Musik der verschiedenen Nationen in den Fokus des Unterrichts. Die Ziele des Musikunterrichts haben sich vom „Verstehen bzw. Nachvollzug eines Kunstwerks" verändert zum Erwerb von „Kompetenzen für die eigene musikalische Gebrauchspraxis" der Schülerinnen und Schüler, zum „Ausdruck der eigenen kulturellen Identität" und zur „Grenz-überschreitung zwischen verschiedenen kulturellen und musikalischen Territorien" (Jank 2005, S. 70ff.).

2   Musikpädagogik heute

2.1   Orientierung an der Jugend

Veränderte Kindheit – dieses Schlagwort der 1990er Jahre macht deutlich, dass sich die Bedingungen des Aufwachsens und der Sozialisation in unserer Gesellschaft erheblich gewandelt haben. Der Pluralisierung der Lebensverhältnisse und -formen in Familie, Arbeitsleben, Freizeit und Jugendkultur entspricht einer Individualisierung der Lebensverläufe, die die Bindungen des Einzelnen an seine soziale Umwelt lockert (vgl. Vollbrecht 1992; Jank 2005). Die musikalische Lebens- und Alltagswelt von Schülerinnen und Schülern bietet neue Inhalte und methodische Zugänge an. Unter dem Aspekt der Musik als einem bedeutenden Faktor im Sozialisationsprozess stellen Faktoren der Musik- und Mediensozialisation den Hintergrund didaktischen Handelns dar. Musik wird in Anlehnung an den anthropologischen Ansatz von Suppan (1984) gesehen als Teil der Symbolwelt des Menschen. Individuelle Bedeutungen und Interpretationen, Alltagserfahrungen und Wirklichkeitskonstruktionen in Bezug auf Musik werden im Unterricht sichtbar und erfahrbar gemacht (vgl. Pfeiffer 2003, 2005). Mit Methoden aus der systemisch konstruktivistischen Didaktik (Reich 2000) werden verschiedene

Sichtweisen und Perspektiven deutlich und einem Verarbeitungsprozess zugänglich gemacht. Es steht weniger die Vermittlung kanonischen Wissens im Vordergrund sondern der Umgang mit den vielfältigen unterschiedlichen Sichtweisen und Konstruktionen (vgl. Pfeiffer 2005). Die Vermittlung von unterschiedlichen Kompetenzen im Umgang mit den unzähligen Stilen und Musikpraxen stellt das neue Ziel des Unterrichts dar.

Durch die Individualisierung wird das Jugendalter zum Prozess der aktiven Ausgestaltung des Lebens (Baacke 1998), das gilt auch für den Umgang der Jugendlichen mit Musik und Medien. Kulturforscherinnen und -forscher beschreiben diesen Umgang als „einen bewussten Selektionsvorgang mit hoher Entscheidungskompetenz anhand der Kategorie ‚kaufen‘, ‚interpretieren‘ und ‚selber machen‘" (Vogt 2004, S. 3). Diese Auswahlentscheidungen erfordern Kompetenzen in den vielen Gebrauchszusammenhängen, die der musik- und mediendurchdrungene Alltag in unserer Gesellschaft bereithält. Der Bezug auf die musikalischen Gebrauchspraxen der Schülerinnen und Schüler" und die daraus abgeleitete Entwicklung von Kompetenzen rückt nun in den Mittelpunkt des Musikunterrichts (vgl. Jank 2005). Bezugspunkt für die musikdidaktische Perspektive werden nach Jank diese musikalischen Gebrauchspraxen und nicht mehr die musikalischen Werke (vgl. ebd.). Aus handlungstheoretischer Perspektive kommt hinzu, dass das Individuum sein Handeln in Bezug auf kompetent oder nicht kompetent selbst bestimmt und dass Lernen den Bedarf und den Willen des Einzelnen zum Kompetenzerwerb voraussetzt (vgl. Kaiser 2001). Als Folge daraus ergibt sich, dass Kinder und Jugendliche nur dann ihre musikalische Kompetenz durch Lernen erweitern wollen, wenn der Lehrer musikbezogene Zusammenhänge aufgreift oder selbst herstellt. Die dort gemachten Erfahrungen können dann Bedeutung für ihre musikalische Gebrauchspraxis erhalten und in die individuelle Musikpraxis transferiert werden (vgl. Jank 2005).

2.2   Ästhetische Bildung durch Musik

Als Gegensatz zur Betonung der Weltsicht aus der Perspektive der naturwissenschaftlichen Disziplinen ist die ästhetische Bildung wieder stärker in die bildungspolitische Diskussion gerückt. Stand im Mittelpunkt der Ästhetik lange Zeit die Beschäftigung mit dem Kunstschönen und einer traditionsverhafteten Werkästhetik, so zielen Neuansätze auf eine Öffnung des Gegenstandsbereichs. Mit dem Leitbegriff der ästhetischen Erfahrung wurde der Prozess der Abkehr vom autonomen Kunstverständnis zur Hinwendung zu den Prozessen der Aufnahme und Aneignung ästhetischer Gegenstände eingeleitet (vgl. Brandstätter 2008). Zentraler Begriff in der Musikpädagogik ist der Begriff der Erfahrung. Kaiser hat die Bedeutung des ‚musikalischen‘ bzw. ‚musikbezogenen‘ Erfahrungsbegriffs in den Mittelpunkt gestellt. Er versteht unter Erfahrung ein Fallwissen, das auf zukünftige Handlungen bezogen ist, das ein Wissen darstellt, wie mit einer bestimmten Musik in einer künftigen Situation, die einer erlebten ähnlich ist, umzugehen ist (vgl. zusammenfassend Kraemer 2004, S. 95). Jüngere Diskussionen drehen sich um die Frage, wie der Begriff der ,ästhetischen Erfahrung' nicht nur auf Formen der Rezeption, sondern auch auf andere Umgangsweisen mit Musik übertragen wer-den kann. Ästhetische Erfahrungen bringen in ihrer Subjektivität verschiedene nicht objektivierbare Facetten individueller Wahrnehmung mit sich (vgl. ebd.). In der Begegnung mit sinnlich Erfahrbarem verbindet ästhetisches Denken als eine emotional bestimmte Erkenntnisweise das Denken, Fühlen und Erkennen des Subjekts. In die Wahrnehmung und Empfindung fließen subjektive Vorstellungen, Träume, Fantasien und Deutungen ein. Die Begegnung mit einem ästhetischen Objekt wird für ein Individuum insofern bedeutsam, als durch den Prozess der Reflexion Erfahrungen ausgelöst werden, die den Augenblick des Erlebens überdauern (vgl. ebd.). Ästhetische Vorgänge werden bestimmt durch den Wechselbezug von geschaffenen Objekten und den Sinnbezügen, die durch ein Subjekt in bewussten und unbewussten Vorgängen der Wahrnehmung hergestellt werden. Ästhetische Wahrnehmung wird in den Gegensatz zum technischen Weltverständnis gesetzt; Erfahrungen in Musik und Kunst, ästhetische Erfahrungen, stellen einen eigenen Modus der Welterfahrung dar, der durch keinen anderen – etwa einen naturwissenschaftlichen – ersetzt werden kann. Die ästhetische Wahrnehmung als besonderer Fall sinnlicher Wahrnehmung stellt die Legitimation für die eigenen Gesetze künstlerischer Tätigkeit und Weltsicht.

Das Ermöglichen von ästhetischen Erfahrungen im Unterricht steht im Mittelpunkt des Konzepts von Christian Rolle (1999), der Inszenierung ästhetischer Erfahrungsräume. Er stellt ein klangliches Ereignis als Gegenstand ästhetischer Wahrnehmung und Erfahrung in den Mittelpunkt des Unterrichts. Ziel des Unterrichts ist es, Erfahrungsräume für Schülerinnen und Schüler zu öffnen, ihnen werden „Momente des selbstbezüglichen und vollzugsorientierten Spürens, Hörens und Lauschens ermöglicht" (ebd., S. 162) Durch Beschreibung der Selbstwahrnehmung, durch Reflexion über den Prozess der Wahrnehmung sollen die individuellen Erfahrungsmöglichkeiten transparent gemacht werden und die Schüler sich über die verschiedenen Erfahrungen verständigen.

2.3   Musische Wende: Klassenmusizieren als Renaissance des Musischen

Als Gegenbewegung zur kognitiven Orientierung des Musikunterrichts wurde zu Beginn der 1980er Jahre das Musikmachen mit der ganzen Klasse im Unterricht verstärkt propagiert (vgl. Erwe 1995). Die Konzeption des Handlungsorientierten Musikunterrichts (vgl. Rauhe et al. 1975) betonte den aktiven, handelnden Nachvollzug eines Werkes gegenüber einer reinen Werkbetrachtung. Die zunehmende verstärkte Auseinandersetzung mit populärer Musik verstärkte die Ansätze, gemeinsam mit der ganzen Klassen Musik zu machen, von der Gruppenimprovisation nach dem Vorbild der Avantgarde bis hin zum Nachspielen von Popsongs im Klassenverband. Weitere Impulse erfolgten durch Studien über die kognitiven und sozialen Effekte des Musikmachens (vgl. z. B. Bastian

2000), so dass das aktive Musizieren wieder in den Mittelpunkt des Unterrichts gerückt wurde. Neben dem traditionell zur Verfügung stehenden Orff'schen Instrumentarium entwickelten sich Richtungen, die spezielle Instrumente in den Mittelpunkt stellten. Das Klassenmusizieren mit Keyboards wurde nach japanischem oder amerikanischem Vorbild auf das deutsche Schulsystem übertragen, Modelle für einen systematischen Unterricht wurden entwickelt (www.blaeserklasse.de, www.musikpaedagogik.de). Gleichzeitig entstanden unzählige Modelle im Bereich der Percussion: vom Trommeln über Bodypercussion bis zu den Boomwhakers hat sich die gelegentliche oder systematische Schulung rhythmischer Kompetenzen als Faktor des Unterrichts entwickelt, der je nach Unterrichtskonzept einen mehr oder weniger breiten Raum einnimmt. Die grundlegende Rhythmusschulung oder der Aufbau von rhythmisch metrischer Kompetenz (Jank 2005) gehören inzwischen zum festen Bestandteil des Musikunterrichts. Weitere Mo-delle zum Musikmachen mit der gesamten Klassen kamen hinzu: die Bläser-, Streicher- und Bandklassen, sowie die Orchesterklassen mit verschiedenen Instrumenten. Und auch das Sin-gen wurde wieder modern: die Chorklassen setzten verstärkt auf Stimmbildung und mehr-stimmiges Singen. Die Grundannahme aller Modelle ist dabei gleich: es wird davon ausgegangen, dass erfolgreiche musikalische Lernprozesse in der Schule einen hohen Anteil von Musizierpraxis enthalten müssen. Musizieren wird als unabdingbare Voraussetzung zum Verstehen musikalischer Strukturen gesehen, als wesentlicher Bestandteil einer ästhetisch-musikalischen Erfahrung und als Kern künstlerischer Praxis im Musikunterricht. Alle Musikklassen zielen darauf, dass sich die musikalische Aktivität über die Schule hinaus im Freizeitbereich fortsetzt; so sind viele Bläserklassen mit einer Blaskapelle oder Bigband in der regionalen Umgebung verbunden, Streicherklassen sollen für Nachwuchs von Orchestern sorgen, Bandklasssen sollen Ausgangspunkt für das Gründen von Bands in der Freizeit legen. Empirische Untersuchungen über langfristige Effekte sind jedoch noch nicht erschienen.

Unter dem Slogan „Jedem Kind ein Instrument" („JeKi" (www.jedemkind.de)) hat 2007 eine Initiative begonnen, die Kindern in der Grundschule die Möglichkeit bietet, ein Instrument zu erlernen. In Kooperation zwischen Musikschule und Grundschule erwerben die Kinder grundlegende Spieltechniken an einem Instrument, die sie in den Ensembles, im Klassenorchester, dann während des gemeinsamen Musizierens anwenden können. Ausgehend vom Ruhrgebiet hat sich dieses Konzept in verschiedenen Bundesländern und Städten ausgebreitet. Es wird sehr kontrovers diskutiert (vgl. Kolb 2011), die Effekte werden zur Zeit wissenschaftlich untersucht. Die Auswirkungen und möglichen Veränderungen auf den Musikunterricht in den Schulen sind noch nicht abzusehen.

2.4 Medien und Musikunterricht: Internet und Web 2.0

Jugendwelten sind Medienwelten (vgl. Spanhel 2006) – die Begleitung und der Umgang mit Medien ist inzwischen ein essentieller Bestandteil des Alltags von Jugendlichen geworden. Handy, Fernseher, mp3 Player, Videoclips und -spiele nehmen einen wesentlichen Teil jugendlichen Lebens ein. Musikkulturelle Erfahrungen werden immer gemacht, unabhängig ob ein Computerspiel aufgerufen oder im Web gesurft wird, Musik begleitet alle Anwendungen. Im Zuge der Medienerziehung bemüht sich auch die Musikpädagogik auf die immer neuen Herausforderungen zu reagieren. Pabst-Krüger (2006) beschreibt ein stereotypes Muster, nach dem die Integration von neuen Medien in den Unterricht erfolgt: zuerst wird der Einsatz eines neuen Mediums strikt abgelehnt und es wird vor dem Verlust von Primärerfahrungen sowie vor den Gefahren des Fortbestands der musikalischen Kultur gewarnt. In einer anschließenden Phase der Medieneuphorie wird das neue Medium in möglichst vielen Bereichen des Unterrichts eingesetzt und seine Vorzüge werden angepriesen. Nach einer Zeit unterrichtlicher Erfahrungen schließlich wird der Einsatz auf ein den Situationen angepasstes Maß und spezifische Bereiche modifiziert. Diese Entwicklung fand auch bei den heute als ‚Neue Medien' bezeichneten digitalen Medien statt: Bis in die 1980er Jahre stand die Sorge vor dem negativen Einfluss auf die Entwicklung der Musikkultur und der Persönlichkeit im Vordergrund, die Schule sollte die Jugendlichen gegen die Wirkung der ästhetisch minderwertigen Unterhaltungsmusik, die massenhaft konsumiert wurde, immunisieren. Der Wechsel von wirkungsorientierten zu handlungsorientierten Ansätzen schlug sich in den 1990er Jahren auch in der Musikpädagogik nieder: handlungsorientierte Ansätze sehen den Prozess der Medienaneignung als einen aktiven, produktiven sozialen Prozess an, der in den Alltag eingebettet ist. Die dar-aus entstehenden Konstruktionen von Bedeutung sind nur vor dem Hintergrund der gesellschaftlichen Bedingungen zu interpretieren, aus denen sie entstanden sind. Im Mittelpunkt steht die Frage, „[w]er mit welchem Nutzungsinteresse in welchen Situationen welche Medien nutzt" (Münch 2005, S. 220). Studien belegen, dass Jugendliche Medien auf der Suche nach dem eigenen persönlichen Lebensstil gezielt für ihre sehr unterschiedlichen Interessen, Anliegen und Befindlichkeiten nutzen (vgl. Barthelmes und Sandner 2001). Im Musikunterricht werden die Neuen Medien zu Beginn des 21. Jahrhunderts äußerst vielseitig genutzt: einerseits als Werkzeug zur Präsentation und Dokumentation musikalischer und musikhistorischer Sach-verhalte, als Musikinstrumente sowie als Produktions- und Aufnahmegeräte, andererseits werden sie selbst zum Thema des Unterrichts mit dem Ziel soziokultureller Reflexion hin-sichtlich der Funktionen und kulturellen Folgen der Nutzung (vgl. Pabst-Krüger 2006).

Medienerziehung stellt für die Schule nach wie vor Herausforderung und Chance dar. Unter dem Aspekt der Informations- und Wissensgesellschaft kann Schule den Ansprüchen nur gerecht werden, wenn sie die Möglichkeiten der modernen Medienentwicklungen, der Informations- und Kommunikationstechniken für die Bewältigung der Bildungs- und Erziehungsaufgaben nutzt (Spanhel 2006). Während in den 1990er Jahren noch das Ziel der Medienkompetenz mit den Dimensionen der Wahrnehmungs-, Nutzungs- und Handlungskompetenz (vgl. Münch 2005) im Mittelpunkt stand, verschob sich das Interesse auf die Integration der Informations- und Kommunikationstechniken in Schule und Unterricht (Spanhel 2006). Heute steht die Frage der Nutzung der Möglichkeiten der digitalen Medien zur Verbesserung der Lehr- und Lernprozesse im Zentrum. In der Musikpädagogik gibt es inzwischen eine breite Diskussion über die Bereiche des Einsatzes von Medien im Unterricht, sowie eine Vielzahl von Unterrichtsbeispielen zum verschiedenen Inhalten (vgl. Pabst-Krüger 2006). Pabst-Krüger kategorisiert die Verwendung der Medien in drei Bereichen:

- Neue Medien in der Musikpraxis: der Einsatz erfolgt ausgehend von der Unterstützung des Klassenmusizierens durch flexibel einsetzbare Playbacks, die der Lernsituation angepasst werden können, über alle Arten von Komposition und Arrangement am Computer bis hin zu Einspielung und anschließender Bearbeitung von Aufnahmen, von neuen Techno- oder Hip-Hop-Arrangements bis zu Hörspielen, von Radioprojekten bis Coverversionen oder Remixes bekannter Popsongs.
- Neue Medien als Hilfsmittel zum Lernen: Anwendungsmöglichkeiten ergeben sich von der Recherche über verschiedene Inhalte zur Veranschaulichung musikalischer Zusammenhänge, von der Visualisierung von Höreindrücken zur Arbeit an ‚klingenden Partituren‘, von der Verdeutlichung von musikalischen Strukturen bis zum Arrangieren von vorgegebenen Formteilen.
- Vermittlung von Medienkompetenz: im Mittelpunkt steht hier der kritische Umgang mit den verschiedenen Medien und den verfügbaren Informationen, der selbständige Umgang mit den Medien, die Sicherheit in der medial vermittelten Kommunikation und die soziale Verantwortung bei der Nutzung von Medien.

Pabst-Krüger (2006, S. 47) fasst den Stand der Diskussion zusammen: „Wenn die Schule das Ziel hat, die gesellschaftlichen Zustände aufzugreifen, diese kritisch zu hinterfragen und die Schüler in die Lage zu versetzen, kreativ-gestalterisch auf ihre Umwelt einzuwirken, müssen Neue Medien im Zeitalter von Multimedia und der Dominanz medialer Musikrezeption einen festen Platz im Musikunterricht einnehmen.“

Obwohl sich die Unterrichtsforschung zum Einsatz von Medien auf eher punktuelle Ansätze beschränkt (z. B. computergestütztes Musiklernen, vgl. Stubenvoll 2008), gibt es dennoch vereinzelte Ansätze zu einer konzeptuellen Aufarbeitung. Jank (2005) spricht von den musikalischen Gebrauchspraxen der Jugendlichen, dazu gehört auch der Umgang mit Medien, zu dem sie Kompetenzen erwerben sollen. Jugendliche müssen Auswahlentscheidungen treffen bezüglich der Zugehörigkeit zu einer bestimmten Kultur, die sich auch im Gebrauch von Musik manifestiert. Wolfgang Martin Stroh (vgl. Gerhardt 2009) geht in seinen konstruktivistischen Ansatz davon aus, dass sich Erfahrungen in der Auseinandersetzung mit Musik beim Subjekt ereignen müssen und dass dieses sein eigenes Wissen konstruiert, beeinflusst durch individuelle Positionen, Motivationen und Perspektiven. Durch die Mittel der szenischen Interpretation (vgl. Brinkmann und Kosuch 2010), durch szenisches Spiel, durch Körperhaltungen und Gesten werden individuelle Muster und Interpretationen von Musik deutlich und sichtbar gemacht. Diese subjektiven Deutungen können nun in Bezug gesetzt werden zu anderen Mustern und Interpretationen und so einem gemeinsamen Bearbeitungsprozess zugänglich gemacht werden. Medieninhalte als Teil jugendlicher Selbstinszenierung und Teil des Sozialisationsprozesses lassen sich unter dem Aspekt der musikalischen

Lebenswelt in den Unterricht integrieren (vgl. Pfeiffer 2005). Im Zentrum steht dabei die Selbstinszenierung mit Hilfe von Musik, Mode, Film und Video, die in einem Konstruktionsprozess transparent und damit sichtbar gemacht wird.

Unter der Perspektive der praktischen Medienarbeit (vgl. Spanhel 2006) bieten Computer, iPhone und Internet eine Fülle an handlungsorientierten Ansätzen und Unterrichtsbeispielen. Komposition und Arrangement in unterschiedlichsten Stilbereichen, Kombination von Bild- und Tonmaterial, Verfremdung und Neu-Komposition, Collagierung bestehender Musik er-möglichen einen individuellen, kreativen Umgang mit dem musikalischen Material im weiten Sinne. Multimediale Musik- und Bildgestaltung und -verarbeitung sind aufgrund der vielfältigen Möglichkeiten von Software in Schule und Freizeitbereich möglich.

Die neuen Kommunikations- und Anwendungsmöglichkeiten im Internet, bezeichnet mit dem Begriff ‚Web 2.0‘, bringen weitere Formen der interaktiven Nutzung in den Unterricht ein. Im Gegensatz zu der Benutzung des Internets als Informationsquelle stellt das Web 2.0 über die Informationsbeschaffung hinaus auch deren Bereitstellung, Bearbeitung und Verbreitung in den Mittelpunkt. Websites und Inhalte können von ihren Nutzerinnen und Nutzern ständig bearbeitet und verändert werden, die Effekte bestehen im gemeinsamen Arbeiten, Austausch und Weitergeben von Informationen. Musik, Filme, Dokumente und Bücher werden im Netz allen zur Verfügung gestellt, im Mittelpunkt steht das gemeinsame Arbeiten, der gemeinsame Nutzen dessen, was alle in Datenform zur Verfügung stellen (vgl. Fromm 2010). Die Verwendung neuer Formen wie Podcast, Wiki, Blended Learning, ja sogar Methoden des Umgangs mit Plattformen wie Facebook werden auf eine mögliche Verwendung im Unterricht untersucht.

Eine Zusammenfassung der Methoden und Formen des E-Learnings gibt Pabst-Krüger (2006). Der Begriff des E-Learnings wird hier in Ermangelung einer Definition bezeichnet als die „Unterstützung des Lernprozesses durch die Nutzung neuer Medien im Lernprozess" (ebd., S. 69). Die entwickelten Praxisbeispiele spannen den Bogen ausgehend von Unterrichtseinheiten mit Podcasts, Foren, Blogs, Wikis etc. über die Arbeit mit einem virtuellen Klassenraum bis hin zu theoretisch begründeten Ansätzen wie die Einführung virtueller Fortbildungsveranstaltungen (Pabst-Krüger 2006; Prill und Hellberg 2009; Fromm 2010). Ziel ist es, mit diesen Methoden die Kompetenzen im Umgang mit den Neuen Medien zu erweitern und die Informations- und Kommunikationsmedien unmittelbar mit dem Lernprozess zu verbinden, so dass diese weit mehr sind als rudimentäre Hilfsmittel (vgl. Pabst-Krüger 2006, S. 69).

2.5 Von der interkulturellen Musik zur multikulturellen Musikerziehung

Globalisierung und Migration sind Kennzeichen der veränderten Rahmenbedingungen unserer Gesellschaft. In den letzten Jahrzehnten hat sich eine multikulturelle Gesellschaft entwickelt, in der immer neue ethnische Gruppen, entstanden durch

Migrationsbewegungen, neben verschiedenen Generationen von Ausländerinnen und Ausländern in Deutschland leben. In den Klassen finden sich Kinder unterschiedlicher nationaler Herkunft und kultureller Prägung. Die Musikpädagogik hat mit verschiedenen Ansätzen darauf reagiert, welche sich nicht zuletzt auch an den jeweils vorherrschenden politischen Rahmenvorgaben zur Art und Weise der Integration orientierten (vgl. Merkt 1993; Stroh 2005). Im Zuge der immer wieder auftauchenden Strömungen von Fremdenhass gegen Ausländerinnen und Ausländer und die Migration erhält der Musikunterricht auch ein politisches Mandat zur Erziehung von Toleranz und Akzeptanz. Ging es anfangs noch darum, durch Kommunikation und Information Wissen über die neuen und fremden Kulturen aufzubauen, so mussten aufgrund der veränderten Rahmenbedingungen die Ziele der interkulturell orientierten Musikpädagogik um das Jahr 2000 neu definiert werden. Nach Stroh (2005) entstehen im Zuge der multikulturellen Gesellschaft, d. h. durch das Nebeneinander unterschiedlicher Kulturen bei Jugendlichen, multikulturelle Persönlichkeiten, die sich durch Patchwork-Identitäten auszeichnen. Dementsprechend wird Schule zu dem Ort, an dem Identitäten ausgehandelt werden. Ziel interkultureller Musikerziehung ist nicht mehr nur die Fähigkeit zur Kommunikation, sondern die Fähigkeit jedes Einzelnen, „bewusst, selbstbestimmt, aktiv und sozial verträglich zu verhandeln. Konkret bedeutet das, dass die Kinder und Jugendlichen lernen sollen, im Supermarkt der musikalischen Beliebigkeiten sich bewusst, selbstbestimmt, aktiv und sozial verträglich das für sie jeweils Richtige auswählen zu können" (Stroh 2005, S. 188). Multikultureller Musikunterricht soll die Jugendlichen darauf vorbereiten, ein selbstbestimmtes, sozial verträgliches und aktives Leben zu führen und sie zu einem aktiven und bewussten musikbezogenen Handeln befähigen. Im „erweiterten Schnittstellenansatz" (ebd.) werden musikpraktische Erlebnisse der Schüle-rinnen und Schüler durch die szenische Interpretation verarbeitet. Die Verarbeitungsstufen werden spielend in das Singen, Tanzen und Musizieren integriert. Die Musik wird so inszeniert, wie sie im Sinne des jeweiligen kulturellen Kontexts verwendet wird. Im Spielprozess entsteht eine Verbindung von Erlebnis und Verarbeitung, die musikpraktischen Erlebnisse sind eingebettet in Prozesse des Musiklernens, die analog zum Lernen in den ursprünglichen kulturellen Kontexten gestaltet sind. Vor dem Hintergrund der jeweiligen Kultur wird dieser Prozess rekonstruiert und so für individuelle Verarbeitungsprozesse zugänglich gemacht.

3   Offene Fragen und Probleme

3.1   Musik: Kunstwerk oder veränderbare Musikdatei?

Musik ist immer und überall verfügbar, sei es eher konventionell auf CD oder sogar wieder als Schallplatte, als Videoclip oder als Datei auf dem Computer, iPod oder Handy. Sie begleitet uns als Hintergrundmusik auf vielen öffentlichen Orten, in Kaufhäusern, Supermärkten, Wartezimmern und Restaurants (vgl. Schramm und Kopiez 2008). Der

Begriff von Musik als ein einmaliges, unverwechselbares Objekt ist schon lange zerstört. Besonders deutlich wird dies am Beispiel der Kunstmusik der Vergangenheit. So waren beispielsweise Beethovens Sinfonien für die Aufführung im Konzertsaal komponiert und konnten auch nur dort gehört wer-den. Klassische Musik erleben wir heute dagegen nicht nur in der Form und an dem Ort, für die sie ursprünglich komponiert und an dem sie aufgeführt wurde, – sondern dank Radio, Computer und iPhone auch als Begleitmusik zu den unterschiedlichsten Tätigkeiten in Arbeit und Freizeit, zu jeder Tages- und Nachtzeit. Die Verwendung in der Werbung, in der Filmmusik oder die Zerstückelung in passende Einzelteile hat den individuellen Charakter weiter zerstört. Jugendliche erkennen klassische Musik mehr durch ihre Verwendung in der Werbung in der Verbindung mit einem Produkt oder als Klingelton beim Handy, Musik hat hier eine neue und völlig andere Bedeutung erhalten. Ganze Musikrichtungen wie Techno, Hip-Hop leben vom Zitat von der Arbeit mit Samples und musikalischen Versatzstücken, die nach eigenen Gesetzen montiert werden. Schläbitz (1998) bezeichnet in diesem Zusammenhang Musik als Ware, die je nach Bedarf genutzt und verbraucht werden kann. Durch das Sampeln und Mischen von Musikdaten bzw. Versatzstücken wird das ‚unverbindlich gebundene Musikwerk‘ zum Spiegel der Kulturwelt der Gegenwart. Diese durch Bricolage-Technik entstandene Musik wird „ dem geschichtslos gewordenen Musikbestand – der ebenfalls wie ein Klangvorratslager für Kopplungsversuche bereitsteht – hinzugefügt und ist ebenfalls – der Ware nicht unähnlich – zu verbrauchen" (Schläbitz 1998, S. 164) Der ursprüngliche individuelle Charakter des Kunstwerks ist verloren gegangen. So hatte Theodor Adorno in den 1960er Jahren noch vom „Fetischcharakter der Musik" gesprochen (Adorno 1956, S. 9), die als Kunstwerk einen individuellen Wert besaß, der nicht hinterfragt wurde. Ziel musikpädagogischen Handelns war „[...] das Verständnis dessen, was sich in der Kunstmusik ihrer Epoche verbindlich zuträgt" (Stroh 1999, S. 10). Der Werkbegriff aus der Musikwissenschaft hatte für die Musikpädagogik uneingeschränkte Gültigkeit. Die ersten musikdidaktischen Konzeptionen ab 1968 hatten die „Interpretation von Musik" (Alt 1968) oder die „Introduktion in Musikkultur" (Antholz 1970) zum Inhalt, die Vermittlung der Bedeutung, die die klassische Kunstmusik im weitesten Rahmen innehatte.

Die Entwicklung der Medien, die Trennung der Musik von ihren zugedachten Inhalten weist den Weg zur konstruktivistischen Sichtweise. Harnischmacher (2008, S. 44) fasst die Diskussion um den Musikbegriff zusammen und spricht in diesem Zusammenhang von der Auflösung eines „stilistischen Fundamentalismus", der eine Musikart bzw. einen Musikstil gegenüber anderen hervorhebt und dessen „pädagogische Vorteile" für den Unterricht betont. Stroh (1999) spricht von einem Wechsel des Paradigmas, der sich inzwischen vollzogen hat. „Botschaften von Musik, so das neue Paradigma, entstehen im Umgang mit Musik, sie werden von den Hörern ‚konstruiert‘, sie sind gar nicht in der Musik enthalten" (Stroh 1999, S. 11). Der Prozess des „Chiffrierens von Botschaften" (Stroh 1999, S. 10) durch Komponistinnen und Komponisten und der Versuch des Entschlüsselns der Botschaft durch die Hörerinnen und Hörer scheint nach Stroh rapide abzunehmen. „Ob eine sinfonische Geste im Werbespot die Botschaft „potenzstärkendes Auto" oder ein Digideroo-Klang im

Technokeller die Botschaft „Xtasy" verbreitet, das hat kein Beethoven und kein Aboriginee mehr in der Hand" (Stroh 1999, S. 11). Die Konstruktion von neuen Bedeutungen zur Musik beschreibt Stroh so: „Ob ein DJ ein Musikstück einfach rückwärts abspielt, ob eine Blech-Band sich auf John Cage beruft, ob nach Belieben quer durch den CD-Plattenmarkt gesampelt wird, ob MusikerInnen aus beliebigen musikalischen Weltregionen mit anderen MusikerInnen vernetzt und fusioniert wer-den[...,] stets beobachten wir, dass und wie aktiv tätige Menschen Bedeutungen von Musik ,konstruieren'" (Stroh 1999, S. 12).

Harnischmacher (2008) entwickelt aus der Diskussion um den Musikbegriff das Modell der ,musikalischen Wirklichkeit'. Musikerleben ist Konstruktion, da alles Klangliche erst durch subjektive Konstruktion zu Musik werden kann.

Gibt es als Folge des neuen Paradigmas keine immanenten Bedeutungen von Musik so hat sich auch der musikpädagogische Umgang mit Musik zu verändern. Als Konsequenz dieser Diskussion setzt Jank (2005) setzt die musikalischen Gebrauchspraxen von Jugendlichen in den Mittelpunkte des Unterrichts. Unter dem Begriff musikalische Gebrauchspraxis versteht Kaiser (1995) einen Umgang mit Musik, in dem das Musikmachen, das Hören und Spielen von Musik, das Darüber-Reden usf. in persönliche, soziale und gesellschaftliche Zwecke ein-gefügt ist. Ziel ist es, die Kompetenz für die Gebrauchspraxen zu erweitern. Neben dem handelnden Umgang mit Musik hat sich auch die Rezeption von Musik grundlegend verändert; Analyse und Interpretation treten in den Hintergrund, die systemisch konstruktivistische Didaktik (vgl. Reich 2000) liefert die neue Grundlage für didaktisches Handeln: Sie fordert eine möglichst offene Herangehensweise, die Schülerinnen und Schülern sowie Lehrerinnen und Lehrern eine grundsätzliche konstruktive Erarbeitung ihrer Wirklichkeit ermöglichen will. Voraussetzung dafür sind Selbsttätigkeit im Lernprozess und Selbstbestimmung insbesondere der Motive; diese beiden Faktoren bilden die beiden Pole der Verwirklichung.

Konstruktivistische Didaktik ist interaktionistisch orientiert. Verschiedene Beobachterinnen und Beobachter sollen ihre Sichtweisen in einen Prozess der Wirklichkeitskonstruktion ein-bringen können. Konstruktivistische Didaktik fordert zu einem Sprach- und Konstruktionsspiel auf, in dem alle aus ihrer Beobachterperspektive darlegen können, was sie zu ihrer Wirklichkeitskonstruktion veranlasst. Das Ergebnis wird als zeitbezogener Konstruktionsgewinn festgehalten, aber nicht als universelle Wahrheit gegen andere abgegrenzt. Die Konzeption der Subjektorientierten Musikerziehung (Harnischmacher 2008) leitet daraus neue Methoden der Rezeption der musikalischen Wirklichkeit ab.

3.2   Bewahrung des musikalischen Erbes vs. Globalisierung

Der früher oft beschriebene Gegensatz zwischen U- und E-Musik hat sich in Bezug auf seine Wertigkeit soweit verändert, dass inzwischen von einer Gleichwertigkeit bzw. Gleichberechtigung beider Genres gesprochen wird (vgl. Rösing und Bruhn

1988; Kleinen 2008); in Bezug auf das Hörverhalten von Jugendlichen spielt der Bereich der U-Musik inzwischen eine äußerst geringe Rolle (vgl. ebd.); der Besuch klassischer Konzerte, das Hören von klassischer Musik ist aus den Aktivitäten der Jugendlichen verschwunden (vgl. Hess 2005), es ist nur mehr eine kleine Minderheit, von Bastian beschrieben als „Klassikfan[s]" (Bastian 1989, S. 26), die sich noch aktiv durch das Spielen eines Instruments oder als Liebhaber-Hörerinnen und -Hörer damit auseinandersetzt.

Obwohl es gerade von Symphonieorchestern und Opernhäusern zahlreiche Projekte gibt, diese Musik für Jugendliche fühlbar und erlebbar zu machen – bekanntestes Beispiel ist ‚Rhythm is it', eine Produktion des Sacre du Printemps von Strawinsky durch die Berliner Philharmoniker und Jugendliche (Grube und Sanchez Lansch 2005) – zeichnet sich hier keine Wende ab, Studien prognostizieren gar einen Rückgang des ‚Klassik-Publikums' um 35 % bis 2035 (vgl. Hamann 2005; Kalies et al. 2008). Dieses Auseinanderdriften von ‚Kunst- und Gebrauchsmusik' spaltet die Musikpädagogik in sich widersprechende Zielsetzungen. Lehrpläne und Richtlinien setzen die Vermittlung des historischen Erbes bzw. die Auseinandersetzung mit dem kulturellen Erbe nach wie vor in den Mittelpunkt des Musikunterrichts. Im Gegensatz dazu fordert die Orientierung an den Interessen der Schülerinnen und Schüler oder an deren musikalischer Gebrauchspraxis den verstärkten Einbezug von Musik der Jugendkulturen. Während es in den 1970er Jahren noch wichtig war, „eine Verschmelzung der Horizonte, von Objekt (Kunstwerk) und Subjekt (Schüler) herbei zu führen" (vgl. Ehrenforth 1971), liegt der Schwerpunkt heute auf den Kompetenzen für die Gebrauchspraxen der Schüler (Jank 2005). Die Diskussion um den Stellenwert der „bedeutenden Werke der Musikgeschichte", der „Vermittlung kultureller Identität durch Bildung" (Gauger 2004) im Vergleich zum „virulenten und spannenden Musikleben in Deutschland" und den „weiten Bereichen der außer-schulischen musikalischen Praxen der Schülerinnen und Schüler" (Barth 2006, S. 31) ist nach wie vor aktuell. Die besonderen Probleme der Vermittlung klassischer Musik im Unterricht beschreibt Heß (2005) einerseits in der Faktur der Musik selbst (Komplexitätsgrad, ausgedehnte Entwicklungsformen) andererseits geht eine adäquate Rezeption dieser Musikform mit einem Maß an Interpretation einher. Eine Entscheidung für Kunstmusik im Unterricht bedeutet eine Einübung in bestimmte Wahrnehmungshaltungen, die, „sollen sich erste Erlebnisse zu Erfahrungen verdichten, einer elaborierten Auseinandersetzung bedürfen, die ausgesprochen zeitaufwändig ist und Übung braucht" (Heß 2005, S. 208).

Setzt man dagegen die musikalische Gebrauchspraxis von Jugendlichen in den Mittelpunkt des Unterrichts, so stellt sich diese unabhängig vom Gegensatz U- und E-Musik als wenig überschaubar dar. Globalisierung und Migration haben alle möglichen musikalischen Stilrichtungen in den Fokus gebracht, Musikerinnen und Musiker finden darüber hinaus Gefallen an der Vermischung von Stilen und erfinden immer neue Synthesen aus vorhandenen Materialien und Stilrichtungen. Die Globalisierung der Musikkulturen, ein neuer Begriff von Weltmusik sowie die zunehmende multiethnische Verbreitung von Musik zeichnen diese Musik über alle Grenzen aus (vgl. Stroh

2005). Die spezifische Struktur dieser Musik, dieses sich ständig verändernde Gemisch aus Einflüssen verschiedener Richtungen, eigenständiger Kulturen, Zitaten, Collagen, Weiterentwicklungen und Modeerscheinungen erfordert auch eine spezifische pädagogisch-didaktische Umgangsweise. Die Musikdidaktik hat hier noch keinen allgemein akzeptierten konzeptionellen Zugang gefunden, Ansätze werden aber entwickelt (vgl. Jank 2005; Stroh 2005; Pfeiffer 2005; Hametner 2006).

3.3   Musik: hören oder sehen

Was 1981 mit MTV begonnen hatte, hat sich mittlerweile zu einem festen Standard entwickelt: Musik wird längst nicht mehr nur noch gehört, sondern vielfach auch gesehen. Schon die Verbreitung durch Schallplatte und Radio brachte die erste Revolution und damit eine massenhafte Verbreitung der populären Musik aller möglicher Richtungen. Durch die Einführung des Videoclips wurde die nächste Stufe erreicht; eingeführt wurde er als Marketingmaßnahme, um den stagnierenden Absatz von Tonträgern wiederzubeleben (vgl. Maas und Schudack 2008). Als in den 1980er Jahren der Verkauf von CDs stagnierte, begann der Siegeszug des Musikvideos. Der boomende Videomarkt und die Möglichkeit, den Videoclip als audiovisuelle Kunstform zu nutzen, etablierten rasch eine Darbietungsform von Musik, die im Umfeld populärer Musik die relevanten Aspekte Mode, Körperlichkeit und Lebensstil genauso trans-portieren konnte wie das Image der Musikerinnen und Musiker und die Identifikationsangebote an die Jugendlichen (vgl. ebd.). Die Mischung aus Entfaltung von Kulturen und Stilen der populären Musik, die verschiedenen jugendkulturellen Darstellungsweisen und kommerzielle Aspekte stellen nach Behne (Behne 1987a, b) die konsequenteste Entwicklung in der Geschichte der populären Musik dar. Mit der Etablierung von Videoportalen im Internet wie YouTube und MySpace etc. wurde der nächste Schritt vollzogen, wodurch Musik nun oft auch in visualisierter Form als downloadbares Video jederzeit und überall verfügbar ist. Kraemer (2004) fordert angesichts der Tatsache, dass Musik heute zu 90 % im visuellen Kontext erscheint, die Verbindung akustischer und visueller Elemente als grundlegende Komponente musikalischen Denkens und Handelns im Unterricht zu begreifen. Vorbei scheint die Zeit zu sein, in der man sich vehement über pro und contra des (massenhaften) Konsums von Videoclips gestritten hat, in denen vor allzu großen und schädlichen Einflüssen von sexistischen Darstellungen, Gewaltdarstellungen, Rassismus und Fantasiedarstellungen von Gewalt und Macht gewarnt wurde (Bastian 1999). Als Argumente für Videoclips dienten Hinweise auf den Moment des aktuellen Ereignisses, in dem sich Videoclips als ‚performative Kunst‘ ereigneten in den Traditionen von Happenings, Aktionskunst, Concept-Art, Installation von Surroundings und Environments (Bastian 1999). Das Fazit dieser Diskussion ergab die These, dass der individuelle Umgang dafür entscheidend ist, welche Inhalte, Impulse und Ausdrucksformen Auswirkungen auf Jugendliche haben und in welcher Form sich diese äußern. Jugendliche sind gezwungen, Auswahlentscheidungen zu treffen, da sie

.mit dieser unübersehbaren Fülle von Themenangeboten und Ausdrucksformen ständig in Berührung kommen, Sicherlich ist die Gefahr nicht gering, dass „Sinn allzu schnell in Beliebigkeit umschlägt, da jeder sich heraus-suchen kann, was ihm gefällt und unabhängig von dem Kontext, in dem es entstanden ist nutzen kann" (Münch 2007, S. 9). Tendenziell scheint sich zur Zeit die These Strohs (2005, S. 188) durchzusetzen, die er im Zusammenhang mit der interkulturellen Musikerziehung formuliert hat: „Kinder und Jugendliche sollen lernen, im Supermarkt der musikalischen Beliebigkeiten sich bewusst selbstbestimmt, aktiv und sozial verträglich das für sie jeweils Richtige auswählen zu können". In Anlehnung an die Mediendidaktik spricht Münch (2005) vom Erwerb von Medienkompetenz, die vielfältige Anregungen für eine musikpädagogisch motivierte Auseinandersetzung mit Medien bereitstellt. Eine Lösung für den musikpädagogischen Umgang mit der Vermischung auditiver und visueller Elemente der Musik wurde noch nicht gefunden, auch wenn erste Ansätze dazu vorgelegt wurden (vgl. ebd.). In den aktuellen musikdidaktischen Konzeptionen wird mehr oder weniger explizit darauf Bezug genommen.

4   Neue Konzeptionen

4.1   Kompetenzorientierung

Unter dem Einfluss von großen internationalen Studien zum Stand der Schulleistungen (PISA, TIMSS) hat sich eine neue Tendenz in der Orientierung des Unterrichts entwickelt: von der Input- zur Output-Orientierung. Es wird bereits und soll auch zukünftig nicht mehr definiert werden, was gelernt wird, sondern es werden die Fähigkeiten bzw. Kompetenzen bestimmt, die am Ende des Lernprozesses sichtbar und messbar sind. Bildungsstandards spielen für die Qualitätssicherung der schulischen Bildung eine wichtige Rolle. Durch sie ist es erstmals möglich, nationale Bildungsziele zu formulieren. In der Klieme-Expertise werden Bildungsstandards wie folgt definiert: „Bildungsstandards formulieren Anforderungen an das Lehren und Lernen in der Schule. Sie benennen Ziele für die pädagogische Arbeit, ausgedrückt als erwünschte Lernergebnisse der Schülerinnen und Schüler. Damit konkretisieren Standards den Bildungsauftrag, den allgemein bildende Schulen zu erfüllen haben." (Klieme et al. 2003, S. 19).

Im Unterschied zu traditionellen Lehrplänen werden die Bildungsstandards durch das Definieren von notwendigen Kompetenzen untermauert. Diese werden als Grunddimensionen der Entwicklung des Lernens in einem Wissensgebiet identifiziert und als erforderliche Kompetenzen formuliert, die Weinert (2001, S. 27f.) so definiert: Kompetenzen sind „die bei Individuen verfügbaren oder durch sie erlernbaren kognitiven Fähigkeiten und Fertigkeiten, um bestimmte Probleme zu lösen, sowie die damit verbundenen motivationalen, volitionalen und sozialen Bereitschaften und Fähigkeiten, um die Problemlösungen in variablen Situationen erfolgreich und verantwortungsvoll nutzen zu können."

Während die Entwicklung von Bildungsstandards in naturwissenschaftlichen und sprachlichen Fächern bereits vorangeschritten ist, gibt es bislang noch kaum Erkenntnisse auf Basis von Forschungsarbeiten auf dem Gebiet der Bildungsstandards für Musik. Die Problematik besteht darin, dass Kompetenzen im Bereich von Fähigkeiten auf dem Gebiet der Kreativität, der Emotionalität, individueller Einstellungen oder innerer Haltungen schwer in standardisierende, zu prüfende und in allgemeingültige Kompetenzmodelle einzustufen sind. Grundlage der Arbeiten zur Bestimmung von musikalischen Kompetenzen ist die Definition von Bähr, Gies, Jank und Nimczik (2003, S. 27): „Unter musikalischer Kompetenz verstehen wir die Fähigkeit, Musik für verschiedene Zwecke (auch ausübend) sachgerecht zu gebrauchen, klingende Musik unterschiedlicher Art in ihren Aussagen, ihren Absichten und ihrer formalen Struktur zu verstehen sowie die Fähigkeit, sie in einen größeren sinn-stiftenden Zusammenhang einzuordnen. Musikalische Kompetenz erschöpft sich nicht in der Fähigkeit zum Entziffern schriftlichen Materials (Decodieren) oder im musika-lisch korrekten Imitieren vorgegebenen klingenden Materials mit der Stimme oder auf Instrumenten. Musikalische Kompetenz verstehen wir als aktive Auseinandersetzung mit Musik, wobei dem Gestalten von Musik besondere Bedeutung zukommt." Im Bildungsplan Musik 2004 (vgl. Ministerium für Kultus, Jugend und Sport des Landes Baden-Württemberg 2004) werden für den schulischen Musikunterricht drei Kompetenzbereiche abgeleitet, die in gegenseitiger Wechselwirkung stehen: Musik hören und verstehen, Musik reflektieren und Musik gestalten. Erste Ansätze eines Kompetenzmodells für die Musik wurden von der Forschergruppe um Lehmann-Wermser für den Bereich Wahrnehmen und Kontextualisieren von Musik entwickelt (vgl. Knigge 2011).

4.2   Konzeptionen für den Musikunterricht

Seit 2000 sind mit einer Ausnahme keine Konzeptionen mehr entstanden, die ein umfas-sendes Bild musikdidaktischen Handelns entwerfen. Schatt (2007, S. 121) spricht von der Pluralität bzw. dem Pluralismus von Konzeptionen, die die „Orientierung in der Postmoderne" erheblich erschweren und davon, dass ein Handeln unter der Perspektive einer einzelnen Konzeption nicht alle Aspekte aktuellen Musikunterrichts abdeckt. Jank (2005) verweist in diesem Zusammenhang auf die gängig Praxis von Lehrerinnen und Lehrern, die teils zufällig, teils kriteriengestützt aus verschiedenen Modellen auswäh-len. Es kann keine eindeutige Antwort auf die Frage geben, welche Inhalte, Methoden, Medien zu wählen seien, da alle Elemente in interdependenten Zusammenhängen ste-hen. Konsens dagegen besteht über die folgenden Perspektiven der Unterrichtskultur: Im Zentrum steht das Wissen, wie sich musikalische Fertigkeiten entwickeln und Bildungsprozesse vollziehen (Schatt 2007). Diese Vorgänge von Denken, Verstehen und Lernen laufen ab in Interaktions- und Kommunikationszusammenhängen. Die Bildungsprozesse sollen im Unterricht entstehen, sich aber darüber hinaus in außerunterrichtlichen Situationen bewähren. Sie erfolgen als Abgleich individueller Schemata mit den Reizen der Umwelt und sollen als selbstbestimmter Umgang mit den Gegenständen und In-halten für den Vollzug und Erfolg konstitutiv sein.

Jank (2005) reagiert mit der Konzeption des Aufbauenden Musikunterrichts auf die veränderten gesellschaftlichen Bedingungen, die den Hintergrund von Erziehung und Schule darstellen, sowie auf die Entwicklungen innerhalb der Musikpädagogik. Im Mittelpunkt der Konzeption stehen die drei Praxisfelder ‚Musik gestalten‘, ‚musikalische Fähigkeiten aufbauen‘ und ‚Kultur erschließen‘. Nicht die Musik als objektive Klanggestalt oder Kunstwerk, sondern der Umgang von Menschen mit Musik wird zum Ausgangspunkt und ständigen Bezugspunkt des Unterrichts. „Musik wird von Menschen für Menschen gemacht" (Jank und Schmidt-Oberländer 2010, S. 4). Ziel des Unterrichts müsse es sein, eine inhaltliche Kontinuität herzustellen. Das geschieht zum einen durch den systematischen Aufbau von musikalischen Kompetenzen, vor allem in den Bereichen Rhythmus, Metrum und Tonalität, zum anderen durch die Verschränkung der drei Praxisfelder in Unterrichtsvorhaben, da Teilkompetenzen nie isoliert sind, sondern immer musikalisch zusammenhängen. In zahlreichen Angeboten zum musikalischen Gestalten und zur Kulturerschließung werden diese miteinander verknüpft. Die Konzeption orientiert sich in ihren Zielen an den von den Autoren erstellten entwickelten Bildungsstandards, die einerseits Inhaltsbereiche benennen – in diesem Falle die Dimensionen musikalischer Kompetenz –, andererseits das Leistungsniveau festlegen, auf dem die jeweilige Kompetenz erbracht wird. Bezugspunkt für die entwickelten Standards sind die Bildungsstandards, die in den einzelnen Ländern entwickelt wurden. Musikalisches Lernen hat seinen Ausgangspunkt im Handeln, Jank (2005) stellt den Erwerb von Kompetenzen in einem Spiralmodell vor: vom Handeln über Können zu Wissen und Begriff, dann wieder zum Handeln, so dass sich eine ständig weiterentwickelte Abfolge von Lernprozessen ergibt.

In seinem Konzept ‚Musik als Anstiftung‘ stellt Stephan Hametner (2006) den Erwerb von Wissen als ein Wechselspiel von Konstruktion, Rekonstruktion und Dekonstruktion dar. Für den Musikunterricht unterscheidet er zwei Fälle von Anstiftung: einerseits können Objekte, in diesem Falle Musik, zum Teil einer bedeutungsvollen Kommunikation werden, andererseits werden beim ‚Reden über Musik‘ die Konstruktionen und Rekonstruktionen der ‚Beobachter‘ – hier Lernende und Lehrende – dem Lernprozesse zugänglich gemacht. Lehrerkräfte werden aus der systemisch-konstruktivistischen Perspektive zu Moderatorinnen und Moderatoren, die Projekte anstiften und begleiten, zu organisieren und die Rahmenbedingungen zu gestalten. Durch eine geschickte methodische Gestaltung der Lernarrangements bleiben die Erfahrungen der Schülerinnen und Schüler nicht unverbindlich und beliebig, sondern sie werden durch klare Vorgaben und Fragestellungen in den Lern- und Erfahrungsprozess einbezogen. Eigen-verantwortliches Arbeiten der Schülerinnen und Schüler wird ermöglicht, die Resultate müssen aber in das Lernarrangement eingebunden werden.

Harnischmacher hat 2008 die Theorie der Subjektorientierten Musikerziehung vorgelegt. Er geht aus von einem Musikbegriff aus einer konstruktivistischen und musikpädagogischen Perspektive. Unter der konstruktivistischen Perspektive wird versucht, die Kluft zwischen dem konstruierten Objekt und dem konstruierenden Subjekt durch Unterscheiden und Benennen zu überbrücken. Die musikpädagogische Perspektive erfolgt aus der Bezugnahme auf bestimmte Themen (Kultur, Praxen, Emotionen) und deren Position im Kontext von Philosophien der Musikerziehung . Als Grundmodell musikalischer Wirklichkeit entwickelt er eine dreiseitige Pyramide, die aus dem Zusammenwirken von Material-, Subjekt- und Objektebene besteht. Darauf bezieht sich sein Modell musikpädagogischer Reflexion in drei Prinzipien:

- Die Reflexion musikalischer Wirklichkeit resultiert aus allen Reflexionsniveaus, sie bezieht Alltagserfahrungen und wissenschaftliche Reflexion musikpädagogischen Handelns mit ein.
- Die Reflexion musikalischer Wirklichkeit behält die Subjektseite im Blick: im Reflexionsprozess werden die musikalischen Perspektiven und Denkweisen der Schülerinnen und Schüler, soweit sie interpretativ von den Lehrkräften erschlossen werden können, mit einbezogen.
- Die Reflexion musikalischer Wirklichkeit ist prozessorientiert: Mit dem Begriff der musikalischen Wirklichkeit sind bestimmte Prozesse gemeint in Bezug auf die Perspektive (Material, Objekt, Subjekt) und ihrem Zusammenspiel. Dadurch ergibt sich für die Unterrichtenden die Herausforderung, „mit den unterrichtsbestimmenden Entwicklungen Schritt zu halten und sich den veränderten Ausgangslagen anzupassen" (Harnischmacher 2008, S. 208).

Als durchaus adäquaten Ansatz empfiehlt Schatt (2007) zur Orientierung im Unterricht von einem leitenden Gedanken auszugehen und diesem die Umgangsweise und Methode unterzuordnen. Diese dadurch entstehenden ‚Inseln' hängen nur dadurch zusammen, dass sie sich auf alle möglichen Arten und Umgangsweisen mit Musik beziehen.

Auch frühere musikdidaktische Konzepte leisten für die Unterrichtskonzeption nach wie vor wichtige Hilfestellungen und Leitlinien. Eine Auflistung früher entstandene Modelle kann entweder chronologisch geschehen und in einem Vergleich enden, in dem die Gemeinsamkeiten und Unterschiede anhand von zentralen Begriffen wie Erfahrung, Kultur, Verstehen dar-gestellt werden (vgl. Schatt 2007). Die Zusammenstellung von Jank (2005) dagegen orientiert sich an der Gegenüberstelllung von Orientierung am ‚Objekt' – an der ‚Sache' Musik, ihren Werken, Strukturen, ihrer Geschichte und der Orientierung am ‚Subjekt' – an den Individuen, die sich musikalisch betätigen und sich mit Musik ausdrücken. Jank zeigt hier einen Entwicklung auf von der Orientierung am Objekt hin zur Orientierung an den Bedürfnissen und musikalischen Praxen der Subjekte. Die Orientierung an einer Konzeption alleine wird noch nicht ausreichen für erfolgreichen Unterricht. Jank nennt musikdidaktische Theorie eine zwar not-wendige, aber nicht hinreichende Bedingung. Vor allem das Gelingen des Unterrichts in der Praxis wird als ein Kriterium genommen werden müssen (vgl. Jank 2005).

4.3   Schülerinnen und Schüler als Experten, Lehrkräfte als Moderatoren

Mit den veränderten gesellschaftlichen und kulturellen Rahmenbedingungen und den dadurch bedingten neuen Inhalten des Unterrichts geht auch eine sukzessive Veränderung des Rollenverständnisses von Lehrerinnen und Lehrern als Moderatorinnen und Moderatoren, als Initiatorinnen und Initiatoren und Begleiterinnen und Begleitern von Lernprozessen einher, wie in der allgemeinen Didaktik seit langem beschrieben (vgl. Klippert 1996; Meyer 2005). Lehrkräfte sind nicht mehr nur Expertinnen und Experten, die alles wissen und alles können, sondern reagieren flexibel auf unterschiedliche Lernsituationen und können diese angemessen gestalten. Hilbert Meyer (2005, S. 168) formuliert dies so: „Lehrer nehmen auf das Lernen nur einen indirekten, wenn auch wichtigen Einfluss, indem sie die Gestaltung der Unterrichtsstrukturen an den vermuteten Lernstrukturen orientieren." Dazu gehört neben der Vermittlung des traditionellen Wissenskanons, von Musiklehre bis zu Kenntnissen der Musikgeschichte, vom Musikhören bis zum Musikmachen auch die Begegnung mit neuen Musikstilen, mit Musik unterschiedlichster Kulturen und Spielarten. Keine Lehrkraft kann fundiertes wissenschaftliches Wissen über alle Musikkulturen besitzen, wie es Irmgard Merkt (1993) noch gefordert hat. Die Kulturen von Kontinenten wie Afrika über Länder wie Indien und China weisen eine lange und facettenreiche musikalische Tradition auf, die einem ständigen Wandel unterworfen ist und sich gerade in jüngster Zeit in Bezug auf aktuelle Strömungen ständig verändert. Fügt man dazu noch die unterschiedlichsten Stilarten und Stilrichtungen aktueller und vergangener populärer Musik, von Schlager über Jazz bis Rock und Hip-Hop, dann wird die Musikszene völlig unüberschaubar, geschweige denn in „gesichertes Wissen" transformierbar. Eine Kultur, die sich ständig verändert, die immer auf der Suche nach neuen Trends und Moden ist, lässt sich nur schwer in feste Wissensbestände sezieren. Verschiedene musikdidaktische Ansätze erweitern die Rolle von Lehrerinnen und Lehrern in Richtung Moderato-rinnen und Moderatoren von Lernprozessen, in deren Rahmen Schülerinnen und Schüler als Expertinnen und Experten miteinbezogen werden.

Jank (2005, S. 99) spricht hier von den „musikalischen Gebrauchspraxen der Jugendlichen als Ausgangspunkt für Unterricht", von einer „gemeinsamen Verständigung und Entscheidung über Ziele und Wege" und davon, durch „selbständiges Handeln Mitverantwortung für die Ergebnisse zu nehmen". Weitere Ansätze sprechen davon, das Expertenwissen der Schülerinnen und Schüler zu nutzen und es durch verschiedene Methoden für den Unterrichtsprozess nutzbar zu machen (vgl. Klippert 1996; Pfeiffer 2005; Hametner 2006). Hier werden Lehrkräfte zu Arrangeuren von Unterrichtssituationen, indem sie ihr Expertenwissen in der Methodik nutzen, um Lernarrangements zu schaffen, in denen die Schülerinnen und Schüler ihr Wissen über bestimmte Stilrichtungen und/oder musikalische Praxen weitergeben können. Durch den gezielten Einsatz von Unterrichtsmethoden wie ‚Fragen stellen', ‚Nachfragen' und

‚Begriffe klären' strukturieren und steuern sie den Prozess der Wissensgestaltung durch Schülerinnen und Schüler (vgl. Pfeiffer 2003).

Im Bereich der ästhetischen Bildung stehen die subjektiven Erfahrungen im Zentrum des Lernprozesses. Diese Erfahrungen können Lehrerinnen und Lehrer nicht selbst bewirken, sondern nur methodische Arrangements liefern, die „geeignet sein könnten, ästhetisch-musikalische Erfahrungen im Kontext von schulischem Unterricht zu ermöglichen, anzuregen und zu unterstützen" (Rolle 1999, S. 11). Rolle betont hier die Eigenaktivität der Schülerinnen und Schüler als Voraussetzung für individuelle Lernprozesse und Erfahrungen: „Räume zu schaffen, in denen Schülerinnen und Schülern Zeit gelassen wird, selbständig planend und urteilend zu handeln" (ebd., S. 152).

Dies bedeutet nicht, dass sich Lehrerinnen und Lehrer aus dem Unterrichtsgeschehen zurück-ziehen und die Initiative den Schülerinnen und Schülern überlassen; im Gegenteil: sie planen, initiieren und gestalten die Situationen und Arrangements so, dass die Schülerinnen und Schüler eigenständig Erfahrungen machen können und so ein individuelles Lernen ermöglicht wird.

5   Ausblick

Obwohl die Musik bei Jugendlichen die beliebteste Freizeitbeschäftigung ist, rangiert sie als Schulfach eher am Ende der Beliebtheitsskala (vgl. Pfeiffer 1994). Der Musikpädagogik ist es bis heute nicht gelungen, den Wert der ästhetischen Bildung überzeugend darzustellen und ein Bewusstsein für bzw. die Einsicht in die Notwendigkeit musikpädagogischer Bildungsprozesse zu schaffen. Die Stellung der ästhetischen Fächer in der Schule ist immer wieder umstritten. Im Zuge einer Orientierung an den Naturwissenschaften oder an einem ‚Fitmachen' für die Industrie geraten Kunst und Musik leicht ins Hintertreffen. Sie werden zugunsten ‚bedeutender Fächer' aus der Stundetafel verbannt oder zu einem Bereich ‚ästhetische Fächer' zusammengelegt. Von Seiten der musikpädagogischen und musikpsychologischen Forschung bemüht man sich, den Wert musischer Tätigkeit nach zu weisen und die Auswirkungen empirisch zu belegen. Die Transfereffekte musikalischer Tätigkeit sind jedoch sehr umstritten und äußerst schwer nach zu weisen (vgl. Jäncke 2008). Ob sich aktives Musikmachen wirklich auf die kognitiven Leistungen bzw. Kompetenzen auswirkt ist höchst umstritten, die Forschung dazu brachte bislang nur wenig und dann sehr widersprüchliche Ergebnisse (vgl. Schumacher 2006, 2009; Jäncke 2008).

Im Gegensatz zu den empirischen Nachweisen betonen viele Autorinnen und Autoren den Eigenwert musikalisch-künstlerischer Tätigkeit. Er liegt in sich selbst, da er einen Zugang zur Welt der Ideen und Gefühle darstellt, die anders nicht kommunizierbar sind (vgl. Schumacher 2006). Bastian spricht von Musik als Freiraum und Experimentierfeld für (musik-)ästhetische und (musik-)soziale Phantasie (vgl. Bastian 2001). Jäncke (2008) betont den Wert von Musik als Fundament unserer kulturellen Errungenschaften, die Musik in ihrer historischen Entwicklung gehört unabdingbar zur Kultur in der heutigen Gesellschaft. Die Begründungen für den Wert musikalischer Tätigkeit muss aus der Sache selbst gefunden werden: Die Beschäftigung mit Musik ermöglicht einen einzigartigen Zugang zur Welt, der mit keiner anderen Tätigkeit vergleichbar ist. Insofern bleibt die Welt der Musik ein Geheimnis, das es Wert ist, erschlossen zu werden.

Der Zugang zu dieser Welt, die Unterstützung und Hinführung von Jugendlichen zur Musik, ihre Erschließung, muss in der Kombination von Handeln und Reflektieren erfolgen. Ein ausschließlicher Schwerpunkt auf einer der beiden Vermittlungsmöglichkeiten hat sich in der Vergangenheit nicht bewährt: ein Übergewicht im kognitiven Zugang führte in den 1970er Jahren zur völligen Abkehr von Musikunterricht, ein ausschließliches Handeln wird als ein reiner „musikalischer Aktivismus" beschrieben. Neue Inhalte bzw. Themengebiete eröffnen neue Chancen, das Fach aus seiner Randfunktion zu holen: der Einbezug der Lebens- und Alltagswelt von Jugendlichen, die Auseinandersetzung mit den Medien und das Internet mit seinen vielfältigen Möglichkeiten. An vorderster Stelle sind die Angebote des Wahlunterrichts, die Musik-Arbeitsgruppen am Nachmittag. Die aktive musikalische Tätigkeit in Orchester, Bigband, diversen Chören, Schulband, im Musicalensemble eröffnen Chancen, den Schülerinnen und Schülern musikalische Erfahrung zu ermöglichen, die für sie eine große persönliche Bedeutung erreichen können. Konzerte und Aufführungen schaffen den Rahmen für Erfahrungen, die wesentlich zur Entwicklung der Persönlichkeit beitragen können. Hier vermischen sich Freizeitbereich und Schule, hier gehen die Interessen der Jugendlichen und die musikdidaktischen Ziele eine oft gelungene Symbiose ein.

Literatur

Adorno, T (1954). Thesen gegen die „musikpädagogische Musik". *Junge Musik*, (4), 111ff.

Adorno, T. (1956). *Dissonanzen: Musik in der verwalteten Welt*. Göttingen: Vandenhoeck & Rupprecht.

Alt, M. (1968). *Didaktik der Musik. Orientierung am Kunstwerk*. Düsseldorf: Schwann.

Antholz, H. (1970). *Unterricht in Musik*. Düsseldorf: Schwann.

Baacke, D. (1998). Neue Ströme der Weltwahrnehmung und kulturelle Ordnung. In D. Baacke (Hrsg.), *Handbuch Jugend und Musik* (S. 29–57). Opladen: Leske & Budrich.

Bähr, J., Gies, S., Jank, W., & Nimczik, O. (2003). Kompetenz vermitteln – Kultur erschließen. *Diskussion Musikpädagogik, 19*, 26–39.

Barth, D. (2006). Eins von und drei zurück; von der Schwierigkeit zu teilen. In H. J. Kaiser, D. Barth, F. Heß, H. Jünger, C. Rolle, J. Vogt, & C. Wallbaum (Hrsg.), *Bildungs-offensive Musikunterricht* (S. 31–36). Regensburg: Con Brio.

Barthelmes, J., & Sandner, E. (2001). *Erst die Freunde, dann die Medien. Medien als Begleiter in Pubertät und Adoleszenz.*. München: DJI.

Bastian, H. G. (1989). *Leben für die Musik – Eine Biographie-Studie über musikalische Hochbegabungen*. Mainz: Schott.

Bastian, H. G. (1999). Videoclips und VIVA – Musikmediale Überrumpelung oder Amüsement und Quelle von Phantasie? *Musik und Bildung, 1*, 16–19.

Bastian, H. G. (2000). *Musik(erziehung) und ihre Wirkung. Eine Langzeitstudie an Berliner Grundschulen.* Schott: Mainz.

Bastian, H. G. (2001). *Kinder optimal fördern – mit Musik.* Mainz: Schott.

Behne, K.-E. (Hrsg.). (1987a). *film – musik – video (oder Die Konkurrenz von Auge und Ohr).* Regensburg: Bosse.

Behne, K.-E. (1987b). Zur Rezeptionspsychologie kommerzieller Video-Clips. In K.-E. Behne (Hrsg.), *film – musik – video (oder Die Konkurrenz von Auge und Ohr)* (S. 113–126). Bosse: Regensburg.

Brandstätter, U. (2008). *Grundfragen der Ästhetik; Bild – Musik- Sprache – Körper.* Köln: Böhlau.

Brinkmann, R., Kosuch, M., & Stroh, W. M. (2010). *Methodenkatalog der Szenischen Interpretation von Musik und Theater.* Handorf: Lugert.

Ehrenforth, K. H. (1971). *Verstehen und Auslegen. Die hermeneutischen Grundlagen einer Lehre von der didaktischen Interpretation der Musik.* Frankfurt: Diesterweg.

Ehrenforth, K. H. (1986). Zur Neugewichtung der historischen und anthropologischen Perspektiven der Musikerziehung. In H. C. Schmidt (Hrsg.), *Handbuch der Musikpädagogik. Geschichte der Musikpädagogik* (Bd. 1, S. 267–296). Kassel: Bärenreiter.

Ehrenforth, K. H. (2005). *Geschichte der musikalischen Bildung.* Mainz: Schott.

Erwe, H.-J. (1995). Musizieren im Unterricht. In S. Helms, R. Schneider, & R. Weber (Hrsg.), *Kompendium der Musikpädagogik* (S. 241–261). Kassel: Bosse.

Ferchhoff, W. (1998). Musik- und Jugendkulturen in den 50er und 60er Jahren. In D. Baacke (Hrsg.), *Handbuch Jugend und Musik* (S. 217–252). Opladen: Leske & Budrich.

Fromm, M. (2010). Web 2.0 im Musikunterricht. In G. Maas & J. Terhag (Hrsg.), *Musikunterricht heute. Zwischen Rockklassikern und Eintagsfliegen – 50 Jahre Populäre Musik in der Schule* (Bd. 8, S. 121–133). Marschacht: Lugert.

Gauger, J.-D. (Hrsg.). (2004). *Bildungsoffensive durch Neuorientierung des Musikunterrichts. Initiative „Bildung durch Persönlichkeit".* Herausgegeben im Auftrag der Konrad-Adenauer-Stiftung e.V. Sankt-Augustin.

Gerhardt, B. (2009). Populäre Musik im Unterricht? Ein Plädoyer für einen übergreifenden Ansatz. In J.-A. Sohns & R. Utikal (Hrsg.), *Popkultur trifft Schule* (S. 163–177). Weinheim: Beltz.

Grube, T, & Sanchez Lansch, E. (2005). Rhythm is it. DVD.

Gruhn, W. (2003). *Geschichte der Musikerziehung.* Hofheim: Wolke.

Günther, U. (1986). Musikerziehung im Dritten Reich. In H. C. Schmidt (Hrsg.), *Handbuch der Musikpädagogik. Geschichte der Musikpädagogik* (Bd. 1, S. 85–173). Kassel: Bärenreiter.

Günther, U., Ott, T., & Ritzel, F. (1982). *Musikunterricht 1–6.* Weinheim: Beltz.

Günther, U., Ott, T., & Ritzel, F. (1983). *Musikunterricht 5–11.* Weinheim: Beltz.

Hamann, T. K. (2005). Die Zukunft der Klassik. *Das Orchester. o.Jg,* (9), 10–19.

Hametner, S. (2006). *Musik als Anstiftung – Theorie und Praxis einer systemisch-konstruktivistischen Musikpädagogik: Erkenntnistheoretische Grundlagen, didaktische Prinzipien, Interventionsformen* (Bd. 1). Heidelberg: Auer.

Hansen, H. (1937). *Die Presse des NS-Lehrerbundes.* Frankfurt/Main: Diesterweg.

Harnischmacher, C. (2008). *Subjektorientierte Musikerziehung – Eine Theorie des Lernens und Lehrens von Musik.* Augsburg: Wißner.

Helms, S., Schneider, R., & Weber, R. (Hrsg.). (1994). *Neues Lexikon der Musikpädagogik, Sachteil.* Kassel: Bosse.

Hess, F. (2005). „Klassik" und Musikgeschichte im Unterricht. In W. Jank (Hrsg.), *Musik-Didaktik* (S. 201–208). Berlin: Cornelsen.

Jäncke, L. (2008). *Macht Musik schlau? Neue Erkenntnisse aus den Neurowissenschaften und der kognitiven Psychologie.* Bern: Huber.

Jank, W. (Hrsg.). (2005). *Musik-Didaktik*. Berlin: Cornelsen.

Jank, W., & Schmidt-Oberländer, G. (Hrsg.). (2010). *Music step by step – Aufbauender Musikunterricht in der Sekundarstufe I*. Rum-Innsbruck: Helbling.

Kaiser, H. J. (1995). Die Bedeutung von Musik und musikalischer Bildung. *Musikforum, 83*, 17–26.

Kaiser, H. J. (2001). Kompetent, aber wann? Über die Bestimmung von „musikalischer Kompetenz" in Prozessen ihres Erwerbs. *Musik und Bildung*, (301), 5–10.

Kalies, C., Lehmann, A. C., & Kopiez, R. (2008). Musikleben und Live-Musik. In H. Bruhn, R. Kopiez, & A. C. Lehmann (Hrsg.), *Musikpsychologie. Das neue Handbuch* (S. 293–315). Reinbeck: Rowohlt.

Kleinen, G. (2008). Musikalische Sozialisation. In H. Bruhn, R. Kopiez, & A. C. Lehmann (Hrsg.), *Musikpsychologie. Das neue Handbuch* (S. 37–66). Reinbeck: Rowohlt.

Klieme, E., Avenarius, H., Blum, W., Döbrich, P., Gruber, H., & Prenzel, M. et al. (Hrsg.), (2003). *Zur Entwicklung nationaler Bildungsstandards: Eine Expertise. Bildungsforschung* (Bd. 1). Berlin: BMBF.

Klippert, H. (1996). *Kommunikationstraining – Übungsbausteine für den Unterricht II*. Wein-heim: Beltz.

Knigge, J. (2011). *Modellbasierte Aufgabenstellung zur Validierung von Kompetenztests*. Münster: LIT.

Kolb, A. (2011). Jeki in den Alltag der Kinder integrieren. *Neue Musikzeitung, 7–8*, 13.

Kommer, S. (1998). Musik in der Jugendbewegung. In D. Baacke (Hrsg.), *Handbuch Jugend und Musik* (S. 195–216). Opladen: Leske & Budrich.

Kraemer, R.-D. (2004). *Musikpädagogik – eine Einführung in das Studium*. Augsburg: Wißner.

Maas, G., & Schudack, A. (2008). *Der Musikfilm – Ein Handbuch für die pädagogische Praxis*. Mainz: Schott.

Merkt, I. (1993). *Interkulturelle Musikerziehung*. In: *Musik und Unterricht, 22*, 4–7.

Meyer, H. (2005). *Was ist guter Unterricht?* Berlin: Cornelsen.

Ministerium für Kultus, Jugend und Sport des Landes Baden-Württemberg (2004). Bildungsplan 2004. Allgemeinbildendes Gymnasium. Bildungsstandards Musik. http://www.bildung-staerkt-menschen.de/service/downloads/Bildungsstandards/Gym/Gym_Mu_bs.pdf. Zugegriffen: 24. Dezember 2010.

Münch, T. (2005). Medien im Musikunterricht. In W. Jank (Hrsg.), *Musik-Didaktik* (S. 216–222). Berlin: Cornelsen.

Münch, T. (2007). Jugendliche und ihre Musikszenen. *Musik und Bildung, 2*, 6–9.

Pabst-Krueger, M. (2006). *Musikstunde –ONLINE: Musikpädagogische Fortbildungim Virtuellen Klassenzimmer*. Hildesheim, Zürich, New York: Olms.

Pfeiffer, W. (1994). *Musiklehrer – Biographie, Alltag und berufliche Zufriedenheit von Musiklehrern an bayerischen Gymnasien. Eine theoretische und empirische Analyse*. Essen: Die blaue Eule.

Pfeiffer, W. (2003). *Rockmusik kreativ – Neue Methoden im Umgang mit populärer Musik für die Sekundarstufe*. Donauwörth: Auer.

Pfeiffer, W. (2005). Musikalische Lebenswelt – Faszination und Herausforderung. *Diskussion Musikpädagogik, 25*, 31–34.

Prill, D., & Hellberg, A. (2009). Logg dich ein ins MusiVZ. *Musik und Bildung, 3*, 38–41.

Rauhe, H., Reinecke, H. P., & Riebke, W. (1975). *Hören und Verstehen. Theorie und Praxis handlungsorientierten Musikunterrichts*. München: Kösel.

Reich, K. (2000). *Systemisch-konstruktive Pädagogik. Einführung in Grundlagen einer inter-aktionistisch-konstruktivistischen Pädagogik*. Neuwied: Luchterhand.

Robinsohn, S. (1967). *Bildungsreform als Revision des Curriculums*. Neuwied: Luchterhand.

Rolle, C. (1999). *Musikalisch-ästhetische Bildung. Über die Bedeutung ästhetischer Erfahrung für musikalische Bildungsprozesse*. Kassel: Bosse.

Rolle, C. (2005). Jazz, Rock, Pop, Hip-Hop, Techno usw. – Populäre Musik im Unterricht. In W. Jank (Hrsg.), *Musik-Didaktik*. Berlin: Cornelsen.

Rösing, H., & Bruhn, H. (Hrsg.). (1988). *Musikwissenschaft. Ein Grundkurs* (S. 9–20). Reinbeck: Rowohlt.

Schatt, P. W. (2007). *Einführung in die Musikpädagogik*. Darmstadt: Wissenschaftliche Buchgesellschaft.Wissenschaftliche Buchgesellschaft.

Schläbitz, N. (1998). Mit System ins Durcheinander. In M. von Schönebeck (Hrsg.), *Entwicklung und Sozialisation aus musikpädagogischer Perspektive* (S. 159–186). Essen: Die blaue Eule.

Schramm, H., & Kopiez, R. (2008). Die alltägliche Nutzung von Musik. In H. Bruhn, R. Kopiez, & A. C. Lehmann (Hrsg.), *Musikpsychologie. Das neue Handbuch* (S. 253–265). Reinbeck: Rowohlt.

Schumacher, R. (2006). *Macht Mozart schlau? Die Förderung kognitiver Kompetenzen durch Musik*. Bonn: BMBF.

Schumacher, R. (2009). *Pauken mit Trompeten – Lassen sich Lernstrategien, Lernmotivation und soziale Kompetenzen durch Musikunterricht fördern?*. Bonn: BMBF.

Schütz, V. (1982). *Rockmusik – eine Herausforderung für Schüler und Lehrer*. Oldenburg: Isensee.

Schütz, V. (1995). Didaktik der Pop/Rockmusik. Begründungsaspekte. In S. Helms, R. Schneider, & R. Weber (Hrsg.) *Kompendium der Musikpädagogik* (S. 262–280). Kassel: Bosse.

Spanhel, D. (2006). *Handbuch Medienpädagogik. Medienerziehung* (Bd. 3). Stuttgart: Klett-Cotta.

Stroh, W. M. (1999). „Ich verstehe das, was ich will" – Handlungstheorien angesichts des musikpädagogischen Paradigmenwechsels. *Musik und Bildung, 3*, 8–15.

Stroh, W. M. (2005). Musik der einen Welt im Unterricht. In W. Jank (Hrsg.), *Musik-Didaktik* (S. 185–192). Berlin: Cornelsen.

Stubenvoll, M. (2008). *Musiklernen am Computer. Zur Qualität von Musik-Lernsoftware und ihrer empirischen Überprüfung*. Essen: Die blaue Eule.

Stumme, W. (1936). Musikalische Schulung der Hitlerjugend. *Musik und Volk, 3*(4), 166.

Suppan, W. (1984). *Der musizierende Mensch*. Mainz: Schott.

Terhag, J. (1998). Die Vernunftehe. Vierzig Jahre Populäre Musik und Pädagogik. In D. Baacke (Hrsg.), *Handbuch Jugend und Musik* (S. 439–456). Opladen: Leske & Budrich.

Vogt, S. (2004). „Ich höre immer viel Musik, die ich auch wirklich hören kann. Und nicht nur die, die ich viel hören kann." Eine empirische Studie über Formen der musikalischen Selbstsozialisation. *Diskussion Musikpädagogik, 23*, 3–10.

Vollbrecht, R. (1992). Kinder und Jugendliche in Familie, Schule, Jugendkulturen und Konsumwelten. Die Realschule. *Zeitschrift für Schulpädagogik und Bildungspolitik, 92*(3), 20–24.

Weinert, F. E. (2001). Vergleichende Leistungsmessung in Schulen – eine umstrittene Selbstverständlichkeit. In F. E. Weinert (Hrsg.), *Leistungsmessungen in Schulen* (S. 17–31). Weinheim und Basel: Beltz.

Wiechell, D. (1975). *Didaktik und Methodik der Popmusik*. Frankfurt: Diesterweg.

Teil IV

Empirische Perspektiven

Familiale musikalische Sozialisation

6

Winfried Pape

Zusammenfassung

Der Beitrag hat das Ziel, einen Einblick in den bisher wenig erforschten Bereich der familialen musikalischen Sozialisation zu geben. Im Mittelpunkt steht dabei die Frage nach Implikationen musikalischer Sozialisation. Neben der Problematik begrifflicher Einordnungen und Klärung werden Fragen der Theoriebildung diskutiert, die sich in weiten Teilen noch in einem Anfangsstadium befindet. Zunächst erfolgt eine Darstellung statistischer Daten und empirischer Befunde zur Sozialisationsinstanz Familie und anschließend zu musikbezogenen Freizeitbeschäftigungen von Kindern und Jugendlichen. Nach der Skizzierung familialer musikalischer Beziehungsebenen werden mögliche musikbezogene Vorgänge benannt, die als Orientierungshilfen musikalischer Sozialisation dienen können. Hierunter fallen: Eine grundsätzliche Aufgeschlossenheit gegenüber Musik, Sprechen über Musik, gemeinsames Musizieren, gemeinsames Erleben von Musik. Im Weiteren wird die Forschungsproblematik von Untersuchungen zur Entwicklung musikalischer Fähig- und Fertigkeiten von Kindern und Jugendlichen dargelegt. Hier zeigt sich, dass insbesondere die Musikpsychologie die Untersuchung elementarer musikalischer Wahrnehmungs- sowie Reproduktions- und Produktionsleistungen fokussiert, wobei deutlich wird, dass eine Reihe von sozialisationsrelevanten Aspekten (z. B. sozialisatorischer Kontext, schichtabhängige Implikationen und Musikgenres wie etwa Jazz oder populäre Musik) bisher mehr oder weniger unberücksichtigt blieben. Es folgt eine Thematisierung von familialen Einflussfaktoren, die für das Erlernen und Spielen eines Instruments verantwortlich sein können. Anschließend werden Teilergebnisse empirischer Studien debattiert, die explizit Fragestellungen familialer musikalischer Sozialisation zum Inhalt haben.

W. Pape (✉)
Universität Gießen, 93, Im Grüntal, 52066 Aachen, Deutschland
e-mail: pape_w@gmx.de

R. Heyer et al. (Hrsg.), *Handbuch Jugend – Musik – Sozialisation*,
DOI: 10.1007/978-3-531-18912-3_6, © Springer Fachmedien Wiesbaden 2013

Der Beitrag schließt mit einer Zusammenfassung theoretischer Positionen, empirischer Befunde und methodischer Problemstellungen der in dem Beitrag behandelten Literatur zur familialen musikalischen Sozialisation.

Schlüsselwörter

Musikalische Sozialisation • familiale musikalische Sozialisation • Musiksozialisation • Familie • Musik   und   Familie • musikalische   Fähigkeiten • musikbezogene Freizeitbeschäftigungen • Musik im Kindesalter

1   Vorbemerkungen zur Begriffs- und Theoriebildung

Die Frage, welche Implikationen mit dem Begriff musikalische Sozialisation verbunden sind, erfordert Diskussionen über die theoretische Grundlegung. Zu erörtern ist ein Begriff von musikalischer Sozialisation, der sowohl stärker „person- und subjektorientierten" als auch den mehr „interaktions- und gesellschaftszentrierten Strömungen" (Hurrelmann et al. 2008, S. 24) Rechnung trägt oder zumindest solche Sichtweisen nicht ausschließt. Bisher hatten nicht selten Aussagen zur musikalischen Sozialisation einen lediglich verallgemeinernden Charakter, d. h. begrifflichen Erklärungsversuchen fehlten eine genauere Bestimmung und Eingrenzung des Gegenstandsbereichs bzw. des Forschungsfelds. Hinzu kamen Beiträge, die zwar unter dem Terminus musikalische Sozialisation firmierten, aber kaum etwas zur Begrifflichkeit beitrugen.

Über die Problematik der begrifflichen Einordnung und Klärung hinaus sind weiterhin Fragen der Theoriebildung zu diskutieren, die bislang nur in Teilen über ein Anfangsstadium hinausgekommen sind. Damit ist die Aufgabe gestellt, darüber nachzudenken, wie ein wissenschaftliches Aussagesystem beschaffen sein muss, das den Gegenstandsbereich musikalische Sozialisation so umfassend wie möglich bestimmt. Mit dieser die Anforderungen an das Aussagesystem betreffenden Thematik ist ein Verständnis von Persönlichkeit angesprochen, das einerseits die aktive individuelle Auseinandersetzung mit musikalischen Umweltbedingungen betont, einen relativ dauerhaften, jedoch nicht unabänderbaren Erwerb bestimmter musikalischer Wahrnehmungs-, Handlungs- und Bewertungsweisen zu Grunde legt und so den individualisierenden Charakter musikalischer Sozialisation hervorhebt. Andererseits sind die Wirkungen gesellschaftlicher Bedingtheiten, d. h. von spezifischen Merkmalen sozialer und musikalischer Umweltbedingungen zu berücksichtigen, was auf die Interdependenz individualisierender und vergesellschaftender Bestimmungsgrößen verweist.

Die bisherige noch unbefriedigende Zwischenbilanz im Hinblick auf die theoretischen Grundlagen musikalischer Sozialisation wird auch nach außen hin evident durch den schmalen Umfang an Fachliteratur, die sich schwerpunktmäßig mit musikalischer Sozialisation auseinandersetzt. Dabei mag vielleicht trösten, dass eine umfassende Theoriebildung bis dato auch in der allgemeinen Sozialisationsforschung noch zu keinem Abschluss gekommen ist (vgl. Geulen 2010, S. 98). Im Übrigen ist als Anmerkung hinzuzufügen, dass bisher die allgemeine Sozialisationsforschung beinahe kontinuierlich musikalische Sozialisationsprozesse nicht einmal eines Stichworts für Wert hielt.

Während die seit den 1980er Jahren entstandenen Publikationen, die Probleme der musikalischen Sozialisation aufgreifen, meistens durch die Reflexion neuerer sozialisationstheoretischer Ansätze bestimmt sind (vgl. u. a. Nauck-Börner 1981; Kleinen 1981, 1997; Rösing 1995; Pape 1996, 1997), können angenommene lineare Wirkungsbeziehungen in Sozialisationsvorgängen als durchgehende Charakteristika früherer Veröffentlichungen zur musikalischen Sozialisation angesehen werden. Das unterliegt wissenschaftsgeschichtlicher Bedingtheit, d. h. es handelt sich hier um eine Widerspiegelung damaliger sozialisationstheoretischer Sichtweisen (z. B. der strukturell-funktionalen Theorie, nach der Sozialisation vornehmlich als Prozess der Vergesellschaftung eines Individuums verstanden wurde). Weitere Kennzeichen älterer Aussagen zur musikalischen Sozialisation sind generalisierende Betrachtungsweisen sowie eine Mischung theoretischer Ansätze, was ebenfalls mit früheren Hypothesen über Sozialisation korrespondiert.

Unter Beachtung relevanter Aspekte gegenwärtiger Diskussionen in der allgemeinen Sozialisationsforschung lässt sich musikalische Sozialisation wie folgt eingrenzen: Als Segment des allgemeinen, gleichzeitig auf Individuation und Vergesellschaftung gerichteten und nicht nur auf Kindheit und Jugend beschränkten Entwicklungsprozesses vollzieht sich musikalische Sozialisation im Rahmen eines jeweils historisch-gesellschaftlich bedingten und vermittelten musikalischen Kontextes. Dieser kann individuell adaptiert und gleichzeitig verändert werden oder wird durch soziale Umwelteinflüsse modifiziert. Damit ist von der Vorstellung auszugehen, dass Individuum, Musik, Kultur und Gesellschaft (ökonomische und soziale Grundstrukturen einer Gesellschaft) in einem dynamischen Interdependenzverhältnis stehen, dessen zentrale Bestimmungsgrößen Wahrnehmung, Handlungsweisen, Vermittlung, Beeinflussung, Bewertung, Entwicklung/Selbstfindung (Individuierung) und Umgestaltung sind (s. dazu auch die Schemata zur musikalischen Sozialisation bei Dollase et al. 1986; Pape 1996, 2002).

Mit Ausnahme von Veröffentlichungen, die explizit Gegenstandsbereiche des Forschungsfelds musikalische Sozialisation behandeln, sind Einzelstudien der Bezugsdisziplinen Musikpsychologie, Musikpädagogik und Musiksoziologie, die sich u. a. mit musikalischen Entwicklungsverläufen, musikalischem Erleben, musikalischen Erfahrungen, musikalischen Fähigkeiten, musikalischen Verhaltensweisen (Einstellungen, Präferenzen etc.), musikalischem Handeln oder Musik betreffenden Themen von Organisationen und Institutionen befassen, noch keine genuinen Beiträge zur musikalischen Sozialisation. Soweit sie allerdings für bestimmte Bereiche relevante Einzelergebnisse enthalten, sind solche Resultate als erkenntnisfördernde Teilstücke in Diskurse über musikalische Sozialisation einzubeziehen.

2   Familie als primäre Sozialisationsinstanz

Familie ist als ein soziales System zu verstehen, das sich von anderen sozialen Systemen abgrenzt und durch ein wechselseitiges Beziehungsgefüge von Familienangehörigen sowie durch familieneigene Interaktions- und Kommunikationsprozesse charakterisiert ist. Familie bzw. Eltern geben dem Kind/den Kindern Sicherheit in Pflege, Ernährung und emotionalem Wohlbefinden, bemühen sich um Schaffung, Gestaltung und Qualität interaktioneller familialer Beziehungen und sind (zunächst allein) verantwortlich für Erziehung und Bildung (vgl. Schneewind 2008, S. 257f.). Modifikationen im Beziehungssystem Familie können nicht nur familienimmanente Gründe haben, sondern auch durch externe Einflüsse und soziale Veränderungen bedingt sein.

Äußerlich ist Familie gekennzeichnet durch ihre Form und Größe. Zu unterscheiden sind: Traditionelle Familienform mit verheirateten Eltern und Kind/Kindern, nichteheliche Lebensgemeinschaft mit Kind/Kindern, alleinerziehender Elternteil mit Kind/Kindern (auch Ein-Eltern-Familie genannt). Ergänzt werden diese familialen Hauptformen durch weitere Familienformen und -varianten (z. B. Drei-Generationen-Familie, Stieffamilie, gleichgeschlechtliche Partnerschaften mit angenommenen Kindern; (eine detaillierte Darstellung des sozialen Wandels von Familienformen s. bei Peuckert 2008).

Familiale Lebensformen werden bestimmt durch Sozialisation und Erziehung. Dabei haben Eltern bzw. ein alleinerziehender Elternteil in Prozessen der kindlichen und jugendlichen Entwicklung zentrale Rollen und Aufgaben als Interaktions- und Erziehungspartner. Weitere Beziehungssysteme können sich auf der Ebene Kin/ Geschwisterkinder bilden. Je nach Gegebenheit sind außerdem Beziehungsebenen zwischen Kind/Geschwisterkindern/Großeltern sowie Kind/Geschwisterkindern/familiennahen Personen (Verwandten, Freundeskreis) möglich.

Über die Familie als dominierendem Sozialisationskontext hinaus ist auf die wachsende Bedeutung von familienunterstützenden Einrichtungen und Institutionen hinzuweisen, die für nachgeordnete, außerfamiliale und ergänzende Sozialisationsvorgänge Betreuungs-, Erziehungs- und Bildungsangebote für Kinder und Jugendliche machen (Kindertagesstätte, Kindergarten, Tagesmütterbetreuung, Erziehungshilfe etc.).

3   Familie im Blickpunkt von Statistik und aktuellen Kinder- und Jugendstudien

Laut Statistischem Jahrbuch 2010 für die Bundesrepublik Deutschland bestanden 2009 insgesamt 11.913.000 Familien oder familienverwandte bzw. familienähnliche Formen, die sich nach Häufigkeit aufteilen in Ehepaare mit Kindern (8.471.000, 71,1 %), Alleinerziehende mit Kindern (2.635.000, 22,1 %) und nichteheliche Lebensgemeinschaften mit Kindern (808.000, 6,8 %). Eine Aufschlüsselung nach Familiengröße ergibt (Statistisches Bundesamt 2010, S. 47):

- Ehepaare mit einem Kind (45,1 %), zwei Kindern (40,8 %), drei Kindern (11,1 %), vier und mehr Kindern (3,0 %),
- Alleinerziehende mit einem Kind (69,0 %), zwei Kindern (24,4 %), drei Kindern (5,7 %), vier und mehr Kindern (1,5 %),
- Lebensgemeinschaften mit einem Kind (66,8 %), zwei Kindern (26,0 %), drei Kindern (5,3 %), vier Kindern und mehr (1,3 %).

Bei der Entwicklung der drei im Jahrbuch 2010 genannten Familienformen ist in einem Zeitraum von 1996 bis 2009 ein Rückgang von 18,7 % für die Kategorie Ehepaare, ein deutlicher Anstieg in der Rubrik nichteheliche Lebensgemeinschaften (um 37,1 %) und eine geringere Erhöhung (um 15,1 %) in der Kategorie Alleinerziehende festzustellen (ebd., S. 28). Die sog. klassische Kernfamilie behält zwar weiterhin ihre führende Position, büßt jedoch an Terrain ein (nach einer Pressemitteilung des Statistisches Bundesamt vom 12.08.2011 hat sich der Anteil außerehelicher Geburten in den letzten zwanzig Jahren mehr als verdoppelt).

Nach der 2. World Vision Kinderstudie 'Kinder in Deutschland 2010' mit einer Befragungsbasis von 2500 Kindern der Altersgruppe 6–11 Jahre lebten 2009 37 % der Befragten in einer „Zwei-Kind-Kernfamilie", 22 % in einer „Drei(u. m.)-Kind-Kernfamilie", 13 % in einer „Ein Kind-Kernfamilie", 5 % bei leiblichen Eltern „in nicht ehelicher Lebensgemeinschaft", 5 % in einer „Stieffamilie" (außerhalb des wissenschaftlichen Sprachgebrauchs auch als ‚Patchworkfamilie' bezeichnet) und 2 % in einer „Drei-Generationen-Familie" (World Vision Deutschland e.V. 2010, S. 63). Bei der noch führenden Position der klassischen Kernfamilie ergibt sich eine weitgehende Übereinstimmung mit dem entsprechenden Resultat des Statistischen Jahrbuchs 2010 (vgl. Statistisches Bundesamt 2010).

Kinder mit Migrationshintergrund (Anteil an der Stichprobe: 26 %; ausländische Kinder 10 %, deutsche Kinder mit zugewanderten Eltern 16 %) leben überwiegend in einer Zwei-Kind- (34 %), Drei (u. mehr)-Kind- (27 %) und Ein-Kind-Familie (15 %). Bei der Form Alleinerziehende beträgt die Anteiligkeit 16 %. 4 % der Kinder mit Migrationshintergrund leben in nichtehelichen Lebensgemeinschaften und 3 % in Stieffamilien. Mit Ausnahme des deutlichen Unterschieds, dass mehr Kinder mit Migrationshintergrund in Familien mit drei und mehr Kindern aufwachsen (27 % gegenüber 20 % der Kinder aus einheimischen deutschen Familien), ergeben sich in Bezug auf Familienform und -größe sonst nur noch wenige Differenzen zwischen deutschen und ausländischen Familien. Das gilt allerdings nicht für die zu Hause gesprochene Sprache: Für ein Drittel der befragten Kinder mit Migrationshintergrund ist die Muttersprache der Eltern die vorherrschende Umgangssprache.

Zur Erwerbstätigkeit der Eltern ermittelte die Studie u. a. folgende Aufschlüsselung (World Vision Deutschland e.V. 2010, S. 66): „Ein Elternteil erwerbstätig" (40 %), „Ein Elternteil Vollzeit, ein Elternteil Teilzeit, beide Eltern Teilzeit" (30 %), „Beide Eltern Vollzeit" (10 %), „Alleinerziehend/Voll- oder Teilzeit" (11 %), „Eltern/Elternteil arbeitslos" (5 %), „Sonstiges" (4 %). Die Ergebnisse demonstrieren, dass die Abkehr von der

Funktion des Vaters als Alleinverdiener sich fortsetzt und die traditionelle Familienform mit dem Vater als Verdiener und der Mutter als Hausfrau und Kinderbetreuerin inzwischen eine Minderheit darstellt.

Familien unterliegen unterschiedlichen ökonomischen Rahmenbedingungen und werden geprägt durch unterschiedliche soziale Milieus. Die Kinder der 2. World Vision Studie (2010) zählen mit 9 % zur Unterschicht, mit 18 % zur unteren Mittelschicht, mit 29 % zur Mittelschicht, mit gleichfalls 29 % zur oberen Mittelschicht und mit 15 % zur Oberschicht. Diese Gruppierung beruht auf der Basis von Bildungspositionen der Eltern sowie einer Einschätzung der finanziellen Mittel, die Familien zur Verfügung stehen. Insgesamt benennen 9 % aller befragten Kinder eigene Erfahrungen, die sie mit Armut im Familienalltag gemacht haben. Seit Bestehen der Bundesrepublik Deutschland bedeutet das den höchsten Anteil von Kindern, die in relativer Armut leben (ebd., S. 353). Dabei bestehen Korrelationen zwischen Erfahrungen mit Armut und Schichtzugehörigkeit sowie zwischen Schichtzugehörigkeit und Migrationshintergrund. Die Studie spricht in diesem Kontext zu Recht von einer „sozial gespaltenen « Vier-Fünftel-Gesellschaft »" (ebd., S. 349ff.).

Zur Recherche der ethnischen Herkunft im Zusammenhang mit der Schichtzugehörigkeit ist zu registrieren, dass 48 % bzw. 35 % der Kinder mit Migrationshintergrund zur Unterschicht bzw. unteren Mittelschicht gehören.

Eine Gegenüberstellung von Familienformen und Schichtzugehörigkeit lässt erkennen, dass die Kernfamilie mit Eltern/zwei Kindern ihre stärkste Ausprägung in der Mittelschicht, oberen Mittelschicht und Oberschicht hat, während bei Alleinerziehenden die Unterschicht und untere Mittelschicht überwiegen. Mit Ausnahme eines geringeren Anteils bei der Oberschicht verteilen sich nichteheliche Lebensgemeinschaften in etwa gleichmäßig auf Unter-, untere Mittel-, Mittel- und obere Mittelschicht.

Ein wichtiges Indiz für Sozialisationsbedingungen in der Familie ist die Erkundung der elterlichen Zuwendung aus der Sicht der befragten Kinder. Bei 44 % der Jungen und 45 % der Mädchen fällt ein solches Urteil sehr positiv aus. Als gut stuften 37 % der Jungen und 39 % der Mädchen ihr Wohlbefinden in der Familie ein. Ein neutrales Urteil gaben 14 % der Jungen und 11 % der Mädchen ab. Eine negative bzw. sehr negative Einschätzung erfolgte bei 3 % bzw. 2 % der befragten Jungen und Mädchen. Der offensichtlich hohe Stellenwert, den eine Familie für sechs- bis elfjährige Kinder hat, setzt sich fort in Ergebnissen der 16. Shell Jugendstudie ‚Jugend 2010' mit einer Befragungsbasis von ca. 2500 Kindern und Jugendlichen im Alter von 12–25 Jahren, die zu 10 % der Unterschicht, zu 24 % der unteren Mittelschicht, zu 30 % der Mittelschicht, zu 22 % der oberen Mittelschicht und zu 14 % der Oberschicht entstammen (vgl. Shell Deutschland 2010).

Ein Vergleich der Shell Jugendstudien 2002, 2006 und 2010 zeigt, dass für beide Geschlechter die Bedeutung von Familie stetig zugenommen hat (männliche befragte Jugendliche 2002: 66 %; 2006: 69 %; 2010: 71 %; weibliche befragte Jugendliche: 2002: 75 %; 2006: 76 %; 2010: 81 %, vgl. Shell Deutschland 2002, 2006, 2010). Dieser gestiegenen Wertschätzung von Familie und Partnerschaft entspricht zum einen, dass die Befragten später ihre eigenen Kinder ungefähr so (58 %) oder genau so (15 %) erziehen möchten, wie sie selbst erzogen wurden, und nur für eine Minorität die Erziehung eigener Kinder in anderer (19 %) oder ganz anderer Weise (2 %) erfolgen soll. Ein weiterer Grund ist in dem guten bis sehr guten Verhältnis zu den Eltern zu suchen, das die große Mehrzahl der befragten Kinder und Jugendlichen zum Ausdruck bringt. 35 % stufen ihren Umgang mit den Eltern als „bestens" ein, 56 % haben zwar gelegentlich Meinungsverschiedenheiten, kommen aber insgesamt gesehen „klar" (56 %). „Häufige Meinungsverschiedenheiten" und ein „schlechtes Verhältnis" zu den Eltern bekundet nur eine kleine Minderheit (7 %) der Befragten (Shell Deutschland 2010, S. 66). Abgesehen von wirtschaftlichen Gründen kann als zusätzlicher Hinweis auf ein gutes bis sehr gutes Einvernehmen die Tatsache gewertet werden, dass eine große Anzahl von Jugendlichen noch bei den Eltern wohnt (Anteiligkeit nach Alter: 18–21 Jahre: 77 %, 22–25 Jahre: 38 %).

Differenzen ergeben sich bei der Schichtzugehörigkeit: Nur 14 % der Kinder und Jugendlichen aus der Unterschicht bewerten ihr Verhältnis zu den Eltern als sehr gut, wohingegen Befragte aus der unteren Mittelschicht, Mittelschicht, oberen Mittelschicht und Oberschicht mehr als doppelt so große Prozentwerte erreichen (33 % und dreimal je 39 %).

Im Folgenden werden die Befunde der zitierten Kinder- und Jugendstudien auf musikbezogene Freizeitbeschäftigungen hin untersucht. An vierter Stelle der Freizeitbeschäftigungen (nach Freunde treffen, Sport treiben und Radfahren) steht laut der 2. Kinderstudie 2010 bei den sechs- bis elfjährigen Kindern das „Musik hören" (50 %, vgl. World Vision Deutschland e.V. 2010, S. 99). Musikmachen ist mit 19 % im unteren Drittel angesiedelt (mit minimal rückläufiger Tendenz im Vergleich zur 1. Kinderstudie 2007). Die Aufgliederung nach Geschlecht ergibt beim Musikhören eine deutliche Dominanz der Mädchen (59 %) gegenüber den Jungen (41 %). Altersmäßig gesehen hören die Zehn- bis Elfjährigen mehr Musik (55 %) als die sechs- bis sieben- und acht- bis neunjährigen Kinder. Eine Differenzierung des Musikhörens wurde nicht vorgenommen. Ein in etwa gleiches Bild der Vorrangstellung von Mädchen ergibt sich beim Musikmachen (vgl. World Vision Deutschland e.V. 2010, S. 99).

Die Frage nach der medialen Ausstattung von Kinderzimmern erbrachte folgendes Ergebnis: CD-Player oder Kassettenrekorder 80 %, Radio 75 %, Gameboy 63 %, Spielkonsole 28 %, Fernseher 26 %, Computer 23 %, Video- oder DVD-Player 18 % (nichts davon 5 %, vgl. ebd., S. 119). Maßgeblicher Erklärungsfaktor für eine reichhaltige oder weniger reichhaltige Ausstattung mit technischen Geräten in Kinderzimmern ist die Schichtzugehörigkeit.

In der Aufteilung nach Freizeittypen – unterschieden werden sogenannte vielseitige Kids (Kinder, die sich neben Aktivitäten mit Freunden und im Sport vornehmlich kulturell-musischen Angeboten zuwenden), Kinder mit üblichen Freizeitgewohnheiten und Kinder mit der Kennzeichnung „Medienkonsumenten" - dominieren in den Sparten Musikhören und Musikmachen die vielseitigen Kids, und unter ihnen die Mädchen der oberen Mittel- und Oberschicht (ebd., S. 99ff.).

Bei institutionell eingebundenen Freizeitaktivitäten, ermittelt in einer Elternabfrage, folgt nach Sportverein an erster Stelle (62 %) die „Musikschule/-gruppe" an zweiter

Stelle (23 %). In dieser Rubrik, welche die Zugehörigkeit zu einer Musikschule oder die Mitgliedschaft in einer musikausübenden Gruppe betrifft, überwiegen wiederum die Mädchen der oberen Mittel- und Oberschicht (ebd., S. 103ff.).

In der Shell Jugendstudie 2010 nimmt das Musikhören bei den befragten Jugendlichen den dritten Rangplatz unter den im Verlauf einer Woche häufigsten Freizeitbeschäftigungen ein (56 %, Shell Deutschland 2010) und ist im Vergleich zu den Jugendstudien 2002 (66 %) und 2006 (63 %) rückläufig (vgl. Shell Deutschland 2002, 2006). Mögliche Gründe für diesen Rücklauf sind nicht angegeben. Auch erfolgte in allen drei Befragungen keine Aufschlüsselung der Kategorie Musikhören. Das Musikmachen wurde nicht erfragt.

4   Skizze familialer musikalischer Beziehungsebenen

Im Sinne von Interaktions- und Kommunikationsprozessen, die sich im Wesentlichen auf die Familie beschränken, sind musikbezogene Sachverhalte zu unterscheiden, die innerhalb bestehender familialer Beziehungssysteme als bestimmende Aspekte musikalischer Sozialisation gelten können. Die Betonung liegt hier auf „können", weil keine Ist-Zustände zu beschreiben, sondern mögliche musikbezogene Vorgänge zu skizzieren sind, die als Orientierungshilfen für Erkundungen und Einordnungen auf dem Gebiet musikalischer Sozialisation dienen. Auf den Beziehungsebenen Eltern-Kind, Kind und Geschwister ist eine Reihe von musikalischen Handlungsfeldern und Einstellungsdimensionen zu skizzieren:

- Eltern: Aufgeschlossenheit gegenüber Musik, Interesse an Musik, Sprechen über Musik; häusliches Musikhören (einschließlich Ausstattung mit technischen Medien); Singen (einschließlich Mitgliedschaft Chor, Singgruppe etc.); Instrumentalspiel (einschließlich Mitgliedschaft Orchester, Band, Instrumentalensemble etc.); Unterricht Instrument/ Unterweisung im Singen; häusliches Üben; Besuch musikalischer Veranstaltungen; musikbezogene Sachausstattung innerhalb einer Familie (Instrumente etc.).
- Eltern - Kind/Geschwister: Sprechen über Musik; Musikhören in der Familie; Singen in der Familie; Instrumentalspiel in der Familie; gemeinsamer Besuch Eltern/ Elternteil – Kind/Kinder von musikalischen Veranstaltungen.
- Kind: Musikhören; selbstinitiierte musikalische Aktionen; Musikalische Früherziehung; Singen; Instrumentalspiel in der Familie; Instrumentalunterricht (einschließlich Besuch Musikschule oder Teilnahme an bestimmten Instrumentalspielprojekten); Üben.
- Geschwisterkinder: Musikhören; Musikalische Früherziehung; Singen und Instrumentalspiel von Geschwistern; Instrumentalunterricht (einschließlich Besuch Musikschule oder Teilnahme an bestimmten Instrumentalspielprojekten); gemeinsames Üben; Besuch der Geschwister von musikalischen Veranstaltungen.

An dieser Stelle muss nicht weiter hervorgehoben werden, dass für Erkundungen bzw. Forschungsvorhaben auf dem Gebiet der familialen musikalischen Sozialisation die aufgelisteten musikbezogenen Beziehungsebenen mit den wichtigsten Aspekten der

Lebensbedingungen, Lebensformen und Lebensumstände von Familien in einen angemessenen Zusammenhang zu setzen sind.

---

5   Bemerkungen zur Forschungsproblematik von Untersuchungen zur Entwicklung musikalischer Fähig- und Fertigkeiten von Kindern und Jugendlichen

Forschungsarbeiten, welche die Entwicklung musikalischer Fähigkeiten von Kindern
und Jugendlichen zum Thema haben (was teilweise auch Fragestellungen zum fachwissenschaftlich umstrittenen Konstrukt Musikalität einschließt), entstammen bisher hauptsächlich dem Fachgebiet Musikpsychologie. Sie konzentrieren sich auf die
Untersuchung elementarer musikalischer Wahrnehmungs- sowie Reproduktions- und
Produktionsleistungen, d. h. auf die Erforschung von Fähigkeiten und Fertigkeiten, die
nicht auf der Basis einer gezielten Förderung entstanden sind. Studien dieser Art ergeben ein Bild zur Entwicklung musikalischer Kompetenzen, das viele wissenswerte Details
zeigt, in seiner Gesamtheit aber auch unscharfe Konturen bzw. einseitige Perspektiven
ausweist. Vordergründig ist für die Unschärfen die Schwierigkeit verantwortlich,
Ergebnisse miteinander zu vergleichen, die bei gleichen Themenkomplexen aufgrund
andersartiger Frageintentionen oder differierender methodischer Vorgehensweisen
zustande gekommen sind. Zudem können sie auf Stichproben von stark variierender
Größe (z. B. eine Langzeitstudie von Kelly und Sutton-Smith 1987, mit drei Einzelfällen),
unterschiedlichster Altersgruppierung oder kaum in Parallelen zu setzender regionaler
Spezifika (z. B. Schulsysteme) beruhen.

Im Schwerpunkt bezieht sich die Kritik, das zur Entwicklung musikalischer Fähig-
und Fertigkeiten vermittelte Bild sei unvollständig, auf die Ausklammerung des sozialisatorischen Kontextes bzw. von Grundlagen struktureller sozialisationstheoretischer und
musikalischer Aspekte:

- Soweit Untersuchungen nicht unmittelbar der kognitiven Entwicklungstheorie
  Piagets verpflichtet sind, gehen sie in ihrer Mehrzahl von organismischen (biologisti-
  schen) Annahmen aus, wonach dem Organismus als Impulsgeber für die menschliche
  Entwicklung der entscheidende Stellenwert zukommt. Der quasi von selbst sich aus
  dem Organismus formende Entwicklungsprozess ist für alle Individuen der gleiche.
  Er verläuft nach bestimmten allgemein gültigen Regeln und in bestimmten qualitativ
  unterscheidbaren Stadien, die in stufenmäßiger Folge aufeinander aufbauen. Soweit
  überhaupt einbezogen, werden Einflüssen der als gegeben angesehenen Umwelt allenfalls anregende oder beeinträchtigende Funktionen zugeschrieben.
- Eine Anlehnung an die Entwicklungstheorie Piagets hat zur Folge, dass im Zentrum
  der Untersuchungen Fragen der Herausbildung kognitiver musikalischer Fähigkeiten
  stehen, wogegen emotionale und kreative Gesichtspunkte unberücksichtigt bleiben. Zudem ist seine Entwicklungstheorie auf das Kindes- und Jugendalter begrenzt
  und zielt in ihrem Schwerpunkt auf die Entwicklung logisch-mathematischer

Strukturen. Sie betont zwar die aktive Aneignung von Seiten des Individuums, schenkt jedoch der Relevanz von Interaktionen zwischen Personen und Gruppen sowie der Verschiedenartigkeit sozioökonomischen Lebensbedingungen in Fragen der Persönlichkeitsentwicklung kaum Beachtung.

- Jazz und populäre Musik blieben bisher fast durchgehend in musikpsychologischen Untersuchungen ausgeklammert (obwohl gerade populäre Musik offensichtlich ein einflussreicher Faktor musikalischer Sozialisation ist). Damit korrespondiert, dass Fragestellungen, die sich auf die Entwicklung musikalischer Kompetenzen von Kindern und Jugendlichen konzentrieren, mehr oder weniger ausschließlich im Zusammenhang einer der europäischen Hochkultur verpflichteten Musik abgehandelt wurden.

- Unter den empirischen Befunden musikpsychologischer (und z. T. musikpädagogischer) Studien zur Entwicklung und Förderung musikalischer Fähig- und Fertigkeiten von Kindern (und Jugendlichen) findet sich eine Reihe von Aussagen, die allgemein auf die Bedeutung des Elternhauses oder die Relevanz elterlicher und familialer musikalischer Aktivitäten im Sinne einer Heranbildung musikalischer Handlungs-, Ausdrucks- und Rezeptionsweisen hinweisen. Einen nützlichen Überblick in Tabellenform gibt hierzu Badur 1999 („Beziehungen zwischen dem familialen Umfeld und einzelnen Teilaspekten musikalischer Entwicklung", S. 138f.).

Gegenüber den Einschätzungen und Bewertungen, die dem Elternhaus einen positiven Rang in der kindlichen Entwicklung musikalischer Fähig- und Fertigkeiten beimessen, dabei allerdings oftmals über Pauschalierungen kaum hinauskommen und in der Regel ökonomische und soziale Hintergründe ausklammern, gibt es auch Gegenstimmen. Keine oder nur geringe Korrelationen wurden z. B. zwischen der musikalischen Entwicklung zwei- bis dreijähriger Kinder und ihren Müttern, die über musikalische Fachkenntnisse verfügten (Jenkins 1976), sowie zwischen häuslichem Umfeld (einschließlich des Musizierens im Elternhaus) und der Herausbildung musikalischer Fähig- und Fertigkeiten vier- bis sechsjähriger Kinder (Doxey und Wright 1990) festgestellt. Davidson (1995) bezweifelte, dass die von den Eltern im frühen Kindesalter geförderten musikpraktischen Aktivitäten, die als Zeichen musikalischer Fähigkeiten gelten könnten, eine Voraussage auf spätere musikalische Erfolge der Kinder ermöglichen.

Im Sinne einer phänomenologischen Bestandsaufnahme erkundete eine Forschungsgruppe „Kind & Musik" der Universität Hildesheim (1998–2001) vorwiegend in qualitativen Interviews das Musikverhalten von zwanzig Schülern/Schülerinnen der dritten und vierten Grundschulklasse mit unterschiedlichem musikalischen und sozio-ökonomischen Background. Als Teilergebnis wurde festgestellt, dass sich jenseits von schulischem Musikunterricht die Selbstinitiativen der Kinder (in den Bereichen Wahrnehmung von Musik, Singen, Tanzen und Bewegen, Musikmachen) durch einen großen Anteil an spielerischen, tänzerischen, erkundenden und erfindungsreichen Aktivitäten hervortun (vgl. Badur 2007; s. dazu auch Stadler-Elmer 2000).

Zu Fragen des Musikhörens und zur Entwicklung kindlicher und jugendlicher musikalischer Präferenzen zeigt eine neuere Untersuchung, dass sich Kinder gegenüber

Musik unterschiedlicher Genres etwa bis zum elften Lebensjahr tolerant verhalten, d. h. die Aufgeschlossenheit für differente Musikarten bei den altersmäßig jüngsten Kindern deutlich am größten ist. Etwa ab dem zwölften Lebensjahr nimmt diese Toleranz allerdings rapide ab (vgl. Gembris und Schellberg 2007; s. dazu auch Fung et al. 1999, mit der Feststellung eines signifikanten Wechsels musikalischer Präferenzen bei von ihnen untersuchten Kindern ab dem Alter von zehn Jahren an aufwärts). Ob oder inwieweit hierfür auch familiale Faktoren mitverantwortlich sein können, ist bisher nicht geklärt.

6   Ergebnisse zum Instrumentalspiel in der Sicht familialer sozialisatorischer Implikationen

Wie zuvor erwähnt, finden Dimensionen musikalischer Sozialisation in musikpsychologischen Beiträgen zur Entwicklung musikalischer Fähig- und Fertigkeiten nur gelegentlich Berücksichtigung. Diese sporadische Beachtung betrifft auch die Disziplin Instrumentalspiel. Die Gründe dafür sind zunächst in der Tatsache zu suchen, dass bisher das Instrumentalspiel als Forschungsfeld im Hintergrund wissenschaftlicher Bemühungen gestanden hat. Dabei ist die Breite an Forschungsarbeiten noch dadurch beschnitten, dass das Instrumentalspiel weitgehend nur im Kontext so genannter E-Musik Forschungsgegenstand war. Außerdem erstreckten sich die Forschungsaktivitäten vielfach auf besonders talentierte Nachwuchs- und Berufsmusiker, wohingegen Amateurmusiker bisher wenig Interesse fanden (vgl. Pape 2007).

Der Prozess der Herausbildung von Persönlichkeitsmerkmalen vollzieht sich im Zusammenhang gesellschaftlicher und kultureller Bedingungen und ist sowohl durch Verarbeitung und Umgestaltung der dinglichen Umwelt als auch durch Interaktionen mit anderen Individuen gekennzeichnet. Der Versuch, auf interaktioneller und institutioneller Ebene Größenordnung und Bedeutung spezifischer musikbezogener Einflussfaktoren zu eruieren, bedeutet im vorliegenden Fall, sich mit der Frage zu beschäftigen, welche familialen Einflussfaktoren für das Erlernen und Spielen eines Instruments verantwortlich sein können.

6.1   Kinder und Jugendliche

Nach einer Studie von Silbermann (1976) fungierten für über einhundert elf- bis vierzehnjährige Schülerinnen und Schüler Eltern und Verwandte (18,3 %) sowie Geschwister, gleichaltrige Freunde und Musiklehrer (11,1 %) als Impulsgeber ihres Instrumentalspiels. Aus Ergebnissen zum Instrumentalspiel in der Familie (über die Hälfte der Eltern von Instrumente spielenden Schülern spielen oder haben ein Instrument gespielt) wird als Hypothese gefolgert, dass je mehr Familienmitglieder ein Instrument spielen oder gespielt haben, desto größer die Wahrscheinlichkeit sei, dass ein Kind bzw. eine Schülerin oder ein Schüler ein Instrument spielen wird.

Scheuer (1988) stellte für die Instrumentalisten (n = 501) unter den von ihm befragten Haupt- und Realschülerinnen und -schülern sowie Gymnasiasten (N = 1435) fest, dass das Instrumentalspiel und alle weiteren musikalischen Aktivitäten der Eltern sowie insbesondere der Geschwister zum eigenen Spiel anregten. Dabei ging für die Jungen und Mädchen die Motivation zum Instrumentalspiel mehr vom gleichgeschlechtlichen Elternteil aus: Im Fall Instrumente spielender männlicher Haupt- und Realschüler eher vom Vater, bei Instrumente spielenden weiblichen Gymnasiastinnen mehr von der Mutter. Weiterhin differierte der Grad der Anregungen von Seiten der Familie je nach Instrumententyp. Ökonomische Bedingungen von Familien können das Instrumentalspiel begünstigen oder verhindern (unter den Instrumente spielenden Jugendlichen überwogen die Gymnasialschülerinnen und -schüler). Vornehmlich waren jedoch das Verhalten der Eltern und Geschwister sowie die Auswirkungen familialer Kontakte von Relevanz.

Freeman (1974) fand heraus, dass unter den Kindern, die in der Schule zum Erlernen eines Instruments motiviert worden waren, das Instrumentalspiel jedoch später wieder aufgaben, diejenigen überwogen, die keine elterliche Unterstützung fanden.

Unterstrichen wird die Bedeutung elterlichen Engagements auch in einer Studie von Davidson, Sloboda und Howe (1995/1996): Unter den befragten acht- bis 18jährigen Kindern/Jugendlichen (N = 257) wiesen diejenigen Kinder die besten instrumentalen Leistungen auf, die bis zum Alter von elf Jahren die stärkste elterliche Hilfestellung erfuhren. Bei den Kindern, die geringere instrumentale Leistungen erbrachten oder mit dem Instrumentalspiel aufhörten, war auch das elterliche Engagement weniger ausgeprägt (s. dazu auch Sloboda und Davidson 1996).

Für die musikpraktische Anfangsphase belegen Resultate einer Untersuchung von mehr als über vierhundert Instrumentalschülern (vgl. Zdzinski 1996) ebenfalls einen signifikanten Zusammenhang zwischen elterlicher Anteilnahme und dem Niveau instrumentaler Leistungen.

6.2 Teilnehmerinnen und Teilnehmer am Wettbewerb „Jugend musiziert" - Talentierte Kinder und Jugendliche

Zur Frage primärer Einflussfaktoren auf das Instrumentalspiel besonders talentierter Kinder und Jugendlicher zeigt Bastians Untersuchung (1989) von zwölf- bis 21-jährigen Preisträgerinnen und Preisträgern bzw. Teilnehmerinnen und Teilnehmern am Bundeswettbewerb „Jugend musiziert" (N = 62), dass fast alle jungen Instrumentalistinnen und Instrumentalisten in einem musikinteressierten und musiksensiblen Elternhaus aufwuchsen, bei dem ein Familienensemble keinen Seltenheitswert hatte. In abnehmender Rangfolge nahmen Mutter, Geschwister und Vater als (musikalische) Vorbilder und durch ideelle, emotionale sowie finanzielle Hilfe und Unterstützung einen besonderen Einfluss auf die musikalische Entwicklung und damit auf den instrumentalen Werdegang.

Nach Ergebnissen einer zweiten Studie Bastians (1991), die sich mit 14- bis 26jähri-
gen Teilnehmerinnen und Teilnehmern an Landes- und Bundeswettbewerben „Jugend
musiziert" beschäftigte (N = 1355), ging die Motivation zum Erlernen eines Instruments
vom Instrument selbst (Klangfarbe, Tonerzeugung), vom örtlichen Musikangebot,
von Erwartungen und Wünschen der Eltern, Instrumente spielenden Verwandten und
Bekannten sowie der Familientradition aus. Darüber hinaus belegen Resultate dieser
Untersuchung, dass dem Musizieren der Eltern und allgemein dem häuslichen musikalischen Ambiente eine große Bedeutung in der Frage des Erlernens und Spielens von
Instrumenten zukommt. Ebenso charakteristisch für die befragten Teilnehmerinnen und
Teilnehmer an Landes- und Bundeswettbewerben von „Jugend musiziert" war eine ausgeprägte Unterstützung seitens der Eltern, die durchweg zu oberen Herkunftsschichten
zählten. Ihre Anteile bei der Förderung ihrer Kinder gliedern sich wie folgt: ideeller
Beistand (Väter: 71 %, Mütter: 85 %), organisatorische Hilfestellungen (64 %/74 %),
finanzielle Unterstützung (95 %/75 %), emotionale Zuwendung (38 %/64 %), motivationale Anstöße (37 %/59 %) und fachliche Beratung (24 %/23 %). Auffälligstes Merkmal ist
– mit Ausnahme der finanziellen und fachlichen Anteile - die Dominanz der Mütter. Im
Vergleich der Instrumentengruppen untereinander werden elterliche Anregungen und
fachliche Ratschläge am höchsten von den Streichinstrumentenspielerinnen und -spie-
lern bewertet. Bei den Blechbläsern haben die Väter in emotionaler Hinsicht eine spezielle Position.

Den Stellenwert des elterlichen Musizierens und eines anregenden musikalischen Klimas in der Familie unterstreichen im gleichen thematischen Rahmen
Ergebnisse einer Untersuchung von Linzenkirchner und Eger-Harsch (1995; zehn
bis 21jährige Teilnehmerinnen und Teilnehmern an „Jugend musiziert"; einschließlich Teilnehmerinnen und Teilnehmern an regionalen Wettbewerben; Untersuchung
1985/86: N = 1302, Untersuchung 1992: N = 1130). Nach Linzenkirchner und
Eger-Harsch haben die Schulbildung der Eltern und der musikalische Hintergrund
einer Familie Einfluss auf die Instrumentenwahl. Bei über 50 % der befragten
Instrumentalistinnen und Instrumentalisten spielte zum Erhebungstermin mindestens ein Elternteil ein Instrument (Nichtinstrumentalisten sind nur 15 % der Eltern).
Aufgrund dieser Stichprobenkonstellation verwundert nicht, dass die Hausmusik in vielen Familien einen besonderen Rang einnahm.

Weitere Hinweise zur Bedeutung elterlicher Einflussnahme auf das Instrumentalspiel
talentierter Kinder und Jugendlicher (bzw. junger Musikerinnen und Musiker) finden
sich u. a. in Studien von Sloane (1985), Sloboda und Howe (1991) und Manturzewska
(1995a, b). In einer neueren Untersuchung (Dai und Schader 2001) wurden die Eltern
von über zweihundert sechs- bis 18-jährigen Schülerinnen und Schülern nach ihren
intrinsischen und extrinsischen Orientierungen bei der Förderung der Musikausbildung
ihrer Kinder befragt, die als Instrumentalistinnen und Instrumentalisten Vorkurse
dreier amerikanischer Konservatorien absolvierten. Die Antworten der Eltern, die über
ein hohes Bildungsniveau verfügten und zu 54 % (Mütter) und 39 % (Väter) selbst ein
Instrument spielten oder gespielt hatten, konzentrierten sich auf fünf Motivationsgründe

intrinsischen Charakters im Kontext von Musik (Lebensbereicherung, Steigerung von Selbstverständnis und Selbstwertgefühl, Möglichkeit der Entwicklung ästhetischer Wertschätzung, Mittel der Entwicklung von Disziplin und Fleiß, Vergnügen). Persönliche Motivationen der Eltern (Talentförderung) folgten erst an zweiter Stelle; die niedrigste Bewertung erhielten extrinsisch motivierte Einstellungen (z. B. Erlangen von sozialer Anerkennung und sozialem Prestige).

6.3   Amateur- und Rockmusikerinnen und -musiker

Einer mittel- und oberhessischen Amateurmusikerinnen und -musiker-Studie (vgl. Clemens 1983) ist zu entnehmen, dass für gut die Hälfte der Befragten (N = 58) die Initiative zum Erlernen eines Instruments von den Amateurmusikerinnen und -musikern selbst ausging. Bei ca. einem Drittel war der elterliche Wunsch ausschlaggebend, ein oder mehrere Instrumente zu erlernen, was allerdings weniger auf die Tanz- und Jazzmusiker unter ihnen zutraf. An dritter Stelle wurden Freunde und Bekannte genannt, von denen die entsprechenden Anregungen ausgingen. Waren Wunsch und elterliche Einflussnahme identisch, reichten die Formen elterlicher Einflussnahmen von Überreden und Überzeugen bis hin zu leichtem Druck und körperlicher Strafe (Ohrfeigen). Auf die musikalische Entwicklung insgesamt hatten die Eltern für 24 % der Befragten einen positiven Einfluss; als negativ wurde die Einflussnahme von 6 % der Amateurmusikerinnen und -musiker eingestuft. Eine nur untergeordnete Rolle für das Erlernen von Instrumenten kommt den Geschwistern und entfernteren Familienmitgliedern zu. Für die allgemeine musikalische Entwicklung spielten dagegen Geschwister für 22 % der Befragten eine positive Rolle.

Für den Beginn des Lernens von rocktypischen Instrumenten war für 70 % der befragten Rockmusikerinnen und -musiker (N = 307) einer westdeutschen Großstadt (Dortmund) der eigene Wunsch das ausschlaggebende Motiv. Zu diesem Ergebnis kam in den 1980er Jahren eine Studie über Rockmusik-Amateure (vgl. Ebbecke und Lüschper 1987). Bezogen auf die Gesamtstichprobe waren geschlechtsspezifische Unterschiede in Fragen des Erlernens von Instrumenten nur sehr schwach ausgeprägt. Keine Bedeutung im Entscheidungsprozess, Rockmusik spielen zu wollen, wurde den Eltern und Geschwistern zugesprochen. Damit korrespondiert, dass die größere Anzahl von Rockmusikern sich stärker im Freundeskreis akzeptiert fühlte und deshalb auch Fragen zur häuslichen Musiksphäre teilweise nicht beantwortete.

6.4   Musikstudentinnen und -studenten

Kontrastergebnisse zu den bisher genannten Studien liefert eine Untersuchung zur Instrumentalpräferenz und Persönlichkeitsentwicklung von sechsundfünfzig Instrumentalistinnen und Instrumentalisten (in der Mehrheit Musikstudentinnen und -studenten) mit den Hauptinstrumenten Klavier, Violine oder Saxophon. Mit Ausnahme der Violine spielenden Studierenden war der elterliche Einfluss bei der Instrumentenwahl gering, d. h. eine hohe Selbstzuschreibung charakteristisch. Als musikalische Identifikationspersonen spielten Mütter keine Rolle. Eine Funktion als musikalische Vorbilder hatten eher Väter (vgl. Vogl 1993). Einen gewissen Stellenwert besaß das häusliche Musikmachen bei denjenigen Befragten, die Streichinstrumente spielen.

6.5　JeKi-Projekt

JeKi (Jedem Kind ein Instrument) ist eine kulturelle Bildungsinitiative, die im Schuljahr 2003/2004 begann und jedem Kind im Ruhrgebiet ermöglichen sollte, ein Musikinstrument seiner Wahl zu erlernen. Den Mittelpunkt des Programms, das in Kooperation von allgemeinbildenden Schulen (Grundschulen) und jeweiligen Musikschulen durchgeführt wird, bildet das gemeinsame Musizieren der Kinder. Initiiert wurde das Programm von Stiftungen und dem Land Nordrhein-Westfalen, dessen Jugend- und Kultusministerium derzeit die alleinige Finanzierung trägt. Inzwischen liegt zu diesem Projekt ein Bericht über eine zweijährige Evaluationsphase vor (vgl. Beckers und Beckers 2008), der auf zwei Elternbefragungen aus den Jahren 2005 und 2007 beruht (N = 373; davon 136 Fragebogen von Eltern, deren Kinder nicht Teilnehmerinnen und Teilnehmer des JeKi-Projekts waren) und über die projektbezogene Thematik hinaus ein paar Hinweise zu Fragestellungen familialer musikalischer Sozialisation enthält.

Im Schuljahr 2006/2007 wurden neunundsechzig Instrumentalgruppen mit durchschnittlich fünf Kindern pro Gruppe unterrichtet. Da nur bestimmte Instrumente angeboten werden konnten (Streich-, Zupf- und Blasinstrumente sowie Akkordeon) und keine Aufteilung nach Geschlecht angegeben ist, kann die Frage möglicher geschlechtstypischer Unterschiede in der Instrumentenwahl und nach Gründen für eine solche Auswahl nicht beantwortet werden.

Zur Bewertung musikalischer Fähig- und Fertigkeiten der am Projekt beteiligten Kinder wurde mit einer Frage zum Grad ihrer musikalischen Begabung gearbeitet, die eine vierfach gestufte Antwortmöglichkeit bot (von „sehr musikalisch bis „nicht musikalisch"). Beim wenig überraschenden Ergebnis, wonach die Eltern fast 70 % ihrer Kinder für „musikalisch" und über 8 % für „sehr musikalisch" halten, wird die Einschätzungsproblematik nicht diskutiert. Auch die Strittigkeit der Begriffe „Begabung" und „Musikalität" bleibt unkommentiert.

Um Anhaltspunkte für das Vorhandensein eines in der Familie bestehenden oder nicht bestehenden musikalischen Klimas zu finden, wurde den Eltern, deren Kinder am Projekt beteiligt waren, die Frage gestellt, welche Bedeutsamkeit die Musik in ihrem Leben hat. Erwartungsgemäß erhielten die Rubriken „sehr wichtig" und „wichtig" die meisten Stimmen (37,1 % und 55,3 %).

Wie hinreichend bekannt, ist der Gesichtspunkt, ob jemand, der ein Instrument erlernt oder. erlernen möchte, mehr oder weniger regelmäßig und zeitlich angemessen übt, mitentscheidend für ein wie auch immer geartetes Gelingen. In ihrer Studie haben sich die Autoren bei der Elternbefragung mit der Frage nach einer Vorbereitung ihres Kindes bzw. ihrer Kinder auf den Musikunterricht der Thematik Üben genähert. Das überwiegend auf das zweite JeKi-Unterrichtsjahr zu beziehende Ergebnis (sehr oft/ oft 25 %, manchmal 27 % und selten/nie 46 %) ist auch bei diesem Projekt neben der Orientierung an der musikalischen Hochkultur als deutlicher Hinweis auf einen neuralgischen Punkt beim Erlernen von Instrumenten zu sehen.

Die Meinung der Autoren, dass eine Förderung durch Jeki in erster Linie die Kinder erreiche, deren Eltern ohnehin kulturell bzw. musikalisch interessierter seien und die darüber hinaus auch auf anderen Gebieten ihre Kinder zu fördern versuchten, hätte über diese Vermutung hinaus präzisiert werden können, wenn Fragen zum sozialen Status und zum Bildungshintergrund der Eltern erfolgt wären.

Eine abschließende Anmerkung zum Projekt: Nach neuesten Zeitungsmeldungen scheint sich, bedingt durch Finanzlücken, eine Krise des JeKi-Projekts anzubahnen. Sie verhindert derzeit eine geplante Ausdehnung über das Ruhrgebiet hinaus. Außerdem bestehen Probleme infolge fehlender Musiklehrerinnen und -lehrer, fehlender Instrumente und der Tatsache, dass viele Grundschülerinnen und -schüler den Unterricht nach dem kostenlosen ersten Jahr wieder aufgeben.

7   Empirische Studien zu Problemstellungen musikalischer Sozialisation

Studien, die sich mit der Entwicklung musikalischer Fähig- und Fertigkeiten im Kindes- und Jugendalter beschäftigen und aus Fragestellungen der musikalischen Sozialisationsforschung entwickelt und durchgeführt wurden, sind bisher dünn gesät und alle nicht neuesten Datums.

7.1   Übertragungsprozesse von Musikkultur

Zu den Arbeiten, die der Sozialisationsthematik, d. h. der Persönlichkeitsentwicklung verpflichtet sind, zählt eine methodisch aufwendige Längsschnitterhebung von Zinnecker, Hasenberg und Eickhoff (1999a). In dieser Untersuchung wurden 1993–1995 über zweihundert west- und ostdeutsche Familien (N = 216) befragt (Vater, Mutter, ein Kind), wobei das Durchschnittsalter der untersuchten Kinder bei 12,0 bzw. 14,3 Jahren lag. Ziel der Studie war es, den Eltern- und Kinderanteil im Verlauf musikkultureller Übertragungsprozesse gegeneinander abzuwägen. Integriert wurden drei Dimensionen familialer musikalischer Sozialisation: Musikbezogene Eigenschaften der Kinder, musikbezogene Attribute der Eltern und musikalische Interaktionen zwischen Eltern und Kindern.

Da es dem Autorenteam aus der „Perspektive kultureller Sozialisation" um eine „Gesamtevaluation musikalischen Tätigseins" ging (Zinnecker et al. 1999a, S. 432), sind vier musikalische Betätigungsfelder der Kinder zu einem Indikator „Musikalische Kompetenzen" zusammengefasst: Instrumentalspiel (erstes Instrument/zweites Instrument), Singen (Chor/Band) und Ensembletätigkeit (Orchester/Band). Ermittelt wurden diese Fähigkeiten bei den Kindern in Selbsteinschätzung nach Schulnoten (1–5). Als Resultate werden u. a. mitgeteilt, dass der Anteil derer, die über keinerlei Kompetenzen in einem der vier Bereiche verfügten, recht hoch ist (zwischen einem Viertel beim ersten Instrument und über der Hälfte bei Orchester/Band). Mädchen spielen häufiger als Jungen ein Instrument (sowohl ein erstes als auch ein zweites Instrument) und singen auch häufiger im Chor. Ebenso wird die Qualität der eigenen musikalischen Kompetenzen von den Mädchen positiver eingeschätzt als von den Jungen. Ein solches Kompetenzgefälle bestätigt nach Ansicht des Autorenteams die Vorrangstellung junger Mädchen bei der privaten Ausübung ihrer musikalischen Fähig- und Fertigkeiten. Akzentuiert wird auch das größere musikalische Engagement der Mädchen gegenüber den Jungen im Hinblick auf Musikinteressen und musikalische Aktivitäten.

Die Erkundung früherer musikalischer Kompetenzen und Interessen der Eltern erfolgte ebenfalls in Selbsteinschätzung nach Schulnoten. Dabei sind zwei Ergebnisse erwähnenswert. In retrospektiver, die Kindheit betreffende Beurteilung der Musik als schulisches Lieblingsfach fallen die Differenzen zwischen Müttern und Vätern auf. Musik als Lieblingsfach nannten 38 % der befragten Mütter, aber nur 15 % der Väter. Keine Unterschiede waren dagegen bei den Eltern sowohl in der Retrospektive als auch in der Befragungssituation bei ihren Angaben zur Ausübung musikalischer Tätigkeiten festzustellen. Allerdings fiel diese Ausübung gegenüber ihren Kindern deutlich geringer aus (20 bis 40 %). Damit korrespondiert das unter der Rubrik „Musikalisches Klima in der Familie" genannte Ergebnis, wonach nur vergleichsweise wenige Eltern (ca. 20 %) gemeinsam mit ihren Kindern Musik machten. Am gemeinsamen Musikmachen beteiligten sich bei der Hälfte der Familien Vater und Mutter, bei einem Viertel der Befragten nur der Vater oder die Mutter, wobei die Mütter signifikant häufiger mit ihren Kindern Musik machten als die Väter (vgl. Zinnecker et al. 1999b, S. 304). Nur auf die Kinder bezogen engagierten sich mehr Töchter als Söhne für das familiale Musikmachen. Die Frage, welche Investitionen die Eltern erbrachten, um ihren Kindern musikalische Aktivitäten zu ermöglichen (Instrument, Notenkauf, Unterricht, Besuch musikalischer Veranstaltungen), wurde von der Hälfte der Väter und Mütter dahingehend beantwortet, ihren Kindern stehe (als Minimum) ein Musikinstrument zur Verfügung. Finanzielle Ausgaben für Noten, Unterricht und musikalische Veranstaltungen bestätigte ein Viertel der Familien.

Ohne an dieser Stelle näher auf das angewendete Verfahren einer multiplen Regressionsanalyse einzugehen, das in vierstufiger, die Stichprobe notwendiger Weise minimierender Vorgehensweise die musikalischen Kompetenzen der Eltern, das musikalische Klima in der Familie, die musikalische Selbst-sozialisation (in gleicher Publikation auch in der Schreibweise ‚Selbst-Sozialisation') und den sozialen und kulturellen Kontext als unabhängige Variablen berücksichtigt, wird als wichtiges Ergebnis dieser Analyse herausgestellt, dass die selbsteingeschätzten musikalischen Kompetenzen von Vätern eine große Bedeutung für die ebenfalls selbsteingeschätzten musikalischen Fähig- und Fertigkeiten von Kindern besitzen. Zusätzliche, über die Ergebnisse der Regressionsanalyse hinausgehende, aber nicht benannte Nachforschungen hätten ergeben, dass Kinder, die im häuslichen Bereich mit Vätern und Müttern bzw. nur mit den Vätern musizierten, über signifikant bessere Mittelwerte in ihrer Selbstbewertung verfügten als diejenigen Kinder, die kein häusliches Musizieren mit den Eltern vorweisen konnten. Musizieren Kinder lediglich zusammen mit ihren Müttern, ergeben sich keinerlei nennenswerte Effekte. Dieses Resultat untermauert nach Ansicht des Autorenteams die besondere Rolle der Väter, die zwischen ihnen und ihren Kindern bzw. vornehmlich ihren Söhnen bei einer Übertragung musikbezogener Fähig- und Fertigkeiten besteht.

Als Fazit der Studie werden folgende Gesichtspunkte zur Debatte gestellt:

- Die aktive Teilnahme am kulturellen System Musik erfordert ein spezifisches Leistungsvermögen, das allein durch kontinuierliches Üben zu erreichen ist. Damit sind den Prozessen kultureller Übertragungseffekte innerhalb der Familie Grenzen gesetzt. Zugleich sind sie an Bedingungen musikalischer Unterweisungen geknüpft, die im Allgemeinen über den Bereich der Familie hinausgehen. Ein gemeinsames und als Hobby begriffenes Musikmachen in der Familie hat in diesem Zusammenhang nur eine mehr oder weniger komplettierende Funktion.
- Wichtige Einflussgrößen für musikalische Kompetenz in der Jugend sind die in früherer Kindheit erworbenen musikalischen Fähig- und Fertigkeiten.
- Als weitere Bedeutungsgröße gilt die aktuelle musikalische Kompetenz der Väter, die als herausragend „bei der Übertragung von leistungsbezogenen Musikkompetenzen an die Kinder" und „ausgesprochenes Leistungsbündnis, insbesondere im Fall von Vater-Sohn-Dyaden" (Zinnecker et al. 1999a, S. 443f.) charakterisiert ist. Dieses Ergebnis, dessen Hintergründe, ob nun sozialisatorischer oder musikalischer Art, unklar bleiben, findet – mit Ausnahme einer zuvor genannten Studie (vgl. Vogl 1993) – in anderen relevanten Untersuchungen keine Parallele.

7.2   Perspektiven musikalischer Sozialisation: Teilresultate einer Amateurmusiker-Studie

Nach einer Untersuchung von Amateurmusikerinnen und -musikern (vgl. Pape und Pickert 1999; s. dazu auch Pape 1998), die durch bestimmte Quotenvorgaben geprägt ist (N = 607; Altersspanne der Befragten: 15–35 Jahre; Merkmal: Ensembletätigkeiten), gingen die Impulse zum Erlernen von Instrumenten (Haupt- und Nebeninstrumenten) in stärkerem Maße von einer jeweiligen instrumenteneigenen Faszination aus als von Vorstellungen, Wünschen und Anregungen des Elternhauses, das in ökonomischer Hinsicht mehrheitlich der Mittelschicht zuzuordnen ist. Eine beinahe identische Verteilungsstruktur ergab sich bei dem von ca. zwei Dritteln aller Befragten erlernten Nebeninstrument.

Bei einer Aufgliederung nach Instrumentengattungen bestehen in der Rangstufung der Impulsgebung durch Instrumente oder Elternhaus spezifische Differenzen. So ist für das Erlernen von Streichinstrumenten (und im geringerem Umfang von Tasteninstrumenten) eine höhere Wirksamkeit familial bedingter Beweggründe gegenüber anderen Instrumentengruppen geltend zu machen (allerdings ohne eine Umkehrung der Rangfolge Faszination Instrument – familiale Einflüsse). Die Motivation zum Erlernen von Zupf- und Holzblasinstrumenten ging dagegen mehr von den Instrumenten selbst aus. Dieses Ergebnis findet auch Korrespondenzen in Zusammenhängen, die in schwacher Ausprägung zwischen Anregungsfaktoren und zum Befragungszeitpunkt vorrangig praktizierten Musikarten bestehen (u. a. können Verbindungslinien gezogen werden zwischen Erwartungshaltungen der Eltern und dem Spiel klassischer Musik von Familienmitgliedern sowie zwischen der Faszination eines Instruments oder eines in der Familie vorhandenen Instruments und einer musikalischen Betätigung im Jazz, in der Rockmusik und in der Volksmusik).

Bezogen auf das Geschlecht zeigen die Kontingenzen zwischen den Indikatoren Anregungen zum Instrumentalspiel und Instrumentengruppen, dass für die Amateurmusikerinnen bei den Tasten- und Holzblasinstrumenten mehr familiale, für die Amateurmusiker bei den Zupfinstrumenten mehr instrumenten- und musikbedingte Faktoren den Ausschlag gaben. Im Gegensatz zu den Haupt- und Nebeninstrumenten erfolgt das Erlernen eines weiteren Instruments primär aufgrund familialer Einflüsse (zu rund 30 %).

Zur genaueren Bestimmung besonderer Charakteristika von familialen Einflussbedingungen enthielt der Fragebogen Antwortkategorien (mit der Möglichkeit von Mehrfachnennungen) zu Ereignissen in der Kindheit, die den Zugang zur Musik begünstigt haben können. Im Kontrast zur Fragestellung nach den Anregungen zum Instrumentalspiel (Haupt- und Nebeninstrument) lassen die Rückäußerungen insgesamt erkennen, dass familial bestimmte Ausprägungen (Instrumentalspiel der Eltern, Musikmachen in der Familie und das Instrumentalspiel von Geschwistern) im Vordergrund standen.

In der Bewertung, was für den persönlichen Zugang zur Musik von Gewicht war, ergeben sich bei den drei genannten Kategorien einige, wenngleich nur sehr schwach ausgeprägte geschlechtsabhängige Unterschiede. Sie geben Anlass zu der Vermutung, dass für Amateurmusiker das Instrumentalspiel der Eltern und das Musikmachen in der Familie, für Amateurmusikerinnen dagegen das Instrumentalspiel der Geschwister mehr Gewicht hatten.

Musikalische Aktivitäten von Familienmitgliedern und das Musikmachen in der Familie, die zur Gestaltung eines günstigen musikalischen Klimas beizutragen vermögen, stellen sich in einer Kurzcharakteristik wie folgt dar:

- Ein Instrument (mehrere Instrumente) spielen 37,2 % der Väter, 32,1 % der Mütter, 72,5 % der Geschwister sowie 24,5 % der Großeltern. Bei den zum erweiterten Familienkreis gehörenden Verwandten, die sich instrumental betätigen, beträgt der Prozentsatz 34,8.

- in rund der Hälfte aller Fälle zählte regelmäßiges (28 %) oder unregelmäßiges (72 %) häusliches Musikmachen zum familialen Ambiente. An diesem häuslichen Musizieren haben sich 44,6 % der Befragten in etwa gleicher Verteilung nach Geschlecht beteiligt.
- Das vorwiegend praktizierte musikalische Genre im häuslichen Musikmachen war Klassische Musik. Mit deutlicher Distanz folgen das Volksliedersingen, Pop- und Unterhaltungsmusik sowie Blas- und Volksmusik.
- Zwischen den von den Amateurmusikerinnen und -musikern gespielten Hauptinstrumenten und dem Instrumentalspiel der Eltern und Großeltern sind folgende Akzentsetzungen festzustellen: Spielen Eltern und Großeltern Tasteninstrumente, bestehen Kontingenzen, die das Tasten, Holzblas- und Streichinstrumentenspiel betreffen. Bezüge ergeben sich ebenso zwischen dem Zupfinstrumentenspiel der Befragten und dem der Väter und Großeltern sowie zwischen dem Streichinstrumentenspiel der Amateurmusikerinnen und -musikern und dem der Eltern und Großeltern. Spielen Väter Blechblasinstrumente, werden sie auch häufiger von den Befragten als Hauptinstrumente gewählt. Beim Holzblasinstrumentenspiel ist ein Zusammenhang zwischen Müttern und Befragten erwähnenswert. Weiterhin bestehen beim Hauptinstrument Bezüge zwischen Instrumentengruppen und häuslichem Musizieren: Für die Streichinstrumentenspielerinnen und -spieler hat das familiale Musikmachen eine besondere Bedeutung.
- Zum Instrumentalspiel von Geschwistern (89 % der Befragten haben Geschwister) ergeben sich zwischen ihnen und den übrigen Befragten Übereinstimmungen beim Spiel gleicher Instrumente, was im besonderen Maße auf die Gruppe der Streichinstrumente zutrifft.
- Zu beobachten sind direkte Zusammenhänge zwischen Musikarten, die bevorzugt in Familien praktiziert wurden, und bestimmten Ensembleformationen, in denen die befragten Amateurmusikerinnen und -musiker zum Zeitpunkt der Befragung am häufigsten spielten. In erster Linie gilt das für die Kontingenz zwischen dem familialen Spiel von Klassischer Musik und den Ensemblearten Sinfonie-orchester bzw. Kammerorchester.

Eine Prüfung der Anteiligkeit von Dimensionen spezifischen elterlichen Einflusses auf musikalische Entwicklungen ihrer Kinder mit Hilfe einer Profilclusteranalyse (elterliche Anteilnahme, ausgewiesen durch Förderung des musikalischen Engagements, finanzielle Unterstützung und musikalische Anregungen) zeigte, dass in Fällen, wo von Seiten der Eltern eine starke Anteilnahme am musikalischen Werdegang ihres Kindes bzw. ihrer Kinder vorlag, Mütter insgesamt stärker involviert waren als Väter. Was eine finanzielle Unterstützung anbelangt, waren es die Väter, die etwas mehr Hilfestellungen gaben. Ziemlich gering ist – bei etwa gleicher Anteiligkeit – die Anzahl der Mütter und Väter, die sich in der Lage fühlten, ihren Kindern musikalische Anregungen zu geben.

In der Auswertung eines nachträglichen Rückblicks auf den bisherigen musikalischen Werdegang, d. h. einer von den Befragten vorgenommenen Beurteilung von

Einflussfaktoren auf der Grundlage einer dreigestuften Skala, überrascht beim Blick auf die Rangstufung kaum, dass auf den ersten Plätzen das Ensemblespiel, öffentliche Aufführungen, Kontakte zu anderen Musikerinnen und -musikern und bestimmte Instrumentallehrerinnen und -lehrer stehen. Danach folgen die Eltern: Ihr Einfluss, zu 43 % als stark bewertet (geringer Einfluss 36,3 %, kein Einfluss 20,7 %), ist in der Tendenz auf die Streichinstrumentenspieler unter den Befragten zu beziehen.

7.3   Perspektiven musikalischer Sozialisation: Teilergebnisse einer Untersuchung von Studierenden des Lehramts Musik

Weitere Befunde zur familialen Sozialisation sind einer Dissertation zur musikalischen Sozialisation von Studierenden des Lehramts Musik (vgl. Siedenburg 2009) zu entnehmen. Befragt wurden im Jahr 2004 unter schwerpunktmäßiger Anwendung quantitativer Methoden 306 Studentinnen und Studenten (Studenten: 74 = 24 %, Studentinnen 234 = 76 %), deren Herkunftsfamilien einen überwiegend hohen Bildungsstandard besitzen (62 % der Väter und 52 % der Mütter verfügen über den Schulabschluss Abitur).

Begonnen haben die Studierenden mit dem Instrumentalspiel im Alter von durchschnittlich 5,9 (Studentinnen) und 7,3 Jahren (Studenten); häufiges Einstiegsinstrument war bei 57 % der weiblichen und 45 % der männlichen Studierenden die Blockflöte. Sich hier abzeichnende geschlechtstypische Tendenzen werden verdeutlicht durch eine Gegenüberstellung der zum Befragungszeitpunkt gespielten Hauptinstrumente: Nach den Tasteninstrumenten (Klavier, Orgel, Akkordeon), die bei den Studentinnen und Studenten in unterschiedlicher Häufigkeit an erster Stelle stehen (52,2 % vs. 36,2 %), folgen bei den Studentinnen Holzblas- und Streichinstrumente, während bei den Studenten die Rangfolge Zupf-, Blech- und Schlaginstrumente lautet. Als Ergebnis der offenen Frage, wie die Studierenden zu ihrem Hauptinstrument gekommen sind, wurden am häufigsten Familie (45 %) und eigenes Interesse bzw. Begeisterung für ein jeweiliges Instrument (43 %) genannt. Dieser Befund korrespondiert mit Ergebnissen von Scheuer (1988, Familie), Bastian (1989, 1991; Begeisterung für das Instrument) und Pape und Pickert (1999; Begeisterung, Familie).

In rückblickender Bewertung wird von den Befragten der Grad des elterlichen Einflusses auf die Entwicklung ihres Interesses für Musik bzw. ihrer musikalischen Fähigkeiten nach Geschlecht unterschiedlich eingeschätzt: Während 66 % der Studentinnen einen Einfluss ihrer Mütter bejahten, war das nur bei 37 % der Studenten der Fall. Auch der Einfluss der Väter wurde von den Studentinnen höher bewertet (50 %) als von den Studenten (37 %). Unabhängig von solchen Unterschieden besteht aber auch hier ein weiterer gegensätzlicher Befund zu der schon zitierten Aussage von Zinnecker, Hasenberg und Eickhoff (1999a) über die exzeptionelle Rolle der Väter bei der Übertragung von Musikkompetenzen.

Die elterlichen Anregungen manifestieren sich in verschiedenartigen Formen. Zu ihnen gehören die Unterstützung des Instrumentalspiels (Bezahlung von

Instrumentalunterricht, Instrumentenkauf, Ermutigung zum Üben und Kontrolle des Übens, Besuch von Auftritten ihres Kindes bzw. ihrer Kinder), der gemeinsame Besuch musikalischer Veranstaltungen sowie das Musikmachen und Singen im Familienkreis. Während letzteres in der Kindheit der Studierenden erst an vierter Stelle nach Schule, Kindergarten und Allein-Singen steht, kommt dem Musikmachen in der Familie, das nach dem Musizieren in der Schule einen zweiten Rang einnimmt, eine größere, vor allem für Studentinnen geltende Bedeutung zu. Dieser gegenüber dem Singen höhere Stellenwert dürfte sich auch aus der Tatsache erklären, dass 56 % der Mütter und 48 % der Väter ein Instrument spielen.

Der Einfluss, den die Geschwister für die Entwicklung des musikalischen Interesses der befragten Studierenden gehabt haben, wurde deutlich geringer eingeschätzt als der der Eltern, was u. a. auch auf gegebene Altersunterschiede zwischen Geschwistern zurückzuführen ist.

8   Diskussion

Einer Abschlussdiskussion sind zunächst allgemeine Hinweise voranzustellen, welche die gegenwärtige Situation im Hinblick auf generelle Probleme bzw. Defizite einer familialen musikalischen Sozialisationsforschung (nochmals) beleuchten. Zu diesen Defiziten zählen zum einen die Lückenhaftigkeit von Ergebnissen und das Fehlen aktueller Studien, zum anderen die Tatsache, dass in bisherigen Untersuchungen, die sich mit Fragestellungen der familialen musikalischen Sozialisation befassen, der Fokus sich vornehmlich auf sozial privilegierte(re) Familien, d. h. auf Familien der mittleren und oberen Mittelschicht sowie der Oberschicht richtete, denen eine Förderung und Unterstützung kreativer, emotionaler und sozialer Fähigkeiten ihrer Kinder in größerem Maße möglich ist. Dagegen bleibt weitgehend terra incognita, in welchen Dimensionen und in welchen Formen sich heute familiale musikalische Sozialisation bei Kindern der Unterschicht und der unteren Mittelschicht (einschließlich Migrationshintergrund) vollzieht. Von den in der 2. World Vision Kinderstudie 2010 befragten Kindern, die ihrer Herkunft nach zu 9 % der Unterschicht und zu 18 % der unteren Mittelschicht angehören, nehmen rund 20 % die „vorhandene Armut ihres Elternhauses als persönliche Ausgrenzung" wahr oder fühlen sich „vernachlässigt und nicht hinreichend von den Eltern unterstützt" (World Vision Deutschland e.V. 2010, S. 349; für die Gesamtzahl der Kinder unter 15 Jahren, die in Hartz IV-Haushalten aufwachsen, verzeichnet die neueste Auswertung durch die Bundesagentur für Arbeit für den Zeitraum September 2006 bis September 2011 einen leichten Rückgang der Kinderarmut, wobei erhebliche regionale Unterschiede bestehen). Mit der Kenntnis musikalischer Sozialisationsvorgänge in benachteiligten Familien könnte immerhin ein kleiner Beitrag zur Entwicklung kultureller Strategien geliefert werden, welche die bestehende soziale Ungleichheit bzw. soziale Exklusion nicht zu beseitigen vermögen, jedoch bestimmte Formen dieser Ungleichheit (einschließlich des neuen bürokratischen Monsters „Bildungs- und Teilhabepaket" mit negativen Auswirkungen auf einen möglichen außerschulischen Musikunterricht für bedürftige Kinder) sowie eine um sich greifende Orientierungslosigkeit durch gezielte bildungs- und freizeitpolitische Maßnahmen etwas abschwächen könnten.

Die folgenden Aspekte versuchen in einer Art Zusammenschau, spezifische theoretische Positionen, empirische Befunde und methodische Problemstellungen der behandelten Literatur zur familialen musikalischen Sozialisation auf den Punkt zu bringen:

- Entwicklung elementarer musikalischer Fähig- und Fertigkeiten von Kindern (und Jugendlichen) hat oder haben kann. Zu diesen elementaren musikalischen Fähig- und Fertigkeiten gehören im Besonderen das Musikhören, d. h. die differenzierende Wahrnehmung von Tonhöhen, Tondauern, Klangfarben und formalen Gegebenheiten, die Wahrnehmung und Reproduktion rhythmischer Figuren, das Singen, das Spiel von (elementaren) Instrumenten (Pro- und Reproduktion melodisch-rhythmischer Gebilde), Bewegungen zur Musik (der Körper als Instrument) und Erfinden von Musik. Die Analyse der Entwicklung solcher grundlegenden musikalischen Kompetenzen bei Kindern war und ist eines der Hauptarbeitsgebiete der Musikpsychologie. Die Ergebnisse einschlägiger musikpsychologischer Untersuchungen zeigen, dass dabei Fragen nach familialen Voraussetzungen und Einflüssen meistens unberücksichtigt bleiben. Nur eine kleine Zahl von Studien thematisiert z. B. die Rolle der Eltern, die eine unterstützende und fördernde Funktion bei musikalischen Entwicklungsprozessen ihres Kindes bzw. ihrer Kinder haben können. Allerdings bedürfen solche Resultate musikpsychologischer Untersuchungen nicht selten noch genauerer Differenzierungen, um Perspektiven musikalischer Sozialisation in Hinsicht auf familiale musikbezogene Interaktionen deutlicher werden zu lassen. Dabei sind im Sinne einer angemessenen Vergleichbarkeit von Ergebnissen Hinweise auf allgemeine familiale Lebensbedingungen, vorschulische und schulische Sachverhalte sowie mögliche weitere kulturelle Unterschiede regionaler (oder auch nationaler) notwendig.
- Zur Rolle von Vätern und Müttern ergibt sich in vorliegenden Studien hinsichtlich geschlechtsdifferenzierender Aspekte einer musikalischen Interessenförderung ihrer Kinder ein disparates Bild. Während einige Untersuchungen eine stärkere emotionale Unterstützung seitens der Mütter gegenüber ihren Töchtern hervorheben und/oder eine umfangreichere gemeinsame Musikausübung von Müttern und Töchtern konstatieren, wird in einer Abhandlung die besondere Rolle von Vätern gegenüber ihren Söhnen betont.
- Welche Sozialisationseffekte in umgekehrter Weise erfolgen, d. h. in welcher Art und Weise sowie in welcher Form und Intensität musikalische Aktivitäten von Kindern Einflüsse auf musikbezogenes Verhalten und musikrelevante Einstellungen ihrer Eltern haben, ist im Einzelnen noch zu eruieren. Dabei sollte auch ein Ergebnis von Zinnecker, Hasenberg und Eickhoff (1999a) überprüft werden, wonach die „musikalisch leistungsorientierten Väter" nicht nur eine große Geltung für die musikalische Entwicklung ihrer Kinder (in erster Linie ihrer Söhne) haben, sondern „auch selbst

durch die Kinder musikalisch-leistungsbezogen aktiviert" werden (Zinnecker et al. 1999a, S. 444; s. darüber hinaus den letzten Textabschnitt).

- Untersuchungen zu Fragestellungen familialer musikalischer Sozialisation verdeutlichen die wirkungsreiche Position der Eltern in komplexen musikalischen Sozialisationsprozessen ihrer Kinder. Dagegen bleibt die Bedeutung, die Geschwister in familialen, die Musik betreffenden Relationen haben, relativ unklar. Allenfalls ist anzunehmen, dass ihr Einfluss eher in Familien zum Tragen kommt, deren musikalische Aktivitäten mehr auf den klassischen Sektor gerichtet sind. Zusammen mit der geringen Beeinflussung durch Verwandte, Freunde und Bekannte könnte sich das in einen allgemeinen gesellschaftlichen Trend oder Zustand einfügen, den man als Individualisierung oder fortschreitende Individualisierung zu bezeichnen pflegt.

- Wie die eingangs skizzierten Befunde aktueller Kinder- und Jugendstudien zu musikbezogenen Freizeitbeschäftigungen zeigen, bedarf es weiterer neuer empirischer Resultate, die Genaueres aussagen über einen sich offensichtlich ändernden Stellenwert des Musikhörens im herkömmlichen Mediennutzungsbereich. Zugleich ist die spezifische Bedeutung des Internet (neben Facebook ist hier auf die weltweit ständig wachsende Benutzung der Video-Plattform YouTube zu verweisen) und von Handy bzw. Smartphone im Umgang mit (populärer) Musik für eine Selbstpositionierung und Identitätssuche von Kindern und Jugendlichen zu eruieren. Dabei sind sowohl Fragestellungen einer Einfluss- oder Nichteinflussnahme des familialen Umfelds einzubeziehen als auch schichtabhängige Differenzierungen zu berücksichtigen.

- In Analysen zur Entwicklung musikalischer Fähig- und Fertigkeiten von Kindern und Jugendlichen und in Studien zur familialen musikalischen Sozialisation kann hinsichtlich der Ergebnissicherung ein zu Unklarheiten und Unsicherheiten führendes Kriterium darin bestehen, dass Musik mehr oder weniger nur ein Wort bleibt, das ohne jegliche Differenzierung in musikalische Genres bzw. musikstilistische Schwerpunktbildungen auskommt.

- Unabhängig von einem hier nicht zu führenden Diskurs über die allgemeine Problematik des Begriffs „Selbstsozialisation" (vgl. u. a. Veith 2008, S. 49; Beer und Bittlingmayer 2008, S. 64f.), gibt dieser bei Zinnecker, Hasenberg und Eickhoff genannte Terminus Anlass zur Ergänzung. Gemeint ist mit Selbstsozialisation in erster Linie das Üben: „Im Fall von aktiver Musikkultur, die Singen, Musikinstrumente, Teilnahme an Musikgruppen umfasst, erweist sich langjähriges Üben als besonders bedeutsam, ebenso wie die Bereitschaft der Eltern, in diese Aktivitäten durch Musikschulen, Noten usw. zu investieren" (Silbereisen und Zinnecker 1999, S. 33). Dem ist allerdings hinzuzufügen, dass Üben nicht ausschließlich als ein Akt persönlicher Selbstregulierung bzw. als eigenständige Aneignung musikalischer Handlungskompetenz, sondern auch als Vorgang eines interaktiven Austausches (Instrumentallehrerin oder -lehrer, Eltern, möglicherweise auch Geschwister oder weitere familiennahe Personen) aufzufassen ist.

- Die zum Instrumentalspiel vorliegenden Ergebnisse dokumentieren in Fragen einer Impulsgebung zum Erlernen und Spiel von Instrumenten, dass der Familie als

Sozialisationsinstanz eine nicht zu unterschätzende Funktion zukommt. Sie kann sich noch erhöhen, wenn Eltern selbst ein Instrument spielen. Allerdings sollte der Stellenwert elterlicher Einflüsse für die Gesamtheit von Instrumente spielenden Kindern und Jugendlichen auch nicht überbewertet, d. h. als allein ausschlaggebendes Charakteristikum musikalischer Werdegänge angesehen werden. Um zu einer angemessenen Beurteilung zu kommen, sind je nach Adressatenkreis differenzierte Betrachtungsweisen erforderlich. Talentierte Instrumentalistinnen und Instrumentalisten aus dem klassischen Bereich erfahren meistens eine große elterliche Unterstützung. Wie dagegen die Amateurmusikerinnen und -musiker-Studie von Pape und Pickert (1999) demonstriert, ist die Rolle des Elternhauses in Bezug auf die Gesamtstichprobe deutlich weniger dominant, d. h. der familiale Hintergrund erweist sich für das Erlernen und Spiel von Instrumenten als eine Form von Lebensqualität, aber eben nur als eine unter anderen (nur beim Streichinstrumentenspiel besteht eine gewisse Ausnahme). Zudem dürften bestehende regionale (nationale) musikalische Traditionen und Gegebenheiten (z. B. im Hinblick auf die Bedeutung der Blasmusik) eine Rolle spielen. Schließlich ist als ergänzende Anmerkung hinzuzufügen, dass unabhängig davon Musikinstrumente, ob in einer Familie vorhanden oder nicht, eine bemerkenswerte motivationale Funktion als Auslöser für instrumentales Lernen haben können, was in unterschiedlichen Stichprobenzusammensetzungen, die das Instrumentalspiel thematisieren, als fast durchgehendes Kriterium gilt.

- Wenn vom Instrumentalspiel die Rede ist, wird vielfach nur von den Realitäten der so genannten E-Musik ausgegangen, wo eine kontinuierliche instrumentale Ausbildung zur Regel gehört. Eine solche instrumentale Unterweisung trifft jedoch nicht für alle Anfangsstadien instrumentalen Lernens zu. Das belegen u. a. Teilergebnisse verschiedener empirischer Untersuchungen, die im Kontext der Thematik Amateurmusiker (vgl. Clemens 1983; Ebbecke und Lüschper 1987; Niketta und Volke 1994; Reimers 1996; Pape und Pickert 1999) oder Lehramtsstudentinnen und -studenten im Fach Musik (vgl. Siedenburg 2009) das autodidaktische Lernen ansprechen, das vor allem in den Bereichen Jazz und Rock/Pop eine Rolle spielt. Damit eröffnet sich ein weites Feld für Diskussionen (z. B. über Möglichkeiten und Grenzen des autodidaktischen Lernens), die aber aus Sach- und Platzgründen hier nicht geführt werden können. Stattdessen sind nur einige Hinweise möglich: Äußerlich gesehen ist mitunter das autodidaktische Lernen durch den Umstand begründet, dass einer Familie finanzielle Mittel für Instrumentalunterricht nicht zur Verfügung stehen oder kompetente Lehrkräfte in einer jeweiligen Region fehlen. Im Blickwinkel familialer musikalischer Sozialisationsprozesse kann autodidaktisches Lernen ein Motivationsfaktor für musikalische Aktivität und Kreativität sowie ein Movens persönlicher und musikalischer Selbstfindung und Selbstverwirklichung sein (vgl. Kleinen 2000; Kleinen und von Appen 2007). Zudem bietet es Jugendlichen Optionen, sich gegenüber dem elterlichen bzw. häuslichen Musikgeschmack abzugrenzen.
- Neben inhaltlichen Aufgabenstellungen, die sich bei einer Beschäftigung mit musikalischer Sozialisation ergeben, können Schwierigkeiten methodischer Art auftreten,

wenn – wie in der Forschungspraxis üblich – nur ein Untersuchungsverfahren angewendet wird bzw. aus forschungspragmatischen Gründen angewendet werden kann.
Ein Beispiel, das eine dieser methodischen Vorgehensweisen betrifft, möge das verdeutlichen: Immer wieder wurde und wird in musikpädagogischer und musikwis-
senschaftlicher Fachliteratur darauf hingewiesen, dass die musikalische Sozialisation
von Instrumentalistinnen und Instrumentalisten aus dem Bereich der populären Musik grundsätzlich anders verlaufe als die von Instrumentalisten aus dem so
genannten E-Musik-Sektor. Bei der Untersuchung musikalischer Werdegänge von
Amateurmusikerinnen und -musikern war eine Hypothese der Studie von Pape und
Pickert (1999) genau auf einer solchen Argumentationsebene angesiedelt. Eine ver-
lässliche Verifizierung dieser Hypothese gelang jedoch nicht. Als Grund könnte
dafür verantwortlich sein, dass in methodischer Hinsicht das benutzte quantitative
Verfahren dem komplizierten Sachverhalt nicht in jeder Weise adäquat war. Außer
quantitativen auch qualitative Untersuchungsmethoden ergänzend hinzuzuziehen,
ist allerdings leicht zu fordern, bedeutet jedoch für die Planung, Durchführung und
Auswertung eines Forschungsprojekts zur musikalischen Sozialisation von Kindern
und Jugendlichen einen großen zeitlichen, personellen und vor allem finanziellen
Aufwand.

- Zu diskutieren ist schließlich ein methodisches Spezifikum, das in der Studie von
  Zinnecker, Hasenberg und Eickhoff (1999a) angewandt, aber nicht näher erläutert
  wird: Gemeint ist die Selbsteinschätzung musikalischer Fähig- und Fertigkeiten
  nach Schulnoten. Bei den Eltern ergänzt durch Fragen nach Musik als Hobby und
  Musik als Lieblingsfach, setzen sich, wie bereits an anderer Stelle erwähnt, diese
  Kompetenzen zusammen aus dem Instrumentalspiel, der Mitgliedschaft in einem
  Chor und Spiel in einem Orchester bzw. in einer Band. Abgesehen von allgemeinen personalen Voraussetzungen zu Befragender (intellektuelle Flexibilität, soziales Engagement) und einer damit in der Regel schichtbedingten Begrenzung der
  empirischen Basis ist für Eltern eine solche Selbsteinschätzung ihres musikalischen Leistungsstands deshalb so kompliziert, weil sie mit einem großen Spektrum
  unterschiedlichster musikalischer Erfahrungen, Einstellungen, Meinungen und
  Handlungsweisen einhergeht. So kann z. B. dieses Spektrum von einem äußerst
  geringen Stellenwert der Musik in bestehenden persönlichen Lebensumständen
  oder einer vermeintlichen Unfähigkeit zu singen (in allgemeinen Umfragen häufig
  erwähnt) bis zur Überbewertung des eigenen musikalischen Leistungsvermögens
  reichen. Für Kinder und Jugendliche stellt eine Selbsteinschätzung des instrumentalen Leistungsniveaus in Anbetracht ihres noch relativ geringen musikalischen
  Erfahrungshorizonts eine Überforderung dar. Selbst Fachleute, die bei einer offiziellen Begutachtung instrumentalen Könnens von Kindern und Jugendlichen
  involviert sind oder waren (etwa beim Wettbewerb „Jugend musiziert"), wissen, wie diffizil sich in manchen Fällen eine Beurteilung (Benotung) instrumentaler Leistungen erweisen kann. Aus diesen Gründen liefert eine Auswertung
  von Selbsteinschätzungen nur Fingerzeige auf die Realitäten musikalischen

Leistungsvermögens. Auch bei der Frage nach dem Musikinteresse muss das Ergebnis ohne musikstilistische Orientierungshinweise eher vage bleiben. Nachzufragen bleibt weiterhin, welche Einschränkungen sich damit für eine Übertragung musikalischer Kompetenzen zwischen Eltern und Kindern bzw. Vater und Sohn ergeben können, die in wesentlichen Teilen auf der Selbsteinschätzung der Befragten beruht. Außerdem werden an dieser Stelle wieder die Grenzen quantitativer Untersuchungsverfahren deutlich.

Literatur

Badur, I.-M. (1999). Musikalische Sozialisation in der Familie Ein Forschungsüberblick. In C. Bullerjahn, H.-J. Erwe, & R. Weber (Hrsg.), *Kinder – Kultur. Ästhetische Erfahrungen Ästhetische Bedürfnisse* (S. 107–130).Opladen: Leske & Budrich.

Badur, I.-M. (2007). Selbstinitiierte musikbezogene Aktivitäten von Kindern im Grundschulalter. Teilergebnisse des Forschungsprojekts „Kind & Musik". In W. Auhagen, C. Bullerjahn, & H. Höge (Hrsg.), *Musikalische Sozialisation im Kindes- und Jugendalter. Jahrbuch der Deutschen Gesellschaft für Musikpsychologie* (Bd. 19, S. 54–70). Göttingen: Hogrefe.

Bastian, H. G. (1989). *Leben für Musik. Eine Biographie-Studie über musikalische (Hoch)-Begabungen*. Mainz: Schott.

Bastian, H. G. (1991). *Jugend am Instrument. Eine Repräsentativstudie*. Mainz: Schott.

Beckers, E., & Beckers, R. (2008). *Faszination Musikinstrument – Musikmachen motiviert. Bericht über die zweijährige Evaluationsforschung zum Bochumer Projekt „Jedem Kind ein Instrument"*. Münster: LIT.

Beer, R., & Bittlingmayer, U. (2008). Die normative Verwobenheit der Sozialisationsforschung. In K. Hurrelmann, M. Grundmann, & S. Walper (Hrsg.), *Handbuch Sozialisationsforschung* (S. 56–69). Weinheim: Beltz.

Clemens, M. (1983). Amateurmusiker in der Provinz Materialien zur Sozialpsychologie von Amateurmusikern. In W. Klüppelholz (Hrsg.), *Musikalische Teilkulturen. Musikpädagogische Forschung* (4. Bd., S. 108–143). Laaber: Laaber.

Dai, D., & Schader, R. M. (2001). Parents' intrinsic/extrinsic reasons for supporting their childs musical training. *Roeper Review, 24*(1), 23–26.

Davidson, J. W. (1995). Are there early signs of musical ability? *Psychology of Music, 23*, 162–176.

Davidson, J. W., Sloboda, J. A., & Howe, M. J. A. (1995/1996). The role of parents and teachers in the success and failure of instrumental learners. *Bulletin of the Council for Research in Music Education, 127*, 40–44.

Dollase, R., Rüsenberg, M., & Stollenwerk, H. J. (1986). *Demoskopie im Konzertsaal*. Mainz: Schott.

Doxey, C., & Wright, C. (1990). An explorator study of children's music ability. *Early Childhood Research Quaterly, 5*, 425–440.

Ebbecke, K., & Lüschper, S. (1987). *Rockmusiker-Szene intern. Fakten und Anmerkungen zum Musikleben einer industriellen Großstadt. Befragung Dortmunder Musiker*. Stuttgart: Marohl.

Freeman, J. (1974). Music and artistic talent in children. *Psychology of Music, 2*(1), 5–12.

Fung, C. V., Lee, M., & Chung, S. E. (1999/2000). Music style preferences of young students in Hong Kong. *Bulletin of the Council for Research in Music Education, 143*, 50–54.

Gembris, H., & Schellberg, G. (2007). Die Offenohrigkeit und ihr Verschwinden bei Kindern im Grundschulalter. In W. Auhagen, C. Bullerjahn, & H. Höge (Hrsg.), *Musikalische Sozialisation im Kindes- und Jugendalter. Jahrbuch der Deutschen Gesellschaft für Musikpsychologie* (Bd. 19, S. 71–92). Göttingen: Hogrefe.

Geulen, D. (2010). Sozialisationstheoretische Ansätze. In H.-H. Krüger & C. Grunert (Hrsg.), *Handbuch Kindheits- und Jugendforschung* (2. Aufl., S. 85–102). Wiesbaden: VS Verlag für Sozialwissenschaften.

Howe, M. J. A., & Sloboda, J. A. (1991). Young musicians' accounts of significant influences in their early lives. The family and their musical background. *British Journal of Music Education, 8*, 39–52.

Hurrelmann, K., Grundmann, M., & Walper, S. (2008). *Handbuch Sozialisationsforschung* (7. Aufl.). Weinheim-Basel: Beltz.

Jenkins, J. M. D. (1976). *The relationship between maternal parents' musical experience and the musical development of two — and three-years-old girls.* University of North Texas.

Kelly, L., & Sutton-Smith, B. (1987). A study of infant musical productivity. In J. C. Peery, I. W. Peery, & T. W. Draper (Hrsg.), *Music and child development* (S. 35–53). New York: Springer.

Kleinen, G. (1981). Musikalische Sozialisation – Sind Kurskorrekturen möglich? *Musik und Kommunikation, 8*, 4–22.

Kleinen, G. (1997). Sozialisation – Entwicklung – Selbstfindung. In S. Helms, R. Schneider, & R. Weber (Hrsg.), *Handbuch des Musikunterrichts* (Bd. 1–3, S. 11–20). Kassel: Bosse.

Kleinen, G. (2000). Entmythologisierung des autodidaktischen Lernens. In H. Rösing & Th. Phleps (Hrsg.), *Beiträge zur Popularmusikforschung* (Bd. 25/26, S. 123–139). Karben: CODA.

Kleinen, G., & von Appen, R. (2007). Motivation und autodidaktisches Lernen auf dem Prüfstand. Zur biografischen Bedeutung des Engagements in Schülerbands. In W. Auhagen, C. Bullerjahn, & H. Höge (Hrsg.), *Musikalische Sozialisation im Kindes- und Jugendalter. Jahrbuch der Deutschen Gesellschaft für Musikpsychologie* (Bd. 19, S. 105–127). Göttingen: Hogrefe.

Linzenkirchner, S., & Eger-Harsch, G. (1995). *Gute Noten mit kritischen Anmerkungen. Wirkungsanalyse der Wettbewerbe „Jugend musiziert" 1984 bis 1993.* München: Deutscher Musikrat.

Manturzewska, M. (1995a). Das elterliche Umfeld herausragender Musiker. In H. Gembris, R.-D. Kraemer, & G. Maas (Hrsg.), *Musikpädagogische Forschungsberichte* (S. 11–22). Augsburg: Wißner.

Manturzewska, M. (1995b). Unterschiedliche Verläufe musikalischer Werdegänge im Licht biographischer Interviews mit zeitgenössischen polnischen Musikern. In H. Gembris, R.-D. Kraemer, & G. Maas (Hrsg.), *Musikpädagogische Forschungsberichte* (S. 23–39). Augsburg: Wißner.

Nauck-Börner, C. (1981). Perspektiven einer ökologischen Theorie der musikalischen Sozialisation. In K.-E. Behne (Hrsg.), *Musikalische Sozialisation. Musikpädagogische Forschung* (Bd. 2, S. 74–84). Laaber: Laaber.

Niketta, R. & Volke, E. (1994). *Rock und Pop in Deutschland. Ein Handbuch für öffentliche Einrichtungen und andere Interessierte.* Kulturhandbücher NRW, Bd. 5 (hrsg. v. Sekretariat für gemeinsame Kulturarbeit in Nordrhein-Westfalen). Essen: Klartext.

Pape, W. (1996). Aspekte musikalischer Sozialisation. In H. Rösing (Hrsg.), *Mainstream – Underground – Avantgarde. Beiträge zur Popularmusikforschung* (Bd. 18, S. 80–110). Karben: CODA.

Pape, W. (1997). Perspektiven musikalischer Sozialisation. In R.-D. Kraemer (Hrsg.), *Musikpädagogische Biographieforschung. Musikpädagogische Forschung* (Bd. 18, S. 140–167). Essen: Die Blaue Eule.

Pape, W. (1998). Familiale Einflüsse auf das Erlernen von Instrumenten bei Kindern und Jugendlichen. In M. v. Schoenebeck (Hrsg.), *Entwicklung und Sozialisation aus musikpädagogischer Perspektive Musikpädagogische Forschung.* Essen: Die Blaue Eule. S. 111–130.

Pape, W. (2002). Mehr Fragen als Erkenntnisse zur musikalischen Sozialisation. In B. Hoffmann, F. Kerschbaumer, F. Krieger, & T. Phleps (Hrsg.), *jazzforschung, jazzresearch. 34 (2002).*

Festschrift Ekkehard Jost zum 65. Geburtstag (S. 177–197). Graz: Akademische Druck- und Verlagsanstalt.

Pape, W. (2007). Amateurmusiker. In H. de la Motte-Haber & H. Neuhaus (Hrsg.), *Musiksoziologie. Handbuch der Systematischen Musikwissenschaft* (Bd. 4, S. 244–259). Laaber: Laaber.

Pape, W., & Pickert, D. (1999). *Amateurmusiker. Von der klassischen bis zur populären Musik. Perspektiven musikalischer Sozialisation.* Frankfurt, Main: Peter Lang.

Peuckert, R. (2008). *Familienformen im sozialen Wandel* (7. Aufl.). Wiesbaden: VS Verlag für Sozialwissenschaften.

Reimers, A. (1996). *Laienmusizieren in Köln.* Köln: Concerto.

Rösing, H. (1995). Musikalische Sozialisation. In S. Helms, R. Schneider, & R. Weber (Hrsg.), *Kompendium der Musikpädagogik* (S. 349–372). Regensburg: Bosse.

Scheuer, W. (1988). *Zwischen Tradition und Trend. Schott: Die Einstellung Jugendlicher zum Instrumentalspiel. Eine empirische Untersuchung.* Mainz: Schott.

Schneewind, K. A. (2008). Sozialisation in der Familie. In K. Hurrelmann, M. Grundmann, & S. Walper (Hrsg.), *Handbuch Sozialisationsforschung* (7. Aufl., S. 256–273). Weinheim-Basel: Beltz.

Shell Deutschland. (Hrsg.) (2002). Jugend 2002. 14. Shell Jugendstudie. Frankfurt, Main: Fischer TB Verlag.

Shell Deutschland. (Hrsg.) (2006). Jugend 2006. 15. Shell Jugendstudie. Frankfurt, Main: Fischer TB Verlag.

Shell Deutschland. (Hrsg.) (2010). Jugend 2010. 16. Shell Jugendstudie. Frankfurt, Main: Fischer TB Verlag.

Siedenburg, I. (2009). Geschlechtstypisches Musiklernen. Eine empirische Untersuchung zur musikalischen Sozialisation von Studierenden des Lehramts Musik. Osnabrück: eposMusic.

Silbereisen, R. K. & Zinnecker, J. (Hrsg.) (1999). Entwicklung im sozialen Wandel. Weinheim: Beltz.

Silbermann, A. (1976). *Der musikalische Sozialisierungsprozeß. Eine soziologische Untersuchung bei Schülern – Eltern – Musiklehrern.* Köln: Greven.

Sloane, K. D. (1985). Home influences on talent development. In B. S. Bloom (Hrsg.), *Developing talent in young people* (S. 439–476). New York: Ballantine Books.

Sloboda, J. A., & Davidson, J. W. (1996). The young performing musician. In I. Deliège & J. A. Sloboda (Hrsg.), *Musical beginnings. origins and development of musical competence* (S. 171–190). Oxford: Oxford University Press.

Sloboda, J. A., & Howe, M. J. A. (1991). Biographical precursors of musical excellence: An interview study. *Psychology of Music, 19,* 3–21.

Stadler Elmer, S. (2000). *Spiel und Nachahmung. Über die Entwicklung der elementaren musikalischen Aktivitäten.* Aarau: H. & B. Schneider.

Statistisches Bundesamt. (Hrsg.) (2010). Statistisches Jahrbuch 2010. Wiesbaden.

Statistisches Bundesamt: Pressemitteilung Nr. 294, 12.08.2011.

Veith, H. (2008). Die historische Entwicklung der Sozialisationstheorie. In K. Hurrelmann, M. Grundmann, & S. Walper (Hrsg.), *Handbuch Sozialisationsforschung* (7 Aufl., S. 32–55). Weinheim: Beltz.

Vogl, M. (1993). *Instrumentenpräferenz und Persönlichkeitsentwicklung. Eine musik- und entwicklungspsychologische Forschungsarbeit zum Phänomen der Instrumentenpräferenz bei Musikern und Musikerinnen.* Frankfurt, Main: Peter Lang.

World Vision Deutschland e.V. (Hrsg.) (2010). *Kinder in Deutschland 2010.* Frankfurt, Main: Fischer TB Verlag

Zdzinski, S. F. (1996). Parental envolvement, selected student attributes, and learning outcomes in instrumental music. *Journal of Research in Music Education, 1*, 34–48.

Zinnecker, J., Hasenberg, R., & Eickhoff, C. (1999a). Musikalische Kompetenzen: Selbstsozialisation oder musikalisches Erbe der Familie? In R. K. Silbereisen & J. Zinnecker (Hrsg.), *Entwicklung im sozialen Wandel* (S. 429–444). Weinheim: Beltz.

Zinnecker, J., Hasenberg, R., & Eickhoff, C. (1999b). Geschlechtsdifferenzierende Erziehung in der Familie. In R. K. Silbereisen & J. Zinnecker (Hrsg.), *Entwicklung im sozialen Wandel* (S. 299–316). Weinheim: Beltz.

Stars, Musikstars, Castingstars: Zum Verhältnis von medialen Starinszenierungen und Identitäts- und Entwicklungsprozessen im Jugendalter

7

Marcel Eulenbach

Zusammenfassung

Beginnend mit begriffstheoretischen Erläuterungen zu ‚Idol‘ und ‚Vorbild‘ widmet sich der vorliegende Beitrag insbesondere der begrifflichen Klärung des Phänomens ‚Star‘. Genese und Wandel von (Musik-)Stars werden skizziert, woraus sich ebenfalls Einschätzungen aktueller Starphänomene (Castingstars) ergeben. Neben dieser Perspektive auf die mediale Angebotsseite der Starinszenierungen wird ein sozialisations- und identitätstheoretischer Zugang entwickelt, um die Auseinandersetzungen von Jugendlichen mit den über mediale Bilder und Narrationen erfahrbaren Musikstars zu analysieren. Im Rückgriff auf Überlegungen der sogenannten Patchwork-Identität können Prozess- und Sinnstrukturen der Sozialisation mit Musikstars erschlossen werden. Die Sichtweise der Patchwork-Identität wird mit musikbezogenen Medienaktivitäten von Heranwachsenden verbunden. Schließlich wird der Blick auf die empirische Befundlage zur Sozialisationsrelevanz von Musikstars im Jugendalter gelenkt. In den dazu vorliegenden Studien variieren die Schwerpunkte, sie liegen bspw. auf Identitätsprozessen bei Fans bestimmter internationaler Superstars, auf der geschlechtsspezifisch konturierten Aneignung von Boygroups in Mädchencliquen oder auf dem Umgang Jugendlicher mit den Stars als Repräsentanten von geschlechterdualistischen Rollenbilder.

Schlüsselwörter

Medien • Musik • Popmusik • Jugendmedien • Mediennutzung • Medienhandeln • Stars • Musikstars • Popstars • Castingstars • Boygroups • Starimage • Vorbilder • Idole • Identifikation • Entwicklungsaufgaben • Identität • Identitätsentwicklung •

M. Eulenbach (✉)
Justus-Liebig-Universität Gießen, Institut für Erziehungswissenschaft, Karl-Glöckner-Straße 21b, 35394 Gießen, Deutschland
e-mail: Marcel.Eulenbach@erziehung.uni-giessen.de

R. Heyer et al. (Hrsg.), *Handbuch Jugend – Musik – Sozialisation,*
DOI: 10.1007/978-3-531-18912-3_7, © Springer Fachmedien Wiesbaden 2013

Identitätsarbeit • Identitätsbildung • Geschlechtsidentität • Patchwork-Identität • Musikclips • Video-Clips • parasoziale Interaktion • Robbie Williams • Eminem • Britney Spears • Jeanette Biedermann • DSDS • Deutschland sucht den Superstar

1 Einleitung

Im Zentrum dieses Beitrags stehen die vielfältigen Auseinandersetzungen Jugendlicher mit prominenten Personen aus dem weiten Feld der Popmusik. Popmusik soll hier in Anlehnung an Baacke (1999) und Wicke (2001) als Sammelbegriff für unterschiedliche Stile der populären Musik verstanden werden, also nicht zur stilistischen Abgrenzung von Pop gegenüber Hip-Hop, Heavy Metal etc. Charakteristisch für Popmusik und die gesamte Populärkultur ist, dass ihre Bedeutungen nicht durch die Warenform dieser Kulturgüter festgelegt sind, sondern erst durch deren soziale Gebrauchsweisen hervorgebracht werden (vgl. Winter 1995; Fiske 2000). Im Anschluss an die Einleitung soll es im *zweiten Teil* dieses Beitrags zunächst um die Begriffe *Idol* und *Vorbild* gehen, die häufig herangezogen werden, wenn die Bedeutung prominenter Musiker und Musikerinnen im Jugendalter zur Diskussion steht. Im Weiteren soll insbesondere auf das Phänomen Star eingegangen werden, das an bestimmte Voraussetzungen und Konstitutionsbedingungen gebunden ist. Da der Star in historischer Perspektive unauflösbar mit der aufkommenden Populärkultur verbunden und ebenso wie diese von einem Beziehungsgeflecht technologischer, sozialer und wirtschaftlicher Prozesse geprägt ist (vgl. Wicke 2001, S. 13f.), werden die Bestimmungsmerkmale von Stars auf historische Entstehungsmomente zurückgeführt. Nach den allgemeinen Merkmalen von Stars wird dann im *dritten Teil* auf die spezifischen Merkmale von *Musikstars* fokussiert. Ebenfalls kommen mit den sogenannten *Castingstars* neuere Entwicklungen im Bereich der Popmusik zur Sprache. Diese Vorgehensweise zielt darauf ab, historische Genese und Aktualität des Starphänomens zusammenzubringen. Für diese beiden Teile bilden aktuelle Fachdiskurse aus den Medien-, Musik- und Kulturwissenschaften die theoretischen Bezugsgrößen. Der *vierte Teil* dieses Beitrags geht von den jugendlichen Rezipientinnen und Rezipienten aus und steckt den Rahmen *theoretischer Zugriffsmöglichkeiten* auf die zu erklärenden Aspekte ab. Erkenntnisse zur Sozialisationsrelevanz von Musik- und Castingstars sind auf grundlegende Einsichten in Entwicklungsprozesse und sozialkulturelle Lebensbedingungen des Jugendalters angewiesen. Den Ausgangspunkt dafür bildet die Vorstellung, dass Jugendliche mit den medial repräsentierten Musikstars einen Erfahrungsraum konstituieren, in dem die Auseinandersetzung mit den symbolischen Materialien von den Themen dieses Lebensabschnitts angeleitet wird. Dazu gehört auch, dass Medieninhalte mit Prozessen alltäglicher *Identitätsarbeit* in Zusammenhang gebracht werden können (vgl. Keupp 2009, S. 56). Die Medien erweitern die Möglichkeitsräume für Identitätsarbeit, denn sie stellen geradezu ein Panoptikum grenzenloser, symbolisch verfügbarer Erfahrungen dar. Allerdings wird der Zusammenhang von Medien und

Sozialisation durchaus kontrovers diskutiert (vgl. Hoffmann und Mikos 2010). Wenn hier von Identitätsarbeit mit Medien die Rede ist, wird die Perspektive der qualitativen Rezeptionsforschung zugrunde gelegt (vgl. Krotz 2005, S. 43; Fritzsche 2007, S. 30f.). Medienkommunikation ist demnach als eine Form sozialen Handelns zu verstehen. Die Rezipientinnen und Rezipienten der Medienbotschaften werden nicht als Zielscheibe kausaler Medienwirkungen betrachtet, sondern sie geben den symbolischen Materialien eigene, subjektive und kreative Bedeutungen und handeln damit zugleich ihr Selbstbild aus. Ferner betont diese Perspektive die Verbindung von Mediennutzung und Alltagspraxis. Erst solche theoretischen Anschlüsse lassen die Sozialisationsproposition in der Analyse der Medienbeziehungen Jugendlicher zu ihren Musikstars plausibel erscheinen. Im *fünften Teil* dieses Beitrags geht es um *empirische Ergebnisse* zu Aneignungsmustern und Identitätsprozessen Jugendlicher im Austausch mit den Popstars. Die dafür getroffene Auswahl der Studien und Befunde ergibt sich zum einen aus dem Referenzrahmen der Sozialisations- und Identitätstheorie. Folglich interessieren vorrangig Studien, welche die Persönlichkeitsentwicklung bzw. bestimmte Identitätsfacetten in den Zusammenhang der Medien- und Musiknutzung stellen. Dies ist üblicherweise mit der Entscheidung für ein qualitatives Untersuchungsdesign verbunden. Die Auswahl der Studien und Befunde ergibt sich zum anderen aus der konsequenten Begrenzung des Gegenstandes auf Musikstars als ‚Personifizierungen‘ von Popmusik. Somit fallen solche Studien weg, die sich dem Zusammenhang von Jugend und Popmusik unter einem anderen Schwerpunkt widmen. Wenn bspw. die medienpsychologische Forschung an der Stimmungsregulation durch Musik interessiert ist, so sind darauf bezogene Studien für den hier zu behandelnden Zusammenhang als randständig zu betrachten. Musik wird in diesem Fall vor allem als akustischer Stimulus behandelt und nicht als ein sozialkulturelles Symbolsystem, das durch die Musikstars gewissermaßen als Gesamtarrangement erfahrbar wird. Nur im zweiten Fall aber kann Popmusik als Trägerin sozialer Bedeutungen in Identitätsprozesse einbezogen werden. Auch wenn in der Darstellung der empirischen Befunde Hauptergebnisse, fallvergleichende Betrachtungen und Schlussfolgerungen zentral sind, wird doch auch Wert darauf gelegt, dass die verschiedenen Studien vor dem Hintergrund unserer Fragestellung nicht ‚ausgeschlachtet‘ werden, sondern dass sie in ihrem je spezifischen Gegenstandsbezug erhalten bleiben. Die Leserinnen und Leser sollen durch die recht ausführlichen Ergebnisdarstellungen Gelegenheit bekommen, die inneren Fallstrukturen zumindest ausschnittweise nachvollziehen zu können. Der Beitrag schließt mit einem kurzen Ausblick.

2   Idol, Vorbild und Star

Grundsätzlich ist davon auszugehen, dass ‚Musik hören‘ eine bedeutende Dimension in jugendlichen Lebenswelten darstellt (vgl. Shell Deutschland Holding 2010, S. 96) und dass die Interpretinnen und Interpreten der Popmusik als beliebte Begleiterinnen und Begleiter gelten, zu denen sich viele Heranwachsende vorübergehend oder langfristig hingezogen fühlen. Aktuelle Veröffentlichungen verwenden den Anglizismus Star für bewunderte Medienpersonen in jugendkulturell geprägten Lebenswelten. Der Musikstar bildet dabei einen spezifischen Typus, Stars können jedoch aus den verschiedenen Öffentlichkeitsfeldern hervorgehen. Ebenfalls gebräuchlich ist der Begriff *Idol*, der etymologisch vom griechischen *eidos* bzw. *eidolon* abstammt (,Bild', ,Gestalt', ,Abbild'). Mit dem Begriff Ikone verwandt, bezeichnet ,Idol' also die visuelle Repräsentation von etwas (vgl. Uka 2003, S. 255). Allerdings wurde der Begriff auch im Sinne von Trug- oder Götzenbild verwendet (Idolatrie). Haftet dem ,Idol' bis heute diese pejorative Bedeutung als falsches Ideal an, wird ,Star' zunehmend wertfrei oder sogar positiv verwendet (vgl. ebd., S. 256). Doch auch die Rede vom Star setzt dessen visuelle Repräsentation voraus, zum Star gehört sein bildhaft vermitteltes ,Starimage'. Damit ist verbunden, dass die Vermittlung des Starimages auf technische Bilder, also auf Medien wie bspw. Fotografie und Fernsehen angewiesen ist (vgl. Richard und Krüger 1997, S. 536). In wissenschaftlichen Diskursen werden ,Star' und ,Idol' meist bedeutungsgleich verwendet, neben der synonymen Verwendungsweise existieren aber auch Differenzierungsvorschläge. Keller (2008) geht ebenso wie Wegener (2008) davon aus, dass das Idol die Steigerungsform des Stars darstellt. Idole werden meist posthum ausgerufen und zeichnen sich in dieser Perspektive durch Mythen- und Legendenbildung aus. Nach dem Tod eines Stars entsteht das Bedürfnis, dessen kontingente Lebens- und Todesumstände durch Mythenbildung zu verarbeiten und ihnen damit einen höheren Sinn zu verleihen. *James Dean, Elvis Presley, John Lennon* oder *Kurt Cobain* sind Beispiele für solche Idolisierungs- und Mythologisierungsprozesse (vgl. Keller 2008, S. 113ff.; Krützen 2002, S. 70). Ferner setzt das Idol die Verehrung durch eine massenhafte Anhängerschaft voraus, wodurch die Begeisterung des Einzelnen eine kollektive Bestätigung findet. Die Stellung des Idols ist überdies besonders gefestigt, weil es über nationale Grenzen hinweg verehrt wird. Als weiteres Attribut wird auf seine charismatische Ausstrahlung hingewiesen, die vielfach mit Unnahbarkeit oder sogar Überweltlichkeit in Verbindung gebracht wird (vgl. Wegener 2008, S. 27f.; Sommer 1997, S. 115).

Zur Kennzeichnung bedeutsamer Anderer, auf die sich die personale Orientierung Heranwachsender richten kann, wird ebenfalls der Vorbildbegriff verwendet. Der Diskurs um *Vorbilder* ist nach Griese (2000) pädagogischer und psychoanalytischer Provenienz. Gemäß der psychoanalytischen Fundierung sind Vorbilder wesentliche Elemente in der Ausbildung des ,Über-Ichs' oder ,Ich-Ideals' und liefern Orientierungen bzw. Maßstäbe für eigene Werte und Verhaltensweisen (vgl. Griese 2000, S. 215.). Zentral ist die Identifikation, der „Vorgang, durch den ein Subjekt einen Aspekt, eine Eigenschaft, ein Attribut eines anderen assimiliert und sich vollständig oder teilweise nach dem *Vorbild* des anderen umwandelt" (Mitscherlich zit. n. Griese 2000, S. 216). Neben der Kindheit werden Vorbilder in der Jugendphase virulent, weil der Aufbau des eigenen Selbstbildes auch zur Abwendung von den gewohnten Vorbildern führt. Für die Adoleszenz wird unter Verweis auf die grundlegenden Arbeiten Erik H. Eriksons (z. B. 1973/2003) auf die Suche nach Vorbildern für den Aufbau einer eigenständigen

Identität hingewiesen, welche mit Wertbindungen und Überzeugungen sowie zu erwerbenden psychosozialen Kompetenzen verbunden ist (vgl. Stamm 2008, S. 49). Die Vorbildthematik hat das pädagogische Denken immer begleitet. Vorbilder der Aufklärungspädagogik zeichnen sich bspw. durch die glaubwürdige Lebensführung einer Person aus, durch ihr Beispiel der „Lebbarkeit sittlicher Selbstbestimmung" (Frost 1996, S. 107). Das Vorbild ist dann bildhafter Ausdruck eines hohen Anspruchs, dem die ‚vorbildnehmende‘ Person nachfolgen möchte. Die Vorbildeigenschaften verweisen stets auf Aspekte eines gelingenden und sinnerfüllten Lebens (vgl. ebd., S. 108). In dieser Denktradition sind Vorbilder überzeugende und unangefochtene Modelle der idealen Lebensführung.

Mit Blick auf die Nachkriegszeit hebt Griese (2000) die mit dem Vorbildbegriff verbundene normative Dimension hervor und weist auf die an (vermeintliche) Krisenzeiten gebundenen Konjunkturen von ‚Vorbilddebatten‘ hin. So besteht ein bis heute geläufiges Deutungsmuster darin, zeitkritische Diagnosen zur Befindlichkeit der Jugend mit dem Diskurs um (fehlende) Vorbilder zu verknüpfen. Dieser Zusammenhang kann exemplarisch an den psychoanalytischen Auffassungen der 1970er und 1980er Jahre abgelesen werden: Die Rede vom ‚narzisstischen Sozialisationstyp‘, in dem sich vielfältige Problemzuschreibungen an die Jugend bündelten (falsche Vorbilder, Ersatzidentifikationen, Zynismus, Kriminalität etc.), führte die Ursache dieses Zustands häufig auf ein generelles Vorbild-Defizit zurück (vgl. Griese 2000, S. 215ff.). Auch gegenwärtig erscheinen Vorbilder in der pädagogisch engagierten Öffentlichkeit meist als diejenigen personalen Orientierungen Jugendlicher, die aus der jeweiligen Anspruchshaltung eines Kritikers heraus vermisst werden, aber umso dringender notwendig wären (vgl. Wegener 2008, S. 17). Die ‚falschen Vorbilder‘, die die Jugend habe, seien durch die ‚richtigen Vorbilder‘ ihrer erwachsenen Kritiker zu ersetzen. Vorbilder bringen damit generationsbezogene Standpunkte zum Ausdruck, weshalb sie von Jugendlichen häufig als von außen herangetragen erlebt werden.

In der akademischen Pädagogik ist seit den 1950er Jahren ein Bedeutungsrückgang der Vorbildthematik zu konstatieren. Frost (1996) hat die Krise des Vorbilds beschrieben. Sie weist auf die Erfahrung des missbräuchlichen Einsatzes von Autorität und Vorbild im Dritten Reich und ihr diskursives Nachwirken in der Nachkriegsgeneration hin, das die Orientierung am Vorbild diskreditiert und sich auch auf die Relevanz wissenschaftlicher ‚Vorbilddebatten‘ ausgewirkt habe (vgl. Frost 1996, S. 95f.). Der gesellschaftliche Bedeutungsrückgang des Vorbilds wird ferner im Kontext einer individualisierten Gesellschaftsstruktur gesehen, in der es kaum mehr möglich scheint, dass ein umfassendes Orientierungsangebot für die Lebensführung von nur einer einzigen Person verkörpert werden kann. Unübersehbar ist hingegen die gegenwärtige Vielfalt an Wertvorstellungen und Lebensmodellen, die für den Einzelnen abrufbar geworden ist. Insofern liegt genau genommen kein Defizit an Vorbildern vor, sondern mit dem Pluralismus der ‚Bilder‘ haben sich auch die ‚Vor-Bilder‘ bis zur Unübersichtlichkeit vervielfältigt (vgl. ebd., S. 100f.). Für die Jugendgeneration wird angesichts dieser kulturellen Ausgangslage ein stärker selbstbezüglicher Umgang mit

Vorbildern vermutet. Viele Heranwachsende lehnen traditionelle Vorbilder gänzlich ab bzw. gehen dazu über, eigene Vorbilder aus verschiedenen realen Personen zu ,basteln' (vgl. Griese 2000, S. 245) und setzen damit ein individuelles Patchwork der Vorbilder um (vgl. Großegger und Heinzlmaier 2007, S. 71). Die jugendliche Selbstentfaltung in Jugendkulturen folgt ebenfalls dem Leitbild der Individualität, da Kleidung, musikalische und lebensstilistische Orientierungen in Jugendszenen der Demonstration von Einmaligkeit und Unverwechselbarkeit dienen. Vielfach herrscht sogar ein „kulturelles Verbot, jemanden zu kopieren" vor (Zinnecker zit. n. Griese 2000, S. 246). Insgesamt scheint für Jugendliche die Verwirklichung von sozialkulturell verbreiteten Idealen wie ,Selbstentfaltung' und ,Individualität' mit dem Vorbilddenken wenig vereinbar zu sein, das eher auf die nacheifernde Imitation einer anderen Person abzielt (vgl. Großegger und Heinzlmaier 2007, S. 70f.; Wegener 2008, S. 16).

Empirische Ergebnisse zu Vorbildorientierungen Jugendlicher lassen sich mit diesen Überlegungen weitestgehend in Einklang bringen. Im Zeitreihenvergleich von Ergebnissen der Shell-Jugendstudien zeigt sich, dass das Bekenntnis zu ,allgemeinen Vorbildern' von 44 % (1955) zunächst auf 19 % (1984) und dann auf 16 % (1996) gesunken ist (vgl. Fritzsche 2000, S. 216f.). Interessant ist ferner, dass in dieser Zeitspanne der Anteil der ,Vorbilder aus dem Fernbereich' (vorrangig aus den Medien) gegenläufig zu dem der ,Vorbilder aus dem Nahbereich' zugenommen hat. Wenn man sich also noch zu Vorbildern bekennt, stammen diese zunehmend aus dem Fernbereich. Die Shell-Jugendstudie 2000 zeigt dann mit 29 % wieder eine gestiegene Relevanz von Vorbildern (vgl. ebd.). Stamm (2008) spricht angesichts dieser Trendwende von einem ,Vorbildboom' und sieht die Gründe dafür in der Auflösung traditioneller Rollen und Wertbestände, welche zwar die Chancen auf eine selbstbestimmte Identität vergrößert habe, die Jugendgeneration aber auch mit janusköpfigen Erwartungen konfrontiert: Der Einzelne soll einerseits individuell sein und andererseits aber angesichts gesellschaftlicher Widrigkeiten selbstverantwortlich handeln und den beruflichen Anforderungen gerecht werden. Vorbilder könnten in dieser Situation für überforderte Jugendliche wieder attraktiver und „eine Art Schutzmodell" werden (Stamm 2008, S. 53). Allerdings kann der diagnostizierte Vorbildboom leicht zu Missverständnissen führen. So geht selbst Stamm davon aus, dass „Jugendliche heute nicht mehr kritiklos Gesamtgestalten wählen, sondern lediglich situative und personale Teilaspekte von Medienvorbildern, die ihnen als Imitations- oder Handlungsrahmen dienen", annehmen (ebd., S. 52). Vor diesem Hintergrund scheint die Zustimmung zu der Aussage ,Jugendliche bekennen sich wieder verstärkt zu Vorbildern' von der normativen Reichweite des zugrunde liegenden Vorbildbegriffs abzuhängen. Es stellt sich die Frage, ob die medialen Vorbilder aus Musik und Sport, aus Unterhaltung und Showbusiness mit einem eher traditionellen Vorbildbegriff (s.o.) zu vereinbaren sind. Einen Ausweg verspricht der Vorschlag, die Semantik des Vorbilds zu öffnen. Folgt man Fritzsche, eröffnet der erklärungsbedürftige Anstieg bei der Zustimmung zu Vorbildern eine *„tiefergehende Frage nach der neuen Funktion von ,Vorbild' in der flexiblen Gesellschaft"* (Fritzsche 2000, S. 219; Hervorhebung i.O.).

Um nun den Begriff *Star* in seinen Diskursen zu verorten, muss die Darstellung weiter ausholen. Das Star-Phänomen wird in seiner historischen Entwicklung gemeinhin als Produkt der Moderne betrachtet (vgl. Lowry 2003, S. 443). Frühe Beispiele werden im Theaterbetrieb des 19. Jahrhunderts (vgl. Hickethier 1997, S. 29), Vorläufer sogar im Geniekult des 18. Jahrhunderts gesehen (vgl. Uka 2003, S. 256). Der Anglizismus ‚Star‘ geht zwar auf das amerikanische Kino zurück, die dispositive Struktur für den Star liegt aber schon mit den ‚Bühnenhelden‘ des ausgehenden 19. Jahrhunderts vor. „Das ‚Prinzip Star‘ ist bereits vor der Verwendung des Starbegriffs etabliert." (Hickethier 1997, S. 31) Ein zentrales Merkmal ist die Bildhaftigkeit des Stars, die ihn überhaupt erst einer breiten Öffentlichkeit zugänglich macht. Diese ‚virtuelle Existenz‘ geht daraus hervor, dass eine Person ausgehend von ihrem Werk (bspw. dem Theaterspiel) mit weiteren Bildern, Berichten, persönlichen Details, Merkmalen und Verhaltensweisen verbunden wird, die in den Medien zirkulieren. Damit wird aber kein deterministischer Einfluss des Mediensystems behauptet, denn erst im Zusammenspiel mit der Publikumsaktivität entsteht aus diesen Informationen eine grundlegende Bedeutungsstruktur. Dieses Starimage kann sich nur in einer medienvermittelten Öffentlichkeit entfalten und bringt den Star überhaupt erst hervor (vgl. Lowry und Korte 2000, S. 9). Im Falle des ‚Theaterhelden‘ oder Theaterstars des 19. Jahrhunderts war die Starpostkarte neben Plakaten, Werbungen und Kritiken ein Element dieser medial hergestellten Öffentlichkeit. Die Anhängerschaft bestimmter Theaterschauspielerinnen und -schauspieler konnte deren Starpostkarten als Devotionalien in ihren Besitz bringen (vgl. Hickethier 1997, S. 39ff.). Auch gegenwärtig bildet das Sammeln von Autogrammkarten – sei es von Musikerinnen und Musikern, Schauspielerinnen und Sportlern – eine bedeutsame Fanaktivität, welche die Bindung an den Star erhöht.

Nach Faulstich (1997) ist der Star ein relationales Konstrukt, in dessen unterschiedlichen Bezugssystemen Ausschnitte des Gesamtphänomens zum Vorschein kommen (vgl. Faulstich 1997, S. 155f.). Aus diesem Grund steht die Forschung vor Systematisierungsproblemen und offenbart eine Fülle disparater Bestimmungsmerkmale, die eine einheitliche Definition des Stars erschweren (vgl. Lowry und Korte 2000, S. 6). Nachfolgend soll das Starimage in seinen primären Bezugssystemen beschrieben werden, wobei sich die Darstellung auf konsensfähige Aspekte der Literatur beschränkt. Die Ausbreitung des Starphänomens in der Moderne hängt *erstens* mit der *ökonomischen Funktion* der Stars im System der Massenmedien zusammen. Diese ökonomische Funktion lässt sich an der Hochphase des Hollywood-Kinos besonders gut verdeutlichen. Der Zeitraum zwischen 1930 und 1950 war durch das sogenannte Studiosystem gekennzeichnet, in welchem die Studios einen kaum zu überschätzenden Einfluss auf das Wirken ‚ihrer‘ Stars hatten (vgl. Faulstich et al. 1997, S. 13). Gesteuert wurde dies durch die damals üblichen mehrjährigen Exklusivverträge, in denen die zu spielenden Rollen, die veröffentlichten Privatinformationen, öffentliche Auftritte und der Devotionalienhandel – also letztlich das gesamte Erscheinungsbild der Stars – zum Gegenstand eines umfassenden Kontrollsystems wurde. Das Starimage wurde dabei gezielt aufgebaut. Da Filmproduktionen wegen hoher Kosten bei unsicheren

Erfolgsaussichten grundsätzlich risikobehaftet sind, sollten die Stars dieses Risiko minimieren und fungierten als Marketinginstrument der Studios (vgl. ebd., S. 13f.). Der Star wurde zu so etwas wie einem Markennamen für das Filmprodukt. Bezogen auf diesen historischen Zeitraum wird häufig vom Starsystem gesprochen (vgl. Hickethier 1997, S. 29). Auch die Entwicklung der musikalischen Virtuosen im 19. Jahrhundert geht nach Borgstedt (2008) u.a. auf die Funktionalisierung dieser ‚Stars' für ein marktförmig organisiertes Konzertwesen zurück. Der überregionale Erfolg eines Künstlers sicherte die Nachfrage, die an den jeweiligen Veranstaltungsorten nicht eigens erzeugt werden musste (vgl. Borgstedt 2008, S. 28f.). Allerdings ist die profitorientierte Starinszenierung durch einschlägige PR-Profis eine notwendige, für die Hervorbringung der Starfigur aber noch nicht hinreichende Bedingung.

Stars sind *zweitens Produkte sozialer Zuschreibungen*, in denen sich die Beziehung bestimmter Publika oder einzelner Rezipientinnen und Rezipienten zu den medienvermittelten Star-Repräsentationen niederschlägt. Die Konstruktion des Starimages ist also von subjektiven Faktoren (sozialpsychologischer und biographischen Art) ebenso abhängig wie von kulturellen Kontexten (bspw. Subkulturen oder Fangemeinschaften) mit ihren je spezifischen Wertvorstellungen und Sichtweisen (vgl. Lowry und Korte 2000, S. 16f.). Auch ergeben sich aus dem zeitgeschichtlichen und gesellschaftlichen Zusammenhang unterschiedliche Interpretationskontexte, die den Wandel der Stars im historischen Verlauf erklären können (vgl. Sommer 1997, S. 121). Die offene Zeichenstruktur der Starinszenierung zeigt sich besonders daran, dass die signifikanten Bedeutungen eines bestimmten Stars in unterschiedlichen Gruppierungen variieren können. Ein Star besitzt die entsprechenden Qualitäten also stets in den Augen derer, die ihn als Star anerkennen. Insofern unterschlagen die Hinweise auf Talent, Schönheit, Persönlichkeit etc. die Konstruktionsleistung des Publikums. „Ob jemand als Medienperson oder als eine Starfigur angesehen wird, ist vorwiegend eine Frage der Rezeption und nicht des ‚Textes'" (Hügel 2004, S. 270). In der Literatur wird darauf hingewiesen, dass Stars nicht gemacht werden können (vgl. Hickethier 1997, S. 31). Gerade die Beispiele für fehlgeschlagene Starinszenierungen können zeigen, dass Rezipientinnen und Rezipienten durch das Mediensystem nicht beliebig manipulierbar sind (vgl. Sommer 1997, S. 123).

Von einem Star kann *drittens* erst dann gesprochen werden, wenn eine Person nicht nur im Rahmen ihrer medial vermittelten Leistungen sondern auch als *Privatperson* wahrgenommen wird (vgl. Lowry 2003, S. 441). In der Rezeption werden somit auch Fragen der Authentizität berücksichtigt und Vermutungen darüber angestellt, wie der Star wohl ‚wirklich' ist. Erst wenn das Publikum solche Informationen erhält und die leistungs- bzw. darstellungsbezogene Seite mit der privaten Seite des Stars zu einer Gesamterscheinung verknüpft, entsteht ein Starimage (vgl. Keller 2008, S. 243; Borgstedt 2008, S. 27ff.; S. 59). Da der Star seinen Anhängern aber faktisch nur in medialen Texten begegnet, ist auch der Privatmensch hinter der öffentlichen Person lediglich als mediale Konstruktion erfahrbar (vgl. Hügel 2004, S. 284; Lowry und Korte 2000, S. 10). Dabei kann die Konstruktion von Persönlichkeitsmerkmalen und biographischen Kulissen einer Starperson wahrheitsgemäß oder aber fiktionaler Art sein.

Viertens verkörpern Stars herausragende Eigenschaften, Werte und Ideen (vgl. Ludes 1997, S. 88; Borgstedt 2008, S. 67). Dies trifft insbesondere auf die glamourösen Filmstars und die Ikonen aus Pop und Rock zu, deren außergewöhnliche Qualitäten häufig mit diffusen aber verheißungsvollen Begriffen wie ‚Charisma' oder ‚Aura' umschrieben werden. Generell stellen Stars Identifikationsfiguren dar und geben Wertvorstellungen, Geschlechterrollen und Identitätsformationen eine Anschauung. Sie können politische, moralische oder religiöse Haltungen verkörpern (vgl. Lowry 2003, S. 442). Stars dienen Einzelnen wie Gruppen somit als idealisiertes Gegenüber und als symbolische Vergegenständlichung (vgl. Sommer 1997, S. 116f.). Obwohl viele heutige Stars Publikumsnähe demonstrieren, bleibt die charismatische Ausstrahlung dennoch ein zentrales Erkennungsmerkmal von Stars. Dieses Merkmal führt auch dazu, dass der Starkult in aktuellen religionssoziologischen und religionswissenschaftlichen Perspektiven als beispielhaft für eine ‚diffuse' Religiosität jenseits der kirchlichen Glaubenslehren behandelt wird, die sich in Jugendkulturen und im Bereich der Populärkultur ausgebreitet hat (vgl. Ebertz 1999; Gebhardt 2003; Schwarze 2005).

Das Starimage kann als Schlüsselkategorie der deutschsprachigen Forschung zu Stars betrachtet werden, es hat sich im Zuge der Auseinandersetzung mit der britischen Filmwissenschaft etabliert (vgl. v. a. Dyer 1979/1994). Hierzulande haben sich Forschungsarbeiten ebenfalls vorrangig den Film- und Fernsehstars gewidmet. Auf der Suche nach Literatur zu populären Musikstars trifft man vorrangig auf Star-Biographien mit meist populärwissenschaftlichem Anspruch. In musikwissenschaftlichen Beiträgen werden Popstars oftmals innerhalb größerer Zusammenhänge thematisiert, bspw. vor dem Hintergrund der Geschichte der Popmusik. Hier stehen aber nicht ihre Images, sondern musiktheoretische, genrebezogene oder sozialgeschichtliche Aspekte im Vordergrund (vgl. Wicke 1989; Middleton 2001). Auch die pädagogische und soziologische Jugendkulturforschung legt den Akzent nicht auf konkrete Stars. Aus pädagogischer Perspektive widmet man sich der gegenwärtigen Ausdifferenzierung jugendkultureller Stile vor dem Hintergrund der individualisierten Jugendphase (vgl. Ferchhoff 2007) und beobachtet stilistische Abgrenzungsprozesse sowie Formen produktiver Lebensbewältigung in Jugendkulturen (vgl. Müller 2004; Stauber 2004). Die soziologische Jugendforschung untersucht die um Musikstile zentrierten Netzwerke der Szenen, geht aber nicht explizit auf die Rolle von Musikstars innerhalb dieser Stilgemeinschaften ein (vgl. Hitzler und Niederbacher 2010). Aufschlüsse über Prozesse der Imagebildung sind hingegen eher von Beiträgen zu erwarten, die sich den Musikstars in ihren kulturellen Bedeutungen für Fangemeinschaften zuwenden. Allerdings beschränken sich solche Erkenntnisse dann meist auf einzelne Superstars wie *Michael Jackson* (vgl. z. B. Lohr 2008) und betonen die kreativen Aneignungsmuster und Ermächtigungspraktiken ihrer Fans, etwa am Beispiel von *Madonna* (vgl. z. B. Fiske 2000). Erkenntnisse über allgemeine Konstitutionsprinzipien von Musikstar-Images, so lässt sich schließen, bilden innerhalb der genannten Disziplinen also weitgehend eine Leerstelle. An dieses Desiderat knüpfen Keller (2008), insbesondere aber Borgstedt (2008) an, die sich ausschließlich mit Imagekonstruktionen im musikalischen Bereich befasst. Die Autorin wählt einen

Zugang zum Phänomen, der die bereits etablierte begriffliche Basis aus der Film- und Fernsehstaranalyse aufnimmt, weiter entwickelt und für Imageanalysen von Musikstars fruchtbar macht (vgl. Borgstedt 2008, S. 15, S. 36ff.).

3 Musikstar und Castingstar

Um nun den Typus des populären Musikstars in spezifizierender Absicht vorzustellen, sollen einige Hinweise auf seine historische Genese erfolgen. Der Durchbruch des *Musikstars* steht im Zusammenhang der Verbreitung und Ausdifferenzierung populärer Musik. Noch im ausgehenden 19. Jahrhundert waren die populären Genres funktionale Elemente bestimmter sozialer Praktiken, die regional oder national ausgeprägt waren (vgl. Wicke 2001, S. 18ff.). „Ob auf dem Tanzboden, in der zwielichtigen Atmosphäre der Amüsiertheater oder in den öffentlichen Platzkonzerten und Soirees, immer blieb Musik hier verwoben in ein Netz sozialer Praktiken, die von der Präsentation und Distinktion bis hin zu den Ritualen der Partnerwahl" (ebd., S. 18) reichten. Populär im heutigen Sinn wurde die Musik zu Beginn des 20. Jahrhunderts, als die tradierten sozialen Legitimationen schwanden und eine sich globalisierende musikalische Formensprache die vormals regional gebundenen Musikstile ablöste (vgl. ebd., S. 19ff.). Am folgenreichsten insbesondere für den Musikstar war der Einsatz moderner Aufzeichnungs- und Vervielfältigungstechnologien, die einen technischen, ökonomischen und publikumsbezogenen Entwicklungsschub auslösten. Die Aufzeichnung von Musik auf Schallplatte eröffnete erstmals die Möglichkeit, musikalische Inhalte zu konservieren und führte zur Trennung von Produktions- und Rezeptionskontext der Klangwelt. Die Ablösung der Musik von ihrer Aufführungspraxis und ihre im Tonträger ‚vergegenständlichte' Form machte sie universell zugänglich und bewirkte eine Verhäuslichung der Musiknutzung (vgl. ebd., S. 22). Allerdings mussten sich die kulturell geprägten Hörgewohnheiten an die technische Klangwiedergabe anpassen. Hier kam der Liedform eine besondere Bedeutung zu: Sie ermöglichte die Imagination, man könne der musikalischen Aufführung unmittelbar beiwohnen. Lied und Gesangsstimme konnten die auf den Tonträger gebannte Musik besser verlebendigen, als andere Musikformen dies fertigbrachten (vgl. ebd., S. 22). Dadurch rückten einzelne Musikerinnen und Musiker in den Aufmerksamkeitsfokus der Hörerschaft.

Mit Radio und Tonfilm kamen neue Medien hinzu, welche die Nachfrage nach Musik, ihre Verbreitung sowie Verhäuslichung forcierten (vgl. ebd., S. 28ff.). Durch die permanente Wiederholung einer begrenzten Auswahl an Stücken im Radio wurde die Konzentration auf einzelne Interpretinnen und Interpreten verstärkt (vgl. Borgstedt 2008, S. 44). Den Musikstars kam in der Trias aus Schallplatte, Radio und Musikfilm eine den Filmstars vergleichbare ökonomische Funktion zu. Sie strukturierten den Distributionsprozess, indem sie die in verschiedenen Medien verbreiteten Schlager personalisierten (vgl. Wicke 2001, S. 31). Auch die Weiterentwicklung des Tonträgers (bis hin zur CD) erhöhte die Bindung der Hörerschaft an den Musikstar. Hinzu kam, dass jugendliche Hörerinnen und Hörer zunehmend als eigenständige und wichtige Konsumentengruppe auftraten (vgl. Borgstedt 2008, S. 45). Besonders unter den aufkommenden Jugendkulturen der 1950er Jahre veränderten sich die Musikstars, die nun zu Symbolfiguren des Jugendalters wurden. Von den amerikanischen Einflüssen ging die Initialzündung für deutsche Jugendkulturen aus, wie Baacke (1999) detailliert beschrieben hat: „Es war die Jugend, die Amerika und seine Popmusik als *ihr* Ausdrucksmedium entdeckte und sie damit zu einem Organisations- und Bedeutungszentrum jugendlicher Praxis machte" (Baacke 1999, S. 49; Hervorhebung i.O.). Mit *Bill Haley* und *Elvis Presley* brach das Zeitalter der gefeierten Rock'n'Roll-Stars an, die mit ihren stilistischen Provokationen die Popmusik dauerhaft prägen sollten (vgl. ebd., S. 49). Insbesondere *Elvis Presley* bot eine Projektionsfläche für Generationskonflikte und wurde zum ersten Jugendidol und internationalen Musikstar der Nachkriegszeit. Er ist zugleich beispielhaft für die Komplexität der medialen Imagekonstruktion, die sich „in fotografischen Inszenierungen, narrativen Erzählmustern (insbesondere bezüglich seines kometenhaften Aufstiegs) und biographischen Informationen niederschlug" (Borgstedt 2008, S. 47).

Nach Faulstich (1997) haben Popstars seit Aufkommen des Rock'n'Roll unterschiedliche Typen und damit prototypische Images durchlaufen. Zu Beginn der 1960er Jahre waren Popstars vorrangig moralische Instanzen (bspw. *Bob Dylan*), die gewissermaßen als Stellvertreter der Fans ein moralisches und politisches Bewusstsein artikulierten. Der ‚glaubwürdige' Star stilisierte sich selbst als imaginärer Teil der Fangemeinschaft. Wenn dieses Ethos auch teilweise verblasste und die Zuwendung der Fans zu einigen Protagonisten eher auf Selbstbezug und Selbsterhöhung statt auf kritischen Positionen beruhte (Stichwort ‚Beatlemania'), so verloren die Musikstars bis zum Ende der Dekade dennoch ihre Rolle als Leitfiguren nicht (vgl. Faulstich 1997, S. 161ff.). Im Zuge der Hippie-Bewegung wurden sie zum Sprachrohr einer umfassenden Gegenkultur und erhielten durch die großen Festivals (v. a. *Woodstock*) eine bis dato neuartige gesellschaftspolitische Bedeutung. Sie „waren in einem nie zuvor gekannten Ausmaß eindeutig, und zwar quer zu den verschiedensten Gruppen und Nationen" (ebd., S. 166). Im Verlauf der 1970er Jahre zeigte sich dann aber, dass die Musikstars ihre Rolle als anbetungswürdige Leitfiguren endgültig verloren hatten. Der Aufsplitterung der Musikstile folgend bedienten sie nun spezifische Segmente innerhalb der Pop-Hörerschaft. In den 1980er Jahren waren die Musikstars kaum noch als Individuen greifbar, Image und Design schoben sich in den Vordergrund (vgl. ebd., S. 168). Jugendkulturen griffen dies auf, indem sie Machbarkeit sowie Illusionscharakter ihrer stilistischen Oberfläche nicht nur erkannten, sondern den ästhetischen Schein gewissermaßen sogar begrüßten. Baacke (1999) spricht von der „Wahrheit der Oberfläche" (Baacke 1999, S. 220).

Dass die Musikstars als Inszenierungsprodukte erscheinen, die kaum noch auf etwas anderes zurückweisen als auf ihre fluiden Images, hängt wesentlich mit der visuellen Bebilderung und Vermarktung von Popmusik durch *Videoclips* zusammen. Dieses Genre avancierte seit dem Sendestart von MTV 1981 zu einem eigenständigen Ausdrucksmittel (vgl. Neumann-Braun und Mikos 2006, S. 13). Videoclips haben die Erlebnisqualität von Musik verändert, denn häufig liefern sie eine visuelle Interpretation der Musik (vgl. ebd., S. 74). Ihre Handlungen werden von den Musikstars dominiert, die das Lebensgefühl der Musik nun auf doppelte Weise artikulieren können, musikalisch und durch die auf den Song bezogene szenische Narration. Ferner wird die Musik mit einer performativen Handlungspraxis verbunden (Styling, Körpergebrauch, Tanz), die als „Kopiervorlage" (ebd., S. 17) für jugendkulturelle Stile fungieren kann.

Kritische Einwände betreffen die zunehmende Kommerzialisierung, denn die Bedeutung von Musik und Musikclips hat sich im Laufe der Zeit gewandelt. Heute sind Videoclips weniger Ware denn Werbung. Weil die Umsätze aus dem Tonträgerverkauf zurückgehen, beziehen die Musikkonzerne ihre Einnahmen verstärkt aus Werbeverträgen und die Popmusik gerät unter das Kalkül der Werbung. Die Musik wird im Musikfernsehen als Werbemittel für Produkte instrumentalisiert, die im Rahmen globaler Medienverbundsysteme vertrieben werden (vgl. ebd., S. 14). Dies führt zu Gestaltungsvorgaben bei den Videoclips, die den jugendkulturellen Gestus ihrer Zielgruppe mit entsprechenden Symboliken bedienen, um damit eigene, ökonomische Zielsetzungen zu verfolgen. Jugendkulturelle Stile werden letztlich domestiziert, denn sie müssen sich in den Grenzen des für die Werbekunden Vertretbaren bewegen. Dass die Musikprodukte von den jugendlichen Konsumenten dennoch als ‚authentisch‘ angenommen werden, gelingt durch die umfassende Ästhetisierung. „Gestalterisch angelehnt an die als Videoclipästhetik bekannte Machart, erhalten alle Programmelemente auf diese Weise Unterhaltungs- und Werbefunktion zugleich. MTV ist insofern kein ‚Werbeumfeld‘ – wie andere Programme –, sondern vielmehr grenzenloses Werbefeld – gleichsam eine temporalisierte Plakatwand" (ebd., S. 15).

Die Entstehung der Musikstar-Images lässt sich mit einem unvollständig bleibenden ‚Puzzle‘ vergleichen, welches sich aus allen medial verfügbaren Informationen zusammensetzen kann. In dieses zirkulierende Zeichensystem können fortlaufend weitere Produkte, Bilder, Narrationen etc. eingespeist werden. Konkrete Elemente der Images sind Videoclips, Tonträger und Konzerte nebst ihrer Promotion, Sekundärtexte über die Musikstars wie Interviews, Biographien und Kritiken, aber auch der Transfer des Stars in andere Öffentlichkeitsfelder wie z. B. die Werbung (vgl. Borgstedt 2008, S. 55ff.). Für Jugendliche sind insbesondere an sie gerichtete Printmedien zu erwähnen, Zeitschriften wie Bravo, Mädchen, Girl, Popcorn usw. stellen umfassende Plattformen zur Inszenierung von Stars aller Couleur dar. Starimages von Musikern existieren somit als kommunikative Konstrukte, „die sich aus den überwiegend medial distribuierten, intertextuellen Darstellungsmustern eines Interpreten und den darauf aufbauenden Vorstellungen der Rezipienten zusammensetzen" (Borgstedt 2008, S. 136).

Eindimensionale und daher leicht durchschaubare Starimages sind mittlerweile selten, eher scheinen spannungsvolle bis widersprüchliche Elemente Voraussetzungen des Erfolgs geworden zu sein. Krützen (2002) verdeutlicht dies am dramaturgischen Aufbau von Videoclips. So beziehen die Clips von Madonna ihren Reiz häufig daraus, dass sie sich einer einfachen Deutung entziehen, indem sie verschiedene Bedeutungsebenen aufeinander schichten und so unterschiedliche Lesarten zulassen. Dieses Verwirrspiel mit möglichen Interpretationen gelingt auch dadurch, dass *Madonna* bereits bestehende

Starimages zitiert (bspw. das von *Marilyn Monroe*), aber im Kontext ihres eigenen Images auch modifiziert (vgl. Krützen 2002, S. 62ff.). Für die Mehrdeutigkeit von Musikstar-Images spricht auch, dass geschlechtsspezifische Deutungsspielräume von *Madonna*-Videos belegt wurden (vgl. Fiske 2000, S. 113ff.). Das Spielen der Stars mit wechselnden Erscheinungsbildern und Identitäten lässt die Frage nach ihrem authentischen Selbst zunehmend sinnlos erscheinen. Es geht „prinzipiell immer weniger darum, mediale Informationen zu glauben, sondern an den Informationen und damit verbundenen Vorstellungen Spaß zu empfinden" (Borgstedt 2008, S. 50). Die Dynamisierung der Images scheint mittlerweile ein allgemeines Muster zu sein, wie es auch die jüngeren und kaum untersuchten Musikstars nahe legen. So lässt sich bspw. auch *Pink* nicht auf ein eindimensionales Image festlegen. Statt durch bestimmte Eigenschaften tritt Pink durch ihre demonstrative Unangepasstheit in Erscheinung, wobei Kreativität und Ekstase ebenso wie hohes Selbstbewusstsein zu den ihr zugeschriebenen Attributen zählen (vgl. Großegger und Heinzlmaier 2007, S. 142f.).

Die bisherige Darstellung unternahm den Versuch, medien-, kultur- und musikwissenschaftliche Diskussionslinien zusammenzuführen, um das Phänomen ‚Musikstar' zu klären. Geht man von diesen Konturen einer ‚Musikstar-Theorie' aus, ist es schwierig einzuschätzen, ob die gegenwärtigen Pop- und Castingstars mit den eingeführten Kriterien zu erfassen sind. Lange Zeit fielen nur solche Musikerinnen und Musiker unter das Attribut ‚Star', die auf einen langen und häufig mühsamen Erfolgsweg zurückblicken konnten und deren Starqualitäten am Kriterium dauerhaften Erfolgs gemessen wurden. Die nun folgenden Überlegungen beschäftigen sich daher mit der Frage, auf welcher Grundlage die allgegenwärtigen Beispiele für flüchtiges musikalisches Startum beruhen. Grundsätzlich ist mit Blick auf die Mediatisierung der Gesellschaft (vgl. Krotz 2008, S. 52) davon auszugehen, dass die heutige Medienkultur die Genese von Stars aller Couleur begünstigt. Starbezogene Informationen können über viele mediale Kanäle streuen, unzählige öffentliche Personen werden als Stars aufgebaut bzw. von Mediennutzern als Stars angenommen. Neben den Film- und Fernsehstars, den Musik- und Sportstars existieren mittlerweile bspw. auch Starköche, Starfriseure, Trainerstars und Politstars.

Zu den spezifischen Merkmalen der Castingstars liegen bislang eher verstreute und teilweise tentative Analysen vor, wobei sich gerade in den letzten Jahren eine verstärkte Hinwendung zu dieser Thematik feststellen lässt. Als Einblick in spezielle Fragestellungen zu öffentlichen Talentwettbewerben liefert der Sammelband von Helms und Phleps (2005) auch einige Beiträge zu Casting-Shows. Ebenfalls versammelt die Zeitschrift Medien + Erziehung (2010, H. 2) einige Analysen. Weitere Arbeiten mit dem Schwerpunkt der Rezeption solcher Formate werden im fünften Teil behandelt, während hier zunächst die Castingstars selbst von Interesse sind.

Im Hinblick auf die neuen Formen des Starkults scheinen sich sozial anerkannte Leistungen und die Attribuierung als ‚Star' zunehmend zu entkoppeln (vgl. Bolz 2005, S. 119; Pörksen und Krischke 2010, S. 18). Da die mediale Aufmerksamkeit selbst schon soziale Gratifikationen verspricht, ohne dass sie an Talent und Leistung gebunden sein muss, lässt sich Prominenz selbstreferenziell erzeugen: „Es entstehen Prominente, die dafür berühmt sind, berühmt zu sein" (Pörksen und Krischke 2010, S. 20). Schon die gelungene Einschleusung in die medialen Kanäle kann somit zum Erfolgsfaktor für Starruhm werden (vgl. Borgstedt 2008, S. 49). Dass sich dadurch gerade im Internet eine ebenso rasante wie profitable Karriere entfalten kann, wurde unlängst an *Justin Bieber* deutlich, der durch seine youtube-Videos ,über Nacht' zum Star wurde. Prinzipiell kann jeder zumindest für kurze Zeit ein Star sein, wenn ihm oder ihr öffentliche Aufmerksamkeit entgegengebracht wird. Diesen aktuellen Trend verkörpern insbesondere die Castingstars, die in den ,Starfabriken' wie *Popstars, X-Faktor, Das Supertalent* oder *Deutschland sucht den Superstar (DSDS)* quasi in Reihe produziert werden. Für die Inflationierung des Starkultes sprechen verschiedene Aspekte. So wird bei *DSDS* der *Superstar* gesucht, diese sprachliche Steigerungsform erscheint angesichts der Erfolgsbilanzen der bislang gekürten Sieger aber kaum gerechtfertigt (vgl. Wegener 2008, S. 23). Erfolg erleben die neuen Stars meist nur bis zum Beginn der nächsten Staffel, danach geraten sie rasch in Vergessenheit (vgl. Pörksen und Krischke 2010, S. 23f.; Roth-Ebner 2008, S. 105). Zugleich scheint das Verhältnis zwischen Publikum und Star neue Züge anzunehmen, wie im Folgenden gezeigt werden soll. An die Stelle von Distanz tritt die wahrgenommene Ähnlichkeit zwischen Publikum und Star. Eigentlich geht es ja um die Zustimmung zu Star*anwärtern*, denn nach dem Konzept der Show treten gewöhnliche Menschen gegeneinander an, aus deren Reihen bis zum Finale eine Person ermittelt wird, die in der Show zum Star hochstilisiert wird. Das Casting selbst ist Hauptattraktion der Casting-Show. Diese Veralltäglichung bewirkt, dass Fans weniger in den asymmetrischen Gestus der Bewunderung verfallen, sondern dass ihnen weit mehr die Suggestion einer gleichberechtigten Beziehung zu ihren Stars geboten wird. Dies hängt nicht zuletzt mit den ,Call-in'-Elementen der Show zusammen: Mit dem Telefon-Voting ist die direkte Einflussnahme des Publikums verbunden, diese Beteiligungsofferte wird auch permanent wiederholt. Auf der Homepage zu *DSDS* (2. Staffel) wird der Zuschauer direkt aufgefordert: ,Bring deinen Star ins Finale!' (vgl. Hoffmann und Schmidt 2008, S. 292).

Nach Reichertz (2004) setzen sich im Publikumsvotum eher durchschnittliche, anstatt individuelle und wirklich herausgehobene Qualitäten der Kandidaten durch. Dies verringert die Kluft zwischen Publikum und Star, denn „wer gewinnt, entspricht deshalb dem Maß der Mehrheit, dem arithmetischen Mittel der Bewerter ohne Begabung – Mittelmaß in jeder Hinsicht also" (Reichertz 2004, S. 51). Der Reiz solcher Sendungen liegt aber auch in dem Versprechen, dass potenziell jede Zuschauerin und jeder Zuschauer die Rolle einer Kandidatin bzw. eines Kandidaten einnehmen kann und dass das Fernsehen mithin für jede(n) den Zugang zu Starruhm eröffnet (vgl. Pörksen und Krischke 2010, S. 19). Von der davon ausgehenden Faszination sprechen die 160.000 (!) Bewerbungen, die bei RTL für die zweite Staffel von *DSDS* eingegangen sind (vgl. Döveling et al. 2007, S. 104). Die Casting-Shows sind auch im Hinblick auf die dahinter stehenden Produktstrategien von Interesse. Am Beispiel von *DSDS* wird die ökonomische Dimension deutlich, der Bertelsmann-Konzern und die RTL-Group haben *DSDS* als Marke etabliert, um damit vielfältige Medienangebote und

Produkte zu verknüpfen (vgl. ebd., S. 105ff.). Die Casting-Shows sind damit Beispiele für cross-mediale Produktstrategien. Über verschiedene Mediengattungen hinweg werden Unterhaltungs- und Konsumangebote gemacht, die aufeinander verweisen (Thomas 2004, S. 196f.). Letztlich funktioniert das lukrative Geschäft mit den kurzlebigen Stars nur durch dauerhaft gesicherte Medienpräsenz, die durch Integration von Sekundärmedien (z. B. die Bild-Zeitung) in Verwertungsketten erzielt wird (vgl. Roth-Ebner 2008, S. 118).

Fragt man nach Unterschieden zwischen zeitgenössischen und etablierten Stars, ist die schon angedeutete fehlende Außeralltäglichkeit der neuen Stars zu betonen. Mit den Casting-Shows wollen ihre Macher eine neue Spielart des ‚Reality-TV‘ realisieren und berichten deshalb über private Geschichten und Schicksale rund um die Castingstars (vgl. Pörksen und Krischke 2010, S. 24). Auch werden die Staranwärter eher in banalen, teilweise sogar in bloßstellenden, aber gerade nicht in glamourösen Situationen gezeigt. Bezogen auf die Imagekonstruktion, die ja üblicherweise zwischen den Polen der ‚leistungsbezogenen‘ und ‚privaten‘ Rolle schwankt, bedient sich die Starinszenierung im Casting meist einseitiger Merkmale, die sich nicht vorrangig auf das ‚Können‘ als Sängerin und Sänger, Entertainer etc. beziehen. Die Images werden auf Stereotype wie der ‚Paradiesvogel‘, der ‚Checker‘ oder die ‚Rockröhre‘ reduziert (vgl. Döveling 2010, S. 18), die keinen Platz für Nuancen und Mehrdeutigkeiten lassen. Am Maßstab ihrer Außeralltäglichkeit gemessen erscheinen die Castingstars eher als Schwundstufe jener ‚ersten Riege‘ von Stars. Hoffmann und Schmidt (2008) sprechen angesichts der Transparenz- und Messbarmachung der Erfolgskriterien für Popstars von einer „Entzauberung und Entmystifizierung“ (Hoffmann und Schmidt 2008, S. 293) der Popmusik. Die Glorifizierung der Stars ist also längst nicht mehr die Regel. „Der *Superstar* im Zeitalter seiner medialen Reproduzierbarkeit verliert, was einst seine Aura ausgemacht hat: den ‚Nimbus der Unerreichbarkeit‘ und ein nie ganz auflösbares Geheimnis, das ihn umgibt“ (Pörksen und Krischke 2010, S. 18f., Hervorhebung i.O.).

3.1   Zwischenfazit

Begriffe wie Idol, Vorbild, Star, Musikstar und Castingstar können eine heuristische Funktion für die Rekonstruktion der Bedeutungen erfüllen, die Jugendliche ihren Musikstars im Rahmen von Aneignungsprozessen zuschreiben. Musikstar-Images stellen – so wurde weiter oben ausgeführt – keineswegs eindimensionale Sinnstrukturen dar, sie sind ebenso perspektivreich und vieldeutig wie die Bilderflut, die sie hervorbringt. Es ist daher problematisch, den Vorbildbegriff mit seiner ganzheitlichen Ausrichtung und seinen transparenten Vorbildeigenschaften auf Starimages übertragen zu wollen. Von den Musikstars gehen offene bis widersprüchliche Bedeutungen aus und sie stehen nicht mit eindeutigen Eigenschaften für die Nachahmung zu Verfügung. Die Annäherung an einen Star bedeutet, „sich wegen der heterogenen Inhalte ihrer Images auf ein Simultanprogramm mit unterschiedlichen Bedeutungen einzulassen“ (Hügel

2004, S. 281). Stars sind überdies keine seltenen Erscheinungen mehr, sondern zu geradezu hyperpräsenten Phänomenen des Medienzeitalters geworden. Der zunehmend inflationäre Star-Boom spiegelt zugleich die Individualisierung der Lebensformen und die Pluralisierung kultureller Orientierungen wider. Speziell in der Popmusik geht die Ausdifferenzierung der Geschmackskulturen mit einer Vervielfältigung des Starangebots einher. Blickt man auf die wissenschaftliche Debatte zu den medienkulturellen Erfahrungsräumen Jugendlicher, so wird dort vielfach die Ansicht vertreten, dass Jugendliche die Medienangebote im Rahmen einer positiven Entwicklung nutzen und selbstreflexiv über sie verfügen können. Auch „Medienpersonen sind demnach Gegenstand aktiver Auseinandersetzung mit gegebenen Vorlagen und flankieren Identitätskonstruktion mehr, als dass sie diese determinieren" (Wegener 2008, S. 38). Diese Überlegungen sprechen somit ebenfalls gegen die undifferenzierte Gleichsetzung von Musikstars mit Vorbildern. Darüber hinaus liegt es in der Logik der geschilderten Zusammenhänge, dass auch den Idolen die Grundlage entzogen wird. Während Idole der Vergangenheit noch ganze Generationen um sich scharen konnten und eine umfassende Kulturbedeutung erlangten, zeigen sich gegenwärtig keine vergleichbaren generationsumgreifenden Identifikationen mit den Stars (vgl. ebd., S. 97f.).

4 Identität und Entwicklung in musikalisch-medialen Bezügen

Nachfolgend soll eine theoretische Perspektive eingeführt werden, die an den einschlägigen Kenntnisstand zu Fragen der Sozialisation durch (Musik-)Medien im Jugendalter anschließt. Die empirischen Studien, die in Kapitel 5 des Beitrags dargestellt werden, greifen die in diesem Abschnitt erläuterte Perspektive auf und vertiefen sie zu eigenständigen Forschungsbeiträgen. Die nun folgenden Ausführungen beginnen mit Erkenntnissen zu *Entwicklungsaufgaben* und zum Konzept der sogenannten *Patchwork-Identität*. Dieser besondere Identitätsmodus wird anschließend in vier Muster der Identitätsarbeit differenziert, die mit *verschiedenen medienbezogenen Erfahrungsbereichen* von Jugendlichen in Verbindung gebracht werden. So gelingt es, die sozialpsychologische Dimension der Identitätsarbeit auf medienkulturelle Handlungsweisen Jugendlicher zu übertragen. Im weiteren Verlauf wird das Konzept der sogenannten *parasozialen Interaktion* eingeführt. Darüber lassen sich v. a. innere Prozesse der Transformation symbolischer Inhalte in eigene Denk- und Gefühlsmuster erfassen. Im Rahmen dieser Überlegungen wird insbesondere die Rolle von Musik und Musikstars als Bestandteil jugendlicher Medienkulturen berücksichtigt.

Entwicklungsaufgaben im Jugendalter sind als psychische und soziale Anforderungen und darauf bezogene Bewältigungsschritte zu verstehen und prägen den Übergang ins Erwachsenenalter (vgl. Hurrelmann 2004, S. 27). Als Leitmotiv der Jugendphase wird die Ablösung von den Eltern betrachtet, die aber nicht zu einem Abbruch, sondern eher zur Umgestaltung der Eltern-Kind-Beziehung führt. Obwohl die Familie

ihre Sozialisationsfunktion somit nicht verliert, ist die Hinwendung zu außerfamilialen Erfahrungsfeldern doch offenkundig, in denen Jugendliche sich etwa im Bereich
der beruflichen Orientierung oder der Beziehungsgestaltung unter Gleichaltrigen
behaupten müssen (vgl. Barthelmes und Sander 2001, S. 30ff.). Im Kontext der
Entwicklungsaufgaben sind die Anforderungen, den sich verändernden Körper über ein
angemessenes *Körperkonzept* anzunehmen sowie eine eigene *Geschlechtsrolle* zu entwickeln, besonders hervorzuheben. Nach Pietraß (2003) kommen in der Bewältigung der
körperlichen Reifung zwei Aspekte zusammen: Jugendliche müssen einerseits ein subjektiv befriedigendes Körperkonzept entwickeln, in das andererseits stets die soziale
Akzeptanz des eigenen Aussehens hineinspielt. Für das Annehmen der eigenen körperlichen Erscheinung ist die soziale Akzeptanzwahrnehmung extrem wichtig. Dies
verweist auf die Möglichkeiten der Selbstgestaltung des Körpers und das Bedürfnis,
darüber von anderen als attraktiv eingeschätzt zu werden (vgl. Pietraß 2003, S. 6ff.).
Darüber hinaus wird der Körper aber auch als Träger differenter Ausdrucksstile genutzt,
für Heranwachsende ergeben sich vielfältige Möglichkeiten der Selbstdarstellung
über Mode, Frisur, Körperschmuck oder Tätowierungen. Der zum Ausdruck
gebrachte Stil bildet dabei gewissermaßen eine ästhetische Überhöhung der gesamten
Lebensweise, mit ihm lassen sich Aussagen über die eigene Person, über Konsum- und
Verhaltensvorlieben und weltanschauliche Standpunkte symbolisieren (vgl. ebd., S. 8f.).

Das innere Bild der *Geschlechtszugehörigkeit* wird in fortlaufenden, alltäglichen Interaktionen entwickelt, welche die aktive Beteiligung der Subjekte voraussect-
zen (vgl. Langenohl 2009, S. 39). Dieses ‚doing gender' findet im Abgleich mit den
Umwelterwartungen statt, wenn Jugendliche bspw. in Familie und Peer-Group mit
geschlechtsbezogenen Erwartungen konfrontiert werden. „Durch kulturelle Merkmale
wie etwa Kleidung, Stimme, Mimik oder Gestik kann die Geschlechtszugehörigkeit
kontinuierlich und unmissverständlich ausgedrückt werden" (ebd., S. 51). In ihrer
Auseinandersetzung mit Entwicklungsaufgaben orientieren sich Jugendliche weniger an festgelegten Bewältigungsmustern, stattdessen entfalten sich disparate Verläufe,
die den ambivalenten Individualisierungstendenzen der Jugendphase unterliegen
(vgl. ebd., S. 30f.). So können Jugendliche zur Bewältigung von Entwicklungsaufgaben
gewisse Spielräume nutzen, dennoch sind diese Prozesse auch von der Schicht- und
Milieuzugehörigkeit und den sozial konstruierten Geschlechterbildern geprägt (vgl.
Scherr 2009, S. 119). Entsprechend können Heranwachsende etwa im Rahmen des ‚doing
gender' nur begrenzt über die eigene Geschlechtsrolle verfügen, denn sowohl alltägliche
wie institutionelle Praktiken reproduzieren die hierarchische Geschlechterordnung und
sind somit von Machtwirkungen durchdrungen. Frauen bzw. Mädchen wird dabei häufig
eine untergeordnete Position zugewiesen (vgl. Langenohl 2009, S. 52ff.).

Grundsätzlich liegen Bewältigungsmöglichkeiten für Entwicklungsaufgaben in
allen formalen wie informellen Sozialisationskontexten und ihren unterschiedlich
weit ausgreifenden Kommunikations- und Beziehungsräumen. Gemeinhin wird den
unmittelbaren face-to-face Interaktionen das größte Gewicht beigemessen, aber auch
Medienangebote liefern Sinnfolien zur Bearbeitung von Entwicklungsaufgaben. Wenn

unzählige Bilder und Erzählungen der Medien in den Alltag diffundieren, dann ist es naheliegend, dass sie auch zur Auseinandersetzung mit der eigenen Entwicklung herangezogen werden (vgl. Mikos et al. 2009, S. 8ff.). Von den Musikstars gehen in dieser Hinsicht freilich besondere und auch besonders komplexe Orientierungsangebote aus, wobei angezweifelt wird, ob diese hinsichtlich ihrer nachhaltigen Effekte auf die Persönlichkeitsentwicklung überhaupt vollständig empirisch rekonstruierbar sind (vgl. Hoffmann 2009, S. 165). Dass die Medienthemen der Heranwachsenden häufig zugleich Entwicklungsthemen sind, lässt sich aber auf die Schwärmerei für Musikstars übertragen, „denn diese offerieren Körperkonzepte, Geschlechterrollen und sexuelle Orientierungen, zu denen Jugendliche sich positionieren können" (ebd., S. 167). In der Berichterstattung über Stars dominieren Leitbilder körperlicher Attraktivität, die als Vergleichsmaßstab für das eigene Körperkonzept herangezogen werden können. Auch im Hinblick auf Mode und Styling bilden Stars wichtige Anhaltspunkte und gehen in die eigene Stilbildung ein (vgl. Pietraß 2003, S. 8f.). Damit hängt zusammen, dass Stars im Rahmen der symbolisch-jugendkulturellen Ausgestaltung der Jugendphase thematisch werden und als Stilikonen für jugendkulturelle Gemeinschaften fungieren können. Pietraß (2003) weist aber ausdrücklich darauf hin, dass Selbstdarstellung und Stilbildung bei Jugendlichen einerseits zwar auf entwicklungsbezogenen und jugendkulturellen Bedürfnissen beruhen, andererseits aber auch gesellschaftsstrukturell mit bedingt ist. „Das Interesse der Jugendlichen an Stilen ist insofern ernst zu nehmen, als Selbstdarstellung eine wichtige Kompetenz in einer individualisierten Gesellschaft ist" (ebd., S. 10).

Die Auseinandersetzung Jugendlicher mit Stars lässt sich aber auch identitätstheoretisch erfassen. Der Begriff der *Identität* erhält in der Klärung der auf Stars gerichteten Aneignungsprozesse eine herausgehobene Bedeutung. Grundsätzlich verweisen Identität und Sozialisation aufeinander. *Sozialisation* beschreibt einen dialektischen Prozess, in dessen Verlauf eine wechselseitige Vermittlung von Subjekt und gesellschaftlicher Umwelt stattfindet. Nach Mead (1934/1973) ist dieser Prozess in soziale Interaktionen eingebettet und mithin fundamental durch die Beziehungen zu sozialen Bezugspersonen geprägt. Berger und Luckmann (1966/1998) betonen in ihrer Darstellung des Sozialisationsprozesses, dass der heranwachsende Mensch eine gesellschaftlich ‚objektivierte' Welt vorfindet, die er von Anderen übernimmt, die darin schon leben (vgl. Berger und Luckmann 1966/1998, S. 140). Im Austausch mit einem Gegenüber entwickelt sich eine gemeinsame Perspektive auf die Welt, die Bezugnahme auf den Anderen bildet aber zugleich die Voraussetzung, um Vorstellungen über das eigene Selbst zu entwickeln. Nur durch Perspektivenübernahme können Personen ihre Selbstbilder intersubjektiv abstimmen und ausformen. Man lernt „sich selbst mit den Augen der Anderen sehen" (Abels 2004, S. 24). Im Prozess der Sozialisation sind also Identitätsbildung und Selbstfindung schon angelegt. Identität muss sich jedoch im Gefüge der Lebensphasen stets aufs Neue bewähren.

Im Hinblick auf das Jugendalter hat der Identitätsbegriff Erik H. Eriksons (1973/2003) die größte Wirkung entfaltet. Die Postmoderne-Debatte setzt sich nun kritisch mit diesem klassischen Identitätsmodell auseinander, das von einer linearen Entwicklung der Persönlichkeit ausgeht, die mit Abschluss der Adoleszenz einen weitgehend stabilen und verlässlichen Kern ausgebildet haben soll. Aktuelle wissenschaftliche Identitätsmodelle gehen davon aus, dass das Leben in der ,Postmoderne' den *Herstellungsvollzug* von Identität grundlegend verändert hat. Nach Keupp u. a. (2002, S. 82) sind Identitäten prinzipiell unabgeschlossen und bleiben auch über die Adoleszenz hinaus als permanente Gestaltungsaufforderung bestehen. In den nun stärker individuellen Identitätskonstruktionen treten die Eigenleistungen der Subjekte deutlich hervor. „Es geht bei Identität immer um die Herstellung einer Passung zwischen dem subjektiven ,Innen' und dem gesellschaftlichen ,Außen'", also um die Herstellung einer „individuellen sozialen Verortung" (ebd., S. 28). Angesichts der gegenwärtigen Lebensverhältnisse betonen postmoderne Sichtweisen, dass Identität kaum noch als planvolles Projekt gelingt, sondern als diskontinuierlicher, spannungsvoller und widersprüchlicher Prozess verwirklicht wird. Die damit verbundene Verknüpfungsleistung haben Keupp et al. mit der Metapher der *Patchwork-Identität* zum Ausdruck gebracht. Die Grundstruktur der ,gelungenen' Identität liegt nunmehr in der Kohärenz der Selbstdeutung, für deren Aufrechterhaltung entsprechend größere Anstrengungen unternommen werden müssen. Für Keupp et al. wird Identität folglich „nicht mehr als Entstehung eines inneren Kerns thematisiert, sondern als ein Prozeßgeschehen [sic!] beständiger ,alltäglicher Identitätsarbeit', [...] als permanente Passungsarbeit zwischen inneren und äußeren Welten" (ebd., S. 30). Das Besondere dieses Identitätsmodus wird häufig durch Vergleich mit der sozial zugewiesenen Identität in vormodernen Gesellschaften herausgestellt (vgl. Eickelpasch und Rademacher 2004, S. 17ff.; Prisching 2009, S. 13f.). Vor dem Hintergrund der entwicklungspsychologischen Sichtweise des Jugendalters lässt sich mit Wegener (2008) nun eine doppelte Problematik konstatieren: Sie liegt einerseits „in der Bewältigung spezifischer Entwicklungsaufgaben der Altersphase, andererseits im Umgang mit Anforderungen der Postmoderne, die aus gesellschaftlichen Individualisierungsprozessen resultieren und die Notwendigkeit der steten Positionierung in Form alltäglicher Identitätsarbeit fordern" (Wegener 2008, S. 45).

Den Medien kommt in dieser alltäglichen und prozessualen Selbstfindung eine große Bedeutung zu, denn sie sind zu tragenden Elementen in den Lebensweltarchitekturen von Heranwachsenden wie Älteren geworden. In ihrer Alltagsbezogenheit sind sie „ein Ausdruck unserer Kultur, und unsere Kultur funktioniert in erster Linie durch die von den Medien zur Verfügung gestellten Materialien" (Castells zit. n. Mikos 2010, S. 37f.). In der handlungstheoretisch fundierten Medienforschung herrscht mittlerweile ein breiter Konsens darüber, den Medien keine monokausalen Wirkungen zu unterstellen. Medienkommunikation wird vielmehr als soziales Handeln und als individueller, kreativer Deutungsprozess verstanden. Jugendliche nehmen Medieninhalte somit nicht unreflektiert auf, sondern nutzen diese für die eigene Identitätsarbeit (vgl. Wegener 2010, S. 58).

In den nun folgenden Ausführungen sollen typische Formen der Identitätsarbeit in medialen Lebenswelten vorgestellt werden. Der Bezug zum Jugendalter ergibt sich aus konkreten Beispielen auf der Ebene des Alltagshandelns, wobei auf die Rolle der Musikmedien innerhalb der Vielfalt von Erfahrungsmöglichkeiten hingewiesen wird. Es ist zu betonen, dass die folgenden *vier Muster der Identitätsbildung mit Medien* einen theoretisch-systematischen Ordnungsversuch darstellen. Empirisch dürften sich hingegen ‚weichere' Abgrenzungen bzw. Übergänge zwischen diesen Formen zeigen.

Im Hinblick auf Identitätsarbeit eröffnen Medieninhalte erstens vielfältige Selbsterfahrungen durch inneren Abgleich mit dem eigenen Selbst, sie „bieten Räume, in denen Heranwachsende Wünsche und Träume leben, Handlungsvarianten testen und Einstellungen ausbilden können" (Hartung und Schorb 2007, S. 8). Die Medien spiegeln darin zugleich gegenwärtige Lebensbedingungen wider, denn sie ermöglichen Orientierung und Selbstpositionierung vor dem Hintergrund vielfältiger und teils widersprüchlicher Vorgaben und Entfaltungsspielräume. Entsprechend bilden sie Elemente der alltäglichen, dynamischen Herausbildung und Erprobung von Patchwork-Identitäten (vgl. ebd., S. 6f.; Wegener 2008, S. 39). Wie Medien von Jugendlichen ausgewählt bzw. bestimmte Inhalte von ihnen interpretierend angeeignet werden, hängt von individuellen oder kollektiv gerahmten Interessen, Bedürfnissen und Entwicklungskontexten ab. Für den Entwicklungsverlauf ist eine wechselnde Orientierung an medialen Vorbildern typisch, von der frühen Begeisterung für Filmfiguren wie Harry Potter über Comic-Helden wie *Spiderman*, Fußballer wie *Ronaldhino* bis hin zu Popmusikern im mittleren Jugendalter (vgl. Hoffmann 2010, S. 12). Es wird davon ausgegangen, dass fiktive wie reale Personen der Medien und auch Musikstars zu Mentorinnen und Mentoren der eigenen Entwicklung werden können, welche „ein Probehandeln, das Durchspielen und Nachempfinden von Situationen in einem geschützten Raum" ermöglichen (Hartung und Schorb 2007, S. 8). Gerade im frühen Jugendalter mit seinem Unabhängigkeitsstreben bei gleichwohl bestehenden elterlichen Reglementierungen können Heranwachsende sich mit Handlungsentwürfen und zukünftigen Lebensformen antizipierend auseinandersetzen (vgl. ebd.). In dieser Hinsicht kann Popmusik verdichtete Sinnfolien liefern, indem sie „soziale wie kulturelle Dimensionen des Erwachsenseins sowohl propositional (etwa in den Songtexten) als auch performativ und sozialstilistisch (etwa im Ausdrucksverhalten der Protagonisten) symbolisch durchspielt" (Hoffmann und Schmidt 2008, S. 285). Aufgrund dieser bedürfnisorientierten Umgangsweise wird den Medieninhalten attestiert, dass sie in ihren Sinngehalten keineswegs festgelegt sind, sondern als flexible Angebote genutzt werden können (vgl. Wegener 2010, S. 58). Medien fungieren somit als Lieferanten von identifikationsfähigen Inhalten, die jedoch nicht einfach adaptiert, sondern in die *Aushandlung* der eigenen Identität einbezogen werden. Mit diesen Überlegungen konvergieren kommunikationswissenschaftliche Einsichten der Cultural Studies (vgl. Hall 1999), die davon ausgehen, dass mediale Zeichen in ihren Bedeutungsgehalten keineswegs eindeutig sind, sondern unterschiedliche Lesarten zulassen. Keller (2008) weist darauf hin, dass negative Bewertungsprozesse und Distanzierungen von Medienangeboten ebenfalls im Dienst der Identitätsbildung stehen können. Auch die zum Ausdruck gebrachte Abgrenzung und die Markierung von Nicht-Identität mit einem abgelehnten

Star können der Konturierung des eigenen Selbstbildes dienen (vgl. Keller 2008, S. 17f.). Solche Prozesse bleiben unberücksichtigt, orientiert man sich bei der Frage nach dem Einfluss musikalisch-medialer Bezugspersonen auf Jugendliche einseitig an deren ‚Vorbildern'. Hervorzuheben bleibt, dass Identitätsarbeit mit Medien in den bisherigen Überlegungen vorrangig als subjektiver Bewusstseinsvorgang, als *intra*kommunikativer Prozess betrachtet wurde.

Identitätsarbeit lässt sich *zweitens* aber ebenso als *inter*kommunikatives Verhältnis in ihren sozialen Außenbezügen beschreiben. Da Identitäten grundlegend sozialer Natur sind und sich in Interaktionen entwickeln (siehe oben), entfalten Medienwelten ihre Wirkungen in realweltlichen Kontexten, für die sie Materialien zur Ausformulierung von sozialen Identitäten bereitstellen. Prozesse der inneren Selbstaushandlung sind somit in den Zusammenhang mit *außermedialen Interaktionen* zu stellen (vgl. Wegener 2010, S. 56ff.). Viele aktuelle Studien widmen sich deshalb den sozialen Kontexten der Rezeptionssituationen (vgl. Keppler 1994; Götz 2003; Fritzsche 2003; Wierth-Heining 2004; Hartung 2010). Medien erscheinen in dieser Perspektive dann „als einer unter anderen Referenzpunkten bestimmter Praktiken" (Fritzsche 2007, S. 30). Im Jugendalter bildet die Peer-Group einen dominanten sozialen Kontext, da dort Erfahrungen aus der Medien- und der Alltagswelt maßgeblich aufeinander bezogen werden. Ereignisse rund um die beliebten Protagonisten, aktuelle technische Trends, Erfahrungen mit der Mediennutzung wie bspw. Computerspielen stellen innerhalb der jugendlichen Peer-Groups Gesprächsanlässe dar (vgl. Hartung und Schorb 2007, S. 9). Dies trifft auch auf Musik und gemeinsam favorisierte Stile zu, ferner ist der Austausch von Musikstücken unter Gleichaltrigen beliebt (vgl. Hoffmann und Schmidt 2008, S. 294). Das typische Muster der Selbstfindung durch sozialen Vergleich, das den Entwicklungsraum ‚Peer-Group' charakterisiert, kann auch auf die kollektive Verhandlung individueller Medienerfahrungen übertragen werden. Jugendliche treten mit ihren Geschmackspräferenzen in soziale Bewertungsprozesse ein und wissen in der Regel, dass ihre Selbstzuschreibungen von anderen bewertet werden und somit Fremdzuschreibungen nach sich ziehen. Medienpräferenzen „ermöglichen anderen und einem selbst die Rekonstruktion von Aspekten der personalen, sozialen und kulturellen Identität" (ebd., S. 289).

Die Orientierung an den Gleichaltrigen als Vergleichsmaßstab ist dabei grundsätzlich ambivalent und birgt ein Konfliktpotenzial, weil mit dem ungeschriebenen Regelwerk der Peer-Group auch Zwänge entstehen und Statuszuschreibungen erfolgen (vgl. Hartung und Schorb 2007, S. 9). Die musikalische Sozialisationsforschung macht auf die soziale Signifikanz der geäußerten Musikvorlieben Heranwachsender aufmerksam. Weil Musikhören eine beliebte Freizeitaktivität darstellt, wirkt sich der wahrgenommene Musikgeschmack auf die Kontaktaufnahme und Freundschaftsanbahnung bei Gleichaltrigen aus. Musikalischen Vorlieben wird dabei eine Funktion als Indikator für Persönlichkeitsmerkmale zugesprochen (vgl. Neuhoff und de la Motte-Haber 2007, S. 402). Die zuletzt genannten Aspekte können als Faktoren sozialer Ungleichheit betrachtet werden, denen die Identitätsarbeit im Kontext von Medien und Peer-Kontakten unterliegt. Somit wird deutlich, dass Jugendliche über ihre Medienerfahrungen trotz fortgeschrittener Unabhängigkeit vom Elternhaus nicht völlig frei verfügen. Ungleichheitseffekte sind überdies hinsichtlich der ökonomischen Durchdringung der Kulturangebote zu konstatieren (vgl. Lange und Theunert 2008, S. 232). Grundsätzlich darf angesichts der Konzentration auf Peer-Groups aber nicht vergessen werden, dass Jugendliche sich über musikbezogenes Medienhandeln auch gegenüber den Herkunftsfamilien positionieren, meist wird in diesem Zusammenhang auf jugendtypisches Abgrenzungsverhalten gegenüber elterlichen Musikpräferenzen hingewiesen (vgl. Süss und Hipeli 2010, S. 144). Hartung (2010) bezieht die sozialintegrative Funktion von Musik hingegen auch auf die Familie, indem sie neben dem jugendtypischen Abgrenzungsverhalten auf die Herstellung gemeinsamer familialer Sinnbezüge über Musik hinweist. Demnach kann Musik ebenso übergenerationelle Aushandlungsprozesse in Familien anregen und dazu führen, „die subjektive Selbstbezüglichkeit zugunsten neuer Sichtweisen und Erfahrungen zu relativieren" (Hartung 2010, S. 28).

Drittens können Medien auch für die *Identitätsdarstellung* genutzt werden. In dieser Perspektive setzen Jugendliche Medien mehr oder weniger gezielt für den symbolischen Selbstausdruck ein, um eine intendierte Wirkung auf andere zu erzielen. Diese Facette geht über die Aushandlung von Identität hinaus, in der persönliche Identitätsthemen intra- oder interkommunikativ mit den Medienangeboten abgeglichen werden, geht es hier doch darum, (vorläufige) Ergebnisse dieses verinnerlichten Prozesses sichtbar nach außen zu tragen. Allerdings ist das oben erwähnte Identitätsmuster im Kontext von Medien und Peers davon nicht trennscharf zu unterscheiden. Die Identitätsdarstellung über Medienbezüge betont den Einsatz bestimmter Angebote und Medienvorlieben in ihrer Hinweisfunktion auf das Selbstbild. Die Annahme sogenannter performativer Akte liefert in diesem Zusammenhang eine vielbeachtete Erklärungsfigur. Mit Blick auf ‚Performativität' wird nicht davon ausgegangen, dass die Außendarstellung nur als Ausdruck von inneren Vorstellungen (bspw. ästhetischen Präferenzen) aufzufassen ist. Denn in der symbolischen Kommunikation durch sprachliche und körperliche Zeichen, durch Bewegung, Tanz etc. konstituiert sich dieser Ausdruck überhaupt erst. Eine eigenständige Sinnsphäre entsteht. „*Performative Medienaneignung* in diesem Sinne meint den Akt, in dem sich das mediale Gegenüber Medien mittels symbolischen Selbstausdrucks zu Eigen macht." (Wegener 2008, S. 56; Hervorhebung i.O.) Dies kann auch durch fantypische Kleidung geschehen, oder aber, indem Jugendliche ihr Zimmer mit Fanartikeln dekorieren (vgl. ebd., S. 72). Um die Ausdrucksdimension der Identitätsarbeit mit Medien zu betonen, spricht Reinhardt (2005, S. 40) von „Personensemantiken". In der Literatur wird im Zusammenhang der Präsentation von Identität vielfach auf Goffman (1969/2004) Bezug genommen, der die bewusste Ausdruckskontrolle in Interaktionen thematisiert hat, mit der Menschen versuchen, ein für sie vorteilhaftes Bild ihrer Selbst nach außen zu tragen (vgl. Goffman 1969/2004, S. 10). Neben den Medieninhalten kann bereits der demonstrative Besitz mobiler Technik diese Funktion erfüllen, etwa wenn bestimmte, gerade ‚angesagte' Handy-Modelle das Prestige ihres

Besitzers erhöhen (vgl. Hartung und Schorb 2007, S. 9). Vergegenwärtigt man sich, dass der Handel mit bloß ‚dekorativen' Produkten wie Klingeltönen und Handyschalen zu umsatzstarken Marktsegmenten geführt hat, scheint die Verwendung von Medien zur Identitätsdarstellung zu einem weit verbreiteten Muster geworden zu sein.

Die Auseinandersetzung mit Medien kann *viertens* in unterschiedlichen *Interpretationsgemeinschaften* und Fanzusammenhängen stattfinden. Mit dem Mediengebrauch gehen soziale Inklusions- und Exklusionsprozesse einher, Medien können der Kollektivierung ebenso wie der Herausbildung von individueller Einzigartigkeit dienen (vgl. Hoffmann und Schmidt 2008, S. 289). Für Peer-Groups, vor allem aber für feste Fancliquen, Fanclubs und insbesondere für Jugendkulturen können ähnliche oder identische Medieninhalte, Interpretationsmuster und Nutzungsstile zu essentiellen Gruppenmerkmalen werden. Bei Fanclubs und Jugendkulturen bilden diese häufig den Anlass für Gemeinschaftsbildung. Jugendliche können durch den kompetenten Umgang mit diesen Wissensbeständen die Anerkennung anderer erwerben. Medien stellen somit ‚Beziehungsstifter' dar und generieren kollektive Identitäten. Winter (1995) hat Fancliquen von Horrorfilmen untersucht, die entgegen weit verbreiteter Vorurteile differenzierte Bewertungsprozesse ihrer bevorzugten Kulturgüter vornehmen und sich darüber als Gruppen konstituieren (vgl. Winter 1995, S. 155ff.). Richten sich Aneignungsmuster auf Musik, ist von variierenden Aktivitäts- und Involvementgraden bei Jugendlichen auszugehen, die zur Teilhabe an jugendkulturellen Stilgemeinschaften (Szenen) führen können (vgl. Hoffmann und Schmidt 2008, S. 284). Mittlerweile bemüht sich ein eigener Forschungsstrang um die Ethnographie von Jugendszenen, in denen Jugendliche sich bestimmte Interessen und Neigungen gemeinschaftsbildend aneignen (vgl. Hitzler und Niederbacher 2010, S. 16f.). Die meisten dieser Interpretationsgemeinschaften formieren sich um Musikstile und kollektive, auf einen geteilten Stil bezogene Wissensbestände, in deren Rahmen auch den Musikstars eine herausgehobene Bedeutung zukommen dürfte. Die jugendkulturellen Aktivitäten gehen dabei über die passive Mediennutzung hinaus, denn die medialen Angebote strukturieren auch die Beziehungen zwischen den Szenegängern. Jugendliche nutzen die medial dargebotenen Elemente zur Herausbildung eines eigenen, kreativen Stils und inszenieren sich selbst darüber als Szeneangehörige (vgl. Müller 2004, S. 10). Über ihre kulturellen Bezüge unterstützen Jugendszenen den Aufbau und die Umformung von Identität (vgl. Pfadenhauer 2009, S. 36; Vogelgesang 2010, S. 41f.). Fanclubs gruppieren sich im Unterschied zu Szenen um *bestimmte* Stars. Da der Star hier das Gruppenideal verkörpert, ist er als Identifikationsfigur nicht austauschbar, es sei denn um den Preis des Gruppenzerfalls (vgl. Borgstedt 2008, S. 67). Anders ist es bei Szenen, deren umfangreiche Symbolsysteme eher Raum lassen für intraszenische Distinktionen und variantenreiche, ‚eigensinnige' Stilbildungen von Szenegängern, ohne dadurch den Zusammenhalt zu gefährden. In den Szenen existieren eigene Kulturwelten mit vielfältigen sozialen Vergleichsobjekten.

Nachdem nun vier Identitätsmuster mit Bezug auf Medien vorgestellt wurden, geht die Darstellung zu Theorieansätzen über, welche die innere Auseinandersetzung mit Medienangeboten präziser fassen können. Aussagen zu den Aneignungsmodi von Medieninhalten fokussieren subjektive Bewusstseinsprozesse und liefern v. a. für das erste Identitätsmuster, die intrakommunikative Aushandlung, tiefergehende Erkenntnisse. Da die weiteren drei Muster aber in gewisser Weise an den inneren Aushandlungsprozessen anschließen, sind Aussagen zum Aufbau innerer Bilder und Vorstellungen von genereller Bedeutung. Das Spektrum von Theorieansätzen zur Medienaneignung kann hier aus Platzgründen nicht dargestellt werden (vgl. Wegener 2008, S. 58ff.; Langenohl 2009, S. 64ff.). Hier soll die sogenannte *parasoziale Interaktion* (kurz PSI) vorgestellt werden, da sie in den empirischen Untersuchungen zu Umgangsweisen Jugendlicher mit Musikstars einen besonderen Stellenwert einnimmt. Ferner wird knapp auf die *Identifikation* eingegangen. Das Konzept der parasozialen Interaktion wurde in den 1950er Jahren von den amerikanischen Forschern Donald Horton und Richard Wohl begründet. Demnach ermöglichen Medienpersonen den Rezipientinnen und Rezipienten, eine *imaginierte Beziehung* zu ihnen aufzubauen, die jedoch so erlebt werden kann, ‚als ob' sie real wäre. Vor allem Moderatorinnen und Moderatoren und Nachrichtensprecherinnen und -sprecher – spezifizierend als ‚personae' bezeichnet – adressieren die Rezipientinnen und Rezipienten so, als ob sie ein reales Gegenüber wären, weshalb das Ursprungskonzept sich vorrangig auf diese Medienpersonen bezog (vgl. Mikos 1996, S. 98). Allerdings wird PSI längst nicht mehr nur auf solche Kategorien angewendet, sondern auch auf Film- und Serienfiguren.

Die Erläuterungen zu PSI setzen meist an dem Unterschied zwischen der unmittelbaren, reziproken und der mittelbaren, einseitigen Kommunikation bzw. Interaktion an, wobei Medienkommunikation dem zweiten Fall zugeordnet wird (vgl. Keppler 1996, S. 11; Schramm und Hartmann 2010, S. 207ff.). Die Reaktionen der Zuschauer auf mediale Bezugspersonen bleiben folgenlos, da kein vollgültiges soziales Handeln zwischen Medienperson und Beobachterin resp. Beobachter zu Stande kommt. Die Persona bewirkt zwar eine Reaktion bei der Zuschauerin bzw. beim Zuschauer, offenkundig findet jedoch keine Rückkoppelung statt, so dass die Persona die durch sie selbst ausgelöste Reaktion nicht erwidern kann. Im Gegensatz zu interpersonellem Geschehen ist eine reziproke Bezugnahme somit ausgeschlossen (vgl. Schramm und Hartmann 2010, S. 208f.). Jedoch eröffnen sich gerade durch die nicht involvierte, zwanglose Rezeptionshaltung auch Erfahrungsmöglichkeiten. In Verbindung mit der Kontinuität der präsentierten Charaktere, die dadurch vertraut und vorhersehbar werden, entstehen „Potentiale eines freizügigen Umgangs mit den Serienfiguren, für ein ernstnehmendes und affirmatives Zusehen ebenso wie für ein Sich-Lustig-machen über bestimmte ihrer Handlungen oder auch über die von ihnen ausgeführten Rollen" (Keppler 1996, S. 16). Neben den Unterschieden zwischen sozialer und parasozialer Interaktion existieren jedoch auch Gemeinsamkeiten, denn Medienfiguren fordern uns ebenso wie reale Personen zu inneren Stellungnahmen auf und erlauben ähnliche Erfahrungen wie in realweltlichen Interaktionen. Ansonsten wären solche Personen für den Zuschauer kaum von Interesse (vgl. ebd., S. 17f.). Für die PSI wesentlich ist allerdings, dass sich der Zuschauer der illusionären Face-to-Face-Beziehung zu einer Medienperson durchaus bewusst ist, aber den Schein der Intimität gewissermaßen spielerisch aufrecht erhält (vgl. Mikos 1996, S. 98f.).

Rezipientinnen und Rezipienten nehmen dabei eine aktive Rolle ein und entwickeln ihre Interpretationen von biographischen, sozial situierten Standpunkten aus. Selbstreflexion und Identitätsbildung werden gerade durch den von Handlungszwängen entlasteten Umgang mit den Medienpersonen möglich (vgl. Keppler 1996, S. 12ff.). Zuschauerinnen und Zuschauer „erhalten so die Möglichkeit, soziale Spielregeln zu lernen, neue Handlungsmöglichkeiten zu erproben und ihnen selbst versagte Handlungen kompensatorisch auszuführen, indem sie stellvertretend an den Handlungen der Medienakteure teilhaben" (Mikos 1996, S. 104). Krotz (2004) greift bei seiner Erklärung der PSI auf die Vorstellung des Menschen als einem fundamental auf Kommunikation angewiesenen Wesen zurück. Akteure entwickeln ihre Identität in kommunikativen Situationen, indem die ausgetauschten Äußerungen wechselseitig interpretiert werden und eine Perspektivenübernahme zwischen Handelnden, Sprechenden stattfindet. Dies setzt auf beiden Seiten nicht-beobachtbare, innere Dialoge voraus (vgl. Krotz 2004, S. 33f.). Der Einzelne muss sich im Verhältnis zum Gegenüber „als-ob imaginativ in seine Rolle hineinversetzen" (ebd., S. 38). Die für die Identitätsbildung notwendigen sozialen Beziehungen sind zwar an Kontaktsituationen gebunden, bleiben aber auch als situationsübergreifende Orientierungen und Erwartungen bestehen. Gerade darin, dass auch ‚echte' Beziehungen auf inneren Vorstellungen des Anderen beruhen, die selbst in dessen Abwesenheit fortbestehen und der Beziehung zu ihm das Imaginäre des ‚als-ob' seiner Anwesenheit verleihen, sieht Krotz die gemeinsame Grundlage sozialer und medienvermittelter Kommunikation. „Die Bedeutung von persönlichen, sozialen und parasozialen Beziehungen entsteht dann daraus, dass die im Inneren repräsentierten Bilder von den Menschen dazu benutzt werden, mit ihnen innere Dialoge zu führen, gerade auch, wenn diese nicht präsent sind – ich überlege mir, wenn ich mit einem Sachverhalt konfrontiert bin, wie wohl diese oder jene meiner Beziehungspersonen auf diese oder jene Meinung, auf dieses oder jenes Erlebnis reagieren würde, und erhalte so Orientierungsangebote sowie Maßstäbe, um diese zu beurteilen" (ebd., S. 40). Von den Medien geht folglich ein großer Einfluss auf Identitätsprozesse aus, da Medienbeziehungen das Beziehungsnetz von Menschen maßgeblich erweitern. Diese ‚neuen' Beziehungen gehen zugleich in die Präsentation von sozialen wie personalen Identitäten ein (vgl. ebd., S. 41).

Nach Keppler (1996) finden im Rahmen der PSI auch *Identifikationsprozesse* statt. Allerdings wird darunter etwas anderes als in der psychologischen Tradition verstanden. Im Identifikationsprozess kommt es zu keiner ganzheitlichen Imitation, der Betrachter verliert sich nicht in der Medienfigur (vgl. Keppler 1996, S. 18). In vergleichbarer Weise verwendet Wegener (2008) den Terminus Identifikation. Von Medienpersonen gehen demnach zwar Identitätsangebote aus, diese dienen aber nicht primär der Imitation, wenn auch Teilaspekte des medialen Gegenübers im Zuge einer fragmentarischen Übernahme imitiert werden können. Identifikation findet in dieser Perspektive v. a. als Abgleich mit eigenen Deutungsmustern statt, was Annäherungen an die Medienpersonen ebenso wie Distanzierungen von ihnen einschließen kann (vgl. Wegener 2008, S. 60; Keppler 1996, S. 20ff.).

5   Empirische Befunde zur Sozialisationsrelevanz von Musik- und Castingstars

Um Übersicht in die Darstellung empirischer Befunde zu bringen, wurden Erkenntnisse zu den Castingstars an den Anfang gestellt, gefolgt von Untersuchungen zu Musikstars. Zunächst sollen die Leserinnen und Leser jedoch durch einen Kurzüberblick ein erstes Bild der präsentierten Studien erhalten.

Roth-Ebner (2008) arbeitet den Stellenwert der österreichischen Casting-Show *Starmania* für Heranwachsende heraus. Die jungen Zuschauerinnen und Zuschauer nehmen diese Show und die Stars für ihre Identitätsarbeit in Anspruch und nutzen dabei die medienübergreifende Angebotsstruktur von *Starmania*. Müllensiefen et al. (2005) befassen sich mit dem Bild, das jugendliche Zuschauerinnen und Zuschauer der Casting-Shows von den dort präsentierten Stars entwickeln. Insbesondere Thomas (2004, 2008, 2009), aber auch andere Autoren (vgl. Krotz und Lange 2010; Döveling 2010; Kaindl 2005) unternehmen den verdienstvollen Versuch, eine gesellschaftskritische Perspektive auf das Sendeformat der Casting-Shows zu werfen. Gegenüber diesen Herangehensweisen zeigen Studien zu Musikstars eine stärkere Orientierung an den subjektiven Deutungsmustern der Jugendlichen, die als einzelne ‚Fälle' erhoben werden. In diesen Studien geht es um die individuellen Bedeutungskonstruktionen der jugendlichen Untersuchungspersonen in ihren Bezügen zur Jugendphase und Biographie. Fritzsche (2003) etwa thematisiert Boy-Groups/Girl-Groups als Gegenstand der Auseinandersetzung Jugendlicher, wobei hier die Gruppenwirklichkeiten von Mädchencliquen vor dem Hintergrund ihrer Fanaktivitäten im Vordergrund stehen. Die Studie von Langenohl (2009) ist an musikalisch-medialen Angeboten wie bspw. Musikvideos und daran ansetzenden Rezeptionsprozessen interessiert. Die beiden zuletzt genannten Untersuchungen befassen sich explizit mit Prozessen geschlechtlicher Identitätsbildung vor dem Hintergrund musikalischer und starbezogener Unterhaltungsangebote. An dem Verhältnis von medialen Starinszenierungen und Identitätsprozessen ist Wegener (2008) interessiert, die einen inhalts- bzw. imageanalytischen Zugang zu Musikstars mit der empirischen Rekonstruktion der Verarbeitungsprozesse bei jugendlichen Anhängern verbindet. Hier werden die markförmigen Images beliebter internationaler Popstars zunächst isoliert betrachtet. Die Imagekonstruktionen fungieren als gemeinsamer medialer Pol, an dem die Deutungsaktivitäten der Jugendlichen ansetzen. Diese Vorgehensweise entwickelt somit eine Vergleichsgrundlage für die untersuchten Fälle. So kann die Verfasserin auf plausible Weise individuelle Interpretationen der Heranwachsenden heraus präparieren.

Wichtig ist der Hinweis auf die im vierten Teil dieses Beitrags vorgestellten Muster der Identitätsarbeit in medialen Kontexten. Identitätsarbeit als innere, *intra*kommunikative Aushandlung (1), als sozialer Vergleichsprozess bspw. in Peer-Groups (2), als Identitätsdarstellung mit Hilfe von Medien (3) und als soziale Kontextualisierung der eigenen Medienpräferenzen in Fanzusammenhängen (4): Alle diese Modalitäten gehen – wenn auch in unterschiedlicher Intensität und Gewichtung – in die nachfolgend vorgestellten Studien ein.

Im Weiteren erfolgt die tiefergehende Darstellung des Forschungsstandes, beginnend mit den Castingstars. Roth-Ebner (2008) widmet sich ihrem Gegenstand, der österreichischen Casting-Show *Starmania*, schwerpunktmäßig mit der Frage nach Wechselwirkungen von crossmedialem bzw. medienkonvergentem Design und jugendlichen Identitätskonstruktionen. In der Auswertung ihrer qualitativen Interviewdaten weist die Autorin nach, dass die untersuchten Rezipientinnen und Rezipienten Identitätselemente aushandeln bzw. Strategien der Identitätskonstruktion in der Auseinandersetzung mit der Casting-Show entwickeln (vgl. Roth-Ebner 2008, S. 177ff.). Dabei wird zwischen personaler und sozialer Identitätsbildung, aber auch zwischen den Kontexten der Identitätsarbeit innerhalb der crossmedialen Angebotsvielfalt differenziert. Im Rahmen der personalen Identität zeigen sich etwa identifikatorische Prozesse, wenn sich Rezipientinnen und Rezipienten in dem gezeigten Werdegang der Musikerinnen bzw. Musiker stellvertretend mit eigenen Zukunftsvisionen beschäftigen und somit den Aspekt ‚Veränderung‘ als Schlüsselthema der Adoleszenz bearbeiten (vgl. ebd., S. 120ff.). Unter dem Begriff ‚Kompetenzerweiterung‘ werden Selbstreflexionen zusammengefasst, die durch das Format angeregt werden, wie „Entscheidungskompetenz, Urteilsbildung, Lebensplanung, Entwicklung von Autonomie usw." (ebd., S. 135). Auch im Hinblick auf Performativität und Körperinszenierungen als Darstellungsform für soziale Identität bietet *Starmania* Anknüpfungspunkte (vgl. ebd. S. 145ff.). Ferner wird soziale Zugehörigkeit erlebbar, welche die Nutzerinnen und Nutzer abhängig von Rezeptionskontext und Anschlusskommunikation in Familie oder Peer-Groups, sogar in lokalen oder nationalen Verortungen sowie in jugend- und fankulturellen Ausprägungen finden können (vgl. ebd., S. 157ff.). Durchgehend weist die Autorin auf die crossmedialen Nutzungsmuster hin, die den Möglichkeitsraum für Identitätskonstruktion maßgeblich erweitern. „Vor allem interaktive Elemente wie die Forenkommunikation im Internet oder das Voting mittels Telekommunikation machen *Starmania* nicht nur zu einem Bestandteil der Alltagskultur der Jugendlichen, sondern die Jugendlichen auch zum Bestandteil der Inszenierung, wenn auch bei ungleicher Machtverteilung zwischen Produktion und Publikum" (ebd., S. 180).

Meines Wissens wurden Casting-Shows hinsichtlich ihrer persönlichkeitswirksamen Einflüsse bzw. im Hinblick auf different ausgeprägte Rezeptionsweisen *quantitativ* bislang kaum erforscht. Die Studie von Müllensiefen et al. (2005) bildet eine Ausnahme, das Autorenteam führte u. a. eine Fragebogenerhebung mit etwas mehr als 200 Teilnehmerinnen und Teilnehmern (Rezipientinnen und Rezipienten und Nicht-Rezipientinnen und Nicht-Rezipienten von Casting-Shows) und eine quantitative Inhaltsanalyse von sogenannten threads im offiziellen Internetforum von Deutschland sucht den Superstar durch. Den Ausgangspunkt bildet die Frage, ob und wenn ja wie zwischen einem kulturindustriell fabrizierten und einem durch überdurchschnittliche Leistung legitimierten Starbegriff bzw. entsprechend zwischen Castingstars und

Stars unterschieden wird (vgl. Müllensiefen et al. 2005, S. 163f.). Ferner wurden die Präferenzurteile der Teilnehmerinnen und Teilnehmer zu einer vorgegebenen Auswahl aus 20 Stars und Castingstars verglichen. Die Auswertung der auf die erste Frage hin konzipierten Items bezieht sich ausschließlich auf die Teilgruppe der Casting-Rezipientinnen und Rezipienten. Müllensiefen et al. interpretieren ihre Befunde so, dass eine „Gleichsetzung von Castingshow-Teilnehmern mit Stars, wie sie durch die mediale Präsentation im Rahmen der TV-Formate und Berichterstattungen nahegelegt wird, […] in der untersuchten jungen Stichprobe nicht zu beobachten" ist (ebd., S. 172). Diesen Befund kann man auch so deuten, dass die Rezipientinnen und Rezipienten den Inszenierungscharakter der ‚Superstars' durchschauen können und mehrheitlich zwischen Stars und Castingstars differenzieren. Bei der Frage nach den präferierten Musikern zeigt sich, dass die Nicht-Rezipientinnen und Nicht-Rezipienten deutliche Unterscheidungen vornehmen und Castingstars im Gegensatz zu ‚echten' Stars bei ihnen wenig Zustimmung finden. Die Casting-Zuschauerinnen und Zuschauer sind in ihren Geschmackspräferenzen hingegen den Castingstars stärker zugeneigt (vgl. ebd., S. 174). Dies wird als Hinweis auf den Marketingerfolg dieser Formate gewertet, welche durch die Offenlegung des Auswahlverfahrens ihre Zielgruppe an die für sie bestimmten musikalischen Produkte heran führen und sich so die Nachfrage für den späteren Absatz der Fanprodukte verschaffen. Bei der Gruppe der Casting-Rezipientinnen und Rezipienten fällt der Überhang an Mädchen auf, ferner finden sich bei diesen durchschnittlich um ein Jahr jüngeren Befragten stärkere Präferenzen für Musikstile wie Pop, Rock und Schlager, die eher dem Mainstream zuzuordnen sind (vgl. ebd., S. 168).

In jüngster Zeit hat sich eine Reihe von Beiträgen unter gesellschaftstheoretischer Perspektive mit den Casting-Shows und verwandten Formaten des Reality-TV beschäftigt, wobei man diese als kulturelle Phänomene deutet und dabei insgesamt kaum auf empirische Rekonstruktionen von Zuschauerreaktionen zurückgreift. Dennoch lässt die inhaltsanalytische Auseinandersetzung mit solchen Unterhaltungsangeboten und ihrem Erfolgsgeheimnis auch Rückschlüsse auf Zuschauermotivationen zu. In grober Linie zeichnet sich ein medienkritischer Zugang als „Wiederbelebung gesellschaftskritisch ambitionierter Medienanalyse" (Thomas 2008, S. 219) ab, der die Casting-Shows als Ausdruck eines gesellschaftlichen Konsenses auf der Basis neoliberaler Denkweisen und Überzeugen betrachtet (vgl. Krotz und Lange 2010; Döveling 2010; Thomas 2004, 2008, 2009; Kaindl 2005). Thomas (2009) fordert einen Analyserahmen, der nach Homologien zwischen Medienangeboten, Mediengebrauch und den gesellschaftlich bedingten Identitätsprozessen fragt (vgl. Thomas 2009, S. 52). Die Tatsache, dass Medienangebote nur ‚Sinn machen', wenn sie in einer homologen Beziehung zu kulturellen Ressourcen und Sinnbeständen des Publikums stehen, wird somit kritisch gewendet und auf vorherrschende neoliberale Diskurse und ihre eingelagerten Subjektivierungsformen bezogen. Medien- und Gesellschaftsentwicklung laufen in dieser Deutung zusammen und werden als „neoliberale Koformierung" (ebd., S. 56) bezeichnet. Die Casting-Shows bieten sich dann als Untersuchungsobjekte an, geht es bei ihnen doch um den inszenierten Wettbewerb, um Leistung, Selektion und Ausscheidung. Werte wie Selbstdisziplinierung bis hin zu Selbstausbeutung werden unverhohlen propagiert. „*Burnen musst du*' lautet die pathetisch ausgerufene Parole, mit der Coach Detlef ‚D!' Soost die Kandidatinnen und Kandidaten in der Sendung *Popstars – Das Duell* im Jugendslang anfeuert; sie veranschaulicht sinnfällig die Anforderung der Inanspruchnahme aller Poren des Subjekts in den Prozessen der Selbstpräsentation, -aufführung und -inszenierung." (ebd., S. 57; Hervorhebung i.O.) Neben den Gratifikationen für erbrachte Leistungen spielt regelmäßig auch Stigmatisierung bei ‚Leistungsverweigerung' eine Rolle, wobei die Belohnungs- und Bestrafungsrituale die Zuschauer involvieren und zu Komplizen machen sollen (vgl. Krotz und Lange 2010, S. 9), was vorrangig durch Angebote des emotionalisierten Miterlebens gelingt (vgl. Döveling 2010, S. 17).

In der Argumentation von Thomas (2009) kommt den Überlegungen Foucaults zum Begriff des Gouvernements als Kopplung von Machttechniken und Subjektivierungsprozessen eine besondere Bedeutung zu, um die Ambivalenz der propagierten Selbstvermarktung in Casting-Shows aufzuklären. Die Anpassung an die neoliberalen Persönlichkeitsbilder erfolgt nicht schlicht durch äußeren Zwang, sondern durch Internalisierung und Selbstzwang (vgl. Thomas 2009, S. 57f.). Diese Selbstunterwerfung wird als eine körpergebundene Praxis gedeutet, die ihren Sinn performativ generiert. Im Casting bildet die Bewertung körperlicher Attraktivität ein wesentliches Selektionskriterium. Der Einbezug performativer Vollzüge ermöglicht es nun, „die Körperlichkeit des Handelns selbst in seiner Sozialität zu fokussieren" (Thomas 2008, S. 231). Über den Körper verläuft die Arbeit am Selbst, ebenso wie gesellschaftliche Strukturen sich am Körper objektivieren, indem zunächst äußerliche Verhaltenscodes in das Körperbild übernommen werden (vgl. ebd., S. 225f.). Der Körper bildet somit den Ort für gesellschaftliche Machtwirkungen, wie Thomas auch an der OP-Show *The Swan* und der Modelshow *Germany's next Topmodel* verdeutlicht. Diese Überlegungen werden in aktuelle Debatten um Identität rückgebunden. Thomas (2009) sieht die Individualisierung der Lebensführung von Zumutungen und Verunsicherungen im Zuge neoliberaler gesellschaftlicher Umgestaltungen überlagert, auch Identitätskonstruktionen fügen sich demnach in den dominanten Vergesellschaftungsprozess ein. Kritisiert wird die in vielen Studien vorherrschende medienoptimistische Perspektive, in der problematische Aspekte im Verhältnis der politischen, ökonomischen, medialen Ebene zu den individuellen Deutungsmustern vernachlässigt werden (vgl. Thomas 2009, S. 53f.). Damit wird nicht zuletzt eine ungleichheitstheoretische Blickrichtung eingeschlagen, welche „Identitätskonstituierungen und -konstruktionen von AkteurInnen wie RezipientInnen nicht unabhängig von der sozialen Verortung, Lebenssituation und den diskursiv wie institutionell vermachteten Orten der Hervorbringung in einer aktuell neoliberal geprägten Gesellschaft versteht" (ebd., S. 52). Roth-Ebner (2008) bezieht diesen Zusammenhang auf die österreichische Show *Starmania* und geht auf die dort dargebotenen Identifikationsmöglichkeiten ein. „Die Darstellung der KandidatInnen bei *Starmania* kann damit als Beispiel für die Inszenierung von Personen als ‚Marke Ich' interpretiert werden, welche im neoliberalen Paradigma als Erfolgsmodell präsentiert wird" (Roth-Ebner 2008, S. 108).

Unter dem Titel „Medien, Aneignung und Identität. ‚Stars' im Alltag jugendlicher Fans" hat Claudia Wegener (2008) eine äußerst profunde Studie zur Wechselwirkung von medialen Bezugspersonen und Prozessen jugendlicher Identitätsarbeit vorgelegt. Im Fokus dieser multimethodischen Untersuchung stehen die Bedeutungen von Musikstars für Jugendliche – wobei die Auswahl mit *Jeanette Biedermann, Eminem, Britney Spears* und *Robbie Williams* auf solche Musikerinnen und Musiker fiel, die berechtigterweise als populäre Stars etikettiert werden. Nach Wegener sind die Bedeutungen dieser Stars nicht bloß Produkt der inhärenten Sinnstrukturen, welche ihre medialen Präsentationen begleiten. Die Autorin geht von komplexen Aneignungsprozessen aus, in denen Jugendliche sich mit ihren favorisierten Musikstars in Beziehung setzen. Zentral sind Prozesse der Identitätsbildung, die von den Jugendlichen in ihre Medienbeziehungen hinein getragen werden und die ihren spezifischen Sinn sowohl durch Wahrnehmung der Medienpersonen als auch durch eigene Sinnzuschreibungen erhalten (vgl. Wegener 2008, S. 70f.). Somit lassen die medialen Texte durchaus unterschiedliche Lesarten und damit individuelle Sinnkonstruktionen zu, die aber nicht völlig unabhängig von der medialen Vorlage vorkommen. Wegener spricht in Anlehnung an Hall (1999) von ‚ausgehandelten' Lesarten, die gewissermaßen zwischen den Polen der passiven ‚Sinnübernahme' und der unbegrenzten Interpretationsfreiheit liegen (vgl. Wegener 2008, S. 386). Unter Verwendung des Begriffs ‚mediale Bezugsperson' werden andere Schlüsselbegriffe wie Vorbild, Idol und Held und ihre impliziten Vorannahmen zurückgewiesen (vgl. ebd., S. 32). Die Autorin differenziert Identität in die Teilbereiche Arbeit *und Leistung, soziale Beziehungen* und *persönliche Lebensphilosophie*. Versteht sich der erste Bereich von selbst, schließen ‚soziale Beziehungen' die Eltern sowie die Gleichaltrigen ein und liegen im Spannungsfeld von Autonomie und Heteronomie (vgl. ebd., S. 383f.). Die persönliche Lebensphilosophie bezieht sich auf politische und religiöse Einstellungen, das Verhältnis zur Gesellschaft und auch auf die geschlechtliche Identität (vgl. ebd., S. 72). Diese Identitätsbereiche existieren mit und ohne Verbindung zu medialen Vorlagen und können sich im aktuellen Selbstbild der jugendlichen Fans, in *Identitätsentwürfen* und in *Identitätsprojekten* konkretisieren. Während Identitätsentwürfe im Imaginären verbleiben, ist die Auseinandersetzung mit der eigenen Zukunft in Identitätsprojekten nicht mehr spielerisch-unverbindlich sondern bereits auf Umsetzung angelegt (vgl. Keupp et al. 2002, S. 86). Ferner spielen Formen der *performativen Inszenierung* im Rahmen der Identitätsarbeit eine wichtige Rolle (vgl. Wegener 2008, S. 72).

Ohne hier ausführlich auf Methodik und Triangulation der Studie einzugehen, sei der *quantitative Datensatz* erwähnt, den Wegener aus einem groß angelegten, abgeschlossenen Forschungsprojekt übernimmt und einer Sekundäranalyse unterzieht, um verallgemeinerbare Erkenntnisse zu medialen Bezugspersonen im Jugendalter sowie zu sozialdemografischen Daten jugendlicher Fans zu gewinnen (vgl. ebd., S. 78ff.). Eine eigenständige Teilstudie bilden die *Inhaltsanalysen* der medialen Präsentationen *von Jeanette Biedermann, Eminem, Britney Spears* und *Robbie Williams*, wobei Wegener die o. g. Teilbereiche der Identität als Interpretationskategorien verwendet. So dienen die

Inhalts- oder Imageanalysen der Markierung von Identitätsangeboten in diesen symbolischen Materialien. Dafür bot sich die marktführende Jugendzeitschrift *Bravo* aufgrund ihrer Starberichterstattung und ihrer Reichweite innerhalb der untersuchten Altersgruppe an (vgl. ebd., S. 80ff.). Die medial lancierten Starimages, die sich in *primären Narrationen* verdichten, stellen den individuellen Deutungspraxen der Jugendlichen eine Vergleichsgrundlage gegenüber. So lassen sich die subjektiven Lesarten in Relation zu den medialen Präsentationen rekonstruieren, wobei Unterschiede ebenso wie Gemeinsamkeiten bei den Fans einer bestimmten Medienperson festellbar sind (vgl. ebd., S. 81). Den Kern der Studie machen folglich die *qualitativen Interviews* aus, die mit den Fans der ausgewählten Interpretinnen und Interpreten geführt und einzelfallbezogen ausgewertet wurden. Aus einem Sample von 24 Interviews werden acht Fälle (je zwei zu jedem Star) ausführlich vorgestellt. Da die Interviewpartnerinnen und -partner zum größten Teil über die Homepage bzw. den Newsletter der Bravo rekrutiert wurden, setzt sich das Sample aus ‚Bravo-Leserinnen und Lesern' und bekennenden Fans eines Stars zusammen (vgl. ebd., S. 87ff.). An den Interviews verdeutlicht Wegener die je vorherrschenden Aneignungsmuster sowie die Strukturierung der Medienbeziehung entlang der Identitätsthemen.

In der Auswertung der Interviews kommt Wegener zu dem Schluss, dass die Identitätsthemen keinesfalls durch die medialen Bezugspersonen gesetzt werden. Stattdessen ist bereits bei der Selektion von Medienpersonen durch die Jugendlichen von einer konstruktiven Auseinandersetzung vor dem Hintergrund von besonderen Lebenslagen, Entwicklungsaufgaben und Bewältigungshandeln auszugehen. Die primäre Narration der Medienperson ist allerdings vielfach mit den subjektiven Identitätsthemen kompatibel (vgl. ebd., S. 370f.). Im Hinblick auf unterschiedliche Aneignungsmodi ist bspw. der Vergleich der Fälle ‚Anna' und ‚Max' aufschlussreich. Bei dem 15-jährigen Max spielt paraso*ziale Interaktion* kaum eine Rolle, hat er doch eine realistische Vorstellung über das medial konstruierte Image von *Robbie Williams*, das einen authentischen Einblick in die Persönlichkeit des Künstlers verwehrt (vgl. ebd., S. 343). Für Max bleibt *Williams* ein entrückter Star und selbst in seiner Phantasiewelt spielt eine freundschaftliche Beziehung zu dem Interpreten keine Rolle. „Augenscheinlich kann sich der Schüler eher mit der Person Williams und dessen Sichtweise der Dinge identifizieren, als dass er sich als personales Gegenüber des Sängers verortet und eigene Identität in der Gegenüberstellung moduliert." (ebd., S. 335). Ein für Max zentrales Moment der Aneignung aber liegt in seinen Aktivitäten im Online-Forum des Fanclubs und damit in der sozialen Kontextualisierung des starbezogenen Interesses. Hier haben sich über den fantypischen Austausch hinaus freundschaftliche Beziehungen entwickelt, die von gelegentlichen Treffen im ‚echten Leben' begleitet werden. Max findet im Forum Anerkennung für sein Fanwissen, was ihm gerade im Hinblick auf die vorwiegend weiblichen Fans bei der Ausformung einer geschlechtlichen Identität behilflich ist. Mit den Online-Aktivitäten wird aber kein Beziehungsmangel kompensiert, verfügt Max doch über einen großen Freundeskreis (vgl. ebd., S. 337ff.).

Die 16-jährige Anna, die von *Jeanette Biedermann* begeistert ist, zeigt hinsichtlich der o. g. Aneignungsmodi ein gänzlich anderes Muster als Max. *Parasoziale Interaktion* als dominanter Aneignungsmodus zeigt sich bei Anna in außergewöhnlicher Intensität und dies gleich in mehrfacher Hinsicht. Zunächst nimmt Anna die mediale Bezugsperson als Interaktionspartnerin wahr, die Anna sich ‚erträumt‘, die sie aber auch im realen Leben über eine Verkettung von Ereignissen (Konzertbesuche, Fanbriefe, angestrebter Berufsweg) konstruiert. „Das primäre Thema, das Anna in ihrer Auseinandersetzung leitet, ist der Aufbau sowie das Ausleben einer homoerotischen Beziehung, in der sie Jeanette als idealisierte Partnerin verortet" (ebd., S. 205). Die Intensität der imaginären Beziehung, die sich in Annas Phantasietätigkeit weitgehend verselbstständigt hat, bestätigt sich besonders in Annas Reaktion auf die neue Partnerschaft, die Jeanette mit einem (männlichen) Bandmitglied aufnimmt. Anna reagiert mit Eifersucht und sieht den bislang konstruierten Rahmen für ihre Beziehung zu Jeanette gefährdet. Dennoch entwickelt sie eine subjektive Lesart, in der sie ihre nun realitätswidrigen Beziehungswünsche weiterhin ausleben kann. Dazu entwirft sie ein Bild, in dem die Beziehung von Jeanette mit ihrem Partner, den Anna nach eigenen Angaben hasst, keine Zukunft hat (vgl. ebd., S. 187ff.). Dass der imaginäre Rahmen teilweise überschritten wird, zeigt sich in Annas Versuchen, die Aufmerksamkeit des angebeteten Stars auf sich zu lenken, was dem Übergang von einer einseitigen in eine reziproke Beziehung gleichkommt. So wünscht sie sich, bei Konzertbesuchen von Jeanette wiedererkannt zu werden und verfasst einen langen Fanbrief, der u. a. dazu dient, die Sängerin zur Abkehr von ihrem Partner zu bewegen (vgl. ebd., S. 188). Die leidvollen Aspekte dieser parasozialen Beziehung offenbaren Hilflosigkeit der medialen Bezugsperson gegenüber. „Typische Kennzeichen von *Beziehungsabhängigkeit* weist Anna auf, wenn sie ihr Handeln als Zwang verbalisiert, als etwas, das getan werden muss, und Anzeichen von Panik verspürt, als sie von dem Freund der Sängerin erfährt" (ebd., S. 191; Hervorhebung i.O.). Im Gegensatz zu Max bildet die parasoziale Interaktion ein zentrales Moment in Annas Medienbeziehung, hingegen spielt bei ihr soziale Kontextualisierung keine Rolle. Anna strebt eine exklusive Beziehung zu der angebeteten Sängerin an. Andere Fans kommen als Partnerinnen und Partner im Austausch über den Musikstar nicht in Betracht, sie dienen Anna lediglich zur Betonung ihrer Individualität. Aber auch im Hinblick auf einzelne Identitätsthemen zeigen sich bei Max und Anna je spezifische Konstellationen. Bei Anna führt ihre obsessive Hingabe sogar in eine berufliche Zukunftsplanung, die an der Sängerin *Jeanette Biedermann* ausgerichtet ist (Mediengestalterin mit anschließender Ausbildung zur Kamerafrau) (vgl. ebd., S. 201f.). Somit wird die Kohärenz zwischen den einzelnen Teilidentitäten nicht mehr durch Passungsarbeit hergestellt, sondern darüber, dass ein einzelner Identitätsbereich in durchaus fragwürdiger Weise zum Leitthema für die gesamte Identität erhoben wird (vgl. ebd., S. 205). Max hingegen verfügt über einen differenzierten Berufswunsch, den er unter Verweis auf seine Fähigkeiten und Interessen begründen kann. Der angestrebte berufliche Werdegang steht dabei in keinem Zusammenhang mit der medialen Bezugsperson und die Auseinandersetzung mit *Robbie Williams* bleibt eine rein gegenwartsbezogene Angelegenheit (vgl. ebd., S. 345f.).

Dass die Musikstars keine verallgemeinerbaren Deutungsmuster evozieren, wird v. a. im Vergleich der Fans deutlich, die sich derselben Starperson verbunden fühlen. Der

14-jährige Jan etwa, ebenfalls Fan von Jeanette Biedermann, bindet seine Sichtweise der Sängerin in sein eigenes, noch kindliches Lebensumfeld ein. Jan hebt Jeanettes Normalität, ihre Natürlichkeit und ihre Verbundenheit zu Familie und Freunden hervor. Aspekte einer exzentrischen Lebensführungen der Sängerin kommen in der von ihm konstruierten medialen Bezugsperson nicht vor (vgl. ebd., S. 221). Der je persönliche Zuschnitt der Lesart zeigt sich deutlich, wenn Jan die mediale Vorlage als kongruent zu eigenen Lebensumständen und Wertmaßstäben erlebt und damit den Hauptstrang eines vergleichsweise ,braven' und traditionellen Starimages ungebrochen aufgreift. Während Jan sich damit im Rahmen der Vorzugslesart bewegt (vgl. ebd., S. 221), entwickelt Anna mit ihrer konträren Interpretation geradezu eine ,oppositionelle Lesart' (vgl. ebd., S. 372). Sie entwirft ein eigenes Bild von Jeanette Biedermann, in dem die in der primären Narration angebotenen Normalitätsvorstellungen unterlaufen werden.

In ihrer Studie gelingt Claudia Wegener der qualitativ geführte Nachweis, dass die Wahrnehmung einer medialen Bezugsperson den aktuell dominanten Identitätsthemen folgt. Sie „ist damit in wesentlichen Teilen abhängig von eigenen Erfahrungen und somit gleichsam die Spiegelung des eigenen Selbst im medial vermittelten Gegenüber" (ebd., S. 376). Drängende Identitätsthemen können die Wahrnehmung eines relativ geschlossenen Starimages so sehr bestimmen, dass es Gegenstand einer subjektiven Transformation wird, wie es der Fall ,Anna' zeigt. Dass Identitätsthemen aber vorrangig als Identitätsprojekte adaptiert werden, konnte nicht bestätigt werden, eher entfalten sich über Medienbeziehungen gegenwarts- und situationsbezogene, spielerische Identitätsentwürfe (vgl. ebd., S. 377). Im Rahmen von Wertfragen (Lebensphilosophie) ist die Arbeit an der Geschlechtsidentität zentral, Werteorientierungen in anderen Bereichen lassen sich anhand der Medienaneignung aber kaum rekonstruieren (vgl. ebd., S. 376). Insgesamt kann Wegener mit der sensiblen Offenlegung von Fallstrukturen die Prämissen der handlungstheoretisch fundierten Medienforschung bestätigen. Die vorgefundenen Deutungs- und Aneignungsmuster erlauben den Anschluss an andere handlungstheoretisch fundierten Jugendmedienstudien (vgl. Fritzsche 2003). Zu erwähnen bleibt, dass sich die Studie durch Anlehnung an das Identitätsmodell von Keupp et al. (2002) in einer individualisierungs- und modernisierungstheoretischen Theorielinie verortet. Demnach schlagen sich Individualisierung und Pluralisierung als gesellschaftliche Metaprozesse auch im Medienhandeln Jugendlicher nieder (vgl. Wegener 2008, S. 74). Diese Perspektivierung lenkt das Erkenntnisinteresse auf die individuellen Lesarten und die lebensweltliche Einbettung der Medienaneignung. Wird Medienrezeption damit zwar als sozial situierte Praxis betrachtet, bleiben Kategorien sozialer Ungleichheit in ihren möglichen Effekten auf Medienbeziehungen zu Musikstars jedoch gänzlich unberücksichtigt. Die Ergebnisse werden auch nicht nach möglichen Anhaltspunkten für Zusammenhänge zwischen Geschlecht, Bildungs-, Schichthintergrund und Medienrezeption befragt.

An geschlechtsspezifisch konturierten Umgangsweisen mit Musikstars sind Fritzsche (2003) und Langenohl (2009) interessiert. Boygroups bzw. Girlgroups haben vielfältige Bedeutungen für Mädchen in ihren fankulturellen Zusammenhängen, wie Fritzsche herausarbeitet. Die Rede von ‚Mädchenkultur' macht dabei auf zweierlei aufmerksam: Die Selbstpositionierung als Boygroup/Girlgroup-Fan ist mit Prozessen der Konstruktion weiblicher Identität verknüpft und die Stars bilden den Bezugspunkt für Aktivitäten in geschlechtshomogenen Freundschaften. Die Hinwendung zur Fankultur erfolgt also häufig gemeinsam mit anderen Mädchen (vgl. Fritzsche 2003, S. 254f.). Ein zentrales Merkmal der Adoleszenz stellt das gestiegene Körperbewusstsein dar sowie die Anforderung, eine Geschlechtsidentität zu entwickeln, in der die gesellschaftlich verfügbaren Rollenvorbilder innerhalb eines eigenständigen Identitätsentwurfs ausgehandelt werden. Fritzsche geht davon aus, dass die körperlichen Veränderungen weiblicher Jugendlicher auf gesellschaftliche Normierungen und Diskurse von Geschlecht treffen und dass daraus besondere Anforderungen an die Identitätsbildung erwachsen. Für die Autorin resultiert daraus die Frage, „inwieweit das Fan-Sein als Möglichkeit der Verhandlung geschlechtsbezogener gesellschaftlicher Erwartungen interpretiert werden kann" (ebd., S. 54).

Die Untersuchung beruht auf narrativen Interviews und Gruppendiskussionen und ermöglicht aufgrund des altersmäßig breit gestreuten Samples (Mädchen zwischen 11 bis 17 Jahren) und des Einbezugs von Boygroup- und Girlgroup-Fans eine Analyse nach unterschiedlichen Aspekten. Die jüngsten Fans zeigen, dass sie die jugendtypischen Medienangebote der Boy-/Girlgroups problemlos in ihre noch kindliche Lebenswelt einbinden können und sie nicht zur antizipierenden Auseinandersetzung mit dem Jugendalter nutzen. Fragen nach den Präsentationsformen von Geschlecht, nach geschlechtlicher Selbstinszenierungen und Vorstellungen über heterosexuelle Liebe spielen bei ihnen noch keine Rolle (vgl. ebd., S. 226ff.). Eine vorgreifende Annäherung an die damit verbundene Entwicklungsaufgabe lässt sich dagegen besonders bei den Mädchen im frühen Jugendalter feststellen. Sie setzen sich unter den entlastenden Bedingungen der Fankultur mit den Erwartungen im Bereich von Paarbeziehungen auseinander. „Ein zentrales Moment des emotionalen Fan-Engagements ist in diesem Sinne die paradoxe ‚Struktur der verhinderten Wunscherfüllung', das heißt, ein engagiertes Streben nach Nähe mit den Stars im Wissen um die Aussichtslosigkeit seiner Erfüllung" (ebd., S. 232). Diese Haltung ermöglicht die emotionale Erfahrung der Verliebtheit, ohne den Gefühlsrisiken realer Beziehungen ausgesetzt zu sein. Die ältesten Mädchen des Samples (beide 17 Jahre) zeichnen sich v. a. durch ihre reflektierte Haltung gegenüber den medial dargebotenen Starimages aus, diese Jugendlichen formulieren selbstbewusst Ansprüche an die Bands, die vorzugsweise authentisch sein sollten. In Bezug auf typische Aneignungsmuster von Boy-/Girlgroups herrschen bei jüngeren Fans mimetische Prozesse vor (vgl. ebd., S. 233ff.). Sie ermöglichen Erfahrungen durch körperliche ‚Anähnlichung', wenn Mädchen bestimmte Eigenschaften ihrer Stars in körpergebundenen Praktiken erproben können, etwa indem sie in die Rolle der ‚Spice Girls' schlüpfen. Darüber finden Auseinandersetzungen mit normativen Anforderungen an Weiblichkeit und mit entsprechenden Selbstinszenierungen statt (vgl. ebd., S. 230; S. 252f.). Solche mimetischen Prozesse spielen bei älteren Fans eher eine untergeordnete Rolle.

Geht die Präferenz von Girlgroups primär mit Identifikation einher – die wiederum Anlass sein kann für eigenes Tanzen als mimetische Praxis – erscheinen auf

Boygroups bezogene Fanpraktiken eher als „Begehrensverhältnisse" (ebd., S. 252) oder als parasoziale Interaktionen. Sie zeigen sich in der o. g. ‚Struktur der verhinderten Wunscherfüllung'. Interessant ist aber, dass diese Entgegensetzung von Identifikation bei Girlgroups und parasozialer Interaktion bei Boygroups von einigen der untersuchten Mädchen außer Kraft gesetzt wird. Eine Mädchenclique hatte den Tanzstil ihres ‚Beziehungsobjektes', einer Boygroup, imitiert und trat damit sogar öffentlich auf. Mit dieser Erfahrung unterwanderten die Mädchen ‚spielerisch' geschlechtsstereotype Erwartungen, denn sie konnten sich ‚tanzend' in eine Boygroup verwandeln und zugleich ihre Weiblichkeit darstellen, ohne sich dabei übermäßig in einer sexualisierten Darstellung zu exponieren. Zugleich wurden sie mit der Begeisterung der anwesenden weiblichen Fans konfrontiert. „Es ist denkbar, dass gerade das Medium des Tanzes sich speziell eignet für derartige Erfahrungen, die das Korsett geschlechtlicher Zuweisungen sprengen" (ebd., S. 264).

Fritzsche sieht auch in den fantypischen Verhaltensweisen während eines Live-Konzerts ein Moment der Normverhandlung. Das rauschhafte, häufig von Weinen und Schreien begleitete Verhalten der weiblichen Fans wird üblicherweise als irrational gedeutet. Es erscheint zunächst als überdeutliche ‚Antwort' auf das erotische Beziehungsangebot als Teil der Starimages und wird folglich als Reproduktion heterosexuell normierter Beziehungsvorstellungen gewertet. In der vorliegenden Studie wird dieses Verhalten anders gedeutet, denn die übertriebene Zurschaustellung dieser Norm kommt einer spielerischen Distanzierung gleich. Die inszenierte Normbefolgung durch exaltiertes Verhalten erhebt die Fans gleichsam über die Norm, die beinahe parodistisch aufgegriffen wird (vgl. ebd., S. 268f.). Ferner ist „eine offensiv-aggressive Demonstration des eigenen Begehrens traditionellerweise Part des männlichen Geschlechts" (ebd., S. 269) und kann in der Aneignung durch Boygroup-Fans zu unkonventionellen weiblichen Verhaltensweise führen. Resümierend kann festgehalten werden, dass Fans einer Boygroup/Girlgroup in der habituellen Übereinstimmung ihrer Mädchenkultur an der eigenen Geschlechtsidentität arbeiten und sich zugleich in ein Verhältnis zu normativen Anforderungen und gesellschaftlich verbreiteten Geschlechterbildern setzen. Fritzsche gelingt es in ihrer theoretischen Generalisierung, einerseits an den durchaus begründeten kritischen Sichtweisen und Interventionen angesichts geschlechtsstereotyper Darstellungen festzuhalten, andererseits aber die konstitutive Rolle von Kreativität und Performativität im Umgang mit Boy-/Girlgroups zu erfassen. „Gerade die Holzschnittartigkeit der Star-Images erlaubt es ihren Fans offenbar, die hierbei repräsentierten ‚Typen' auf eigenständige Weise mit Leben zu füllen" (ebd., S. 272). Die Studie ist auf Fancliquen und deren spezifische Aneignungsformen konzentriert, die nicht ohne Weiteres auf den Durchschnitt jugendlicher Fans übertragen werden können. Im Hinblick auf individuelle Umgangsweisen und Sinnschemata in Fan-Star-Beziehungen ist die bereits vorgestellte Untersuchung von Claudia Wegener aufschlussreicher. Allerdings erlaubt der hier gewählte Forschungszugang, den besonderen Erkenntniswert an den cliquengebundenen Praktiken festzumachen und den spezifischen Medienbezug als nachrangig zu betrachten. Dadurch lassen sich Vergleiche anstellen zwischen dieser

Untersuchung und anderen Arbeiten aus dem Forschungsfeld der Peer-Groups. Den besonderen Stellenwert performativer Vollzüge haben die Mädchencliquen der Fans mit thematisch anders gelagerten Cliquen gemeinsam. Es ist gerade der fantypische Aktionismus und die Sinnstiftung durch eine performative Handlungspraxis, welche spielerisch, selbstläufig und teilweise ‚überschießend' vollzogen wird und daher leicht in ihrer sozialisatorischen Bedeutung verkannt werden kann (vgl. ebd., S. 260ff.).

Im Hinblick auf Ungleichheitsfragen deckt Fritzsche einige Zusammenhänge auf, obwohl ihre Befunde zunächst keine Abhängigkeit zwischen der Begeisterung für Boy-/Girlgroups und dem Sozial- bzw. Bildungsmilieu erkennen lassen. Hinsichtlich der Hauptthemen, die sich in der Mädchenkultur zeigen, unterscheiden sich die weiblichen Fans kaum voneinander. „Unabhängig von ihrem Bildungsmilieu beschäftigen sich die meisten vorgestellten Interviewpartnerinnen mit ihrer eigenen Selbstinszenierung und alle zumindest implizit mit dem Thema der Heterosexualität, das gleichzeitig für alle ambivalent besetzt war" (ebd., S. 236). Unterschiede stellt Fritzsche bei den Umgangsformen mit Geschlechternormen fest. Mädchen aus bildungsnahen Milieus orientieren sich demnach eher an der Vorstellung der authentischen Persönlichkeit, sie wollen die Aktivitäten der Fankultur zur Persönlichkeitsentfaltung nutzen. Die Mädchen aus bildungsfernen Milieus und die jüngsten Mädchen legen eher Wert auf die Bildung sozialer Beziehungen über den Starkult (vgl. ebd., S. 237).

Langenohl (2009) bezieht die Frage nach dem Aufbau der Geschlechtsidentität auf den Transformationsprozess, der zwischen den medialen Geschlechterpräsentionen in Videoclips/auf Postern und der Übernahme dieses symbolischen Materials in das eigene Denken und Handeln liegt. Damit zeigen sich deutliche Parallelen zu den o. g. Studien (vgl. Wegener 2008; Fritzsche 2003). Im Gegensatz zu der Untersuchung von Fritzsche geht es hier aber nicht um Fanpraktiken in ‚weiblichen' Peer-Kontexten, sondern um die individuelle Seite der Interpretation von Musikstars, die über Einzelinterviews mit männlichen und weiblichen Jugendlichen rekonstruiert wird. Anders als in der Studie von Wegener interessiert dabei nicht das gesamte Spektrum identitätsrelevanter Prozesse, sondern die Entwicklung der Geschlechtsidentität. Langenohl nimmt in ihrer Auswahl relevanter Medientexte keine Einschränkung auf ein bestimmtes Genre oder auf bestimmte Stars vor, es kommen Gangster-Rap, Hip-Hop, Girlpop etc. vor. Ein Schwerpunkt ergibt sich aus dem Fokus auf Videoclips. Mit diesem beliebten Genre setzt die Untersuchung an typischen Nutzungsstilen von Musikmedien im Jugendalter an (vgl. Langenohl 2009, S. 104ff.). Aus der Fülle der Einzelergebnisse können hier nur punktuelle Aspekte herausgegriffen werden, wobei auf die heterogene Herausbildung geschlechtlicher Identität im Kontext medialer Vorlagen (Videoclips) eingegangen werden soll. Ganz allgemein bestätigt die Studie, dass die individuellen Bedeutungskonstruktionen im Aufeinandertreffen von kodierten Medieninhalten und der Dekodierungsaktivität der Rezipientinnen und Rezipienten generiert werden. „Konstitutiver Faktor im Zuge der Beschäftigung mit Musikstars und deren medialen Erzeugnissen ist, dass diese differente Vorlagen zur Ausformulierung geschlechtlicher Identitäten liefern, die die befragten Jugendlichen im Prozess der

Geschlechtsidentitätsentwicklung auf der Folie biografischer Aspekte, lebensweltlicher Einbindung, psychosozialer Entwicklungskontexte und gesellschaftlich-normativer Anforderungen aushandeln" (ebd., S. 308).

Generell können Videoclips nach ihren Repräsentationsstrategien von Geschlecht unterschieden werden. Langenohl greift die bereits existierende Dreiteilung in traditionelle, oppositionelle und ‚gender-bending'-Clips auf. Traditionelle Clips greifen den Diskurs der Zweigeschlechtlichkeit durch die Gegenüberstellung von männlichem Begehren und objekthaft dargestellten Frauen auf. Oppositionelle Clips kehren übliche geschlechtliche Zuschreibungen (Symbole etc.) um, geben weiblichen Ausdrucksweisen Raum und fordern einen weiblichen Subjektstatus (vgl. ebd., S. 108f.). ‚Gender-bending'-Clips versuchen, Geschlechtsdifferenzierungen an sich zu problematisieren. Sie entfalten ihre Botschaft durch die dargestellte Gleichgültigkeit bei Fragen der Geschlechtszuschreibung, oder „durch die (parodistische) Ironisierung von Normen, die Thematisierung einer Grenzverschiebung zwischen weiblich und männlich" (ebd., S. 110). In der Rekonstruktion individueller Bedeutungszuschreibungen berücksichtigt Langenohl diverse Erklärungskontexte, wie etwa die Unterscheidung nach männlichen/weiblichen Jugendlichen, nach den jeweiligen Musikvorlieben, biographischen Erfahrungen als Mann/Frau u. v. m. Insgesamt zeigen die befragten Jugendlichen, dass sie „eindeutige Positionierungen zur Konstruktion und Ausformulierung geschlechtlicher Identitäten vorziehen, indem sie sich im Medienhandeln entweder als KritikerInnen hegemonialer Geschlechterdiskurse oder als VerstärkerInnen von Geschlechterpolaritäten entwerfen" (ebd., S. 296).

Etwa positionieren sich vorrangig Mädchen der Untersuchungsgruppe mit eher alternativem Musikgeschmack und einige wenige Jungen gegen hegemoniale Geschlechterdiskurse. Dies zeigt sich etwa als Protest gegen solche Videoclips, die affirmative Geschlechterpräsentationen beinhalten. So erkennen diese Jugendlichen in solchen Clips verdinglichende und warenförmige Darstellungen von Frauen, versehen diese mit subjektiven Bewertungen und offenbaren darüber deutliche Wertvorstellungen (vgl. ebd., S. 242ff.). Ablehnende Haltungen gegenüber einer affirmativen Sichtweise können sich auch in der als ‚Girlpower' bezeichneten Lesart zeigen. Hier werden freizügige Körperdarstellungen positiv aufgenommen, weil man in ihnen eine sexualisierte Protagonistin mit Macht und Kontrolle über Männer am Werk sieht, die für eine selbstbestimmte Sexualität einsteht. Steht die Reproduktion des traditionellen Geschlechterdualismus im Fokus, zeigt sich dieses Muster häufig bei Hip-Hopbegeisterten Jungen. Einige dieser Jungen goutieren die affirmative Darstellungsweise, in der die Sängerinnen zu Objekten männlicher Schaulust gemacht werden (vgl. ebd., S. 279f.). Langenohl sieht aber v. a. in dem „Pendeln zwischen ‚sexy' und ‚billig'" (ebd., S. 272) einen Modus der Reproduktion bestehender Geschlechterverhältnisse. Mädchen, die im Pubertätsverlauf die körperliche Selbstwahrnehmung mit der sozialen Akzeptanzwahrnehmung verknüpfen, sind in ihrer Körperlichkeit häufig gefordert, einen Balanceakt zwischen der Anforderung nach ‚Sinnlichkeit' und nach ‚Sittlichkeit' zu vollführen. Entsprechend werden widersprüchliche Erwartungen an die bevorzugten

Musikstars gerichtet, die sexy, aber eben nicht zu sexy sein dürfen. „Die Mädchen versuchen mit den Widersprüchen zwischen einer positiven weiblichen Sichtweise auf die eigene Sexualität und einer kontrollierenden hegemonialen Sichtweise zurechtzukommen" (ebd., S. 273). Auf dieses Interpretationsmuster weiblicher Musikstars stößt man jedoch auch bei vielen der untersuchten Jungen, wenn sie Aspekte ihres Frauenbilds offenlegen. Resümierend kann davon ausgegangen werden, dass das jeweilige symbolische Material keine gedankliche Adaption der dargebotenen Geschlechterpräsentationen erzwingt, ein und dasselbe Video kann zum Gegenstand differenter Aneignungsprozesse werden und „durch verschiedene Strategien der Umkehrung und Legitimation an die eigene Perspektive akkomodiert werden" (ebd., S. 295). Damit schließt die vorliegende Studie an eine ganze Reihe von Untersuchungen an, in denen von aktiven Rezipientinnen und Rezipienten der Musikvideos ausgegangen wird (vgl. Neumann-Braun und Mikos 2006, S. 100ff.). Die Untersuchung erlaubt jedoch auch kritische Perspektiven, denn die traditionellen Geschlechterbilder sind in Musikclips überrepräsentiert. Ungleichheitseffekte zeigen sich somit auf der medialen Angebotsebene, denn die Geschlechterpräsentationen in den Clips reproduzieren geschlechtliche Zuschreibungen aus gesellschaftlichen Praxen und Diskursen, vor allem bieten sie kaum Gelegenheit, das Schema der Zweigeschlechtlichkeit in Frage zu stellen (vgl. Langenohl 2009, S. 28).

6   Ausblick

Wie in der medienpädagogischen Medienforschung insgesamt, so zeigt sich auch in dem auf Musikstars bezogenen empirischen Forschungsstand, dass das Bild der jugendlichen Rezipientinnen und Rezipienten als aktive Identitäts- und Medienkonstrukteure eine weit verbreitete Grundannahme bildet. Viele der hier vorgestellten Einzelbefunde stützen dieses Bild, wonach den Heranwachsenden interpretatorische Spielräume in der Auseinandersetzung mit den Medientexten offen stehen. Über deren Aushandlung können sich subjektive, handlungsleitende Themen entfalten, die in ihren anspruchsvolleren und differenzierteren Formen für biographische Prozesse bedeutsam werden können. Hingegen stehen Dimensionen sozialer Ungleichheit bislang nicht im Mittelpunkt der auf Musikstars bezogenen Arbeiten, sieht man einmal von der Berücksichtigung von ‚Geschlecht' als Kategorie sozialer Ungleichheit ab. Die Einflüsse von sozialer Herkunft und Bildungshintergrund auf die Beschäftigung mit Musikstars werden eher als Randbemerkungen behandelt. Hier lässt sich an Forderungen und Bedarfsanmeldungen anknüpfen, die wiederholt an die Adresse der Mediensozialisationstheorie gerichtet wurden. Demnach sollen Erkenntnisse zur Sozialisationsrelevanz von Medienangeboten die Ebenen Individuum, Medien und Gesellschaft in ihren Wechselwirkungen betrachten (vgl. Niesyto 2010; Neuhoff und Weber-Krüger 2007). Bezieht man die gesellschaftliche Ebene etwa auf ungleiche Bildungsressourcen und ihre Auswirkungen, lassen sich in den dargestellten Befunden kaum Hinweise darauf finden. Generell dürfte dies damit zusammenhängen, dass Milieueffekte vielfachen Brechungen unterliegen, insofern sie durch die von allen Jugendlichen geteilten Identitäts- und Entwicklungsthemen überlagert werden. Somit resultieren theoretische wie methodische Herausforderungen aus dem Versuch, Kategorien sozialer Ungleichheit als Einflussgrößen auf den Zusammenhang von Identitätsprozessen und Musikstars zu gewinnen. M.E. stellt sich jedoch die Frage, ob es überhaupt möglich ist, Ungleichheitskategorien aus den subjektiv verhafteten Bedeutungszuweisungen der Jugendlichen zu destillieren und daraus belastbare Befunde abzuleiten. Lediglich Fritzsche (2003) thematisiert einige Hinweise auf diese Zusammenhänge: Obwohl sich die Medienpräferenzen selbst nicht auf die soziale Herkunft zurückführen lassen, zeichnen sich unterschiedliche Reflexionsniveaus der untersuchten Mädchen im Umgang mit den Boygroups ab, denn lediglich die ,bildungsnahen' Interviewpartnerinnen richten ihre Individuierung an der Idee der authentischen Persönlichkeit aus. Eine andere, bislang vernachlässigte Fragerichtung würde sich aus der Berücksichtigung von Migration ergeben. Zwar hat man dem Hip-Hop als Kultur ethnischer Minderheiten die Funktion attestiert, seinen Anhängerinnen und Anhängern Gelegenheiten zu bieten, sich mit eigenen Ethnisierungserfahrungen auseinanderzusetzen. Ob sich dies aber in der Hinwendung zu bestimmten Hip-Hop-Protagonisten oder zu anderen Musikstars niederschlägt, die als symbolische Repräsentationen der Migrationssituation fungieren und überdies in jugendkulturelle Praktiken eingebunden werden können, wurde bislang nicht untersucht. Überdies finden kreative Aneignungsprozesse stets vor dem Hintergrund medienstruktureller Bedingungen statt. Daran lässt sich die Frage nach problematischen Inszenierungsmustern von Musikstars und ihren Auswirkungen anschließen. Insbesondere Thomas (2004, 2008, 2009) hat die Inszenierung der Castingstars auf die von ihnen nahe gelegten Subjektivierungsformen und auf ihre neoliberalen Botschaften hin untersucht. Diese Erkenntnisse sind insofern aufschlussreich, weil sie nicht nur auf den Erwerb von Kognitionen, Emotionen und Handlungsweisen abzielen, sondern auch die Modellierung des Körpers innerhalb des Rezeptionsprozesses berücksichtigen. Grundsätzlich ist eine Forschungsperspektive viel versprechend, die nach Voraussetzungen für den kompetenten Medienumgang und für die Distanzierungsfähigkeit von Jugendlichen fragt, liegen hier doch Chancen für einen selbstbestimmten Medienumgang. Dies gerade angesichts der Instrumentalisierungsversuche, die aus der zunehmenden ökonomischen Durchdringung der Medienangebote resultieren und ebenfalls die Starinszenierungen prägen.

Literatur

Abels, H. (2004). *Interaktion, Identität, Präsentation. Kleine Einführung in interpretative Theorien der Soziologie* (3. Aufl.). Wiesbaden: VS Verlag für Sozialwissenschaften.

Baacke, D. (1999). *Jugend und Jugendkulturen. Darstellung und Deutung* (3. Aufl.). Weinheim, München: Juventa.

Barthelmes, J., & Sander, E. (2001). *Erst die Freunde, dann die Medien. Medien als Begleiter in Pubertät und Adoleszenz.* München: DJI.

Berger, P.-L., & Luckmann, T. (1966/1998). *Die gesellschaftliche Konstruktion der Wirklichkeit. Eine Theorie der Wissenssoziologie* (5. Aufl.). Frankfurt: Fischer TB Verlag.

Bolz, N. (2005). *Blindflug mit Zuschauer*. München: Wilhelm Fink Verlag.

Borgstedt, S. (2008). *Der Musik-Star. Vergleichende Imageanalysen von Alfred Brendel, Stefanie Hertel und Robbie Williams*. Bielefeld: transcript.

Döveling, K. (2010). The Show must and will go on. Teledarwinismus auf der Suche nach Deutschlands. *Medien + Erziehung, 54*(2), 15–21.

Döveling, K., Kurotschka, M., & Nieland, J.-U. (2007). ‚Deutschland sucht den Superstar'. Hintergründe einer Erfolgsgeschichte. In K. Döveling, L. Mikos, & J.-U. Nieland (Hrsg.), *Im Namen des Fernsehvolkes. Neue Formate für Orientierung und Bewertung* (S. 103–116). Konstanz: UVK.

Dyer, R. (1979/1994). *Stars*. London: British Film Institute.

Ebertz, M. N. (1999). Die Dispersion des Religiösen. In H. Kochanek (Hrsg.), *Ich habe meine eigene Religion. Sinnsuche jenseits der Kirchen* (S. 210–231). Zürich, Düsseldorf: Benziger Verlag.

Eickelpasch, R., & Rademacher, C. (2004). *Identität*. Bielefeld: transcript.

Erikson, E. H. (1973/2003). *Identität und Lebenszyklus. Drei Aufsätze. Sonderausgabe zum 30jährigen Bestehen der Reihe Suhrkamp-Taschenbuch Wissenschaft*. Frankfurt, Main: Suhrkamp.

Faulstich, W. (1997). Von Elvis Presley bis Michael Jackson. Kleine Typologie des Rock- und Popstars. In W. Faulstich & H. Korte (Hrsg.), *Der Star. Geschichte – Rezeption – Bedeutung* (S. 155–173). München: Fink.

Faulstich, W., Korte, H., Lowry, S., & Strobel, R. (1997). „Kontinuität" – zur Imagefundierung des Film- und Fernsehstars. In W. Faulstich & H. Korte (Hrsg.), *Der Star. Geschichte – Rezeption – Bedeutung* (S. 11–28). München: Fink.

Ferchhoff, W. (2007). *Jugend und Jugendkulturen im 21. Jahrhundert. Lebensformen und Lebensstile*. Wiesbaden: VS Verlag für Sozialwissenschaften.

Fiske, J. (2000). *Lesarten des Populären*. Wien: Verlag Turia + Kant.

Fritzsche, Y. (2000). Modernes Leben: Gewandelt, vernetzt und verkabelt. In D. Shell (Hrsg.), *Jugend 2000* (Bd. 1, S. 181–219). Opladen: Leske & Budrich.

Fritzsche, B. (2003). *Pop-Fans. Studie einer Mädchenkultur*. Opladen: Leske & Budrich.

Fritzsche, B. (2007). Mediennutzung im Kontext kultureller Praktiken als Herausforderung an die qualitative Forschung. In R. Bohnsack, I. Nentwig-Gesemann, & A.-M. Nohl (Hrsg.), *Die dokumentarische Methode und ihre Forschungspraxis. Grundlagen qualitativer Sozialforschung* (2. Aufl., S. 29–44). Wiesbaden: VS Verlag für Sozialwissenschaften.

Frost, U. (1996). Erziehung durch Vorbilder? In H. Schmidinger (Hrsg.), *Vor-Bilder. Realität und Illusion* (S. 91–127). Graz, Wien, Köln: Verlag Styria.

Gebhardt, W. (2003). Jugendkultur und Religion. Auf dem Weg zur religiösen Selbstermächtigung. In M. Pöhlmann (Hrsg.), *Sehnsucht nach Verzauberung. Religiöse Aspekte in Jugendkulturen* (S. 7–19). Berlin: Evangelische Zentralstelle für Weltanschauungsfragen.

Goffman, E. (1969/2004). *Wir alle spielen Theater. Die Selbstdarstellung im Alltag* (2. Aufl.). München: Piper Verlag.

Götz, M. (2003). Identität durch Seifenblasen? Die Bedeutung von Daily Soaps für Kinder und Jugendliche. In C. Winter, T. Thomas, & A. Hepp (Hrsg.), *Medienidentitäten. Identität im Kontext von Globalisierung und Medienkultur* (S. 264–281). Köln: Herbert von Halem.

Griese, H. (2000). Personale Orientierungen im Jugendalter – Vorbilder und Idole. In U. Sander & R. Vollbrecht (Hrsg.), *Jugend im 20. Jahrhundert. Sichtweisen – Orientierungen – Risiken* (S. 211–253). Neuwied: Luchterhand.

Großegger, B., & Heinzlmaier, B. (2007). *Die neuen vorBilder der Jugend. Stil- und Sinnwelten im neuen Jahrtausend*. Wien: G&G Verlag.

Hall, S. (1999). Kodieren, Dekodieren. In R. Bromley, U. Göttlich, & C. Winter (Hrsg.), *Cultural Studies. Grundlagentexte zur Einführung* (S. 92–110). Lüneburg: Zu Klampen.

Hartung, A. (2010). Musikhören als Konstitution geteilter Bezugnahmen auf Selbst und Welt. Eine Studie zur emotionalen Bedeutung von Musik in familialen Lebenswelten. *medien + erziehung, 54*(1), 25–30.

Hartung, A., & Schorb, B. (2007). Projekt Identität. Medien im Selbstfindungsprozess Jugendlicher. *Computer + Unterricht, 13*(68), 6–10.

Helms, D., & Phleps, T. (Hrsg.). (2005). *Keiner wird gewinnen. Populäre Musik im Wettbewerb.* Bielefeld: transcript.

Hickethier, K. (1997). Vom Theaterstar zum Filmstar. Merkmale des Starwesens um die Wende vom 19. zum 20. Jahrhundert. In W. Faulstich & H. Korte (Hrsg.), *Der Star. Geschichte – Rezeption – Bedeutung* (S. 29–47). München: Fink.

Hitzler, R., & Niederbacher, A. (2010). *Leben in Szenen. Formen juveniler Vergemeinschaftung heute* (3. Aufl.). Wiesbaden: VS Verlag für Sozialwissenschaften.

Hoffmann, D. (2009). „My music pulls me through" – Musik als identitäts- und sinnstiftende Größe. In H. Theunert (Hrsg.), *Jugend – Medien – Identität. Identitätsarbeit Jugendlicher mit und in Medien* (S. 159–173). München: kopaed.

Hoffmann, D. (2010a). Plädoyer für eine integrative Mediensozialisationstheorie. In D. Hoffmann & L. Mikos (Hrsg.), *Mediensozialisationstheorien. Modelle und Ansätze in der Diskussion* (S. 11–26). Wiesbaden: VS Verlag für Sozialwissenschaften.

Hoffmann, D., & Mikos, L. (Hrsg.). (2010). *Mediensozialisationstheorien. Modelle und Ansätze in der Diskussion* (2. Aufl.), Wiesbaden: VS Verlag für Sozialwissenschaften.

Hoffmann, D., & Schmidt, A. (2008). „Geile Zeit" oder „Von hier an blind" – Bedeutung und Potenziale musikalischer Erprobungen im Jugendalter am Beispiel der Aneignung von Popularmusik. *Zeitschrift für Soziologie der Erziehung und Sozialisation, 28*(3), 283–300.

Hurrelmann, K. (2004). *Lebensphase Jugend. Eine Einführung in die sozialwissenschaftliche Jugendforschung* (2. Aufl.). Weinhein, München: Juventa.

Hügel, H.-O. (2004). „Weißt Du wieviel Sterne stehen?" Zu Begriff, Funktion und Geschichte des Stars. In C. Bullerjahn & W. Löffler (Hrsg.), *Musikermythen. Alltagstheorien, Legenden und Medieninszenierungen* (S. 265–293). Hildesheim, Zürich, New York: Georg Olms Verlag.

Kaindl, C. (2005). Du musst ihn fühlen, den Scheiß. *Das Argument: Zeitschrift für Philosophie und Sozialwissenschaften, 47*(3), 347–360.

Keller, K. (2008). *Der Star und seine Nutzer. Starkult und Identität in der Mediengesellschaft.* Bielefeld: transcript.

Keppler, A. (1994). *Tischgespräche. Über Formen der Vermittlung kommunikativer Vergemeinschaftung am Beispiel der Kommunikation in Familien.* Frankfurt, Main: Suhrkamp.

Keppler, A. (1996). Interaktion ohne reales Gegenüber. Zur Wahrnehmung medialer Akteure im Fernsehen. In P. Vorderer (Hrsg.), *Fernsehen als „Beziehungskiste". Parasoziale Beziehungen und Interaktionen mit TV-Personen* (S. 11–24). Opladen: Westdeutscher Verlag.

Keupp, H. (2009). Identitätskonstruktionen in der spätmodernen Gesellschaft. Riskante Chancen bei prekären Ressourcen. In H. Theunert (Hrsg.), *Jugend – Medien – Identität. Identitätsarbeit Jugendlicher mit und in Medien* (S. 53–77). München: kopaed.

Keupp, H., Ahbe, T., Gmür, W., Höfer, R., Mitzscherlich, B., Kraus, W., et al. (2002). *Identitätskonstruktionen. Das Patchwork der Identitäten in der Spätmoderne* (2. Aufl.). Reinbek bei Hamburg: Rowohlt Verlag.

Krotz, F. (2004). Identität, Beziehungen und die digitalen Medien. *Medien + Erziehung, 48*(6), 32–45.

Krotz, F. (2005). Handlungstheorien. In L. Mikos & C. Wegener (Hrsg.), *Qualitative Medienforschung. Ein Handbuch* (S. 40–49). Konstanz: UVK Verlagsgesellschaft.

Krotz, F. (2008). Kultureller und gesellschaftlicher Wandel im Kontext des Wandels von Medien und Kommunikation. In T. Thomas (Hrsg.), *Medienkultur und soziales Handeln* (S. 43–62). Wiesbaden: VS Verlag für Sozialwissenschaften.

Krotz, F., & Lange, A. (2010). Leistung und Stigmatisierung als Inszenierung im Fernsehen. Ein gesellschaftstheoretischer Rahmen. *Medien + Erziehung, 54*(2), 8–14.

Krützen, M. (2002). Madonna ist Marilyn ist Marlene ist Evita ist Diana ist Mummy ist Cowgirl ist – Madonna. In W. Ullrich & S. Schirdewahn (Hrsg.), *Stars. Annäherungen an ein Phänomen* (S. 62–104). Frankfurt/Main: Fischer TB Verlag.

Lange, A., & Theunert, H. (2008). Popularkultur und Medien als Sozialisationsagenturen. Jugendliche zwischen souverän-eigensinniger und instrumentalisierender Subjektivierung. *Zeitschrift für Soziologie der Erziehung und Sozialisation, 28*(3), 231–242.

Langenohl, S. (2009). *Musikstars im Prozess der Geschlechtsidentitätsentwicklung von Jugendlichen.* Berlin: LIT.

Lohr, M. (2008). *Das Fan-Star-Phänomen. Musikstars und ihre Fans im Austausch. Elvis Presley und Michael Jackson zum Beispiel.* Marburg: Tectum Verlag.

Lowry, S. (2003). Star. In H.-O. Hügel (Hrsg.), *Handbuch Populäre Kultur. Begriffe, Theorien und Diskussionen* (S. 441–445). Stuttgart: Verlag J.B. Metzler.

Lowry, S., & Korte, H. (2000). *Der Filmstar. Brigitte Bardot, James Dean, Götz Geore, Heinz Rühmann, Romy Schneider, Hanna Schygulla und neure Stars.* Stuttgart und Weimar: Verlag J.B. Metzler.

Ludes, P. (1997). Aufbau und Niedergang von Stars als Teilprozeß der Menschheitsentwicklung. In W. Faulstich & H. Korte (Hrsg.), *Der Star. Geschichte – Rezeption – Bedeutung* (S. 78–98). München: Fink.

Mead, G. H. (1934/1973). *Geist, Identität und Gesellschaft aus der Sicht des Sozialbehaviorismus.* Frankfurt/Main: Suhrkamp.

Middleton, R. (2001). Musikalische Dimensionen. Genres, Stile, Aufführungspraktiken. In P. Wicke (Hrsg.), *Rock- und Popmusik. Handbuch der Musik im 20. Jahrhundert* (Bd. 8, S. 61–106). Laaber: Laaber Verlag.

Mikos, L. (1996). Parasoziale Interaktion und indirekte Adressierung. In P. Vorderer (Hrsg.), *Fernsehen als „Beziehungskiste". Parasoziale Beziehungen und Interaktionen mit TV-Personen* (S. 97–106). Opladen: Westdeutscher Verlag.

Mikos, L. (2010). Mediensozialisation als Irrweg – Zur Integration von medialer und sozialer Kommunikation aus der Sozialisationsperspektive. In D. Hoffmann & L. Mikos (Hrsg.), *Mediensozialisationstheorien, Modelle und Ansätze in der Diskussion* (2. Aufl., S. 27–46). Wiesbaden: VS Verlag für Sozialwissenschaften.

Mikos, L., Hoffmann, D., & Winter, R. (2009). Einleitung: Medien – Identität – Identifikationen. In L. Mikos, D. Hoffmann, & R. Winter (Hrsg.), *Mediennutzung, Identität und Identifikationen. Die Sozialisationsrelevanz der Medien im Selbstfindungsprozess von Jugendlichen* (2. Aufl., S. 7–20). Weinheim/München: Juventa.

Müllensiefen, D., Lothwesen, K., Tiemann, L., & Matterne, B. (2005). Musikstars in der Wahrnehmung Jugendlicher TV-Castingshow-Rezipienten. Eine empirische Untersuchung. In D. Helms & T. Phleps (Hrsg.), *Keiner wird gewinnen. Populäre Musik im Wettbewerb* (S. 163–185). Bielefeld: transcript.

Müller, R. (2004). Zur Bedeutung von Musik für Jugendliche. *Medien + Erziehung, 48*(2), 9–15.

Neuhoff, H., & de la Motte-Haber, H. (2007). Musikalische Sozialisation. In H. de la Motte-Haber & H. Neuhoff (Hrsg.), *Musiksoziologie* (S. 399–420). Laaber: Laaber Verlag.

Neuhoff, H., & Weber-Krüger, A. (2007). „Musikalische Selbstsozialisation". Strukturwandel musikalischer Identitätsbildung oder modischer Diskurs? In W. Auhagen, C. Bullerjahn, & H. Höge (Hrsg.), *Musikpsychologie. Jahrbuch der Deutschen Gesellschaft für Musikpsychologie. Musikalische Sozialisation im Kindes- und Jugendalter* (Bd. 19, S. 31–53). Göttingen u.a.: Hogrefe.

Neumann-Braun, K., & Mikos, L. (2006). *Videoclips und Musikfernsehen. Eine problemorientierte Kommentierung der aktuellen Forschungsliteratur.* Düsseldorf: Landesanstalt für Medien.

Niesyto, H. (2010). Kritische Anmerkungen zu Theorien der Mediennutzung und -sozialisation. In D. Hoffmann & L. Mikos (Hrsg.), *Mediensozialisationstheorien. Modelle und Ansätze in der Diskussion* (2. Aufl., S. 47–66). Wiesbaden: VS Verlag für Sozialwissenschaften.

Pfadenhauer, M. (2009). Identitätsbildung in juvenilen Geselligkeiten? Über Leben und Lernen in Szenen. In H. Theunert (Hrsg.), *Jugend – Medien – Identität. Identitätsarbeit Jugendlicher in und mit Medien* (S. 35–51). München: kopaed.

Pietraß, M. (2003). *Starkult. Mediale Leitbilder für Jugendliche?*. München: Bayerisches Staatsministerium für Unterricht und Kultus.

Pörksen, B., & Krischke, W. (2010). Die Casting-Gesellschaft. In B. Pörksen & W. Krischke (Hrsg.), *Die Casting-Gesellschaft. Die Sucht nach Aufmerksamkeit und das Tribunal der Medien* (S. 13–37). Köln: Herbert von Halem.

Prisching, M. (2009). *Das Selbst Die Maske Der Bluff. Über die Inszenierung der eigenen Person.* Wien, Graz, Klagenfurt: Molden Verlag.

Reichertz, J. (2004). „…denn sie wissen nicht, was sie tun" James Dean damals, Casting Shows heute. *Medien + Erziehung, 48*(3), 50–53.

Reinhardt, J. D. (2005). Medien und Identität. In M. Jäckel (Hrsg.), *Mediensoziologie. Grundfragen und Forschungsfelder* (S. 33–45). Wiesbaden: VS Verlag für Sozialwissenschaften.

Richard, B., & Krüger, H.-H. (1997). Vom einsamen Rebell zur 'singenden Altkleidersammlung'. Jugend-Idole und ihre mediale Vermittlung im historischen Wandel. *Deutsche Jugend, 45*(12), 536–543.

Roth-Ebner, C. E. (2008). *Identitäten aus der Starfabrik. Jugendliche Aneignung der crossmedialen Inszenierung ‚Starmania'.* Opladen & Farmington Hills: Budrich UniPress.

Scherr, A. (2009). *Jugendsoziologie. Einführung in Grundlagen und Theorien* (9. Aufl.). Wiesbaden: VS Verlag für Sozialwissenschaften.

Schramm, H., & Hartmann, T. (2010). Identität durch Mediennutzung? Die Rolle von parasozialen Interaktionen und Beziehungen mit Medienfiguren. In D. Hoffmann & L. Mikos (Hrsg.), *Mediensozialisationstheorien. Modelle und Ansätze in der Diskussion* (2. Aufl., S. 201–219). Wiesbaden: VS Verlag für Sozialwissenschaften.

Schwarze, B. (2005). Star. In K. Fechtner, G. Fermor, U. Pohl-Patalong, & H. Schroeter-Wittke (Hrsg.), *Handbuch Religion und Populäre Kultur* (S. 288–296). Stuttgart: Kohlhammer.

Shell Deutschland Holding. (Hrsg.). (2010). *Jugend 2010. Eine pragmatische Generation behauptet sich.* Frankfurt a. Main: Fischer TB Verlag.

Sommer, C. M. (1997). Stars als Mittel der Identitätskonstruktionm. Überlegungen zum Phänomen des Star-Kults aus sozialpsychologischer Sicht. In W. Faulstich & H. Korte (Hrsg.), *Der Star. Geschichte – Rezeption – Bedeutung* (S. 114–124). München: Fink.

Stamm, M. (2008). Vorbilder Jugendlicher aus pädagogischer Sicht. In C. Bizer, R. Englert, H. Kohler-Spiegel, N. Mette, F. Rickers, & F. Schweitzer (Hrsg.), *Sehnsucht nach Orientierung. Vorbilder im Religionsunterricht* (S. 45–54). Neukirchen-Vluyn: Neukirchener Verlag.

Stauber, B. (2004). *Junge Frauen und Männer in Jugendkulturen. Selbstinszenierungen und Handlungspotentiale.* Opladen: Leske & Budrich.

Süss, D., & Hipeli, E. (2010). Medien im Jugendalter. In R. Vollbrecht & C. Wegener (Hrsg.), *Handbuch Mediensozialisation* (S. 142–150). Wiesbaden: VS Verlag für Sozialwissenschaften.

Thomas, T. (2004). „Mensch, burnen musst Du!" Castingshows als Werkstatt des neoliberalen Subjekts. *Zeitschrift für politische Psychologie, 12*(1+2), 191–208.

Thomas, T. (2008). Körperpraktiken und Selbsttechnologien in einer Medienkultur: Zur gesellschaftstheoretischen Fundierung aktueller Fernsehanalysen. In T. Thomas (Hrsg.), *Medienkultur und soziales Handeln* (S. 219–237). Wiesbaden: VS Verlag für Sozialwissenschaften.

Thomas, T. (2009). Showtime für das „unternehmerische Selbst" – Reflexionen über Reality-TV als Vergesellschaftungsmodus. In L. Mikos, D. Hoffmann, & R. Winter (Hrsg.), *Mediennutzung,*

Identität und Identifikationen. Die Sozialisationsrelevanz der Medien im Selbstfindungsprozess von Jugendlichen (2. Aufl., S. 51–65). Weinheim/München: Juventa.

Uka, W. (2003). Idol/Ikone. In H.-O. Hügel (Hrsg.), *Handbuch Populäre Kultur* (S. 255–259). Stuttgart: Metzler.

Vogelgesang, W. (2010). Digitale Medien – Jugendkulturen – Identität. In K.-U. Hugger (Hrsg.), *Digitale Jugendkulturen* (S. 37–53). Wiesbaden: VS Verlag für Sozialwissenschaften: .

Wegener, C. (2008). *Medien, Aneignung und Identität. „Stars" im Alltag jugendlicher Fans.* Wiesbaden: VS Verlag für Sozialwissenschaften.

Wegener, C. (2010). Identität. In R. Vollbrecht & C. Wegener (Hrsg.), *Handbuch Mediensozialisation* (S. 55–63). Wiesbaden: VS Verlag für Sozialwissenschaften.

Wicke, P. (1989). *Rockmusik. Zur Ästhetik und Soziologie eines Massenmediums* (2. Aufl.). Leipzig: Reclam.

Wicke, P. (2001). Sound-Technologien und Körper-Metamorphosen. Das Populäre in der Musik des 20. Jahrhunderts. In P. Wicke (Hrsg.), *Rock- und Popmusik. Handbuch der Musik im 20. Jahrhundert* (Bd. 8, S. 11–60). Laaber: Laaber Verlag.

Wierth-Heining, M. (2004). *Filmrezeption und Mädchencliquen. Medienhandeln als sinnstiftender Prozess.* München: kopaed.

Winter, R. (1995). *Der produktive Zuschauer. Medienaneignung als kultureller und ästhetischer Prozess.* München: Quintessenz.

Freizeit, Peers und Musik

8

Marius Harring

Zusammenfassung

Ausgehend von der Annahme eines in der Adoleszenz fest etablierten Freizeit- und Bildungsmoratoriums geht der vorliegende Beitrag der Frage nach, welche informellen Bildungsprozesse mit ‚Freizeit', ‚Peers' und ‚Musik' einhergehen. Hierbei handelt es sich um drei zentrale Lebenskontexte, die sowohl nach innen gerichtet, innerhalb der eigenen Generation, als auch nach außen abgrenzend gegenüber der Erwachsenengesellschaft als Mittel der Distinktion und zugleich als soziokulturelle Orientierungskategorien den Lebensalltag von Jugendlichen determinieren. Der Beitrag referiert den diesbezüglichen empirischen Stand der Forschung und diskutiert auf der Basis der Ergebnisse einer Typologie jugendlicher Freizeitwelten, inwiefern bestimmte Musikpräferenzen bzw. musikalische Orientierungen in einem reziproken Beziehungsverhältnis zu der sozialen Interaktions- und Kommunikationsstruktur unter Gleichaltrigen stehen.

Schlüsselwörter

Freizeit • Peers • Musik • informelle Bildung • Sozialisationsprozesse • heterogene Freizeitwelten

M. Harring (✉)
Fakultät für Erziehungswissenschaft, Universität Bielefeld, Universitätsstraße 25, 33615 Bielefeld, Deutschland
e-mail: harring@uni-bielefeld.de

Insitut für Erziehungswissenschaft, AG Schulforschung/Schulpädagogik, Johannes Gutenberg-Universität Mainz, Colonel-Kleinmann-Weg 2 (SB II), 55099 Mainz, Deutschland

R. Heyer et al. (Hrsg.), *Handbuch Jugend – Musik – Sozialisation*, DOI: 10.1007/978-3-531-18912-3_8, © Springer Fachmedien Wiesbaden 2013

1   Einleitung

Freizeit, Peers und Musik – drei Kontexte, die speziell in der Adoleszenz in einem wechselseitigen Beziehungsverhältnis zueinander stehen. Kontexte, die sowohl nach innen gerichtet, innerhalb der eigenen Generation, als auch nach außen abgrenzend gegenüber der Erwachsenengesellschaft als Mittel der Distinktion und zugleich als soziokulturelle Orientierungskategorien (vgl. Müller et al. 2002, S. 9) über Adaptionsprozesse (vgl. Hoffmann 2008, S. 155) den Lebensalltag von Jugendlichen determinieren. Kontexte, die bereits einzeln betrachtet einen prägenden Einfluss auf die Biografie von Heranwachsenden haben, deren Wirkung sich aber erst in der Kombination, in der Interdependenz zum jeweils anderen entfaltet.

Im Rahmen des Beitrags werden die Bereiche ‚Freizeit', ‚Peers' und ‚Musik' und ihre Einflüsse auf den Sozialisations- und Bildungsprozess im Jugendalter zunächst einmal getrennt voneinander ausgehend von empirischen Studien betrachtet, bevor im Anschluss daran ihre Wechselwirkung basierend auf einer Typologie jugendlicher Freizeitwelten analysiert wird. Diesbezüglich wird der Frage nachgegangen, welche Bedeutung die Rezeption von Musik im Kontext heterogener Freizeitwelten hat und inwiefern eine bestimmte Musikpräferenz in einem reziproken Beziehungsverhältnis zu der sozialen Interaktions- und Kommunikationsstruktur unter Gleichaltrigen steht. Oder aus der anderen Perspektive gefragt: Inwieweit bestimmte Freizeit- und Peer-Konstellationen einen Einfluss auf eine (passive oder aktive) Rezeption und Aneignung von Musik im Jugendalter haben.

2   Freizeit

Betrachtet man die freizeitkontextuellen Orientierungen und Aktivitäten einzelner Jugendgenerationen vergangener fünf Jahrzehnte, so haben sich diese bis heute immer mehr ausgeweitet und stellen sich zunehmend differenziert dar. Begünstigt werden derartige Veränderungen zum einen durch die Erschließung immer neuer Freizeiträume, die besonders in der Mediatisierung nicht nur von Freizeitwelten, sondern aller gesellschaftlicher Handlungsspielräume sichtbar wird. D.h. allerdings nicht, dass die von Heranwachsenden aktuell als besonders ‚in' bezeichneten Freizeitaktivitäten zwangsläufig ältere oder klassische Freizeitbereiche gänzlich ablösen. Vielmehr werden diese parallel nebeneinander ausgelebt, ergänzen sich und führen zum Teil zu einer Reaktivierung bereits vergessener freizeitkultureller Szenen, die jedoch selten in ihrer ursprünglich-klassischen Form bestehen, sondern dynamisch an die heutigen Möglichkeiten angepasst werden (vgl. hierzu auch Hitzler und Niederbacher 2010; Thole und Höblich 2008; Hurrelmann und Quenzel 2012; Opaschowski 2006). Zum anderen führt auch eine Reihe gesellschaftlicher Prozesse zu einer Neujustierung jugendlicher Freizeitwelten. So hat beispielsweise die seit Mitte der 1970er Jahre einsetzende Bildungsexpansion (vgl. z. B. Hadjar und Becker 2009, S. 195ff.) für eine wachsende Anzahl von Menschen

nicht nur eine Etablierung eines Bildungs-, sondern auch eines Freizeitmoratoriums
(vgl. Zinnecker 1991; Reinders und Wild 2003; Reinders 2006, S. 82ff.) in der
Lebensphase Jugend zur Folge und geht gleichzeitig auch mit wachsenden zeitlichen
Dispositionsmöglichkeiten für diese Bevölkerungsgruppe einher (vgl. z. B. Prahl 2010,
S. 413). Damit erfährt Freizeit speziell im Jugendalter einen großen und eigenständi-
gen Bedeutungsgehalt. Sicherlich auch deshalb, da diese Phase durch eine Reihe von
Ablösungsprozessen in psychischer und kultureller Hinsicht (vgl. z. B. Hurrelmann und
Quenzel 2012, S. 154f.) beherrscht wird, die die Errichtung von Freiräumen gekoppelt
mit autonomen Handlungsspielräumen bei gleichzeitiger Abgrenzung gegenüber der
Erwachsenenwelt nach sich zieht und somit erst die Ausformung eines altersspezifi-
schen Moratoriums bewirkt. Im Einzelnen heißt dies, dass dieser auf einem gesellschaft-
lichen Konsens basierende Schonraum im Sinne einer „Karenzzeit" (ebd., S. 43) einen
„Aufschub des Erwachsenwerdens ermöglicht, in dem Heranwachsende sich von den
Erwartungen, [Haltungen und Verhaltensweisen] der älteren Generation *segregieren
können*" (Reinders 2003, S. 38f.). Daneben kristallisieren sich in freizeitkontextueller
Hinsicht vielfältige Experimentierfelder heraus, welche die Möglichkeit bieten, unterschiedliche Sachverhalte einzuüben und zu erproben, ohne, dass sie im negativen Fall
langfristige Konsequenzen nach sich zögen. In einem mehr oder weniger autonomen
Raum – zumindest in den meisten Fällen außerhalb der Reichweite von Erwachsenen
– können so eigene Vorlieben und Geschmäcker u.a. im Hinblick auf Musik entstehen, die mit differenzierten informellen Bildungsprozessen einhergehen. Diesbezüglich
haben im deutschsprachigen Raum empirische Studien, wie z. B. die des Deutschen
Jugendinstituts (vgl. DJI 2000; Furtner-Kallmünzer et al. 2002), neben zahlreichen
theoretischen Arbeiten (vgl. hierzu u.a. Dohmen 1999, 2001; BMFSFJ 2002, S. 153ff.,
2005; Fischer 2003; Hungerland und Overwien 2004; Otto und Rauschenbach 2004;
Tully 2004, 2006; Stecher 2005; Rauschenbach et al. 2007; Harring et al. 2007; Bollweg
2008; Brodowski et al. 2009; Grunert 2011) aufgezeigt, dass der Freizeitbereich auf die
Vermittlung von Wissen und bestimmten Kompetenzen einen enormen Einfluss hat.
In unterschiedlichen freizeitkontextuellen Settings werden Bildungsräume eröffnet, die
insbesondere überfachliches Lernen, wie z. B. den Erwerb von sozialen Kompetenzen,
fördern. So zeigt beispielsweise Hansen (2008) mittels 36 qualitativer Interviews mit
Vereinsmitgliedern und basierend auf einem längsschnittlichen Design, dass Vereine
spezielle Lernräume bereitstellen, in denen „Fachwissen, Organisationsfähigkeiten,
Gesellschaftswissen sowie personenbezogene Eigenschaften und soziale Kompetenzen"
auf informelle Weise sowohl vermittelt als auch erworben werden. Die Vermittlung
sowie der Erwerb jener Kompetenzen stehen allerdings in einer engen Abhängigkeit zu
der Strukturbesonderheit der Organisationsform des Vereins – Lernprozesse können
auf diesem Wege entweder gefördert oder aber auch gehemmt werden (vgl. ebd., S. 138;
2010, S. 211ff.; zum Kompetenzerwerb speziell in Sportvereinen vgl. auch Neuber et al.
2010).

Eine am Deutschen Jugendinstitut (DJI) konzipierte Studie setzt sich mit dem
Kompetenzerwerb im freiwilligen Engagement auseinander. Düx et al. (2008)

erbringen – basierend auf einer qualitativ angelegten und quantitativ ergänzten Untersuchung – den empirischen Nachweis, dass Jugendlichen durch ein freiwilliges Engagement exklusive Lernerfahrungen – besonders bezogen auf die Entwicklung von „Organisations-, Leistungs-, Team- und Gremienkompetenzen" – bereitgestellt werden, die über die Lebensphase Jugend weit ins Erwachsenenalter hinaus wirken. So erscheinen jene Personen, die in ihrer Jugend einem freiwilligen Engagement nachgegangen sind, auch im Erwachsenenalter gegenüber Vergleichsgruppen nicht nur politisch interessierter und gesellschaftlich engagierter, sondern verfügen offenbar auch über einen höheren beruflichen Erfolg (vgl. Düx et al. 2008; für tiefergehende Analysen zu dieser Thematik vgl. auch Sass 2007; Düx 2007; Düx und Sass 2006, S. 206ff.; Düx und Sass 2005, S. 395ff.; Reinders 2009). Die Bedeutung des freiwilligen Engagements als Lern- und Erfahrungsraum steht auch im Zentrum einer von Hübner (2010) konzipierten und durchgeführten qualitativen Studie. Im Fokus ihrer Untersuchung stehen 41 im Rahmen von gemeinnützigen Kinder- und Jugendreisen ehrenamtlich tätigen Mitarbeiterinnen und Mitarbeiter im Alter zwischen 13 und 60 Jahren, die mit Hilfe leitfadengestützter Interviewtechnik zu ihrer subjektorientierten Auseinandersetzung mit dem von ihnen ausgeübten freiwilligen Engagement befragt wurden. Auch die Ergebnisse dieser Studie deuten darauf hin, dass mit dem Ehrenamt Empathie, Teamfähigkeit sowie Organisationskompetenz eingeübt werden, also „die Fähigkeit, mit anderen zu kommunizieren und kooperieren, kollegiales Verhalten zu zeigen, andere im Team zu unterstützen, Hilfe anzubieten, Ideen einzubringen, aber auch eigene Interessen unterzuordnen bzw. andere Sichtweisen zu berücksichtigen. Angesichts der komplexen Organisation, des Ineinandergreifens von Zeitplänen und Freiräumen, heben die Interviewten zudem auf notwendige Organisations- und Planungsfähigkeiten ab. Vor dem Hintergrund der komprimierten zeitlichen Beanspruchung stellen die FreizeitleiterInnen wiederholt ein hohes Maß an Belastbarkeit heraus" (Hübner 2010, S. 362). Zudem stellt Hübner heraus, dass durch den sinnstiftenden Charakter dieser Arbeit die von ihr untersuchten ehrenamtlich tätigen Personen insbesondere auch in Bezug auf soziale Anerkennung sowie den Ausbau von Kontakten und Beziehungen von ihrem freiwilligen Einsatz profitieren (vgl. ebd., S. 214ff.; S. 256ff.; S. 359ff.).

Ein anderes Freizeitfeld, das mittlerweile den Ausgangspunkt zahlreicher empirischer Untersuchungen im Hinblick auf die Analyse der Bedeutung des informellen Kompetenzerwerbs darstellt, ist das der (neuen) Medien: Tully und Wahler (2006) verweisen zunächst einmal darauf, dass speziell die Nutzung von Handy (aus heutiger Sicht ist hier sicherlich auch das Smartphone einzubeziehen), Computer und Internet die Aneignung digitaler Fertigkeiten erfordert, die in erster Linie nicht an formalisierten Lernorten, sondern vielmehr in Eigenregie experimentell oder wiederrum in der Gleichaltrigengruppe erworben werden. Die neuen Technologien werden zudem als Kommunikations- und Informationsmittel – neben den klassischen Formen – beinahe selbstverständlich in den Alltag integriert und beeinflussen diesen gleichermaßen (vgl. ebd., S. 66f.; Wahler et al. 2008, S. 208f.). Vogelgesang (2004) überprüft informelle Bildungsprozesse im Kontext von LAN-Szenen und stellt anhand eines ethnografischen

Zugangs, der geführten narrativen Interviews mit Spielern und Organisatoren sowie der teilnehmenden Beobachtungen von szenerelevanten Veranstaltungen fest, dass die Auseinandersetzung mit interaktiven Medien in dieser Jugendszene umfangreiche Lerngelegenheiten für die aktiven Rezipienten schafft. Der kreative Raum im Zusammenhang mit LAN-Partys ermöglicht ein fast unbegrenztes Experimentierfeld, in dem neben dem Auf- und Ausbau von medienspezifischen (z. B. performative Off- und Online-Wechsel, spielerischer Umgang mit der Differenz zwischen Medialität und Realität) und technikbasierten (z. B. ,Overclocking') Kompetenzen, die häufig im Sinne einer Selbstqualifikation den Ausgangspunkt für einen beruflichen Werdegang in einem mediatisierten Arbeitsfeld legen, auch kommunikative (z. B. beim Wissensaustausch in Computer- und Netzfragen), organisatorische (z. B. bei der Planung und Koordination von LAN-Partys mit einer gewissen Tendenz zu Spezialisierung und Professionalisierung) und soziale (z. B. Regelhaftigkeit, Teamfähigkeit) Kompetenzen vermittelt werden (vgl. Vogelgesang 2004, S. 61ff.). Raufelder et al. (2009) liefern ausgehend von einem semi-strukturierten Leitfadeninterview mit 30 Berliner Schülerinnen und Schülern im Alter von 11 bis 14 Jahren den empirischen Beweis, dass Jugendliche, die ein regelmäßiges Nutzungsverhalten des Internets in Kombination mit einer unterstützenden Begleitung durch Sozialisationsinstanzen wie etwa Familie und Peers aufzeigen, bereits früh in der Phase der Adoleszenz ein reflexives Bewusstsein, also medienkritische Haltungen, selbständig entwickeln können. Zudem wird auf der Grundlage eines induktiv entwickelten Kategoriensystems sichtbar, dass die auf diese Weise entwickelten Kompetenzen keineswegs auf die Medienkritik beschränkt bleiben, sondern die in dem Kontext erfahrenen Lernprozesse sich auf verschiedene Ebenen ausweiten und eine Vielzahl an Kompetenzen fördern. So bedingt ein regelmäßiger Umgang mit dem Internet, begleitet durch eine unterstützende Hinführung, sowohl instrumentelle Fertigkeiten in der Anwendung und im Wissen als auch die Kenntnisnahme über die Internetrelevanz bezogen auf die Funktion und Bewertung. Darüber hinaus zeigen diese Jugendlichen ein höheres Konsum- und Risikobewusstsein (vgl. Raufelder et al. 2009, S. 47ff.). Das Medium ,Internet' und die damit einhergehenden Bildungsprozesse stellen ebenfalls den Ausgangspunkt einer von Tillmann (2008) vorgelegten Grounded-Theorie-Studie dar, dies jedoch aus dem Blickwinkel der Geschlechterforschung. Sie fokussiert ihre Untersuchung auf die Überprüfung von informellen Lern- und Selbstbildungsprozessen bei Mädchen und jungen Frauen in einem speziell für diese Gruppe konzipierten virtuellen Raum (Online-Community ,LizzyNet'). Tillmanns Ergebnissen nach fungiert das neue Medium bei einem Großteil der untersuchten weiblichen Jugendlichen keineswegs als passiver Ort der Realitätsflucht, sondern als aktiver und kreativer Raum der Identitätsarbeitung. Die Internetplattform dient, „um sich mit realen und virtuellen FreundInnen auszutauschen und sich in neuen Handlungsfeldern, außerhalb des sozio-ökologischen Zentrums, des ökologischen Nahraums und funktionsspezifischer Beziehungen auszuprobieren" (ebd., S. 203). Ausgehend von diesem Forschungsbefund ist von einem multifunktionalen Kompetenzzugewinn auszugehen: „Die Mädchen nutzen die Community bzw. Peer-Kontexte nicht nur als

Raum für ihre Selbstthematisierungen und Identitätskonstruktionen oder als neue Unterstützungsinstanz und Bewältigungsressource, sondern auch für die Ausbildung persönlichkeitsbezogener Einstellungen und Praktiken und die Entwicklung einer Zukunftsperspektive" (ebd., S. 164), eines eigenen Lebensstils und einer Geschlechtsidentität.

Besonders markant wird die Relevanz der bis hierhin beschriebenen informellen Lernprozesse, wenn man Musik als Freizeitkontext und die musikalischen Präferenzen in dieser Altersphase – inhaltlich auch als Zugangs- oder Abgrenzungskategorien und strukturell zugleich als Querschnittsdisziplin jugendlicher Freizeitwelten verstanden – betrachtet. Ohnehin gehört Musik – dies belegen zahlreiche Untersuchungen (vgl. Deutsche Shell 2010; Harring 2011; Medienpädagogischer Forschungsverbund Südwest 2011; Institut für praxisorientierte Sozialforschung 2003) – zu den favorisierten, wenn nicht sogar zu der beliebtesten Freizeitbeschäftigung im Jugendalter. Insofern stellen musikalische Freizeit*welten* – Welten in dem Kontext bewusst im Plural formuliert, da diese sehr heterogen ausfallen, und man bereits grob kategorisiert nach aktiven (z. B. Erlernen eines Musikinstrumentes) und passiven (Konsum von unterschiedlichen und je nach eigener Präferenz gewählten Musikstilen) Formen unterscheiden kann – differenzierte Lerngelegenheiten mit hohem bildungskontextuellen Wirkungscharakter dar. Dabei ist die Bedeutung von Musik ganz allgemein sicherlich mit bzw. trotz aller unterschiedlicher Schwerpunktlegung und Ausprägung in allen Teilphasen des jugendlichen Biografieverlaufes, geschlechtsunabhängig sowie über alle sozio-kulturellen Grenzen und Bildungsniveaus hinweg nahezu konstant (hoch). Diesbezüglich untersuchen Wahler et al. (2008) auf der Basis einer Fragebogenerhebung und einer geschichteten Stichprobe von insgesamt 2.064 15- bis 18-jährigen Schülerinnen und Schülern der Jahrgangsstufen 9 bis 12, die gleichzeitig durch 15 qualitative Interviews flankiert wird, welche Lernerfahrungen Jugendliche durch die Beschäftigung mit Musik machen und wie der Lerneffekt im Zuge des Umgangs mit der Musik aus der Sicht von Jugendlichen eingeschätzt wird. Zusammenfassend kommen die Autoren der Studie zu dem Ergebnis, dass Musik sowohl in passiver als auch aktiver Form eine große Relevanz bei der Verselbständigung ausgehend von einem breiten Spektrum an Kompetenzen bzw. deren Vermittlung zukommt (vgl. ebd., S. 209). Genannt werden Schlüsselkompetenzen wie z. B. „sozial-kommunikative, sprachliche, künstlerisch-kreative Fähigkeiten, aber ebenso Disziplin und Ausdauer sowie interkulturelle Kompetenzen […] – Kompetenzen, deren frühzeitiger Erwerb auch für das spätere Berufsleben […] von erheblicher Bedeutung ist" (ebd., S. 210).

Sicherlich trifft der Erwerb dieses Kompetenzspektrums zum Teil auch auf andere Lernfelder zu, jedoch ist die hohe Relevanz von Musik aufgrund ihrer Omnipräsenz und ihres breiten Zugangs aber auch in Bezug auf ihre kumulative Wirkung bei der Ausformung unterschiedlicher Kompetenzen unverkennbar.

Insbesondere was die Ausgestaltung von sozial-kommunikativen Kompetenzen angeht, sei allerdings auch darauf hingewiesen, dass Musik als Freizeitkategorie – auch in einer passiven Ausprägung in Form des Musikhörens – keineswegs einen abgeschotteten Bereich darstellt, sondern vielmehr sozial verankert ist, ein gemeinschaftliches Gefüge bereitstellt, welches den Ausgangspunkt für oder einen festen und zentralen Rahmen der Interkationen und Kommunikationen zu und mit Peers bietet.

3   Peers

Soziale Beziehungen stellen für jeden Menschen zentrale Bezugssysteme dar, die sowohl im Hinblick auf Integration in die (Teil-)Gesellschaft als auch vor dem Hintergrund von Anerkennung, Wohlbefinden und reflexiver Selbstvergewisserung eine wichtige Rolle einnehmen. Mit zunehmendem Alter, spätestens ab dem Beginn der Lebensphase Jugend, haben dabei soziale Beziehungen zu Gleichaltrigen eine entscheidende Bedeutung, nicht nur hinsichtlich der Freizeitgestaltung, sondern darüber hinaus auch bezogen auf die (kulturelle) Lebensführung und soziale Orientierung. Peers lösen in vielen Bereichen die Familie als primäre Bezugsinstanz ab und eröffnen damit neue Bildungs- und Sozialisationsräume in der Freizeit (vgl. z. B. Ecarius et al. 2011, S. 105ff.; Fend 1998; Rauschenbach et al. 2004; Wetzstein et al. 2005; Harring 2007; Schröder 2007; Krüger et al. 2008; Harring et al. 2010). Das Lernen in der Freizeit bedeutet größtenteils auch Lernen mit und von Gleichaltrigen,[1] womit laut Du Bois-Reymond (2000) – in Anlehnung an Bourdieu (1983) – die Entwicklung von ‚Peer-Kapital' einhergeht. Die Wirksamkeit der Peer-Beziehungen im Jugendalter kann auf das Konzept des ‚sozialen Lernens' zurückgeführt werden, in welchem die Freundin bzw. der Freund als Modell fungiert, das unterschiedliche Bildungsprozesse auslöst (vgl. Krappmann 2010). Auf diese Weise haben Peer-Beziehungen – insbesondere Freundschaftsbeziehungen – einen bedeutsamen Einfluss auf den Erwerb von sozialen Kompetenzen und fördern die Internalisierung von Sach- und Fachkompetenzen (vgl. hierzu genauer Harring 2011, S. 108ff.). Die Gleichaltrigengruppe bietet unter dieser Perspektive vielfältige Lern-, Erfahrungs- und Experimentierchancen, welche zur Entwicklung eigener Lebensstile, Normen, Werte und Ausdrucksweisen dienen (vgl. Engel und Hurrelmann 1993, S. 82).

Entsprechend geht die Funktion der Peer-Beziehung über die ‚pure' Spielkameradschaft und die damit einhergehende Vermeidung von Langeweile hinaus. Diese Beziehungsform ist keineswegs nur zweckgebunden, sondern beinhaltet auch nicht unmittelbar beobachtbare und eher auf langfristige Entwicklung ausgelegte funktionale Elemente. Gemäß dieser Ausgangslage stellen Peer-Beziehungen in ihren unterschiedlichen Facetten – in Form von Freundschafts- oder Cliquenbeziehungen oder aber in Form der Interaktion in Jugendkulturen bzw. Jugendszenen – ein Grundbedürfnis und eine

---

[1] Das heißt allerdings nicht, dass Peerbeziehungen sich ausschließlich in der Freizeit, außerhalb von Schule konstituieren. Das Gegenteil ist vielmehr der Fall. Schule stellt den ersten und nicht selten den entscheidenden Zugangsort zu Gleichaltrigen dar, womit sich ihre Wirkung im schulischen Kontext und insbesondere auch im Unterricht entfaltet (vgl. auch Rohlfs et al. 2010, 180). Breidenstein (2008, S. 947) verweist diesbezüglich – unter Bezugnahme auf Jackson (1975) – auf den Begriff des „hidden curriculum" (heimlicher Lehrplan).

Entwicklungsaufgabe der Adoleszenz zugleich dar (vgl. Krappmann 2010; Rohlfs 2010),
die letzten Endes in ihrer Prägekraft über diese Beziehungsform hinaus wirken und den
sozialen Nahraum aktiv beeinflussen. Davon ausgehend bilden Peers als Kontexte informellen Lernens zuweilen einen eigenen empirischen Forschungsstrang: Im Rahmen
einer qualitativen auf sechs Jahre konzipierten Längsschnittstudie mit einem mehr-
stufig angelegten Erhebungsdesign arbeiten Krüger et al. (2008) kontrastive Muster zu
der sich im Laufe der Adoleszenz verändernden und sich im ständigen Wandel befindenden Bedeutung von schulischen und außerschulischen Peer-Orientierungen für die
formalen Bildungsbiografien von – zu Beginn der ersten Erhebungswelle – elfjährigen
Kindern der fünften Jahrgangsstufe heraus. Die Studie ist an der Nahtstelle zwischen
formalen und informellen Bildungsprozessen angesiedelt. Entstanden sind Fallporträts,
die in unterschiedlicher Weise das Passungsverhältnis von individuellen und kollektiven Orientierungen und deren soziogenetische Fundierung dimensionieren (vgl. Krüger
et al. 2008; Krüger und Deppe 2008; Krüger et al. 2007). Den Befunden jener ersten
Erhebungsphase nach, erweisen sich die Gleichaltrigen als Personen mit einem gewissen Unterstützungs- oder Risikopotenzial für die bisherige erfolgreiche oder durch
Misserfolg gegenzeichnende Schullaufbahn, als funktionale Begleiter oder aber als ambivalente Gegen- bzw. Parallelwelt zu schulbezogenen Leistungserwartungen (vgl. Krüger
und Deppe 2010b, S. 197). Die Ergebnisse der zweiten Untersuchungswelle und der
Befragung von inzwischen 13-Jährigen zeigen in Bezug auf den Stellenwert von Peers für
die schulische Bildungsbiografie eine Ausdifferenzierung und Veränderung der Muster
auf und verdeutlichen zudem, „dass sich die unterstützende Funktion der Peers mehr
auf die sozioemotionale Verarbeitung schulischer Leistungsanforderungen, statt auf tat-
sächliche Leistungsunterstützung bezieht" (Krüger und Deppe 2010a, S. 237). Daneben
existiert eine Reihe weiterer empirischer Untersuchungen, die den Stellenwert von Peers
– sowohl in positiver als auch negativer Hinsicht – für den Kompetenzerwerb in unterschiedlichen Themenfeldern und Lebensbereichen untermauern, ohne dabei stets auf
den Begriff der ‚informellen Bildung' bzw. des ‚informellen Lernens' Bezug zu nehmen: So erörtert Böhm-Kasper (2010) basierend auf einer standardisierten Befragung
von über 4.800 Schülerinnen und Schülern des 8. und 9. Jahrgangs und mittels der
Berechnung von multiplen Regressionen den Beitrag von Gleichaltrigenkontakten bzw.
jugendkulturellen Stilisierungen zur Entwicklung von politischen Orientierungen und
Werthandlungen im Jugendalter (vgl. Böhm-Kasper 2010, S. 275ff.; Böhm-Kasper 2006;
Helsper et al. 2006). Philipp (2008) geht mit Hilfe einer längsschnittlichen quantitativen Befragung und im Rahmen derer durchgeführten Regressionsanalyse der Frage
nach, welche Bedeutung Gleichaltrigen – speziell Cliquen von 10- bis 11-Jährigen – bei
der Leseorientierung und -motivation zukommt (vgl. auch Philipp 2010a, b). Altmann
(2010) dagegen widmet sich dem Thema ‚geschlechtsspezifische Beziehungsregulation in
Kinderfreundschaften' und untersucht diese auf der Basis einer Prozessmodellierung (vgl.
auch Alisch und Wagner 2006). Aufbauend auf einer ethnografischen Studie in evangelikalen Aussiedlergemeinden diskutiert Schäfer (2010a,b) die Wirkung der untersuchten
Religionszugehörigkeit auf adoleszente Peer-Interaktionen, die sich zwischen modernen

und traditionellen Lebenswelten abspielen. Adler et al. (2006, S. 224ff.) dokumentieren ausgehend von geführten qualitativen Interviews Aneignungspraktiken in populärkulturellen Gemeinschaftsszenen und Jugendkulturen am Beispiel der Hardcore-Szene, während Hitzler und Pfadenhauer (2006, S. 243ff.) dies exemplarisch an der Techno-Party-Szene aufzeigen und auf der Grundlage einer Kategoriebildung szeneinterne und -externe relevante Kompetenzen thematisieren. Pfaff (2008a) untersucht mittels der Triangulation von qualitativen und quantitativen Daten informelle Lernprozesse vor dem Hintergrund jugendkultureller Orientierungen im Verhältnis zum schulischen Raum. Am Beispiel der Gothic-Punk- und der Hip-Hop-Gruppe skizziert sie jugendkulturelle Stilbildung als einen „Prozess des Erwerbs hochgradig spezialisierten Wissens" (Pfaff 2008a, S. 40), welches in der Jugendszene vermittelt und entweder in die Institution Schule und den in ihr stattfindenden formalen Bildungsprozess integriert wird, oder aber sich ganz bewusst als „schulische Gegenwelt" konstruiert (vgl. ebd.; vgl. auch Pfaff 2008b; 2006). An dieser Stelle ist die Bildung, Infragestellung und Negierung von Normen und Werten, Generierung von Wissen in verschiedenen Bereichen und die Verortung in der Gesellschaft über bestimmte Identifikations- und Abgrenzungsprozesse von hoher Relevanz (vgl. Pfaff 2009).

Betrachtet man den Ausgangspunkt derartiger im Rahmen von Peer-Beziehungen stattfindenden Bildungsprozesse, kommt man nicht umhin, die strukturellen Gegebenheiten jener Beziehungsformen zu analysieren. Hier sind im Hinblick auf die Konstitution von sowohl Freundschaften, Cliquen und Jugendkulturen bzw. -szenen je nach Verpflichtungscharakter und Verbindlichkeitsgrad – und jenseits jeglicher bestehender, an dieser Stelle aber zu vernachlässigender Ausdifferenzierung und Homogenisierung nach Alter, Geschlecht, sozialer und nationaler Herkunft – zwei Aspekte determinierend: (a) Freiwilligkeit und (b) thematisch-inhaltlicher Fokus. Bezogen auf den erstgenannten Punkt ist zu betonen, dass Peer-Beziehungen im Unterschied zu familiären Beziehungsgefügen, so z. B. der Eltern-Kind-Beziehung, einen fakultativen Charakter aufweisen, damit in aller Regel aus eigenem Antrieb, intrinsisch motiviert entstehen. Entsprechend wählen sich laut Wehner (2006) die Beziehungspartner als Personen, „nicht als Träger von Rollen und Funktionen, was bedeutet, dass sie *am Individuum orientiert* sind. Dies stellt eine einzigartige Voraussetzung dafür da, Bestätigung zu finden für die eigene Person und Individualität" (Wehner 2006, S. 122f.). Gleichzeitig zieht die Komponente der Freiwilligkeit, aufgrund der häufig nicht vorhandenen engen Strukturen und gegenseitigen Verpflichtungen, auch die Gefahr einer schnellen Auflösung der Beziehung nach sich. Entsprechend dieser Ausgangslage bedarf es zur Aufrechterhaltung einer Freundschaftsbeziehung einer stetigen Aus- und Verhandlung sowie Vergewisserung mit bzw. gegenüber dem Freundschaftspartner (vgl. Fend 1998, S. 233; Ferchhoff 2011, S. 392). Damit geht mit dem Wunsch nach Anerkennung und Aufmerksamkeit innerhalb der Peer-Gesellschaft auch die Bereitschaft zur Kompromissfindung einher. Die fragile zeitliche Stabilität einer Peer-Group setzt stets ein hohes Maß an Kooperations- und Kritikfähigkeit beim Heranwachsenden voraus. Diese Fähigkeiten, die auch in der späteren Biographie bedeutsame Kompetenzen darstellen, werden insbesondere über Aushandlungs- und

Austauschprozesse in Interaktionen mit Peers erlernt und bilden die Grundlage für den Aufbau und die Erhaltung sozialer Netzwerke (vgl. Grundmann et al. 2003, S. 28). Freiwilligkeit bezieht sich gleichzeitig aber auch auf den thematisch-inhaltlichen Fokus der Beziehung. Mehr noch: Die inhaltliche Ausrichtung ist für die Aufnahme und die spätere Ausgestaltung von Peer-Beziehungen – auch wenn letztere bis zu einem gewissen Grad auch aushandelbar ist – konsekutiv. Zugespitzt formuliert: der Zugang zu bestimmten Gruppen ist, neben emotionalen Faktoren wie Zuneigung und Sympathie in erster Linie auch an gemeinschaftlich geteilten Interessenlagen geknüpft. Dies wird insbesondere im Kontext von Jugendszenen deutlich (vgl. hierzu z. B. Hitzler und Niederbacher 2010), die sich primär über „bestimmte materiale und mentale Formen der kollektiven Selbst-Stilisierung" (Hitzler und Niederbacher 2010, S. 95) und vor allem über ästhetische und musikalische Gesinnungsmerkmale (vgl. ebd., S. 92) definieren, die gegenwärtig bedingt durch Globalisierungsprozesse verstärkt nach außen transportiert und einer größeren Anzahl von Heranwachsenden weltweit zugänglich werden. Musik stellt dabei allerdings nicht nur im Rahmen von Jugendszenen – wie etwa in der Hardcore-, Techno- oder Hip Hop-Szene – eine ‚Zugangskarte' zu Gleichgesinnten dar, sondern ist auch für Freundschaften und Cliquenbeziehungen ein wichtiges, zum Teil sogar zentrales und verbindendes Element. Damit ist Musik weit mehr als ein Mittel der sozialen Positionierung: Der Austausch über gemeinsam favorisierte Musikstile und die gemeinschaftlich ausgelebte Identifikation mit präferierten Idolen bzw. Interpretinnen resp. Interpreten einerseits, aber auch die Prägung einer zum Teil kollektiven Stimmungslage innerhalb einer Clique oder in einer dyadischen Freundschaftsbeziehung ausgehend von der Rezeption bestimmter Musikrichtungen andererseits, trägt nachhaltig zu einer sich in diesem Biografiestadium in der Entwicklung befindenden Identitätskonstruktion bei (vgl. hierzu genauer Münch 2002; Müller et al. 2007). Jene gemeinschaftlich durchlebten Schritte der Persönlichkeitsentwicklung konkretisiert Hoffmann (2009) indem sie darauf hinweist, dass mit der Auseinandersetzung mit Songtexten unmittelbar auch die eigenen „Gefühle, Stimmungen, Wünsche und Sehnsüchte ‚bearbeitet' [werden]. Diese Bearbeitung kann emotional, kognitiv und sozial-kulturell erfolgen. So können durch die Rezeption Lebens-, Liebes- und Partnerschaftsentwürfe reflektiert und gegebenenfalls verworfen werden. Gefühle von Freiheit und Autonomie werden generiert und unterstützt, Ängste durchlebt und Visionen möglich" (ebd., S. 169). Der Großteil jener mit Musik einhergehenden bzw. durch Musik ausgelösten Sozialisations- und Bildungsprozesse wird nicht explizit, sondern implizit, also eher zufällig und unbemerkt, hervorgerufen. Das heißt aber nicht, dass dieses Ereignis rückblickend nicht kontextualisiert werden kann. Das Gegenteil ist häufig der Fall. So ist das Element der Nachhaltigkeit dermaßen prägnant, dass man von einem narrativen Bedeutungsgehalt der Musik ausgehen kann: Ähnlich wie bei der Wahrnehmung eines bestimmten Geruches, können noch Jahrzehnte später bestimmte Musiktitel – auch bei Änderung der musikalischen Präferenzen oder vielleicht gerade dann – Erinnerungen und zugleich auch Gefühle hervorrufen, so dass man nicht selten unweigerlich in die frühere Situation hineinversetzt wird. Damit nicht nur retrospektiv auf die Situation zurückblickt, sondern längst vergessene Sinneseindrücke wahrnimmt und diese wiederholt durchlebt.

4   Musik

Musik stellt in jeder Lebensphase, jedoch ganz besonders in der Adoleszenz, ein bedeutendes, da auch alltägliches Medium dar. Wie keine andere kulturelle Praxis ist Musik ein ständiges, teilweise nur am Rande wahrnehmbares, an anderer Stelle wieder im Zentrum stehendes Kontinuum, damit teils Begleiter, teils aktiver ‚Dirigent‘, in jedem Fall aber eine den Rhythmus des Lebensalltags bestimmende Konstante, die gleichzeitig einen hohen gesellschaftlichen Anerkennungswert genießt. Damit nutzen Jugendliche Musik auf vielfältige Art und Weise und machen sich diese nicht selten äußerst kreativ zu Eigen. Ob es die Auseinandersetzung mit Songtexten, das Erarbeiten eines Expertenwissens über favorisierte Musikgenres und entsprechende Künstler ist, das ästhetische Ausleben in Musikszenen, das Musizieren in einer Band, das Tanzen in der Disko oder der Tanzschule, das Rezipieren von Musiktiteln entweder zu Unterhaltungszwecken oder zur Unterstützung der eigenen Stimmungslage oder aber ob es sich hierbei um das Erlernen und Spielen eines Musikinstrumentes handelt, dies sind nur einige wenige und unmittelbar sichtbare rezeptive wie auch produktive musikkulturelle Nutzungsverhaltensweisen im Jugendalter. Das heißt gleichzeitig aber keineswegs, dass erst in dieser Lebensphase eine musikalische Sozialisation stattfindet. Vielmehr werden Menschen bereits früh in ihrer Biografie mit Musik konfrontiert. Der erste Zugang erfolgt oft über Kinderlieder. Auch an späterer Stelle prägen Eltern ihre Kinder in musikalischer Hinsicht – oftmals unbewusst: Die elterlichen Musikvorlieben gehen bereits im Kleinkindalter nicht spurlos am Nachwuchs vorbei. So können sie noch Jahre später als erwachsene Personen sehr genau artikulieren, welche Musik vornehmlich im Elternhaus gehört wurde. Dagegen eher als eine bewusste elterliche Handlung, die zugleich als Investition in die Zukunft der eigenen Kinder gesehen wird, ist die der Heranführung an ein Musikinstrument. Musiksozialisation findet bereits im Kindesalter allerdings nicht nur durch Eltern bedingt statt. Entsprechend erleben Kinder Musik als einen festen Bestandteil ihrer Medienwelt, so etwa im Fernsehen oder Radio. Aller spätestens im Schulunterricht werden sie dann bewusst und gezielt an Musik herangeführt (vgl. Hoffmann 2008, S. 156). Inwiefern der letztgenannte Punkt, vor dem Hintergrund eines häufig problemgeladenen, entgegen der Bedürfnisse von Schülerinnen und Schülern gestalteten Musikunterrichts, ein gewisses Konfliktpotenzial im Hinblick auf die Entwicklung einer musikalischen Identität im Jugendalter bedeutet, sei sicherlich noch zu hinterfragen (vgl. Harnitz 2002, S. 181ff.). Empirisch begründet sei jedoch diesbezüglich festzuhalten, dass entgegen der hohen Relevanz von Musik im Alltag, der Musikunterricht selbst nur ein geringes Ansehen unter Schülerinnen und Schülern der Sekundarstufe I genießt (vgl. ebd., S. 193). Dieser Befund offenbart eine grundlegende Schwäche der curricular eingebundenen Vermittlung von Musikkompetenzen, die ein Auseinanderdriften von kulturellen Wirklichkeiten im schulischen Raum offenlegt und die einmalige Chance vergibt, gebunden an eine Thematik, die grundlegend ein hohes Interesse bei Jugendlichen hervorruft, ein intrinsisch motiviertes Lernen zu ermöglichen. Profiteure eines solchen Unterrichts sind bildungsorientierte Jugendliche, die ohnehin bereits an anderer Stelle beispielsweise durch einen privatfinanzierten Musikunterricht im klassischen Sinne musikalisch gefördert werden.

Der Großteil der Jugendlichen ist dabei vielmehr auf informelle Quellen angewiesen, so dass der kulturelle Wert von Musik erst außerhalb von Schule wirklich sichtbar wird. Dabei erfolgt die Verbreitung moderner Popkultur gegenwärtig immer seltener über geläufige Datenträger wie etwa CDs. Vielmehr bieten das Internet im Zeitalter der Breitband-Flatrate und zunehmend mobiler Geräte die Möglichkeit einerseits in Form des Internetradios auf sämtliche Musikgenres weltweit zurückzugreifen und zum anderen vor allem mit Hilfe von Plattformen wie z. B. YouTube, MySpace oder Clipfish Musikinhalte kostenneutral audio-visuell jederzeit zu konsumieren und bereits durch das bloße Anklicken eine Wertigkeit vorzunehmen (vgl. Wagner 2010, S. 34). Diese Entwicklung geht gleichzeitig – so einige kritische Stimmen – auch mit einer Veränderung jugendlicher Wahrnehmungs- und Deutungssysteme einher. Müllers (2004) Einschätzung nach haben sich diese gänzlich verschoben und zwar „weg von der diskursiven, verbalsprachlichen, hin zur präsentativen, audiovisuellen Symbolik" (ebd., S. 10). Jugendliche eigenen sich „im Zeitalter der Globalisierung durch ihre Musik- und Mediennutzung eine interkulturell verständliche audioviduelle Symbolsprache [an]. Diese nutzen sie zur Orientierung im Spannungsfeld von Globalisierung und Lokalisierung, als Chance zum Selbstausdruck und zur interkulturellen Kommunikation" (ebd.). Dies trifft sicherlich auf ein Teil der Jugend zu. Jedoch nutzt der überwiegende Teil eher verschiedene Kommunikationswege, so dass die zu beobachtende audiovisuelle Symbolik lediglich eine mögliche Darstellungsweise unter vielen, eine Ergänzung zur ursprünglichen Ausdruckformen darstellt. Davon unberührt bleibt aber die Symbolkraft: Musik setzt in ihrer Symbolik bzw. Ausgestaltung stets auch immer eine kategorisierende Sozialkomponente frei. Die Zuwendung zu bestimmten Musikstilen und insbesondere zu den jeweiligen Interpreten geht nicht selten mit einer ästhetisch, ethischen, politischen oder moralischen Selbst- oder Fremd-Zuordnung dieser Person, die jene Präferenz aufzeigt, einher. Hoffmann (2009) umschreibt jenen Sachverhalt folgendermaßen: „Man hat ein Bild von jemanden, der angibt, Bushido oder Sido zu favorisieren, oder von jemanden, der eingesteht, Die Ärzte oder Xaxier Naidoo zu präferieren. Bestimmte Musikgenres verweisen auf kulturelle Stile und Moden, sie stehen teilweise aber auch für bestimmte Werte und soziale Einstellungen" (ebd., S. 168). Dies schafft Zugang, zugleich aber auch Ausgrenzung.

Die Faszination von und für Musik – und dies über alle Altersgrenzen hinweg – wird in den vergangenen Jahren insbesondere an den TV-Castingshows deutlich. Hier werden inzwischen unterschiedliche TV-Formate für verschiedene Zielgruppen angeboten, im Rahmen derer in einem zeitlich begrenzten Rahmen der neue ‚Superstar' bei DSDS (Deutschland sucht den Superstar/RTL), ein Musiktalent bei X-Faktor (VOX), ein ‚Popstar' bei der gleichnamigen Sendung auf ProSieben oder ein ‚Voice of Germany' in

Sat.1 – um einige der bekanntesten und beliebtesten zu nennen – gesucht wird. Bis auf einige wenige Ausnahmen erwirkten die meisten Gewinner – geschweige denn die anderen Teilnehmerinnen und Teilnehmer – aller bisheriger Musiksendungen einen temporären Effekt. Ein langfristiger Erfolg als Sängerin oder Sänger mit Top-Plazierungen in den Charts blieb den meisten versagt.[2] Ohnehin sind die Sendungen auf kurzfristige Erfolge ausgelegt, in der Sehnsüchte nach Anerkennung und zugleich Selbstdarstellung sowohl bei Zuschauerinnen und Zuschauern als auch Kandidatinnen und Kandidaten geweckt werden sollen. Die Bewertung der Leistung erfolgt entweder über die Jury oder das Publikum bzw. die Fernsehzuschauerin bzw. den Fernsehzuschauer selbst, womit eine Partizipation am Entscheidungsprozess und am Ausgang der Sendung suggeriert wird, jeder zur Musikexpertin resp. zum Musikexperten wird und damit über die musikalischen Kompetenzen jener Teilnehmerinnen und Teilnehmer und letztendlich über deren Schicksaal per Votum (mit)entscheiden darf. Einige dieser Sendeformate setzen zudem auf die Darstellung besonders auffälliger, aus musikalischer Perspektive offenkundig untalentierter ‚Negativ-Beispiele‘, die im Rahmen offener Castings in einem Akt der Selbst-Diskreditierung die eigene zumeist musikalische (gekoppelt mit einer rhythmisch-tänzerischen) Inkompetenz offen zur Show stellen.

Für die zumeist im frühen Stadium der Adoleszenz sich befindenden Zuschauerinnen und Zuschauer – zumindest trifft dies insbesondere für die Sendeformate ‚DSDS‘ und ‚Popstars‘ zu – erfüllen die Musiksendung neben dem Unterhaltungswert und der Möglichkeit innerhalb der Peer-Group mitdiskutieren zu können, eine weitere bedeutende Funktion: Aus dem zunächst einmal zarten Sympathisieren wird Woche für Woche zunehmend eine Identifikation mit besonders erfolgreichen Kandidatinnen und Kandidaten. Bedingt nicht zuletzt auch durch eine mediale Omnipräsenz und intensive Berichterstattung zu ihrer bisherigen Biografie erhalten die zumeist selbst noch adoleszenten Kandidatinnen und Kandidaten (und damit aus ihrer Mitte kommend) einen zumindest zeitlich begrenzten Status eines Idols, einen Vorbildcharakter und nehmen somit für die jugendlichen Zuschauerinnen und Zuschauer eine nicht zu vernachlässigende identitätsstiftende Funktion ein.

5   Typologie jugendlicher Freizeitwelten – Die Wechselwirkung von Freizeit, Peers und Musik

5.1   Methodisches Vorgehen

An dem bisherigen hier dargestellten Erkenntnisstand schließt eine eigene empirisch-quantitative Arbeit an (vgl. hierzu genauer Harring 2011). Im Rahmen dieser Studie sind im Land Bremen insgesamt 520 Schülerinnen und Schüler aller klassischen

---

[2] Was allerdings nicht heißt, dass zahlreiche von ihnen durch den Erfolg in den jeweiligen Castingshows durchaus berufliche Erfolge – zwar ohne Rampenlicht – zumeist aber in der Medien- und/oder Musikbrande feiern können.

Schulformen im Alter von 10 bis 22 Jahren mittels eines standardisierten Fragebogens zu ihrem Freizeitverhalten inner- und außerhalb der Schule und den sich daraus ergebenen informellen Bildungsprozessen befragt worden. Das primäre Ziel der als Pilotstudie angelegten explorativen Untersuchung besteht darin, die Bedingungsfaktoren der theoretisch und empirisch aufgeführten Potenziale (s. Kapitel 2-4), die von Freizeit speziell für Bildungsprozesse ausgehen, näher zu beleuchten. Dabei werden die drei Bereiche ‚Freizeitaktivitäten‘, ‚Peer-Beziehungen‘ und ‚Musikinteressen und Musikgestaltung‘ aus der *Perspektive, mit den Augen* von Jugendlichen und vor dem Hintergrund ihrer *Settings* betrachtet. Konkret wird also der Frage nachgegangen, wie sich heterogene Freizeitwelten, Interaktionen innerhalb von unterschiedlichen Peer-Konstellationen und die Musikpräferenzen in ihren Interdependenzen darstellen.

In der Vorstellung der gewonnen Befunde wird auf der Basis multivariater Analyseverfahren, insbesondere der Faktoren- und Clusteranalyse, nach fünf Freizeittypen unterschieden. Diesem Analyseschritt liegt die Hypothese zugrunde, dass sich in Bezug auf das Freizeitverhalten inhaltlich voneinander heterogene Gruppen von Jugendlichen rekonstruieren lassen, die gleichzeitig unterschiedliche Zugänge zur Freizeit allgemein und speziell zum bestimmten Freizeitaktivitäten, Peer-Beziehungen und Musikgestaltung aufweisen. Formaler Bildungsstand, Geschlecht, Alter und Migrationsstatus stellen dabei die zu untersuchenden Hauptdimensionen bzw. soziodemografische Unterscheidungsmerkmale der vorgenommenen Typologie jugendlicher Freizeit dar.

Methodisch wurde im Vorfeld zum Zweck der Klassifizierung die Prozedur der hierarchischen Clusteranalyse angewandt. Als Fusionierungsverfahren diente die Ward-Linkage-Methode. Als Proximitätsmaß (Distanz- bzw. Ähnlichkeitsmaß) wurde der quadrierte Euklidische Abstand herangezogen. Anschließend wurde die optimale Clusterzahl bestimmt. Bei der Entscheidungsfindung spielten sowohl inhaltliche als auch formal-statistische Kriterien eine Rolle. In einem ersten Schritt wurde der inverse Scree-Test durchgeführt, um anhand der Entwicklung des Heterogenitätsmaßes und des herangezogenen Elbow-Kriteriums eine erste Entscheidungshilfe bei der Bestimmung der Clusteranzahl zu erhalten (vgl. Backhaus et al. 2008, 430f). Darüber hinaus wurden in einem zweiten Schritt die unterschiedlichen Clusterlösungen im Hinblick auf die inhaltliche Plausibilität, Effizienz und Prägnanz überprüft. Darauf basierend konnten fünf stabile Cluster gebildet werden, deren Profile sich als hinreichend differenziert erwiesen.

5.2   Ergebnisse der Clusteranalyse

5.2.1 Die peerorientierten Allrounder

Vereinsorientierte, aber auch nicht-organisierte Sportaktivitäten, Radfahren, Shopping, Kino- und Diskobesuche, Zeitschriften lesen, Internetsurfing, am Computer arbeiten, Musik hören – und dies alles primär im Kontext von Cliquen, Freundschaften und Partnerschaften. ‚Die peerorientierten Allrounder‘ zeichnen sich – im Vergleich zu anderen Clustern, die sich in aller Regel in maximal zwei zentralen Freizeitwelten wiederfinden – durch eine sehr heterogene Bandbreite an favorisierten und regelmäßig angewählten Freizeitaktivitäten in Verbindung mit Freundschaftsbeziehungen aus. Gemeinsame Unternehmungen mit der Familie treten verstärkt in den Hintergrund, vielmehr organisiert man die frei zur Verfügung stehende Zeit an unterschiedlichen Orten *in* und *mit* der Peer-Group. Dabei spielen jugendkulturelle Zugehörigkeiten insbesondere mit musikalischer Ausrichtung ebenfalls zur Alltagspraxis dieser Jugendlichen, auch wenn sie sich thematisch bzw. was den Musikstil angeht keineswegs auf eine Richtung fokussieren lassen, sondern vielmehr je nach Ausrichtung und Vorlieben flexibel bleiben. Musik, vor allem das ‚Musikhören' und die Orientierung an Musikinterpretinnen und -interpreten – auch in modischer und ästhetischer Hinsicht – und der diesbezügliche Austausch mit Peers, ist für die Jugendlichen dieser Subgruppe ein ständiger und alltäglicher Begleiter, der den Lebensalltag determiniert. Mehr noch: ein gemeinschaftlich ausgelebtes Lebensgefühl. Dagegen in der Freizeit alleine zu Hause ‚abzuhängen', fernzusehen und Computer zu spielen stellen für diese Jugendlichen keine zentralen Freizeitinhalte dar. Das Hineintauchen in unterschiedliche Freizeitwelten und die Auseinandersetzung mit sehr vielschichtigen Lebenskontexten ermöglicht den Jugendlichen die Konstruktion von äußerst differenzierten Lernarrangements, die komplexe Bildungsprozesse nach sich ziehen. Unterstützt wird dieser Vorgang durch die Kompetenzvermittlung in einem Kommunikationsprozess. Da der Großteil der Freizeit keineswegs alleine oder im Kreise der Familie verbracht wird, sondern vordergründig gemeinsam mit Gleichaltrigen, fungieren in diesem Cluster in erster Linie Peers als Mediatorinnen und Mediatoren. Entsprechend kommt hier speziell der Gleichaltrigengruppe, basierend auf einer freiwilligen und nicht leistungsbezogenen Beziehungsinteraktion, neben der Vermittlung von sozialen und personalen Kompetenzen auch der Förderung und Bekräftigung von Lernprozessen in Sach- und Fachkompetenzen eine zentrale Rolle zu.

Die ‚peerorientierten Allrounder' sind zu fast zwei Drittel weibliche Jugendliche (61,1 %). Darüber hinaus sind diese Jugendlichen eher älter, zwischen 16 und 21 Jahren, streben tendenziell einen höheren Bildungsabschluss an – obgleich in keiner anderen Gruppe im Hinblick auf die besuchte Schulform eine derartige Heterogenität zu beobachten ist – und stammen überproportional häufig aus Familien ohne Migrationshintergrund. Nichtsdestotrotz werden unter den Jugendlichen dieses Clusters auch interethnische Beziehungen gepflegt. Mit 28,7 % (n = 149) stellt dieses Cluster die größte aller Gruppen dar.

5.2.2   Die passiven Medienfreaks

Im Gegensatz zu den ‚peerorientierten Allroundern' gehen die Schülerinnen und Schüler des zweiten Clusters – zu dem ein Viertel aller befragten Jugendlichen (25,4 %) gezählt werden – insbesondere in der mediengeprägten Freizeitwelt auf. Das Hauptaugenmerk der ‚passiven Medienfreaks' liegt – wie in keinem weiteren Cluster – auf der Nutzung von Spielkonsolen, Computerspielen und des Internets. Der Konsum neuer Medien wird beinahe exzessiv betrieben. Während der Einsatz dieser noch als interaktiv bezeichnet werden kann, dokumentieren einerseits der überdurchschnittliche Fernsehkonsum sowie andererseits die Neigung einfach nichts zu tun und zu Hause abzuhängen die passive Haltung dieser Jugendlichen. Weiterhin verfügt der ,passive Medienfreak' – ähnlich wie der ,peerorientierte Allrounder' – über viele zeitliche Dispositionsmöglichkeiten. Fast jede bzw. jeder Zweite berichtet über vier bis acht Stunden und jede bzw. jeder Sechste sogar über mehr als acht Stunden frei zur Verfügung stehender Zeit täglich. Allerdings beschränken sich die eigenen Tätigkeiten fast ausschließlich auf den eigenen Wohnbereich. Außerhäuslichen Aktivitäten wird eher selten nachgegangen.

Soziale Beziehungen zu Gleichaltrigen werden nur vereinzelt gepflegt. Bestehen welche, so beschränken sich diese mehrheitlich auf lose und unverbindliche Kontakte zu einzelnen Personen des gleichen Geschlechts sowie der eigenen nationalen Herkunft – häufig im Rahmen des familiären Gefüges zu Familienmitgliedern eines direkten oder indirekten verwandtschaftlichen Grades, wie z. B. Geschwistern oder Cousinen bzw. Cousins. Dies hat zur Folge, dass bei ,passiven Medienfreaks' zum einen bei Belastungen und Problemen in erster Linie Familienmitglieder als Ansprechpartnerinnen und -partner fungieren und zum anderen, mehr noch als in anderen Lebenskontexten, im Bereich der sozialen Beziehungen eine deutlichere Orientierung an den eigenen kulturellen Grenzen zu beobachten ist. Treffen mit Altersgleichen finden lediglich sporadisch und in der eigenen Wohnumgebung oder direkt im Anschluss an die Unterrichtszeit auf dem Schulgelände statt. Interaktionen in größeren außerfamiliären Gruppen (Cliquen), zum anderen Geschlecht sowie interethnische Kontakte werden eher gemieden bzw./oder können nur selten aufgebaut werden.

Im Hinblick auf die musikalische Ausrichtung dieser Jugendlichen lässt sich festhalten, dass auch in diesem Cluster eine hohe Bedeutung von Musik zu beobachten ist. Allerdings gestaltet sich diese grundlegend anders als in der vorherigen Subgruppe. Zum einen wird Musik vordergründig alleine, damit nur selten als gemeinschaftstiftendes Element, konsumiert. Zum anderen spielt weniger der auditive, dafür vielmehr der visuelle Aspekt von Musik in Form von Musikvideos eine wichtige Rolle. Darüber hinaus erfreuen sich Musiksendungen mit popkulturellen Inhalten – ganz speziell Musiktalentshows, in erster Linie das Format ,DSDS' – unter den Jugendlichen dieses Clusters einer hohen Beliebtheit. Eine jugendkulturelle Zuordnung und vor allem Orientierung lässt sich jedoch nicht feststellen.

Die zumeist jungen Adoleszenten – 61,4 % sind im Alter zwischen 13 und 15 Jahren und fast ein weiteres Viertel (23,5 %) befindet sich mit 10 bis 12 Jahren gerade im Übergang von der Kindheit in die Jugendphase – erfreuen sich einer enorm komfortablen medialen Ausstattung: Fast jeder jugendliche ,passive Medienfreak' besitzt heute mehrere technische Geräte, z. B. Fernseher, DVD-Player, mp3-Player, Spielkonsole sowie einen Computer. Folglich verfügen insbesondere diese Jugendlichen gegenüber erwachsenen Personen in vielen Bereichen der neuen Informationsmedien über höhere Kompetenzen und weisen einen enormen Wissensvorsprung auf, den sie größtenteils in Eigenregie erwerben.

Selbstverständlich gehören die modernen Medienwelten heute bei den meisten Jugendlichen – und zunehmend auch Kindern – zum festen Bestandteil ihrer Lebenswirklichkeit und sind für viele in die alltäglichen Abläufe integriert. Allerdings wird nicht bei allen Heranwachsenden in gleicher Weise und ähnlichem Ausmaß der Mediennutzung bei der Freizeitgestaltung ein derartig großer Stellenwert zugesprochen, wie dies beim ‚passiven Medienfreak‘ der Fall ist. Entsprechend muss hier der Frage nachgegangen werden, in welcher Weise diese Kompetenzen genutzt werden und sich somit entwicklungs- und gesamtbildungskontextuell förderlich oder eher hemmend auswirken können.

Hinsichtlich der Zusammensetzung des Clusters ist über die bereits genannten Charakteristika hinaus festzustellen, dass die Gruppe der ‚passiven Medienfreaks‘ leicht männlich dominiert ist und sich überproportional häufig aus Jugendlichen mit Migrationshintergrund zusammensetzt. Zudem sind insbesondere Gesamtschülerinnen und Gesamtschüler sowie Realschülerinnen und Realschüler über- und speziell Gymnasiastinnen und Gymnasiasten in diesem Cluster unterrepräsentiert.

5.2.3   Die schulkontextuellen Freizeitnutzer

Das dritte Cluster spiegelt mit 141 Personen (27,1 %) die zweitgrößte Schülerinnen- und Schülerpopulation in den Bremer Brennpunktstadtteilen Walle und Gröpelingen wider. Im Unterschied zum zweiten Cluster ist hier eine leichte Dominanz der weiblichen Jugendlichen zu erkennen, die allerdings primär auf den hohen Anteil an Mädchen mit Migrationshintergrund in diesem Cluster zurückzuführen ist: Berücksichtigt man nämlich das Geschlechterverhältnis dieses Clusters nach nationaler Herkunft, so wird deutlich, dass zwei von drei Jugendlichen (66,7 %), die einen Migrationsstatus aufweisen, weiblich sind. Dagegen unterscheiden sich Mädchen *ohne* Migrationshintergrund in Bezug auf die Zugehörigkeit zu diesem Cluster kaum von ihren männlichen Altersgenossen und bilden damit das aufgezeigte Geschlechterverhältnis der Gesamtstudie ab. Entsprechend zählen weibliche Heranwachsende einer nicht-deutschen ethnischen Herkunft besonders häufig zu der Gruppe der ‚schulkontextuellen Freizeitnutzer‘, obgleich insgesamt gesehen Jugendliche mit Migrationshintergrund in diesem Cluster keineswegs überdurchschnittlich repräsentiert sind. Anders formuliert: Im Gegensatz zu Jugendlichen ohne Migrationshintergrund – unter ihnen sind keine geschlechtspezifischen Unterschiede zu erkennen – sind männliche Migrantenjugendliche in freizeitkontextueller Hinsicht nur sehr selten schulisch verortet, weibliche dagegen besonders häufig. Des Weiteren ist zu konstatieren, dass die Altersklasse der 10- bis 12-Jährigen signifikant oft in dieser Gruppe vertreten ist. Im Hinblick auf die schulische Ausbildung fällt der Anteil der Gesamtschülerinnen und Gesamtschüler mit 35,5 % überdurchschnittlich hoch aus.

Die Gruppe der ‚schulkontextuellen Freizeitnutzer‘ zeichnet sich im Vergleich zu allen anderen Clustern vordergründig durch eine sehr geringe selbst berichtete zeitliche Dispositionsmöglichkeit aus. Mehr als jeder zweite Jugendliche dieses Clusters (51,0 %) hat durchschnittlich weniger als vier Stunden täglich zu seiner freien Verfügung. Ein Viertel (25,4 %) derer gibt sogar an, nach der Schule und der Erledigung von Hausaufgaben weniger als eine Stunde oder gar keine Freizeit für sich zu haben. Ein Großteil ist in innerfamiliären Bereichen eingebunden und muss einer Reihe von Haushaltspflichten nachgehen. Dementsprechend sind die ‚eingeschränkten Freizeitgestalter' in fast allen Freizeitkategorien unterrepräsentiert. Besonders deutlich trifft dies zum einen auf die mediale und zum anderen auf die sportorientierte und vereinsorganisierte Freizeitgestaltung zu. Dies ist insofern besonders interessant, da die Jugendlichen dieser Subgruppe nachweislich einer Reihe an freizeitausgerichteten Angeboten im Nachmittagsbereich ihrer Ganztagsschule nachgehen – diese aber offenbar aufgrund des schulischen Kontextes nicht als ‚Freizeit' wahrgenommen werden.

So stellen Medienwelten signifikant selten die Freizeitwelten dieses Clusters dar. Die Anwendung von Computern und Spielkonsolen – sowohl zum Zeitvertreib als auch zum Arbeiten – wird bei ca. zwei Drittel der ‚schulkontextuellen Freizeitnutzer' als eine sehr seltene Freizeitbeschäftigung bezeichnet. Dies spiegelt sich auch im täglichen Konsum der neuen Medien wider: 58,3 % geben an, der medialen Freizeitgestaltung lediglich bis zu einer Stunde pro Tag nachzugehen – mehr als die Hälfte davon (30,7 %) sogar entweder gar nicht oder maximal eine halbe Stunde täglich. Auch die Ausstattung mit Computern, Spielkonsolen, DVD-Playern, iPods und anderen neuen technischen Medien ist im Vergleich zu allen anderen Clustern – nicht nur gegenüber dem ‚passiven Medienfreak' – bei diesen Jugendlichen um einiges geringer. Hier ist zu vermuten, dass insbesondere bei dem jungen ‚schulkontextuellen Freizeitnutzer' im Alter von 10 bis 12 Jahren der Medienkonsum in einem starken Maße von den Eltern reglementiert, bestimmt und eingeschränkt wird und auch die Musikorientierung im Sinne des präferierten Musikstils in einem vergleichsweise höherem Anteil an der Eltern ausgerichtet ist.

Weiterhin gehören insbesondere Radfahren, Sportaktivitäten, Vereinsmitgliedschaften, Besuche von Jugendverbänden sowie Treffen von Freunden, außerhalb der familiären Reichweite, auf der Straße, an öffentlichen Plätzen oder in Parkanlagen besonders selten zu den genannten Freizeitbeschäftigungen der ‚schulkontextuellen Freizeitnutzer'. Die Lebenswelten dieser zumeist jungen Heranwachsenden sind fast ausschließlich nach Familie und Schule ausgerichtet. Aufgrund der von ihnen mehrheitlich besuchten Ganztagsschulen unterscheiden sie sich gegenüber den anderen Schülerinnen und Schülern anderer Schulformen primär darin, dass ihr gesamter Tagesablauf in einem stärkeren Maße nach der Schule ausgerichtet ist und sich somit die Schulzeit über die Unterrichtszeit hinaus auch in den späteren Nachmittagsbereich erstreckt. Darüber hinaus ist sicherlich die bereits auch durch andere Studien (vgl. hierzu z. B. Boos-Nünning und Karakaşoğlu 2006) gut dokumentierte Einbindung insbesondere von jugendlichen Migrant*innen* in den familiären Kontext und ins Haushaltsgeschehen ausschlaggebend für das Freizeitverhalten dieses Clusters.

Freizeit findet primär entweder innerhalb der Schule in Form von nachmittäglichen Angeboten oder im familiären Kontext statt. Hier fungiert die Familie als zentraler informeller Bildungsort und informelle Bildungsinstitution. Peer-Beziehungen spielen zwar schon in diesem Alter eine besondere Rolle, haben aber noch nicht die Relevanz, wie dies in der späteren Adoleszenz der Fall ist. Entsprechend messen die ‚schulkontextuellen Freizeitnutzer' im Vergleich zu allen anderen Freizeittypen den Treffen mit Freunden eine – mit 75 % sich zugegeben auf hohem Niveau befindende, jedoch gegenüber anderen Clustern – signifikant geringere Bedeutung zu. Die Beziehungen zu Peers konzentrieren sich vornehmlich auf einige wenige Freundschaften, die jedoch nicht selten interkulturell ausgerichtet sind. Musik nimmt hier eine wichtige aber keine signifikant bedeutende Rolle ein.

5.2.4   Die bildungselitären Freizeitgestalter

Mit 35 Befragten (6,7 %) vereint dieses kleinste, elitäre Cluster die Jugendlichen, die – aus formaler Bildungsperspektive – besonders hoch qualifizierende Bildungsinstitutionen aufsuchen. Drei Viertel (74,3 %) befindet sich momentan in der gymnasialen Oberstufe und weitere 11,4 % der befragten Schülerinnen und Schüler besuchen derzeit die Sekundarstufe I eines Gymnasiums und streben das Abitur an.

Typisch und prägnant für die ‚bildungselitären Freizeitgestalter' ist eine weit überdurchschnittliche Rezeption von Printmedien. Bücher und Zeitschriften lesen stellen für die überwiegende Mehrheit von bis zu drei Viertel der Jugendlichen dieser Gruppe eine Tätigkeit dar, der sie in der Freizeit nach eigenen Angaben ‚oft' bis ‚sehr oft' nachgehen. Parallel zu diesen traditionell-klassischen Medien werden die neuen Medien, wie etwa der Computer, überwiegend zum Arbeiten, damit als Werkzeug und Mittel für die eigene Bildungsqualifikation, entsprechend selten als Unterhaltungsmedium genutzt. Texte verfassen, Recherchen im Internet vornehmen, stehen im Rahmen des medialen Interesses im Vordergrund.

Gleichzeitig gehen die ‚bildungselitären Freizeitgestalter' häufiger als ihre altersgleichen Peers neben bildungs- auch kulturbezogenen Aktivitäten nach: Wie in keinem anderen Cluster beobachtbar beherrscht Musik den Lebensalltag dieser Jugendlichen, und zwar sowohl in einer passiven als auch aktiven Form der Nutzung und des Konsums. Ein Großteil zeigt sich nicht nur musikinteressiert, sondern ist sogar darüber hinaus musikalisch veranlagt: 82,9 % – dies sind 63,4 % über dem Gesamtdurchschnitt – verfügen über die Kompetenz, selbst ein Musikinstrument zu spielen. Flankiert werden diese Freizeitorientierung und die damit einhergehenden Bildungsprozesse durch einen enormen Musikkonsum. Ausnahmslos alle Angehörigen dieses Clusters geben an, täglich viel Musik mit Hilfe des Radios, des CD- oder mp3-Players zu hören. Daneben geht fast jeder zweite Jugendliche dieses Clusters (45,7 %) regelmäßig in die Disko und exakt die gleiche Anzahl gibt diese auch als einen bevorzugten Ort an, an dem man sich mit Freunden bzw. der Clique trifft.

Überhaupt sind die Treffpunkte mit Gleichaltrigen sehr vielschichtig und begrenzen sich keineswegs auf einen Ort. Die Schule spielt hier eine genauso große Rolle, wie auch das eigene zu Hause oder aber auch öffentliche Orte, wie etwa Cafés oder Eisdielen. Auch Kirchengruppierungen nehmen in diesem Zusammenhang, zwar bei einer kleinen – aber sich von der entsprechenden Verteilungsgegebenheit in der Untersuchungsstichprobe signifikant unterscheidenden – Anzahl an Clusterangehörigen, eine nicht zu vernachlässigende Bedeutung ein. Obgleich Treffpunkt- und Freizeitmöglichkeiten, die durch einen vorstrukturierten und organisierten Rahmen gegeben sind, wie z. B. Vereine, Jugendverbände und Jugendzentren, von diesen Jugendlichen insgesamt eher gemieden werden. Entsprechend werden die Peer-Beziehungen den jeweiligen Lebens-, Freizeit- und somit auch Bildungswelten angepasst. Mitschülerinnen und Mitschüler, zu denen man Freundschaften in der Schule pflegt, müssen nicht zwangs-läufig auch die Freizeitpartner an außerschulischen Orten darstellen. Die Komplexität der Beziehungskonstellationen hat jedoch keine Auswirkungen auf die Dauer des Zusammenseins mit Freunden. So sind Differenzen im Bereich der sozialen Einbindung in freundschaftliche, partnerschaftliche, aber auch familiäre Kontexte im Hinblick auf die Clusterzugehörigkeit weitestgehend ohne statistische Relevanz.

Unter statistischen Gesichtspunkten von Belang ist allerdings die subjektiv selbst eingeschätzte frei zur Verfügung stehende Zeit – diese fällt überdurchschnitt-lich gering aus, was nicht zuletzt auch auf das Nachgehen von geregelten bis gele-gentlichen Arbeitsverhältnissen zurückzuführen ist. Fast zwei Drittel (62,9 %) der Clusterangehörigen arbeitet in der Freizeit, um Geld zu verdienen. Gleichzeitig berich-tet aber auch mehr als jede bzw. jeder zweite ‚bildungselitären Freizeitgestalter' (54,3 %) über Phasen der vollkommenen Entspannung, wo passiv „einfach nichts tun und zu Hause abhängen" regelmäßig „angesagt" ist.

Obwohl eine größere Distanz gegenüber passiven und spaßorientierten Freizeitbereichen nicht zu beobachten ist, scheint unter den Jugendlichen dieses Clusters eine bewusste und gezielte Auswahl von Freizeit- und Bildungsorten sowie -prozessen stattzufinden. Dieser Ausgleich in Verbindung mit einer hohen – nahezu elitären – Bildungsorientierung erscheint sogar für die Angehörigen dieses Clusters als übergrei-fender Leitgedanke, als Lebensphilosophie, welche auch das Freizeitverhalten dieser Adoleszenten determiniert.

Betrachtet man abschließend die soziodemografische Struktur dieses Clusters, so lässt sich konstatieren, dass die ‚bildungselitären Freizeitgestalter' sich überwie-gend aus älteren weiblichen Jugendlichen mit formal höherem Bildungsniveau rek-rutieren. Mehr als Drei von Vier (77,1 %) befinden sich im Alter zwischen 16 und 18 Jahren und über zwei Drittel (71,4 %) sind weiblich. Sie stammen – verglichen mit dem Durchschnitt der Untersuchungsstichprobe – überproportional häufig aus Familien ohne Migrationshintergrund. Nur jeder fünfte Jugendliche dieser Gruppe (22,9 %) weist eine nicht-deutsche kulturelle Herkunft auf.

Die Organisierten

Die Organisierten bilden mit 63 Personen das zweitkleinste Cluster (12,7 %) der Gesamtuntersuchung. Diese Jugendlichen verdanken ihren Namen ihren auffallend überdurchschnittlichen Aktivitäten im Bereich der von Jugendclubs, Jugendverbänden und Vereinen aber auch Musikbands stark organisierten und strukturierten Freizeitwelt. Diese Aktivitäten gehen mit einer offenbar grenzenlosen Sportbegeisterung ein-her. Ausnahmslos alle Angehörigen dieses Clusters sind sportlich extrem aktiv und gehen in ihrer Freizeit ‚oft' bis ‚sehr oft' mindestens einer – nicht selten auch zwei oder drei – Sportarten nach. Ball- und Mannschaftssportarten wie Fußball, Handball und Basketball stehen dabei ganz oben auf der Beliebtheitsliste. Aber auch ungeplante sportzentrierte Freizeitformen, wie das Skateboarding, das Inline-skating sowie insbesondere das Krafttraining in Fitnesshallen werden von diesen Jugendlichen favorisiert – wenngleich in dieser Hinsicht eher eine verstärkte Anbindung und Orientierung an Vereinen und anderen Kinder- und Jugendgruppen statistisch erkennbar ist und die ‚Organisierten‘ damit an non-formellen Freizeit- und Bildungsorten deutlich aktiver sind, als an so genannten informellen. Fast drei von vier (72,8 %) der diesem Cluster angehörigen Heranwachsenden sind Vereinsmitglieder. Aktivitäten im Jugendverband (62,3 %) sowie das regelmäßige Aufsuchen von Jugendzentren (45,9 %) komplementieren den Wunsch nach organisierter Freizeit und machen damit die Bedeutung der non-formellen Bildungswelten für diese Adoleszenten deutlich.

Dies wird – neben der Sportbegeisterung – auch am besonderen Interesse in puncto politischer Bildung sichtbar. Während zahlreiche Publikationen und Untersuchungen (vgl. hierzu z. B. Deutsche Shell 2000, 2002, 2006, 2010; Gille et al. 2006; Harring et al. 2008) für die Mehrzahl der heutigen Jugendlichen ein zunehmendes Desinteresse an Politik und eine wachsende Skepsis gegenüber einer Vielzahl an politischen Institutionen und Organisationen aufzeigen, scheint bei den Angehörigen dieses Clusters in dieser Hinsicht das Gegenteil der Fall zu sein: 35,7 % fordern mehr Mitsprache für Kinder und Jugendliche auf kommunaler Ebene und 37,5 % äußern den Wunsch, politische Mitsprachegremien, wie Kinderbüros und Kinder- und Jugendparlamente im Kontext des schulischen Alltags zu implementieren. Als wichtigste Themen der Befürworter politischer Bildung werden Konsum- und Markenzwang (60,0 %), unterschiedliche Religionen (61,9 %), Naturschutz (50,0 %), Drogen- und Alkoholkonsum (52,4 %), Gesundheit (76,2 %) und Begegnung unterschiedlicher Kulturen (60,0 %) genannt.

Auch was die musikalische Ausgestaltung und Musikorientierung dieser Jugendlichen angeht, ist im Vergleich zu allen anderen Clustern ein anderer Trend zu beobachten: Musik wird unter den Jugendlichen dieses Clusters weniger konsumiert, dafür mehr ‚gelebt‘. Ein nicht zu vernachlässigender Anteil ist Mitglied einer Musikband, in der regelmäßig die zweifelsfrei vorhandene musikalisch-instrumentelle Kompetenz ausgelebt und verfeinert wird. So ist fast jeder Zweite in dieser Subgruppe in der Lage zumindest ein Musikinstrument zu spielen.

So verwundert es auch nicht, dass auf die Frage nach den häufigsten Treffpunkten mit Freunden in erster Linie Vereine, die eigene Band aber auch andere organisierte Orte, wie religiöse Einrichtungen und Jugendgruppen wiederholt genannt werden. Schule dagegen nimmt – anders als bei der Mehrzahl der Jugendlichen, wo sie nicht nur als ein klassischer Bildungsort, sondern darüber hinaus auch als Begegnungsstätte, als Raum für die Konstitution und spätere Konsolidierung von Cliquen- und Freundschaftsbeziehungen fungiert – bei den ‚Organisierten‘ eine diesbezüglich untergeordnete Bedeutung ein. Dies lässt darauf schließen, dass Beziehungen zu Gleichaltrigen unter den Clusterangehörigen im Vergleich zum Durchschnitt der Untersuchungsstichprobe primär außerhalb der Schule aufgenommen und gepflegt werden. Die Kontakte zu Peers beschränken sich dabei keinesfalls nur auf Freundschaften und Interaktionen in Cliquen, sondern finden darüber hinaus eine hohe Resonanz in festen Partnerschaftsbeziehungen. Diese sind auch bei etwa zwei Drittel (60,7 %) der ‚Organisierten' als Ansprechpartner bei Belastungen und Problemen von enormer Bedeutung.

Ein besonderes Vertrauensverhältnis besteht jedoch nicht nur zu Gleichaltrigen. Auch Eltern wird eine enorme Problemlösungskompetenz attestiert. 91,2 % bezeichnen die Mutter und 71,0 % den Vater – in beiden Fällen eine überdurchschnittlich hohe Anzahl – als Ratgeber in schwierigen Situationen. Gemeinsame Unternehmungen mit der Familie sind trotz allem selten. Familie und Freizeit werden von diesen Heranwachsenden – stärker als in allen anderen Clustern – gezielt, aber auch sehr unterschiedlich genutzt und gehen nur selten miteinander einher: Die *Familie* bietet ein Moratorium und damit Rückzugsmöglichkeiten, um außergewöhnliche Situationen mit Hilfe von Eltern lösen zu können, während *Freizeit* den ‚Organisierten' einen anderen festen Rahmen insbesondere für die Erprobung von eigenen Interessen und Vorlieben bereitstellt und folglich unterschiedliche informelle Bildungsprozesse vor allem an nonformellen Bildungsorten auslöst.

Bei der abschließenden Betrachtung der soziodemografischen Dimension stellt man fest, dass zwei Determinanten dieses Cluster signifikant bestimmen. So ist zum einen eine überdeutliche Dominanz der Jungen zu konstatieren. Mehr als drei Viertel (76,2 %) der ‚Organisierten' sind männlich. Zum anderen unterscheidet sich die entsprechende prozentuale Verteilungsgegebenheit der Jugendlichen mit und ohne Migrationshintergrund im Vergleich zu der Untersuchungsstichprobe signifikant. Die absolute Mehrheit von 54,0 % weist einen Migrationsstatus auf. Differenzen im Bereich der Altersklassen sind im Hinblick auf die Clusterzugehörigkeit ohne statistische Relevanz. Wohingegen im Bezug auf den Bildungsgrad und die derzeit besuchte Schulform der Jugendlichen, verglichen mit allen anderen Clustern, ein leicht überdurchschnittlicher Mehranteil an Hauptschülerinnen und Hauptschülern (20,6 %) erkennbar ist.

6   Diskussion und Ausblick – Förderung im Lebensraum Schule

Stellt man die vorliegenden Ergebnisse in einen Gesamtzusammenhang, um auf dessen Grundlage mögliche pädagogische Schritte und Interventionen im Hinblick auf konkrete Fördermöglichkeiten informeller Bildungsprozesse abzuleiten, so bedarf es zunächst einmal der Beantwortung der Frage nach dem Ort, der konkreten strukturellen Umsetzung von Maßnahmen und der Erreichbarkeit von benachteiligten Heranwachsenden. Hintergrund dessen ist, dass die bereits für den formalen Bildungsbereich festzustellenden Ungleichheiten, ebenso für informelle Bildungsprozesse zutreffen, somit bestimmte Jugendliche ungleiche Zugangschancen auf verschiedenen Ebenen, in scheinbar voneinander getrennten Lebensbereichen erfahren und sich folglich ihre Benachteiligungslagen kumulieren.

Der Schule als einem Bindeglied zwischen formalen, informellen und non-formellen Bildungsorten und -prozessen kommt hier – nicht zuletzt vor dem Hintergrund des flächendeckenden Ausbaus von (offenen) Ganztagsschulen und ausgehend von ihrem hohen sozialräumlichen Wirkungscharakter – eine zunehmend zentrale Bedeutung zu. Schule bietet in einem verstärkten Maße auch im Nachmittagsbereich im Rahmen von Freizeit und ihrer Gestaltung wichtige Anregungspunkte und hat damit nicht nur die im Zuge von PISA und anderen Schulleistungsuntersuchungen geforderte Wirkung in kognitiver Hinsicht, sondern darüber hinaus auch in Bezug auf die überfachliche Bildungsarbeit. Um aber mit den an der Schule verankerten Freizeitangeboten die zu fördernden Schülerinnen und Schüler überhaupt zu erreichen, bedarf es einer Angebotsstruktur, die an den Bedürfnissen und Interessen der jeweiligen Zielgruppe ansetzt. Dies scheint – zumindest an bestimmten Schulen – bislang nur bedingt gelungen zu sein. So weisen Forschungsbefunde (vgl. z. B. Harring 2011, S. 333f.) darauf hin, dass die bisherigen von den jeweiligen Schulen im Nachmittagsbereich angebotenen Freizeitmöglichkeiten unter der befragten Schülerschaft nicht nur weitgehend unbekannt sind, sondern darüber hinaus – ähnlich dem curricularen in der Schule in aller Regel angebotenen Musikunterricht – die Bedürfnisse der meisten Jugendlichen kaum tangieren, somit an ihren Interessenslagen vorbeigehen.

Will man bestimmte Jugendliche wie z. B. den ‚passiven Medienfreak‘ mit Maßnahmen und Angeboten erreichen, so wird dies in einem ersten Zugang sicherlich nicht über das Aufzeigen von Alternativen und noch weniger über den ‚moralischen Zeigefinger‘ möglich sein, sondern vielmehr indem man sie sowie ihre Interessen ernst nimmt. Das heißt, um Bildungsprozesse zu initiieren und Lernfortschritte erwirken zu können, müssen Jugendliche zunächst einmal bei ihren eigenen Interessen abgeholt werden. Dies ist notwendig, da der Lernprozess in erster Linie ausgehend von eigens präferierten Handlungsräumen und Aktivitäten aktiv bestimmt wird (vgl. ebd.).

Die Ergebnisse der vorgestellten Typologie jugendlicher Freizeitwelten und ihrer heterogenen Zugänge zu unterschiedlichen informellen Bildungsprozessen lassen damit in letzter Konsequenz nur eine Lesensart zu: Die Lebenssituation heutiger Jugendlicher ist durch eine enorme Heterogenität geprägt. Folglich lässt sich nicht pauschalisierend von der Jugendlichen bzw. dem Jugendlichen sprechen. Vielmehr ist die Adoleszenz durch unterschiedliche Lebensverläufe und Lebenslagen sowie die Pluralisierung von Lebensstilen charakterisiert, damit stark individualisiert. Bezogen auf die festgestellten Unterschiede im Nutzungsverhalten von Musik in den einzelnen Clustern bedeutet dies in erster Linie, dass damit auch eine Vielzahl unterschiedlicher informeller Lernprozesse initiiert werden. Anders bzw. zugespitzt formuliert: die Zugänge zu bestimmten Lernvorgängen bleiben auch an dieser Stelle ausschließlich einem ausgewählten und privilegierten Jugendtyp vorbehalten. Ist es das Ziel, diese Prozesse aufzubrechen und z. B. bestimmten Jugendlichen Zugang zu Musikinstrumenten zu realisieren, so bedarf es zunächst einmal einer grundlegenden Interessensbekundung an Musikinstrumenten seitens des Jugendlichen.

Für die konkrete Förderung – nicht nur in musikalischer Hinsicht – heißt dies, dass man Maßnahmen weniger aus der Erwachsenenperspektive, dafür mehr aus der Blickrichtung des einzelnen Jugendlichen konzipiert. Entscheidend ist dabei, Jugendliche an sämtlichen Entscheidungsprozessen nicht nur passiv partizipieren zu lassen, sondern aktiv in die Gestaltung von Angeboten einzubeziehen, damit auch Teile der Verantwortung an sie zu übertragen. Dies klingt zwar sehr aufwendig – das ist es auch, scheint aber der einzig mögliche Weg zu sein, um Jugendliche nicht nur mit bestimmten Angeboten zu erreichen, sondern sie auch längerfristig an diese zu binden, um so sie bzw. ihre Kompetenzen adäquat zu fördern.

Insgesamt bedeutet dies: Stellt sich Schule auf die Bedürfnisse von Schülerinnen und Schüler sowie auf die von ihnen formulierten Bedingungen ein, so kann sie einen wertvollen Beitrag zu einer ganzheitlichen, lebensweltorientierten und nachhaltigen Bildung in der nachwachsenden Jugendgeneration leisten. Schule alleine ist jedoch mit dieser Aufgabe und den an sie gerichteten Ansprüchen überfordert. Es bedarf – um hiermit die Frage nach der strukturellen Umsetzung jener Maßnahmen zu beantworten – der Kooperation mit und der Unterstützung von Seiten außerschulischer, mit Jugendlichen tagtäglich professionell arbeitender z. B. Musik- und Medienpädagoginnen resp. -pädagogen.

Ein langfristiges Ziel muss jedoch darin bestehen, nicht auf zeitlich begrenzte Kooperationen zu setzten, sondern vor allem schulische und außerschulische Bildungsorte und -prozesse dauerhaft miteinander in Einklang zu bringen, aufeinander auszurichten sowie die – im Zuge der PISA-Ergebnisse neu aufgezeigte, aber bereits lange vor der PISA-Studie bestehende – klare Trennung von formalen, informellen und non-formalen Bildungsorten zu Gunsten neuer Bildungslandschaften (vgl. Bollweg und Otto 2011; Bleckmann und Durdel 2009; Maykus 2007; Eisnach 2011; Coelen 2008) zu überbrücken, um damit schlussendlich von *der einen Bildung*, die nicht mehr länger nach Zuständigkeiten differenziert, zu sprechen. Denn ebenso wie das derzeitige Schulsystem für die Verschärfung von sozialen Disparitäten bei bestimmten Kindern und Jugendlichen verantwortlich gemacht werden kann, verfügt es gleichzeitig auch über das Potenzial, diese Ungleichheiten zu kompensieren, wenn Bildung in der Schule eine Neujustierung erfährt sowie umfassend und vom Kind oder vom Jugendlichen ausgehend gedacht und entwickelt wird. Die Berücksichtigung von informellen Bildungsprozessen im schulischen Kontext kann dabei zu einem höheren Kompetenzerwerb von sozialen Faktoren, damit einer größeren Partizipation an gesellschaftlichen Prozessen sowie zur Verringerung des Risikos von negativen Bildungskarrieren – im ganzheitlichen Sinne – beitragen.

Literatur

Adler, M., Hepp, A., Lorig, P., & Vogelgesang, W. (2006). „Do-It-Yourself": Aneignungspraktiken in der Hardcore-Szene. In C. J. Tully (Hrsg.), *Lernen in flexibilisierten Welten. Wie sich das Lernen der Jugend verändert* (S. 219–235). Weinheim/München: Juventa.

Alisch, L.-M., & Wagner, J. W. L. (Hrsg.). (2006). *Freundschaften unter Kindern und Jugendlichen. Interdisziplinäre Perspektiven und Befunde.* Weinheim/München: Juventa.

Altmann, U. (2010). Beziehungsregulation in Kinderfreundschaften – eine Prozessstudie zu Geschlechterunterschieden. In M. Harring, O. Böhm-Kasper, C. Rohlfs, & C. Palentien (Hrsg.), *Freundschaften, Cliquen und Jugendkulturen. Peers als Bildungs- und Sozialisationsinstanzen* (S. 105–122). Wiesbaden: VS Verlag für Sozialwissenschaften.

Backhaus, K., Erichson, B., Plinke, W., & Weiber, R. (2008). *Multivariate Analysemethoden: Eine anwendungsorientierte Einführung.* Berlin: Springer.

Bleckmann, P., & Durdel, A. (2009). *Lokale Bildungslandschaften. Perspektiven für Ganztagsschulen und Kommunen.* Wiesbaden: VS Verlag für Sozialwissenschaften.

Böhm-Kasper, O. (2006). Schulische und politische Partizipation von Jugendlichen: Welchen Einfluss haben Schule, Familie und Gleichaltrige auf die politische Teilhabe Heranwachsender? *Diskurs Kindheits- und Jugendforschung, 1*(3), 353–368.

Böhm-Kasper, O. (2010). Peers und politische Einstellungen von Jugendlichen. In M. Harring, O. Böhm-Kasper, C. Rohlfs, & C. Palentien (Hrsg.), *Freundschaften, Cliquen und Jugendkulturen. Peers als Bildungs- und Sozialisationsinstanzen* (S. 261–281). Wiesbaden: VS Verlag für Sozialwissenschaften.

Bollweg, P. (2008). *Lernen zwischen Formalität und Informalität. Zur Deformalisierung von Bildung.* Wiesbaden: VS Verlag für Sozialwissenschaften.

Bollweg, P., & Otto, H.-U. (Hrsg.). (2011). *Räume flexibler Bildung. Bildungslandschaft in der Diskussion.* Wiesbaden: Verlag für Sozialwissenschaften.

Boos-Nünning, U., & Karakaşoğlu, Y. (2006). *Viele Welten leben. Zur Lebenssituation von Mädchen und jungen Frauen mit Migrationshintergrund.* Münster: Waxmann.

Bourdieu, P. (1983). Ökonomisches Kapital, kulturelles Kapital, soziales Kapital. In R. Kreckel (Hrsg.), *Soziale Ungleichheiten* (S. 183–198). Göttingen: Schwartz.

Breidenstein, G. (2008). Peer-Interaktion und Peer-Kultur. In W. Helsper & J. Böhme (Hrsg.), *Handbuch der Schulforschung* (S. 945–964). Wiesbaden: VS Verlag für Sozialwissenschaften.

Brodowski, M., Devers-Kanoglu, U., Overwien, B., Rohs, M., Salinger, S., & Walser, M. (Hrsg.). (2009). *Informelles Lernen und Bildung für eine nachhaltige Entwicklung. Beiträge aus Theorie und Praxis.* Opladen und Farmington Hills: Verlag Barbara Budrich.

Bundesministerium für Familie, Senioren, Frauen und Jugend [BMFSFJ]. (Hrsg.). (2002). *Elfter Kinder- und Jugendbericht. Bericht über die Lebenssituation junger Menschen und die Leistungen der Kinder und Jugendhilfe in Deutschland.* Berlin: Bildung, Betreuung und Erziehung vor und neben der Schule.

Bundesministerium für Familie, Senioren, Frauen und Jugend [BMFSFJ]. (Hrsg.). (2005). *Zwölfter Kinder- und Jugendbericht. Bericht über die Lebenssituation junger Menschen und die Leistungen der Kinder- und Jugendhilfe in Deutschland.* Berlin: Bildung, Betreuung und Erziehung vor und neben der Schule.

Coelen, T. (2008). Kommunale Jugendbildung. In T. Coelen & H.-U. Otto (Hrsg.), *Grundbegriffe Ganztagsbildung. Das Handbuch* (S. 733–740). Wiesbaden: Verlag für Sozialwissenschaften.

Deutsche Shell (Hrsg.). (2000). *Jugend 2000. 13. Shell Jugendstudie.* Opladen: Leske & Budrich.

Deutsche Shell (Hrsg.). (2002). *Jugend 2002. 14. Shell Jugendstudie.* Frankfurt/Main: Fischer.

Deutsche Shell (Hrsg.). (2006). *Jugend 2006. 15. Shell Jugendstudie.* Frankfurt/Main: Fischer.

Deutsche Shell (Hrsg.). (2010). *Jugend 2010. 16. Shell Jugendstudie.* Frankfurt/Main: Fischer.

Deutsches Jugendinstitut (DJI). (2000). *Informelles Lernen in der Freizeit. Erste Ergebnisse des Projektes „Lebenswelten als Lernwelten".* Projektheft 2. München.

Dohmen, G. (1999). Informelles Lernen. *Berufsbildung, 53*(57), 25.

Dohmen, G. (2001). *Das informelle Lernen. Die internationale Erschließung einer bisher vernachlässigten Grundform menschlichen Lernens für das lebenslange Lernen aller.* Hg. vom Bundesministerium für Bildung und Forschung. Bonn.

Du Bois-Reymond, M. (2000). Jugendkulturelles Kapital in Wissensgesellschaften. In H.-H. Krüger & H. Wenzel (Hrsg.), *Schule zwischen Effektivität und sozialer Verantwortung* (S. 235–254). Opladen: Leske & Budrich.

Düx, W. (2007). „Aber so richtig für das Leben lernt man eher bei der freiwilligen Arbeit". Zum Kompetenzgewinn Jugendlicher im freiwilligen Engagement. In T. Rauschenbach, W. Düx, & E. Sass (Hrsg.), *Informelles Lernen im Jugendalter. Vernachlässigte Dimensionen der Bildungsdebatte* (S. 205–240). Weinheim/München: Juventa.

Düx, W., Prein, G., Sass, E., & Tully, C. J. (2008). *Kompetenzerwerb im freiwilligen Engagement. Eine empirische Studie zum informellen Lernen im Jugendalter. Schriften des Deutschen Jugendinstituts.* Wiesbaden: VS Verlag für Sozialwissenschaften.

Düx, W., & Sass, E. (2005). Lernen in informellen Kontexten. Lernpotenziale in Settings des freiwilligen Engagements. *Zeitschrift für Erziehungswissenschaft, 8*(3), 394–411.

Düx, W., & Sass, E. (2006). Lernen in informellen Settings. Ein Forschungsprojekt der Universität Dortmund und des DJI. In C. J. Tully (Hrsg.), *Lernen in flexibilisierten Welten. Wie sich das Lernen der Jugend verändert* (S. 201–217). Weinheim/München: Juventa.

Ecarius, J., Eulenbach, M., Fuchs, T., & Walgenbach, K. (2011). *Jugend und Sozialisation.* Wiesbaden: Verlag für Sozialwissenschaften.

Eisnach, K. (2011). *Ganztagsschulentwicklung in einer kommunalen Bildungslandschaft. Möglichkeiten und Grenzen von Unterstützungsstrukturen.* Wiesbaden: Verlag für Sozialwissenschaften.

Engel, U., & Hurrelmann, K. (1993). *Was Jugendliche wagen: eine Längsschnittstudie über Drogenkonsum, Stressreaktionen, und Delinquenz im Jugendalter.* München: Juventa.

Fend, H. (1998). *Eltern und Freunde. Soziale Entwicklung im Jugendalter.* Bern: Hans Huber.

Ferchhoff, W. (2011). *Jugend und Jugendkulturen im 21. Jahrhundert. Lebensformen und Lebensstile.* Wiesbaden: Verlag für Sozialwissenschaften.

Fischer, T. (2003). *Informelle Pädagogik. Systematische Einführung in die Theorie und Praxis informeller Lernprozesse.* Hamburg: Dr. Kovač.

Furtner-Kallmünzer, M., Hössl, A., Janke, D., Kellermann, D., & Lipski, J. (Hrsg.). (2002). *In der Freizeit für das Leben lernen. Eine Studie zu den Interessen von Schulkindern.* Opladen: Leske & Budrich.

Gille, M., Sardei-Biermann, S., Gaiser, W., & de Rijke, J. (2006). *Jugendliche und junge Erwachsene in Deutschland. Lebensverhältnisse, Werte und gesellschaftliche Beteiligung 12- bis 29-Jähriger.* Wiesbaden: Verlag für Sozialwissenschaften.

Grundmann, M., Groh-Samberg, O., Bittlingmayer, U. H., & Bauer, U. (2003). Milieuspezifische Bildungsstrategien in Familie und Gleichaltrigengruppe. *Zeitschrift für Erziehungswissenschaft, 6*(1), 25–45.

Grunert, C. (2011). Außerschulische Bildung. In H. Reinders, H. Ditton, C. Gräsel, & B. Gniewosz (Hrsg.), *Empirische Bildungsforschung. Gegenstandsbereiche* (S. 137–148). Wiesbaden: VS Verlag für Sozialwissenschaften.

Hadjar, A., & Becker, R. (2009). Erwartete und unerwartete Folgen der Bildungsexpansion in Deutschland. In R. Becker (Hrsg.), *Lehrbuch der Bildungssoziologie* (S. 195–213). Wiesbaden: VS Verlag für Sozialwissenschaften.

Hansen, S. (2008). *Lernen durch freiwilliges Engagement. Eine empirische Studie zu Lernprozessen in Vereinen.* Wiesbaden: VS Verlag für Sozialwissenschaften.

Harnitz, M. (2002). Musikalische Identität Jugendlicher und Konflikte im Musikunterricht. Eine empirische Studie in der Sekundarstufe I. In R. Müller, P. Glogner, S. Rhein, & J. Heim (Hrsg.), *Wozu Jugendliche Musik und Medien gebrauchen. Jugendliche Identitäten und musikalische und mediale Geschmacksbildung* (S. 181–194). Weinheim/München: Juventa.

Harring, M. (2007). Informelle Bildung – Bildungsprozesse im Kontext von Peerbeziehungen im Jugendalter. In M. Harring, C. Rohlfs, & C. Palentien (Hrsg.), *Perspektiven der Bildung. Kinder und Jugendliche in formellen, nicht-formellen und informellen Bildungsprozessen* (S. 237–258). Wiesbaden: Verlag für Sozialwissenschaften.

Harring, M. (2011). *Das Potenzial der Freizeit. Soziales, kulturelles und ökonomisches Kapital im Kontext heterogener Freizeitwelten Jugendlicher.* Wiesbaden: VS Verlag für Sozialwissenschaften.

Harring, M., Böhm-Kasper, O., Rohlfs, C., & Palentien, C. (Hrsg.). (2010). *Freundschaften, Cliquen und Jugendkulturen. Peers als Bildungs- und Sozialisationsinstanzen.* Wiesbaden: VS Verlag für Sozialwissenschaften.

Harring, M., Palentien, C., & Rohlfs, C. (2008). Politische Orientierung und soziales Engagement Jugendlicher im Kontext veränderter Lebensbedingungen. In Stiftung für die Rechte zukünftiger Generationen (Hrsg.), *Wahlrecht ohne Altersgrenze? Verfassungsrechtliche, demokratietheoretische und entwicklungspsychologische Aspekte* (S. 169–185). München: oekom.

Harring, M., Rohlfs, C., & Palentien, C. (Hrsg.). (2007). *Perspektiven der Bildung. Kinder und Jugendliche in formellen, nicht-formellen und informellen Bildungsprozessen.* Wiesbaden: VS Verlag für Sozialwissenschaften.

Helsper, W., Krüger, H.-H., Fritzsche, S., Sandring, S., Wiezorek, C., Böhm-Kasper, O., & Pfaff, N. (Hrsg.). (2006). *Unpolitische Jugend? Eine Studie zum Verhältnis von Schule, Anerkennung und Politik.* Wiesbaden: VS Verlag für Sozialwissenschaften.

Hitzler, R., & Niederbacher, A. (2010). Forschungsfeld „Szenen"– Zum Gegenstand der DoSE. In M. Harring, O. Böhm-Kasper, C. Rohlfs, & C. Palentien (Hrsg.), *Freundschaften, Cliquen und Jugendkulturen. Peer Groups als Bildungs- und Sozialisationsinstanzen* (S. 91–103). Wiesbaden: VS Verlag für Sozialisationsinstanzen.

Hitzler, R., & Pfadenhauer, M. (2006). Bildung in der Gemeinschaft. Zur Erfassung der Kompetenzaneignung in Jugendszenen. In C. J. Tully (Hrsg.), *Lernen in flexibilisierten Welten. Wie sich das Lernen der Jugend verändert* (S. 237–254). Weinheim/München: Juventa.

Hoffmann, D. (2009). „My music pulls me through" – Musik als identitäts- und sinnstiftende Größe. In H. Theunert (Hrsg.), *Jugend – Medien – Identität. Identitätsarbeit Jugendlicher mit und in Medien* (S. 159–173). München: kopaed.

Hoffmann, D. (2008). „Lost in Music" oder „Musik für eine andere Wirklichkeit"? Zur Sozialisation Jugendlicher mit Musik und Medien. In S. Weinacht & H. Scherer (Hrsg.), *Wissenschaftliche Perspektiven auf Musik und Meiden* (S. 155–175). Wiesbaden: VS Verlag für Sozialwissenschaften.

Hübner, A. (2010). *Freiwilliges Engagement als Lern- und Entwicklungsraum. Eine qualitative empirische Studie im Feld der Stadtranderholungsmaßnahmen.* Wiesbaden: VS Verlag für Sozialwissenschaften.

Hungerland, B., & Overwien, B. (Hrsg.). (2004). *Kompetenzentwicklung im Wandel. Auf dem Weg zu einer informellen Lernkultur.* Wiesbaden: VS Verlag für Sozialwissenschaften.

Hurrelmann, K., & Quenzel, G. (2012). *Lebensphase Jugend. Eine Einführung in die sozialwissenschaftliche Jugendforschung.* Weinheim/München: Juventa.

Institut für praxisorientierte Sozialforschung (ipos). (Hrsg.). (2003). *Jugendliche und junge Erwachsene in Deutschland. Ergebnisse einer repräsentativen Bevölkerungsumfrage.* November/ Dezember 2002. Mannheim.

Jackson, P. W. (1975). Einübung in einer bürokratischen Gesellschaft. Zur Funktion der sozialen Verkehrsformen im Klassenzimmer. In J. Zinnecker (Hrsg.), *Der heimliche Lehrplan* (S. 19–34). Weinheim/Basel: Beltz.

Krappmann, L. (2010). Prozesse kindlicher Persönlichkeitsentwicklung im Kontext von Gleichaltrigenbeziehungen. In M. Harring, O. Böhm-Kasper, C. Rohlfs, & C. Palentien (Hrsg.), *Freundschaften, Cliquen und Jugendkulturen. Peers als Bildungs- und Sozialisationsinstanzen* (S. 187–222). Wiesbaden: VS Verlag für Sozialwissenschaften.

Krüger, H.-H., & Deppe, U. (2008). Zwischen Distinktion und Risiko – Der Stellenwert von Peers für die Bildungsbiographien von Kindern. *Diskurs Kindheits- und Jugendforschung, 3*(2), 181–196.

Krüger, H.-H., & Deppe, U. (2010a). Peers und Schule – positiver oder negativer Einfluss von Freunden auf schulische Bildungsbiografien? In M. Harring, O. Böhm-Kasper, C. Rohlfs, & C. Palentien (Hrsg.), *Freundschaften, Cliquen und Jugendkulturen. Peers als Bildungs- und Sozialisationsinstanzen* (S. 223–241). Wiesbaden: VS Verlag für Sozialwissenschaften.

Krüger, H.-H., & Deppe, U. (2010b). Mikroprozesse sozialer Ungleichheit an der Schnittstelle von schulischen Bildungsbiografien und Peerorientierungen. In H.-H. Krüger, U. Rabe-Kleberg, R.-T. Kramer, & J. Budde (Hrsg.), *Bildungsungleichheit revisited. Bildung und soziale Ungleichheit vom Kindergarten bis zur Hochschule* (S. 185–201). Wiesbaden: VS Verlag für Sozialwissenschaften.

Krüger, H.-H., Köhler, S.-M., & Zschach, M. (2007). Peergroups von Kindern und schulische Bildungsbiographien. Forschungskonzepte und erste Resultate. *Diskurs Kindheits- und Jugendforschung, 2*(2), 201–218.

Krüger, H.-H., Köhler, S.-M., Zschach, M., & Pfaff, N. (2008). *Kinder und ihre Peers. Freundschaftsbeziehungen und schulische Bildungsbiographien*. Opladen und Farmington Hills: Verlag Barbara Budrich.

Maykus, S. (2007). Lokale Bildungslandschaften – Entwicklungs- und Umsetzungsfragen eines (noch) offenen Projektes. *Zeitschrift für Kindschaftsrecht und Jugendhilfe*, (7–8), 295–303.

Medienpädagogischer Forschungsverbund Südwest. (2011). *JIM 2011. Jugend, Information, (Multi-) Media. Basisstudie zum Medienumgang 12- bis 19-Jähriger in Deutschland*. Stuttgart.

Müller, R. (2004). Zur Bedeutung von Musik für Jugendliche. *Medien + Erziehung, 48*(2/5), 9–15.

Müller, R., Calmbach, M., Rhein, S., & Glogner, P. (2007). Identitätskonstruktion mit Musik und Medien im Lichte neuerer Identitäts- und Jugendkulturdiskurse. In L. Mikos, D. Hoffmann, & R. Winter (Hrsg.), *Mediennutzung, Identität und Identifikationen. Die Sozialisationsrelevanz der Medien im Selbstfindungsprozess von Jugendlichen* (S. 135–147). Weinheim/München: Juventa.

Müller, R., Glogner, P., Rhein, S., & Heim, J. (2002). Zum sozialen Gebrauch von Musik und Medien durch Jugendliche. Überlegungen im Lichte kultursoziologischer Theorien. In R. Müller, P. Glogner, S. Rhein, & J. Heim (Hrsg.), *Wozu Jugendliche Musik und Medien gebrauchen. Jugendliche Identitäten und musikalische und mediale Geschmacksbildung* (S. 9–26). Weinheim/München: Juventa.

Münch, T. (2002). Musik, Medien und Entwicklung im Jugendalter. In R. Müller, P. Glogner, S. Rhein, & J. Heim (Hrsg.), *Wozu Jugendliche Musik und Medien gebrauchen. Jugendliche Identitäten und musikalische und mediale Geschmacksbildung* (S. 70–83). Weinheim/München: Juventa.

Neuber, N., Breuer, M., Derecik, A., Golenia, M., & Wienkamp, F. (2010). *Kompetenzerwerb im Sportverein. Empirische Studie zum informellen Lernen im Jugendalter*. Wiesbaden: VS Verlag für Sozialwissenschaften.

Opaschowski, H. W. (2006). *Einführung in die Freizeitwissenschaft*. Wiesbaden: VS Verlag für Sozialwissenschaften.

Otto, H.-U., & Rauschenbach, T. (Hrsg.). (2004). *Die andere Seite der Bildung. Zum Verhältnis von formellen und informellen Bildungsprozessen*. Wiesbaden: Verlag für Sozialwissenschaften.

Pfaff, N. (2006). *Jugendkultur und Politisierung. Eine multimethodische Studie zur Entwicklung politischer Orientierung im Jugendalter*. Wiesbaden: VS Verlag für Sozialwissenschaften.

Pfaff, N. (2008a). Jugendkulturen als Kontexte informellen Lernens – Nur ein Risiko für die Schulkarriere? *Zeitschrift für Pädagogik, 54*(1), 34–48.

Pfaff, N. (2008b). Zum Verhältnis von Schule und Jugendkultur: Entfaltungskontext und Gegenwelt. In C. Grunert & H.-J. von Wensierski (Hrsg.), *Jugend und Bildung. Modernisierungsprozesse und Strukturwandel von Erziehung und Bildung am Beginn des 21. Jahrhunderts* (S. 165–182). Opladen und Farmington Hills: Verlag Barbara Budrich.

Pfaff, N. (2009). Informelles Lernen in der Peergroup – Kinder und Jugendkultur als Bildungsraum.   http://www.informelles-lernen.de/fileadmin/dateien/Texte/Pfaff_2009.pdf. Zugegriffen: 17. Juni 2010.

Philipp, M. (2008). *Lesen, wenn anderes und andere wichtiger werden. Empirische Erkundungen zur Leseorientierung in der peer group bei Kindern aus fünften Klassen.* Münster: LIT.

Philipp, M. (2010a). *Lesen empeerisch. Eine Längsschnittstudie zur Bedeutung von peer groups für Lesemotivation und -verhalten.* Wiesbaden: VS Verlag für Sozialwissenschaften.

Philipp, M. (2010b). Peers und Lesen. In M. Harring, O. Böhm-Kasper, C. Rohlfs, & C. Palentien (Hrsg.), *Freundschaften, Cliquen und Jugendkulturen. Peers als Bildungs- und Sozialisationsinstanzen* (S. 243–259). Wiesbaden: VS Verlag für Sozialwissenschaften.

Prahl, H.-W. (2010). Soziologie der Freizeit. In G. Kneer & M. Schroer (Hrsg.), *Handbuch Spezielle Soziologien* (S. 405–420). Wiesbaden: VS Verlag für Sozialwissenschaften.

Raufelder, D., Fraedrich, E., Bäsler. S.-A., & Ittel, A. (2009). Reflexive Internetnutzung und mediale Kompetenzstrukturen im frühen Jugendalter: Wie reflektieren Jugendliche ihre Internetnutzung und welche Rolle spielen dabei Familie und Peers? *Diskurs Kindheits- und Jugendforschung,* (1), 41–55.

Rauschenbach, T., Düx, W., & Sass, E. (Hrsg.). (2007). *Informelles Lernen im Jugendalter. Vernachlässigte Dimensionen der Bildungsdebatte.* Weinheim/München: Juventa.

Rauschenbach, T., Leu, H. R., Lingenauber. S., Mack, W., Schilling, M., Schneider, K., et al. (2004). *Non-formale und informelle Bildung im Kindes- und Jugendalter. Konzeptionelle Grundlagen für einen Nationalen Bildungsbericht.* Berlin: Verlag Deutsches Jugendinstitut.

Reinders, H. (2003). *Jugendtypen. Ansätze zu einer differenziellen Theorie der Adoleszenz.* Opladen: Leske & Budrich.

Reinders, H. (2006). *Jugendtypen zwischen Bildung und Freizeit. Theoretische Präzisierung und empirische Prüfung einer differenziellen Theorie der Adoleszenz.* Münster: Waxmann.

Reinders, H. (2009). *Bildung und freiwilliges Engagement im Jugendalter. Expertise für die Bertelsmann-Stiftung. Schriftenreihe Empirische Bildungsforschung* (Bd. 10). Würzburg: Universität Würzburg.

Reinders, H., & Wild, E. (Hrsg.). (2003). *Jugendzeit – Time Out? Zur Ausgestaltung des Jugendalters als Moratorium.* Opladen: Leske & Budrich.

Rohlfs, C. (2010). Freundschaften und Zugehörigkeit – Grundbedürfnis, Entwicklungsaufgabe und Herausforderung für die Schulpädagogik. In M. Harring, O. Böhm-Kasper, C. Rohlfs, & C. Palentien (Hrsg.), *Freundschaften, Cliquen und Jugendkulturen. Peers als Bildungs- und Sozialisationsinstanzen* (S. 61–75). Wiesbaden: VS Verlag für Sozialwissenschaften.

Rohlfs, C., Harring, M., & Palentien, C. (2010). Peer-Interaktionen und soziale Prozesse in Schule und Unterricht. In R. Hinz & R. Walthes (Hrsg.), *Heterogenität in der Grundschule. Den pädagogischen Alltag erfolgreich bewältigen* (S. 178–187). Weinheim/Basel: Beltz.

Sass, E. (2007). „Schule ist ja mehr Theorie…". Lernen im freiwilligen Engagement und in der Schule aus der Sicht freiwillig engagierter Jugendlicher. In T. Rauschenbach, W. Düx, & E. Sass (Hrsg.), *Informelles Lernen im Jugendalter. Vernachlässigte Dimensionen der Bildungsdebatte* (S. 241–270). Weinheim/München: Juventa.

Schäfer, A. (2010a). Peerbeziehungen zwischen Tradition und Moderne – Gleichaltrigengruppen und Jugendkultur in evangelikalen Aussiedlergemeinden. In M. Harring, O. Böhm-Kasper, C. Rohlfs, & C. Palentien (Hrsg.), *Freundschaften, Cliquen und Jugendkulturen. Peers als Bildungs- und Sozialisationsinstanzen* (S. 339–363). Wiesbaden: VS Verlag für Sozialwissenschaften.

Schäfer, A. (2010b). *Zwiespältige Lebenswelten. Jugendliche in evangelikalen Aussiedlergemeinden.* Wiesbaden: VS Verlag für Sozialwissenschaften.

Schröder, A. (2007). Cliquen und Peers als Lernort im Jugendalter. In T. Rauschenbach, W. Düx, & E. Sass (Hrsg.), *Informelles Lernen im Jugendalter. Vernachlässigte Dimensionen der Bildungsdebatte* (S. 173–202). Weinheim/München: Juventa.

Stecher, L. (2005). Informelles Lernen bei Kindern und Jugendlichen und die Reproduktion sozialer Ungleichheit. *Zeitschrift für Erziehungswissenschaft, 8*(3), 374–393.

Thole, W., & Höblich, D. (2008). „Freizeit" und „Kultur" als Bildungsorte – Kompetenzerwerb über non-formelle und informelle Praxen von Kindern und Jugendlichen. In C. Rohlfs, M. Harring, & C. Palentien (Hrsg.), *Kompetenz-Bildung. Soziale, emotionale und kommunikative Kompetenzen von Kindern und Jugendlichen* (S. 69–94). Wiesbaden: VS Verlag für Sozialwissenschaften.

Tillmann, A. (2008). *Identitätsspielraum Internet. Lernprozesse und Selbstbildungspraktiken von Mädchen und jungen Frauen in der virtuellen Welt.* Weinheim/München: Juventa.

Tully, C. J. (Hrsg.). (2004). *Verändertes Lernen in modernen technisierten Welten. Organisierter und informeller Kompetenzerwerb Jugendlicher.* Wiesbaden: VS Verlag für Sozialwissenschaften.

Tully, C. J. (Hrsg.). (2006). *Lernen in flexibilisierten Welten. Wie sich das Lernen der Jugend verändert.* Weinheim/München: Juventa.

Tully, C. J., & Wahler, P. (2006). Neue Lernwelten Jugendlicher. Ergebnislinien einer empirischen Untersuchung. In C. J. Tully (Hrsg.), *Lernen in flexibilisierten Welten. Wie sich das Lernen der Jugend verändert* (S. 59–75). Weinheim/München: VS Verlag für Sozialwissenschaften.

Vogelgesang, W. (2004). LAN-Partys: Zwischen jugendkultureller Selbstbestimmung und informellem Lernen. In C. J. Tully (Hrsg.), *Verändertes Lernen in modernen technisierten Welten. Organisierter und informeller Kompetenzerwerb Jugendlicher* (S. 57–86). Wiesbaden: VS Verlag für Sozialwissenschaften.

Wagner, D. (2010). Pop und Jugend. *Medien + Erziehung, 54*(1/5), 33–36.

Wahler, P., Tully, C. J., & Preiß, C. (2008). *Jugendliche in neuen Lernwelten. Selbstorganisierte Bildung jenseits institutioneller Qualifizierung.* Wiesbaden: VS Verlag für Sozialwissenschaften.

Wehner, K. (2006). Freundschaftsbeziehungen von Kindern und Jugendlichen und soziale Unterstützung. In L.-M. Alisch & J. W. L. Wagner (Hrsg.), *Freundschaften unter Kindern und Jugendlichen. Interdisziplinäre Perspektiven und Befunde* (S. 119–135). Weinheim/München: Juventa.

Wetzstein, T., Erbeldinger, P. I., Hilgers, J., & Eckert, R. (2005). *Jugendliche Cliquen. Zur Bedeutung der Cliquen und ihrer Herkunfts- und Freizeitwelten.* Wiesbaden: VS Verlag für Sozialwissenschaften.

Zinnecker, J. (1991). Jugend als Bildungsmoratorium. Zur Theorie des Wandels der Jugendphase in west- und osteuropäischen Gesellschaften. In W. Melzer, W. Heitmeyer, L. Liegle, & J. Zinnecker (Hrsg.), *Osteuropäische Jugend im Wandel. Ergebnisse vergleichender Jugendforschung in der Sowjetunion, Polen, Ungarn und der ehemaligen DDR* (S. 9–25). Weinheim/München: Juventa.

Jugendkulturen und Geschlecht – Forschungslücken und -perspektiven

9

Tina-Berith Schrader und Nicolle Pfaff

Zusammenfassung

Die klassische Jugendforschung hat jugendkulturelle Phänomene aufgrund des starken Expressions- und Protestbezuges in erster Linie als männlich geprägte Zusammenhänge begriffen; Mädchen und Frauen spielten dabei nur eine marginale Rolle. Arbeiten mit explizitem Fokus auf weiblichem Engagement in Jugendkulturen zeigen, dass eine Gender-Perspektive auf Jugendkulturen wichtig ist. Diese gilt es zu erweitern, indem nicht nur das Vorkommen von Mädchen und jungen Frauen in Szenen betrachtet wird, sondern Geschlecht als soziale Kategorie im Allgemeinen. Der Text stellt verschiedene empirische Forschungsperspektiven auf die Thematik Jugendkulturen und Geschlecht vor: Zum einen die Beteiligung von Jungen und Mädchen an jugendkulturell geprägten Ausdrucksstilen, die durch einen Kohortenvergleich auf der Grundlage einer Re-Analyse von Daten der Shell Jugendstudien abgebildet wird. Zur tiefergehenden Analyse werden zum Anderen anhand von Gruppendiskussionsauszügen zweier einschlägiger jugendkultureller Phänomene die Geschlechterverhältnisse und die Konstruktion von Geschlecht in jugendkulturellen Kontexten komparativ rekonstruiert.

Schlüsselwörter

Jugendkultur • Geschlecht • Metal • Gothic • Triangulation • Kohortenvergleich • dokumentarische Methode

T.-B. Schrader (✉)
Bildungswissenschaftliche Fakultät, Universität Duisburg-Essen,
Berliner Platz 6-8, Raum WST-C.10.10, 45127 Essen, Deutschland
e-mail: tina.schrader@uni-due.de

N. Pfaff
Bildungswissenschaftliche Fakultät, Universität Duisburg-Essen,
Berliner Platz 6-8, Raum WST-C.10.13, 45127 Essen, Deutschland
e-mail: nicolle.pfaff@uni-due.de

R. Heyer et al. (Hrsg.), *Handbuch Jugend – Musik – Sozialisation*,
DOI: 10.1007/978-3-531-18912-3_9, © Springer Fachmedien Wiesbaden 2013

Joan: „Old Smokey? Is doch albern. Zeigen Sie mir lieber ‚Smoke on the water'. Ich weiß dass sie ihn kennen."
Gitarrenlehrer: „Mädchen spielen keine elektrische Gitarre."

Diese Szene ist eine der Anfangsszenen aus dem biographischen Filmprojekt „The Runaways" über die erste rein weiblich besetzte Rockband.[1] Einem der Gründungsmitglieder –Joan Jett– werden bereits während des Gitarrenunterrichts die Grenzen ihrer musikalischen Möglichkeiten aufgezeigt. Diesen Grenzen liegt aber nicht mangelnder Willen oder geringes Talent zugrunde, wie Joan gegenüber ihrem Gitarrenlehrer mit einem wütend improvisierten Solo unter Beweis stellt, sondern gesellschaftliche Zuweisungen: Elektrisch verstärkte Gitarre zu spielen – und so die Essenz der Rock'n'Roll Musik als Soundtrack für jugendkulturelle Bewegungen eigenständig mitzugestalten –war für Mädchen aufgrund starrer Geschlechtsrollenzuweisungen Mitte der 1970er anscheinend undenkbar.

So wundert es nicht, dass Jugendkulturen innerhalb der Jugendforschung, und ganz besonders in der auf expressive Gruppierungen konzentrierten Jugendkulturforschung, lange Zeit als Feld der ästhetisch-moralischen Auseinandersetzung vor allem männlicher Jugendlicher galten. Sowohl frühe Studien zur Jugendbewegung und Arbeiten zum Jugendhandeln aus dem Umfeld der Chicagoer School zu Beginn des 20. Jahrhunderts als auch strukturfunktionalistische Jugendkonzepte in den 1950er oder die klassentheoretisch orientierten Analysen der britischen Cultural Studies in den 1960er Jahren – die bekannten Klassiker der Jugendkulturtheorie und -forschung – nehmen insbesondere die Ausdrucksstile, ästhetischen Praxen und sozialen Netze junger Männer in den Blick. Dabei wurde diese Perspektivverengung schon früh zum Thema gemacht (vgl. z. B. McRobbie 1978). Doch liegt inzwischen auch eine Reihe von Arbeiten vor, die sich in Abgrenzung davon mit Mädchen und jungen Frauen als Akteurinnen in Jugendkulturen auseinandersetzen (vgl. z. B. McRobbie 1978; Richard 1999; Breitenbach 2001; Weller 2009). Gleichwohl macht schon die Existenz dieser Arbeiten darauf aufmerksam, dass die Frage nach dem Verhältnis von Jugendkultur und Geschlecht in der einschlägigen Forschungslandschaft noch immer Thema ist.

In diesem Beitrag wollen wir existierenden Sichtweisen auf dieses Verhältnis nachgehen und dabei folgende drei Forschungsperspektiven skizzieren und anhand exemplarischer Analysen einnehmen: Ausgehend von der lange gepflegten Annahme, dass jugendkulturelle Kontexte stärker von männlichen Jugendlichen geprägt und dominiert sind als von weiblichen, fragen wir in einem ersten Schritt nach der Beteiligung von Jungen und Mädchen an einzelnen Stilen im Zeitvergleich zwischen Anfang der 1970er und Ende der 1990er Jahre. Dies soll mit den Mitteln eines quantitativen

---

[1] Der Film wurde von River Road Entertainment und Linson Entertainment produziert und wird seit 2010 in Deutschland von Capelight Pictures verliehen. Die Geschichte basiert auf der unter dem Titel „Neon Angel" erschienenen Autobiografie der ehemaligen Leadsängerin Cherie Currie der Band „The Runaways", die Mitte der 1970er Jahre internationale Erfolge feierte.

Kohortenvergleichs auf der Basis der Shell-Jugendstudien erfolgen, in denen Fragen nach der Partizipation in und der Wahrnehmung von jugendkulturellen Gruppierungen über diesen Zeitraum hinweg regelmäßig erfasst wurden. In einem zweiten Schritt nehmen wir vor dem Hintergrund der Ergebnisse dieser Forschungsperspektive bestehende Geschlechterverhältnisse in zwei ausgewählten Szenen in den Blick. Die Grundlage dieser Analyse bilden dokumentarische Interpretationen aktueller Gruppendiskussionen mit Besucherinnen und Besuchern von Gothic- und Metal-Festivals. Schließlich fragen wir in einem dritten Abschnitt auf der Basis von Rekonstruktionen aus der gleichen Studie nach der Bedeutung jugendkultureller Kontexte für die Konstruktion von Geschlecht. Neben den exemplarischen empirischen Analysen skizzieren wir für jede der drei angedeuteten Perspektiven relevante Forschungsergebnisse und -zugänge.

Jugendkulturen sind gegenwärtig als Ausdrucksstile Heranwachsender zu fassen, die in spezifischen ästhetischen und sozialen Praxen ihren Ausdruck finden und individuell wie kollektiv als Stilisierung wirksam werden (vgl. Vogelgesang 1994; Pfaff 2006, S. 75ff.). Unter jugendkulturellen Stilen werden damit die Sinn- und Praxisformen verstanden, auf deren Basis Jugendkulturen in der Öffentlichkeit und innerhalb der Generationsgemeinschaft sichtbar sind (z. B. Hebdige 1979; Dewe und Scherr 1995). Als Szenen sollen im Folgenden demgegenüber in Anlehnung an jüngere Analysen zu den sozialen Netzwerken, auf denen jugendkulturelle Praxen basieren, spezifische soziale Gruppen beschrieben werden, in denen jugendkulturelle Ausdrucksstile entwickelt und realisiert werden (vgl. Hitzler et al. 2001).

1   Jugendkulturen als geschlechtsspezifische Räume? – Studien zur Partizipation der Geschlechter an jugendkulturellen Stilen

In der Jugendkulturforschung standen, wie in der Jugendforschung insgesamt, über lange Zeit vor allem deviante Praxen Heranwachsender im Fokus (vgl. z. B. Krüger und Grunert 2002; Griese und Mansel 2003). Dieser inhaltliche Schwerpunkt führte wohl auch zu der lange gepflegten Annahme, Jugendkulturen würden von männlichen Jugendlichen dominiert (vgl. z. B. Großegger 1999). Frühe Systematisierungen der ‚unübersichtlichen Jugendkulturlandschaft‘ der 1980er Jahre in Deutschland (vgl. z. B. Baacke 1987; Krüger 1989) machen deutlich, dass im Mittelpunkt der auf ästhetische Ausdrucksformen Jugendlicher konzentrierten sozialwissenschaftlichen Forschung insbesondere expressive und action-orientierte Gruppierungen stehen. Weibliche Angehörige von jugendkulturellen Stilen kommen dabei kaum in den Blick, obwohl zahlreiche Studien auf die ‚Unsichtbarkeit‘ von Mädchen und jungen Frauen in bestimmten Kulturen hinweisen (vgl. z. B. McRobbie und Garber 1976; McRobbie 1978).

Erst in den 1990er Jahren setzte sich im Zuge der Ausdifferenzierung von jugendkulturellen Stilen und ihrer allgemeinen globalen wie sozialräumlichen Verbreitung die Vorstellung durch, dass neben der Klassenspezifik auch die Kategorie Geschlecht als Differenzierungskriterium innerhalb von Jugendkulturen an Bedeutung verloren hat (vgl. Krüger 1993; McRobbie 1997). Vor allem Veränderungen der allgemeinen Geschlechterverhältnisse in der Gesellschaft werden dafür verantwortlich gemacht, dass abgesehen von einigen repressiven, männlich dominierten Jugendszenen wie Skinheads oder Hooligans Mädche n und junge Frauen aktuell in Jugendkulturen integriert sind bzw. sie zumindest partiell – wie bspw. in der Gothic-Szene – dominieren (vgl. z. B. Brill 2007; El-Nawab 2007a).

Für die Annahme, dass Mädchen bis dahin in unterdurchschnittlichem Maße in jugendkulturelle Szeneninvolviert waren, jugendkulturelle Stile mitprägten und eigene ästhetische Stilisierungen betrieben, lagen dabei nur einzelne bestätigende Befunde vor. So zeigt bspw. Zinnecker (1987, S. 160ff.) anhand einer retrospektiven Befragung Erwachsener aus den 1980er Jahren über ihre jugendkulturelle Beteiligung in den 1950er Jahren, dass sich junge Frauen seltener als junge Männer selbst den Halbstarken zurechneten oder mit ihnen sympathisierten, sich dagegen jedoch häufiger als männliche Befragte mit den Gruppen ‚Teenager‘ und ‚Pferdeschwanz Mode/Petticoat‘ identifizierten. Die Fragekonstruktion erfolgte dabei schon hochgradig geschlechtstypisierend, wie aus aktueller Perspektive leicht zu sehen ist. Keine Geschlechterdifferenzen gab es in dieser Zeit dagegen bereits bei den Musikstilen ‚Rock'n'Roll-Anhänger‘ und ‚Jazz-Anhänger‘. Damit deutet sich bereits in dieser frühen Analyse an, dass sich Geschlechterdifferenzen in der Partizipation an jugendkulturellen Stilen eher auf wertbezogene Aspekte denn auf die Identifikation mit je aktuellen Musikstilen beziehen. Diese These kann auf der Grundlage der Daten der verschiedenen Shell-Jugendstudien in Form eines allerdings nur mit Einschränkungen zu realisierenden Kohortenvergleichs bestätigt werden.

Dazu wurden die verfügbaren Daten der Shell-Jugendstudien aus den Jahren 1981 bis 1997, in denen die Identifikation und Sympathien mit jugendkulturellen Gruppenstilen, sozialen Bewegungen und Life-Style-Gruppen der Befragten erhoben wurde, im Hinblick auf die allen Studien gemeinsame Altersgruppe der 15- bis 17-Jährigen analysiert und um Daten aus einer eigenen Erhebung aus dem Jahr 2003, die mit dem gleichen Erhebungsinstrument arbeitet, ergänzt (vgl. Tab. 1). Dargestellt ist jeweils der Anteil der Befragungsgruppe, der sich mit den abgefragten Gruppenstilen identifiziert (Antwortkategorie „rechne mich selbst dazu") bzw. der mit diesen sympathisiert (Antwortkategorie „gehöre nicht dazu, aber finde sie ganz gut").

Insgesamt bestätigen die Analysen ähnliche musikalische Präferenzen gegenüber zeitgemäßen jugendlichen Gruppenstilen. Lediglich zu zwei Erhebungszeitpunkten ergibt sich gegenüber dem Stil der Popper bzw. gegenüber Pop-Fans im Allgemeinen sowie gegenüber Disco-Fans eine stärkere Identifikation junger Frauen. Interessant sind jedoch eher die expressiven Gruppenstile, wie Punks oder Rocker Anfang der 1980er, die in einschlägigen Studien zumeist über Arbeiten zu männlichen Jugendlichen repräsentiert sind, für die jedoch die quantitativen Befragungen durchgängig keine Hinweise auf Geschlechtsspezifika der Sympathien ergeben.

Für die Zeit vor 1980 sind aus dem Erhebungsjahr 1964 aus dem Umfeld der Shell-Jugendstudien Abfragen zu jugendspezifischen Organisationsformen sowie dem Besuch

Tab. 1 Identifikationen und Sympathien mit abgefragten musikalischen Gruppenstilen von 15- bis 17-jährigen Befragten

Jahr	Geschlecht	Punker/ Punks (%)	Popper/ Pop-Fans (%)	Rocker (%)	Disco-Fans (%)	Grufties/ Gothic-Fans (%)	Techno-Fans (%)	Hip-Hop-Fans (%)	Metal-Fans (%)
1981[a]	weiblich	4/21	5/17	3/8	25/15				
	männlich	1/18	2/8	2/8	19/23				
1984[b]	weiblich	1/12	6/12	0/6	27/15				
	männlich	1/13	5/8	1/8	26/18				
1992[c]	weiblich	4/15		3/15	40/29	2/11			
	männlich	4/16		4/16	32/27	0/8			
1997[d]	weiblich	2/15		0/8	43/32		11/22		
	männlich	3/14		1/11	31/29		15/26		
2003[e]	weiblich	3/20	2/33			3/15	26/21	35/24	5/13
	männlich	8/15	15/16			5/10	21/16	36/19	11/12

Angegeben sind die der Prozentwerte zu den Antwortkategorien „rechne mich selbst dazu"/„gehöre nicht dazu, aber finde sie ganz gut"

Aufgrund von Unterschieden in der Altersspanne der Befragten werden hier nur die Angaben der 15- bis 17-jährigen dargestellt

Zellen ohne Prozentwertangaben kennzeichnen nicht abgefragte Inhalte

Schraffiert gekennzeichnete Zellen zeigen signifikante Differenzen auf einem Niveau von mind. 0.05 an

[a] Shell-Jugendbefragung 1981, N = 351; Antwortskala: rechne mich selbst dazu/lebe so ähnlich; gehöre nicht dazu, finde solche Leute aber ganz gut; Gruppe ist mir ziemlich egal/kann ich tolerieren; die Gruppe kann ich nicht so gut leiden; das sind Gegner/Feinde von mir/ich bekämpfe sie; noch nie gehört/kann mir nichts darunter vorstellen

[b] Shell-Jugendbefragung 1984, N = 493, Antwortskala wie 1981

[c] Shell-Jugendbefragung 1992, N = 648, Antwortskala wie 1981

[d] Shell-Jugendbefragung 1997, N = 472, letztmaliger Einbezug des Erhebungsinstruments im Kontext der Shell-Jugendstudien, Antwortskala wie 1981

[e] Schülerbefragung im Rahmen des Projekts „Politische Orientierungen von Schülern im Rahmen schulischer Anerkennungsbeziehungen", N = 1914, Erhebungskontexte: Sachsen-Anhalt und Nordrhein-Westfalen (vgl. Helsper et al. 2006 für eine detaillierte Stichprobenbeschreibung), Antwortskala: noch nie gehört; rechne mich selbst dazu; gehöre nicht dazu – finde sie ganz gut; Gruppe ist mir egal; Gruppe kann ich nicht leiden; Gegner bzw. Feinde von mir

einschlägiger Freizeiträume verfügbar, die insgesamt ähnliche Befunde zeigen. So bestehen hinsichtlich des häufigen Besuchs von Limonadenbällen (ca. 50 %), Parties und Feten (46 %/54 %) und Teenagerclubs (57 %/44 %) in der Altersgruppe der 14- bis 17-Jährigen keine Differenzen zwischen jungen Männern und Frauen, einzig Jazzclubs als Freizeitorte wurden von männlichen (70 %) im Vergleich zu weiblichen Jugendlichen (30 %) deutlich öfter angegeben.

Im Hinblick auf die Bewertung von sozialen Bewegungen, Protestgruppen, bestimmten Fan-Gruppen und Life-Style-Bewegungen unterscheiden sich männliche und weibliche jugendliche Befragte z. T. durchgängig sehr deutlich, im Gegensatz zu Gruppen, die sich auf jeweils aktuell verbreitete Musikstile beziehen (vgl. Tab. 2).

So bringen weibliche Jugendliche für soziale Bewegungen mit Ausnahme des letzten Erhebungszeitpunktes deutlich mehr Sympathien auf als männliche Gleichaltrige, dies gilt für den Zeitraum der 1980er Jahre auch für eine Vielzahl abgefragter Life-Style-Bewegungen, für die die FKK-Bewegung hier nur exemplarisch einbezogen wurde. Letztere Differenzen nivellieren sich im Verlauf der 1990er Jahre. Von jungen Männern zwischen 15 und 17 Jahren werden dagegen bewegungs- und medienbezogene Fan-Kulturen wie Fußball-, Motorrad- und Computer-Fans im Zeitverlauf durchgängig deutlich bevorzugt.

Im Gegensatz zu weitgehend ähnlichen musikalischen Präferenzen von weiblichen und männlichen Jugendlichen seit Anfang der 1980er Jahre bestehen also unterschiedliche Einstellungen im sozialpolitischen Bereich wie auf dem Feld der Fan-Kulturen. Interessant ist schließlich, dass in Bezug auf die Sympathie für jugendspezifische Protestkulturen wiederum keine Geschlechterdifferenzen bestehen.

Zusammenfassend zu diesen einführenden quantitativen Analysen bleibt festzuhalten, dass zumindest für den Zeitraum ab Anfang der 1980er Jahre für die Daten zur Beteiligung Jugendlicher an unterschiedlichen Gruppenstilen für spezifische musik- und protestbezogene Stile keine Geschlechterdifferenzen in der Beteiligung an Jugendkulturen feststellbar sind. Der stärkere Einbezug von männlichen Gruppen in einschlägige Untersuchungszusammenhänge der Jugendkulturforschung produziert also eine Wahrnehmung von Jugendkulturen als geschlechtsspezifische Kontexte Heranwachsender, die nicht der Realität zu entsprechen scheint.

2   Studien zu Geschlechterverhältnissen in Jugendkulturen

Während die wissenschaftliche Thematisierung der Beteiligung von weiblichen und männlichen Jugendlichen an Jugendkulturen kaum auf empirischen Befunden basiert, liegen zu den Geschlechterverhältnissen bereits einige Untersuchungen vor.

Dazu gehören einerseits Studien, die auf der Basis visuell-ästhetischer Stilisierungen und kommunikativer Praxen Aussagen über Geschlechterverhältnisse und deren Konstruktion innerhalb konkreter jugendlicher Ausdrucksstile treffen. So untersucht beispielsweise Fritzsche (2003, S. 271) Pop-Fans, genauer weibliche Girl- und

Tab. 2 Identifikationen und Sympathien mit abgefragten weiteren Gruppierungen von 15- bis 17-jährigen Befragten

Jahr	Geschlecht	AKW-Gegner (%)	Frie-dens-bewe-gung (%)	Haus-besetzer (%)	Skin heads (%)	Fußball-Fans (%)	Motor-rad-Fans (%)	FKK-Bewe-gung (%)	Computer-Fans (%)
1981	weiblich	57		44		29	54		
	männlich	42		40		50	72		
1984	weiblich	56	78			20	43	37	15
	männlich	37	61			43	70	28	45
1992	weiblich	66	79	20	5	32	53	30	45
	männlich	50	66	16	6	53	61	30	65
1997	weiblich	55		13	2	29	38	12	38
	männlich	45		11	4	66	50	16	65
2003	weiblich	38	45		10				34
	männlich	32	40		10				61

Angegeben sind die Summen der Prozentwerte zu den Antwortkategorien „rechne mich selbst dazu" und „gehöre nicht dazu, aber finde sie ganz gut"
Aufgrund von Unterschieden in der Altersspanne der Befragten in den einzelnen Kohorten werden hier nur die Angaben der 15- bis 17-jährigen dargestellt
Zellen ohne Prozentwertangaben kennzeichnen nicht abgefragte Inhalte
Schraffiert gekennzeichnete Zellen zeigen signifikante Differenzen auf einem Niveau von mind. 0.05 an
nähere Informationen zu Stichproben und Erhebungsinstrumenten der einzelnen Befragungen vgl. Tab. 1

Boygroupfans, und identifiziert das Fan-Sein als Möglichkeit mit verschiedenen Anforderungen der Umwelt, der eigenen Emotionalität und den Beziehungen zu Peers in der Adoleszenz umzugehen. Bader (2008, S. 159) schließt an Fritzsches Forderung an, ein „breiteres Spektrum von medial vermittelter Bedeutung von Männlichkeit und Weiblichkeit und eine größere Sichtbarkeit von Selbstinszenierungen und Lebensweisen, die den Versuchen eindeutiger geschlechtlicher Zuordnung widerstehen" in den Blick zu nehmen. Sie widmet sich in ihrer Untersuchung den Männlichkeitsinszenierungen der Band „Tokio Hotel" – insbesondere des androgyn inszenierten Sängers – und deren Rezeption durch die Fans. Sie kommt zu dem Schluss, dass die Grenzüberschreitungen als Symbole für Autonomie und Individualität gesehen werden können und das mimetische Annähern der Fans an den männlichen Star, der sich jedoch mit dem Weiblichen besetzten Symbolen inszeniert, eine Abweichung von der dichotomen Geschlechterordnung darstellt (vgl. ebd., S. 162ff.). Des Weiteren werden abseits der reinen Fankulturen Szenen wie „Visual kei" und auch die Gothic-Szene als feminine Szenen betrachtet (vgl. Höhn 2007; Brill 2007), im Gothic wird dies durch „das Weibliche als ästhetisches Prinzip" (Brill 2007, S. 58) auch bei männlichen Szene-Protagonisten betont. Tradierte Geschlechternormen und -zuweisungen würden laut Szeneanhängern aufgebrochen bzw. spielerisch umgedeutet (vgl. ebd.) und deshalb böte die Gothic-Kultur für Mädchen und junge Frauen einen Raum zur relativ gleichberechtigten Partizipation (vgl. ebd., S. 69).

Davon zu unterscheiden sind Untersuchungen, die einzelne Szenen im Hinblick auf die Stellung der Geschlechter zueinander und innerhalb des Stils betrachten. So wird bspw. für die Metal-Szene (vgl. Walser 1993; Roccor 2002; Nolteernsting 2002; Chaker 2007) auf Unterschiede im Habitus der weiblichen Metal-Fans je nach Subszene hingewiesen: weibliche Heavy-Metal-Fans verdrängen ihre Weiblichkeit und passen sich den männlichen Szeneprotagonisten an, im Black- und Death-Metal dagegen nehmen sie zwar den männlichen Habitus auf, zeigen sich aber als attraktiv und sexuell anziehend (vgl. Chaker 2007, S. 140f.). Auch für den Hip-Hop wird eine ungleiche Geschlechterstruktur und eine Betonung von Männlichkeit nachgezeichnet (vgl. Schwarz 2007; siehe auch Weller 2009). Innerhalb der Hardcore-Szene werden weibliche Angehörige stets als das Besondere, das Andere, wahrgenommen und auch hervorgehoben, obwohl sie selbst nicht anders handeln als die männlichen Szeneanhänger (vgl. Schulze 2007). Dagegen wurden der Skinhead- und Rockabilly-Stil als sexistisch geprägte Szenen herausgearbeitet, die dies auch offen verbalisieren und habitualisieren. Die Abwertung von weiblichen Angehörigen als ‚Freundin' eines männlichen Szenegängers gilt in eben diesen genannten Kulturen als zentraler Exklusionsmechanismus (vgl. Schulze 2007; El-Nawab 2007b).

In diesem Zusammenhang beschreibt Stauber (2004) unter anderem hinsichtlich geschlechtsspezifischer Selbstinszenierungen und Handlungspotentiale junger Frauen und Männer am Beispiel der Techno-Szene, dass Veränderungen von Rollen- bzw. Verhältnisvorstellungen innerhalb der Jugendkultur durchaus ein Potential zur Veränderung der Gesellschaftsebene haben könnten. Dies sei aber abhängig davon, ob dieses neue Geschlechtsselbstbild auch außerhalb der Jugendkultur integrierbar sei, da es sonst zu Rollenkonflikten zwischen der jugendkulturell „designten" Geschlechtsidentität und der gesellschaftlich genormten Erwartung kommen kann. Das hierarchische Geschlechterverhältnis oder die damit verbundene Strukturierung der Handlungsmöglichkeiten sei für die Befragten eigentlich kein Thema mehr. Implizit wird einerseits aber deutlich, dass sich die Geschlechtsinteraktionen innerhalb der Techno-Szene von der ‚Außenwelt' unterscheiden, da beispielsweise szene-konformes Styling außerszenisch anders bewertet und kontextualisiert wird. Andererseits werden auch durchaus Situationen genannt, in denen die strukturelle Ungleichheit der Geschlechter, beispielsweise in Geschäftsbeziehungen, explizit erfahren wird (vgl. ebd., S. 244 ff.).

Studien die sich auch mit Jungen oder jungen Männern in eher weiblich geprägten Jugendkulturen auseinandersetzen sind mit Ausnahme der Arbeiten von Brill (2006, 2007) und El-Nawab (2007b) kaum zu finden.

Da die beschriebenen Analyseperspektiven in der Regel auf die Betrachtung einzelner Stile beschränkt sind, soll im Folgenden auf der Basis ausgewählter dokumentarischer Rekonstruktionen zu Gruppendiskussionen mit Teilnehmenden an bekannten Festivals im Metal und Gothic ein exemplarischer Vergleich von Orientierungen jugendlicher Angehöriger der beiden im Hinblick auf die Dominanz der Geschlechter in der Jugendkulturforschung unterschiedlich bewerteten Szenen vorgestellt werden, um den Gewinn einer solchen Perspektive sichtbar zu machen.[2]

In Bezug auf Konstruktionen des Verhältnisses zwischen Jungen und Mädchen in den beiden untersuchten Gruppen dokumentieren sich dabei kontrastierende Orientierungsmuster und Erfahrungen.[3] Gemeinsam ist beiden Gruppen dagegen eine Darstellung von Geschlechterverhältnissen in Form einer Distinktion von gesellschaftlichen Normalvorstellungen.

---

[2] Das hier verwendete Material ist im Rahmen eines Dissertationsprojektes zum Thema Genderkonstruktionen in jugendlichen Ausdrucksstilen entstanden. Die Studie nutzt die ethnografische Erhebungsstrategie als Zugang zum Feld und bedient sich verschiedener Erhebungsmethoden wie teilnehmender Beobachtungauf einschlägigen Festivals inklusive Videografie und Fotografie, Gruppendiskussionen, Analyse von Forenthreads, Liedtexten, kommerziellen Videoclips, Magazinen und Dokumentationen auf kollektiver Ebene. Für die Ebene der individuellen Protagonisten werden darüber hinaus biografische Interviews und Kunstartefakte zur Analyse herangezogen. Als übergeordnete Auswertungsstrategie dient in dem Projekt die dokumentarische Methode (vgl. z. B. Bohnsack 2003; Nohl 2006; Bohnsack et al. 2007).

[3] Die Gothic-Gruppe setzt sich aus zwei jungen Frauen und zwei jungen Männern im Alter von 17 bis 24 Jahren zusammen und die Metal-Gruppe besteht aus drei jungen Frauen und fünf jungen Männern mit einem Durchschnittsalter von 27 Jahren. Beide Gruppendiskussionen wurden im Jahr 2010 in dem beschriebenen Dissertationsprojekt erhoben.

Die Gothic-Gruppe verhandelt das Geschlechterverhältnis in ihrem Stil auf der Ebene von Beziehungsidealen[4]:

Bm: ∟ das Schöne is
          an der Szene dass es meistens dann die Pärchen auch dis (.) diszusamm' leben was
          halt
Aw: ∟ ja (.)
Bm: die dann verbunden hat also we' man jetzt zum Beispiel irgendwie (.) Cybers sieht,
          die geh'n dann (.) äh in ihren Anzügen komplett als Pärchen so her und das sieht
          einfach mal (.) toll aus weil man weiß dann die gehör'nzusamm' °und° ismeis-
          tens (.) von den ganzen äh Schichten so was hier äh rumläuft, (.) äh dass die halt
          zusammen bleiben, und äh
Aw: ∟ ja
Bm: ∟ auch ihren Look haben zusamm' das sieht ma'
          auch diese Bauchkleider sind halt teilweisee in der gleichen Farbe oder
Aw: ∟ja
Bm: ∟äh wenn sie mit'm Kinderwagen kommen und äh das Kind
          hat dann auch die gleichen Kleider an und's sieht dann einfach mal (.) genial aus
Aw: ∟ ja
Bm: ∟ weil man dann einfach mal (.) disso'n Blickfang (.) weil dann weiß man die sind
          zusamm' die gehör'n zusamm' und die wer'n au' noch (.) wahrscheinlich ewig
Aw: ∟ ja
Bm: ∟ zusammenbleiben weil das einfach °mal°
Aw: ∟nja das is schön wemman sieht
          dass die das auch zusamm' leben ne, (.) disis echt cool (3)

                                                                        (Gothic 1,356–381)

Sich gleich kleiden, gleich handeln und sogar gleich sein wird hier als eine kulturelle Praxis innerhalb der Szene präsentiert und wertgeschätzt. Kleidung spielt dabei
eine zentrale Rolle: es geht nicht nur darum, durch die Kleidung seine Zugehörigkeit
zur Gothic-Szene im Allgemeinen zu präsentieren, sondern auch zu demonstrieren,
dass man einerseits ein Paar ist, andererseits auch die Zugehörigkeit zum Gothic als
Paar teilt. Beide Dimensionen werden mit der gemeinsamen Stilisierung zum Ausdruck
gebracht. Das Festival erscheint damit als Bühne, auf dem nicht nur der Stil an sich ausgelebt wird, sondern auch das Verständnis vom Zusammensein als ein Paar oder sogar

---

[4] Die Zitation der Gesprächsauszüge erfolgt hier jeweils unter Angabe von Passage und
Zeilennummern, die zur Orientierung für Lesende über den Gesprächsverlauf dienen. Sprecher
werden durch Großbuchstaben unterschieden, deren Geschlecht durch einen nachfolgenden
kleinen Buchstaben angegeben wird. Pausen durch Angabe der Sekunden in Klammern ange-
zeigt, Einrückungen deuten auf Überschneidungen von Aussagen hin, zwei Doppelpunkte markieren wörtliche Rede, das Zeichen ☺ zeigt an, dass etwas lachend gesagt wird, Schwer- oder
Unverständliches steht in Klammern und das Symbol […] markiert Zitatkürzungen

einer Familie, wohingegen außerhalb von Szenezusammenhängen Partnerschaft nicht explizit durch die Wahl derselben Kleidung symbolisch präsentiert wird. Interessant ist darüber hinaus, dass das Tragen der gleichen Kleidung als Paar für den Sprecher auch auf eine dauerhafte Partnerschaft hinweist. Dass das Thema der „*ewig*"en Partnerschaft hier aufgegriffen wird, lässt die Vermutung zu, dass die romantische Idee einer dauerhaften Partnerschaft als ein wünschenswertes Ideal angesehen wird. Damit wird ein Gegenhorizont zu individualisierten modernen Gesellschaften konstruiert. Die hier zugrunde liegende Orientierung bezieht sich also auf feste Bindungen in der Form von Konstanz und Familiarität.

Hinzu kommt in dieser Gruppe ein weiterer Orientierungsgehalt, der diese Vorstellung von Partnerschaft an den Stil bindet. Mit der Präsentation einer Partnerschaft in Form gemeinsamer jugendkultureller Stilisierung auf einem szenespezifischen Festival werden Partnerschaft und Beziehung nicht vom kulturellen Leben des Festivals ausgeschlossen. Die „Suspendierung des Alltags" (vgl. Bohnsack et al. 1995; Gaffer und Liell 2001), die gemeinsamen Aktionismen innerhalb von Jugendgruppen und auch der ästhetischen Selbststilisierung der Angehörigen des Gothic-Stils unterliegt, bezieht sich nachgerade nicht auf Partnerschaft als ein wesentliches Alltagselement, wie es z. B. Bohnsack et al. (1995) für die Gewalt jugendlicher Hooligans nachzeichnen. Im Gegenteil, die kulturelle Praxis des Stils und die Partnerschaft werden miteinander verwoben.

Dass beide Orientierungsgehalte kollektiv für die Gruppe Geltung beanspruchen können, zeigt sich an der durchgängigen Validierung des Gesagten durch eine andere Diskutantin, die die Äußerungen ihres Freundes unterstreicht.

Die Rekonstruktion macht deutlich, dass sich die untersuchte Gothic-Gruppe mit bestimmten Wertvorstellungen in Bezug auf partnerschaftliche Beziehungen bzw. Familienbindungen von der Gesellschaft abgrenzt, da diese als szenespezifisch betont und auch auf öffentlichen Events als solche präsentiert werden. Darin dokumentiert sich eine Orientierung an Treue, Verlässlichkeit und familiären Bindungen, die durch eine aktionistische Praxis der identischen ästhetischen Selbstpräsentation von Paaren ausgedrückt wird. Im Hinblick auf das Geschlechterverhältnis innerhalb der Szene wird dabei auf der Ebene der ästhetischen Performanz eine Identität der Geschlechter sichtbar, die auch in der gleichberechtigten und gemeinsamen Partizipation an Szeneevents auf der einen und szenespezifischen kulturellen Praxen auf der anderen Seite zum Ausdruck kommt.

Im Gegensatz dazu werden in einer hier als Kontrast vorgestellten Metal-Gruppe Geschlechterverhältnisse nicht auf der Beziehungsebene, sondern zunächst auf der Ebene von ungleich wahrgenommenen (Lebens-)bedingungen diskutiert, über die die Abwesenheit von Mädchen bei einschlägigen Szene-Events begründet wird:

Aw: └aber das liegt jetzt nicht an der Musikrichtuuung

Bw: └ ne

Aw: └ das liegt eher an den hygienischen Vorrichtungen irgendwie (.)

Bw: └ ja

Aw: also ich kenn halt viele Mädels die sagen ::oah geil Metal voll cool, aber (.)
            boah Dixi-Kloo::,
Bw: Lkeine Duschen
Aw: Lund nicht richtig duschen und
?m: LIch denk mal meine Freundin gehört zum Beispiel auch dazu
Aw/Bw: L ja
?m: L die gerne mitfahren würde aber dann auch sagt ::näh::
Bw: Lweilhier is halt (.) äh (.) also (.) alles was (.) äh Zaun und (.) Hecke ist is
            halt nass, weil vollgekotzt und vollgepisst, (.) es wird gerülpst, es wird gefurzt es is
Em: L staubiig, schmutzig
Bw: L staubig, schmutzig,genau

                                                                          (Metal 1, 398–413)

Als Grund für das zahlenmäßig geringere Erscheinen der Mädchen auf szenespezifischen Events werden die hygienischen Zustände in die Diskussion eingebracht.
Im Unterschied zur Gothic-Gruppe wird dabei nicht auf eine Gemeinsamkeit zwischen den Geschlechtern verwiesen sondern auf eine Differenz. Beschrieben werden
dabei geschlechtsspezifische Reaktionen und Umgangsformen mit den hygienischen
Bedingungen auf dem Festival. Während chemische Toiletten oder improvisierte
Duschmöglichkeiten für männliche Besucher, so der implizit bleibende Gegenhorizont,
kein Problem darstellen, hindern sie weibliche Angehörige der Szene – nicht jedoch die
anwesenden Diskutantinnen – an der Teilnahme am Szeneevent. Neben den hygienischen Bedingungen werden darüber hinaus die Sauberkeit der Örtlichkeiten und spezifische – nicht gesellschaftskonforme –Praxen der Festivalbesucher als Gründe für eine
geringere Teilnahme weiblicher Metal-Fans beschrieben. Insgesamt dokumentieren
sich in diesem Abschnitt Geschlechtsrollenstereotype der Frau als an Körperhygiene,
Sauberkeit und Benehmen orientiert, während den Männern implizit Zuschreibungen
wie unhygienisch, schmutzig und ungehobelt entgegengestellt werden.

Während Metal als Musikstil und die damit verbundenen ästhetischen Praxen, wie
bspw. der Festivalbesuch, in der einführenden Aussage in diesem Zitat als Frauen nicht
ausschließend und damit als geschlechtsunspezifisch beschrieben werden, wird mit
der Darstellung der Bedingungen und Praxen auf dem Festival dieser szeneöffentliche
Raum als ein geschlechtsspezifischer konstruiert, in dem die Praxen der männlichen
Szene-Angehörigen den weiblichen Mitgliedern den Zugang erschweren. Dies betrifft,
wie in dem Diskussionszitat deutlich wird, vor allem die hygienischen Bedingungen
auf dem Festival, die nach Ansicht der Diskutantinnen den Ansprüchen weiblicher
Szeneangehöriger nicht entsprechen. Die sich darin dokumentierende Orientierung ist
eine der Subordination oder Benachteiligung des Weiblichen – begründet über naturali-
sierende Geschlechtsrollenbilder.

Interessant ist dabei, dass die Diskutierenden in der untersuchten Gruppe zu einem
beträchtlichen Anteil weiblich waren, sich also in ihrer Handlungspraxis von dem hier
konstruierten Geschlechterverhältnis ausnehmen. Welche Strategien sie innerhalb der

Gruppe entwickelt haben, um mit den von ihnen selbst als eher unwirtlich konstruierten Bedingungen auf dem Festival umzugehen, wird im folgenden Diskussionsauszug deutlich:

Aw: Man muss sich halt n bisschen (..) man kann sich halt nicht <u>jeden</u> immer die Hände waschen abeeer (.) wir Mädels haben <u>Feuchttücher</u> zum Beispiel☺

Cw: └Dann könnt ihr mir den Rest geben für die Babys

Aw: └ja (.) Feuchttücher die sind ganz toll (.) weil ja (.) und irgendwann vergisst man auch den Dreck (.)

Bw: ja

Aw: └ halt also <u>jeeeder</u> hat glaub ich Dreck unter den <u>Fingern</u> und ääääh (…) jaa

Bw: └ man zieht nach Wacken wieder saubere Sachen an

Em: └auf unser Immunsystem

Aw: Ja (.) und man zieht halt nicht jeden Tach ne gleich ne andere Hose an man hat halt <u>eine</u> Hose die ganze Zeit an (.) außer es regnet halt (.) ja (3)

(Metal 1, 469–480)

Dieser Diskurs, der von den weiblichen Diskutanten allein geführt wird und in dem die gemeinsamen Erfahrungen der weiblichen Festivalteilnehmerinnen im Umgang mit der beschriebenen Situation arbeitsteilig expliziert werden, führt die Differenzkonstruktion der Geschlechter, die im vorangegangenen Zitat bereits deutlich wurde, weiter aus. Die jungen Frauen passen sich pragmatisch an die Verhältnisse an und suspendieren zeitweilig alltägliche Umgangsweisen mit Hygiene. Thematisiert werden regelmäßiges Händewaschen, saubere Fingernägel, saubere und abwechslungsreiche Kleidung sowie die Wahrnehmung von Schmutz. Darin dokumentiert sich eine Orientierung an einer körperlichen Ästhetik, die vor allem auf Sauberkeit beruht und damit in drastischem Gegensatz zur beschriebenen Situation auf dem Festival steht. Die Praxen, mit denen die Diskutantinnen den dort bestehenden Mangel an Sauberkeit und Körperhygiene ausgleichen und mit denen sie ihre Teilnahme am Szeneevent sichern, verweisen dabei ebenfalls auf geschlechtsspezifische Erfahrungshintergründe. So werden bspw. Feuchttücher unterschiedlich verwendet, z. B. im Bereich der Kinderpflege, Schmutz wird, einer Haushaltsweisheit gemäß, als positiv für die Gesundheit beschrieben. Durch unregelmäßiges Umziehen und mangelndes Säubern von Fingernägeln wird während des Festivals nicht nur das Bedürfnis nach Sauberkeit, sondern auch das nach Styling für die Zeit des Events aufgehoben. Im Zuge der aktionistischen Praxis der Festivalteilnahmewird darüber hinaus „der Dreck vergessen".

Vergleicht man beide Diskussionsauszüge dokumentieren sich verschiedene Geschlechterverhältnisse. So wird in der Gothic-Gruppe in der Thematisierung von Paarbeziehungen innerhalb der Jugendkultur nicht zwischen den Geschlechtern differenziert. In der Integration von Zweisamkeit und Familiarität in die Szeneöffentlichkeit kommt eine gleichberechtigte Teilhabe von weiblichen und männlichen Fans an Szeneevents und kulturellen Praxen zum Ausdruck. Dagegen konstruiert die Metal-Gruppe in ihrem Diskurs über die hygienischen Bedingungen auf dem Festival eine

Geschlechterdifferenz, die mit stereotypen Geschlechterrollen unterfüttert wird und so zu einer geringeren Teilhabe von weiblichen Fans an einschlägigen Szeneevents bzw. zu einer Einschränkung von deren ästhetischen Praxen der Hygiene und der Selbstpräsentation in diesem Kontext führt.

Stilvergleichenden Analysen über Geschlechterverhältnisse in einzelnen jugendkulturellen Kontexten wohnt also ein Erkenntnispotential inne, das jenseits quantitativer Aussagen über Zugehörigkeiten liegt, wie die vorliegenden exemplarischen Rekonstruktionen andeuten. Sie können dazu beitragen, Exklusionsmechanismen und den Entzug von Anerkennung und Teilhabechancen für weibliche Jugendliche, die einzelnen jugendkulturellen Stilen zugeschrieben werden, im Hinblick auf die dort wirkenden sozialen Mechanismen der Deprivation und Subordination zu beschreiben.

3   Studien zur Konstruktion von Geschlecht in jugendkulturellen Kontexten

Die Rekonstruktion der Geschlechterverhältnisse in jugendkulturellen Stilen verweist implizit bereits auf die Bedeutung der Konstruktion von Geschlechterrollen im Jugendalter. Dies zeigen bspw. thematisch auf Devianz fokussierte Untersuchungen zu einzelnen Jugendkulturen, wie bspw. die frühe Untersuchung von Willis (1977) zu den englischen Lads als Subkultur der Arbeiterbewegung oder von Bohnsack et al. (1995) für Hooligans oder jugendliche Breakdancer in einem deutschen Migrationsmilieu (z. B. Bohnsack et al. 2001).

Spezifischer auf Geschlechtsrollen geht bspw. Weller (2009) in einer Analyse weiblicher Akteure in gesellschaftlich deprivierten, männlich dominierten Hip-Hop-Szenen ein. Sie weist darauf hin, dass ausgehend von stark hierarchisch konstruierten Geschlechterverhältnissen gesellschaftliche Normierungen von Geschlechterrollen von beteiligten Mädchen und jungen Frauen mit Mitteln der stilspezifischen kulturellen Praxis als solche entlarvt und damit reflektiert werden. Auch Groß (2007) befasst sich in ihrer Analyse von jugendkulturellen Events, die sich, wie etwa Aktivitäten der Riot Grrrls explizit gegen Heteronormativität positionieren, mit der jugendkulturellen Konstruktion von Geschlechterbildern und -rollen, indem sie zeigt, wie bestehende gesellschaftliche Geschlechternormen in spezifischen Kontexten entwertet werden.

Theoretisch betritt Breitenbach (2000, 2001) mit der Verbindung konstruktivistischer undsozialisationstheoretischer Ansätze Neuland. In ihrer Arbeit zu Mädchenfreundschaften und ihrer Relevanz für die weibliche Adoleszenz stehen sich die beiden widersprüchlichen Theoriegebilde gegenüber, denn auf der einen Seite steht das Geschlecht als kulturell und sozial genormte Größe, die auf biografischen Erfahrungen beruht. „Auf der anderen Seite stehen die situativen und interaktiven Beschreibungen von Wahrnehmungs- und Darstellungsprozessen der Geschlechtszugehörigkeit und von Praktiken der Geschlechterunterscheidung" (ebd. 2001, S. 168). Breitenbach beschränkt sich dabei jedoch nicht nur auf das Geschlecht, sondern sieht die gesamte Adoleszenz als konstruiert an. Damit wird gezeigt, dass es eine eigenständige Inszenierung der Mädchen hinsichtlich einer angemessenen Praxis des ‚Mädchen-seins' genauso wie des ‚Jugendlich-seins' gibt, die wiederum auf die Zuschreibungen und Zwänge der sozialisatorischen Hintergründe verweist (vgl. ebd. 2001, S. 168, 177f.).

Analog zu Untersuchungen, die sich mit Geschlechterverhältnissen in Jugendkulturen befassen, stehen stilvergleichend angelegte Untersuchungen, die einerseits auf die in entsprechenden Kontexten konstruierten Geschlechterrollen verweisen, noch weitgehend aus. Darüber hinaus fehlen Untersuchungen, die die Konstruktionsmechanismen von Geschlechterrollen im Jugendalter in den Blick nehmen und damit, wie Breitenbach (2001) oder auch Weller (2009) fordern, die Möglichkeitsräume für die Entwicklung von Geschlechtsidentitäten ausloten (vgl. z. B. auch McRobbie 1978; Richard 1999).

Auch in diesem Zusammenhang sollen nachfolgend einige exemplarische Rekonstruktionen zu Diskursen von Besuchergruppen einschlägiger Szene-Events im Gothic und Metal das Forschungsfeld etwas näher beleuchten.[5] In zwei weiteren Befragungskontexten finden sich dabei ähnliche Thematisierungen, die auf gemeinsame stil- bzw. kontextspezifische Erfahrungen der Gruppen innerhalb der jeweiligen Szenen verweisen. So geht es in einer Gothic-Gruppe wiederum um Aspekte körperlicher Ästhetik, die im Zusammenhang mit dem Aspekt der Partnerschaft innerhalb der Szene diskutiert werden:

Aw: └ egal (.) oder halt worauf ich persönlich steh
    sind Männer mit Sidecut oder Undercut find ich auch ganz toll (.)
Bw: └ Undercut mag ich auch
Aw: └ wenn die das dann soo zur Seite tragen (.) also mit langen Haaren auf jeden
    Fall sonst ☺geht da gar nichts☺☺2☺

(Gothic 2, 282–287)

Das andere Geschlecht wird hier im Hinblick auf veränderbare körperlich-ästhetische Merkmale beschrieben. Dabei wird die Attraktivität junger Männer durch stilspezifische ästhetische Moden gerahmt, ist also für diese beiden weiblichen Protagonisten mit dem Szenekontext untrennbar verbunden. Stilspezifika dokumentieren sich darüber hinaus bereits in der Adressierung des anderen Geschlechts im Hinblick auf Aspekte der Frisur, womit implizit auf Androgynitätsvorstellungen innerhalb des Stils verwiesen wird, auf deren Basis dieses Schönheitsideal gerade für Männer entworfen wird (vgl. Brill Brill 2007, S. 58). Während, wie im Abschnitt zuvor gezeigt, in der untersuchten Metal-Gruppe Praxen der körperlichen Stilisierung explizit als weibliche beschrieben werden, erscheinen sie hier als gemeinsame. Eine aufwändige Frisur zu pflegen, wird in der Gothic-Szene nicht als geschlechtsspezifische Praxis, die Orientierung an körperlicher Ästhetik nicht als weibliche Orientierungsfigur verhandelt. Auch hierin dokumentiert

---

[5] Bei der Gothic-Gruppe handelt es sich um zwei 17-jährige Mädchen, bei der Metal-Gruppe hingegen handelt es sich um eine Clique bestehend aus zwei Jungen und fünf Mädchen mit einer Altersspanne von 23–29 Jahren.

sich wiederum eine Identifizierung der Geschlechter auf der Ebene von stilspezifischen Orientierungen und Praxen.

   Kontrastierend dazu soll hier wiederum ein Diskursauszug aus einer Metal-Gruppe analysiert werden, in dem die Thematisierung von Geschlecht wiederum im Kontext von Praxen der Körperhygienediskutiert wird. Die weiblichen Protagonisten dieser Gruppe nehmen den Festivalkontext dabei einerseits als Befreiung von alltäglichen Verhaltensnormen wahr („*also ich äh das Jahr überhör ich ja auch immer so Metal in meinem stillen Kämmerlein und alles nicht so laut und tüdelü und bisschen rumpöbeln und rülpsen und furzen und so ist ja alles lustig aber Wacken ist so immer der <u>Jahresurlaub</u>* ☺ *assi sein* ☺*", Die Außenseiter, 65–68*), in dem Verhaltensanforderungen nicht zentral geschlechtsspezifisch strukturiert sind. Zugleich machen für sie jedoch auch auf dem Festival Erfahrungen geschlechtsbezogener Diskriminierung:

Cw: └ ja aber ich find das nervig dass man als Mädchen auch irgendwie auch auf
        Wacken noch angepöbelt wird wenn man sich einfach hintern Bus setzt und pisst
?m: └☺
Aw: └ ja das isses auch
Cw: └ das muss ich sagen das find ich echt scheiße ☺
Bw: └ das müsste langsam mal abgelegt werden ne
Cw: └ ja muss mal echt maln bisschen ne Gleichberechtigung sein
Ew: └ ist jedes Mal wieder ein <u>Highlight</u>
        pissende Mädchen ::jaa:: <u>auch wir</u> müssen das mal tun
Cw: └ ich hatte ja auch schon mal den Plan
Aw: └ die Männer gehen nicht immer auf die ☺ Dixi Klos ☺
Cw: └ ich hatte ja auch schon mal den Plan
        <u>jeden</u> einzelnen <u>Typen</u> der pisst zu fotografieren damit die mal sehen wie das ist
Ew: ja ☺ (2)
Aw: ich-weiß-noch damals-als-wir aufm Gelände waren und zu dritt in der Reihe und
        die standen vor uns und hamgejubelt
Ew: **└ja und mit der**
        Kamera
Aw: └ **mit der**
Kamera└
Ew: └klickklickklickklickklick
?w: └ ja ☺

                                                                      (Metal 2, 95–118)

   Diese besteht in der Erfahrung, dass eine Frau, die in der Öffentlichkeit ihre Notdurft verrichtet, eine Kuriosität darstellt und deshalb von männlichen Festivalteilnehmern dementsprechend kommentiert und dokumentiert wird. Die Situation wird von den Mädchen ironisch als „Highlight" beschrieben, gleichzeitig aber mit dem Hinweis auf Normalität des Stoffwechsels bei Frauen versehen. Hinter der Theoretisierung unter

dem Begriff *„Gleichberechtigung"* steht der Wunsch nach dem Recht, bei gleichen (biologischen) Dispositionen auch die gleichen Handlungsoptionen zu haben wie männliche Anwesende. Deutlich wird dies durch den Verweis darauf, dass Männer auch nicht
immer die bereitgestellten Chemie-Toiletten benutzen, sondern sich den gesellschaftlichen Konventionen widersetzen dürfen.

Hierin dokumentieren sich die Orientierung an gleichen Handlungspotentialen
der Geschlechter und der Wunsch, noch bestehende Unterschiede hinsichtlich
Einschränkung durch geschlechtsbezogene Konventionen zu überwinden. Das Event
des Festivals wird dabei als Sonderraum der prinzipiellen Gleichberechtigung gegenüber der Alltagsgesellschaft thematisiert, der aber aus Sicht der Diskutantinnen ebenso
Ungleichheiten der Geschlechter impliziert.

Analog zu den Geschlechterverhältnissen dokumentieren sich im Vergleich der
beiden Diskussionsauszüge aus zwei Gruppen von Teilnehmenden an Szeneevents
in der Gothic- und Metal-Szene Hinweise auf Unterschiede in den konstruierten Geschlechterrollen. Ästhetische Ausdrucksformen und Praxen werden so in
der Gothic-Gruppe beiden Geschlechtern gleichermaßen zugeschrieben. Analog
dazu konzipieren auch die Teilnehmerinnen des Metal-Festivals in der Praxis des
„assi"-Seins einen Aktionismus, der den Alltag prägende geschlechtsspezifische
Verhaltenserwartungen suspendiert. Im Unterschied zu den Besucherinnen des Events
der Gothic-Szene erfahren sie den Kontext des Festivals dagegen als diskriminierenden
Erfahrungsraum.

Das spezifische Erkenntnispotential stilvergleichender Rekonstruktionen von
Geschlechterrollen liegt demnach einerseits in der Entschlüsselung eines jugendspezi-
fischen Spektrums von Praxen, auf deren Basis Geschlechterrollen entwickelt werden.
Diese verweisen damit gleichzeitig auf gesellschaftliche Normierungen in Bezug auf das
Geschlecht sowie auf Praktiken ihrer Reproduktion bzw. Aufhebung in jugendkulturel-
len Kontexten.

4   Geschlecht und Jugendkulturforschung – Fazit und Ausblick

Der vorliegende Beitrag zeichnet wissenschaftliche Perspektiven auf das Verhältnis von
Jugendkultur, Musik und Geschlecht in ihrem historischen Verlauf nach und weist darauf hin, dass aktuell nicht mehr die Frage nach der Teilhabe weiblicher Jugendlicher
an Jugendkulturen im Vordergrund steht, sondern der Aspekt der Rekonstruktion von
Geschlechterrollen und damit verbundenen Geschlechterverhältnissen in verschiedenen
jugendkulturellen Settings.

Der exemplarische Nachvollzug bestehender Forschungsperspektiven zeigte, dass
in Bezug auf die Beteiligung der Geschlechter an Jugendkulturen entgegen weitläu-
fig verbreiteten Thesen in der Forschungslandschaft seit Anfang der 1980er Jahre in
Deutschland kaum noch Differenzen in der Beteiligung zwischen weiblichen und

männlichen Heranwachsenden an jugendkulturellen Stilen bestehen. Davon ausgehend wäre an die Jugendkulturforschung die Forderung zu formulieren, den Mythos von der expressiven männlich dominierten Jungenkultur aufzugeben und die Kategorie Geschlecht und damit weibliche bzw. andersgeschlechtliche Szeneangehörige in Analysen zu einzelnen Stilen systematisch einzubeziehen.

Im Hinblick auf die Rekonstruktion von Geschlechterverhältnissen und Geschlechtsrollenbildern besteht eine Limitation der Forschungslandschaft vor allem in der Analyse einzelner Stile und Szenen und damit in der Reichweite ihrer Aussagen, die auf spezifische Kontexte beschränkt bleiben. Dagegen konnte in exemplarischen Rekonstruktionen gezeigt werden, dass der Nutzen eines stilvergleichenden Vorgehens in der Offenlegung von Strukturen der Exklusion bzw. Hierarchisierung der Geschlechter bzw. ihrer Gleichsetzung und Identifizierung auf der einen sowie in der Identifikation der Konstruktionsmechanismen von Geschlecht und sozialisatorischen Einflüssen jugendkultureller Kontexte beim Aufbau von Geschlechtsidentitäten besteht. Diese verweisen, so sie kontrastierend angelegt sind, gleichermaßen auf wirksame Strukturen der Alltagssozialisation Jugendlicher in der Erwachsenengesellschaft wie auch auf Mechanismen von deren Suspendierung in jugendkulturellen Kontexten.

Fragt man abschließend, welche Studien nötig sind, um das Verhältnis von Jugendkulturen und Geschlecht umfassend zu betrachten, so dürfte einerseits deutlich geworden sein, dass Geschlechterverhältnisse und Geschlechtsrollenbilder in ihrem Zusammenhang untersucht werden müssen, wenn der Aufbau von Stereotypen und Mythen über Jugendkulturen künftig vermieden werden soll. Prinzipiell müsste es weiterhin darum gehen, nicht mehr die Thematisierung und Konstruktion von Geschlecht in einzelnen Kulturen in den Mittelpunkt zu stellen, sondern allgemeiner deren Strukturprinzipien zu beleuchten. Geschlechtlichkeit wäre dann eine unter vielen Dimensionen, im Hinblick auf die jugendkulturelles Handeln und ästhetische Praxen Jugendlicher zu betrachten wäre.

Literatur

Baacke, D. (1987). *Jugend und Jugendkulturen: Darstellung und Deutung.* Weinheim: Juventa.

Bader, B. (2008). *Bill ist halt nicht so hundertprozentig dieser Hardcoretyp: eine empirische Untersuchung zur Männlichkeitsinszenierungen der Pop-Gruppe „Tokio-Hotel" und deren Rezeption durch Fans.* Flensburg: Flensburg Univ. Press.

Bohnsack, R. (2003). *Rekonstruktive Sozialforschung: Einführung in qualitative Methoden* (5. Aufl.). Opladen: Leske+ Budrich

Bohnsack, R., Loos, P., & Przyborski, A. (2001). „Male honor". Towards an understanding of the construction of gender relations among youths of Turkish origin. In Helga Kotthoff & Bettina Baron (Hrsg.), *Gender in interaction* (S. 175–207). Amsterdam: John Benjamins Publishing Co.

Bohnsack, R., Loos, P., Schäffer, B., Städtler, K., & Wild, B. (1995). *Die Suche nach Gemeinsamkeit und die Gewalt der Gruppe – Hooligans, Musikgruppen und andere Jugendcliquen.* Opladen: Leske & Budrich.

Bohnsack, R., Nenetwig-Gesemann, I., Nohl, A.-M. (Hrsg.). (2007). *Die dokumentarische Methode und ihre Forschungspraxis: Grundlagen qualitativer Forschung* (2. erw. und akt. Aufl.). Wiesbaden: Verlag fürSozialwissenschaften.

Breitenbach, E. (2000). *Mädchenfreundschaften in der Adoleszenz. Eine fallrekonstruktive Untersuchung von Gleichaltrigengruppen.* Opladen: Leske & Budrich.

Breitenbach, E. (2001). Sozialisation und Konstruktion von Geschlecht und Jugend. Empirischer Konstruktivismus und dokumentarische Methode. In R. Bohnsack, I. Nentwig-Gesemann, & A.-M. Nohl (Hrsg.), *Die dokumentarische Methode und ihre Forschungspraxis. Grundlagen qualitativer Sozialforschung* (S. 165–179). Opladen: Leske & Budrich.

Brill, D. (2006). *Subversion or stereotype? The Gothic subculture as a case study of gendered identities and representation.* Gießen: Ulme-Mini-Verlag.

Brill, D. (2007). Fetisch-Lolitas und junge Hexen? Mädchen und Frauen in der Gothic-Szene. In G. Rohmann (Hrsg.), *Krasse Töchter. Mädchen in Jugendkulturen.* (S. 55–71). Archiv der Jugendkulturen e.V. Berlin: Archiv der Jugendkulturen Verlag.

Chaker, S. (2007). „Eiserne Ladies“: Frauen (-Bilder) im Black und Death Metal. In G. Rohmann (Hrsg.), *Krasse Töchter. Mädchen in Jugendkulturen.* (S. 123–145). Archiv der Jugendkulturen e.V. Berlin: Archiv der Jugendkulturen Verlag.

Dewe, B., & Scherr, A. (1995). Jugendkulturen, Lebenskonstruktionen und soziale Deutungsmuster. In W. Ferchhoff, U. Sander, & R. Vollbrecht (Hrsg.), *Jugendkulturen – Faszination und Ambivalenz. Einblicke in jugendliche Lebenswelten* (S. 133–145). Weinheim München: Juventa.

El-Nawab, S. (2007a). „Du musst dich da echt behaupten.“ Mädchen und junge Frauen in der Skinhead- und Rockabilly-Szene. In G. Rohmann (Hrsg.), *Krasse Töchter. Mädchen in Jugendkulturen.* (S. 106–123). Archiv der Jugendkulturen e.V. Berlin: Archiv der Jugendkulturen Verlag.

El-Nawab, S. (2007b). *Skinheads, Gothics, Rockabilies: Gewalt, Tod und Rock'n'Roll.* Berlin: Archiv der Jugendkulturen Verlag.

Fritzsche, B. (2003). *Pop-Fans. Studie einer Mädchenkultur.* Opladen: Leske & Budrich.

Gaffer, Y., & Liell, C. (2001). Handlungstheoretische und methodologische Aspekte der dokumentarischen Interpretation jugendkultureller Praktiken. In R. Bohnsack, I. Nentwig-Gesemann, & A.-M. Nohl (Hrsg.), *Die dokumentarische Methode und ihre Forschungspraxis. Grundlagen qualitativer Sozialforschung* (S. 179–207). Opladen: Leske & Budrich.

Griese, H. M., & Mansel, J. (2003). Sozialwissenschaftliche Jugendforschung. Jugend, Jugendforschung und Jugenddiskurse: Ein Problemaufriss. In B. Orth, T. Schwietring, & J. Weiß (Hrsg.), *Soziologische Forschung: Stand und Perspektiven* (S. 169–194). Opladen: Leske & Budrich.

Groß, M. (2007). Riot Grrrls und Ladyfeste – Angriffe auf die heterosexuelle Matrix. In G. Rohmann (Hrsg.), *Krasse Töchter. Mädchen in Jugendkulturen.* (S. 71–81). Archiv der Jugendkulturen e.V. Berlin: Archiv der Jugendkulturen Verlag.

Großegger, B. (1999). Der Girlfaktor Weibliche Szene-Minder im Panorama der Jugendkultur. *Journal der Jugendkulturen, 1,* 8–13.

Hebdige, D. (1979). *Subculture. The meaning of style.* London: Methuen & Co Ltd.

Helsper, W., Krüger, H.-H., Fritzsche, S., Sandring, S., Wiezorek, Ch., Böhm-Kasper, O., Pfaff, N. (2006). *Unpolitische Jugend? Eine Studie zum Verhältnis von Schule, Anerkennung und Politik.* Wiesbaden: VS Verlag.

Hitzler, R., Bucher, T., & Niederbacher, A. (2001). *Leben in Szenen. Formen jugendlicher Vergemeinschaftung heute.* Opladen: Leske & Budrich.

Höhn, M. (2007). Visual Kei. Eine mädchendominierte Jugendkultur aus Japan etabliert sich in Deutschland. In G. Hohmann (Hrsg.), *Krasse Töchter. Mädchen in Jugendkulturen.* (S. 45–55). Archiv der Jugendkulturen e.V. Berlin: Archiv der Jugendkulturen Verlag.

Krüger, H.-H. (1989). Zur Ethnographie kultureller Vielfalt. Jugendkulturelle Szenen in den Antinomien der Moderne. In K. Nevermann et al. (Hrsg.), *Jugend und Erziehung am Ende der 80er Jahre* (S. 57–61). Soest: Verlagskontor.

Krüger, H.-H. (1993). Geschichte und Perspektiven der Jugendforschung, historische Entwicklungslinien und Bezugspunkte für eine theoretische und methodische Neuorientierung. In H.-H. Krüger (Hrsg.), *Handbuch der Jugendforschung* (2. erw. Aufl., S. 7–26). Opladen: Leske + Budrich.

Krüger, H.-H., & Grunert, C. (2002). Geschichte und Perspektiven der Kindheits- und Jugendforschung. In H.-H. Krüger & C. Grunert (Hrsg.), *Handbuch Kindheits- und Jugendforschung* (S. 11–40). Opladen: Leske & Budrich.

McRobbie, A. (1978). Working Class Girls and the Culture of Femininity. In CCCS. Women's Studies Group, *Women take issue*. London: Hutchinson.

McRobbie, A., & Garber, J. (1976). Girls and subcultures. In S. Hall & T. Jefferson (Hrsg.), *Resistance through rituals: Youth subcultures in post-war Britain* (S. 209–222). London: Hutchinson.

McRobbie, A. (1997). Shut up and dance. Jugendkultur und Weiblichkeit im Wandel. In: SPoKK (Hrsg.), *Kursbuch Jugendkultur. Stile, Szenen und Identitäten vor der Jahrtausendwende* (S. 192–206). Mannheim: Bollmann

Nohl, A.-M. (2006). *Interview und dokumentarische Methode. Anleitungen für die Forschungspraxis*. Wiesbaden: Verlag für Sozialwissenschaften

Nolteernsting, E. (2002). *Heavy Metal Die Suche nach der Bestie*. Bad Tölz u. a Tilsner: Archiv der Jugendkulturen.

Pfaff, N. (2006). *Jugendkultur und Politisierung. Eine multimethodische Studie zur Entwicklung politischer Orientierungen im Jugendalter*. Wiesbaden: VS Verlag.

Richard, B. (1999). Schwarze Netze statt Netzstrümpfe? Weibliche Kommunikationsräume in Jugendkulturen und im Internet. In W. Marotzki, D. Meister, & U. Sander (Hrsg.), *Zum Bildungswert des Internet* (S. 341–361). Opladen: Leske & Budrich.

Roccor, B. (2002). *Heavy Metal. Kunst, Kommerz, Ketzerei*. Berlin: IP Verlag Jeske/ Mader.

Schulze, M. (2007). Mädchen im Hardcore.: Not just Boys' Fun? In G. Rohmann (Hrsg.), *Krasse Töchter. Mädchen in Jugendkulturen.* (S. 91–106). Archiv der Jugendkulturen e.V. Berlin: Archiv der Jugendkulturen Verlag.

Schwarz, T. (2007). Zur Rekonstruktion narrativer Identität und Weiblichkeit im HipHop: Weder „Heilige" noch „Hure" – Portrait einer Rapperin. In G. Rohmann (Hrsg.), *Krasse Töchter. Mädchen in Jugendkulturen.* (S.180–198). Archiv der Jugendkulturen e.V. Berlin: Archiv der Jugendkulturen Verlag.

Stauber, B. (2004). *Junge Frauen und Mädchen in Jugendkulturen. Selbstinszenierungen und Handlungspotentiale*. Opladen: Leske & Budrich.

Vogelgesang, W. (1994). Jugend- und Medienkulturen. *Kölner Zeitschrift für Soziologie und Sozialpsychologie, 4*, 464–490.

Walser, R. (1993). *Running with the devil. Power, gender and madness in heavy metal*. Middletown: University Press of new England.

Weller, W. (2009). The feminine presence in youth (sub)cultures: The art of becoming visible. In R. Bohnsack, N. Pfaff, & W. Weller (Hrsg.), *Qualitative analysis and documentary method in international educational research – results from Brazilian-German cooperation* (S. 145–165). Opladen: Barbara Budrich.

Willis, P. (1977). *Learning to labour. How working class kids get working class jobs*. Farnborough: Saxon House.

Zinnecker, J. (1987). *Jugendkultur 1945–1985. Herausgegeben vom Jugendwerk der Deutschen Shell*. Opladen: Leske & Budrich.

Jugendlicher Bildungshintergrund und Musikpräferenz

10

Friederike von Gross und Thomas Walden

We learnt more from a three minute record,
than we ever learnt in school.
(Bruce Springsteen, ‚No surrender').

Zusammenfassung

Der Beitrag widmet sich der Frage, welche Gruppen Jugendlicher welche Musik nutzen, und zwar unter dem besonderen Augenmerk des Bildungshintergrunds. Zur Klärung dieser Fragestellung wird zunächst grundsätzlich dargestellt, was Musik ist, wie Musik auf den Menschen wirkt und wann ihre Ursprünge bestimmt werden können. Ausgehend von der Funktion der Vergemeinschaftung, die historisch in der Verschränkung von Tanz und Klang verortet werden, wird die jugendkulturelle Bedeutung von Musik in den Fokus gerückt – ihre Bedeutung wird relativiert, da Musik – mit der Erfindung des Grammophons – zu einem „rezeptivem" Gut geworden ist, beherrscht vor allem von der Musikwirtschaft. Nach einer empirischen Betrachtung des Gerätebesitzes und der Freizeitaktivitäten der heutigen Jugendgeneration wird der Bildungsdiskurs fokussiert, zunächst, in dem die empirischen Befunde nach Schulformen unterteilt dargestellt, dann, indem die Differenzierung zwischen Musik und Musikwirtschaft wieder aufgenommen wird und Musikrezeption, -konsum und -produktion bezogen auf Livemusik, klassische Musik oder auch Musik im Fernsehen genauer analysiert werden.

F. von Gross (✉) · T. Walden
Fakultät für Erziehungswissenschaft, Universität Bielefeld, 25, Universitätsstr,
33615 Bielefeld, Deutschland
e-mail: friederikevon.gross@uni-bielefeld.de

T. Walden
e-mail: twalden@uni-bielefeld.de

R. Heyer et al. (Hrsg.), *Handbuch Jugend – Musik – Sozialisation*,
DOI: 10.1007/978-3-531-18912-3_10, © Springer Fachmedien Wiesbaden 2013

Nach einer Betrachtung der prosozialen Funktion von Musik sowie des aktiven Musizierens bei Jugendlichen – immer auch differenziert nach den schulischen Bildungshintergründen – wird das Fazit formuliert, dass auch Musik Bildung bewegt, dieses bislang aber nur unzureichend von den pädagogisch professionell Handelnden zur Kenntnis genommen wird.

Schlüsselwörter

Musikpräferenzen • Musikwirtschaft • Jugendkulturen • Bildungsungleichheiten • Lehrerausbildung • Musik und Bildung

Dieser Artikel thematisiert die Musikpräferenzen Jugendlicher im Hinblick auf ihren Bildungshintergrund. Hier sei vorausgeschickt, dass dieser Begriff eine Dichotomie zwischen Bildungsferne und Bildungsorientierung impliziert, die in postindustriellen Gesellschaften ohnehin schon als brüchig zu betrachten ist. Im Kontext der Musikrezeption Jugendlicher erscheint diese Dichotomie nachgerade hinfällig. Dies begründet sich nicht allein im so genannten linguistic turn und den daraus hervorgegangenen konstruktivistischen Erkenntnistheorien postindustrieller Gesellschaften. Die Ursache für die Auflösung dieser Dichotomie ruht hier tiefer, nämlich in dem betrachteten Sujet selbst, der Musik. Musik ist eine in der Evolution stets kopräsente anthropologische Grundkonstante, deren primärer Stellenwert für Gesellschaften und für Sozialisationsprozesse heute wenig bestritten wird (Levitin 2009; Görtz 2002). Entsprechend stellt sich die Frage, inwiefern eine Korrelation von Bildungsaspiration und Musikpräferenz, ausdifferenziert in bildungsorientierte und bildungsferne Jugendliche, überhaupt sinnvoll erscheint und welche Forderungen für eine zeitgemäße Bildungsarbeit aus einer solchen Korrelation resultieren.

Da Musik in Jugendkulturen heute untrennbar mit Popkultur verknüpft ist, muss dieser Umstand in die Betrachtung integriert werden. Deshalb bietet sich für die Betrachtung zugleich eine Differenzierung zwischen Musik und Musikwirtschaft an. Wird diese Differenz berücksichtigt, gewinnt die Frage nach der Bildungsaspiration an Bedeutung, da es dann um ein Verständnis für komplexeres kulturelles Prozessieren geht. „Die Musikwirtschaft spiegelt in sich auch die aktuellen Auseinandersetzungen der modernen Informations- und Wissensgesellschaft wider. Bisher erworbene Vertriebs- und Verwertungsstrukturen brechen durch den von Online-Handel und -Tauschbörsen ausgehenden Druck auf, Urheber- und Nutzungsrechte sind neu zu definieren" (Tozman 2007, S. 6).

Im ersten Schritt werfen wir zunächst einen Blick auf die Bedeutung von Musik für Individuum und Gesellschaft, wobei besonderes Augenmerk auf die Sozialisation geworfen wird. Anschließend werden wir das musikalische Inventar Jugendlicher zur Musikrezeption entsprechend dem aktuellen Forschungsstand illuminieren. Hiernach skizzieren wir, inwieweit welche Gruppen Musik nutzen und kommen auf die Musikrezeption von bildungsfernen und bildungsorientierten Jugendlichen zu sprechen. Abschließend werden wir die Frage erörtern, inwieweit Bildungsarbeit vor dem Hintergrund von Musik und Musikwirtschaft einer Aktualisierung an aktuelle Lebenswelten bedarf. Hierbei werden wir abschließend die pädagogische Arbeit in institutionalisierten Kontexten fokussieren.

1   Was ist Musik?

Der Zauber der Musik gibt auch Dir die Kraft
(Thomas D. ‚Der Krieger')

Musik bewegt. Im wahrsten Sinne des Wortes. Wenn Klang erzeugt wird, werden Luftmoleküle bewegt, die als Schall wahrgenommen werden. Im Falle von Musik erscheinen die Schallwellen rhythmisiert und sobald sie auf die Cochlea im Gehörgang eines Menschen treffen, werden dort entsprechende Haarzellen in Bewegung gesetzt, die ihre Impulse an das Gehirn weiterleiten. „Bei der Verarbeitung akustischer Wahrnehmungen spielen neben dem Ohr als Sinnesorgan [...] insbesondere drei Gehirnregionen eine Rolle: das limbische System, die Großhirnrindengebiete des Stirn- und Schläfenlappens sowie die je spezialisierten Hälften des Großhirns" (Görtz 2002, S. 24). Diese sind an den kognitiven Prozessen zur Bewältigung der Umwelteinflüsse beteiligt, die in die Konstruktionen der menschlichen Wahrnehmung münden. Aber nicht nur, denn es handelt sich hier nicht allein um kognitive Prozesse, sondern auch um emotionale. Zwar ist wissenschaftlich noch nicht eindeutig geklärt, was Emotionen eigentlich sind, doch haben Neurowissenschaftlerinnen und -wissenschaftler in der jüngeren Vergangenheit entdeckt, dass an affektiven Zuständen u. a. die Hirnregionen beteiligt sind, die den evolutionär ältesten Teil des Gehirns ausmachen. „Musik regt noch viel mehr als Sprache primitive Gehirnstrukturen an, die mit Motivation, Belohnung und Emotion assoziiert sind" (Levitin 2009, S. 241). Über die akustische Wahrnehmung können also sowohl kognitive als auch emotionale Prozesse im Menschen in Bewegung gesetzt werden.

Der Druck akustischer Schallwellen kann vom Menschen jedoch nicht nur über den Gehörgang wahrgenommen werden. Sofern die passenden Frequenzen mit entsprechender (Laut-)Stärke angesprochen werden, werden Schallwellen in Bewegung gesetzt, für die der menschliche Körper in jeder Faser ein Resonanzsystem darstellt.[1] Dies spiegelt sich bereits in der ontogenetischen Entwicklung des Menschen wider. Das Gehör des menschlichen Fötus ist bereits ab dem fünften Monat der Schwangerschaft entwickelt. In dieser Zeit hört der Fötus u. a. den rhythmischen Herzschlag der Mutter, der beruhigende Wirkung auf ihn ausübt (vgl. ebd., S. 283). Insofern also Musik rhythmisierte Schallwellen darstellt, steht die Wahrnehmung von Musik in engem Zusammenhang mit der menschlichen Physiologie. Kurz gesagt: Musik ist *in* uns.

---

[1] Wenn aus den Subwoofern einer P.A. bei einem großen Live-Konzert Musik erklingt, flattern nicht nur die Hosenbeine, sondern die Schallwellen werden auch im Magen wahrgenommen.

Diese enge Verzahnung von Musik und menschlicher Physiologie spiegelt sich neben der ontogenetischen Entwicklung zugleich in der phylogenetischen Entwicklung des Menschen wider. „Ethnologische Forschungen haben gezeigt, dass Musik ein Element aller bekannten Gesellschaften war und ist" (Görtz 2002, S. 20). In Slowenien wurde eine Knochenflöte gefunden, die 50.000 Jahre alt sein soll. Sie entstammt demnach dem Paläolithikum, also der vorderen Altsteinzeit. Abgesehen davon, dass Entwicklung und Produktion einer Flöte bereits eine gewisse handwerkliche Begabung voraussetzen, ist davon auszugehen, dass die Flöte nicht das erste Musikinstrument des Menschen darstellt. Vor der Erfindung der Flöte dürften perkussive Rhythmusinstrumente sowie die menschliche Stimme als Instrumente fungiert haben (vgl. Levitin 2009, S. 330f.). Dementsprechend gehört Musik bereits zu einer der protokulturellen Errungenschaften des Menschen. Wenn Musik aber so lange sowohl die biologische als auch die kulturelle Evolution des Menschen begleitet, dann muss sie einen Zweck erfüllen, der über einen bloßen Selbstzweck hinausführt. Es dürfte nicht schwer zu erraten sein, dass es sich bei diesem Zweck um den der Vergemeinschaftung von Menschen handelt. Entsprechend hält Levitin (2009, S. 334) fest: „Menschen brauchen soziale Bindungen, damit Gemeinschaft funktioniert, und eine dieser Bindungen bietet die Musik". Levitin führt diesen Gedanken der Vergemeinschaftungsfunktion von Musik noch weiter und konstatiert, dass Musik die Vorstufe zur Entwicklung der menschlichen Sprache bedeutet (vgl. ebd., S. 334ff.).

Die Vergemeinschaftungsfunktion von Musik löst sich mit der Entwicklung der Sprache aber nicht auf, sondern „Musik ist im Rahmen der kulturellen Entwicklung des Menschen notwendiger, sozialer Gebrauchsgegenstand als Mittler zwischen rationalen und irrationalen, zwischen bewussten und unbewussten Vorgängen" (Görtz 2002, S. 21). Diese Funktion übte Musik vor allen Dingen durch die Verschränkung von Klang und Tanz aus, wobei sie in frühester Zeit „zur subjektiven wie kollektiven Verarbeitung von durch Natur(-ereignisse) hervorgerufene Gefühle und Empfindungen" (ebd., S. 20) diente, sowie zur sexuellen Selektion (vgl. Levitin 2009, S. 325f.). Prinzipiell hat sich an diesen Funktionen von Musik bis heute nicht viel, aber dennoch einiges geändert.

> *Come mothers and fathers throughout the land*
> *And don't criticize what you can't understand*
> (Bob Dylan, ‚The times they are a chaingin')

Musik bewegt sich. Dass Musik in ständiger Bewegung ist, ist heute sicherlich eine Binsenweisheit. So stellt Volker Steenblock (2004, S. 88) fest: „Wer heute 60 Jahre alt oder jünger ist, hat bereits eine Pop-Biographie". Es fragt sich allerdings, inwiefern Musik sich tatsächlich bewegt hat. Von immenser Bedeutung scheint auf den ersten Blick der gesellschaftliche Quantensprung zu sein, der Musik als Ausdruck der Gegenbewegung der Jugendkultur der 1960er und 1970er Jahre feierte. „In den Sechzigern und Siebzigern stand ‚Pop' für ‚Gegenkultur', beschrieb als Lebensstil-Projekt den Widerstand gegen einen vorschnellen gesellschaftlichen Konsens"

(Kemper et al. 2002, S. 9). Bei näherem Hinsehen erweist sich dieser vielfach kol-
portierte Quantensprung für die Musik jedoch eher als eine evolutive Entwicklung
des Musiksystems. Der Quantensprung dürfte dabei eher einer verkaufsfördernden
Legendenbildung zuzurechnen sein, denn „die Kommerzialisierung hat noch jede der
aus der autochthonen Inszenierungslust des Menschen aufsteigenden, von esoterischen
Identifikationskontexten geprägten Jugend-, Sub- und Gegenkulturen erfasst und in
einen Mainstream der Medien gezwungen" (Steenblock 2004, S. 89).

Dieser Kommerzialisierungseffekt ist nicht Produkt eines sozialen gesellschaftlichen Fortschritts, sondern viel eher Resultat zweier Bewegungen, deren erster
Teil während der Renaissance stattfand. In der Renaissance wandelte sich Musik
von einem Objekt der Teilhabe zu einem Objekt der Darbietung (vgl. Levitin 2009,
S. 332). Dementsprechend steht seit ca. 500 Jahren der musikalische ‚Performer' im
Vordergrund des musikalischen Handelns, der durch sein Können brilliert. „Und
erst in den letzten 100 Jahren hat sich die Verknüpfung von musikalischen Klängen
und menschlichen Bewegungen auf ein Mindestmaß reduziert" (ebd., S. 333). Der
zweite Teil dieser Bewegung ist hingegen rein technischer Natur und rekurriert auf die
Reproduzierbarkeit von Musik, die durch Emil Berliner und Fred Gaisberg innoviert
wurde. Berliner meldete 1887 das Grammophon zum Patent an und Gaisberg baute
1898 in London das erste Tonstudio auf. 1902 machte er dann erste Tonaufnahmen
von Enrico Caruso. Dies war die Initialzündung der allseitigen Kommensurabilität
von Musik. Als 1922 die Radio Corporation of America (RCA) und das Columbia
Broadcasting System (CBS) auf Sendung gingen, war Musik in den privaten Haushalten
zu empfangen (vgl. Renner 2008, S. 36ff.). Damit wurde der Musik die Pforte zu einem
rezeptiven Gut geöffnet, die fortan vornehmlich durch den Diskurs der Musikwirtschaft
beherrscht wurde und wird. Mit anderen Worten, Musik war längst eine etablierte
wirtschaftliche Größe, als das Phänomen Elvis Presley in den fünfziger Jahren an den
Grundfesten bürgerlicher Moral zu rütteln begann. Die wirtschaftliche Entwicklung der
Musikwirtschaft in den folgenden Jahrzehnten ist beachtlich. Im Jahr 2004 beläuft sich
die Dimension der Musikwirtschaft auf ein Volumen von acht Milliarden Euro (vgl.
Tozman 2007, S. 8). In diesem Kontext erscheint die bürgerliche Moral, die von Elvis
und Co. in Aufregung versetzt wurde, als Doppelmoral. Unfreiwillige Unterstützung
fand diese in der kritischen Theorie von Horkheimer und Adorno, die schon 1944 den
Begriff der ‚Kulturindustrie' prägten. Hierin sprechen sie den Konsumentinnen und
Konsumenten, verkürzt gesagt, die Souveränität ihrer Entscheidungen ab. „Für den
Konsumenten gibt es nichts mehr zu klassifizieren, was nicht selbst im Schematismus
der Produktion vorweggenommen wäre" (Horkheimer und Adorno 1998, S. 133).
Scheinbar in Koalition mit den Verfechtern bürgerlicher Moral erscheinen sie zugleich
als diejenigen, die den Bildungsbegriff mitjustierten, wie er dann auch in den bewahr-
pädagogischen Ansätzen seinen Niederschlag fand. Und erst die Etablierung der
Erkenntnistheorie des radikalen Konstruktivismus vermochte diesen Bildungsbegriff
neu zu verhandeln, wobei die Dichotomie von Bildungsorientierung und Bildungsferne
als Relikt der Bewahrpädagogik immer noch in den Diskursen aufscheint.

2   Das Musikmedieninventar Jugendlicher

> *And I fall in love with my stereo*
> *Whenever I hear that sound*
> (Beyoncé, ‚Radio')

Musik wird bewegt. Im Folgenden soll es darum gehen, einen Überblick über das Medieninventar Jugendlicher herzustellen[2] – mit besonderem Fokus auf den Musikaktivitäten Jugendlicher. Hierbei werden einige Studien zu Rate gezogen, die sich sowohl mit der Geräteausstattung als auch den (medialen) Freizeitbeschäftigungen auseinandersetzen. Um einen generellen Überblick zu bekommen, stellen wir nun zunächst eine allgemeine Übersicht über die wichtigsten Medien Jugendlicher dar. In einem zweiten Schritt werden dann die musikspezifischen Medien und Beschäftigungen herausgearbeitet.

2.1   Geräteausstattung und -besitz

Jugendliche – die so genannten *digital natives* (vgl. Palfrey und Gasser 2008) unserer Zeit – besitzen heutzutage eine große Bandbreite an Medien. Laut JIM-Studie (2010) sind die Haushalte, in denen Jugendliche (1219 Jahre) leben, folglich auch so gut ausgestattet, dass dort alle über einen Zugang zu mindestens einem Fernseher, Handy, Computer und Internetanschluss verfügen (vgl. Medienpädagogischer Forschungsverbund Südwest 2010a, S. 6). Im Durchschnitt gibt es sogar 4,0 Handys pro Haushalt, 2,7 Computer und 2,4 Fernseher. In 95 % der Haushalte existiert zudem eine Digitalkamera, in weiteren 92 % ein mp3-Player. Des Weiteren sind DVD-Player und Spielkonsolen in sehr vielen Haushalten vorhanden (vgl. Medienpädagogischer Forschungsverbund Südwest 2010a, S. 6f.). Die Nutzung des Internets beginnt in Deutschland laut EU Kids Online in Deutschland schon in der Kindheit: mit durchschnittlich zehn Jahren (vgl. Livingstone et al. 2010, S. 24).

Viele Geräte stehen den Jugendlichen nicht nur zur Verfügung, sondern sie befinden sich auch im eigenen Besitz. 97 % aller Jugendlichen besitzen mindestens ein eignes Handy, einen mp3-Player nennen 84 % ihr Eigen und 79 % besitzen einen eigenen Computer bzw. Laptop. 69 % der Befragten zählen ein Radio auf und 58 % einen Fernseher. Etwas mehr als 50 % der Befragten besitzen zudem einen eigenen Fernseher (58 %), einen Internetzugang (52 %), eine Digitalkamera (51 %) und zudem eine Spielkonsole (51 % als mobiles Medium, 50 % als Standgerät; Medienpädagogischer Forschungsverbund Südwest 2010a, S. 7).

---

[2] Wichtig sei an dieser Stelle der Hinweis, dass die Ergebnisse solcher Studien nur Momentaufnahmen sein können und in der Regel mit dem Erscheinen der dazugehörigen Publikation meist bereits überholt sind.

Laut JIM-Studie 2010 ist das meist benutzte Medium, um Musik abzuspielen, folglich der mp3-Player, gefolgt vom eigenen Radio, wobei der Besitz einer Stereo-Anlage/eines CD-Spielers in der aktuellen Ausgabe nicht abgefragt wurde (vgl. ebd., S. 8). Ferner können auch Handy und PC/Laptop als Musikabspielgeräte dienen.

Die Unterschiede zwischen den Geschlechtern sind nicht sehr ausgeprägt und nur bei folgenden Medien zu finden: mp3-Player und Digitalkameras sind vor allem bei den Mädchen beliebt, Spielkonsolen, TV-Flachbildschirme und Smartphones besitzen hingegen Jungen häufiger (vgl. ebd.).

2.2   Freizeitaktivitäten

> *Dies hier ist einfach nur Musik, um durch den Tag zu komm,*
> *Dein morgens- frühaufsteh-auf-dem-Weg-zur-Arbeit-Song*
> (Samy Deluxe ‚Musik um gut durch den Tag zu kommen')

Die Musikaktivitäten im Alltag Jugendlicher lassen sich in verschiedene Bereiche ausdifferenzieren. Die Termini mediale und nicht-mediale Musikaktivitäten fungieren als übergeordnete Kategorien. Unterhalb dieser Ebene lassen sich mit Witte, Möller und Sander (2004, S. 179) gesprochen drei Querdimensionen finden: *Musikrezeption*, *Musikkonsum* und *aktives Musizieren*. Dabei ist die Rezeption, also die kommunikative Aneignung von Musik, die bedeutsamste und umfassendste Dimension für die Jugendlichen. Sie schließt sowohl mediale Aktivitäten wie das Schauen von Musikfernsehen und Videodateien im Internet und das Hören von CDs und Radio als auch nicht-mediale Aktivitäten wie Disco- und Konzertbesuche mit ein. Der Bereich des Konsums, sprich des Erwerbs von Gütern, lässt sich davon allerdings nicht entkoppeln. Sowohl die Tonträger, die Musikabspielmedien als auch das Konzertticket oder die Eintrittskarte in die Disco müssen erworben werden. Des Weiteren kaufen Jugendliche Fan-Devotionalien, Musikfachzeitschriften und Fanzines. Aktives Musizieren (bzw. Produzieren von Musik) – möglich sowohl am Instrument als auch digital am Computer und sowohl in der Gruppe als auch alleine – ist der Bereich, der von den Jugendlichen seltener übernommen wird.

Fragt man Jugendliche, wie sie ihre Freizeit gerne gestalten (JIM-Studie 2010; Auswahl aus einer vorgegebenen Liste an Auswahlmöglichkeiten *nicht-medialer* Aktivitäten), so zeigt sich, dass sie die ihnen verbleibende freie Zeit am liebsten mit anderen Jugendlichen verbringen (85 %). Schauen wir uns die weiteren Ergebnisse genauer mit dem Fokus auf Musik an, so finden wir dazu drei Beschäftigungsbereiche. Mindestens mehrmals pro Woche machen 22 % selbst Musik, spielen also z. B. ein Instrument oder singen im Chor. Zudem gehen 8 % der Jugendlichen regelmäßig auf Partys und in die Disco (3 %). Weitet man den Befragungszeitraum aus („zumindest einmal in 14 Tagen"), dann besucht knapp die Hälfte Partys (48 %) und 35 % der Jugendlichen machen selbst Musik oder besuchen eine Disco (29 %; Medienpädagogischer Forschungsverbund Südwest 2010a, S. 9f.).

Die JIM-Studie 2010 befragte die Jugendlichen auch nach den explizit *medialen* Freizeitbeschäftigungen. Dabei wird deutlich, wie hoch der Stellenwert von Musik tatsächlich ist: 83 % nutzen regelmäßig einen mp3-Player, 74 % das Radio und 62 % hören Musik-CDs. Vor allem Mädchen nutzen diese Musikmedien gerne und häufiger als Jungen im vergleichbaren Alter (Medienpädagogischer Forschungsverbund Südwest 2010a, S. 12). Die subjektive Wichtigkeit der Medienbeschäftigungen Musikhören wird von 91 % aller Jugendlichen stärker als alle anderen vorgeschlagenen Beschäftigungen gewertet. Ähnliche Ergebnisse liefern die Befunde der Shell-Jugendstudien (vgl. Deutsche Shell 2000, 2002, 2006, 2010) und die DJI-Längsschnittstudie (vgl. Barthelmes und Sander 2001).

Der hohe Stellenwert, den Musik im Leben Jugendlicher einnimmt, zeigt sich auch, wenn man 12- bis 19-Jährige nach der Mediennutzung im Tagesverlauf befragt. Laut JIM-Studie 2010 begleitet das Radio Jugendliche beim Aufstehen und bei den Mahlzeiten (vgl. Medienpädagogischer Forschungsverbund Südwest 2010a, S. 14f.). Ihren mp3-Player und CDs nutzen Jugendliche vor allem auf dem Schulweg bzw. auf dem Weg zur Arbeit, während Pausen, beim Lernen und Zubettgehen (vgl. ebd., S. 14). Auch sind sie beim ‚Chillen' (43 %) und beim Zusammensein mit Freunden (24 %) wichtige Medien.

Des Weiteren nutzen Jugendliche das Internet bzw. den Computer als Medium zum Abspielen von Musik. 68 % der Jugendlichen nutzen täglich bzw. mehrmals pro Woche den Rechner, um Musik bzw. Sounddateien am PC zu hören, und weitere 60 % hören Musik bzw. Sounddateien im Internet. 11 % geben an, übers Internet Radio zu hören (vgl. Feierabend und Rathgeb 2011, S. 305). Diese Zahlen werden untermauert von der ARD- und ZDF-Onlinestudie (vgl. Busemann und Gscheidle 2011, S. 363ff.): Zwar wird auch hier weder nach der Menge der gespeicherten Songtitel noch nach der Dauer der Benutzung des Rechners als Musikabspielgerät gefragt, aber die Autorin und der Autor fanden heraus, dass 58 % der Onliner ab 14 Jahren (zumindest selten) Videos auf Videoportalen ansehen, wobei die größte Gruppe solcher Videos mit 70 % Musikvideos sind. Die Gruppe der 14- bis 19-Jährigen (befragt wurden Bundesbürgerinnen und -bürger ab 14 Jahren) ist hier mit 87 % besonders an Musikinhalten interessiert.

Es muss an dieser Stelle jedoch darauf hingewiesen werden, dass die vorhandenen Daten nur eher schwammige Aussagen zulassen, denn Musikhören ist oftmals nicht von anderen Freizeitaktivitäten scharf abgrenzbar, die Übergänge sind fließend und die Tätigkeiten miteinander vermengt. Musik begleitet Jugendliche im Alltag, viele Aktivitäten sind für Jugendliche ohne musikalische Rahmung kaum vorstellbar. So antworten auf die Frage „Wenn Du mit Freunden zusammen bist – was machst Du am liebsten?" immerhin 15 % der befragten weiblichen Jugendlichen und 11,5 % der befragten männlichen Jugendlichen mit „Musik hören" (Marci-Boehncke und Rath 2007, S. 33).

Interessant ist, dass Musikhören nicht erst im Jugendalter von Bedeutung ist. Musikhören ist bei den in der KIM-Studie 2010 befragten Kindern zwischen sechs und 13 Jahren mit 76 % das zweithäufigste genannte Themeninteresse hinter „Freunde,

Freundschaft" mit 93 %, wobei Mädchen mehr an Musik interessiert sind als Jungen im vergleichbaren Alter (Medienpädagogischer Forschungsverbund Südwest 2010b, S. 5f.). 40 % der Kinder hören jeden bzw. fast jeden Tag Musik, weitere 41 % tun dies ein- bis mehrmals pro Woche (vgl. ebd., S. 9). Damit ist Musikhören mit 81 % die zweithäufigste mediale Freizeitbeschäftigung von Kindern hinter Fernsehen (97 %). Aktives Musizieren ist wenig verbreitet. Nur 19 % spielen mindestens einmal wöchentlich ein Musikinstrument (ebd., S. 10) und lediglich 9 % (der befragten Kinder ab zehn Jahren) machen mithilfe des Computers selbst Musik (ebd., S. 26).

Ein eigener CD-Spieler ist das Gerät, welches Kinder besonders häufig selbst besitzen (64 %), einen mp3-Player besitzen gut 50 % der Kinder und immerhin knapp 27 % nennen einen Walkman, einen Discman oder ein Mini-Radio ihr Eigen (ebd., S. 8). Einen Fernseher besitzen im Vergleich lediglich 45 % (ebd.). Vielleicht überraschend hinsichtlich dieser Zahlen mag der Umstand sein, dass Kinder aber sehr wohl auf Musikmedien verzichten könnten. Die Bindung an den Fernseher, den Computer bzw. das Internet, an Bücher und an Zeitschriften bzw. Heftchen ist stärker. So würden nur 3 % der Kinder nicht auf ihren mp3-Player verzichten wollen und nur 2 % nicht auf ihr Radio (ebd., S. 60).

3   Differenzierungen hinsichtlich des Bildungshintergrundes

Die JIM-Studie 2010 differenziert sowohl bei der Ausstattung der Jugendlichen, bei den Medienbeschäftigungen als auch bei der subjektiven Wichtigkeit der einzelnen Medien auch hinsichtlich des Bildungshintergrunds.

Bezüglich der Medienausstattung sind einige Unterschiede zu verzeichnen. So sind Hauptschülerinnen und -schüler besser mit Unterhaltungsmedien wie Fernsehern, Spielekonsolen, DVD-Playern und -Recordern ausgestattet und Gymnasiastinnen und Gymnasiasten besitzen häufiger ein Radio, einen eigenen Internetanschluss und eine Digitalkamera (vgl. Feierabend und Rathgeb 2011, S. 300f.). Im Hinblick auf die Nutzung von Musik(-medien) spielen diese Unterschiede aber nur eine geringe Rolle. So steht bei Jugendlichen aller Schulformen der mp3-Player mit durchschnittlich 86 % an Platz zwei der Geräte-Hitliste (vgl. Feierabend und Rathgeb 2011, S. 300). Und während Hauptschülerinnen und -schüler zwar weniger häufig Radio und Musik-CDs hören als Schülerinnen und Schüler anderer Schulformen, so hören sie Musik und Sounddateien häufiger am PC oder im Internet und nutzen auch eher ein Internetradio zum Hören von Musik (vgl. Feierabend und Rathgeb 2011, S. 305). Diese Daten zeigen: Es gibt zwar Unterschiede bei der Medienausstattung Jugendlicher, aber Musik hören sie – wenn sich auch die Form zum Teil unterscheidet – alle gleich gerne.

Neben Medienbesitz und Medienbeschäftigung ist auch die subjektive Wichtigkeit von Musik im Alltag Jugendlicher unabhängig vom Bildungshintergrund. Unabhängig von der Schulform ist Jugendlichen Musikhören bedeutsamer als jegliche andere Mediennutzung (vgl. Feierabend und Rathgeb 2011, S. 301).

Die KIM-Studie (2011) untersuchte des Weiteren die Prägung des Medienumgangs von Kindern durch das Elternhaus und befragte die Eltern in einem ersten Schritt nach ihren Interessenschwerpunkten. Die Themen „Bücher/lesen", „Reisen", „Umweltschutz", „Kunst/Kultur" und „Kinder und Medien" werden umso interessanter, je höher der Bildungsgrad der Eltern ist (vgl. Medienpädagogischer Forschungsverbund Südwest 2010b, S. 58f.). Geringe Unterschiede ergeben sich dagegen (neben anderen) bei den Kategorien „Musik-Stars und Bands" und „Musik" (vgl. ebd.), die Eltern aller Bildungshintergründe gleichermaßen interessieren.

Auch in der Shell Studie 2010 wird deutlich, dass „Musik hören" in allen Schichten beliebt ist. Die von den Autoren der Shell-Studie vorgenommene Gruppierung der Jugendlichen in vier Typen zeigte, dass sowohl die „kreative Freizeitelite", die signifikant viele Jugendliche aus der Oberschicht vereint, als auch die „Medienfreaks", der signifikant viele Jugendliche aus der Unterschicht angehören, diejenigen sind, die besonders häufig Musik hören. Die soziale Herkunft[3] spielt demnach – zumindest was die Häufigkeit betrifft – keine Rolle (vgl. Deutsche Shell 2010, S. 98ff.).

Die DJI-Längsschnittstudie von Barthelmes und Sander (2001) befragte zwar Jugendliche aller drei klassischen Schulformen Haupt-, Realschule und Gymnasium, zumindest beim Thema Musik werden jedoch keinerlei Unterschiede im Verhalten der Jugendlichen gegenüber Musik, beim Nutzen oder bei ihren Präferenzen von Musik festgestellt. So kann Musik für Jugendliche aller Schulformen eine Art Trost sein, kann einen Dialog mit einem Star herstellen, kann zum Lebensmotto werden oder eine Art „Anker in der Biographie" bedeuten (vgl. Barthelmes und Sander 2001, S. 100ff.). Jugendliche aller drei Schulformen versuchen sich mit *ihrer* Musik sowohl von den Eltern, den Geschwistern und auch von anderen Jugendlichen abzugrenzen. Dies tun sie bei letzter Gruppe nicht schulformbezogen, sondern unabhängig davon. Die Wahl einer Lieblingsmusik kann mit der Wahl einer Jugendszene zusammenhängen, welche ebenfalls aus Jugendlichen sämtlicher Schulformen bestehen. Es verbinden die Themen – die Musik, das Outfit, die Accessoires, die Ideen – der Szene. Bildungshintergründe sind keinerlei Wahlkriterium (vgl. Hitzler et al. 2005, S. 33, 45, 58, 72).

Ingrid Paus-Hasebrink (2009) weist darauf hin, dass die Rolle der Medien bei der Alltagsgestaltung und der Sozialisation von Kindern (und das gilt wohl auch für Jugendliche; Anm. d. Verf.) in sozial benachteiligten Familien noch deutlich unzureichend erforscht ist. Sie stellt eine Panelstudie zur Mediensozialisation von sozial benachteiligten Kindern in Österreich vor und kommt zu dem Schluss, dass besonders eben diese Kinder eine Medienkindheit leben und sie in verstärktem Maße einer Mediensozialisation ausgesetzt sind, da „das Aufwachsen […] durch andere Sozialisationsinstanzen nur wenig

---

[3] Die soziale Herkunftsschicht der Jugend wird im Fall der Shell Jugendstudie mit Hilfe eines Index gebildet, der Variablen wie den „höchsten Schulabschluss des Vaters", die „Zufriedenheit mit der finanziellen Situation", die „Wohnsituation der Eltern" und die „Anzahl der Bücher im Elternhaus" einbezieht (Deutsche Shell 2010, S. 400f.).

moderiert [wird]" (Paus-Hasebrink 2009, S. 48). Paus-Hasebrink fokussiert in ihrem Beitrag leider lediglich die Medien TV, Buch und Computer. Das Thema Musik wird nicht angesprochen. Hier findet sich folglich ein doppelt gelagertes Forschungsdesiderat. Dass Musik für Jugendliche aller sozialen Schichten von großer Bedeutung ist, zeigen die quantitativen Daten der oben vorgestellten Studien. Auch die qualitative Studie vom DJI stellt hinsichtlich des Bildungsgrunds keine Unterschiede bei den musikalischen Vorlieben der befragten Jugendlichen fest. Ob aber – folgt man der These Paus-Hasebrinks, dass vor allem Kinder sozial benachteiligter Familien *medien*-sozialisiert werden – heute eine gezielt auf Musik-Sozialisation hin ausgelegte Studie neue Erkenntnisse erzielen würde, kann mangels aktueller Studien nur dahingestellt bleiben.

Vor dem Hintergrund der eingangs gezogenen Differenzierung in Musik und Musikwirtschaft werden wir im Folgenden die Querdimensionen Musikrezeption, -konsum und -produktion eingehender betrachten, sofern sie für das jeweilige Medium Relevanz entfalten.

4   Musikrezeption, -konsum und -produktion

4.1   Musik im Radio

> *Everything I had to know*
> *I heard it on my radio*
> (Queen, ‚Radio Gaga')

Die Radiomusikrezeption Jugendlicher ist Veränderungen unterworfen, die mit der Identitätsbildung der Jugendlichen einhergeht. Orientieren sich 9- bis 11-Jährige noch stark am Geschmack und den Vorlieben ihrer Eltern und distanzieren sich lediglich von den Radiopräferenzen der Großeltern (Klassik und Volksmusik), beginnen sie im Alter von elf bis zwölf Jahren eigene Senderwahlen zu tätigen (vgl. Hartung 2004, S. 24f.). Mit Einsetzen der Pubertät erweitern Jugendliche ihren Handlungs- und Orientierungsspielraum, entfernen sich, mit Baacke (1999, S. 112ff.) gesprochen, vom ökologischen Zentrum und dringen hin bis zur ökologischen Peripherie vor und treffen folglich eigene Entscheidungen zugunsten von Jugendwellen im Radio (vgl. Hartung 2004, S. 25). Gemocht wird, was die anderen Jugendlichen hören – als erste Erweiterung des zu Hause präferierten Senders. Ab einem Alter von 13 Jahren wird die Erweiterung zur Abgrenzung. Deutlich distanzieren sich die Jugendlichen nun vom Musikgeschmack ihrer Eltern. Sie lehnen Nachrichten und Werbung im Radio als störend ab, suchen Musik, die ihrem Lebensgefühl entspricht, und Idole, die als Vorbilder dienen können (vgl. ebd., S. 26ff.) bzw. mit denen sie parasoziale Beziehungen eingehen können (vgl. Fritzsche 2004). Während sich der musikalische Geschmack in der Folgezeit immer weiter ausdifferenziert, suchen Jugendliche zusätzlich zur Radionutzung nach anderen, passgenaueren Quellen für ihre musikalischen Vorlieben, die das Radio in der Form nicht (mehr) bedienen kann. Die Nutzung von mp3- oder CD-Playern gewinnt an Bedeutung, da sich mit ihnen die je individuelle Hitliste beliebig zusammenstellen lässt (vgl. Hartung 2004, S. 28f.). Von Relevanz ist dies vor allem für Liebhaberinnen und Liebhaber von Musik abseits des Mainstreams, deren Musik von den gängigen Musiksendern weitgehend ignoriert wird. Dennoch begleitet das Radio die Jugendlichen weiterhin im Tagesverlauf. Es wird nur im Gegensatz zu vorher mehr zur ‚Klangtapete' im Hintergrund, vor allem beim Aufstehen und bei den Mahlzeiten (vgl. Medienpädagogischer Forschungsverbund Südwest 2010a, S. 14).

Die AS&S Radio GmbH hat im Jahr 2009 Ergebnisse ihrer Studie „Die Hörer hinter der Musikfarbe" veröffentlicht, die erforschte, welches Sinus-Milieu welches Radio-Format bevorzugt. Das erste nennenswerte Ergebnis war, dass sich keine Auffälligkeiten herausbilden: „Radio hört fast die gesamte Bevölkerung ab 14 Jahren und Radio hören auch alle Sinus-Milieus" (AS&S Radio 2009, S. 11). Weder bezogen auf die soziale Lage, auf die Grundorientierung noch auf die Altersgruppen zeigten sich Unterschiede. Die Jungen hören Radio ebenso gerne und häufig wie die Alten, die Unterschicht hört Radio ebenso wie die Oberschicht. Lediglich hinsichtlich der Genres zeigen sich Differenzierungen.

Die so genannten Jugendwellen werden von den „jungen Milieus" (ebd., S. 29) gehört, den Modernen Performern, den Experimentalisten und den Hedonisten (vgl. ebd., S. 13) und die Schlagerwellen vor allem von den „traditionellen Milieus" (ebd., S. 16). Beide Milieu-Typen ziehen sich aber durch alle fünf Schichten. Es sind demnach keine Bildungsunterschiede feststellbar. Die gibt es lediglich bei den Hörerinnen und Hörern von Info- und Kulturwellen, welche in der Oberschicht und oberen Mittelschicht stark überrepräsentiert sind. Allerdings gehört keines der „jungen Milieus" zu den ausgewiesenen Hörern eben dieser Wellen.

4.2 Musik im Internet

> *Und bei den Preisen kann ich Rippen niemand übel nehmen*
> *Und freu mich doppelt über die, die vor der Bühne stehen*
> (Beginner, ‚Stift her')

Mit der oben genannten Erkenntnis, dass insbesondere für Jugendliche mit einem besonders ausdifferenzierten Musikgeschmack das Medium Radio bald keine ausreichende Befriedigung der speziellen Musikbedürfnisse mehr erzielen kann, gehen Ergebnisse von Gebel und Wagner (2004) einher. Laut ihrer Studie sind vor allem männliche Jugendliche mit einem höheren Bildungshintergrund so genannte Non-Mainstream-Fans. Sie erweitern ihr Medienrepertoire, um sich gezielt und passgenauer mit ihrem je individuellen Musikgeschmack auseinandersetzen zu können. Für sie dient vor allem das Internet als Fundgrube. Es bietet Ihnen Informationen zum Lieblingsstar bzw. zur -band oder zur Musikrichtung insgesamt. Neben Texten und Bildern finden sie ihre Lieblingsmusik als Download, als Video- oder Sounddatei zum Anschauen und

-hören (vgl. ebd., S. 41). Des Weiteren nutzen sie auf ihr Thema spezialisierte virtuelle Treffpunkte, um sich mit Gleichgesinnten auszutauschen (vgl. von Gross 2010a, 2010b).

Neben den weiter oben genannten eher passiven Such- und Konsumstrategien Jugendlicher bei der Suche nach Musikinformationen im Internet lassen sich eben dort aber auch viele Zeugnisse davon finden, zu welch erstaunlicher Kreativität Musik Jugendliche motivieren kann. Ein Beispiel ist die aus Japan nach Europa importierte Jugendszene *Visual Kei*. Auf YouTube finden sich unzählige so genannte Fan Vids, Mashups (selbst zusammengestellte Bilder-Collagen mit Musik hinterlegt) oder Visual Kei Style Makeup-Tutorials, auf der Japan-Community Animexx stellen die User massenhaft Fotos von selbst genähten, den Outfits der Stars zum verwechseln ähnliche Kostüme zur Schau und Bilddateien spiegeln wider, mit wie viel Liebe und Arbeit Fan Arts kreiert und von anderen Usern bewertet werden. Eigenständig programmierte, gestaltete und/oder betreute Foren, Blogs und Fanclubs demonstrieren, wie sich die Jugendlichen das Internet zu Eigen machen (vgl. von Gross 2010b). Laut Süss (2007, S. 110) kann eine derartige Mediennutzung als Selbstsozialisation so interpretiert werden, dass „die Sozialisanden die Wahl von Medien und Medieninhalten selbst steuern, über Medienzeiten und Medienorte in relativer Autonomie entscheiden und die Bedeutung der Medieninhalte im Rezeptionsprozess eigenständig konstruieren."

Nach wie vor erfreut sich Musik als Konsumgut unter Jugendlichen größter Beliebtheit, wie der Blick auf das Medieninventar Jugendlicher illustriert hat. Im Jahr 2009 besaßen 92 % aller Jugendlichen zwischen 14 und 17 Jahren einen mp3-Player (Tschmuck 2009a). Zudem ist der mp3-Player als externes Gerät nicht das einzige Medium, das Musik abspielen kann. „Fast alle Schüler, unabhängig davon, ob sie Gymnasium, Haupt-, Gesamt- oder Realschule besuchen, besitzen ein Handy" (Becker 2008, online) und die meisten Handys verfügen inzwischen über einen integrierten mp3-Player. In diesem Zusammenhang gewinnt das Internet als zentrales Distributionsorgan nicht-physischer Tonträger in den letzten Jahren zunehmend an Bedeutung. Neben iTunes, music-store, simfy u.ä. finden vor allen P2P-Netzwerke, Sharehoster, Blogs, Foren usw. als Distributionsplattformen Anwendung. Der Vertrieb von Musik über das Netz findet also nach wie vor nicht nur im legalen Rahmen statt, wie der Bundesverband der Musikindustrie beklagt. „Insgesamt wurden im letzten Jahr 414 Mio. Einzeltracks heruntergeladen, davon 185. Mio. illegal. Bei den Alben waren es insgesamt 62 Mio. Einheiten, wobei der Anteil der illegal heruntergeladenen Alben hier bei 74 Prozent liegt (46 Mio.)" (Heinz 2011). Auch das Downloaden von Musik über Internetradios wuchs vom Jahr 2009 zum Jahr 2010 um fast 50 %. Handelte es sich laut Rechnung des Bundesverbands der Musikindustrie 2009 noch um 6,3 Mio. Personen, waren es im Jahr 2010 bereits 9,3 Mio. Personen (ebd.). Der Bundesverband hat die ‚Sünder' auch gleich ausmachen können. Bei ihnen handelt es sich nicht, wie zu erwarten war, um Jugendliche zwischen zehn und -19 Jahren, „die sich die begehrten Produkte nicht leisten können" (Knöll 2010). Vielmehr handelt es sich laut Brennerstudie 2010 um die Gruppe der 20- bis 29-Jährigen, die mit 25 % die höchste Reichweite unter den illegalen Downloadern ausmachen (Bundesverband Musikindustrie 2010). Demgegenüber stellt Peter Tschmuck alledings fest, dass die 14- bis 17-Jährigen die Liste der Downloadintensität „mit durchschnittlich 73 Tracks pro Monat vor den 18–24jährigen mit 56 Tracks pro Monat und den über 25jährigen mit monatlich 27 Tracks" anführen (Tschmuck 2009a, online). Widersprüchlich zeigen sich die Befunde hingegen beim Konsum von Musik mit Blick auf bildungsspezifische Unterschiede, denn laut Medieninfo Bayern dominieren die Gymnasiastinnen und Gymnasiasten beim Internetzugang (vgl. Haldenwang, o.J.). So hält auch Matthias Becker (2008, online) fest: „Aber auch in der Mediensphäre sind einige gleicher als andere: Nur 57 Prozent der Hauptschüler haben einen eigenen Computer, im Gegensatz zu 71 Prozent der Gymnasiasten". Er bezieht sich auf die Studie des Instituts für Medienpädagogik (JFF) „Medienhandeln im Hauptschulmilieu" aus dem Jahr 2008. Diese Studie hält allerdings gleichzeitig fest, dass das Internet von Hauptschülerinnen und Hauptschülern kostenbewusst genutzt wird. Sie nehmen es als einen Ort wahr, „an dem z. B. Musik und Spiele idealerweise kostenfrei bezogen werden können" (Wagner 2008, online). Auffällig ist auf der anderen Seite jedoch, dass beispielsweise in Großbritannien bei steigendem Wohlstand immer weniger Geld für Musik ausgegeben wird (vgl. Lücke 2011). In Verbund mit den Befunden des Bundesverbandes der Musikindustrie stellt sich nun die Frage, ob Wohlstand als Kriterium für Bildungsorientierung bei der Frage des Musikkonsums möglicherweise ausscheidet. Die Zugangsmöglichkeiten zum Downloaden scheinen doch offensichtlich eher bei den ökonomisch besser Gestellten zu finden zu sein. Will man das Kriterium der Bildungsorientierung hier aufrechterhalten, müssten Kompetenzen zum illegalen Downloaden von Musik als anzustrebendes Bildungsgut betrachtet werden. Aus medienpädagogischer Perspektive erweist sich der Grad an Medienkompetenz, der dafür notwendig erscheint, Songs aus dem Internet herunterzuladen, nicht sonderlich hoch, da er sich als ein rein technischer Vorgang abbildet. Trotzdem sei an dieser Stelle die Hypothese aufgestellt, dass sich in den P2P-Verfahren, zumindest für das Internet, eine Entwicklung des ‚Ich-gebe-Dir-und-Du-gibst-mir' andeutet, die über das reine Interesse am Konsum hinausweist. Wir werden diesen Gedanken im letzten Teil des Textes wieder aufgreifen.

An dieser Stelle sei ein Faktum ergänzt, das darauf hindeutet, dass das illegale Downloaden nicht vordergründig von den so genannten bildungsfernen Jugendlichen durchgeführt wird. Die Rede ist von den Klingeltönen. Die JIM-Studie 2005 fragt nach der Bestellung von Klingeltönen. 52 % der Jugendlichen haben weitere Klingeltöne auf ihrem Handy installiert. „Auffällig ist hierbei, dass 31 Prozent der Hauptschüler diese Angebote nutzen, während bei den Gymnasiasten nur sieben Prozent durch Fernsehwerbung zu einer Bestellung motiviert werden, die Realschüler liegen mit 21 Prozent im Mittelfeld" (Medienpädagogischer Forschungsverbund Südwest 2005, S. 51). Vom illegalen Downloaden ist im Zusammenhang mit Klingeltönen jedoch deutlich weniger die Rede, und das in einem Jahr, in dem das illegale Downloaden laut Bundesverband der Musikindustrie noch in einer Boomphase war (vgl. Bundesverband Musikindustrie 2010, online). Der Markt der Klingeltöne erregte jedoch im Bereich des Musikfernsehens Unmut. „Seit jüngster Zeit, im negativen Sinne imageprägend, für die als ‚Jamba-TV' verschrienen Musiksender ist auch die Werbung für Klingeltonanbieter geworden" (Tozman 2007, S. 42). In der Folge verbannten MTV und Viva die Klingeltonwerbung aus weiten Teilen ihres Programms. Wenn Fernsehwerbung auf den Musiksendern insbesondere die sogenannten bildungsfernen Jugendlichen dazu motiviert, Klingeltöne zu installieren, stellt sich die Frage, ob Musik im Fernsehen vornehmlich von dieser Gruppe rezipiert wird.

4.3   Musik im Fernsehen

> *I want my, I want my*
> *I want my MTV*
> (Dire Straits, ‚Money for nothing')

Die JIM-Studie 2010 stellt fest, dass Fernsehen nach wie vor zur zentralen Mediennutzung Jugendlicher gehört. Circa 88 % der Jugendlichen sehen mindestens mehrmals pro Woche fern (Medienpädagogischer Forschungsverbund Südwest 2010a, S. 12). 2004 erreichte beispielsweise das MTV Network 400 Millionen Haushalte weltweit. In der Zielgruppe der 14- bis 29-Jährigen erzielten die vier großen Musikkanäle MTV, MTV2 Pop, VIVA und VIVA Plus einen Marktanteil von 6 % (Kurp 2004, S. 28f). Diese relativ breite Musiksenderlandschaft wurde in der Form nicht aufrechterhalten. Zunächst verschwanden VIVA Plus und MTV Pop2 aus dem analogen Kabelnetz und zum 01.01.2011 wurde MTV ins Pay-TV verlegt, so dass VIVA derzeit als einziger Fernsehsender im analogen deutschen Kabelnetz zu sehen ist.[4]

Hinsichtlich der Frage, ob besonders bildungsferne Jugendliche MTV rezipieren, konstatiert Matthias Kurp (2004, S. 30): „Die unterschiedlich intensiven Rezeptionsweisen von Videoclips sind abhängig von Geschlecht, Alter, Bildungsgrad, finanzieller Situation usw. Sehr junge Zuschauer mit geringem Bildungsstand beispielsweise haben tendenziell einen anderen Anspruch an Musikfernsehen als junge Erwachsene mit höherer Bildung: Während die einen sich mit den stereotypen Chart-Clips zufrieden geben, bevorzugen die anderen Spezial-Formate (früher vor allem bei VIVA 2), die mit ihrer Musikauswahl jenseits des Mainstreams eher einem gehobenem Anspruch bzw. einem stärker reflektierten Lebensgefühl entsprechen". Mit anderen Worten, die Bildungsorientierung stellt hier nur ein Kriterium unter vielen dar, während das Alter ein entscheidenderes Kriterium abbildet. Kurp (2004, S. 31) schließt,

---

[4] Diese Entwicklung wird der Veränderung der Videocliprezeption zugerechnet, die sich zusehends mehr auf das Internet (z.B. via YouTube) verlagerte. MTV hat sich hierbei zu einem allgemeinen Jugendsender entwickelt, in dem Musikvideos eher zu einem Nebenprodukt avancierten. Zu der Frage, warum der Sender keine Videos mehr sendet, wird auf der Homepage von MTV geantwortet: „Das tun wir doch! Gut und gerne und viel. Wem das nicht reicht: Alle Clips gibt's auch online unter www.mtv.de/videos in bester Qualität" (MTV, FAQ). Hier weist MTV auch nochmals auf ihre Pay-TV-Kanäle hin.

dass Musikfernsehen eher als „Sozialisationsagent" und „Lebensweltbegleiter" für die individuelle Identitätskonstruktion fungiert. Diese Funktionen finden sich im jüngeren Musikfernsehen in Form der Castingshows wieder, die sich in den 2000er Jahren etablierten. Als Marktführer erweist sich hier ‚Deutschland sucht den Superstar' (DSDS), das im November 2002 reüssierte (vgl. Tozman 2007, S. 50).

Die erste Staffel von DSDS erzielte zuweilen Einschaltquoten von über 50 %. Dem Sender RTL gelang es mittels dieses Formats die Samstagabendunterhaltung für das Privatfernsehen zu öffnen (vgl. Döveling et al. 2007a, b, S. 103). Auch die weiteren Staffeln erzielten regelmäßig Einschaltquoten über 20 %, wobei der Anteil der Frauen stets höher war als der der Männer (vgl. ebd., S. 107). Neben der Geschlechtszugehörigkeit scheint vor allen Dingen das Alter als Kriterium über die Rezeption von Castingshows zu entscheiden. „Während bei den Sechs- bis Siebenjährigen nur 1 % ‚DSDS' als Lieblingssendung angibt, beträgt dieser Anteil bei den Zehn- bis Elfjährigen schon 5,4 %, um dann bei den Zwölf- bis 13-Jährigen mit 8,3 % den höchsten Anteilswert zu erreichen" (Schwarz 2007, S. 163). Entgegen möglicher Erwartungen spielt die Bildungsorientierung bei der grundsätzlichen Rezeption von Castingshows jedoch kaum eine Rolle. „Hinsichtlich des Bildungshintergrundes der Befragten ließ sich kein nennenswerter Einfluss auf die Nutzung von Castingshows nachweisen" (Hackenberg et al. 2010, S. 61). Castingshows werden somit also sowohl von ‚bildungsfernen' wie auch von ‚bildungsorientierten' Jugendlichen in hohem Maße rezipiert. Dabei steht über alle Jugendlichen hinweg außer Frage, dass mit den Castingshows hohe Einschaltquoten erzielt werden sollen. Kleinere Differenzen zeigen sich erst, wenn es um den Umgang mit den Inhalten des Formats geht. Die Studie von Hackenberg, Hajok und Selg kommt zu den Schluss, dass die Sendung weniger als Fiktionalität wahrgenommen wird, je jünger die Altersgruppen sind und je geringer der Bildungsstand ist (vgl. ebd., S. 63).

Interessantere Ergebnisse liefert hier ein Blick auf den Aspekt der Sozialverträglichkeit und damit des kulturellen Prozessierens des Formates. „Hinsichtlich des Geschlechts und Bildungshintergrundes der Nutzer wird deutlich, dass die weiblichen und auch die höher gebildeten Heranwachsenden den Umgang der Jury mit den Kandidaten über alle Sendungen hinweg negativer bewerten als die männlichen und niedriger gebildeten. Dies könnte ein Hinweis darauf sein, dass weibliche und höher gebildete Heranwachsende mehr Empathie für die teilnehmenden Kandidaten empfinden" (ebd, S. 63.). Diesen Umstand verknüpft Claudia Schwarz mit dem Elternhaus und damit mit sekundären Herkunftseffekten. Sie konstatiert, dass eine unkritische Lesart von ‚Starmania'[5] sich bei Müttern aus niedrigen Bildungsschichten findet und Mütter aus Akademikerfamilien sich das Format eher in ‚ironisch-oppositioneller' Weise aneignen. Hierbei führen diese Mütter ihren Kindern vor, wie eine kritische Auseinandersetzung mit Medienprodukten erfolgen kann (vgl. Schwarz 2007, S. 170f.).

---

[5] ‚Starmania' ist der österreichische Ableger des in Deutschland als DSDS bekannten Castingshow-Formats.

Ähnliche Herkunftseffekte wie bei der Rezeption der Castingshows zeigen sich auch
für die Rezeption von klassischer Musik.

4.4   Klassische Musik

Es fließt hier, wie wenn ich Smetana's Moldau hör
Alles klingt zusammen, wie bei ner Symphonie
(Sportfreunde Stiller, ‚Heimatlied')

Im Winter 2004/2005 wurde von der ARD eine E-Musikstudie in Auftrag gegeben, die
über den Stellenwert und das Image klassischer Musik in der bundesdeutschen
Bevölkerung Auskunft geben sollte. Die Studie fragt nach Musiksozialisation,
Musiknutzung und Musikkompetenz. Zudem werden die Ergebnisse entsprechend der
‚MedienNutzerTypologie' (MNT) geclustert.[6] Auf den ersten Blick wenig überraschend
wird in der Studie unter dem Aspekt der Musiknutzung deutlich, dass die Typen der
‚Jungen Wilden' sowie der ‚Unauffälligen' in der Gruppe der Nicht-E-Musikoffenen
überrepräsentiert sind. Bei Ersteren handelt es sich um das jüngste Cluster der MNT, bei
Letzteren ist das herausragende Kennzeichen die Mainstreamorientierung. Unter den
E-Musikoffenen zeigt sich hingegen, dass Frauen eine höhere Affinität zur E-Musik
haben als Männer und die E-Musikoffenen auch eine vergleichsweise höhere Bildung
aufweisen (vgl. Mende und Neuwöhner 2006, S. 246). Interessanter erweist sich die
Frage, wie dieses Ergebnis zustande kommt. Mittels der Musiksozialisation wird die
Antwort auf diese Frage illustriert. Hierbei zeigen sich erneut die bereits weiter oben
angeführten sekundären Herkunftseffekte als ausschlaggebend für den Zugang zu Musik.
„Für den Zugang zur klassischen Musik sind offenbar das Alter und die soziokulturellen
Milieus die entscheidenden Faktoren. Geschlecht und formale Bildung scheinen eher
nachgeordnet" (ebd., S. 247). Die Studie zeigt, dass die E-Musikdistanzierten ein relativ
vorurteilsfreies Verhältnis zu klassischer Musik aufweisen und dass klassische Musik
nicht den eigenen Hörpräferenzen entspricht. Dieser Umstand wird in Verbindung mit
der Musiksozialisation gesehen, wobei die musikalischen Prägungen im Elternhaus und
dem familiären Umfeld die entscheidende Rolle spielen (vgl. ebd., S. 248). Nachrangig
treten dann die Erfahrungen mit klassischer Musik im Schulunterricht hinzu. Fallen all
diese Erfahrungen positiv aus, ist die Chance auf eine E-Musikoffenheit erwartbarer (vgl.
ebd., S. 256). Darüber hinaus steht die Offenheit für E-Musik im Zusammenhang mit
dem Erlernen eines Musikinstruments (vgl. ebd., S. 255). Das Erlernen eines
Musikinstruments wiederum korreliert mit dem Bildungsgrad des Elternhauses. Die
Studie zeigt, dass die so genannte Bildungsorientierung in Bezug auf musikalische

---

[6] Die MedienNutzerTypologie 2.0 kennt folgende Cluster: Junge Wilde, Zielstrebige Trendsetter,
Unauffällige, Berufsorientierte, Aktiv Familienorientierte, Moderne Kulturorientierte, Häusliche,
Vielseitig Interessierte, Kulturorientierte Traditionelle und Zurückgezogene (vgl. Oehmichen und
Schröter 2007, S. 406).

Präferenzen bei klassischer Musik in erster Linie über den Bildungsgrad des Elternhauses und deren Kompetenz, positive Erlebnisse mit klassischer Musik zu induzieren, definiert wird. Wenn der Aspekt sozialer Interaktion für die Rezeption von Musik im häuslichen Bereich bereits Relevanz entwickelt, so steigert diese Relevanz sich im Rahmen der Rezeption von Live-Musik noch einmal deutlich.

4.5   Livekonzerte und Musikevents

Music makes the people come together
(Madonna, , Music')

„Konzerte sind nicht nur musikalische, sondern stets auch soziale Ereignisse – denn erst durch die Anwesenheit eines Publikums wird die Aufführung von Musik zum Konzert" (Neuhoff 2008, S. 1). Ein entscheidendes Kriterium hierfür ist die Zugangsschwelle, die beim Besuch eines Konzertes deutlich höher angesiedelt ist als bei der Musikrezeption via TV. Die Publika verschiedener Konzerte unterscheiden sich anhand sozialstruktureller Merkmale, wenngleich Konzert- und Musikerlebnis in ihrer Funktionalität einander ähneln (vgl. ebd.).

Der Besuch eines Konzerts wird von Fans mitunter als „intensives, rauschhaften Erlebnis" (Fritzsche 2004, S. 19) empfunden. Für jugendliche Fans ist die Hoffnung auf eine gefühlte Erreichbarkeit des Stars besonders bedeutsam. Die direkte Anwesenheit der Band korreliert mit den eigenen Sehnsüchten, den Star anfassen zu können, ihn kennenzulernen, ihm möglichst nah zu sein. Diese Wünsche können während des Live-Erlebnisses dann mitunter schmerzlich enttäuscht werden. Fritzsche (ebd.) spricht von einer „paradoxen Struktur der verhinderten Wunscherfüllung", wenn Jugendlichen in solchen Momenten bewusst wird, wie nah sie dem begehrten Menschen sind, wie weit entfernt dieser aber auf immer bleiben wird. Der einzelne Fan ist und bleibt Teil der im Zuschauerraum stehenden Masse. Diese Erkenntnis kann bis hin zu Ohnmachten und Weinzwängen führen (ebd., S. 20). Unterschiede hinsichtlich des Bildungshintergrundes der Fans werden nicht diskutiert. Vielmehr wird darauf hingewiesen, dass Mädchen in der Schwellenphase zwischen Kindheit und Jugend als Besucher von Boygroup-Konzerten die Erfahrung einer so genannten „spontanen Communitas" erleben können, „herausgelöst aus der Sozialstruktur, in die sie bislang eingegliedert waren" (ebd.).

Auch Mitterlehner (1996) spricht Bezug nehmend auf Konzerterlebnisse von veränderten Bewusstseinszuständen, die Besucher von Techno-Events erleben (vergleichbar mit einer Art „Trance"). Für knapp 50 % aller Jugendlichen seiner qualitativen Studie ist dies sogar der wichtigste Beweggrund dafür, eben solche Veranstaltungen zu besuchen (ebd., S. 30).

In der Anschlusskommunikation kann ein Konzertbesuch Jugendlichen soziale Anerkennung in der Peer-Group oder der Fan-Gemeinschaft verschaffen (vgl. Rhein 2010, S. 161). Dieses *Mitreden können* ist nicht nur jugendlichen Teenie-Musik-Fans wichtig, sondern auch Besucherinnen und Besuchern von E-Konzerten (vgl. Eckhardt et al. 2006). So geben 35 % der befragten Besucherinnen und Besucher von E-Konzerten an, dass ihnen – mit dem Fokus auf die Zeit nach dem Besuch – „bei bestimmten Themen mitreden [zu] können" wichtig bzw. sehr wichtig sei (ebd., S. 5).

Die Zusammensetzung der Konzertpublika erweist sich je nach Genre homogener oder heterogener. Während das Publikum von klassischen Konzerten in seiner Sozialstruktur größere Ähnlichkeiten aufweist, sind die Publika von Popkonzerten hinsichtlich ihrer Sozialstruktur breiter gestreut. Allerdings gilt hierbei zu berücksichtigen, wie auch die E-Musik-Studie bereits nahe legte, dass die Hinwendung zur klassischen Musik mit zunehmendem Alter zunimmt, wohingegen die Hinwendung zu Pop- und Rockkonzerten abnimmt (vgl. Neuhoff 2008, S. 4f.). Die Streuung im Rock- und Pop-Bereich zeigt sich besonders breit bei Künstlerinnen und Künstlern, denen es gelingt, sich über lange Zeit zu etablieren und ihr Publikum zu binden, wohingegen ‚Generationenkünstlerinnen und -künstler' nachfolgende Generationen nicht mehr erreichen (vgl. ebd., S. 11). Auffällige Unterschiede stellt Neuhoff in seiner Studie zwischen den Publika von ‚REM' und ‚Modern Talking' fest. Während die Konzerte von REM eher von Besucherinnen und Besuchern mit Hochschul- und Fachhochschulreifen rezipiert wurden, bestand das Publikum von Modern Talking vermehrt aus Besucherinnen und Besuchern mit Bildungsgängen am unteren Ende der Bildungsordnung. REM-Konzerte, Techno-Konzerte und Events finden nach Neuhoff ein Publikum, dass sich von der Bildungsstruktur her mit dem Publikum von beispielsweise Wagner-Konzerten vergleichen lässt (vgl. ebd., S. 13). Die wichtigste Funktion, die das Event oder Konzert dabei einnimmt, ist jedoch wiederum in erster Linie sozialer Natur (vgl. ebd., S. 13f.). Neuhoff kommt zu dem Schluss, dass der Bildungsgrad mit der Häufigkeit der Besuche von Musikveranstaltungen korreliert. Je höher der Bildungsgrad, desto höher ist der Anteil an Konzertbesuchen. Diese Korrelation resultiert einerseits aus dem Vorhandensein von ökonomischem Kapital und der für Konzertbesuche erforderlichen Zeit, andererseits bedeutet kulturelle Partizipation auch ein Äquivalent „der Identitätsfunktion erstgradiger Beziehungen" (ebd., S. 21) und trägt hier zur individuellen Identitätsarbeit bei.

5   Zur sozialen Funktion von Musik

Die soziale Funktion von Musik, die wir eingangs bereits annotiert haben, finden wir auch bei Jugendlichen mit Migrationshintergrund. Fokussiert man nämlich nicht das Milieu, sondern einen ggf. vorhandenen Migrationshintergrund, so zeigt die Studie von Hepp, Bozdag und Suna (2010), dass Jugendlichen mit den Migrationshintergründen Marokko, Russland und Türkei in vielen Fällen Musik ihrer Herkunftsregionen besonders wichtig ist. Hepp et al. (2010) unterscheiden dabei drei Typen: die Herkunftsorientierten, die Ethnoorientierten und die Weltorientierten. Beispielhaft für die Herkunftsorientierten steht der 22-jährige Boris mit russischem

Migrationshintergrund. Russische Lieder bilden für ihn „Referenzpunkte seiner Herkunftsorientierung" (ebd., S. 43), allerdings ist er dennoch auch offen internationaler Musik gegenüber. Zur Gruppe der Ethnoorientierten gehört die 22-jährige Fatima, die intensiv Musik ihres Herkunftsraums hört. So sucht sie zielgerichtet „arabische Musik" bei YouTube (vgl. ebd., S. 44). Die 22-jährige Vera mag gleichzeitig auch Musik von in Deutschland lebenden Sängerinnen und Sängern oder Bands mit ihrem Migrationshintergrund: „Spätaussiedler [...] die singen halt für russische Spätaussiedler" (ebd.). Dennoch ist auch für diese Jugendlichen westliche Popmusik „eine wichtige Ressource, auch im Hinblick auf Identitätsartikulation" (ebd.). Die Gruppe der Weltorientierten ist am offensten gegenüber den verschiedensten Musikrichtungen eingestellt, aber auch für sie hat die Musik des eigenen Herkunftsraums einen besonderen Stellenwert. So kommen Hepp et al. (2010, S. 45) auch zu der Schlussfolgerung, dass „Musik diejenige mediale Angebotsform ist, bei der selbst bei Weltorientierten Interesse an den (vorgestellten) Herkunftsbezügen deutlich wird".

Dies bestätigt auch die Studie von Ernst und Moser (2005), die sie in der Schweiz durchgeführt haben. In dieser Studie vergleichen sie die Musikrezeption von Schweizer Jugendlichen mit der von Jugendlichen mit Migrationshintergrund in der Schweiz. Die Studie zeigt, dass ein Teil der Jugendlichen mit Migrationshintergrund tendenziell eher Hip-Hop hören. Hip-Hop wird dabei von den Jugendlichen als Musik einer marginalisierten Gruppe gesehen, durch die sie ihre eigene Marginalisierung in der Schweizer Gesellschaft zum Ausdruck bringen können (vgl. ebd., S. 15).

Aufgrund ihres Status nutzen Jugendliche mit Migrationshintergrund Medien, um einerseits das Gefühl zu haben, Teil einer globalen Konsumkultur zu sein und andererseits „media open up a window to the local communities and to the lifestyles of the countries of the origin" (ebd., S. 14). Hierbei entwickeln diese Jugendlichen eine Hybrididentität im Sinne einer ‚Glokalisierung'. „It is more a process of 'glocalisation', a mix of cultural elements from different – global and local – sources than a unidirectional process of 'globalisation'" (ebd., S. 12).

Musik steht insofern auch im Rahmen der Identitätsarbeit (Keupp 1999) als ‚Treibstoff des Sozialen' zur Verfügung. Identitätsarbeit bedeutet „situativ stimmige Passungen zwischen inneren und äußeren Erfahrungen zu schaffen" (Keupp 1999, S. 60). Somit bezieht sich Identitätsarbeit stets auch auf das soziale Umfeld und zeitigt entsprechend soziale Effekte. M. a. W. die soziale Funktion von Musik setzt bereits beim Individuum an.

Dies spiegelt sich auch in der von Schramm (2005) durchgeführten Studie zum Mood Management durch Musik wider. Schramm konstatiert, dass „bestimmte Unterschiede in der Musiknutzung zwischen formal eher ungebildeten und formal eher gebildeten" existieren (ebd., S. 142). Der Einfluss formaler Bildung auf die Musikpräferenz zeigt sich jedoch signifikant beim Mood Management nur in einem einzigen Moment: „Personen mit höherem Bildungsstatus hören im Vergleich zu Personen mit niedrigerem Bildungsstatus eher traurige Musik, um die Traurigkeit auszuleben, sie zu unterstützen

und in Einzelfällen sogar zu verstärken" (ebd., S. 171). Entsprechend zeigen sich beispielsweise hinsichtlich des Zusammenhangs zwischen Art der Musikauswahl und Ziel
des Musikhörens bei Glück bzw. Freude keinerlei signifikante Unterschiede (vgl. ebd., S.
162).

Mit einigen Abstrichen lässt sich dieser Umstand in der Sinus-Milieustudie U27
(2008) spiegeln. Hierbei ist zu berücksichtigen, dass es sich bei der Sinus-Milieustudie
um eine qualitative Studie handelt, deren n = 132 ausfällt und insofern nicht als
repräsentativ angesehen werden kann. Trotzdem fällt ins Auge, dass Jugendliche
in der Milieu-Orientierung der ‚Postmateriellen Jugendlichen', die mit einer hohen
Bildungsorientierung konnotiert sind, der Musikgeschmack in Richtung authenti-
scher Musik tendiert. Ihr Musikgeschmack umfasst Punk, Weltmusik, Reggae, Jazz,
Indie, Funk Soul, Folk und Klassik (vgl. Brändle 2008, S. 14). Demgegenüber orientieren sich in der Studie die ‚Konsum-materialistischen Jugendlichen' am populären
Pop-Mainstream. (vgl. ebd., S. 11). Hiermit kann allerdings nicht gesagt sein, dass im
Mainstream keine melancholische Musik zu finden sei. Eine klarere Differenzierung ist
der Zusammenfassung der Studie allerdings auch nicht zu entnehmen.

Zum Abschluss der Analyse steht nun die Frage im Raum, ob beim aktiven
Musizieren Differenzen zwischen bildungsfernen und bildungsorientierten Schichten
Unterschiede aufzuzeigen sind.

6   Musikproduktion

> *Du bist die stärkste Kraft die mir bisher bekannt war,*
> *Dafür, dass ich Dich formen kann, bin ich unendlich dankbar.*
> (Nosliw, ‚Musik')

Aus der bisherigen Diskussion haben wir bislang den Aspekt des aktiven Musizierens
nur am Rande beleuchtet. Dabei ist das aktive Musizieren für die Sozialisation ein
wesentlicher Aspekt. „Musikhören und Musikmachen trainiert auf spielerische Weise
das Gedächtnis für akustische Informationen" (Altenmüller 2009, S. 84). Die Quellenlage
zur Schichtspezifierung fällt jedoch auch in diesem Segment recht dürftig aus.

Die E-Musik-Studie (2005) untergliedert klassikaffine Rezipientinnen und
Rezipienten in acht Stufen hinsichtlich ihrer E-Musikkompetenz. Wie oben dargestellt ergibt sich die Affinität zu klassischer Musik aus positiven Erfahrungen mit dieser Musik im Elternhaus. Die E-Musikkompetenz wird nur in schwachem Maße durch
die Schulbildung bestimmt. Einerseits beläuft sich die Anzahl der Abiturientinnen
und Abiturienten auf den höchsten Kompetenzstufen auf 31 %. Andererseits stellen Personen mit formal geringerer Bildung auf allen anderen Kompetenzstufen einen
Anteil von mehr als 40 % (vgl. Mende und Neuwöhner 2006, S. 253). Der Grad der
E-Musikkompetenz wiederum korreliert mit den musikalischen Aktivitäten. Wesentlich
erscheinen hierbei die Faktoren, ein Instrument gespielt zu haben, vor allem aber in
einem Chor gesungen zu haben (vgl. ebd., 255).

Ein anderes Segment musikalischer Produktion wird durch die Studie „Medienhandeln im Hauptschulmilieu" des JFF (2008) abgefragt. Hier wird festgestellt, dass 34 % der Hauptschülerinnen und Hauptschüler bereits mit einem Musikprogramm am Computer Musik produziert haben, obwohl dieses Nutzungsverhalten bislang vornehmlich den bildungsaffinen Jugendlichen attestiert wurde (vgl. Becker 2008, online)

Dem aktiven Musizieren kommt in der Sozialisation eine nicht zu unterschätzende Bedeutung zu. Möglicherweise etwas voreilig stellt Görtz (2002, S. 27) fest, dass Musik die Leistungsfähigkeit des Gehirns fördert. Die Studie, die dem sogenannten ‚Mozart-Effekt' zugrunde liegt – infolge einer 1993 im Magazin ‚nature' veröffentlichten Untersuchung von Rauscher, Shaw und Ky wurde behauptet, dass sich durch das Hören von klassischer Musik das räumliche Vorstellungsvermögen erweitere – dieses Hören also einen Transfereffekt auf einen anderen Bereich nach sich ziehe –, woraus sich durch eine populistische Medienrezeption der Begriff des Mozart-Effekts etablierte Dennoch bedeutet aktiv zu Musizieren, dass sich das Gehirn verändert, wie die Neurowissenschaften zeigen. „In mehreren Studien ließen sich nach dem Erwerb motorischer Fähigkeiten, wie sie sich beispielsweise Musiker aneignen, mikrostrukturelle Veränderungen im Kleinhirn nachweisen, darunter eine größere Zahl und Dichte von Synapsen" (Levitin 2009, S. 288). Levitin schränkt allerdings ein, dass noch nicht erwiesen ist, ob diese Veränderungen auch positive Auswirkungen auf nichtmusikalischen Gebieten haben (vgl. ebd.). Inwieweit diese endogenen Aspekte tragfähig werden, wird die Zukunft zeigen. Davon unbenommen bleibt die soziale Funktion von Musik unstrittig, weshalb Görtz für Jugendmusikkulturen eine qualitative Differenz zwischen aktiv Musizierenden und reinen Musikrezipientinnen und -rezipienten konstatiert. „Im ersten Fall wird Identität individuell erworben durch Vorgänge der Differenzierung, der Sensibilisierung, der Aushandlung und des Ausdrucks *innerhalb* von ästhetischen Gegenständen und Gestaltungsprozessen. Im zweiten Fall der Identifikation bleibt der Rezipient inhaltlich den Gegenständen seiner Identifikation meist fremd und benutzt sie ausschließlich zur Übernahme eines alters- oder schichtspezifischen, gesellschaftlich und kulturell präformierten Identitätsschemas" (Görtz 2002, S. 84; Hervorhebung i.O.).

7   Schluss

> *Music was my first love*
> *And it will be my last*
> (John Miles, ‚Music')

Bewegt Musik Bildung? Bis heute hat es die Musikpädagogik nicht geschafft hat, sich von Adornos Musiksoziologie (vgl. Adorno 1962) und ihren Folgen zu befreien. Immer noch existiert ein Blick von oben herab auf die Musikrezeption Jugendlicher, der verhindert zu erkennen, von welcher Reichhaltigkeit diese eigentlich geprägt ist. Den jugendlichen Musikgeschmack einer Hierarchie zu unterwerfen macht blind für die differenzierten Umgangsweisen Jugendlicher mit Musik und verhindert ein Erkennen des

Potentials von Musik für die Identitätsbildung während der Adoleszenz (vgl. Müller 2004, S. 14).

Eine von Harnitz (2002, S. 192) durchgeführte Studie unter 153 Schülerinnen und Schülern einer zehnten Klasse eines Gymnasiums macht das Dilemma deutlich: während 66 % Musik (sehr) wichtig finden, schätzen zugleich lediglich 11 % den Musikunterricht als (sehr) wichtig ein. Harnitz vermutet die Gründe dafür in „einem Mangel an Raum für die Teilaspekte der musikalischen Identität der Schülerinnen und Schüler" (ebd., S. 186) innerhalb des Musikunterrichts an Schulen.

Obwohl in der Jugendarbeit bereits in der Vergangenheit mit Projekten wie z. B. dem Rockmobil (vgl. Hill 2002), dem klassische Musik und Video verbindenden Projekt musik.vision (vgl. Diegmann 2010), Hip-Hop-Projekten wie der MANEGE (vgl. ebd.) und natürlich auch begleiteten offenen Jugendmusiktreffs (vgl. Josties 2002), Radiowerkstätten (vgl. Hartung 2004) und szeneorientierter Jugendkulturarbeit (vgl. Josties 2008) Erfolge erzielt wurden und Jugendliche mittels Musik bei ihrer Identitätsarbeit begleitet und/oder medien-(bzw. sogar berufs-)kompetent gemacht werden konnten, sind innerhalb von curricularen Bildungseinrichtungen wie Schule und Universität und damit einhergehend auch in der Lehrerausbildung solche Lehr-Lernformen noch mit der Lupe zu suchen.

Zusammenfassend lässt sich mit den Worten von Müller (2004, S. 14) festhalten: „Jugendliche brauchen keine Musikpädagogik, die musikalische Jugendkulturen aus Bildungsinstitutionen ausgrenzt und kulturelle Identitäten Jugendlicher missachtet". Ein Anfang könnte gemacht werden mit verpflichtenden Seminaren für Lehramtsstudierende, die einen verstehenden Zugang zu Jugendmedien, -kulturen und -szenen vermitteln. Diese müssen transparent machen, welchen Stellenwert Musik im Leben Jugendlicher hat, was hinter z. B. sammelwütiger Fanleidenschaft steckt und hinter den Tränenausbrüchen bei einem Konzert. Die Jugendlichen müssen verstanden und ernst genommen und nicht von oben herab belächelt werden. Als Lehrerin und Lehrer muss man offen sein für die scheinbaren Verrücktheiten der Schülerinnen und Schüler und sollte Lust haben, diesen auf den Grund zu gehen. Neben solch einem Verständnis kommunizierenden Ansatz sollten Inhalte über die Bedeutung von Musik für die Identitätsarbeit bei Jugendlichen vermittelt werden und es sollte aufgezeigt werden, welche Relevanz in Jugendszenen erlernte Kompetenzen (informelle Bildung) haben können (vgl. von Gross 2010b).

Besonders vor dem Hintergrund der Differenz zwischen Musik und Musikwirtschaft erweist sich die pädagogische und medienpädagogische Arbeit immer noch als unterentwickelt. Wie die Befundlage hier veranschaulicht, erscheinen die Differenzen zwischen bildungsorientierten und bildungsfernen Jugendlichen hinsichtlich ihrer Musikpräferenzen marginal. Sobald jedoch der Aspekt Musikwirtschaft als Faktor hinzutritt, treten signifikante Unterschiede wie z. B. bei den Klingeltönen zutage, die vornehmlich von Hauptschülerinnen und -schülern konsumiert werden. Greift man die Hypothese auf, dass das ‚Ich-gebe-Dir-und-Du-gibst-mir' des Filesharing über reinen Konsum hinausweist, deutet sich hier eine fundamentale Umstrukturierung des gesellschaftlichen Verständnisses und der Individualisierungstendenzen an. Die Indikatoren deuten darauf hin, dass zumindest im Internet die Aktualisierung einer Gabengemeinschaft stattfindet. Denn entgegen der Behauptungen des Bundesverbandes Musikindustrie, dass das Filesharing wirtschaftlichen Schaden versursacht, konstatiert Peter Tschmuck (2009b)[7] die daraus entstehenden Netzwerkeffekte, die bspw. durch das Entdecken neuer Künstlerinnen und Künstler sowie Genres induziert werden und die durch das ‚freie' Flottieren im Internet überhaupt erst möglich werden. „Als Hauptmotive für das Uploaden wurde genannt: Gegenleistung für Musik, die man bekommt (über 70 %), Musikempfehlung (über 40 %), Musiktitel ist nicht leicht zu bekommen (über 40 %)" (Tschmuck 2009a, online). Das Up- und Downloaden findet also größtenteils in einem nicht völlig unverbindlichen Rahmen statt, sondern in Gruppen, die über den Austausch des Files hinaus ein Interesse aneinander haben, eben einer Gabengemeinschaft. „Gruppen, die keine weitergehenden sozialen Ansprüche stellen – wie ihre Mitglieder zu versorgen, gesundheitlich zu betreuen, zu verheiraten und so fort –, können ziemlich groß sein und doch durch Gabentausch zusammenhalten" (Hyde 2008, S. 127). In diese Richtung deuten ebenfalls die jüngsten Erfolge der Piratenpartei. „Viel spricht dafür, dass die Piraten eine Stimmung getroffen haben, dass sie ein Gefäß sind, indem ganz Disparates zusammengeflossen ist. Ihre Forderung nach Abschaffung des Urheberrechts entspricht perfekt dem Lebensgefühl einer Generation, die am Bildschirm aufgewachsen ist, für die jeder Film, jeder Song nur einen Klick entfernt ist, umsonst und sofort, ohne lästige Fragen, ob der Download illegal sein könnte" (Lau et al. 2011, S. 6).

Vor diesen Hintergründen ist anzuraten, dass Bildungsinstitutionen eine Bildung innerhalb von ästhetischen und kulturellen Gegenständen und Gestaltungsprozessen realisieren, die sich nicht mit dem turnusmäßigen Postulat nach Musikunterricht erschöpft. Vielmehr muss es darum gehen, kulturelle Kompetenzen gegebenenfalls zu aktivieren, und jedenfalls darum, sie zu aktualisieren. Hier haben insbesondere Pädagoginnen und Pädagogen erheblichen Nachholbedarf. „Auch wenn die Popkultur ein gemeinsames Erfahrungsfeld von Schülern und Lehrern darstellt, so sind die Bewertungen im Einzelnen doch äußerst unterschiedlich. Viel stärker als bei anderen Unterrichtsinhalten herrscht bei Jugendlichen hier das Gefühl vor, schon sehr viel zu wissen [...]. Erforderlich ist freilich ein kenntnisreicher Zugriff auf die gewählten Werke und Themen" (Sohns und Utikal 2009, S. 13). Angesichts der Flut regelmäßiger, musikalischer Neuveröffentlichungen erscheint es als ungeheuer aufwändig, auf dem Terrain der Szenen und Milieus aktuell informiert zu bleiben. Daher muss mindestens daran gelegen sein, dass potenzielle pädagogische Gesprächspartnerinnen und Gesprächspartner jugendlicher Selbstsozialisierer lernen, die grundständigen

---

[7] So konnte beispielsweise die originär japanische Jugendszene Visual Kei überhaupt nur deshalb in Deutschland Fuß fassen, weil um die Jahrtausendwende Jugendliche Zeugnisse dieser Szene im Internet ausfindig machten und dann untereinander online verbreiteten. Zu diesem Zeitpunkt waren keinerlei Visual Kei-CDs für den deutschen Markt lizensiert (vgl. von Gross 2010a).

Prozessverläufe der (Pop-)Kulturen nachvollziehen und transparent machen zu können. Dies gilt insbesondere vor dem Hintergrund, wenn sie von Jugendlichen als Gesprächspartnerinnen und -partner ernst genommen werden wollen.

Ein erster Schritt auf dem Weg dahin wäre beispielsweise den Begriff der pädagogischen Medienkritik, wie ihn Horst Niesyto (2008) skizziert, stärker als bislang in der medienpädagogischen Praxis von Pädagoginnen und Pädagogen zu installieren. Doch damit medienpädagogische Arbeit in den sich ständig weiter ausdifferenzierenden, pluralisierten Gesellschaften tragfähig bleibt, muss Medienpädagogik darüber hinaus das Verstehen der Grammatiken medialer Kulturen als Zielkompetenz in ihr Portfolio integrieren und für die pädagogische Arbeit fruchtbar machen.

Literatur

Adorno, T. W. (1962). *Einleitung in die Musiksoziologie. Zwölf theoretische Vorlesungen* (7th ed.). Frankfurt am Main: Suhrkamp.

Altenmüller, E. (2009). Musik hören – Musik entsteht im Kopf. In A. Sentker & A. Wigger (Hrsg.), *Schaltstelle Gehirn – enken, Erkennen, Handeln* (S. 83–106). Heidelberg: Spektrum Akademischer Verlag, Zeitverlag Gerd Bucerius GmbH & Co. KG.

AS&S Radio (2009). Die Hörer hinter der Musikfarbe. Ein etwas anderer Blick in die Radiowelt. http://www.ard-werbung.de/radioforschungspezial.html. Zugegriffen: 11. Oktober. 2011.

Baacke, D. (1999). *Die 6-12jährigen. Einführung in die Probleme des Kindesalters* (6th ed.). Weinheim, Basel: Beltz.

Barthelmes, J., & Sander, E. (2001). *Erst die Freunde, dann die Medien. Medien als Begleiter in Pubertät und Adoleszenz*. München: DJI.

Becker, M. (2008). Verborgene Potentiale in der Mediennutzung? http://www.heise.de/tp/artikel/29/29083/1.html. Zugegriffen: 15. Oktober. 2011.

Brändle, L. (2008). Wie ticken Jugendliche? Sinus Milieustudie U 27. www.jugendserver-niedersachsen.de/uploads/media/sinus_studie.pdf. Zugegriffen: 15. Oktober. 2011.

Bundesverband Musikindustrie (2009). Brenner-Studie 2009. http://www.musikindustrie.de/uplo ads/media/Brenner_Studie_2009_01.pdf. Zugegriffen: 14. Oktober. 2011.

Bundesverband Musikindustrie (2010). Brennerstudie 2010. http://www.musikindustrie.de/filead min/piclib/presse/Dokumente_zum_Download/100423_Brennerstudie_2010_Teilergebnisse_ FINAL.pdfZugegriffen: 14. Oktober. 2011.

Busemann, K., & Gscheidle, C. (2011). Web 2.0: Aktive Mitwirkung verbleibt auf niedrigem Niveau. Ergebnisse der ARD/ZDF-Onlinestudie 2011. *Media Perspektiven, 7–8*, 360–369.

Diegmann, D. (2010). Jugendarbeit und Musik. *merz, 1*, 16–17.

Döveling, K., Mikos, L., & Nieland, J.-U. (Hrsg.). (2007a). *Im Namen des Fernsehvolkes – Neue Formate für Orientierung und Bewertung*. Konstanz: UVK.

Döveling, K., Kurotschka, M., & Nieland, J.-U. (2007b). » Deutschland sucht den Superstar « – Hintergründe einer Erfolgsgeschichte. In K. Döveling, L. Mikos, & J.-U. Nieland (Hrsg.), ,*Im Namen des Fernsehvolkes – Neue Formate für Orientierung und Bewertung*' (S. 103–116). Konstanz: UVK.

Eckhardt, J., Pawlitza, E., & Windgasse, T. (2006). Besucherpotenzial von Opernaufführungen und Konzerten der klassischen Musik. Ergebnisse der ARD-E-Musikstudie 2005. *Media Perspektiven, 5*, 273–282.

Ernst, K. & Moser, H. (2005). Media and Process of Identity Formation in the Context of Migration. MedienPädagogik. http://www.medienpaed.com/05-1/ernst_moser1.pdf. Zugegriffen: 19. Oktober. 2011.

Feierabend, S., & Rathgeb, T. (2011). Medienumgang Jugendlicher in Deutschland. Ergebnisse der JIM-Studie 2010. *Media Perspektiven, 6*, 299–310.

Fritzsche, B. (2004). Dahinschmelzen und realistisch bleiben. Auseinandersetzungen von Pop-Fans mit den Anforderungen einer Schwellenphase. *merz, 2*, 16–23.

Gebel, C., & Wagner, U. (2004). Musik als Dreh- und Angelpunkt für die Mediennutzung Heranwachsender. *merz, 2*, 37–42.

Görz, G. (2002). *Die gesellschaftliche Relevanz außerschulischer Musikbildung.* Frankfurt, Main: Peter Lang.

Hackenberg, A., Hajok, D., & Selg, O., et al. (2010). Castingshows und Coachingsendungen im Fernsehen – Eine Untersuchung zur Nutzung und Bewertung durch Jugendliche und junge Erwachsene. Freiwillige Selbstkontrolle Fernsehen e.V. (Hrsg.), tv diskurs 51. www.fsf.de/php_l it_down/pdf/hackenberg_etal058_tvd51.pdf. Zugegriffen: 17. Oktober. 2011.

Haldenwang, V. (o.J.). Medienalltag von Jugendlichen, medieninfo bayern. http://www.medieninfo.bayern.de/download.asp?DownloadFileID=96fd89c97bd67535763598 6773a9321b. Zugegriffen: 14. Oktober. 2011.

Harnitz, M. (2002). Musikalische Identität Jugendlicher und Konflikte im Musikunterricht. Eine empirische Studie in der Sekundarstufe I. In R. Müller, P. Glogner, S. Rhein, & J. Heim (Hrsg.), *Wozu Jugendliche Musik und Medien gebrauchen* (S. 181–194). Weinheim, München: Juventa.

Hartung, A. (2004). Radio ist Musik. Das Radio als Spiegelbild musikalischer Präferenzen. *merz, 2*, 24–31.

Heinz, R. (2011). Anzahl illegaler Alben-Downloads gestiegen, Bundesverband Musikindustrie. http://www.musikindustrie.de/politik_einzelansicht0/back/110/news/anzahl-illegaler-alben-downloads-gestiegen/. Zugegriffen: 14. Oktober. 2011.

Hepp, A., Bozdag, C., & Sūna, L. (2010). „Migrantische Jugendkulturen"? (Pop-)Musik und die kommunikative Vernetzung der Diaspora. In J. Lauffer & R. Röllecke (Hrsg.), *Dieter Baacke Preis Handbuch 5. Jugend – Medien – Kultur* (S. 40–46). München: kopaed.

Hill, B. (2002). Musik als Medium in der Jugendarbeit. In R. Müller, P. Glogner, S. Rhein, & J. Heim (Hrsg.), *Wozu Jugendliche Musik und Medien gebrauchen* (S. 195–207). Weinheim, München: Juventa.

Hitzler, R., Bucher, T., & Niederbacher, A. (2005). *Leben in Szenen. Formen jugendlicher Vergemeinschaftung heute* (2nd ed.). Wiesbaden: VS Verlag für Sozialwissenschaften.

Horkheimer, M., & Adorno, T. W. (1998). *Dialektik der Aufklärung.* Frankfurt, Main: Fischer TB Verlag.

Hydc, L. (2008). *Die Gabe – Wie Kreativität die Welt bereichert.* Frankfurt, Main: S. Fischer Verlag.

Josties, E. (2002). Mädchen, populäre Musik und musikalische Praxis. Fallstudien aus der Jugendkulturarbeit. In R. Müller, P. Glogner, S. Rhein, & J. Heim (Hrsg.), *Wozu Jugendliche Musik und Medien gebrauchen* (S. 208–221). Weinheim, München: Juventa.

Josties, E. (2008). *Szeneorientierte Jugendkulturarbeit. Unkonventionelle Wege der Qualifizierung Jugendlicher und junger Erwachsener.* Uckerland: Schibri-Verlag.

Kemper, P., Langhoff, T., & Sonnenschein, U. (2002). *Alles so schön bunt hier – Die Geschichte der Popkultur von den Fünzigern bis heute.* Leipzig: Reclam Verlag.

Keupp, H., et al. (1999). *Identitätskonstruktionen – Das Patchwork der Identitäten in der Spätmoderne.* Reinbek: Rowohlt Verlag.

Knöll, D. (2010). Zahl der illegalen Downloads geht zurück – Filesharing bei 20-39jährigen besonders beliebt – ausgeprägtes Unrechtsbewusstsein. Bundesverband Musikindustrie.

http://www.musikindustrie.de/aktuell_einzel/back/84/news/brennerstudie-2010/. Zugegriffen: 14. Oktober. 2011.

Kurp, M. (2004). Musikfernsehen, das unterschätzte Medium. In: *Internationales Zentralinstitut für das Jugend- und Bildungsfernsehen*. Televizion 17, H. 2. München.

Lau, M., Pham, K., Schmidt, T. E., & Wefing, H. (2011). Fünfzehn gehen offline. *Die Zeit (Zeitverlag Gerd Bucerius GmbH & Co. KG), 39*, 6.

Levitin, D. J. (2009). *Der Musik Instinkt – Die Wissenschaft einer menschlichen Leidenschaf*. Heidelberg: Spektrum Akademischer Verlag.

Livingstone, S., Haddon, L., Görzing, A. & Ólafsson, K. (2010). Risks and safety on the Internet. The perspective of European children. Initial findings from the EU Kids Online survey of 9–16 years olds and their parents. London. www.eukidsonline.net. Zugegriffen: 22. September. 2011.

Lücke, M. (2011). Rückblick: Wiener Tage der Musikwirtschaftsforschung, 8. – 10. Juni 2011, Wien. http://klangtext.wordpress.com/2011/06/14/ruckblick-wiener-tage-der-musikwirtschaftsforschung-8-%E2%80%93-10-juni-2011-wien/. Zugegriffen: 14. Oktober. 2011.

Marci-Boehncke, G., & Rath, M. (2007). *Jugend – Werte – Medien: Die Studie*. Weinheim, Basel: Beltz.

Medienpädagogischer Forschungsverbund Südwest (2005). JIM-Studie 2005. Jugend, Information, (Multi-)Media. Basisuntersuchung zum Medienumgang 12- bis 19-Jähriger. Stuttgart.

Medienpädagogischer Forschungsverbund Südwest (2010a). JIM-Studie 2010. Jugend, Information, (Multi-)Media. Basisuntersuchung zum Medienumgang 12- bis 19-Jähriger. Stuttgart.

Medienpädagogischer Forschungsverbund Südwest (2010b). KIM-Studie 2010. Kinder + Medien. Computer + Internet. Basisuntersuchung zum Medienumgang 6- bis 13-Jähriger in Deutschland. Stuttgart.

Mende, A., & Neuwöhner, U. (2006). ‚ARD-E-Musikstudie 2005: Musiksozialisation, E-Musiknutzung und E-Musikkompetenz – Wer hört heute klassische Musik?‘. *Media Perspektiven, 5*, 246–258.

Mitterlehner, F. (1996). Let's fly together! Zur Untersuchung veränderter Bewusstseinszustände während einer Techno-Party. In H. Rösing (Hrsg.), *Mainstream – Underground – Avantgarde. Rockmusik und Publikumsverhalten. Beiträge zur Popularmusikforschung 18* (S. 23–35). Karben: CODA Musikservice + Verlag für den Arbeitskreis Studium Populärer Musik.

Müller, R. (2004). Zur Bedeutung von Musik für Jugendliche. *merz, 2*, 9–14.

MTV: FAQ. http://www.mtv.de/kontakt.html. Zugegriffen: 15. Oktober. 2011.

Neuhoff, H. (2008). ‚Konzertpublika‘, Deutsches Musikinformationszentrum in der Kulturstadt Bonn, aktualisierte Aufl..http://www.miz.org/static_de/themenportale/einfuehrungstexte_pdf/0 3_KonzerteMusiktheater/neuhoff.pdf. Zugegriffen: 18. Oktober. 2011.

Niesyto, H. (2008). Medienkritk. In U. Sander, F. von Gross, & K.-U. Hugger (Hrsg.), *Handbuch Medienpädagogik* (S. 129–135). Wiesbaden: VS Verlag für Sozialwissenschaften.

Oehmichen, E., & Schröter, C. (2007). Erklärungsbeiträge der MedienNutzer und der OnlineNutzerTypologie – Zur typologischen Struktur medienübergreifender Nutzungsmuster. *Media Perspektiven, 8*, 406–421.

Palfrey, J., & Gasser, U. (2008). *Generation Internet. Die Digital Natives: Wie sie leben, was sie denken, wie sie arbeiten*. München: Carl Hanser Verlag.

Paus-Hasebrink, I. (2009). Mediensozialisation im Kontext sozialer Brennpunkte. In B. Hoffmann & H.-J. Ulbrich (Hrsg.), *Geteilter Bildschirm – getrennte Welten? Konzepte für Pädagogik und Bildung* (S. 42–49). München: kopaed.

Renner, T. (2008). *Kinder, der Tod ist gar nicht so schlimm – Über die Zukunft der Musik- und Medienindustrie*. Berlin: Rogner & Bernhard GmbH & Co. Verlags KG.

Rhein, S. (2010). Musikpublikum und Musikpublikumsforschung. In P. S. Föhl & P. Glogner (Hrsg.), *Das Kulturpublikum. Fragestellungen und Befunde der empirischen Forschung* (S. 155–193). Wiesbaden: VS Verlag für Sozialwissenschaften.

Schramm, H. (2005). *Mood Management durch Musik – Die alltägliche Nutzung von Musik zur Regulierung von Stimmungen*. Köln: Herbert von Halem Verlag.

Schwarz, C. (2007). Die österreichische Casting-Show »Starmania« . In K. Döveling, L. Mikos, & J.-U. Nieland (Hrsg.), *Im Namen des Fernsehvolkes – Neue Formate für Orientierung und Bewertung* (S. 155–178). Konstanz: UVK.

Shell, Deutsche (Hrsg.). (2000). *Jugend 2000. 13. Shell Jugendstudie* (Vol. 2). Opladen: Leske & Budrich.

Shell, Deutsche (Hrsg.). (2002). *Jugend 2002. Zwischen politischem Idealismus und robustem Materialismus*. Frankfurt, Main: Fischer TB Verlag.

Shell, Deutsche (Hrsg.). (2006). *Jugend 2006. Eine pragmatische Generation unter Druck*. Frankfurt, Main: Fischer TB Verlag.

Shell, Deutsche (Hrsg.). (2010). *Jugend 2010. Eine pragmatische Generation behauptet sich*. Frankfurt, Main: Fischer TB Verlag.

Sohns, J.-A., & Utikal, R. (Hrsg.). (2009). *Popkultur trifft Schule – Bausteine für eine neue Medienerziehung*. Weinheim, Basel: Beltz.

Steenblock, V. (2004). *Kultur oder die Abenteuer der Vernunft im Zeitalter des Pop*. Leipzig: Reclam Verlag.

Süss, D. (2007). Mediensozialisation zwischen gesellschaftlicher Entwicklung und Identitatskonstruktion. In: Hoffman, D. & Mikos, L. (Hrsg.), *Mediensozialisatonstheorien. Neue Modelle und Ansätze in der Diskussion* (S. 109-130). Wiesbaden: Verlag für Sozialwissenschaften.

Tozman, I. (2007). *Castingshows – Die wahren Sieger und Verlierer*. Saarbrücken: VDM Verlag Dr. Müller.

Tschmuck, P. (2009a). Wie böse ist das File-Sharing? Teil 17. http://musikwirtschaftsforschung.w ordpress.com/2009/05/12/wie-bose-ist-das-file-sharing-teil-17/. Zugegriffen: 14. Oktober. 2011.

Tschmuck, P. (2009b). Wie böse ist das File-Sharing? Teil 18. http://musikwirtschaftsforschung.w ordpress.com/2009/05/25/wie-bose-ist-das-file-sharing-teil-18/. Zugegriffen: 14. Oktober. 2011.

von Gross, F. (2010a). Visual Kei – jugendliche Musikfans im Internet. In K. Hugger (Hrsg.), *Digitale Jugendkulturen* (S. 151–167). Wiesbaden: VS Verlag für Sozialwissenschaften.

von Gross, F. (2010b). Mediennutzung und informelles Lernen in Jugendszenen am Beispiel der Visual Kei-Szene. In J. Lauffer & R. Röllecke (Hrsg.), *Jugend – Medien – Kultur* (S. 54–57). München: kopaed.

Wagner, U. (2008). Medienhandeln in Hauptschulmilieus – Mediale Interaktion und Produktion als Bildungsressource – Zusammenfassung der Ergebnisse der JFF-Studie. http://www.jff.de/dateien/Kurzzusammenfassung_medienhandeln_in_haupschulmilieus.pdf. Zugegriffen: 14. Oktober. 2011.

Witte, M. D., Möller, R., & Sander, U. (2004). Die Bedeutung von Musik für Jugendliche. Eine Herausforderung für die Jugendforschung. In J. Abel, R. Möller, & C. Palentien (Hrsg.), *Jugend im Fokus empirischer Forschung* (S. 177–197). Münster: Münster u.a.

Musik im Kontext der Bearbeitung von Entwicklungsaufgaben des Jugendalters

11

Sebastian Friedemann und Dagmar Hoffmann

Zusammenfassung

Der Beitrag beschäftigt sich mit dem komplexen Zusammenhang von Entwicklung und Sozialisation und den besonderen Nutzungs- und Aneignungsweisen von Musik im Jugendalter. Zunächst wird auf die Bedeutung der Bewältigung von Entwicklungsaufgaben eingegangen, bei denen die Musikzuwendung äußerst hilfreich zu sein scheint. Die Identitätskonstruktion wird dabei als Metaaufgabe begriffen, die etliche Entwicklungs- und Sozialisationsbelange subsumiert. Erörtert wird in dem Kontext zudem das Konzept musikalischer Selbstsozialisation. Nach diesen theoretischen Ausführungen werden verschiedene empirische Zugänge und Studien zu den Musikaneignungsprozessen Jugendlicher betrachtet, wobei der Fokus auf die Jugendkulturforschung gerichtet ist. Ferner werden Forschungsperspektiven auf eine geschlechtsspezifische Auseinandersetzung mit Musik aufgezeigt und einige wesentlichen Forschungsdesiderata formuliert.

Schlüsselwörter

Musik und Entwicklungsaufgaben • musikalische Sozialisation • Selbstsozialisation • Musikaneignung • Musiksozialisation • Musik und Medien

S. Friedemann (✉)
Institut für Kommunikations-/Medienforschung, Deutsche Sporthochschule Köln,
6, Am Sportpark Müngersdorf, 50933 Köln, Deutschland
e-mail: sebastian.friedemann@gmail.com

D. Hoffmann
Medienwissenschaftliches Seminar, Universität Siegen, Phil. Fak.,
2, Adolf-Reichwein-Str, 57068 Siegen, Deutschland
e-mail: hoffmann@medienwissenschaft.uni-siegen.de

R. Heyer et al. (Hrsg.), *Handbuch Jugend – Musik – Sozialisation*,
DOI: 10.1007/978-3-531-18912-3_11, © Springer Fachmedien Wiesbaden 2013

1   Theoretische Bezüge zur Medien- und Musiksozialisation von Jugendlichen

Musik, Musikprodukte und Musikequipments werden von Jugendlichen ab einem bestimmten Zeitpunkt ihrer Entwicklung stark nachgefragt. Bei der Rezeption und Produktion von Musik zeigen Jugendliche allgemein eine hohe Kompetenz und ein kreatives Engagement. In der Regel wissen sie um den Nutzen musikalischer Kontexte, wissen sich darüber zu sozialisieren. Demzufolge ist Musik im Jugendalter nicht nur ein Hörgenuss, nur Unterhaltung und ein Mittel, um das Gefühlsmanagement zu steuern. Die Rezeption von Musik und die Beschäftigung mit Musik inklusive der Songtexte und Interpretinnen und Interpreten verweist auf eine Konfrontation mit dem Erwachsenwerden und Erwachsensein sowie auf eine Auseinandersetzung mit den vielfältigen Anforderungen der Gesellschaft. Im Folgenden möchten wir einige Theoriemodelle erörtern, die sich mit der Funktion von Musik im Jugendalter beschäftigen. Es wird aufgezeigt, welche Entwicklungsaufgaben mit Musik bearbeitet werden können. Daran anknüpfend beschäftigen wir uns mit der Frage, inwieweit die Rezeption und Aneignung von Musik die Identitätskonstruktion bestimmen kann. Außerdem stellen wir das Paradigma der musikalischen Selbstsozialisation vor. Im ersten Teil unseres Beitrags möchten wir den integralen Bestandteil von Musik im Verbund der Mediennutzung Jugendlicher schlechthin erörtern.

2   Entwicklungsaufgaben und Musik

Im Zuge des Aufwachsens kommen Kinder und Jugendliche durch Familie, Schule, den Freundeskreis oder Medien vielfach und in unterschiedlicher Form mit Musik in Berührung. Daher sind sie im Jugendalter bereits ‚musiksozialisiert'. In den frühen Lebensjahren sind sie mit Kinderliedern, die ihnen vorgesungen und beigebracht wurden oder die sie autonom von Musikkassette oder CD gehört haben, in Berührung gekommen. Sie haben Musik im Fernsehen – wie z. B. in Kinderprogrammen, in der Werbung und in Filmen – oder auch den Musikgeschmack der Eltern erlebt. Nicht zuletzt sind sie im Schulunterricht an Musik herangeführt worden oder haben im Kindesalter schon ein Musikinstrument erlernt. Bei nicht wenigen Jugendlichen im Alter von 12 bis 19 Jahren ist das Musizieren eine beliebte Freizeitaktivität, die sie mehrmals die Woche ausüben: 24 % der Mädchen und 25 % der Jungen machen laut JIM-Studie regelmäßig selbständig Musik (mpfs 2011, S. 7). Alles in allem sind Jugendliche durch die Allgegenwart der Musik, durch musikalische Erziehung und Erfahrungen geprägt (vgl. Baacke 1997) und entsprechend musiksozialisiert. Musikalische Vorlieben verschiedener Altersphasen der Kindheit verlieren ab einem bestimmten Zeitpunkt der Entwicklung ihre Bedeutung bzw. werden durch andere Musikpräferenzen ersetzt. Durch die eigene, selbst bestimmte Wahl und den vermehrten Besitz eigener Musik differenziert sich der musikalische Geschmack im Jugendalter aus. Zu dieser Geschmacksausbildung tragen nicht allein Angebote der Medien bei, sondern gegebenenfalls auch die älteren Geschwister, die gleichaltrigen Freundinnen und Freunde sowie Mitschülerinnen und Mitschüler, mit denen Musikstücke und Musikstile sowie die dazugehörigen Musikstars im Hinblick auf ihre Qualität, ihre Popularität und ihre ‚Coolness' verhandelt werden. Die Art des Umgangs Jugendlicher mit Musik steht – so wird postuliert – in engem Zusammenhang mit den entwicklungsbedingten Aufgaben oder Anforderungen (vgl. im Überblick Boehnke und Münch 2005; Dollase 2005; Theunert 2009; Wegener 2008), die Jugendliche in dieser Zeit der Selbstfindung zu bewältigen respektive zu erledigen haben. Musik übernimmt hier vielfältige Funktionen, die im Folgenden erläutert werden. Zunächst jedoch gilt es, die Bedeutung der Identitätskonstruktion und der Bewältigung von Entwicklungs-anforderungen im Jugendalter im Kontext medialer und insbesondere musikalischer Umwelten zu erörtern.

2.1 Entwicklungsanforderungen und Identitätskonstruktion im Kontext von Musik und Medien

Die Jugendphase ermöglicht es jungen Menschen, sich zu individuieren und zu sozialisieren, d. h. eine soziale Reife und eine eigene Persönlichkeit zu entwickeln, die ein selbständiges Handeln in allen gesellschaftlichen Bereichen erlaubt. Heranwachsende bilden essentielle sozial-kommunikative Kompetenzen und Handlungsbefähigungen in verschiedenen Kontexten der Sozialisation aus: im familialen Bereich (Elternhaus) sowie in institutionellen (Schule, Kirche, Vereine, Verbände etc.) und informellen Kontexten (Gleichaltrigengruppen). In jüngster Zeit werden auch verstärkt Medien als Ressource der Sozialisation begriffen, die eine Auseinandersetzung mit verschiedenen Handlungspraktiken, mit Werten und Einstellungen ermöglicht. Sozialisationskontexte werden je nach disziplinärem Zugang auch als Instanzen oder Umwelten bezeichnet. Sie fungieren sowohl unabhängig voneinander als auch aufeinander bezogen. Entscheidend ist, dass die jungen Individuen zwischen diesen Kontexten changieren und für sie sowohl das Zusammenspiel als auch die Logiken der sozialökologischen Kontexte eine entscheidende Rolle im Hinblick darauf spielen, inwieweit Persönlichkeitsentwicklung und Lebensbewältigung gelingen kann.

Heute wird davon ausgegangen, dass Individuen nicht nur über äußere Anforderungen sozialisiert werden, sondern dass sie sich stets eigenaktiv die Handlungsfelder bzw. Institutionen aussuchen, die sie zur Verwirklichung ihrer Ziele und für die individuelle Entwicklung für angemessen und brauchbar halten. Entwicklung im Jugendalter kann als „Handlung im Kontext" (Silbereisen 1986) verstanden werden, die der Ausbildung der Persönlichkeit dient. Individuen haben in der Regel einen inneren Antrieb, aktiv gestaltend und handelnd auf ihr Umfeld einzuwirken, um sich so jeweils die Bedingungen zu schaffen, die ihre Entwicklung im Sinne der eigenen Interessenslagen und Bedürfnisse fördern. Eng verknüpft mit dieser Grundannahme sind Theorien und Konzepte der Sozialisation und Erkenntnisse der Psychologie und Erziehungswissenschaft. Erscheinungsformen, Verhaltensweisen, Einstellungen und Wertmuster von Jugendlichen sind demzufolge immer von soziostrukturellen und historisch-ökonomischen Merkmalen der Gesellschaft abhängig, in der junge Menschen aufwachsen. Wichtige Impulse für diese Sichtweise kamen vor allem aus interaktionistischen Theorien, die menschliche Entwicklung nicht nur als Reaktion auf Umweltgegebenheiten definieren, sondern Individuen als produktiv verarbeitende und ihre Umwelt gestaltende Subjekte verstehen. Voraussetzung dafür ist, dass Subjekte ihre Umwelt interpretieren, mit Bedeutungen und Bewertungen versehen und Handeln erst auf der Basis eines reflektierenden Bewusstseins erfolgt. Entwicklung wird damit nicht mehr als ein spiegelbildlicher Abdruck materieller Bedingungen und sozialer Strukturen begriffen, sondern vollzieht sich aus den wechselseitigen Beziehungen der Menschen untereinander. Für die Persönlichkeitsentwicklung Jugendlicher bedeutet das, dass die Umbruchphase auf der Basis lebensgeschichtlicher Erfahrungen und deren Interpretationen gestaltet wird. Jugendliche werden somit als Produzentinnen und Produzenten ihrer eigenen Entwicklung verstanden (vgl. u. a. Hurrelmann 2004; Mansel und Hurrelmann 2003; Scherr 2009).

Obwohl die Entwicklungs- und Sozialisationsbereiche des Jugendalters in Abhängigkeit zu den gesellschaftlichen Bedingungen variieren, operiert man in der Sozialwissenschaft nach wie vor mit Entwicklungsaufgabenkonzepten, wenn man den wesentlichen Kompetenzerwerb im Jugendalter beschreiben möchte. Dabei orientiert man sich zumeist an dem in den 1940er und 1950er Jahren generierten Konzept des Pädagogen Robert J. Havighurst (1972), der die wichtigsten Entwicklungsbelange zu erfassen versucht hat. Diese wurden dann von Dreher und Dreher (1985), Fend (2001) und Hurrelmann (2004) den gesellschaftlichen Entwicklungen angepasst. Demnach dient die Lebensphase Jugend (1) dem Aufbau intellektueller und sozialer Fertigkeiten, um selbstverantwortlich schulische und anschließend berufliche Qualifikationen zu erwerben, mit dem Ziel, eine Erwerbsarbeit aufzunehmen und sich dadurch eine eigene ökonomische und materielle Basis für eine selbstständige Existenz zu sichern, (2) der Ausbildung einer eigenen Geschlechtsrolle und des sozialen Bindungsverhaltens zu Gleichaltrigen, um eine Partnerbeziehung mit dem langfristigen Ziel der Erzeugung und Erziehung eigener Kinder aufzunehmen, (3) der Entwicklung individueller Handlungsmuster zur Nutzung des Konsumwarenmarktes und kultureller Freizeitangebote (inklusive Medien) mit dem Ziel, einen eigenen Lebensstil auszubilden und autonom gesteuert und bedürfnisorientiert mit den Angeboten umzugehen, und (4) dem Erwerb eines Werte- und Normensystems und eines ethischen und politischen Bewusstseins, um langfristig bei Abwägung von Handlungszweck und potentiellen Nebenfolgen verantwortlich handeln zu können (vgl. Hurrelmann 2004, S. 27ff.). Haben Personen auf der materiellen und ökonomischen, der familialen, der freizeitbezogenen und der politischen Handlungsebene einen autonomen Handlungsstatus erreicht, gilt nach diesem Verständnis die Lebensphase als abgeschlossen, sodass den Betroffenen der Status eines Erwachsenen zugeschrieben werden kann. Die Bewältigung dieser Aufgaben kann jedoch keine universelle Gültigkeit beanspruchen, sondern sie ist kultur- und gesellschaftsabhängig, womit eine vollständige Bearbeitung insbesondere in vorgegebenen Zeitrahmen gar nicht immer erfolgen kann. So entstrukturiert sich die Jugendphase etwa vor allem durch die Verlängerung der schulischen und beruflichen Ausbildung. Da auch immer häufiger vor allem bei Menschen mit höherem Bildungsstatus und in städtischen Gebieten die Familiengründung im dritten Lebensjahrzehnt erfolgt, wird folglich auch der ‚vollständige' Erwachsenenstatus erst dann erlangt.

Gerade in jüngster Zeit werden verstärkt Identitätstheorien herangezogen, um die individuelle Nutzung medialer Angebote von Jugendlichen zu verstehen und zu erklären. Prozesse der Identitätskonstruktion scheinen besser empirisch erfasst werden zu können als Sozialisationsprozesse. Diese sind immer langzeitlich angelegt und verweisen auf vielfältige, manchmal auch diffuse soziokulturelle und sozialstrukturelle Bedingungen des Aufwachsens, die jedoch nicht immer als ursächlich für bestimmte Entwicklungen im Jugendalter bestimmt werden können. Wissenschaftliche Konzepte der Identitätskonstruktion sind aufgrund ihrer stringenten Subjektperspektive naheliegend, wenn man das Medienhandeln junger Menschen deuten möchte; sie sind aber zugleich auch in ihrer Erklärungskraft zu hinterfragen, da nahezu jegliches Handeln von Menschen im Kontext ihres Selbstmanagements betrachtet und erklärt werden kann. Darüber hinaus gilt anzumerken, dass die Konstruktion einer Identität respektive die Arbeit am Selbst eine essentielle, lebenslang zu bewältigende Entwicklungsaufgabe ist und als Ziel der Sozialisation begriffen werden kann.

Die Identitätskonstruktion ist folglich eine Art Meta-Entwicklungsaufgabe. Sie subsumiert viele Entwicklungsaufgaben, etwa die nach einem positiven Körperselbstkonzept, nach Autonomie und Selbstwirksamkeit, einer Geschlechtsorientierung, einer politischen und beruflichen Orientierung, nach einem Aufbau einer partnerschaftlichen und familiären Beziehung (vgl. Hoffmann 2011a). Identitätsvorstellungen und Lebensentwürfe werden bereits im Jugendalter mehr oder minder ausgearbeitet, sie werden mitunter auch wieder verworfen und neu konstruiert. Dieses Phänomen wurde von Fuchs (1983) als „Biographisierung der Jugendphase" bezeichnet. Fragen des „Wer bin ich?" und „Wer will ich sein?" und „Wie komme ich dahin, der zu sein, der ich sein will?" sind allgegenwärtig und selbstverständlich (vgl. Hoffmann und Schmidt 2008). Jugendliche können sich ihnen kaum entziehen. Es wird von ihnen erwartet, dass sie sich mit einem – ihrem – Lebensentwurf beschäftigen: ein Bewusstsein von sich entwickeln, die eigenen Potenziale zu erkennen und auch Handlungsspielräume und Handlungskompetenzen in ihren Begrenzungen wahrzunehmen. Zugleich gilt es, die eigene Besonderheit zu identifizieren sowie zudem ein persönliches Ideal – sozusagen eine ‚Zielvorgabe' – ins Auge zu fassen. Dieses Ideal kann nicht losgelöst von den verfügbaren Ressourcen und den gegebenen bzw. erreichbaren Bedingungen betrachtet werden. Und somit testen und loten Jugendliche stets aus, welche Selbstverwirklichungsmöglichkeiten gegeben und welche künftig realisierbar sind. Jugendliche versuchen in dieser Hinsicht vor allem, ein Bewusstsein von sich selbst und ihrer Person im sozialen Raum zu bekommen. Es geht darum, sich selbst wahr- und anzunehmen, sich zu erkennen mit allen Potenzialen und auch Begrenzungen. In dieser

Tab. 1 Fragen im Prozess der Selbstfindung (aus Hoffmann 2008, S. 158)

Wer bin ich?	Gegenwartsorientierung
Wer will ich sein?	Zukunftsorientierung
↓	Ambivalenzen
Wie komme ich dahin, der zu sein, der ich sein will?	Wegbestimmung in Abhängigkeit der vorhandenen Ressourcen

Zeit der Selbstfindung und Selbstpositionierung, die meist durch heftige emotionale Dynamiken gekennzeichnet ist, stehen für Jugendliche die folgenden Fragen im Zentrum (Tab. 1).

Medien und insbesondere Musik fungieren in diesem Prozess in der Regel der Selbstfindung, der mit der Konstruktion der Identität gleichgesetzt werden kann, als Orientierungsrahmen und folglich als Ressource und Kontext der Sozialisation. Zugleich – und das scheint zunächst ein Paradox zu sein – wird die Auseinandersetzung mit Medien etwa von Hurrelmann (2004) selbst als Entwicklungsaufgabe angesehen. An einem Beispiel wird aber deutlich, warum sich beide Phänomene nicht ausschließen: Angenommen in der Schulklasse ist der Besitz und die Nutzung eines neuen mobilen mp3-Players angesagt, so gilt es für Schülerinnen und Schüler, sich dazu zu positionieren. Ziel dieser Positionierung ist etwa der Erwerb von Verbrauchs- und Konsumkompetenz, von Autonomieentwicklung oder Peer-Group-Integration. Hier geht mit der Präsenz oder Ankündigung des Trend-Players eine jugendtypische, fast alltägliche Herausforderung einher: Will man und braucht man ein solches Gerät, kann man es sich leisten? Wenn ja, warum und wozu und welchen ‚Entwicklungsgewinn' verspricht der Besitz und die Nutzung des Geräts? Wenn nicht, stellt sich die Frage: Welche positiven oder negativen Konsequenzen erfolgen daraus für das Image, das man sich erarbeitet hat bzw. erarbeiten möchte? Die Konsequenzen des gewollten oder gegebenenfalls zwangsläufigen Nichtbesitzes – etwa im Fall von nicht vorhandenem finanziellen Budget – können vielfältig sein. Jugendliche können gestärkt oder geschwächt aus diesen Aushandlungs- und Entscheidungsprozessen herausgehen. Dabei kommt es immer auf die jeweiligen Begründungszusammenhänge an. Sich Trends und einem möglichen Peer-Group-Druck auch mal zu widersetzen, führt vermutlich eher zu einem positiven Selbstbild als sich diesem grundsätzlich zu beugen und anzupassen.

Im Jugendalter wird an verschiedenen Komponenten der Identität ‚gearbeitet'. Mal steht das Bedürfnis nach mehr Autonomie im Vordergrund, mal fokussiert man sich auf seine Rolle als junge Frau oder junger Mann, d. h. setzt sich mit seiner Geschlechtsidentität auseinander. Diese wiederum kann kaum losgelöst vom Körperselbstbild und auch der sexuellen Orientierung betrachtet werden (vgl. Hoffmann 2011b; Langenohl 2009). Musikbezogene Aktivitäten und musikalische Sozialisationskontexte scheinen Jugendlichen generell recht hilfreiche und unterstützende Angebote anzubieten, denn in kaum einer Altersphase ist die Hinwendung zu und Beschäftigung mit Musik so intensiv. Offenbar werden über die Rezeption und

Aneignung von Musik Selbstfindungsprozesse in Gang gesetzt und positiv beeinflusst. Das Musikerleben kann zudem auch eine Bewältigungsstrategie sein, um etwa Probleme und Kummer zu kompensieren. Die Auseinandersetzung mit und die Aneignung von Musik erfolgt grob formuliert auf drei Ebenen: einer emotionalen (physisch-körperlichen), einer kognitiven (analytisch-interpretativen) und einer sozial-kulturellen Ebene (integrativ vs. distinguiert). Im Hinblick auf die Identitätsentwicklung sind wahrscheinlich alle drei bedeutsam. Sie verweisen aufeinander und lassen sich – wie etwa in der qualitativen Untersuchung von jungen, männlichen Erwachsenen von Kunz (1998) gezeigt werden konnte – nicht trennscharf extrahieren. Identitäten speisen sich nicht allein aus einer, sondern zumeist aus vielen, teilweise einander überkreuzenden, ja zum Teil auch sich widersprechenden lebensweltlichen und medialen Quellen. Gleichwohl kann festgestellt werden, dass die Beschäftigung mit Musik im Jugendalter häufig biografisch prägend ist.

2.2   Das Konzept musikalischer Selbstsozialisation

Ergänzend zu den obigen Ausführungen soll an dieser Stelle das Konzept der musikalischen Selbstsozialisation erörtert und gewürdigt werden, das maßgeblich von der Musiksoziologin Renate Müller (1995; 1999) in den 1990er Jahren entwickelt wurde. Es beschreibt mehrere Teilaspekte, die Heranwachsenden dabei helfen können, bestimmte Entwicklungsaufgaben und altersphasenspezifische Lebenssituationen bewältigen zu können. Basierend auf Hurrelmanns (1983) Idee des ‚produktiv realitätsverarbeitenden Subjekts‘ und anknüpfend an den Symbolischen Interaktionismus Meads (1934/1968) sowie den Ansätzen der Cultural-Studies, betont sie vor allem die Eigenleistung des Individuums im Kontext der Sozialisation. Aufgrund der Individualisierung von Gesellschaft werden Prozesse der Selbstsozialisation im Sinne der eigenverantwortlichen Organisation des eigenen Lebens und der Lebensbahnen zunehmend unverzichtbar. Das soll nicht heißen, dass Selbstsozialisation die einzige, ultimative Möglichkeit ist, sich in einer modernen Gesellschaft zu entwickeln, vielmehr werden ‚Sozialisationsmöglichkeiten‘ von den jungen Menschen miteinander verbunden (vgl. Müller et al. 2004). Der Prozess der Selbstsozialisation beinhaltet nicht nur, dass das Individuum durch Wahlentscheidungen seine Zugehörigkeit zu verschiedenen kulturellen Strömungen definiert, sondern auch mit Hilfe einer aktiven Teilnahme als Mitglied dieser Kulturen und deren Symbolik auf diese einwirkt und sie kreativ mit- und umgestaltet. Es verwundert also nicht, dass die Zahl der jugendkulturellen Szenen stetig zunimmt und der Großteil dieser Szenen sich einem bestimmten Musikgenre zuordnet (vgl. auch Schmidt und Neumann-Braun 2003). Häufig führt dies dann zu einer Form von „Selbst-professionalisierung" (Müller 1999, S. 114), wie sie sich zum Beispiel bei Breakdancern, Beatboxern oder Rappern aus dem Umfeld der Hip-Hop-Kultur vollzogen hat und sich in einer Aneignung bestimmter Fähigkeiten sowie einer Entwicklung von Expertise auf ihrem Fachgebiet äußert. Man kann musikalische Selbstsozialisation als Mitgliedwerden in selbst gewählten Musikkulturen bezeichnen, wobei die gewählte audiovisuelle Symbolwelt angeeignet, der entsprechende Lebensstil übernommen und gestaltet, sowie musikkulturelle Kompetenzen autonom erworben werden, wodurch dann wiederum Zugehörigkeiten und Abgrenzungen definiert und Identitäten konstruiert werden (vgl. Müller 1995; Müller et al. 2002).

In diesem Zusammenhang spielt auch der Begriff der Glokalisierung eine Rolle, der den Sachverhalt beschreibt, „dass ästhetische Ausdrucksmittel, die globale Popularität genießen, lokal angeeignet werden, d. h. auf die eigenen Alltagserfahrungen bzw. auf lokale, regionale und nationale kulturelle Besonderheiten bezogen werden" (Rhein und Müller 2006, S. 557). Als Beispiel für diesen Prozess kann die Entwicklung der Hip-Hop-Kultur im deutschsprachigen Raum angesehen werden, aber auch andere Kunstformen wie Graffitis können der Glokalisierung zugeordnet werden. Es lässt sich also festhalten, dass die Umgangsweisen Heranwachsender mit Musik und Medien neben geschmacklichen Präferenzen primär der sozialen Verortung, Distinktion (beispielsweise gegenüber bestimmten Erwachsenenkulturen) und damit letztendlich der Identitätskonstruktion dienen. Einerseits wird von ihnen „symbolische und soziale Inklusion angestrebt sowie symbolische und soziale Exklusion praktiziert" (ebd., S. 552). Das (musikalische und mediale) Selbstsozialisationskonzept wendet sich somit „gegen die stereotype normative Dichotomisierung bzw. Hierarchisierung von Kulturen (z. B. Hoch- vs. Populärkultur) sowie von Umgangsweisen mit Kulturen (ebd., S. 555). Denn Jugendliche orientieren sich mehrheitlich eben an popkulturellen Symbolen und Kulturen, da diese für sie reizvoller und interessanter sind, als diejenigen der Hochkultur, die sie mitunter als Verkörperung der ‚schnöden' und als statisch wahrgenommenen Erwachsenenwelt verstehen. Die Abgrenzung und Autonomie gegenüber der Erwachsenenwelt und der Drang nach Selbstverwirklichung mit Hilfe von Stilbasteleien (Bricolage) werden gemeinhin als zentrales Motiv für die Auseinandersetzung mit populärer Musik angesehen.

Das Konzept der musikalischen Selbstsozialisation beinhaltet den Perspektivenwechsel von den individualisierten Nutzungsformen zum sozialen Gebrauch von Musik. In Zusammenhang mit Musik werden neben der musikalischen auch sprachliche und visuelle Symboliken (in der Rock-Ikonographie beispielsweise anhand von bestimmtem Equipment, Outfit oder Accessoires, nicht nur von Stars als ‚Pop-Ikonen'), Werte und Normen (welche zum Beispiel in Videoclips transportiert werden), soziale Verhaltensweisen, Denkstrukturen und Weltwissen angeeignet und in Frage gestellt (Müller 2004, S. 11). Zwar sind die ästhetischen Elemente der verschiedenen Jugendkulturen prinzipiell für alle zugänglich, trotzdem können Jugendliche ohne intensives Üben und Trainieren beispielsweise von Breakdance, DJ-ing, Writing etc. dieses nicht beherrschen und es als eigenes ästhetisches Ausdrucksmittel verwenden. Müller konnte beobachten, dass Jugendliche „einen erheblichen Einsatz beim Erwerb solcher produktiver wie auch rezeptiver musikkultureller Kompetenzen" (ebd.) zeigen. Breakdancer entwickeln zum Beispiel rezeptive Kompetenzen in Bezug auf die verschiedenen musikalischen Stilrichtungen des Hip-Hop, unter anderem durch Bücher und den Besuch von Jams, bei denen sie lernen, die Stile anderer Tänzerinnen und Tänzer zu identifizieren und dadurch den eigenen Stil zu beurteilen. Zudem gehört zu den rezeptiven Kompetenzen „die Mitarbeit an der Erstellung eines kulturellen Gedächtnisses" (Müller 2004, S. 11 mit Verweis auf Mikos 2003) und dessen Erhaltung. Bedeutungen von Zitaten oder Samples können beispielsweise nur identifiziert werden, wenn man sich in der Geschichte der jeweiligen Popkultur gut auskennt, also ein bestimmtes Strukturwissen besitzt (Müller 2004). Allerdings sind nicht nur die Gestalterinnen und Gestalter jugendkultureller Szenen, wie die oben genannten Breakdancer, musikkulturell aktiv, sondern auch die Konsumentinnen und Konsumenten, wie beispielsweise Teenie-Fans von Boygroups. „Populärkulturelles Kapital umfasst neben der Aneignung von Fähigkeiten den Erwerb von kulturellem Wissen und die Beschaffung kultureller Güter" (Müller 2004, S. 12). Güter sind in diesem Fall zum Beispiel Fanartikel, Konzerttickets, Musikclips und so weiter. Aber auch die Aneignung von Wissen, wie etwa durch das Lesen von Biografien, oder andere spezifische Fähigkeiten, wie das Mitsingen der Texte bei einem Konzert, tragen dazu bei, dass Musik-Fans das ästhetische Objekt mit gestalten. Über den ‚Fan-Talk' tauschen sie sich mit anderen Fans aus und geben ihr Wissen als Expertinnen und Experten an andere weiter.

Um den Zusammenhang zwischen Selbstsozialisation und einer musikalischen Flexibilität im Lebenslauf zu verdeutlichen, können zwei Perspektiven eingenommen werden: Konzentriert man sich auf den Kohortenansatz, so kann angenommen werden, dass Menschen, die in ihrer Jugend eine bestimmte Musikrichtung gehört haben, auch später noch Konzerte von Gruppen dieser Musikrichtung besuchen und gegebenenfalls sogar ihre Kinder mit dorthin nehmen. Weiterhin könnte man davon ausgehen, dass Kohorten, also die in jeweils dieselbe geschichtliche, soziale, musikalische Zeit Hineingeborenen, im Hinblick ihre ästhetischen Einflüsse und gegebenenfalls Präferenzen recht homogen sind (Müller 1995). Dafür würde etwa der Erfolg der Radioformate sprechen, die überwiegend die Hits der 1970er, 1980er und 1990er Jahre spielen. Fokussiert man hingegen auf die Altersperspektive, so wird die Annahme verfolgt, „dass musikalische Präferenzen sich in Abhängigkeit vom Alter verschieben" (Müller 1995, S. 72). Folgt man den Sekundäranalysen Müllers, die Untersuchungen über den Stellenwert von Musik im Lebenslauf ausgewertet hat, so kann festgestellt werden, dass nicht selten nach Beendigung der Jugendphase von der Rock- und Popmusik zum Schlager übergewechselt wird, weil Musik nur noch nebenbei gehört wird. Allerdings trifft dieser Zusammenhang eher auf Menschen zu, für die Musik in ihrer Jugend keine herausragende Bedeutung hatte. Bezogen auf die Selbstsozialisation würde das bedeuten, dass Musik diesen Jugendlichen nicht in ausreichend starkem Maß zur Identitätskonstruktion und auch „Identitätspräsentation" (ebd.) diente.

Müller stellt die These auf, „dass die Intensität der emotionalen und kognitiven Beschäftigung mit Musik im Lebenslauf vom Ausmaß der musikalischen Selbstsozialisation in Kindheit und Jugend abhängt" (ebd.). Ihrer Ansicht nach wäre es wichtig herauszufinden, wie diese gefördert oder behindert wurde. Das Ausmaß der musikalischen Selbstsozialisation beinhaltet dabei unter anderem die „Intensität der Auseinandersetzung mit Musik" sowie „die Anzahl und die Verschiedenheit der musikalischen Kulturen, deren Mitgliedschaft gewählt wird" (Müller 1995, S.

73). Selbstsozialisierungsprozesse „ermöglichen den Individuen den Einblick oder gar den Eingriff in ästhetische, und auch musikalische, Codierungsprozesse" (ebd.), was dazu führt, dass dadurch ein hohes Maß an Flexibilität im Umgang mit ästhetischen Symbolen zumindest ermöglicht wird. Müller mutmaßt – sicherlich zu Recht –, dass junge Menschen, die sich selbst sozialisieren, sich auch besser als andere auf neue Lebenssituationen einstellen können und daher weniger Rezeptionsbarrieren haben (ebd.). Bezogen auf den Umgang mit Musik hat Müller in ihren Untersuchungen „größere Offenheit und Toleranz [...] bei denjenigen Jugendlichen gefunden, die durch vielfältige musikalische Aktivitäten [...] 1. intensiv mit Musik umgehen und 2. an verschiedenen musikalischen Kulturen teilnehmen" (ebd.).

3   Musikaneignungsprozesse Jugendlicher im Fokus sozialwissenschaftlicher Forschung

Das Untersuchungsfeld ‚Musik – Jugend – Aneignungsprozesse' ist prinzipiell weiträumig, da es in vielen Disziplinen angesiedelt werden kann. Mit der Rezeption und Aneignung von Musik im Jugendalter beschäftigen sich Sozial-, Bildungs-, Kommunikations-, Kultur- und Medienwissenschaften, wobei die Erkenntnisinteressen je nach Fachgebiet variieren (können). Die jeweiligen Forschungsbereiche systematisch nach Themenschwerpunkten zu unterteilen, ist nicht unproblematisch, da zum Beispiel die Fankultur- und Szeneforschung in ihren methodischen Herangehensweisen und im Hinblick auf ihre Erkenntnisinteressen nah beieinanderliegen. Zudem hat es sich als ausgesprochen schwierig erwiesen, den aktuellen internationalen Forschungsstand auch nur annähernd zu ermitteln und die zeitgenössischen Studien zum Umgang Jugendlicher mit Musik in der gebotenen Sorgfalt zu erfassen. Bei unseren Recherchen – unter anderem auch im Archiv der Jugendkulturen in Berlin – stellten wir fest, dass es eine Vielzahl auch kleinerer, aber hoch interessanter Forschungsarbeiten im Bereich der Fankultur- und Szeneforschung gibt (auch in Form von Qualifizierungsarbeiten) und in vielen Teilen der Welt lokale und nationale Studien zu bestimmten Musikszenen durchgeführt werden. Schien die Jugendsubkulturforschung traditionell vor allem in Großbritannien und den USA insbesondere durch die vielzähligen ethnografischen Studien der Vertreter der Cultural Studies angesiedelt zu sein, so werden deren Forschungskonzepte heute auch für die Erforschung von Jugendkulturen beispielsweise im skandinavischen und osteuropäischen Raum angewendet. Vor allem in den postsozialistischen Ländern interessiert man sich derzeit für die Entstehung und das Agieren nationalistischer Jugendgruppen sowie für Subkulturen wie etwa die Skinheads. Des Weiteren werden bestimmte Musikszenen und damit einhergehende besondere Stilbildungen und in Teilen politische Aushandlungsprozesse untersucht. Es besteht insgesamt der Eindruck, dass sich die Jugendkulturforschung kaum auf interkulturelle Vergleichsstudien einlässt, sondern sich bislang eher als komplementäre, d. h. sich länderspezifisch ergänzende Forschung, begreift (vgl. Suna und Hoffmann 2011).

In allen empirischen Studien wird die Symbiose von Musik und Medien deutlich. Evident ist zudem das Moment der soziokulturellen Zugehörigkeit, die über Musik- und Medienaffinitäten ermöglicht werden. Vielfältige Medienangebote tragen dazu bei, dass Musikaffinitäten dokumentiert und geteilt werden können. Vor allem die digitalen Medien offerieren neue Formen der individuellen und kollektiven Aneignung von Musik nicht zuletzt über Fanpages, Foren und diverse soziale Online-Netzwerke. Die fortschreitende Hybridisierung der Medien und die Entwicklungen medienkonvergenter Musikdistributionen haben auch veränderte Aneignungsmodalitäten zur Konsequenz. Sie stellen die sozialwissenschaftliche Forschung vor neue Herausforderungen (vgl. Münch und Schuegraf 2009). Vor allem die Extrahierung der jeweiligen medialen und musikalischen Einflüsse auf die Sozialisation junger Menschen respektive die Erfassung der Frequentierung entsprechender Kontexte scheint doch recht schwierig zu sein. Die Allgegenwart und auch vergleichsweise leichte Verfügbarkeit mobiler Musik verdeutlicht, wie komplex sich die Aneignung von Musik heute darstellt und wie voraussetzungsvoll die Analyse von Musiksozialisationsprozessen geworden ist.

Es wird im Folgenden dem Begriff der Aneignung gegenüber dem der Sozialisation der Vorzug gegeben, da insbesondere die Studien im Bereich der Jugendkulturforschung, der Fan(kultur)forschung und viele handlungsorientierte Jugendmedienstudien eher dem ‚Aneignungs-Paradigma' zuzuordnen sind. Hier hat sich in den letzten Jahren aus unserer Sicht ein Wandel vollzogen, der nicht zuletzt damit zu tun hat, dass der Fokus vieler Analysen stärker auf Identitätstheorien und weniger auf Sozialisationstheorien gesetzt wird.[1] Ferner lässt sich das Medienhandeln von Jugendlichen aussichtsreich in Querschnittsanalysen erfassen, die jedoch bedingt eine Sozialisationsperspektive gewährleisten. Eine Sozialisationsperspektive müsste stärker die individuellen interaktiven Vermittlungs-und Lernprozesse in den Blick nehmen, die sich im Dazwischen der makro- und mikrosoziologischen Ebenen abspielen. Demzufolge wäre auch im Hinblick auf das Erfassen der Bedeutung von Musik im Jugendalter stets eine Verknüpfung der individuellen mit der gesellschaftlichen Ebene anzustreben (Bonfadelli 1981, S. 43), doch dies wird zumeist nur in Teilen in den vorliegenden Studien eingelöst. Am ehesten berücksichtigen die Studien, die in der Tradition der Cultural Studies arbeiten, beide Analyseebenen, wobei sie wiederum nicht explizit die Entwicklungs- und Kompetenzzuwächse von Jugendlichen in den Mittelpunkt ihrer Betrachtungen stellen. Obwohl ihre Erkenntnisinteressen in eine ähnliche Richtung wie die der Sozialisationstheoretiker gehen, sind ihnen „sozialisatorisches Lernen" (ebd., S. 57) respektive sozial-kognitive Lernprozesse (ebd.) eigentlich weniger wichtig. Vertreterinnen und Vertreter der Cultural Studies arbeiten weniger die entwicklungstypischen Kompetenzgewinne von Jugendlichen heraus – im Sinne des

---

[1] So wird etwa in dem Handbuch Mediensozialisation (vgl. Vollbrecht und Wegener 2010) auf ein Kapitel zur Musiksozialisation verzichtet und das zu Auditive Medien – Hörsozialisation (vgl. Münch 2010) ist recht allgemein gehalten. Münch referiert einige Daten zum Medienbesitz und zu den Zeitbudgets, die für Hörmedien aufgewendet werden. Er fokussiert in seinem Beitrag vor allem auf die vielfältigen Modalitäten des Hörens.

Resultats von Sozialisation –, sondern erforschen vorrangig die kulturelle Bedeutung von Musik und Medien. Dabei betrachten sie einerseits die Produktion von medialen Angeboten und dekonstruieren andererseits die Bedeutung dieser Angebote, die die Rezipientinnen und Rezipienten diesen im Kontext ihres gesellschaftlichen Seins beimessen. Die Rezeption von Medien stellt für sie eine soziale Praktik dar, eine Handlungs- und Umgangsweise, über die sich Identität bewusst oder unbewusst herstellen kann. Sowohl die Medien- als auch die Musikaneignung wird insoweit zumeist multidisziplinär untersucht, als dass man versucht herauszufinden, ob und wie sich Individuen mit den vorhandenen Angeboten auseinandersetzen und ob und wie sie diese annehmen oder gegebenenfalls ablehnen oder eigensinnig für ihre Identitätsbelange verhandeln. Präferiert werden in diesen kulturwissenschaftlichen Forschungszusammenhängen im Allgemeinen Konzepte der Subjektkonstitution, der Identität und eben der Aneignung von Medien und Musik im Alltag (siehe auch Wegener 2008). Studien zur Aneignung beschränken sich selten nur auf die Auseinandersetzung junger Menschen mit Kompositionen, Songs und Genres sowie auf die Beschäftigung mit und Huldigung von Stars, sondern umfassen auch dazugehörige (popkulturelle sowie kommerzielle) Produktionsweisen und Unterhaltungskontexte.

3.1   Jugendkulturforschung

Generell lässt sich feststellen, dass die vorhandenen Studien im Bereich ‚Jugend und Musik' im deutschsprachigen Raum mehrheitlich im Bereich der Jugendkultur- respektive Jugendmedienforschung angesiedelt werden können. Die meisten Studien berücksichtigen dabei wie oben ausgeführt nicht explizit die Sozialisationsperspektive, was insbesondere in Querschnittanalysen und bei standardisierten Befragungen auch schwierig ist. Es werden zumeist Szenen, Jugendkulturen oder -bewegungen erforscht, in denen Musik eine bedeutsame Rolle spielt, d. h. etwa ästhetische Praktiken und Stile induziert (siehe im Überblick Müller-Bachmann 2002). Hier könnten die Untersuchungen der Soziologen Axel Schmidt und Klaus Neumann-Braun über „Die Welt der Gothics" (2004) oder von Ronald Hitzler und Arne Niederbacher (2010) über verschiedene Szenen (u. a. Black Metal, Hip-Hop, Gothic, Indie, Techno) sowie von Erik Meyer zur Technoszene (2000) angeführt werden. Über die Hardcore-Jugendkultur hat Marc Calmbach (2007) unter Berücksichtigung der Forschungsparadigmen der Cultural Studies detailliert geforscht. Zwischen Szenen und Kulturen wird je nach disziplinärem Zugang des Öfteren eine Unterscheidung vorgenommen, wobei eine Szene in der Regel zugänglich und sichtbar ist sowie von anderen Szenen abgegrenzt werden kann, eine Jugendkultur kann hingegen als eine eher lose, informelle Bezugsgröße begriffen werden (vgl. Zinnecker und Barsch 2007). Jugendszenen sind als spezifische, von Suche nach Kontakt, Intimität, Solidarität und Spaß gekennzeichnete Interaktionsbereiche zu begreifen, die mit Aneignung symbolischer Räume innerhalb eines gegebenen ökonomischen und kulturellen Rahmens entstehen. Sie ermöglichen soziale Zugehörigkeit, identitätsstützende und identitätsfördernde Erfahrungen und prägen Lebensstile (vgl.

Pape 1998, S. 109). Man ist sich in der sozialwissenschaftlichen Jugendforschung weitestgehend einig, dass die Jugendszenen eher als Jugendkultur spezifizierbar und operationalisierbar sind. Und – wenn überhaupt – kann nicht von der einen Jugendkultur die Rede sein, sondern finden sich grundsätzlich diverse Jugendkulturen in der Gegenwartsgesellschaft. Da nach Meinung einiger Soziologinnen und Soziologen die Besonderheiten jugendlicher Gemeinschaften mit dem Begriff der Kulturen und auch Szenen nur unzureichend beschrieben werden können, wird in jüngster Zeit vermehrt von posttraditionalen Gemeinschaften gesprochen, wenn der Zusammenschluss in „juvenile Geselligkeiten" (Pfadenhauer 2009, S. 36) gemeint ist. Verwendung findet auch der Begriff der jugendkulturellen Szene, der das Verständnis eines sozialen Gefüges von Individuen mit gleichen Ansichten und Interessen, welches sich innerhalb eines kulturellen Rückzugsraumes mit spezifischen Codes und Symbolen entwickelt, beschreibt. Dass die Einteilung beziehungsweise Fassung dieser Szenen mittlerweile immer schwieriger wird, zeigt unter anderem das von dem Soziologen Ronald Hitzler im Jahre 2002 eingerichtete Online-Portal jugendszenen.com. Auf diesem Portal können sich Szenen eintragen lassen. Vielen Szenen gemeinsam ist, dass sie sich über einen bestimmten Musikstil konstituiert haben, einen besonderen Sport präferieren oder aus politischen und ernährungstechnischen Motiven heraus entstanden sind.

Die erwähnten Begriffe werden in der sozialwissenschaftlichen Literatur nicht selten analog verwendet. Wenn also von Jugendszenen oder jugendkulturellen Szenen gesprochen wird, dann sind diese auf Zusammenschlüsse beziehungsweise Gemeinschaften zurückzuführen, die Jugendliche auf der Suche nach „der Bestätigung des eigenen Lebensstiles" (Süss 2004, S. 40) gegründet oder aufgesucht und zum Zweck haben, einen Anschluss mit ihren Interessen zu finden. Zu unterscheiden sind diese eher informellen Jugendgruppen von formellen Gruppen, wie beispielsweise Sport- oder Musikvereinen insofern, als dass die Teilhabe an ihnen in der Regel keine Bindungen und Verpflichtungen mit sich bringt. Vielmehr spielt das harmonische Miteinander, die Teilung von Neigungen, Vorlieben, Interessen, sowie ein gemeinsames Verständnis angemessener Verhaltensweisen eine zentralere Rolle (vgl. Pfadenhauer 2009, S. 37). Ein weiteres Merkmal jugendkultureller Gruppierungen sind geteilte Präferenzen für bestimmte Medien, für Musik, Moden, Konsum-, Lebens- und Freizeitstile. Dabei spielt auch eine bedeutsame Rolle, dass die geteilten Symbole von Nichtmitgliedern oftmals nicht verstanden werden (sollen) und dadurch eine „Basis für die Gruppenidentität und die Abgrenzung nach außen" (Süss 2004, S. 40) hergestellt werden kann.

Alle exemplarisch oben angeführten Studien über Gothics, Indie, Techno-Anhängerinnen und Anhänger u. a. stellen in ihren Analysen heraus, dass diese bestimmten Musikrichtungen in der Adoleszenz und auch Postadoleszenz signifikante soziale und kulturelle Positionierungen ermöglichen. Dabei sind prinzipiell musikalische Stilrichtungen beliebig wählbar und jede dazugehörige Szene charakterisiert sich in Abgrenzung zu jeweils anderen. Teilweise sind Musikszenen auch durch eine starke Binnendifferenzierung z. B. der Hip-Hop (vgl. Klein und Friedrich 2003) oder durch besondere lokale oder regionale Aneignungspraktiken gekennzeichnet.

So kann sich etwa die Indie-Szene in Leipzig von der München oder Hamburg im Hinblick auf ihre ästhetischen Codes und Symboliken durchaus unterscheiden (vgl. Eisewicht und Grenz 2010, 2011). Die Sozialsymbolik der Musik respektive die damit einhergehenden Identitätsinsignien stellen jugendliche Kulturkonsumenten häufig vor längerfristige identitätsrelevante Entscheidungen. Jugendliche sind gefordert, sich in (hoch) spezialisierte Szenen zu begeben und sich an sie eine Zeit lang zu binden oder aber „als Flaneur unterschiedlichste jugendkulturelle Angebote (identitäts-) flexibel" (Hoffmann und Schmidt 2008, S. 284) zu nutzen. Schmidt und Neumann-Braun (2003) haben diese Jugendlichen treffend in der Figur des ‚AJOs' (= „Allgemein Jugendkulturell Orientierte") zusammengefasst. Es wird davon ausgegangen, dass das Gros der Popmusikrezipientinnen und -rezipienten eigentlich dieser Gruppe zugeordnet werden kann. Diese Jugendlichen gehören weder einer bestimmten Fankultur an noch sind sie in jugendkulturelle Szenen involviert. Sie zeigen mitunter eine Affinität zu jugendkulturellen Stilen, Praxen und Deutungsmustern, aber „keine lebenspraktische Involviertheit in eine Szene oder szeneaffine lokale Gruppe. Die Teilhabe bleibt weitestgehend vermittelt über den Jugendmarkt und die Jugendmedien" (Schmidt und Neumann-Braun 2003, S. 249). Gleichwohl nutzen auch die AJOs ebenso wie die Szeneanhängerinnen und -anhänger Popmusik „als Quelle der Distinktion und Selbstverortung" (ebd.).

Wenn man insbesondere größere Zeiträume betrachtet, findet man eine Vielzahl an Untersuchungen zu Jugendkulturen und Jugendszenen (siehe Müller-Bachmann 2002; Farin 2010; Krüger 2010). So entsteht der Eindruck, dass Jugendliche offenbar immer irgendeiner Szene oder Kultur zugehörig sind. Doch dies ist – folgt man den letzten Jugendstudien der Shell Holding – allerdings nicht der Fall. Die jüngsten Shell-Jugendstudien haben gar auf eine Frage nach einer Szenezugehörigkeit verzichtet. Bereits in den 1990er Jahren zeichnete sich ab, dass die Identifikation mit jugendkulturellen Gruppen zunehmend uneindeutiger wird. Im Jahre 1996 antwortete jede resp. jeder zweite Befragte, dass sie bzw. er gleichzeitig mehrere Stile präferiere und man sowohl der einen Szene als auch der anderen zugehörig sein beziehungsweise sich zugehörig fühlen könne (vgl. Fritzsche 1997). Krüger (2010, S. 25) weist zu Recht daraufhin, dass die inhaltliche Klassifikation und Sortierung der in den Shell-Jugendstudien abgefragten Gruppenstile nur „oberflächliche und vordergründige Informationen" liefern, die zumeist von den historischen Rahmenbedingungen und den Alltagspraxen vieler Gruppen- und Szeneanhängerinnen und -anhänger abstrahieren. Stilüberschneidungen und Stilvermischungen erschweren zudem klare Szenezuordnungen.

Es kann hier leider nicht auf einzelne Jugendszenen eingegangen werden, die sich über gemeinsame Musikpräferenzen konstituieren. Eine Selektion würde dem breiten Spektrum an Szenen vermutlich nicht gerecht werden. Zudem unterliegen Szenen häufig kulturellen und ästhetischen Dynamiken, wandeln und verändern sich ihre Praxen. Wissenschaftliche Szenebeschreibungen gelingen am ehesten, wenn man eine historische Perspektive einnimmt und sich in die Szene(n) als Forscherin oder Forscher längere Zeit hineinbegibt und diese teilnehmend beobachtet. Querschnittsdiagnosen muten mitunter klischeehaft an und werden von den Szenegängern nicht selten kritisch betrachtet.[2] Allen Szenen gemein ist, dass ihnen durch die neuen Formen digitalisierter Kommunikation „neue sozio-technische Möglichkeiten" (Hugger 2010, S. 8) zur Verfügung stehen. Dadurch können zum einen Szenemerkmale auf Webpages sichtbarer gemacht werden und zum anderen Bindungen an die Szene über Mitgliedschaften in den Communities formalisiert werden. Zudem wird ein einfacher Austausch der Szenemitglieder über Chats und Foren gewährleistet.

Die digitalen Medien erlauben durch ihre technischen Angebote vielfältige Formen partizipativer Interaktion, Annotation, Zitation, Kollaboration und Kommentierung von Themen rund um die Musik(szene) (vgl. Hugger 2010, S. 10). Als Beispielplattform kann etwa die Internetseite MZEE.COM genannt werden, die sich selbst als größtes deutschsprachiges Hip-Hop-Medium bezeichnet. Diese Seite umfasst neben Blogs, Veranstaltungsterminen, einem Online-Shop für Kleidung, Musik, Schmuck, Graffiti-Kunst, Büchern und DVDs auch ein Forum, das von vielen Hip-Hop-Szenen als eine wichtige Kommunikationsbörse betrachtet wird. MZEE.COM nutzt zudem Social Media Anwendungen wie facebook, Google+ und twitter, über die sich Hip-Hop-Anhängerinnen und Anhänger über Neuerscheinungen, Commercials und Aktionen informieren, diese wiederum kommentieren oder teilen können. Über das Teilen von Präferenzen, Videos und anderen Inhalten machen sie ihre eigenen Vorlieben für andere – ihrem Online-Freundes- und Bekanntenkreis – öffentlich und attribuieren sich. Sie konstruieren und demonstrieren einen Aspekt ihrer Identität. Mediale Geschmackspräferenzen sind „wichtige Personensemantiken" (Reinhardt 2005, S. 40). Sie sind vor allem im Jugendalter Offenbarungen, die Rückschlüsse auf die Identität zulassen, und zwar nicht nur in Bezug auf Selbst- sondern auch auf Fremdzuschreibungen. Die Musikvorlieben und deren Aneignungsformen wirken sich auf „das Bild, das wir im Spiegel der Anderen erzeugen" (Reinhardt 2005, S. 50), aus. Wiederum erlauben gemeinsame Medienpräferenzen und Aneignungsmuster Kollektivierungen und Gruppeninklusionen. Bekenntnisse darüber, welche Musik, welche Interpretinnen, Interpreten oder Bands man präferiert, ermöglichen Anderen und einem selbst die Konstruktion und Rekonstruktion personaler, sozialer und auch kultureller Aspekte der Identität (vgl. Hoffmann und Schmidt 2008).

3.2   Forschungsperspektiven auf eine geschlechtsspezifische Auseinandersetzung mit Musik

Jugendliche interessieren sich in der Regel für die Stars, deren Musik sie favorisieren, und wissen um ihr Aussehen, ihren Habitus und ihre Popularität. Musikstars zeichnen sich nicht nur durch ihr musikalisches Talent, sondern mitunter durch ihre Körperlichkeit, Sexyness, ihre Affären, ihr soziales Engagement ihre Skandale sowie

---

[2] Empfehlenswert sind hier Konsumentinnen- resp. Konsumenten- und Userkommentare, die beispielsweise auf Online-Bookstores wie *amazon.de* oder in Social Communities kursieren.

auch durch Tabubrüche aus. Jugendliche setzen sich nicht nur mit Musik als einem physikalischen Ereignis auseinander, sondern bauen mitunter eine Beziehung zu den zugehörigen Interpretinnen und Interpreten auf. Sie interessieren sich dafür, wie Musik visualisiert, kontextualisiert und von den Medienakteurinnen und -akteuren performativ inszeniert wird. Hintergrundberichte über das Leben der Stars, über ihre Leidenschaften und Liebschaften, sind schon immer von Interesse gewesen. Sie werden offensichtlich gern rezipiert, da sie Moralverhandlungen ermöglichen und Orientierungsrahmen für ganz verschiedene Entwicklungsbelange aufzeigen. So offerieren nicht nur die Songtexte und Bühneninszenierungen der Interpretinnen und Interpreten sozialkulturelle Körperskripte, Geschlechterrollenkonzepte und sexuelle Präferenzen, sondern auch die Reportagen in den Jugendzeitschriften und Boulevardmagazinen, die etwas über das (vermeintliche) Privatleben der Künstlerinnen und Künstler durchblicken lassen.

Das Spektrum der verhandelten Themen variiert je nach Musikgenre und Offenheit der Stars. So gibt es einerseits Stars, die die Öffentlichkeit suchen und mit Inszenierungen und Themensetzungen präsent sein und in Teilen auch provozieren wollen, und andererseits solche, die einen Medienrummel und Kult ihrer Person eher vermeiden möchten. So inszeniert sich beispielsweise die US-amerikanische Sängerin Lady Gaga regelmäßig bei musikalischen Großveranstaltungen, wie etwa den MTV Video Music Awards 2010 in Los Angeles, wo die Sängerin in einem mit Fleischstücken behängten Kleid auftrat, um auf das Töten von Tieren durch die Modeindustrie aufmerksam zu machen. Beispiele für Künstlerinnen und Künstler, die nach dem Vorbild von Prince den Hype um die eigene Person eher vermeiden, sind zunehmend seltener zu finden. Es erscheint, als ob man sich in von Haus aus alternativer ausgerichteten Genres häufig mit Erfolg gegen die ausartende Selbstinszenierung wehrt und das eigene Produkt als authentisch zu verkaufen versucht, während sie vor allem in verkaufsstarken Genres wie der Popmusik nahezu zum Alltag gehören. Tops und Flops der Stars werden in den Medien dokumentiert.[3] Zumeist geht es darum, ihr Outfit zu beurteilen oder aber auch Verhaltensweisen zu ahnden. Gleichwohl werden Fehlleistungen der Stars von den Fans und Sympathisanten anteilnehmend nicht selten über längere Zeiträume begleitet (z. B. im Fall der Sängerinnen Britney Spears und Amy Winehouse). Blamagen der Medienakteure werden mitunter schadenfreudig zur Kenntnis genommen, doch sie fungieren auch als Folien, die jungen Menschen sichtbar machen, wie Imageverluste riskiert werden. In diesem Sinne ist der ein oder andere Fauxpas, der sich in Musikszenen finden lässt und der medial distribuiert wird, als abschreckendes Beispiel einzustufen. Betrachtet man das breite Spektrum der Musikgenres und die dazugehörigen Musikerinnen und Musiker, so muss man feststellen, dass das Repertoire an verhandelten Werten das der gesellschaftlichen Wirklichkeit widerspiegelt. Mit anderen Worten: Es gibt keine Ereignisse, Gedanken und Gefühle, die nicht mittels Musik zum Ausdruck gebracht werden (können).

---

[3] Nicht nur in den Jugendzeitschriften wie etwa BRAVO oder Boulevardmagazinen sondern auch auf diversen Internetportalen.

Empathie, Identifikationen und Distinktionen sind im Kontext der Identitätskonstruktion übliche und zugleich nützliche Phänomene. Sie sind notwendig, um sich auszutesten, sich zu positionieren, um ein Bewusstsein von sich selbst und anderen zu bekommen. Geprüft werden die in der Gesellschaft vorhandenen sozialen Rollen auf ihre Passung. Und wenn hier von Gesellschaft die Rede ist, umfasst das alle Teilsysteme und dazu zählen auch mediale Kontexte, Inhalte und Akteurinnen und Akteure. In diesem Zusammenhang ist es bemerkenswert, dass Vorbilder und Idole der 12- bis 19-jährigen Jugendlichen hauptsächlich aus dem Musikbereich kommen. Zumindest war das im Jahr 2003 laut JIM-Studie der Fall. Von den damals 1209 Befragten haben 31 % angegeben, dass sie für eine Person aus dem Musikbereich schwärmen. Jungen haben sich dabei weniger (26 %) als Mädchen (36 %) zu Musikakteurinnen und -akteuren bekannt. Für jüngere Jugendliche sind Vorbilder wichtiger als für ältere (vgl. mpfs 2004, S. 8f.; Wegener 2008, S. 93). Während Jugendliche für Vorbilder aus dem Musikbereich votieren, finden Kinder eher ihre Idole allgemein im Film- und Fernsehbereich. In der Erhebung des Medienpädagogischen Forschungsverbundes Südwest im Jahr 2008 haben von den 1208 befragten 6- bis 13-Jährigen 8 % der Jungen und 29 % der Mädchen angegeben, dass sie jemanden aus dem Musikbereich zum Vorbild haben. Allgemein scheinen sich vor allem für männliche Heranwachsende die Idole zunehmend eher im Sport- und immer weniger im Musikbereich zu finden (vgl. mpfs 2008, S. 14; Wegener 2008, S. 96). Ein Vorbild zu haben, heißt noch nicht unbedingt Fan von einer Medienakteurin resp. einem Medienakteur zu sein. Ein Fan ist jemand, der eine Bindung zu einer Akteurin bzw. einem Akteur aufbaut und über einen längeren Zeitraum eine Beziehung zu ihm eingeht. Er sucht mit großem Interesse und mit Leidenschaft nach Informationen über ihn und investiert darin Zeit sowie mitunter Geld. Er steht zumeist im Austausch mit anderen Fans (vgl. Schmidt-Lux 2010, S. 147).

Während männliche Jugendliche eher Fan von gleichgeschlechtlichen Musikern sind, sind weibliche in Bezug auf ihr Fanobjekt geschlechtlich nicht festgelegt. Mädchen fühlen sich hingezogen und identifizieren sich sowohl mit weiblichen als auch männlichen Musikstars. Seit Jahrzehnten stellen sie den Großteil der Anhängerinnen so genannter Boygroups. Sowohl Boy- als auch Girlgroups „dienen [ihnen, Anm. d. Verf.] als symbolische Ressource für eine Mädchenkultur, in deren Rahmen intensive Auseinandersetzungen sowohl mit unterschiedlichen normativen Anforderungen als auch mit den eigenen Emotionen und mit Beziehungen in der Gleichaltrigengruppe vollzogen werden" (Fritzsche 2003, S. 271). Fritzsche betont in ihren Untersuchungen, dass sich die weiblichen Fans nicht allein und in Gänze mit den Stars identifizieren, sondern dass sie auch versuchen, über verschiedene Formen des Begehrens sich ihre eigene Geschlechtlichkeit und Körperlichkeit bewusst zu machen, und sich parasozial oder imaginär in der Rolle eines (potentiellen) Beziehungspartners üben. Fan zu sein und eine Fanbeziehung einzugehen, kann als soziale Praktik betrachtet werden, die Heranwachsende auf Erfahrungen mit der ‚Außenwelt' und des Erwachsenseins vorbereitet. Zu ähnlichen Ergebnissen kommt auch Wegener (2008), die eine detaillierte qualitative Studie über ausgewählte Fans von Jeanette Biedermann, Britney Spears, Robbie Williams und Eminem durchgeführt hat. Sie hebt allerdings hervor, dass sich nicht immer verallgemeinerbare Muster der Fanbeziehungen finden lassen, sondern sich die tatsächlichen Bedeutungen immer nur aus den konkreten Lebenssituationen der Fans herleiten lassen und auch nur vor diesem Hintergrund präzisiert werden können (vgl. Wegener 2007). Die Vielfalt der Aneignungsmodi, die Musik(stars), Musiktexte, Musikvideos und Musikkontexte im Hinblick auf die Konstruktion der Geschlechtsidentität, des eigenen Körperkonzeptes und der sexuellen Positionierung Jugendlicher generieren können, verdeutlichen zudem die Studien von Bechdolf (1999) und Langenohl (2009). Insbesondere die Analysen der Gruppendiskussionen und Leitfadeninterviews mit Jugendlichen, die Langenohl vorgenommen hat, bestätigen erneut, dass die Auseinandersetzung mit Musik im Jugendalter weit mehr als nur emotionale Gratifikationen und Mood Management erlauben. Auch zeigt die Autorin auf, dass situativ-bedürfnisorientierte von entwicklungsbedingten Effekten der Musikrezeption und der Auseinandersetzung mit den Stars zu trennen sind. Sie kommt im Hinblick auf die persönlichen Entwicklungszuwächse Heranwachsender zu dem Schluss, dass insbesondere Musikstars „differente Vorlagen zur Ausformulierung geschlechtlicher Identität" (Langenohl 2009, S. 351) liefern, die „vor dem Hintergrund sozialer und biografischer Erfahrungen, der psychosozialen Entwicklung, des gesellschaftlichen Selbstentwurfs und gesellschaftlich-normativer Anforderungen als Vehikel zur Konstitution, Verhandlung und Reorganisation geschlechtlicher Identitäten" (ebd.) genutzt wird. Wie auch Bechdolf (1999) weist Langenohl darauf hin, dass sich Geschlechtsidentität auch über die „Zurückweisung affirmativer Subjektpositionen" (ebd.) konstituiert, in dem etwa an sexistischen Darstellungen von Frauen, wie sie häufig im Hip-Hop zu finden sind, Kritik geübt wird. Bechdolf hat in dem Zusammenhang von oppositionellen Rezeptionsstrategien gesprochen. In dem sich Jugendliche von den traditionellen Körper- und Geschlechterbildern (wie sie in Musikvideos zu sehen sind) distanzieren, erhöht dies die Chance der Emanzipation und können andere, d. h. auch konträre Konzepte für sich selbst entworfen werden. Nüchtern bilanziert sie allerdings, dass das Musikfernsehen wie jede andere populäre Kultur auch durch affirmative und oppositionelle, durch ideologische und emanzipatorische Elemente gekennzeichnet ist (Bechdolf 1999, S. 223), die je nach Bedürfnislage und Entwicklungsstand vermutlich verschieden angeeignet und im Hinblick auf die eigene Geschlechtsidentität genutzt werden können. Es kann angenommen werden, dass diese Elemente sich in allen Angeboten rund um populäre Musik wiederfinden lassen und sich ähnliche Funktionsmechanismen auch zum Beispiel in der Auseinandersetzung mit den Akteuren der Castingformate wiederfinden lassen (vgl. Hoffmann und Schmidt 2008).

4   Forschungsdesiderata

Die Forschungsdesiderata gehen eigentlich seit Jahren immer in gleiche Richtungen: Es gilt, vermehrt Studien durchzuführen, die sich mit der Erforschung langfristiger Wirkungen von Musik beschäftigen und dabei zum einen sämtliche Parameter berücksichtigen, die zur Musikaneignung dazugehören, und zum anderen die Sozialisationsrelevanz musikalischer Kontexte verstärkt in den Blick nehmen. So weiß man heute eigentlich kaum etwas darüber, welche biografische Bedeutung die intensive Auseinandersetzung mit Musik, Songtexten, Stars, Fans etc. im Jugendalter für bestimmte Identitätsfacetten von Menschen hat (vgl. Hoffmann und Kutscha 2010). Es lässt sich beobachten, dass man sich der Musik, die man in der Zeit der Adoleszenz und Postadoleszenz gehört hat, auch im späteren Alter noch verpflichtet fühlt (vgl. Holbrook und Schindler 1989), sie wird Teil der ästhetischen Identität eines Menschen. Über die Motive und Gründe für die dauerhafte Bindung weiß man bislang wenig. Mitunter trifft dieser Zusammenhang auch nur auf bestimmte Jugendgenerationen zu, denn der Musikwissenschaftler Klaus-Ernst Behne hat in seinen Längsschnittuntersuchungen in den 1990er Jahren festgestellt, dass vermutlich durch die Allgegenwart und einem Überangebot von Musik sich das Musikerleben im Jugendalter von einem anfangs stärker konzentrierten und kompensatorischen später zu einem eher diffusen ändert (vgl. Behne 2001). Dieser Befund könnte aber auch im Kontext der Bewältigung von Entwicklungsaufgaben mittels Musik diskutiert werden. Anzunehmen wäre, dass je älter, autonomer und gefestigter Jugendliche in ihrer Persönlichkeit werden, desto weniger bedürfen sie der aktiven Auseinandersetzung mit Musik oder suchen gegebenenfalls andere Kontexte, die sie bei den dann anstehenden Entwicklungsbelangen besser unterstützen können. Dies sind jedoch nur Annahmen, die es umfassender als bisher zu untersuchen gilt. Plädiert wird im Hinblick auf die Erfassung des Erlebens und Aneignens von Musik im Jugendalter für die Berücksichtigung musikalischer Vorerfahrungen, aktueller Problem- und Bedürfnislagen, Persönlichkeitsmerkmale und sozial-struktureller Lebensbedingungen. Allein situative Kontexte und Motive zu untersuchen, lässt nur auf unmittelbare, eventuell auch habitualisierte Rezeptionsmodi schließen (vgl. Boehnke und Münch 2005; Schramm 2008; Münch und Schuegraf 2009). Es ist und bleibt sicherlich voraussetzungsvoll, empirisch nachweisbare Aussagen darüber machen zu können, inwieweit musikbezogene Erfahrungen – affirmative, produktive als auch rezeptive – die Persönlichkeit eines Menschen nachhaltig beeinflussen oder gar bestimmen (vgl. auch Kunz 1998; Dollase 2005). Mitunter würden medienbiografische Interviews etwa mit ehemaligen Intensivnutzerinnen bzw- -nutzern – wie den Boy- und Girlgroupfans – Aufschluss über identitäre Prägungen geben.

Als weitere vernachlässigte Forschungsthemen können aufgeführt werden: Die Aneignung von Musikvideoclips (vgl. Neumann-Braun und Mikos 2006), die sozialisatorische Funktion von Castingshows, die Bedeutung von Porno- und Gangsta-Rap (vgl. Grimm et al. 2010) sowie des Porno Pops (vgl. Metelmann 2005) und die Bedeutung von Musikmedien für junge Migrantinnen und Migranten. Zwar wurden von der Schweizer Forschergruppe um Heinz Bonfadelli und Heinz Moser die Musikzuwendung und die Nutzungsmotive von Migrantenjugendlichen erfasst, allerdings haben die Daten nur deskriptiven Charakter und lassen sie wenig Rückschlüsse auf ihre Bedeutung zur Identitätskonstruktion dieser jungen Menschen zu (vgl. Bonfadelli et al. 2008).Auch hat bislang die Untersuchung der Nutzung konvergenter Musik- und Medienangebote zu wenig Beachtung gefunden (vgl. Altrogge 2008; Münch und Schuegraf 2009). In Zeiten des Web 2.0 und auch der mobilen Kommunikation über Laptops, Smartphones und

Tablet-PCs wandeln sich die Aneignungs-, Nutzungs- und Zugangsweisen von Musik. Der Gebrauch und die Verfügbarkeit von mobiler Musik nehmen stetig zu, doch Studien über Rezeptions- und Aneignungskontexte liegen bisher dazu nicht vor.

Literatur

Altrogge, M. (2008). Auf der Suche nach der verlorenen Jugend – Musik als Ausdruck jugendkultureller Wertewelten. In J. von Gottberg & E. Prommer (Hrsg.), *Verlorene Werte? Medien und die Entwicklung von Ethik und Moral* (S. 99–117). Konstanz: UVK.

Baacke, D. (Hrsg.). (1997). *Handbuch Jugend und Musik*. Opladen: Leske & Budrich.

Bechdolf, U. (1999). *Puzzling Gender. Re- und De-Konstruktion von Geschlechterverhältnissen im und beim Musikfernsehen*. Weinheim: Deutscher Studienverlag.

Behne, K.-E. (2001). Musik-Erleben: Abnutzung durch Überangebot? *Media Perspektiven, 3*, 142–148.

Boehnke, K., & Münch, T. (2005). *Jugendsozialisation und Medien. DFG-Forschergruppe „Neue Medien im Alltag"* (So wird etwa in dem Handbuch Mediensozialisation (vgl. Vollbrecht und Wegener 2010) auf ein Kapitel zur Musiksozialisation verzichtet und das zu Auditive Medien – Hörsozialisation (vgl. Münch 2010) ist recht allgemein gehalten. Münch referiert einige Daten zum Medienbesitz und zu den Zeitbudgets, die für Hörmedien aufgewendet werden. Er fokussiert in seinem Beitrag vor allem auf die vielfältigen Modalitäten des Hörens.. 5). Lengerich: Pabst.

Bonfadelli, H. (1981). *Die Sozialisationsperspektive in der Massenkommunikationsforschung. Neue Ansätze, Methoden und Resultate zur Stellung der Massenmedien im Leben der Kinder und Jugendlichen*. Berlin: Spiess.

Bonfadelli, H., Bucher, S., Hanetseder, C., Hermann, T., Ideli, M., & Moser, H. (2008). *Jugend, Medien und Migration. Empirische Ergebnisse und Perspektiven*. Wiesbaden: VS Verlag für Sozialwissenschaften.

Calmbach, M. (2007). *More than Music. Einblicke in die Jugendkultur Hardcore*. Bielefeld: transcript.

Dollase, R. (2005). Musikalische Sozialisation. In R. Oerter & T. H. Stoffer (Hrsg.), *Spezielle Musikpsychologie* (Bd. II, S. 153–204)., Enzyklopädie der Psychologie Göttingen: Hogrefe.

Dreher, E., & Dreher, M. (1985). Wahrnehmung und Bewältigung von Entwicklungsaufgaben im Jugendalter: Fragen, Ergebnisse und Hypothesen zum Konzept einer Entwicklungs- und Pädagogischen Psychologie des Jugendalters. In R. Oerter (Hrsg.), *Lebensbewältigung im Jugendalter* (S. 30–61). Weinheim: Edition Psychologie.

Eisewicht, P., & Grenz, T. (2010). *Frei und auf den Beinen und gefangen will ich sein.: Über die ,Indies'*. Berlin: Archiv der Jugendkulturen.

Eisewicht, P., & Grenz, T. (2011). Mediatisierung einer Szenepraxis. Indie als Hybrid transnationaler und lokaler Kontexte. *Diskurs Kindheits- und Jugendforschung, 6*(4), 387–401.

Farin, K. (2010). Jugendkulturen heute – Essay. *Aus Politik und Zeitgeschichte (APuZ), 27*, 3–8.

Fend, H. (2001). *Entwicklungspsychologie des Jugendalters. Ein Lehrbuch für pädagogische und psychologische Berufe* (2. Aufl.). Opladen: Leske & Budrich.

Fritzsche, Y. (1997). Jugendkulturen und Freizeitpräferenzen: Rückzug vom Politischen? In Jugendwerk der Deutschen Shell (Hrsg.), *Jugend'97, Zukunftsperspektiven, gesellschaftliches Engagement, politische Orientierungen* (S. 343–377). Opladen: Leske & Budrich.

Fritzsche, B. (2003). *Pop-Fans. Studie einer Mädchenkultur*. Opladen: Leske & Budrich.

Fuchs, W. (1983). Jugendliche Statuspassage oder individualisierte Jugendbiographie? *Soziale Welt, 34*(2), 341–371.

Grimm, P., Rhein, S., & Müller, M. (2010). *Porno im Web 2.0. Die Bedeutung sexualisierter Web-Inhalte in der Lebenswelt von Jugendlichen.* Berlin: Vistas.

Havighurst, R. J. (1972). *Developmental Task and Education.* New York: McKay.

Hitzler, R., & Niederbacher, A. (2010). *Leben in Szenen: Formen jugendlicher Vergemeinschaftung heute* (3. Aufl.). Wiesbaden: VS Verlag für Sozialwissenschaften.

Hoffmann, D. (2008). „Lost in Music" oder „Musik für eine andere Wirklichkeit"? Zur Sozialisation Jugendlicher mit Musik und Medien. In S. Weinacht & H. Scherer (Hrsg.), *Wissenschaftliche Perspektiven auf Musik und Medien* (S. 155–176). Wiesbaden: VS Verlag für Sozialwissenschaften.

Hoffmann, D. (2011a). Aufwachsen und Heranreifen in mediatisierten Lebenswelten – Ein Plädoyer für eine phänomenologische Betrachtung von Medienaneignungsprozessen im Jugendalter. *Psychologie & Gesellschaftskritik, 35*(2), 51–71.

Hoffmann, D. (2011b). Mediatisierte Körper – Die Dominanz der Bilder und ihre Bedeutung für die Selbstakzeptanz des Körpers. In Y. Niekrenz & M. Witte (Hrsg.), *Jugend und Körper. Leibliche Erfahrungswelten* (S. 191–207). Weinheim/München: Juventa.

Hoffmann, D., & Kutscha, A. (2010). Medienbiografien – Konsequenzen medialen Handelns, ästhetischer Präferenzen und Erfahrungen. In D. Hoffmann & L. Mikos (Hrsg.), *Mediensozialisationstheorien. Modelle und Ansätze in der Diskussion* (2. Aufl., S. 221–243). Wiesbaden: VS Verlag für Sozialwissenschaften.

Hoffmann, D., & Schmidt, A. (2008). „Geile Zeit" oder „Von hier an blind" – Bedeutung und Potenziale musikalischer Erprobungen im Jugendalter am Beispiel der Aneignung von Popularmusik. *Zeitschrift für Soziologie der Sozialisation und Erziehung (ZSE), 28*(3), 283–300.

Holbrook, M. B., & Schindler, R. M. (1989). Some exploratory findings on the development of musical taste. *Journal of Consumer Research, 16*(1), 119–124.

Hugger, K.-U. (Hrsg.). (2010). *Digitale Jugendkulturen.* Wiesbaden: VS Verlag für Sozialwissenschaften.

Hurrelmann, K. (1983). Das Modell des produktiv realitätsverarbeitenden Subjekts in der. Sozialisationsforschung. *Zeitschrift für Soziologie der Sozialisation und Erziehung (ZSE), 3*(1), 91–103.

Hurrelmann, K. (2004). *Lebensphase Jugend. Eine Einführung in die sozialwissenschaftliche Jugendforschung* (7. Aufl.). Weinheim/München: Juventa.

Klein, G., & Friedrich, M. (2003). *Is this real? – Die Kultur des HipHop.* Frankfurt/Main: Suhrkamp.

Krüger, H.-H. (2010). Vom Punk bis zum Emo – ein Überblick über die Entwicklung und aktuelle Kartografie jugendkultureller Stile. In B. Richard & H.-H. Krüger (Hrsg.), *inter-cool 3.0. Jugend – Bild – Medien. Ein Kompendium zur aktuellen Jugendkulturforschung* (S. 13–41). München: Wilhelm Fink.

Kunz, A. (1998). *Aspekte der Entwicklung des persönlichen Musikgeschmacks.* Frankfurt/Main: Peter Lang.

Langenohl, S. (2009). *Musikstars im Prozess der Geschlechtsidentitätsentwicklung von Jugendlichen.* Münster: LIT.

Mansel, J., & Hurrelmann, K. (2003). Jugendforschung und Sozialisationstheorie. Über Möglichkeiten und Grenzen der Lebensgestaltung im Jugendalter. In J. Mansel, H. M. Griese, & A. Scherr (Hrsg.), *Theoriedefizite der Jugendforschung. Standortbestimmung und Perspektiven* (S. 75–90). Weinheim/München: Juventa.

Mead, G. H. (1934/1968) *Geist, Identität und Gesellschaft.* Frankfurt/Main: Suhrkamp.(Im Original: Mind, Self, and Society. Chicago: University of Chicago Press).

Medienpädagogischer Forschungsverbund Südwest. (2004). *JIM-Studie 2003. Jugend, Information, (Multi-)Media. Basisuntersuchung zum Medienumgang 12- bis 19-Jähriger.* Stuttgart: Landesanstalt für Kommunikation Baden-Württemberg.

Medienpädagogischer Forschungsverbund Südwest. (2008). *KIM-Studie. Kinder + Medien, Computer + Internet. Basisuntersuchung zum Medienumgang 6- bis 13-Jähriger.* Stuttgart: Landesanstalt für Kommunikation Baden-Württemberg.

Medienpädagogischer Forschungsverbund Südwest. (2011). *JIM-Studie 2011. Jugend, Information, (Multi-)Media. Basisuntersuchung zum Medienumgang 12- bis 19-Jähriger.* Stuttgart: Landesanstalt für Kommunikation Baden-Württemberg.

Metelmann, J. (2005) Flesh for Fantasy: Das Porno-Pop-Format. In: *Porno Pop. Sex in der Oberflächenwelt.* Würzburg: Königshausen & Neumann. S. 41–58.

Meyer, E. (2000). *Die Techno-Szene. Ein jugendkulturelles Phänomen aus sozialwissenschaftlicher Perspektive.* Opladen: Leske & Budrich.

Müller, R. (1995). Selbstsozialisation. Eine Theorie lebenslangen musikalischen Lernens. In K.-E. Behne, G. Kleinen, & H. de la Motte-Haber (Hrsg.), *Musikpsychologie. Jahrbuch der Deutschen Gesellschaft für Musikpsychologie* (Bd. 11, S. 63–75). Wilhelmshaven: Florian Nötzel Verlag.

Müller, R. (1999). Musikalische Selbstsozialisation. In J. Fromme, S. Kommer, J. Mansel, & K.-P. Treumann (Hrsg.), *Selbstsozialisation. Kinderkultur und Mediennutzung* (S. 113–125). Opladen: Leske & Budrich.

Müller, R. (2004). Zur Bedeutung von Musik für Jugendliche. *merz, 48*(2), 9–15.

Müller, R., Glogner, P., Rhein, S., & Heim, J. (2002). Zum sozialen Gebrauch von Musik und Medien durch Jugendliche. Überlegungen im Lichte kultursoziologischer Theorien. In R. Müller, P. Glogner, S. Rhein, & J. Heim (Hrsg.), *Wozu Jugendliche Musik und Medien gebrauchen. Jugendliche Identität und musikalische und mediale Geschmacksbildung* (S. 9–26). Weinheim/München: Juventa.

Müller, R., Glogner, P., & Rhein, S. (2004). Das Konzept musikalischer und medialer Selbstsozialisation – widersprüchlich, trivial, überflüssig? In D. Hoffmann & H. Mertens (Hrsg.), *Jugendsoziologische Sozialisationstheorie. Impulse für die Jugendforschung* (S. 237–252). Weinheim/München: Juventa.

Müller-Bachmann, E. (2002). *Jugendkulturen Revisited. Musik- und stilbezogene Vergemeinschaftungsformen (Post-)Adoleszenter im Modernisierungskontext.* Münster: LIT.

Münch, T. (2010). Auditive Medien – Hörsozialisation. In R. Vollbrecht & C. Wegener (Hrsg.), *Handbuch Mediensozialisation* (S. 252–259). Wiesbaden: VS Verlag für Sozialwissenschaften.

Münch, T., & Schuegraf, M. (2009). Medienkonvergente und intermediale Perspektiven. In H. Schramm (Hrsg.), *Handbuch Musik und Medien* (S. 575–604). Konstanz: UVK.

Neumann-Braun, K., & Mikos, L. (2006). *Videoclips und Musikfernsehen. Eine problemorientierte Kommentierung der aktuellen Forschungsliteratur.* Berlin: Vistas.

Pape, W. (1998). Jugend, Jugendkulturen, Jugendszenen und Musik. In H. Rösing & T. Phleps (Hrsg.), *Neues zum Umgang mit Rock- und Popmusik* (S. 99–122). Coda: Karben.

Pfadenhauer, M. (2009). Identitätsbildung in juvenilen Geselligkeiten? Über Leben und Lernen in Szenen. In H. Theunert (Hrsg.), *Jugend, Medien, Identität. Identitätsarbeit Jugendlicher mit und in Medien* (S. 35–51). kopaed: München.

Reinhardt, J. D. (2005). Medien und Identität. In M. Jäckel (Hrsg.), *Mediensoziologie. Grundfragen und Forschungsfelder* (S. 33–45). Wiesbaden: VS Verlag für Sozialwissenschaften.

Rhein, S., & Müller, R. (2006). Musikalische Selbstsozialisation Jugendlicher: Theoretische Perspektiven und Forschungsergebnisse. *Diskurs Kindheits- und Jugendforschung, 4,* 551–568.

Scherr, A. (2009). *Jugendsoziologie. Einführung in Grundlagen und Theorien* (9, Aufl.). Wiesbaden: VS Verlag für Sozialwissenschaften.

Schmidt, A., & Neumann-Braun, K. (2003). Keine Musik ohne Szene!? Ethnographische Perspektiven auf die Teilhabe „Allgemein Jugendkulturell Orientierter Jugendlicher" (AJOs) an Popmusik. In K. Neumann-Braun, A. Schmidt, & M. Mai (Hrsg.), *Popvisionen. Links in die Zukunft* (S. 246–272). Frankfurt/Main: Suhrkamp.

Schmidt, A., & Neumann-Braun, K. (2004). *Die Welt der Gothics. Spielräume düster konnotierter Transzendenz.* Wiesbaden: VS Verlag für Sozialwissenschaften.

Schmidt-Lux, T. (2010). Fans und alltägliche Lebensführung. In J. Roose, M. S. Schäfer, & T. Schmidt-Lux (Hrsg.), *Fans. Soziologische Perspektiven* (S. 133–160). Wiesbaden: VS Verlag für Sozialwissenschaften.

Schramm, H. (2008). Rezeption und Wirkung von Musik in den Medien. In S. Weinacht & H. Scherer (Hrsg.), *Wissenschaftliche Perspektiven auf Musik und Medien* (S. 135–153). Wiesbaden: VS Verlag für Sozialwissenschaften.

Silbereisen, R. K. (1986). Entwicklung als Handlung im Kontext: Entwicklungsprobleme und Problemverhalten im Jugendalter. *Zeitschrift für Sozialisationsforschung und Erziehungssoziologie, 6*(1), 29–46.

Süna, L., & Hoffmann, D. (2011). (2011) Zum Stand der Jugendkulturforschung in Europa. Ein Bericht über die Konferenz „Youth (Sub-) cultures in Changing Societies" in Tallinn im Februar. *Zeitschrift Diskurs Kindheits- und Jugendforschung, 6*(2), 219–224.

Süss, D. (2004). *Mediensozialisation von Heranwachsenden. Dimensionen – Konstanten – Wandel.* Wiesbaden: VS Verlag für Sozialwissenschaften.

Theunert, H. (Hrsg.). (2009). *Jugend – Medien – Identität. Identitätsarbeit Jugendlicher mit und in den Medien.* München: kopaed.

Vollbrecht, R., & Wegener, C. (Hrsg.). (2010). *Handbuch Mediensozialisation.* Wiesbaden: VS Verlag für Sozialwissenschaften.

Wegener, C. (2007). „Also, ich find ihn sexy". „Idole" aus Sicht weiblicher und männlicher Fans. *Televizion, 20*(2), 44–47.

Wegener, C. (2008). *Medien, Aneignung und Identität. „Stars" im Alltag jugendlicher Fans.* Wiesbaden: VS Verlag für Sozialwissenschaften.

Zinnecker, J., & Barsch, J. (2007). Jugendgenerationen und Jugendszenen im Medienumbruch. In L. Mikos, D. Hoffmann, & R. Winter (Hrsg.), *Mediennutzung, Identität und Identifikationen. Die Sozialisationsrelevanz der Medien im Selbstfindungsprozess von Jugendlichen* (S. 279–297). Weinheim/München: Juventa.

Musik, Szenen und Politik – Jugendkulturen und das Projekt der besseren Welt

Nicolle Pfaff

Zusammenfassung

Der Beitrag greift drei Perspektiven politischer Beteiligung in Jugendkulturen auf und bezieht diese auf die Bedeutung von politischer Sozialisation Jugendlicher. Dabei geht es erstens um politischen Protest in jugendkulturellen Kontexten, zweitens um die Bedeutung ästhetischer Phänomene in Prozessen der Politisierung und drittens um die Identifikation mit jugendkulturellen Strömungen und deren Bedeutung als Instanzen der politischen Sozialisation. In einem ersten Schritt wird das Verhältnis zwischen Jugendkultur und Gesellschaft beleuchtet und danach gefragt, inwieweit (musikalische) Jugendkulturen politisierend wirken, bevor die historischen Implikationen von Musik, Jugendkultur und Politik seit den 1950er Jahren thematisiert werden. Drittens werden diese Dimensionen anhand qualitativ-empirischer Daten von Jugendlichen unterschiedlicher musikalischer Szenezugehörigkeiten (wie Gothic, Punk und Hip-Hop) rekonstruiert und eröffnen damit ein grundlegendes Verständnis des komplexen Forschungsfeldes und Perspektiven für weitere Forschungsarbeiten.

Schlüsselwörter

Jugendkultur • Politisierung • Jugendszenen • Musik und Politik • Hip-Hop • Gothic • Punk • Sozialisation

Den Kulturen Jugendlicher wird gemeinhin je nach ideologischer Provenienz ein erhebliches Innovations- bzw. Risikopotential für die Gesellschaft zugeschrieben – gerade auch in politischer Hinsicht (vgl. z. B. Sander 1995; Farin 2001). Jugendkulturelle Bewegungen – bis weit in die 1980er Jahre hinein in westlichen Staaten vorwiegend

N. Pfaff (✉)
Bildungswissenschaftliche Fakultät, Universität Duisburg-Essen,
Berliner Platz 6-8, Raum WST-C.10.13, 45127 Essen, Deutschland
e-mail: nicolle.pfaff@uni-due.de

R. Heyer et al. (Hrsg.), *Handbuch Jugend – Musik – Sozialisation*,
DOI: 10.1007/978-3-531-18912-3_12, © Springer Fachmedien Wiesbaden 2013

über ihre musikalischen Präferenzen definiert – galten dabei entweder als ästhetische und moralische Vorboten gesellschaftlicher Liberalisierungsbestrebungen oder als Hinweise auf eine Verrohung der sozialen Verhältnisse. Im Hinblick auf das weite Feld der politischen Beteiligung dominiert die Betrachtung von Jugendkulturen *erstens* ihre öffentliche Wahrnehmung als eigenständige politische Akteure, wie dies bspw. bei einigen Strömungen der 1960er und 1970er Jahre (vgl. z. B. Schildt und Siegfried 2006) oder bei rechtsextremen Jugendszenen im Verlauf der 1990er Jahre (vgl. z. B. Farin 2001; Hafeneger und Jansen 2001; Wippermann et al. 2002) der Fall war. *Zweitens* nehmen Untersuchungen bestimmte ästhetische Phänomene im Kontext von jugendkulturellen Szenen in den Blick und fragen nach deren politischen und gesellschaftlichen Implikationen auf der Ebene von Subversion und Protest (vgl. z. B. Hebdige 1979; Brand 1993; Çağlar 1998; Richard 1999; Bohnsack und Nohl 2000; Peters 2010). Schließlich wird *drittens* insbesondere in jüngeren Studien nach dem sozialisatorischen Gehalt der Identifikation mit jugendkulturellen Stilen gefragt, also danach, ob, und wenn ja, welche politischen Orientierungen Jugendliche in jugendkulturellen Kontexten entwickeln (vgl. z. B. Möller 2000; Groffmann 2001; Krüger et al. 2006; Pfaff 2006a).

In diesem Beitrag sollen alle drei Perspektiven aufgenommen und auf die Frage nach der Bedeutung von Jugendkulturen für den Prozess der politischen Sozialisation bezogen werden. Dazu wird in einem ersten Schritt systematisierend gefragt, in welchem Verhältnis Jugendkultur und Gesellschaft zueinander stehen, welche Bedeutung politischen Themen, Inhalte und Aktionsformen für die Konstitution von jugendkulturellen Stilen haben und welche Relevanz jugendkulturellen Szenen als politische Akteure und Sozialisationsinstanzen zukommt (1). In einem historischen Zugriff geht es in einem zweiten Schritt um einen kurzen Nachvollzug des jeweiligen sozialhistorisch bedingten Verhältnisses von Gesellschaft, Jugendkultur, Musik und Politisierung (2). Drittens schließlich sollen einige exemplarische empirische Rekonstruktionen helfen, das in diesem Beitrag angedeutete Forschungsfeld in seinen Dimensionen und seiner Komplexität auszuleuchten und weitere Anschlüsse für künftige Studien abzuleiten (3).

1   Systematisierender Zugang: Jugendkulturen und Politik

Das Verhältnis von Jugendkulturen zur Gesamtgesellschaft ist ambivalent. Der Terminus der ‚jugendlichen Subkultur', mit dem die Beobachtung kultureller Praxisformen Jugendlicher eröffnet wurde, bezeichnete in der US-amerikanischen Forschung zu Jugenddelinquenz in den 1920er Jahren Wertvorstellungen und Organisationsformen, die sich gegen die Erwachsenenwelt und ihre Erziehungspraxen richten (vgl. Trasher 1927; Whyte 1943/1993).[1] Die deutschsprachige pädagogische Jugendforschung zur gleichen Zeit

---

[1] Die Studien der ‚Chicago School' beschrieben die Entwicklung eigener Regeln und Normen in jugendlichen Gangs gegen die etablierte Hegemonial-Kultur. Sie deuteten abweichendes Verhalten von Jugendlichen als Konformität mit spezifischen Verhaltenserwartungen jugendlicher Subkulturen.

deutete Jugendkultur als Heilsbringer und Weltverbesserer (vgl. z. B. Bernfeld 1913/1994).[2] Beide Perspektiven finden sich bis heute je nach Thema und gesellschaftlicher Lage in der öffentlichen Thematisierung von Jugend und Jugendkultur. Sie wurden tradiert in der Angst vor und in der Hoffnung auf die Jugend (vgl. Sander 1995, S. 43; Pfaff 2006a, S. 45ff.).

Im Verlauf der Entwicklung von Jugendkulturen in den letzten 100 Jahren lassen sich mehrere Trends beschreiben, in denen jugendliche Ausdrucksstile ihre Exotik verloren haben und zu ‚normalen' Begleitern des Aufwachsens in modernen Gegenwartsgesellschaften geworden sind (vgl. z. B. Rink 2002; Pfaff 2006a, S. 39ff.). Dazu gehört ihre *Normalisierung und gesellschaftliche Integration*: Jugendkulturen erscheinen heute nicht mehr als moralische bzw. lebenspraktische Gegenentwürfe zur Erwachsenengesellschaft, sondern als Teil der altersgruppenspezifischen ‚Freizeitwelt' – damit verbunden ist einerseits die gesellschaftliche Anerkennung der Innovationskraft von Jugendstilen und andererseits die sozialisatorische Bedeutung der individuellen Zugehörigkeit zu einzelnen Szenen (vgl. auch Ziehe 1991). Mit dem Trend der Ausbreitung von Jugendkulturen ist sowohl eine allgemeine globale Verbreitung (vgl. Roth 2002), wie auch die zeitliche Entgrenzung der Sichtbarkeit bestimmter Stile (vgl. z. B. Baacke 1999) und der Einbezug von Mehrheiten innerhalb je aktueller Jugendgenerationen in die Landschaft jugendkultureller Stile bezeichnet – Kategorien, wie ethnische, klassenbezogene oder Geschlechtszugehörigkeit determinieren gegenwärtig nicht mehr per se die Identifikation mit bestimmten Stilen (vgl. z. B. Georg 1992; Fritzsche 1997), gleichwohl etwaige Bezüge nach wie vor festzustellen sind (vgl. z. B. Otte 2010; Schrader und Pfaff in diesem Band). Darüber hinaus war insbesondere in den vergangenen Jahrzehnten eine enorme *Ausdifferenzierung* und *Diversifizierung* der Jugendkulturlandschaft zu beobachten, die immer neue Stile bzw. Variationen einzelner Stile hervorbringt, ohne dass ältere Ausdrucksformen notwendigerweise an Bedeutung verlieren (vgl. z. B. Ferchhoff 2000b; 2010). Schließlich wurde jugendkulturellen Stilen eine steigende *Ästhetisierung* und *Selbstbezüglichkeit* zugeschrieben (vgl. z. B. Winter 1997; Hebecker 2001). Jugendkultur lebt heutzutage nicht mehr „von der Resonanz der erschrockenen Bürger" (Großegger und Heinzlmaier 2002, S. 7) sondern von der Begeisterung ihrer Mitglieder. Jugendkulturelle Grenzziehungen verlaufen weniger gegenüber der Erwachsenenkultur, als vielmehr innerhalb des jugendkulturellen Spektrums: Jugendkultur ist selbstbezüglicher geworden. Im Spiel mit Musik, Moden und Medien differenzieren sich groß gewordene Stile bald in unzählige spezialisierte Szenen.[3] Zentrale Konstitutionsmerkmale von jugendkulturellen Szenen sind ästhetische Aspekte, wie z. B. bestimmte Musik-, Kleidungs- oder Freizeitstile.

---

[2] Wyneken und Bernfeld konzipierten Jugendkultur als alternative Lebens- und Bildungsform unter Gleichaltrigen und Gleichgesinnten jungen männlichen Angehörigen der Ober- und Mittelschicht fernab von Familie, Schule, Hochschule (zit. n. Baacke und Ferchhoff 1993, S. 422ff.).

[3] In der Literatur wird dies bspw. für Techno (vgl. Hitzler und Pfadenhauer 2001), Punk (vgl. Teipel 2001) oder Hip-Hop (vgl. Klein und Friedrich 2003) beschrieben.

Diese Entwicklungstrends machen aus Jugendkulturen eine zentrale Reproduktions-
wie Innovationsinstanz von Gegenwartsgesellschaften, in denen die je gegenwärtigen gesellschaftlichen Entwicklungsanforderungen an die nachwachsende Generation
für deren Angehörige bearbeitbar werden, und mit denen diese die gesellschaftliche
Entwicklung selbst mitgestalten.

Zur Systematisierung einer derart differenzierten Jugendkulturlandschaft als altersspezifische Form der Sozialität, der Sinnbearbeitung und des Verhaltens liegen gerade
in der deutschsprachigen Jugendforschung eine Vielzahl von Versuchen vor (vgl. z. B.
Baacke 1999; Ferchhoff 2000a, 2010; Großegger und Heinzlmaier 2002; Farin 2001;
Hitzler et al. 2005). So unterscheidet Baacke (1999) durchaus mit Selbstkritik zwischen
Freizeit-, Action- und Protestszenen, Ferchhoff (2000a; 2010) differenziert zwischen
über 20 verschiedenen Stilen und beschreibt dabei mit den ‚Bürgerlichen‘ und ‚Stinos‘
sogar diejenigen als Angehörige jugendkultureller Stile, die sich explizit von populären
Jugendkulturen abgrenzen. Farin (2001) entscheidet sich in seiner Darstellung für die
exemplarische Präsentation ausgewählter Szenen, wohingegen Hitzler et al. (2005) sich
jeglicher Systematisierungen zugunsten einer an einheitlichen Kriterien orientierten
Beschreibung je aktuell populärer Szenen enthalten. Auch wenn die beliebig erweiter-
bare Einteilung von Stilen in Protest-, Musik- und Medienkulturen aktuell angesichts der
bestehenden Vielfalt und Dynamik der Entwicklung der Jugendkulturlandschaft kaum
noch angemessen erscheint, findet das Modell insbesondere bei den wenigen jüngeren quantitativen Versuchen der Systematisierung noch immer Verwendung (vgl. z. B.
Strzoda et al. 1996; Pfaff 2006a). Sichtbar wird damit, dass sich Jugendliche, die sich mit
Stilen und Szenen identifizieren, denen in erster Linie politische oder protestbezogene
Inhalte zugeschrieben werden, wie bspw. Skinheads, Neonazis, Punks, Antifa, etc., von
anderen durch spezifische politische Einstellungen und Erfahrungen unterscheiden.
Dazu gehört bspw. eine vergleichsweise eindeutige Verortung im politischen Spektrum
zwischen rechts und links sowie darauf bezogene Einstellungen zu Migrantinnen und
Migranten und zu demokratischen Grundprinzipien, ein erhöhtes politisches Interesse
und umfassendere Erfahrungen mit Mitteln der politischen Partizipation und des
Protests (vgl. Pfaff 2006a, S. 144ff., 2006b, 2009). Entsprechende Studien weisen darauf
hin, dass bestimmte Jugendkulturen in der Gesellschaft zugleich als politische Akteure
auftreten, wie auch für die ihnen angehörenden Jugendlichen zu Instanzen der politischen Sozialisation werden.

Punks als Konsumverweigerer in englischen Städten der 1960er Jahre (vgl. z. B.
Brüsser 1997), für Emanzipation und politische Beteiligung streitende Studierende Ende
der 1960er Jahre in verschiedenen Industrieländern (vgl. z. B. Schildt und Siegfried
2006), jugendliche Hausbesetzer, Friedensdemonstranten und Kernkraftgegner in
europäischen Großstädten Anfang der 1980er Jahre (vgl. z. B. Farin und Seidel-Pielen
1991), rechtsextreme Demonstranten und Schläger in Gesamtdeutschland Mitte
der 1990er (vgl. z. B. Groffmann 2001; Hafeneger und Jansen 2001), protestierende
Migrantenjugendliche in den Pariser Banlieues im Jahr 2005 (vgl. z. B. das Editorial
von Keller und Schuldtheis 2008 sowie die Beiträge im Schwerpunkt des Hefts 2/2008

der Schweizer Zeitschrift für Soziologie) sowie in englischen Vorstädten im Sommer 2011, vor allem von netzaffinen Jugendlichen getragene Hacker-Angriffe und Online-Proteste gegen die Verhaftung des Wikileaks-Gründers Julian Assange im Jahr 2010 und Jugendliche als Anführer der gesellschaftlichen Umbrüche in arabischen Ländern zu Beginn des Jahres 2011 – dies sind nur einige der oft erst im Rückblick als Jugendbewegungen gedeuteten Phänomene, in denen Heranwachsende zu politischen Akteuren wurden und gesellschaftliche Zustände aufgriffen, kritisierten und z. T. sogar massiv mit veränderten (zu einer generationsbezogenen Darstellung deutschen Jugendprotests vgl. z. B. Bock, Pfaff 2004; Pfaff 2006a, S. 15ff.). Es sind jene Erscheinungsformen der Jugend, die unter Erwachsenen, und damit auch in der wissenschaftlichen Auseinandersetzung mit Jugend, besondere Aufmerksamkeit auf sich ziehen. So machen der politische Standpunkt von Jugendstilen und -szenen und ihre protestbezogenen Ausdrucksformen in der Gesellschaft einen der inhaltlichen Schwerpunkte der Jugendkulturforschung aus. In einer systematisierenden Studie stellen bspw. Dieter Rucht und Roland Roth (2002b) fest, dass jugendliches Protesthandeln in das Gefüge „zeit- und ortsspezifischer Faktoren" ebenso eingelagert ist wie in konkrete Interaktionsbeziehungen mit staatlichen Institutionen (ebd., S. 297). Auf der Basis einer quantitativen Analyse von Berichten zu Jugendprotesten in Printmedien in der BRD zwischen 1945 und 1994 fragen sie, wie oft Jugend- und Studierendenproteste mit welchen Aktionsformen und welchen Themen im Vergleich zu Protesten anderer Altersgruppen vorkommen. Die Resultate wurden anschließend auf die Jugendkulturlandschaft bezogen und so mit „einer qualitativen Dimension" angereichert (ebd., S. 296). Jugendkulturelle Szenen, so das Ergebnis der Studie, entwickeln in Auseinandersetzung mit sich selbst und ihrer Umwelt je eigene Formen der Auseinandersetzung mit Politik und Kultur (ebd., S. 301).

Deutungen eines ‚Rückzugs vom Politischen' (z. B. Sander 1995) erscheinen jedenfalls aktuell angesichts der oben genannten Phänomene fraglich, auch wenn generell ein Trend hin zu einer steigenden Ästhetisierung und Selbstbezüglichkeit von jugendkulturellen Ausdrucksstilen zu beobachten ist. Die in diesem Zusammenhang erschienenen Studien verdeutlichen zusammenfassend betrachtet vor allem, dass politische Jugendkulturen im Kontext der jeweiligen soziohistorischen Gegebenheiten gesehen werden müssen, die sie hervorbringen und an denen sie sich abarbeiten.

Für die Jugendforschung stellt sich in diesem Zusammenhang aber nicht nur die Frage, wie innerhalb spezifischer Jugendgenerationen und -szenen bestimmte politische Positionen und Handlungsformen entwickelt werden, sondern auch, wie diese für die in ihnen agierenden Jugendlichen sozialisationsrelevant werden. Dabei waren jugendkulturelle Kontexte lange Zeit nur am Rande Thema der politischen Sozialisationsforschung, in deren Zentrum einerseits die Bedeutung einzelner anerkannter Sozialisationsinstanzen, wie z. B. Familie (vgl. z. B. Hopf und Hopf 1997; Bock 2000), Schule (vgl. z. B. Händle et al. 1999; Krüger et al. 2003; Helsper et al. 2006), Medien (vgl. Kuhn 2000) oder (wenngleich deutlich seltener) die Gleichaltrigengruppe (vgl. z. B. Möller 2000) steht. Andererseits nehmen empirische Studien zur politischen

Sozialisation das Bedingungsgefüge abweichender politischer Orientierungen in den Blick, wobei in den letzten Jahrzehnten die Forschung zu Phänomenen des jugendlichen Rechtsextremismus einen zentralen Stellenwert einnahm (vgl. u. a. Heitmeyer 1987; Heitmeyer et al. 1993; Held et al. 1996; Gille und Krüger 2000; Sturzbecher 2001). Gemeinsam war beiden Traditionen in der politischen Sozialisationsforschung zum Jugendalter zunächst vor allem ihr normativer Blickwinkel. Fast alle Untersuchungen, die sich mit der aktuellen Verfasstheit politischer Einstellungen, ebenso wie mit der Genese des politischen Bewusstseins befassen, messen ihre Befunde an der Zielkategorie des interessierten, mündigen und die demokratischen Verfasstheit des Nationalstaates akzeptierenden Staatsbürgers (vgl. Fend 2003, S. 387f.). Dieser Maßstab der Bürgerrolle verengt den Blick auf politische Lernprozesse in der Jugend, da er auf einer erwachsenenzentrierten Perspektive basiert und somit jugendspezifische politische Ausdrucksformen und Phänomene des Politischen ausblendet (vgl. Pfaff 2006a, S. 54ff.). Kulturelle Praxen Jugendlicher in Verbindung mit oder als Ausdruck von politischen Orientierungen blieben als Kontext politischer Lernprozesse demgegenüber lange unbeachtet (vgl. auch Möller 1995; Sünker 1996).

Dagegen haben vor allem Untersuchungen aus der politikwissenschaftlich geprägten Jugendforschung und im Umfeld der Jugendkulturforschung Zusammenhänge zwischen jugendkultureller Stilisierung und der Entwicklung politischer Orientierungen (meist am Rande ihrer Forschungsinteressen) zum Gegenstand gemacht. Erstens liegen aus den Auswertungen zu inhaltlich vielfältigen Jugendsurveys quantitative Systematisierungsversuche jugendkultureller Stile vor, die jugendkulturelle und politische Orientierungen im Zusammenhang betrachten (vgl. bspw. Fritzsche 1997; Krüger und Pfaff 2004; Böhm-Kasper 2010 sowie die Beiträge in Roth und Rucht 2000a). Die Ergebnisse dieser Surveys weisen auf eindeutige Zusammenhänge zwischen Präferenzen für bestimmte jugendkulturelle Gruppenstile und politischen Einstellungen hin, wie z. B. auf ein deutlich distanzierteres Verhältnis von Musik-Fans zu Politik im Vergleich zu Anhängern von Protestbewegungen (vgl. Fritzsche 1997) oder auf spezifische politische Positionen von Angehörigen verschiedener Stile (vgl. Krüger und Pfaff 2004). Davon lassen sich zweitens qualitativ-hermeneutische bzw. diskursanalytische Untersuchungen zu verschiedenen einzelnen Stilen und Szenen unterscheiden, die politische und kulturelle Ausdrucks- und Protestformen jugendkultureller Alltagspraxis in den Blick nehmen (vgl. z. B. Richard 1999; Weinfeld 2000; Meyer 2001). Diese Studien lesen die stilbezogenen Symboliken und Praxen in einzelnen Stilen als Kritiken an den sozialen und politischen Bedingungen der Gegenwartsgesellschaft und zeigen z. T., wie diese Ausdrucksformen von politischen Institutionen aufgegriffen und bearbeitet werden. Neben diesen Ergebnissen liegen drittens auch aus Studien zu jugendlichen Peer-Groups Befunde über Prozesse der Politisierung in bestimmten jugendkulturellen Kontexten vor (vgl. z. B. Bohnsack et al. 1995; Eckert et al. 2000; Nohl 2000; Weller 2003), die vor allem auf die Bedeutung der Gleichaltrigengruppe hingewiesen haben, über die jugendkulturelle Stilisierungen realisiert werden und vor deren Hintergrund Politisierungsprozesse in einzelnen Szenen ablaufen.

Szenevergleichend angelegte Untersuchungen (vgl. z. B. Pfaff 2006a) machen dabei deutlich, dass Prozesse der Politisierung und damit auch der politischen Bewusstseinsbildung durch jugendkulturelle Stilisierungen selbst vermittelt werden. Jugendkulturelle Protestszenen inszenieren mit ihrer ästhetischen Praxis (im Sinne der Selbststilisierung ihrer Anhänger, z. B. Kleidungsstil etc.) ebenso wie über Aktionismen (die sich, wie z. B. Demonstrationen, auch innerhalb der Strukturen politischer Partizipationsmechanismen ereignen), öffentlich sichtbare Kollektive, die Kritiken an gesellschaftlichen Zuständen und bestimmte Lösungsvorschläge präsentieren. In der Orientierung an etablierten Proteststilen innerhalb der Jugendkulturlandschaft und deren Inszenierung in ihren Szenen und Peer-Groups erwerben Jugendliche dabei, z. B. in der Nutzung komplexitätsreduzierender politischer Codes, Semantiken und Argumentationslinien, in der Aushandlung kollektiver Orientierungen gegenüber sozialen und politischen Strukturen und Machtverhältnissen bzw. in diskursiven und organisierten Aktionismen, Kenntnisse und Fähigkeiten für die politische Teilhabe (vgl. z. B. Pfaff 2006a, 2006b, 2009).

Fasst man die dargestellten sozialwissenschaftlichen Perspektiven auf das Verhältnis von Jugendkultur und Politik einmal zusammen, so zeigt sich, dass jugendkulturelle Stile und Szenen unter einer je normativen Perspektive der Hoffnung auf (z. B. Demokratisierung) oder der Angst vor (z. B. überzogenem Hedonismus und Abkehr vom Politischen) der Jugend zwar seit ihrer Entstehung durchgängig als politische Akteure mit gesellschaftlicher Innovationskraft wahrgenommen werden. Zugleich kommen sie jedoch als Instanzen der politischen Sozialisation erst in neueren Studien in den Blick. Dabei offenbart ein historischen Zugriff auf verschiedene Jugendgenerationen und -stile, wie er im nächsten Abschnitt gewählt wird, dass insbesondere auf der Ebene der ästhetischen Praxen politische Inhalte und Aussagen mit Bezug zum jeweiligen soziohistorischen Kontext jugendkulturellen Phänomenen schon immer inhärent waren.

2   Historischer Zugang: Rolle politischer Musik für ausgewählte Jugendszenen und -bewegungen

Im Folgenden werden ausgewählte jugendkulturelle Stile aus unterschiedlichen Zeitepochen im Hinblick auf ihre Bedeutung als Akteure sozialen und politischen Protests und unter dem besonderen Fokus gesellschaftspolitischer Inhalte in einschlägigen musikalischen Strömungen vorgestellt (mit Fokus auf Jugendprotest vgl. auch Bock und Pfaff 2004; Pfaff 2006b). In diesem Zusammenhang wird auch die Frage nach der kulturindustriellen Vereinnahmung jugendkultureller Ausdrucksformen diskutiert, die neuere Analysen zu jugendlichen Musikkulturen wie ein roter Faden durchzieht (vgl. z. B. Gurk 1996; Fiske 1997; Peters 2010). Auch wird es um das Thema der Kulturspezifik bzw. Internationalität jugendkultureller Entwicklungen gehen, denn dass Jugendkulturen internationale Phänomene sind, zeigt schon ein Blick in die Siegesgeschichte von Rock und Pop – von Elvis über die Beatles und Madonna bis

hin zu Tokio Hotel haben musikalische Erfolge und Stile weder vor den Grenzen von
Nationalstaaten noch vor denen von Staatenbünden halt gemacht (vgl. z. B. Baacke 1999,
S. 45ff.). Aber gilt das auch für politische Sozialisation, gesellschaftspolitische Kritik oder
gar Jugendprotest? Wenn es im Folgenden vor allem um die Jugendkulturlandschaft in
Deutschland geht, dann deshalb, weil diese hier zugleich über die Grenzen von staatlichen Organisationsformen hinweg betrachtet werden kann. Denn in BRD und DDR
herrschten bis zu den gesellschaftlichen Umbrüchen Ende der 1980er Jahre zweifellos sehr verschiedene politische und kulturelle Bedingungen für politische Initiativen
Heranwachsender.

2.1   1950er und 1960er Jahre: Die Jugendgenerationen der Nachkriegszeit

Bereits in den frühen 1950er Jahren wurde unter Jugendlichen in Nordamerika die
Entwicklung einer jugendspezifischen Kultur beobachtet (vgl. z. B. Parsons 1954). Die
deutsche Nachkriegsjugend ist hingegen in die Geschichte eingegangen als „Jugend
ohne Jugend" (Ferchhoff und Neubauer 1997, S. 130f.). Ihr Lebensstil war zunächst
gegen Kriegsende und in den ersten Nachkriegsjahren bestimmt durch eine ‚Jugend-
Not-Kultur' und später geregelt durch eine von Erwachsenen organisierte verband-
liche ‚Jugend-Schutz-Kultur', die durch die Einrichtung pädagogischer Schutzräume
politische und erotisch-sexuelle Verwirrungen unterbinden sollte (vgl. Heinritz 1985
zit. n. Zinnecker 1987, S. 40). In der neu gegründeten BRD bedeutete Politik damit
für Jugendliche in erster Linie Fremdbestimmung, denn das eigene Leben bot nur
wenig Gestaltungsraum und war erfüllt von einem „politikabstinenten ‚geschichtslo-
sen Pragmatismus'" (Bude 1987 zit. n. Ferchhoff und Neubauer 1997, S. 129). Vor diesem Hintergrund ist der damals auch als Jugendmedium populäre deutsche Schlager,
wie (Peters 2010, S. 141) rekonstruiert, durch eine thematische Doppelorientierung
an „Heim- und Fernweh" gekennzeichnet. Er plädiert damit unter der Maßgabe der
Neubesinnung nach der Krise des Weltkrieges für einen Bestand des Alten mit begrenz-
ter Öffnung zum Neuen.

   Auch in der DDR begann bereits Anfang der 1950er Jahre mit der Gründung der
staatlichen Kinder- und Jugendorganisationen der DDR (Pionierorganisationen,
Freie Deutsche Jugend) die Institutionalisierung und staatliche Kontrolle der
Heranwachsenden. Im Gegensatz zum Ausschluss der Jugend aus politischen
Entscheidungsprozessen in den Gründungsjahren der BRD war von Seiten der
Staatsführung der DDR eine staatlich gelenkte, systemstützende Politisierung der
Jugend durchaus angestrebt. Die Umsetzung dieses Ziels erfolgte über eine „institutio-
nalisiert oktroyierte, antifaschistische politische Identifikation mit dem Sozialismus"
(Ferchhoff und Neubauer 1997, S. 129). Die Jugend-Schutz-Kultur war auch hier die
dominierende Form der Integration von Jugend in das gesellschaftliche Leben. Ebenso
wie in der BRD, wo bereits in den 1950er Jahren Protestaktionen und Krawalle von

jugendlichen Arbeitern getragen wurden (vgl. z. B. Reichel 2002), nahmen auch am Bauarbeiteraufstand am 17. Juni 1953 in der DDR viele Jugendliche teil, die wegen der massiven Politisierung und Militarisierung der FDJ in Opposition zur staatlichen Jugendorganisation getreten waren (vgl. Skyba 2001, S. 35f.).

Für die während des Zweiten Weltkrieges geborene Generation der Kriegskinder (vgl. Rosenthal 1994) gehörte das Kriegsende, die Besetzung ihrer Heimat und das Leben im Mangel zu den prägenden Kindheitserfahrungen, in ihrer Jugendzeit in den späten 1950er und frühen 1960er Jahren wurden sie jedoch, im Unterschied zur von Knappheit und Freiheitseinschränkungen gezeichneten Nachkriegsjugend, zur 'Wirtschaftswundergeneration'. Es war die Zeit wachsenden Wohlstands auf beiden Seiten der deutsch-deutschen Grenze, die Zeit des Fernsehens und des Kinos, die Zeit der Campingkultur und des Moped-Kults. „Diese Generation probt[e] als erste das Bündnis zwischen Jugend und explosiv sich entwickelnder Kultur- und Freizeitindustrie" (Zinnecker 1987, S. 41). Musikalisch war dies die Hochzeit des Rock'n'Roll und der Aufstieg des Beat. In der Orientierung an der amerikanischen Teenagerkultur und am französischen Existentialismus entstand nun auch in Deutschland eine moderne Jugendkultur, ein eigenständiger jugendspezifischer Erfahrungs- und Erlebnisraum. Der beispiellose Siegeszug des Rock'n'Roll mit neuartigen Rhythmen, Moden und Gesellungsformen setzte Starkulte, ästhetische Provokationen, aber auch Krawalle in Gang (vgl. Krüger 1985). Der Ruf des aus Nordamerika importierten Rock'n'Roll als Protestkultur kam dabei, im Unterschied zu späteren musikalischen Stilen, weniger durch einen direkten Aufruf zur Veränderung in Form von Texten oder musikalischen Formen zustande, als vielmehr durch seinen Kontrast zum deutschen Schlager als der etablierten und kulturell vertrauten Ästhetik der Zeit (vgl. Peters 2010, S. 141). Jugendkulturelle Trends in der BRD der 1950er und frühen 1960er Jahre gestalteten sich in hohem Maße schicht- und milieuspezifisch und führten so zu einer Polarisierung der Jugendkultur. Während sich die Mehrheit der Jugendlichen kulturaffirmativ gab, protestierten Arbeiterjugendliche als 'Junge Wilde' oder 'Halbstarke' lautstark und randalierend für den Ausbruch aus Wohlstandsmief und autoritären Elternhäusern, Schulen, Verbänden (vgl. Krüger 1985). Dieser Protest entfachte einen Generationenkonflikt um angemessene Lebensstile für Jugendliche, denn die Definitionsmacht und Autorität der Erwachsenen wurde in den alltagskulturellen Praxen der Halbstarken infrage gestellt. In Musik, Kunst und Film entstand ein Jugendlichkeitsbild, das den vertrauten Wertehimmel der Eltern- und Großelterngenerationen seiner Zeit sprengte – entsprechend erschrocken und zurückweisend waren die Reaktionen. In der BRD setzte man aus Angst um die guten Sitten dem anrüchigen Teenagerstar Elvis die deutschen Schlagersänger Peter Kraus und Conny Froboess entgegen (vgl. Jugendwerk der Deutschen Shell 2002).

Auch in der DDR reagierten Angehörige der staatlichen Kulturpolitik auf die Orientierung der Jugend an westlichen Kulturmustern mit der Entwicklung eigener Jugendmedien, wie bspw. mit der Kreation und Vermarktung des Tanzes 'Lipsi' als Gegenmittel zum Rock'n'Roll-Fieber Ende der 1950er Jahre (vgl. ebd., S. 272; Kroll und Kleine-Horst 2000) und der Gründung eigener Beatbands Anfang der 1960er Jahre (vgl. Wicke 1998). Die staatliche und sicherheitsdienstliche Kontrolle von jugendkulturellen Aktivitäten verlief in Wellen: ab 1950 bis zum Mauerbau, als die FDJ von einer Freizeitorganisation zu einer Institution für politische Überzeugungsarbeit umgewandelt wurde, war sie stärker als danach, als den Jugendlichen unter dem organisatorischen Dach der FDJ mehr Verantwortung für ihre Aktivitäten eingeräumt wurde (vgl. ebd.).

In beiden deutschen Staaten entwickelte sich im Verlauf der 1960er Jahre auch eine starke Tradition der Liedermacher, in denen die deutsche Sprache anders als im Schlager in ein kritisches Verhältnis zur gesellschaftlichen Realität gesetzt wurde (vgl. Hoffmann 2007; Peters 2010).

2.2   Ende der 1960er und 1970er Jahre: Die Jugendgenerationen zwischen wirtschaftlichem Aufschwung, Sputnikschock und Reformbewegungen

Bereits zu Beginn der 1960er Jahre rührte sich überall in den Industriestaaten dies- wie jenseits des ‚Eisernen Vorhangs' leise Kritik an den herrschenden Verhältnissen – zunächst, wie beschrieben, in Form „oppositioneller Alltagskultur" (Zinnecker 1987, S. 43; Baacke 1999) von Jugendlichen. Jugendkultur wurde sowohl von den Jugendlichen selbst als auch von kritischen Erwachsenengenerationen als freizeit- und wertbezogener Gegenraum zur herrschenden Kultur verstanden. Schleichend setzte im Verlauf der 1960er Jahre vor dem Hintergrund einer vorwiegend konsumorientierten Mehrheit der Jugendlichen angesichts steigender Zurückweisung jugendlicher Gestaltungsspielräume eine Politisierung verschiedener Szenen ein. Davon zeugt z. B. die „spektakulärste Form offenen jugendlichen Protests seit 1953" in der DDR: der „Beataufstand" 1965 in Leipzig mit 2500 jugendlichen Demonstranten, der sich gegen das Verbot von Beatbands und kultureller Selbstständigkeit wandte und der von den Ordnungskräften der Polizei brutal niedergeworfen wurde (Skyba 2001, S. 53). Widerstand gegen die permanente Fremdbestimmung durch Eltern, Pädagoginnen und Pädagogen und Politik war ein zentrales Charakteristikum der Beat-Jugend. Erst die amerikanische Jugendkultur der ‚Gammler', später als ‚Hippies' und ‚Blumenkinder', in der DDR als ‚Blueser' bezeichnet, trennte und schuf einen Gegensatz zwischen Freizeitindustrie und Jugendkultur, Kulturkonsum und Widerstand. Die 68er waren ein internationales Phänomen: Friedensdemonstrationen gegen den Vietnamkrieg überall auf der Welt, Rassenunruhen in den USA, der Tod von 500 Jugendlichen bei Großdemonstrationen am Rande der Olympischen Spiele in Mexiko, gemeinsame Arbeiter- und Studentenproteste gegen die Regierung de Gaulle in Paris, die Demokratisierungspolitik des ‚Prager Frühlings' und ihre gewaltsame Niederschlagung durch das Militär des Warschauer Paktes in der ČSSR und die Proteste gegen die Notstandsgesetze in der BRD – das alles passierte im Jahr 1968 und wurde maßgeblich getragen von den Studierenden, Intellektuellen und Arbeitern, von Jugendlichen und jungen Erwachsenen, die in der alltäglichen

Auseinandersetzung um ihre Rechte, Gestaltungsräume, Ausdrucksformen und Lebensstile aufgewachsen waren (vgl. Köhler 2002, S. 10; Ferchhoff und Neubauer 1997, S. 132f.).

Anfang der 1970er Jahre schien sich der Ost-West-Konflikt in Deutschland zunächst zu entschärfen, die Beat- und Rockmusik in der DDR genoss neue Freiheiten, Bands wie die Puhdys feierten sogar Erfolge im westlichen Teil Deutschlands. Die 10. Weltfestspiele der Jugend mit 25.000 Teilnehmenden im Juli 1973 in Ostberlin standen im Zeichen der deutschen Entspannungspolitik. Doch Mitte der 1970er Jahre nahmen die Repressionen der Kulturpolitik der DDR wieder zu, bis hin zur Ausweisung von regimekritischen Künstlerinnen und Künstlern wie Wolf Biermann, Nina Hagen und Klaus Renft (vgl. Eckert 2001, S. 56).

Entsprechend scheint die massive Politisierung der musikalischen Ausdrucksformen in beiden deutschen Staaten der 1970er Jahre als ein Begleittext zu den skizzierten gesellschaftlichen Entwicklungen (vgl. Peters 2010, S. 182). Die Integration der deutschen Sprache in neue jugendspezifische musikalische Formen im Polit-Rock, Punk und auch im Pop der 1970er erreichte mit Punkbands wie Ton Steine Scherben und Zwitschermaschine, etablierten (Rock)Bands wie der Nina-Hagen-Band oder Karat, aber auch mit ersten politisch rechts orientierten Musikprojekten, wie Ragnaröck, ihren Höhepunkt. Zugleich erhöhte sich die Geschwindigkeit, mit der neue ästhetische Ausdrucksformen, wie bspw. der Punk, Einzug in den kommerzielle Popkultur hielten und industriell vereinnahmt wurden (vgl. ebd., S. 232).

2.3   1980er Jahre: Die Jugendgenerationen zwischen Arbeitslosigkeit und Stagnation

Dass jugendkulturspezifische Jugendproteste massiv von den konkreten soziohistorischen Bedingungen einzelner Jugendgenerationen abhängen, zeigte sich in den 1980er Jahren noch deutlicher als bei der 68er Generation.

Im Verlauf der 1970er Jahre verschlechterten sich die wirtschaftlichen Bedingungen in der Bundesrepublik. 1977 zählte man bereits über eine Million Arbeitslose, dazu kamen düstere Zukunftsprognosen über ökologische, ökonomische und soziale Risiken (vgl. Köhler 2002, S. 11). Eine erfolgreiche persönliche Zukunft in einem sicheren sozialen und ökologischen Umfeld war nur für die geburtenstarken Jahrgänge der Wirtschaftswunderzeit keine Selbstverständlichkeit mehr. Doch die „verunsicherte Generation" (Sinus-Institut 1983 zit. n. Ferchhoff 1993, S. 78) wirkte, als ganze betrachtet, kaum verunsichert. Sie präsentierte sich so vielfältig und variantenreich, wie kaum eine Generation zuvor. Sie war es, die ‚Jugendlichkeit' zur allgemeinen gesellschaftlichen Zielkategorie erhob.

Die jugendkulturellen Orientierungen in den 1980er Jahren waren voller Gegensätze, die Ausdifferenzierung der Stile und Szenen hatte „nach dreißig Jahren Kultur- und Freizeitindustrie – und in Auseinandersetzung damit" (Zinnecker 1987, S. 166) mit Pop und Punk, Body- und Discokult, Hausbesetzerszene und Friedensbewegung ihren vorläufigen Höhepunkt erreicht. Mit dem Import der englischen Punk-Kultur kam dazu ein bislang unbekanntes Ausmaß an Provokation: eine Subkultur, in der nichts mehr heilig war und in der alle Bedeutungsgehalte verfremdet, ja bis in ihr Gegenteil verkehrt wurden[4]. Seit den späten 1970er Jahren präsentierten wenige, bereitwillig medial und öffentlich thematisierte jugendliche Punks mit der Stilisierung von „„Armut und Schäbigkeit" (Ferchhoff 2000a, S. 78) und dem Versuch des Ausbruchs aus dem gesellschaftlichen Leben die Zukunfts- und Perspektivlosigkeit von Teilen ihrer Generation.

Der maximale Kontrast zu Punk in der explodierenden Jugendkulturlandschaft Anfang der 1980er Jahre war die Popper-Kultur, die mit der Liebe zu Luxus, Glamour und unbegrenzter Lebensfreude Anpassung statt Veränderung anstrebte. Obwohl selbst nur eine kleine Minderheit repräsentierte sie damit wohl die Mehrheit der Jugendlichen – und auch die Jugendkulturlandschaft insgesamt, die im Verlauf der 1980er eine Welle der Ästhetisierung und Individualisierung durchlief, an deren Ende, wie Dieter Baacke bemerkte, „Geltenlassen anderer und Ich-Zentrierung" stand (Baacke 1999, S. 189). Zugleich manifestierten die frühen 1980er Jahre der Jugend in der BRD mit dem Blitzerfolg der sog. ‚Neuen Deutschen Welle' endgültig die Verwendung der deutschen Sprache in der Popmusik (vgl. Kemper 1998). Sie profitierte von der Unbefangenheit, Spontaneität und Experimentierwut der Punk-Kultur und sorgte mit „körperlich erlebbaren Rhythmen, einfachen melodischen Floskeln, Wechseln von zwei oder drei Akkorden in synthetisch-kalten Elektronik-Design" für musikalische Neuorientierung (ebd., S. 302). Diese musikalische Bewegung erprobte den Schulterschluss mit der kommerziellen Musikindustrie in bislang nie da gewesenem Tempo und wird als Ausdruck der Vermarktung jugendkultureller Stile selbst zum Gegenstand musikalischer Reflexionen (vgl. Peters 2010, S. 251).

Ein im engeren Sinne politischer Protest von Jugendlichen in der DDR lief, analog zur BRD und anderen Industriestaaten, vor dem Hintergrund einer massiven Ausdifferenzierung der Jugendkulturlandschaft ab, die sich auch hier zeigte (vgl. Wicke 1998, S. 278). So wurden bspw. Punks bereits Ende der 1970er Jahre beobachtet (vgl. Stock und Mühlberg 1990, S. 171f.) und von staatlicher Seite, wie Peter Wicke (1998, S. 278) bemerkt, „ohne Sach- und Kulturkenntnis" mit Repressionen belegt. Aber auch die Skinhead-Kultur, die bei einem Überfall auf ein Punkkonzert in der Berliner Zionskiche 1987 zum ersten Mal öffentlich als politisch rechtsgerichtete Jugendkultur auffiel (vgl. Stock und Mühlberg 1990, S. 15), Heavy-Metal und die Gothic-Kultur eroberten bis zum Ende der 1980er Jahre auch die Jugend der DDR (vgl. auch Baacke 1999, S. 86ff.).

Die massive Ausdifferenzierung der musikalischen Kulturen und jugendkulturellen Stile im Verlauf der 1980er Jahre, die Peters (2010, S. 300) unter dem Stichwort des ‚Pop-Pluralismus' zusammenfasst, muss als Reaktion auf die gesellschaftlichen Prozesse der Individualisierung aber auch des Anwachsens sozialer Risiken verstanden werden.

---

[4] „Ich war damals gegen alles. Und es musste ja auch immer möglichst radikal sein [...]" schreibt Frank Z über die Punkszene 1977 in Hamburg in Jürgen Teipels Verschwende Deine Jugend (2001).

Die pluralisierte musikalische Kultur der Jugend ist insgesamt gekennzeichnet von einer De-Politisierung, die massive Subversionen und politische Provokationen in einzelnen Szenen nicht ausschließt, jedoch im neu entstandenen Mainstream der Vielfalt an musikalischen Ausdrucksformen marginalisiert.

2.4   Die 1990er Jahre: Wende, Einheit, die Entdeckung von Unterschieden – Jugendkulturunion trotz unterschiedlicher Lebenslagen

Die friedliche Revolution in der DDR Ende der 1980er Jahre und die nachfolgenden Ereignisse um die Wiedervereinigung der beiden deutschen Staaten bis 1991 bilden das gesellschaftliche Großereignis, vor dessen Hintergrund die Frage nach Einheit und Differenz von Jugend, Jugendkultur und Jugendprotest in der Bundesrepublik Deutschland diskutiert wurde (vgl. zusammenfassend Schubarth und Speck 2006).

Erste vergleichende Untersuchungen zu den jugendkulturellen Orientierungen von Jugendlichen in den alten und neuen Bundesländern wurden bereits Anfang der 1990er Jahre realisiert (vgl. z. B. Behnken et al. 1991; Büchner und Krüger 1991; Jugendwerk der Deutschen Shell 1992) und zeigten, dass sich Jugendliche in den neuen Bundesländern gut mit den jugendkulturellen Gruppenstilen auskannten und sich im komplexen Gemenge politischer Protestbewegungen, medien-, action- und musikbezogener Fanstile und Nachfolgern expressiver Stammeskulturen problemlos orientieren und verorten konnten. Jugendliche im Osten und im Westen Deutschlands identifizierten sich Anfang der 1990er Jahre ähnlich mit Stilen im jugendkulturellen Spektrum, was zu der Annahme Anlass gab, „der Anschluss auf dem Gebiet der Jugendkulturunion […] (sei, Anm. d. Verf.) bereits vollzogen" (Behnken et al. 1991, S. 164). Die Autoren der Jugendstudie '90 stellten fest, dass sich in der Bewertung von expressiven Gruppenstilen und Fankulturen keine Unterschiede zwischen ost- und westdeutschen Jugendlichen ergaben. Einzig die bereits seit Anfang der 1980er Jahre zum Standardrepertoire der quantitativen Jugendforschung gehörenden sozialen Bewegungen, wie Friedens-, Frauen- und Umweltgruppen erhielten in der von massiven politischen und sozialen Veränderungsprozessen betroffenen Jugend in den neuen Bundesländern deutlich größere Sympathien als im Westen Deutschlands (vgl. ebd., S. 154). Doch diese soziohistorisch bedingten Differenzen in der Identifikation mit sozialen Protestgruppen hatten sich bereits Mitte der 1990er Jahre aufgelöst (vgl. Brake 1996, S. 90f.; Fritzsche 1997, S. 371ff.).

Insgesamt wurden Anfang der 1990er Jahre bezogen auf die Einstellungen unerwartet viele Ähnlichkeiten zwischen Jugendlichen in Ost und West gemessen. In den untersuchten Lebensstilpräferenzen, politikbezogenen Einstellungen und Werten von Jugendlichen in Ost und West zeigten sich keine deutlichen Differenzen (vgl. z. B. Behnken et al. 1991, S. 15f.). Die beschriebenen Analogien wurden vor dem Hintergrund von Theorien zum Wertewandel in der DDR-Bevölkerung in den 1980er Jahren (vgl. z. B. Friedrich 1990) „in Richtung eines ‚vereinten Wertehimmels'" (Krüger 1996, S. 230) interpretiert.

Eine Orientierung an eben jener Harmonie des Vereint-Seins rekonstruiert Peters (2010, S. 304ff.), abseits von subtilen Zweifeln und vereinzelten nachdenklichen Stimmen, auch für die musikalische Entwicklung der beginnenden 1990er Jahre. Im weiteren Verlauf der 1990er Jahre wird die musikalisch-stilistische Ausdifferenzierung der vorangegangenen Jahrzehnte fortgesetzt: Hip-Hop und Techno erobern die Charts und neu entstehenden CD-Regale. Beide Stile erfahren selbst rasch eine dramatische Vervielfältigung, der politische Gehalt ihrer einzelnen Strömungen ist verschieden, doch insgesamt stark umstritten. Während der Hip-Hop als musikalische Ausdrucksform der Unterprivilegierten grundlegend gesellschaftskritische Elemente beinhaltet (vgl. z. B. Rose 1997; Loh und Verlan 2000; Weinfeld 2000), bleibt der gesellschaftspolitische Bezug beim Techno durchweg der Interpretation überlassen, was z. B. in der Zuschreibung mündet, die subversive Kraft des Stils liege im gänzlichen Verzicht auf Sprache als Medium der Kritik (vgl. z. B. Klein 1999; zusammenfassend Peters 2010, S. 375ff.). Parallel dazu entsteht eine Kultur des Revivals, die ehemals subversive Kräfte als rein kommerzielle Phänomene wiederbelebt. Die wohl expliziteste Politisierung weisen in den 1990er Jahren in Deutschland und anderen europäischen Ländern rechtspolitische Musikprojekte auf, die aus nahezu allen musikalischen Stilen hervorgehen (vgl. Meyer 1995; Steimel 2008). Im Vordergrund der Entwicklung steht jedoch, wie Peters (2010) beschreibt, eine integrative und zugleich breit gefächerte Populärkultur, die wohl vor allem aufgrund ihrer Vielfalt zu der These von einem „vorläufigen Ende der Thematisierung von Politik im Pop" (ebd., S. 378) verleitet.

Die Rückschau auf den Zusammenhang der Entwicklung der Jugendkulturlandschaft, ihrer musikalischen Stile und der Politisierung von Pop und Jugendgenerationen zeigt für den Zeitraum zwischen 1950 und 2000, dass die Politisierung der Jugend untrennbar mit dem jeweiligen sozialhistorischen und damit verbunden, mit dem jugendkulturellen und musikalischen Kontext einer jeweiligen Generation von Heranwachsenden verknüpft ist. Dabei ist auch sichtbar geworden, dass sowohl die Hervorbringung neuer musikalischer Stile wie auch das Protestpotential jugendkultureller Bewegungen in einem internationalen Kontext zu betrachten sind. Zur musikindustriellen Kommerzialisierung jugendkultureller Innovationen bleibt festzuhalten, dass diese im Zeitverlauf immer schneller erfolgt, jedoch der gleichzeitig wachsenden Differenziertheit ästhetischer Ausdrucksformen der Jugend ebenso wenig gewachsen zu sein scheint, wie oberflächliche Betrachtungen zur Frage, ob die Jugendkulturlandschaft einer Zeit gesellschaftskritisches Potential beinhaltet oder eben nicht.

3   Empirischer Zugang: politische Sozialisation in Jugendszenen

Abschließend zu diesem Beitrag soll nun auf der Basis von Datenmaterial und Resultaten verschiedener empirischer Studien exemplarisch nach den konkreten Prozessen der politischen Sozialisation in musikalischen Jugendstilen gefragt werden. Bezugspunkte dieser

Analysen stellen einerseits Studien zur Politisierung in Jugendkulturen (vgl. Pfaff 2006a; Krüger et al. 2006) und andererseits neuere, noch unveröffentlichte Untersuchungen (z. B. Archiv der Jugendkulturen i.E.) zum Thema dar. Vorgestellt wird qualitativ generiertes Datenmaterial aus Interviews und Gruppendiskussionen in Verbindung mit ausgewählten und auf den Gegenstand dieses Beitrags fokussierten Ergebnissen dokumentarischer Rekonstruktionen dieser Texte (zur Methode vgl. z. B. Bohnsack 2007; Bohnsack et al. 2007).

Thematisch geht es in diesem Abschnitt vor allem darum, Untersuchungsperspektiven und Fragerichtungen aufzuzeigen, um die Bedeutung der Identifikation mit musikalischen Stilen für die politische Sozialisation sozialwissenschaftlich zum Thema zu machen. Dabei geht es einerseits am Beispiel einer linksalternativen Szene in einer ostdeutschen Großstadt im Jahr 2003 um den Zusammenhang zwischen musikalischer und politischer Einsozialisation in eine Szene. Andererseits untersuchen wir am Beispiel von Interviewauszügen mit jugendlichen Rappern auf der Suche nach ihrer ethnisch-kulturellen Identität, wie eine Politisierung innerhalb einer musikalischen ‚Karriere‘ vonstattengehen kann.

3.1   Durch Musik zur Politik? – Szeneeinstieg als Sozialisationsprozess

In einer Gruppendiskussion mit Angehörigen einer linksalternativen Gothic-Punk-Szene[5] in einer ostdeutschen Großstadt thematisieren die 17 bis 18 Jahre alten männlichen Gesamtschüler ihre individuellen Wege in die Szene. Dabei werden mehrere soziale Kontexte angesprochen, die die politische bzw. ästhetische Sozialisation der Jugendlichen moderiert haben. Das Verhältnis von musikalischer und politischer Sozialisation wird in den Interviews individuell verschieden bestimmt. So beschreibt ein Jugendlicher seine Familie als Quelle seiner politischen Meinungsbildung: „ich meine ich wurde halt ziemlich stark links erzogen und wenn die Eltern einfach nur links sind und da die Freunde die ich habe, den Freundeskreis, das was ich an meiner Meinung aufgeb- na ja aufgebaut habe in den ganzen Jahren, dadurch was ich für Musik höre, in was für einer Szene ich drinne bin" [Dm, Gruppe Alta 4, 2004, S. 268–270]. Vor dem Hintergrund der Reflexion einer mit politischen Inhalten aufgeladenen Erziehung beschreibt der Sprecher hier den Prozess der politischen Meinungsbildung als individuellen und aktiven, auf den verschiedene Erfahrungswelten Einfluss nehmen. Neben seinen Eltern nennt er dabei auch Freunde, Musik und Szene. An anderer Stelle im Diskursverlauf bestimmt der gleiche Jugendliche das Verhältnis von Musik und ‚Meinung‘ näher:

> „aber hauptsächlich kommt man zu seiner Szene durch die Musik. zumindest wars bei mir so [...] ich weeß nich im Fernsehen halt hat ma mal von n Ärzten n Video gesehen oder von n Hosen und meinte so oh das klingt geil dann hat man sich mal ne CD geholt die fand

---

[5] Vgl. ein ausführliches Portrait der Gruppe in Pfaff 2006a, 196ff.

ma auch total toll und je älter man wurde um so weiter is man vielleicht reingekommen zumindest ich bin dann einfach mal achte Klasse einfach mal durch die ganzen Musikläden gerannt hab mir erstmal diverse Ärzte-Alben geholt Hosen-Alben geholt auf einmal hatte ich da sohn Punk Sampler vor mir (.) habs durchgelesen kennst keene Sau (.) mal sehn (.) Ärzte is ja auch Fun-Punk in Anführungsstrichen eigentlich (.) zumindest mir die CD geholt und allein schon von den Texten und von der ganzen Musik her was die ihre Meinung auch in der Musik darlegen fand ich so was von geil einfach dass es dadurch übergeschwappt ist. ich mein ich bin damals noch ganz normal lieb rungerannt ohne Springerstiefel oder sonstewas und das kam dann einfach. ich mein ich hab immer mehr Leute auf Partys kennen gelernt, fand den Kleidungsstil geil wollte aber nich so rumlaufen wie die ich wollt mein eigenes Ding machen und ich wollt selber meine Kleidung haben was ich will, hab dann einige Ideen über-nommen und vielleicht weiterentwickelt zurückgeführt (.) halt dann das was ich jetzt bin (5)"

[Gruppe Alta 4, 2004, S. 453–467, gekürzt]

Die Entwicklung seiner Szene-Zugehörigkeit bzw. die Geschichte seiner ästhetischen Stilisierung wird hierin erzählt als ein Prozess des Lernens, der Spezialisierung und der Individualisierung. Ausgehend von zur Zeit seiner Einmündung in die Jugendphase sehr populären Musikprojekten findet der Sprecher über seine Sensibilität für poli-tische Positionen Zugang zur Kultur des Punk, die ihm neue soziale Kontexte und die Möglichkeit einer individualisierten Selbststilisierung eröffnet. Seine politische Sozialisation bildet in dieser selbstreflexiven Darstellung gewissermaßen die Grundlage seiner jugendkulturellen Identifikation. Ein anderer Jugendlicher in der Gruppe beschreibt dagegen zunächst seine jugendkulturelle Einsozialisation als ausschließlich auf musikalische Inhalte bezogen:

Bm: Bei mir persönlich kams durch die Erziehung der Eltern weil die haben seit jeher Ärzte und so was jehört und und und Metallica und Sepultura und das hat natürlich angesteckt und eh (.) da hab ich natürlich auch schon damals auf der Grundschule und auf'm Gymnasium als ich auf'm Gymnasium war eh hat mich das halt richtig dolle inte-ressiert weil's ich kannte jedes einzelne Lied auswendig […] weil du hast im Metal Punk und Hardcore und was weiß ich noch ha- Hauptsache elektrische Gitarren sind dabei dann isses schön ehm da hast du halt ne richtig funktionierende Emotionskurve die ehm die dich auch richtig mitnimmt also bei manchen nee bei vielen Liedern isses sogar so dass ich ne Gänsehaut kriege wenn ich n bestimmten Teil höre und so und na ja hab ich halt von mei-nen Eltern gekriegt. meine Eltern hören auch nich nur jetzt Metal und Punk die hören auch alte Siebziger Sachen die ich auch cool finde weil das grooved.
Dm: Led Zeppelin
Bm: Ja Led Zeppelin und Black Sabath und ehm
Dm: The Bee Gees
Bm. Bee Gees waren auch Klasse und na ja das ist halt dieses ehm Ungezwungene das hört sich nicht alles gleich an das (5) Ja.

[Gruppe Alta 4, 2004, S. 416–434, gekürzt]

Auch in dieser Darstellung kommt der Familie als Sozialisationsinstanz eine zent-rale Bedeutung zu. Der Jugendliche orientiert sich zunächst am Musikgeschmack sei-ner Eltern, beschreibt jedoch im Weiteren analog zu seinem Freund einen Prozess der individuellen Stilisierung, die hier jedoch zuerst als musikalische erscheint.

Das Gymnasium bildet dabei für ihn den intellektuellen Rahmen der tiefgehenden Auseinandersetzung mit Songtexten und Inhalten. Der Prozess und der Grad des beschriebenen ‚Lernens über den Stil' steht dabei in Einklang mit dem kritischen Anspruch der Gesamtschule, wie auch mit dem Bildungsanspruch des Gymnasiums (vgl. Helsper 1989; Böhme 2003). Am Übergang in den Diskurs der Gruppe am Ende seiner Ausführungen dokumentiert sich, dass die Jugendlichen auf gemeinsame frühe musikalische Präferenzen zurückblicken, die neben ihren aktuellen Gemeinsamkeiten im Bezug auf ihre jugendkulturelle Zugehörigkeit und politische Selbstverortung (vgl. dazu Pfaff 2006a, Kap. 5) einen weiteren konjunktiven Erfahrungsraum für die Jugendlichen darstellen.

Was lässt sich nun aus diesen Rekonstruktionen über die Erforschung der politischen Sozialisation in jugendkulturellen Stilen und im Zusammenhang zu jugendlichen Musikstilen entnehmen? Zunächst deutet sich hier bezogen auf den Gegenstand der Analyse an, dass jugendkulturelle Stilisierungen aktuell als sowohl in familiale Traditionen wie auch an Peer-Gemeinschaften in Schule und lokaler Szene eingebettet verstanden werden müssen: musikalische und politische Sozialisation scheinen dabei in keinem unidirektionalen Bedingungsverhältnis zueinander zu stehen, sondern unterschiedlich in individuelle Stilisierungsprozesse eingebunden zu sein. Außerdem legt die exemplarische Rekonstruktion nahe, dass sowohl biographieanalytische Studien wie auch Untersuchungen zu konkreten Szenezusammenhängen nützliche Instrumente sein können, um der politischen Sozialisation in jugendkulturellen Kontexten auf den Grund zu gehen. Insbesondere biographische Studien rücken dabei familiale, aber auch lokal-räumliche oder peerbezogene Tradierungen musikalischer Präferenzen oder politischer Orientierungen und Handlungsmuster in den Blick (vgl. Bock 2000; Brake und Büchner 2003). Studien zu Jugendgruppen in einzelnen Szenen lenken demgegenüber den Blick auf konkrete jugendkulturelle Vergemeinschaftungen im Kontext lokaler, szenespezifischer bzw. gesellschaftlicher Ereigniszusammenhänge (vgl. z. B. Bohnsack et al. 1995; Nohl 2000; Groffmann 2001; Weller 2003).

3.2   Politisierung als musikalische Professionalisierung

Neben der Frage, wie sich Prozesse der jugendkulturellen und politischen Sozialisation bei Jugendlichen vollziehen und in welchem Verhältnis diese zueinander stehen, ist für eine an Gesellschaftskritik und Protest der Jugend interessierte Jugendkulturforschung auch interessant, welche Bedeutung der Politisierung von Szenen innerhalb jugendkultureller Stile jeweils zukommt. Für jugendliche Hip-Hopper bspw. weisen diesbezüglich verschiedene Analysen darauf hin (vgl. z. B. Bois-Reymond 2000; Nohl 2000, Weller 2003; Pfaff 2006a), dass das Versehen der eigenen ästhetischen Praktiken, z. B. des Raps oder des Breakdance, mit politikbezogenen Bedeutungen innerhalb der lokalen Szene bzw. von den Akteuren selbst als Teil eines stilspezifischen Professionalisierungsprozesses verstanden wird. Die folgenden exemplarischen Rekonstruktionen gehen diesem Befund nach und stellen anhand zweier biographischer Narrationen von jugendlichen Rappern unterschiedliche Verlaufsprozesse einer solchen Professionalisierung vor.

In einer Gruppendiskussion mit einer Hip-Hop-Crew in einer nordrhein-westfälischen Großstadt[6] beschreibt ein Jugendlicher seinen individuellen Prozess der Stilbildung als familiale Tradition „Also ich bin eigentlich zu Hip-Hop so mehr durch meine großen Brüder und durch meine Schwester und so gekommen". Seinen Weg vom Fan zur eigenen Realisierung der ästhetischen Praxis des Rappens bettet er wie folgt in biographische Erfahrungen ein:

> „Ja ist doch egal ob du schwarz bist. ist doch egal ob du dunkle Haut hast. sagen Lehrer mir so. aber manchmal manche die können sich nicht in meine Situation hineinversetzen so. ich sage denen so ja ich bin jetzt also ich mach jetzt nächstes Jahr ich hab jetzt ne Nachprüfung und nächstes Jahr mache ich dann ein Abi da und ehm das war'n schwerer Weg bis dahin so. (2) und ich bin jetzt auf einer belgischen Schule so weil äh ich wär hier auf der deutschen Schule wär ich nicht so weit gekommen und das ist Scheiße. ich mein ich war hier auf in der Grundschule und die meinten keine Ahnung ich sollte zur Hauptschule gehen so. und mein Vater meinte nee mein Sohn ist klug warum soll der auf die Hauptschule gehen der hat ein schönes Zeugnis. naja so nein nein genauso das wird zu schwer für den. da hat mein Vater hat er gesagt ok gehst du zu den Belgiern rüber und so. und manchmal keine Ahnung ich hatte schon manchmal Probleme mit Lehrern so ok ich bin ein bisschen frech. damals war ich ein bisschen frech so aber trotzdem. aber manche Lehrer hatten auch wirklich gegen was gegen mich was so. ich weiß nicht warum obwohl ich nichts besonderes gemacht habe so und äh das war das war halt für mich so. ich hab denen halt gesagt ja haben sie was gegen meine Hautfarbe? ich hab die direkt drauf angesprochen. die so Nein wir sind alle gleich. ich so na ja aber ich spüre das doch weißte was ist denn dabei und dies und das. und das hat mich auch zum Rap gebracht so. meine ersten Texte waren halt darüber so und deswegen bin ich halt dazu gekommen so. ich wollte das halt (.) ausdrücken so klar."
>
> (Gruppe Mahiri, 2004, S. 353–370)

Schule erscheint hier mit der durch sie produzierten Zuweisung und Aberkennung von Lebenschancen als Raum der Diskriminierung und Abwertung, gegen die der Stilbildungsprozess selbst gerichtet ist. Zwar wird die Schullaufbahnempfehlung, die dem Schüler den Zugang zu einer weiterführenden Schule verwehrt, von dem hoch gebildeten Vater durch die Anmeldung seines Sohnes auf einer ausländischen Internatsschule unterlaufen, dennoch erlebt der Junge Diskriminierungen durch Lehrende, die er einerseits mit seiner Hautfarbe und andererseits mit seinem eigenen Verhalten begründet. Die Praxis des Rappens stellt für ihn einen Mechanismus der Verarbeitung stigmatisierender Erfahrungen im Kontext der Schule dar, die er, angeregt durch die Produktion von Liedtexten, in einen allgemeinen Diskurs über moralische Prinzipien überführt. Hip-Hop erscheint damit in der Biographie des Sprechers als Medium der Thematisierung individuell erfahrener Benachteiligungen und darauf basierend als Kontext der Auseinandersetzung mit gesellschaftlichen Strukturen. Diese Deutung schließt

---

[6] Vgl. zur ausführlichen Rekonstruktion der Gruppe Pfaff 2006a, Kap.4.2; zur Methodologie der Studie Pfaff 2006b

unmittelbar an den Entstehungsmythos des Stils als Ausdrucksform der Unterdrückten an (vgl. dazu z. B. Rose 1997; Klein und Friedrich 2003).

Eine ganz andere Thematisierung findet sich in der folgenden Narration eines anderen jugendlichen Rappers:

> „und die Leute mögen unsere Musik weil das nich wie jeder zwei- weil wir nich unsere Musik wie jeder zweite machen (.) so hier Gangster X-Stadtteil und dies und das [I: hm] wir machen so eben verschiedenes wir machen wir sind bei- ich bin ja Deutscher mit palästinensischen Migrationshintergrund [I: hm] und äh Palästina is ja auch sozusagen meine Heimat ich komme ja von also meine Eltern sind ja Palästinenser [I: hm] uund ähh ich weiß nich ob sie's wissen aber bei uns is ja schon seit sechzig Jahren Krieg mit den Israelis [I: hm] und is auch schon viel passiert in den sechzig Jahren und das Land wurde uns ja weggenommen und da sind ja auch viel Sachen passiert (.) und auf jeden Fall haben mein Bruder und ich beschlossen (.) anfa- a-a-a-a also beschlossen vielleicht irgendwie anzufangen n bisschen über unser Heimatland was [I: hm] aufzunehmen (.) haben wir auch geschafft"
>
> [Kamal E., 2008, S. 241–260]

Kamals Identifikation mit dem Hip-Hop-Stil verläuft zunächst über das Erlernen von Breakdance in einem Angebot der örtlichen Jugendhilfe. Auf eine Phase der Identifikation mit dem lokalen Raum des Stadtquartiers und der Thematisierung des Lebens dort, die den Rappern in der Gemeinschaft der Gleichaltrigen Anerkennung einbringt („und haben uns haben gesagt wir wohnen in der R-straße also nennen wir uns R-boys [I: hm]R und Boys weil wir sind ja (.) Jungs (.) haben uns dann so genannt haben auch ein Lied über X-Stadtteil und uns gemacht [I: hm] und das is auch schon sehr alt das Lied drei Jahre oder so glaub ich (.) und das Lied war auch sehr bekannt", Kamal E., 2008, S. 1042–1051), folgt eine Umorientierung im Bezug auf das Herkunftsland der Eltern und die Situation in diesem. Erhalten bleibt der Bezug zu geografischen Räumen, eingebettet in die Figur der Identifizierung mit diesen. Insofern dokumentiert sich in der Thematisierung von Palästina in den Songs des Biographen weniger eine Politisierung der ästhetischen Praxis als vielmehr ein Wechsel des identitätsstiftenden Bezugsrahmens: das Selbstverständnis als X-Städter und R-Boy wird aufgelöst in der Thematisierung der Identität als „Deutscher mit palästinensischem Migrationshintergrund". Mit dem Bezug zum Herkunftsland geht, analog zum ersten Analysebeispiel eine Professionalisierung einher, die an die Erfahrungen der Rapper einerseits bei der Produktion der Lyrik, andererseits mit den Reaktionen des Publikums geknüpft ist: „ja und is mehr Politik und für diesen Text den Zweiten haben wir uns auch sehr Mühe gegeben haben wir auch schon zwei Auftritte damit gemacht (.) und haben auch schon gemerkt wie diese Texte die wir geschrieben […] und die haben so lange applaudiert wir haben so lange Applaus bekommen (.) die wollten auch ne Zugabe und äh so ne Sachen halt" [Kamal E., 2008, S. 1125–1142].

Die hier notwendigerweise nur exemplarischen Rekonstruktionen machen deutlich, dass ästhetische Praxis auch in scheinbar wenig protestaffinen Jugendstilen vor dem Hintergrund unterschiedlicher Entwicklungen gesellschaftskritische Ausdrücke annehmen kann. Für den Hip-Hop kann damit gezeigt werden, wie auch

20 Jahre nach Stilgründung Jugendliche auf den Mythos von der Repräsentation der Ausgeschlossenen in den ästhetischen Praxen des Stils Bezug nehmen und ihre eigenen Praktiken damit in einen Kontext der Gesellschaftskritik stellen. Zugleich zeigt sich in den Analysebeispielen, wie stilspezifische Handlungsformen von Jugendlichen auf den jeweiligen gesellschaftlichen Kontext bezogen werden, in dem sie leben, ohne notwendigerweise ihren kritischen Impetus zu verlieren. Schließlich verweist die Analyse auf Bedeutungen politischen Handelns innerhalb des Stils, die über seine gesellschaftliche Repräsentation und die Kritik sowie Gestaltung der Gegenwartsgesellschaft hinausgeht. Um diese Aspekte innerhalb der Jugendkulturforschung zum Thema zu machen, bieten sich sowohl Fallstudien zu einzelnen Stilen und Szenen, wie auch stilvergleichende Analysen an. Insbesondere Diskurs- bzw. Medienanalysen auf der Basis von Ausdrücken und Produkten aus konkreten Szenezusammenhängen, die innerhalb der Jugendkulturforschung einen neuen Zugang bilden (vgl. z. B. Hagedorn 2008; Peters 2010) stellen hier besonders vielversprechende Anknüpfungspunkte bereit.

4   Fazit und Ausblick

Als kultureller Gegensatz zur Erwachsenengesellschaft entstanden, bieten Jugendkulturen Jugendlichen bis heute alternative Sinnangebote und Ausdrucksmöglichkeiten – allerdings, wie in einigen Analysebeispielen in diesem Beitrag gezeigt, weniger im Sinne eines Generationenkonflikts in Abgrenzung von der Elterngeneration als vielmehr in kritischer Auseinandersetzung mit den Lebensbedingungen und sozialen Strukturen der Gegenwartsgesellschaft. Ästhetische Praxen und Produkte jugendkultureller Stile, von denen musikalische Produktionen als ehemals zentrale Form des Ausdrucks heutzutage nur noch einen kleinen Teil darstellen (neben z. B. Körperinszenierungen, sportlichen Aktivitäten, Tanzstilen, Kommunikationswegen und -medien, Praktiken und Produkten visueller Kunst etc.), setzen sich auf der Basis der Erfahrungen von Jugendlichen in ein oftmals kritisches Verhältnis der Bedingungen des Aufwachsens in einem jeweiligen soziokulturellen Raum – meist, ohne dessen Strukturiertheit grundsätzlich anzuprangern, infrage zu stellen oder gar verändern zu wollen. Diese Form der Auseinandersetzung unterliegt, wie gezeigt, starken zeithistorischen und sozialräumlichen Prägungen, trägt jedoch stets auch Züge von Tradierungen innerhalb der Jugendkulturlandschaft und von internationaler Anschlussfähigkeit und Bezüglichkeit.

Die wissenschaftliche Erforschung von Jugendkulturen als Medien von Gesellschaftskritik und Protest, als eigenständige politische Akteure und als Instanzen der politischen Sozialisation steht, obgleich bestimmte Phänomene schon seit langem Gegenstand z. T. intensiver soziologischer und erziehungswissenschaftlicher Analysen sind, noch relativ am Anfang. Dies gilt insbesondere, wenn nicht mehr einzelne oder kollektive Akteure innerhalb der Stile und Szenen zum Referenzpunkt der Untersuchungen genommen werden, sondern die Produkte und Ausdrucksformen der jeweiligen Strömungen selbst zum Material empirischer Studien werden. Dies erscheint insbesondere deshalb angebracht, weil die sich immer weiter beschleunigende Ausdifferenzierung jugendkultureller Phänomene wenigstens partiell mit ihrer Verlagerung auf informelle und/oder virtuelle Räume, wie Blogs, Chats, Bilder- und Videodatenbanken, Fanzines oder Flyer einhergeht. Ein weiteres Symptom dieser Entwicklung sind nicht zuletzt Institutionen der Dokumentation und Erforschung jugendkultureller Ausdrucksstile, allen voran das Berliner Archiv der Jugendkulturen e.V. in Berlin oder die Dortmunder Szenen-Ethnografie ‚DoSE‘, die für einschlägige Forschungsarbeiten als Feldzugang, Materialdatenbank und Kooperationspartner unschätzbare Dienste leisten können.

Andererseits stehen gerade zur Erklärung von umfassenderen Jugendprotesten biographische und gruppenbezogene Analysen noch aus, die in Form längsschnittlicher Betrachtungen Politisierungen von Individuen oder einzelnen Szenen nachvollziehen und daraus Schlussfolgerungen zu Prozessen der politischen Sozialisation ziehen bzw. Konsequenzen für eine stärker an informellen Strukturen orientierte politische Bildung ziehen.

Literatur

Archiv der Jugendkulturen (i.E.). *Jugend in Neukölln*. Berlin: Verlag des Archivs für Jugendkulturen.

Baacke, D. (1999). *Jugend und Jugendkulturen: Darstellung und Deutung* (5. Aufl.). Weinheim, München: Juventa.

Behnken, I., Krüger, H.-H., Lindner, B., Zinnecker, J., et al. (1991). *Schülerstudie '90. Jugendliche im Prozess der Vereinigung*. Weinheim, München: Juventa.

Bernfeld, S. (1913/1994). Das Archiv für Jugendkultur. In U. Hermann (Hrsg.), *Sämtliche Werke. Jugendbewegung und Jugendforschung* (Bd. 2, S. 165–168). Weinheim, Basel: Beltz.

Bock, K., & Pfaff, N. (2004). Jugendkulturen. In S. Andresen, et al. (Hrsg.), *Vereintes Deutschland – geteilte Jugend. Ein politisches Handbuch* (S. 97–116). Opladen: Leske & Budrich.

Bock, K. (2000). *Politische Sozialisationsprozesse im intergenerativen Vergleich. Eine qualitative Studie über drei Familiengenerationen aus Ostdeutschland*. Opladen: Leske & Budrich.

Böhme, J. (2003). Schülersubkulturen als lebenspraktischer Hiatus von Schulkulturen und Schülerbiographien. Exemplarische Rekonstruktion zur ‚enttäuschten Opposition‘ eines Internatsgymnasiums. In H. Merkens & J. Zinnecker (Hrsg.), *Jahrbuch Jugendforschung* (S. 155–172). Wiesbaden: VS Verlag für Sozialwissenschaften.

Böhm-Kasper, O. (2010). Peers und politische Einstellungen von Jugendlichen. In M. Harring, O. Böhm-Kasper, C. Rohlfs, & C. Palentien (Hrsg.), *Freundschaften, Cliquen und Jugendkulturen. Peers als Bildungs- und Sozialisationsinstanzen* (S. 261–282). Wiesbaden: VS Verlag für Sozialwissenschaften.

Bohnsack, R. (2007). *Rekonstruktive Sozialforschung*. Opladen Farmington Hills: Verlag Barabra Budrich.

Bohnsack, R., Nentwig-Gesemann, I., & Nohl, A.-M. (Hrsg.). (2007). *Die Dokumentarische Methode und ihre Forschungspraxis*. Opladen Farmington Hills: Verlag Barbara Budrich.

Bohnsack, R., & Nohl, A.-M. (2000). Events, Efferveszenz und Adoleszenz: „party" – „battle" – „fight". In W. Gebhardt, R. Hitzler, & M. Pfadenauer (Hrsg.), *Events. Zur Soziologie des Außergewöhnlichen* (S. 77–94). Opladen: Leske & Budrich.

Bohnsack, R., Loos, P., Schäffer, B., Städtler, K., & Wild, B. (1995). *Die Suche nach Gemeinsamkeit und die Gewalt der Gruppe – Hooligans, Musikgruppen und andere Jugendcliquen.* Opladen: Leske & Budrich.

du Bois-Reymond, M. (2000). Jugendkulturelles Kapital in Wissensgesellschaften. In H.-H. Krüger & H. Wenzel (Hrsg.), *Schule zwischen Effektivität und sozialer Verantwortung* (S. 235–254). Opladen: Leske & Budrich.

Brake, A. (1996). Wertorientierungen und (Zukunfts-)Perspektiven von Kindern und jungen Jugendlichen. Über Selbstbilder und Weltsichten in Ost- und Westdeutschland. In P. Büchner, B. Fuhs, & H.-H. Krüger (Hrsg.), *Vom Teddybär zum ersten Kuss. Wege aus der Kindheit in Ost- und Westdeutschland* (S. 67–98). Opladen: Leske & Budrich.

Brake, A., & Büchner, P. (2003). Bildungsort Familie: Die Transmission von kulturellem und sozialem Kapital im Mehrgenerationenzusammenhang. Überlegungen zur Bildungsbedeutsamkeit der Familie. *Zeitschrift für Erziehungswissenschaft, 6*(4), 618–638.

Brand, V. (1993). *Jugendkulturen und jugendliches Protestpotential: sozialgeschichtliche Untersuchung des Jugendprotestes von der Jugendbewegung zu Beginn des Jahrhunderts bis zu den Jugendkulturen der gegenwärtigen Risikogesellschaft.* Frankfurt, Main: Peter Lang.

Brüsser, M. (1997). Die verwaltete Jugend. Punk vs. Techno. In SPOKK (Hrsg.), *Kursbuch JugendKultur. Stile, Szenen und Identitäten vor der Jahrtausendwende* (S. 80–88). Mannheim: Bollmann.

Büchner, P., & Krüger, H.-H. (1991). Kinder- und Jugendforschung hüben und drüben. In P. Büchner & H.-H. Krüger (Hrsg.), *Aufwachsen hüben und drüben* (S. 7–17). Opladen: Leske & Budrich.

Bude, H. (1987). *Deutsche Karrieren. Lebenskonstruktionen sozialer Aufsteiger der Flakhelfer-Generation.* Frankfurt, Main: Suhrkamp.

Çağlar, A. (1998). Verordnete Rebellion. Deutsch-türkischer Rap und türkischer Pop in Berlin. In R. Mayer & M. Terkessidis (Hrsg.), *Globalkolorit. Multikulturalismus und Populärkultur* (S. 41–56). St. Andrä, Wördern: Hannibal Verlagsgruppe Koch.

Eckert, R. (2001). Verfolgung von Jugendlichen in der DDR der Siebziger- und Achtzigerjahre. In Friedrich-Ebert-Stiftung. (Hrsg.) *Jugend und Diktatur Verfolgung und Widerstand in der SBZ/DDR.* Dokumentation des XII. Bautzen-Forums am 4. und 5. Mai 2001. Leipzig. S. 49–58.

Eckert, R., Reis, C., & Wetzstein, T. A. (2000). *„Ich will halt anders sein wie die anderen." Abgrenzung, Gewalt und Kreativität bei Gruppen Jugendlicher.* Opladen: Leske & Budrich.

Farin, K. (2001). *generation kick.de. Jugendsubkulturen heute.* München: C.H. Beck.

Farin, K., & Seidel-Pielen, E. (1991). *Krieg in den Städten.* Berlin: Eichborn.

Fend, H. (2003). *Entwicklungspsychologie des Jugendalters.* Wiesbaden. VS Verlag für Sozialwissenschaften.

Ferchhoff, W. (2010). *Jugend und Jugendkulturen im 21. Jahrhundert. Lebensformen und Lebensstile.* Wiesbaden: VS Verlag für Sozialwissenschaften.

Ferchhoff, W. (2000a). *Jugend an der Wende des 20. Jahrhunderts. Lebensformen und Lebensstile.* Opladen: Leske & Budrich.

Ferchhoff, W. (2000b). Jugendkulturen 2000. Herausgegeben von der Stiftung SPI Bundesmodell „Mädchen in der Jugendhilfe". Berlin.

Ferchhoff, W., & Neubauer, G. (1997). *Patchwork-Jugend. Eine Einführung in postmoderne Sichtweisen.* Opladen: Leske & Budrich.

Fiske, J. (1997). Die kulturelle Ökonomie des Fantums. In SPOKK (Hrsg.), *Kursbuch JugendKultur. Stile, Szenen und Identitäten vor der Jahrtausendwende* (S. 54–69). Mannheim: Bollmann.

Friedrich, W. (1990). Mentalitätswandlungen der Jugend in der DDR. In *Aus Politik und Zeitgeschichte.* Beilage zur Wochenzeitung Das Parlament, H.t 16/17. S. 25–37.

Fritzsche, Y. (1997). Jugendkulturen und Freizeitpräferenzen: Rückzug vom Politischen? In Jugendwerk der Deutschen Shell (Hrsg.), *Jugend '97. Zukunftsperspektiven, Gesellschaftliches Engagement, Politische Orientierungen* (S. 343–377). Opladen: Leske & Budrich.

Georg, W. (1992). Jugendliche Lebensstile – ein Vergleich. In Jugendwerk der Deutschen Shell (Hrsg.), *Jugend '92. Lebenslagen, Orientierungen und Entwicklungsperspektiven im vereinigten Deutschland* (S. 265–286). Opladen: Leske & Budrich.

Gille, M., & Krüger, W. (Hrsg.). (2000). *Unzufriedene Demokraten. Politische Orientierungen der 16-bis 29jährigen im vereinigten Deutschland.* Opladen: Leske & Budrich.

Groffmann, A. C. (2001). *Das unvollendete Drama. Jugend- und Skinheadgruppen im Vereinigungsprozess.* Opladen: Leske & Budrich.

Großegger, B., & Heinzlmaier, B. (2002). *Jugendkultur Guide.* Wien: öbv&hpt.

Gurk, C. (1996). Wem gehört die Popmusik? Die Kulturindustriethese unter den Bedingungen moderner Ökonomie. In T. Holtert & M. Terkessidis (Hrsg.), *Mainstream der Minderheiten. Pop in der Kontrollgesellschaft* (S. 20–40). Berlin: Edition ID-Archiv.

Hafeneger, B., & Jansen, M. M. (2001). *Rechte Cliquen: Alltag einer neuen Jugendkultur.* Weinheim, München: Juventa.

Hagedorn, J. (2008). *Jugendkulturen als Fluchtlinien. Zwischen Gestaltung von Welt und der Sorge um das gegenwärtige Selbst.* Wiesbaden: VS Verlag für Sozialwissenschaften.

Händle, C., Oesterreich, D., & Trommer, L. (1999). *Aufgaben der politischen Bildung in der Sekundarstufe I. Studien aus dem Projekt Civic Education.* Opladen: Leske & Budrich.

Hebdige, D. (1979). *Subculture. The meaning of style.* London: Routledge.

Hebecker, E. (2001). *Die Netzgeneration. Jugend in der Informationsgesellschaft.* Frankfurt, Main New York: Campus.

Heinritz, C. (1985). Bedrohte Jugend – drohende Jugend? Jugend der 1950er Jahre im Blick des Jugendschutzes. In Jugendwerk der Deutschen Shell (Hrsg.), *Jugendliche und Erwachsene '85. Generationen im Vergleich* (S. 293–319). Leverkusen: Leske & Budrich.

Heitmeyer, W., et al. (1993). *Die Bielefelder Rechtsextremismusstudie.* Weinheim, München: Juventa.

Heitmeyer, W. (1987). *Rechtsextremistische Orientierungen bei Jugendlichen.* Weinheim, München: Juventa.

Held, J., Horn, H.-W., & Maruakis, A. (1996). *Gespaltene Jugend. Politische Orientierungen jugendlicher Arbeitnehmerinnen.* Opladen: Leske & Budrich.

Helsper, W., Krüger, H.-H., Fritzsche, S., Sandring, S., Wiezorek, C., Böhm-Kasper, O., et al. (2006). *Unpolitische Jugend? Eine Studie zum Verhältnis von Schule, Anerkennung und Politik.* Wiesbaden: VS Verlag für Sozialwissenschaften.

Helsper, W. (1989). Jugendliche Gegenkultur und schulisch-bürokratische Rationalität: Zur Ambivalenz von Individualisierungs- und Informalisierungsprozessen. In W. Breyvogel (Hrsg.), *Pädagogische Jugendforschung* (S. 161–185). Opladen: Leske & Budrich.

Hitzler, R., Bucher, T., & Niederbacher, A. (2005). *Leben in Szenen. Formen jugendlicher Vergemeinschaftung heute.* Wiesbaden: VS Verlag für Sozialwissenschaften.

Hitzler, R., & Pfadenhauer, M. (Hrsg.). (2001). *Techno-Soziologie. Erkundungen einer Jugendkultur.* Opladen: Leske & Budrich.

Hoffmann, D. (2007). Liedermacher und Gitarrenlyriker. Deutsch-russische Überlegungen zum engagierten Lied in den sechziger und siebziger Jahren. In *Deutsches Lied* (Bd. II, S. 359–380). Bielefeld: Aisthesis Verlag.

Hopf, C., & Hopf, W. (1997). *Familie, Persönlichkeit, Politik. Eine Einführung in die politische Sozialisation.* Weinheim, München: Juventa.

Jugendwerk der Deutschen Shell (Hrsg.). (1992). *Jugend '92. Lebenslagen, Orientierungen und Entwicklungsperspektiven im vereinigten Deutschland.* Opladen: Leske & Budrich.

Jugendwerk der Deutschen Shell (Hrsg.). (2002). *50 Jahre Shell Jugendstudie. Von Fräuleinwundern bis zu neuen Machern.* München: Ullstein TB.

Keller, C., & Schuldtheis, F. (2008). Editorial Special Issue ,Städtische Unruhen und Jugendgewalt: Deutsch-Französische Perspektiven'. *Schweizerische Zeitschrift für Soziologie, 34*(2), 233–237.

Kemper, P. (1998). Von bösen Onkelz und guten Menschen. In P. Kemper, et al. (Hrsg.), *„but I like it".* Jugendkultur und Popmusik (S. 259–267). Reclam: Stuttgart.

Klein, G., & Friedrich, M. (2003). *Is this real? Die Kultur des Hip-Hop.* Frankfurt, Main: Suhrkamp.

Klein, G. (1999). *Electronic Vibration. Pop – Kultur – Theorie.* Hamburg: Rogner & Bernhard.

Köhler, T. (2002). Jugendgenerationen im Vergleich: Konjunkturen des (Non-) Konformismus. *Aus Politik und Zeitgeschichte, B5*, 7–13.

Kroll, E., & Kleine-Horst, J. (2000). *Erster allgemeiner Rock-, Pop- und Schlager-LP-Katalog der DDR - Band 1.* Berlin: I P Verlag.

Krüger, H.-H., Fritzsche, S., Pfaff, N., & Wiezorek, C. (2006). Zur Relevanz des Politischen in Jugendkulturen – Geschlecht, Migration, Generation als Differenzierungskriterien. In W. Helsper, et al. (Hrsg.), *Unpolitische Jugend? Eine Studie zum Verhältnis von Schule, Anerkennung und Politik* (S. 340–360). Wiesbaden: VS Verlag für Sozialwissenschaften.

Krüger, H.-H., & Pfaff, N. (2004). Entpolitisierung von Jugendkulturen? Zum Zusammenhang von jugendkulturellen und politischen Orientierungen bei ostdeutschen Jugendlichen. In W. Helsper, M. Kamp, & B. Stelmaszyk (Hrsg.), *Schule und Jugendforschung zum 20. Jahrhundert. Festschrift für Wilfried Breyvogel* (S. 230–249). Opladen: Leske & Budrich.

Krüger, H.-H., Fritzsche, S., Pfaff, N., & Sandring, S. (2003). Rechte politische Orientierungen bei Schülern im Rahmen schulischer Anerkennungsbeziehungen. Erste Ergebnisse einer Studie zu Jugendlichen in Ost- und Westdeutschland. Zeitschrift für Pädagogik. 797–816.

Krüger, H.-H. (1996). Wege aus der Kindheit in Ost- und Westdeutschland. Bilanz und Perspektiven. In P. Büchner, et al. (Hrsg.), *Vom Teddybär zum ersten Kuß. Wege aus der Kindheit in Ost und West* (S. 225–235). Opladen: Leske & Budrich.

Krüger, H.-H. (Hrsg.). (1985). *Die Elvis-Tolle, die hatte ich mir unauffällig wachsen lassen. Lebensgeschichte und jugendliche Alltagskultur in den 50er Jahren.* Opladen: Leske & Budrich.

Kuhn, H.-P. (2000). *Mediennutzung und politische Sozialisation.* Opladen: Leske & Budrich.

Loh, H., & Verlan, S. (2000). *20 Jahre HipHop in Deutschland.* Höfen: Hannibal Verlagsgruppe Koch.

Meyer, T. (1995). *„Unser Leben heißt kämpfen bis zum Tod" – Rechtsrock als Message-Rock.* In Forschungszentrum Populäre Musik der HU Berlin (Hrsg.) , *Postscriptum 04 - Rechte Musik.* http://www2.hu-berlin.de/fpm/popscrip/themen/pst04/pst05_meyer.htm. Zugegriffen:19. August 2011).

Meyer, E. (2001). Zwischen Partys, Paraden und Protest. Anmerkungen zu Form und Funktion von Gottesdienst und Technoevent. In R. Hitzler, et al. (Hrsg.), *Techno-Soziologie. Zur Erkundung einer Jugendkultur* (S. 51–68). Opladen: Leske & Budrich.

Möller, K. (2000). *Rechte Kids. Eine Langzeitstudie über Auf- und Abbau rechtsextremistischer Orientierungen bei 13- bis 15jährigen.* Weinheim, München: Juventa.

Möller, K. (1995). Jugend(lichkeits)kulturen und (Erlebnis)Politik. Terminologische Verständigungen. In W. Ferchhoff, et al. (Hrsg.), *Jugendkulturen – Faszination und Ambivalenz. Einblicke in jugendlichen Lebenswelten* (S. 172–185). Weinheim, München: Juventa.

Nohl, A.-M. (2000). Von der praktischen Widerständigkeit zum Generationsmilieu. Adoleszenz und Migration einer Breakdancegruppe. In R. Roth & D. Rucht (Hrsg.), *Jugendkulturen, Politik und Protest* (S. 237–252). Opladen: Leske & Budrich.

Otte, G. (2010). „Klassenkultur" und „Individualisierung" als soziologische Mythen? Ein Zeitvergleich des Musikgeschmacks Jugendlicher in Deutschland, 1955–2004. In P. A. Berger & R. Hitzler (Hrsg.), *Individualisierungen. Ein Vierteljahrhundert „jenseits von Stand und Klasse"?* (S. 73–95). Wiesbaden: VS. Verlag für Sozialwissenschaften.

Parsons, T. (1954). Sex roles in the American Kinship system. In *The Kinship system of the contemporary United States. essays in sociological theory.* (S. 189–194) New York: Free Press..

Peters, F. (2010). *Ein Lied mehr zur Lage der Nation: Politische Inhalte in deutschsprachigen Popsongs*. Berlin: Archiv für Jugendkulturen.

Pfaff, N. (2009). Youth culture and the development of civic competencies: How young people politicize among each other. *Young, 17*(2), 167–189.

Pfaff, N. (2006a). *Jugendkultur und Politisierung. Eine multimethodische Studie zur Entwicklung politischer Orientierungen im Jugendalter*. Wiesbaden: VS Verlag für Sozialwissenschaften.

Pfaff, N. (2006b). Die Politisierung von Stilen. Zur Bedeutung jugendkultureller Kontexte für die politische Sozialisation Heranwachsender. *Diskurs Kindheits- und Jugendforschung, 1*(3), 387–402.

Reichel, H. (2002). Ein Schießbefehl aus Bonn. In: Ossietzky. Zweiwochenschrift für Politik / Kultur / Wirtschaft. 8/2002. http://www.sopos.org/aufsaetze/3cd2de4556292/1.phtml. Zugegriffen: 18. September 2004.

Richard, B. (1999). Die Industrial Culture-Szene. 1999. http://www.birgitrichard.de/menue/frame. htm. Zugegriffen: 20. September 2004).

Rink, D. (2002). Beunruhigende Normalisierung: Zum Wandel von Jugendkulturen in der Bundesrepublik Deutschland. *Aus Politik und Zeitgeschichte, B5*, 3–6.

Rose, T. (1997). Ein Stil, mit dem keiner klar kommt. Hip-Hop in der postindustriellen Stadt. In SPOKK (Hrsg.), *Kursbuch JugendKultur. Stile, Szenen und Identitäten vor der Jahrtausendwende* (S. 142–156). Mannheim: Bollmann.

Rosenthal, G. (1994). Die erzählte Lebensgeschichte als historisch-soziale Realität. Methodologische Implikationen für die Analyse biographischer Texte. In: *Berliner Geschichtswerkstatt: Alltagskultur, Subjektivität und Geschichte* .(S. 125–138). Münster: Westfälisches Dampfboot

Roth, R. (2002). Globalisierungsprozesse und Jugendkulturen. *Aus Politik und Zeitgeschichte, B5*, 20–27.

Roth, R., & Rucht, D. (Hrsg.). (2002a). *Jugendkulturen, Politik und Protest*. Opladen: Leske & Budrich.

Roth, R., & Rucht, D. (2002b). Weder Rebellion noch Anpassung: Jugendproteste in der Bundesrepublik 1950–1994. In R. Roth & D. Rucht (Hrsg.), *Jugendkulturen, Politik und Protest* (S. 283–304). Opladen: Leske & Budrich.

Sander, U. (1995). "Good bye Epimetheus!" Der Abschied der Jugendkulturen vom Projekt einer besseren Welt. In W. Ferchhoff, et al. (Hrsg.), *Jugendkulturen – Faszination und Ambivalenz. Einblicke in jugendliche Lebenswelten* (S. 38–52). Weinheim, München: Juventa.

Schildt, A., & Siegfried, D. (Hrsg.). (2006). *Between Marx and Coca Cola. Youth Cultures in Changing European Societies 1960–1980*. New York, Oxford: Berghahn Books.

Schubarth, W., & Speck, K. (2006). Jugend Ost – kein Thema mehr für die Jugendforschung? Ergebnisse einer Jugend- und Expertenstudie zur „Jugend und Jugendforschung in Ostdeutschland. In A. Ittel, L. Stecher, H. Merkens, & J. Zinnecker (Hrsg.), *Jahrbuch Jugendforschung. 6. Ausgabe* (S. 225–254). VS Wiesbaden: Verlag.

Sinus-Institut. (Hrsg.). (1983). *Die verunsicherte Generation. Jugend und Wertewandel*. Opladen: Leske & Budrich.

Skyba, P. (2001). Jugendpolitik, Jugendopposition und Jugendwiderstand in der SED-Diktatur. In Friedrich-Ebert-Stiftung (Hrsg.) Jugend und Diktatur Verfolgung und Widerstand in der SBZ/ DDR. Dokumentation des XII. Bautzen-Forums am 4. und 5. Mai 2001. Leipzig. S. 32–48.

Steimel, I. H. (2008). Musik und rechte Subkultur. Dissertationsschrift an der RWTH Aachen. http://deposit.d-nb.de/cgi-bin/dokserv?idn=989956792. Zugegriffen:19. **August** 2011).

Stock, M., & Mühlberg, P. (1990). *Die Szene von Innen. Skinheads, Grufties, Heavy Metals, Punks*. Berlin: Ch. Links Verlag.

Strzoda, C., Zinnecker, J., & Pfeffer, S. (1996). Szenen, Gruppen, Stile. Kulturelle Orientierungen im Jugendraum. In R. K. Silbereisen et al. (Hrsg.), *Jungsein in Deutschland. Jugendliche und junge Erwachsene 1991 und 1996* (S. 57–83). Opladen: Leske & Budrich.

Sturzbecher, D. (Hrsg.). (2001). *Jugend in Ostdeutschland. Lebenssituation und Delinquenz.* Opladen: Leske & Budrich.

Sünker, H. (1996). Gleichaltrigen-Gruppen im Jugendalter und die Konstitution politischen Alltagsbewusstseins. In B. Claußen & R. Geißler (Hrsg.), *Die Politisierung des Menschen. Instanzen der politischen Sozialisation* (S. 101–111). Opladen: Leske & Budrich.

Teipel, J. (2001). *Verschwende deine Jugend. Ein Doku-Roman über den deutschen Punk und New Wave.* Frankfurt, Main: Suhrkamp.

Trasher, F. (1927). *The gang.* Chicago: University of Chicago Press.

Weinfeld, J. (2000). HipHop – Licht und Schatten einer Jugendkulturbewegung. In R. Roth & D. Rucht (Hrsg.), *Jugendkulturen, Politik und Protest* (S. 253–262). Opladen: Leske & Budrich.

Weller, W. (2003). *HipHop in Sao Paulo und Berlin. Ästhetische Praxis und Ausgrenzungserfahrungen junger Schwarzer und Migranten.* Opladen: Leske & Budrich.

Whyte, W. F. (1993/1943). *Street corner society: The social structure of an Italian slum.* Chicago: University of Chicago Press.

Wicke, P. (1998). Popmusik in der DDR. Zwischen Anpassung und Widerstand. In P. Kemper, et al. (Hrsg.), *„but I like it". Jugendkultur und Popmusik* (S. 268–283). Stuttgart: Reclam.

Winter, R. (1997). Medien und Fans. In SPOKK (Hrsg.), *Kursbuch JugendKultur. Stile, Szenen und Identitäten vor der Jahrtausendwende* (S. 40–53). Mannheim: Bollmann.

Wippermann, C., Zarcos-Lamolda, A., & Krafeld, F. J. (2002). *Auf der Suche nach Thrill und Geborgenheit. Lebenswelten rechtsradikaler Jugendlicher und neue pädagogische Perspektiven.* Opladen: Leske & Budrich.

Ziehe, T. (1991). *Zeitvergleiche. Jugend in kulturellen Modernisierungen.* Weinheim, München: Juventa.

Zinnecker, J. (1987). *Jugendkultur 1945–1985. Herausgegeben vom Jugendwerk der Deutschen Shell.* Opladen: Leske & Budrich.

Migration im Zusammenhang mit musikalischer Sozialisation im Jugendalter

13

Giacomo Bottà

Zusammenfassung

Im Mittelpunkt des Beitrags steht die Rolle von Musik von in Deutschland leben-den Migrantinnen und Migranten, und zwar als Instrument und als Anlass zu einem interkulturellen Dialog. Ausgehend von einer kurzen historischen Betrachtung des Zusammenhangs von Musik und musikalischer Sozialisation widmet sich der Autor der Beziehung zwischen populärer Musik, Alltag und Raum im Migrationskontext. Beschrieben werden insbesondere die individuellen und kollektiven Funktionen, die Musik insbesondere für Jugendliche mit Migrationshintergrund in großstädtischen Kontexten einnehmen kann. Der Begriff ‚Interkulturalität' wird sodann als wichtiges Instrument der kulturellen Forschung dargestellt – und der Versuch unternommen, die Reduktion von Migration und Musik auf hermetische nationale Schubladen oder einfach als bi-kulturelle Erfahrung zu überwinden, denn: „Interkulturalismus bietet die Chance, Heterogenität nicht nur zu ‚messen' in Bezug auf Diaspora, Herkunftsländer und Lebensorte, sie entspricht einem neuen Verständnis der Beziehung zwischen Jugend, Musik(sozialisation) und Migrationshintergründen". Abschließend wird das Konzept von Interkulturalität durch einzelne Darstellungen, Praktiken und Orte, die die interkulturelle Arbeit ermöglichen können, erweitert – auch um Beispiele aus verschiedenen deutschen und europäischen Städten.

Schlüsselwörter

Migration • Migrationshintergrund • Urbanität • Musiksozialisation • Mikro(sub)kulturen • Interkulturalität • Populäre Musik und Migration

G. Bottà (✉)
Deutsches Volksliedarchiv, 17-19, Rosastraße, 79098 Freiburg, Deutschland
e-mail: giacomo.botta@gmail.com

R. Heyer et al. (Hrsg.), *Handbuch Jugend – Musik – Sozialisation*,
DOI: 10.1007/978-3-531-18912-3_13, © Springer Fachmedien Wiesbaden 2013

1   Einführung

Dieser Beitrag untersucht die musikalische Sozialisation Jugendlicher mit Migrationshintergrund. Die räumliche Dimension der Migration und die alltägliche Konstellation der Sozialisation durch Musik werden hier durch das Konzept des Interkulturalismus untersucht.

Migration ist heutzutage ein prägendes Element des Lebens in Europäischen Ländern, in denen eine wachsende Zahl von Menschen aufgrund ihrer Geburt, Kleidung, Sprache, ihres Aussehen, Akzents oder religiösen Glaubens als ,andere' verstanden und betrachtet werden. Politik, Medien und Öffentlichkeit thematisieren verstärkt mit Migration verbundene Probleme wie soziale Fragmentierung, Segregation, Entstehung von sogenannten ,parallelen Welten', Ghettoisierung, Verlust von nationaler Identität oder Werten sowie Gefahr für das Überleben der ,Leitkultur'. Dabei hat Migration oftmals positive Konsequenzen wie z. B. die Zuwanderung von (qualifizierten) Arbeitskräften, zur Kompensation der Überalterung der europäischen Bevölkerung auch durch den Geburtenrückgang oder die Entstehung von kreativen und innovativen kulturellen Praktiken im weitesten Sinne, die jedoch oft unberücksichtigt bleiben. Orte und Länder, die toleranter und offener sind, haben im Durchschnitt eine bessere Lebensqualität (vgl. Wood und Landry 2008) und binden dadurch bessere Investoren und Arbeitskräfte (vgl. Florida 2002).

In Deutschland wohnen heutzutage mehr als sieben Millionen Ausländerinnen und Ausländer (Stand: 2010), die Teil der Bevölkerungsgruppe mit Migrationshintergrund sind. Ein Migrationshintergrund wird laut der Migrationshintergrund-Erhebungsverordnung vom 29. September 2010 wie folgt definiert: „ein Migrationshintergrund liegt vor, wenn 1. die Person nicht die deutsche Staatsangehörigkeit besitzt oder 2. der Geburtsort der Person außerhalb der heutigen Grenzen der Bundesrepublik Deutschland liegt und eine Zuwanderung in das heutige Gebiet der Bundesrepublik Deutschland nach 1949 erfolgte oder 3. der Geburtsort mindestens eines Elternteiles der Person außerhalb der heutigen Grenzen der Bundesrepublik Deutschland liegt sowie eine Zuwanderung dieses Elternteiles in das heutige Gebiet der Bundesrepublik Deutschland nach 1949 erfolgte" (Bundesministerium der Justiz 2010). Diese gesetzliche Definition ist deshalb von hoher Relevanz, da sie 19,2 % der Bevölkerung Deutschlands einschließt (16 Millionen, Stand von 2009). Häufigste geographische Herkunftsländer sind dabei die Türkei (15,8 %), Polen (8,3 %), die Russische Föderation (6,7 %) und Italien (4,7 %) (Bundesamt für Migration und Flüchtlinge 2010, S. 188–192) .

Als besonders wichtig für diesen Beitrag ist die Rolle der Migration für das Entstehen von neuen und interkulturellen musikalischen Darstellungen, Praktiken und Orten, die oft eine positive Wirkung auf der lokalen und regionalen Ebene haben.

In diesem Kapitel wird Musik – und besonders populäre Musik – gleichzeitig als wichtiges Instrument und als bedeutendes Ergebnis des interkulturellen Dialogs verstanden. Martin Stokes (1997) merkt an, wie Musik Orte und Identitäten definieren und verändern kann und dadurch fähig ist, ihre spezifische soziale Bedeutung zu gewinnen. Für

Stokes, Musik machen zuhören und über sie zu reden „evokes [...] collective memories and present experiences of place with an intensity, power and simplicity unmatched by any other social activity" (Stokes 1997, S. 3). Damit wird der Musik eine unnachahmliche Intensität, Macht und Einfachheit zugeschrieben, sich auf Gefühle, Erfahrungen und Erinnerungen auszuwirken; sie kann unsere Ortsverbundenheit und Sozialisation stark beeinflussen und dazu auch Netzwerke mit fernen Orten und Gemeinschaften etablieren oder festlegen – es wird dann selbstverständlich, besonders im Fall von Jugendlichen mit Migrationshintergrund, wie wichtig Musik sein kann und wie interkulturelle Identitäten stark von Musik geprägt werden können. Musik kann gleichsam als Instrument zur Differenzierung von Mehrheit oder als Ablass zur Akzeptanz und Integration wirken, sie kann Konflikte verursachen oder Dialog schaffen; betrachtet man Musikproduktion und Musikkonsum Jugendlicher mit Migrationshintergrund, ermöglicht dies einen direkten Einblick in die Lebens- und Denkweise von Jugendlichen und in die Art, wie sie Sozialisation bewerten und durchführen.

In diesem Kapitel wird zuerst historisch die Forschung zur Migration, Jugend und Musik untersucht und entsprechend analysiert. Dazu wird die Beziehung zwischen populärer Musik, Alltag und Raum im Migrationskontext eingeführt. Folglich wird der Begriff ‚Interkulturalität' unter die Lupe genommen und als wichtiges Instrument kultureller Forschung examiniert. Durch dieses Konzept wird hier versucht, die übliche Reduktion von Migration und Musik auf hermetische nationale Schubladen oder einfach als bi-kulturelle Erfahrung zu überwinden, indem die Analyse durch einzelne Darstellungen, Praktiken und Orte, die die interkulturelle Arbeit ermöglichen können, erweitert wird. Dazu werden Beispiele aus verschieden deutschen und europäischen Städten herangezogen.

2   Migration und musikalische Sozialisation

Die Beziehung zwischen Migration und musikalischer Sozialisation wurde zuerst bei den Forscherinnen und Forschern des CCCS (Centre for Contemporary Cultural Studies) an der Universität von Birmingham in den Blickpunkt genommen. Das CCCS examinierte die Entstehung von Subkulturen Jugendlicher in Britischen Städten seit den 1950ern als Widerstand gegen die Klassenstruktur der Britischen Gesellschaft (vgl. Hall und Jefferson 1980). Durch Stil, Aussehen und besondere Einkaufsgewohnheiten sowie Geschmack positionierte sich die Jugend gleichzeitig gegen ihre Vatergesellschaft (d. h. die Arbeiterklasse) und gegen die führende Klasse. Die Entstehung von Subkulturen wurde oft als Imitation oder Nachspielen des Andersseins von ethnischen Minderheiten erklärt (vgl. Hebdige 1979). Im Speziellen konzentrierte sich das CCCS auf Migrantinnen und Migranten aus der Karibik, die Musikstile wie Ska, Reggae und Dance-Hall in Großbritannien eingeführt hatten. Diese Musikstile hatten eine enorme Wirkung auf die Entstehung von Subkulturen. Die Forschungsarbeit der Birmingham School an Jugendlichen baute dabei jedoch streng auf marxistische Positionen, d. h. die soziale

Klassenzugehörigkeit wurde viel stärker in den Blick genommen als Kategorien wie Ethnizität oder Migrationshintergrund. Später analysierte z. B. Stuart Hall (2006), ein bedeutender Mitarbeiter der CCCS, die postkoloniale Dimension künstlerischer Arbeit in der Karibik, leider ohne Musikerinnen und Musiker speziell in den Blick zu nehmen.

Mit dem Erfolg der sogenannten World Music hat die Forschung im musikalischen Bereich angefangen, sich kritisch mit Musikkulturen der Welt und mit der Konstruktion der anderen und des Exotischen als neues globales Paradigma zu beschäftigen. Exemplarisch für dieses Feld sind die Arbeiten von Bohlman (2002) und Brusila (2003). In diesem Forschungsfeld geht es aber viel mehr um Musikproduktion und -konsum als um Musik als Sozialisationselement. Nur in stadtwissenschaftlicher (vgl. Bottà 2009), geographischer (vgl. Connell und Gibson 2003) und ethnographischer Forschung (vgl. Burkhalter 2011) wurde die Musik als Sozialisationsfaktor im Zusammenhang mit Migration analysiert.

3   Populäre Musik, Alltag und Raum

Populäre Musik ist ein fester Bestandteil im Alltag von Jugendlichen. Das zeigt bspw. die in den letzten Jahren stark angestiegene Menge von Medien wie mp3-Playern und Mobiltelefonen, die Jugendliche nutzen, um Musik zu hören.

Für Michael Bull (2005) ist das Benutzen von musikabspielenden Medien verbunden mit dem Bedürfnis nach sozialer Nähe: es dient als Ersatz zu dem, was in Großstädten deutlich zu fehlen scheint. Zwar ist man ständig in Kontakt mit anderen, meist bleiben diese aber unbekannt und anonym. Da Jugendliche sich oft allein bewegen, dient die Musik dem Aufbau einer Kompensation durch eine künstlichen Erzeugung sozialer Nähe, die fähig ist, unseren Alltag zu de-routinisieren. Ein Lied oder eine ganze Playlist zu wählen, erschafft eine eigene individuelle ‚Filmmusik' zu dem Raum, der betreten wird. Dadurch wird der Raum gleichzeitig interessanter, les- und verstehbarer.

Für Jugendliche mit Migrationshintergrund und besonders für Zugewanderte sind die ‚Kopfhörer' noch wichtiger: im Erleben eines Ortes, der bis dato neu und völlig unbekannt ist, wirkt Musik als Beruhigungsmittel und hilft, das Unbekannte und Unheimliche zu transformieren, so dass man sich in ihm wohlfühlen, zu ihm dazugehören kann.

Wenn wir von kollektivem Musikkonsum, z. B. in Clubs und Diskos, reden, erhalten wir ähnliche Ergebnisse. Ein Club ist ein Ort, der Elemente wie eben bezogen auf die Großstadt beschreiben, reproduziert: Anonymität und Dichtheit, soziale Distanz und örtliche Nähe sind Dimensionen des Urbanen, die bis zum Exzess auf die Tanzfläche gebracht werden können. Gleichzeitig bietet der Club auch die Möglichkeit, diese Dimensionen zu stürzen. Erstens durch einen ‚Exzess von Sozialisation' (tanzen, sich berühren, sich umarmen), der der urbanen Blasiertheit und Indifferenz deutlich gegenübersteht und Liebe und Gemeinschaft zelebriert. Zweitens revolutioniert der Club durch seine Praktiken die über wirtschaftliche, sexuelle, soziale, ethnische und kulturelle

Prozesse erworbene und fundierte alltägliche Identität und zerstört damit soziale Grenzen, die typisch für das etablierte und kontrollierte urbane Leben sind.

Kollektiver Musikkonsum formt auch die Art, wie die Großstadt funktioniert, um, er modifiziert Zentren und Peripherien und damit soziale und örtliche Grenzen. Auch ethnische Grenzen in Städten sind stark durch den Musikkonsum definiert: Diskomusik und Hip-Hop sind im New York City der 1970er Jahre durch das Zusammentreffen verschiedener Ethnizitäten (Afro-Amerikanerinnen und -Amerikaner und Latein-Amerikanerinnen und -Amerikaner) in Vierteln wie der Bronx und Queens entstanden (vgl. Hermes 2011).

Urbane Festivals sind damit wichtige Momente der Sozialisation in Großstädten: einige Munizipalitäten schätzen interkulturelle Events besonders hoch (vgl. Richards und Palmer 2010). Einige Beispiele sind der Karneval der Kulturen in Berlin, Maailma Kylässa ('Die Welt im Dorf') in Helsinki oder das chinesische Neujahrsfest in Paris und in Manchester – dies sind wichtige Ereignisse in den Jahreskalendern dieser Städte. Es ist selbstverständlich, wie wichtig die Rolle der populären Musik in all diesen Events ist.

Ohnehin werden besondere Musikszenen stark mit besonderen Orten und Städten verbunden. Wir fahren nach Buenos Aires oder Seinäjoki (Finnland) wegen ihrer Tango-Szenen, nach Seattle wegen des Grunge, nach Berlin wegen Techno, nach Wien wegen Walzer und nach Paris wegen des französischen Chanson – denn dies sind auch die Musik-Genres, die wir in diesen Städten zu hören und zu 'fühlen' erwarten. All diese Assoziationen werden auch durch die Akkumulation von Stadtbildern in Film und Musikvideos genutzt (vgl. Bottà 2009).

Daneben gehört Musik zu machen auch zum Alltag: entweder als Hobby (z. B. im Chor oder in einer Karaoke-Bar singen oder Posaune spielen) oder als professionelle Tätigkeit (z. B. als Straßenmusikerin oder -musiker, als Schlagzeuger in einer Rockgruppe oder als DJ in einer Kneipe). Musik machen öffnet viele Chancen zu einem interkulturellen Dialog – damit ist Musik selbst eine internationale Sprache.

4   Die interkulturelle Lupe

Definitionen von Kultur bewegen sich einerseits zwischen einem 'Mainstream', wobei Kultur als Expression der Macht in ihren Geschlechts- oder ethnischen Dimensionen beschrieben wird und andererseits zwischen subalternen Minderheitskulturen, die sich selbst oft als Gegenpol zur Macht darstellen (vgl. Hall und Jefferson 1980). Diese Dualität ist aber heutzutage vielfältiger zu verstehen als die gesellschaftliche Gegenstellung von 'Power' und 'People'.

Durch Migrationsbewegungen und dem gegenseitigen Zusammenleben von verschieden Gemeinschaften wurde der urbane Raum radikal verändert. Globalisierung und damit zusammenhängend die (migrantische) Bewegung von Subjekten, Objekten und Informationen haben feste nationalen Identitäten stark geprägt. Für Appadurai (2000, S. 325) wirkt das Ethnoscape als „the landscape of persons who constitute the shifting world in which we live: tourists, immigrants, refugees, exiles, guest workers, and other moving groups and persons". Nach seiner Vorstellung hat die Größe der Migration eine besondere Wirkung auf Länder. Was als Lokales, Einheimisches oder Regionales verstanden wird, ist heutzutage eine vielfältige und fragmentierte Konstellation von Darstellungen, Identitäten und Bildern. Was in der Vergangenheit als Gemeinschaft verstanden wurde, kann heutzutage in Einzelteilen in verschiedenen Ländern und Kontinenten verbreitet sein.

Kultur im Allgemeinen und dazu musikalische Produktion als kulturelle Tätigkeit im Speziellen müssen heutzutage durch das Konzept von Veränderung und Bewegung verstanden werden; sie sind keine stabilen Konzepte, die immer gleich bleiben, sie müssen sich ständig verändern, mutieren und sich in Zeit und Raum entwickeln, um am Leben zu bleiben. Auch auf der individuellen Ebene ist Kultur etwas, dass adaptiert, geschaffen und modifiziert wird – während einer ständigen Interaktion mit der urbanen Welt als soziale und örtliche Entität und bei der Verhandlung der eigenen Position in ihr.

In diesem Kapitel wird Migration und ihr Zusammenhang mit musikalischer Sozialisation als ein interkulturelles Geschehen verstanden – denn Transkulturalismus fokussiert eher auf eine theoretisierende Ebene von flexiblen Identitäten und auf die Überwindung von Distanz durch Medien wie das Internet und Multikulturalismus verstehe ich vielmehr als bezogen auf politische Debatten einzelner Legislaturen auf der nationalen Ebene. Mit Interkulturalismus bezeichne ich in diesem Beitrag den Versuch – auf städtischer, lokaler oder regionaler Ebene –einen Dialog zwischen verschiedenen Gruppierungen und Gemeinschaften zu fassen, ohne in die Mainstream- bzw. Minderheiten-Dualität zurückzufallen. Wie Bloomfield und Bianchini (2004), Wood und Landry (2008) und Bloomfield (2007) bemerkt haben, kann Interkulturalismus als wichtiges Instrument gegenseitiger Anerkennung von Öffentlichkeit und Dialog im urbanen Raum betrachtet werden.

In The Intercultural City zeigen Wood und Landry (2008) mit ihrer beachtenswerten Studie die Lage der Entstehung interkultureller Praktiken in europäischen Städten und formulieren Verbesserungsvorschläge durch Förderung dieser. Durch eine Vielfalt von historischen Quellen und Musterlösungen zu verschiedenen Städten schaffen die Forscher ein interkulturelles Bezugsystem, dessen Indikatoren in Institutionen, Wirtschaft, Gesellschaft und Öffentlichkeit zu finden sind. Ein wichtiges Element der Analyse von Wood und Landry ist die Rolle der stadtbürgerlichen Anerkennung: Identifikation kann Integration ermöglichen und das kann auch durch kulturelle Praktiken wie ‚Musik machen' geschehen.

Eine andere Studie von Comedia (die Consulting Firma, die von Woods und Landry gegründet wurde; vgl. Bloomfield 2006) beschreibt die wichtige Rolle der ‚intercultural innovators'; damit gemeint sind Menschen, die normalerweise Einwanderinnen und Einwanderer der zweiten Generation sind und als grundlegende ‚Booster' des interkulturellen Dialogs in Städten wirken. Als besondere Innovatorinnen und Innovatoren identifiziert Bloomfield Künstlerinnen und Künstler.

Ein weiteres Element der interkulturellen Lupe ist in einer Studien Amins (2002) enthalten: ‚micro-cultures of place' sind öffentliche, alltägliche Orte wie Bibliotheken,

Schulhöfe, Parks, Marktplätze usw. und die wichtigsten Orte und Anlässe für einen interkulturellen Dialog.

Wie verhält es sich nun mit Jugendkulturen von Migrantinnen und Migranten? Hierzu formulieren Hepp, Bozdag und Suna (2010). „Die Vorstellung, ‚migrantische Jugendkulturen' wären aufgrund ihrer ethnischen Bezüge kommunikativ vollkommen geschlossen, erscheint nicht angemessen, um das zu fassen, mit dem wir im Feld von Jugendkultur, Migration und Medien konfrontiert sind (Hepp et al. 2010, S. 2). Die drei Wissenschaftlerinnen und Wissenschaftler kritisieren damit den Zugang der Erforschung Jugendlicher mit Migrationshintergrund als hermetisch in ihre ethnischen Kulturen verhaftet und erweitern diesen durch eine Typologie mit drei Säulen: Die ‚herkunftsorientierte' Jugend ist meistens deutlich mit ihrem Herkunftsland vernetzt, die ‚ethnorientierte' lebt in einer Spannung zwischen Herkunft und nationalem Migrationskontext und die ‚weltorientierte' schließlich versteht sich selbst in der Dimension einer europäischen oder globalen Zugehörigkeit (vgl. ebd., S. 3ff.). Diese Kategorien bieten eine produktive Überwindung des hermetischen Paradigmas, trotzdem behalten sie ein statisches Verständnis von Identität und kultureller Zugehörigkeit.

Musik bildet einen Raum, in dem feste Identitäten in Bewegung gesetzt werden und gleichsam neue interkulturelle Identitäten entstehen können – verdeutlicht man dies mit Hepp, Bozdag und Suna könnte konstatiert werden, dass herkunftsorientierte, ethnorierte und weltorientierte Identitäten gleichzeitig aus derselben Musik entstehen können.

Deutlich wird dies auch bei Wurm (2006b, S. 4). „Turkish popular music with all its implications in Germany is not simply an adoption of the music in Turkey, but a cultural phenomenon of its own" (vgl. darüber hinaus Wurm 2006a). Als Beispiel sei hier die Hip-Hop Band Cartel genannt. Cartel entstand 1994 in Deutschland, als drei Projekte mit regionalem Erfolg zusammenkamen: Erci E aus Berlin, Karakan aus Nürnberg und De Crime Posse aus Kiel. Erci E war ein Mitglied der Islamic Force, Alpen Aga, die Gruppe Karakans, hatte früher mit der englischsprachigen Band King Size Terror zusammengearbeitet. Alle drei Projekte entschieden sich, in türkischer Sprache zu arbeiten (obwohl nicht alle Mitglieder eine türkische Herkunft haben) und Sampler von traditionell türkischen Musikinstrumente zu benutzen, so wie dies King Size Terror schon früher gemacht hatte (vgl. Kaya 2002). Das Projekt veröffentlichte ‚Cartel' (auch als ‚Spyce' bekannt, wie der Schallplattenverlag, das die CD, MC produzierte) 1995, das 29.000 mal in Deutschland verkauft wurde. Die Platte wurde schnell als Stimme der neuen ‚coolen' Jugend mit Migrationshintergrund anerkannt und zelebriert: auf den gerade entstandenen Musikkanälen MTV Deutschland und Viva wurden ihre Videos gezeigt und erlangten auch Bekanntheit in Großbritannien und Frankreich.

Auch in der Türkei wurde die Band wahrgenommen und entweder als rein türkischnationalistisch verstanden oder als modische, kraftvolle und gegenwärtige Affirmation der Türkei auf der globalen Musikebene (Wurm 2006a, 2006b, S. 33f.). Die Band verkaufte 300.000 Alben in der Türkei und trat auch in Stadien auf. Cartel ist heutzutage immer noch anerkannt als die erste türkischsprachige Band, die sich mit Hip-Hop beschäftigte, jedoch oft ohne ihre interkulturelle Dimension anzuerkennen. Die stärker nationalistische

Rezeption in der Türkei kann so erklärt werden, weil sie in Deutschland als politisch-affirmativer Ausdruck einer Minderheit betrachtet wurde. Meiner Meinung nach kann das Schaffen Cartels am besten als interkulturell verstanden werden: die Bearbeitung türkischer Wurzeln innerhalb eines afroamerikanisch entstandenen Genres der populären Musik und in Bezug auf die Lage von Minderheiten in Deutschland eröffnete hiermit die Möglichkeit für die Entstehung einer authentisch interkulturellen musikalischen Produktion.

5 Jugend mit Migrationshintergrund und populäre Musik

5.1 Darstellungen

Identitäten von Jugendlichen können stark von Musik beeinflusst werden. Populäre Musik bietet Bilder und Repräsentationen an, die Jugendliche adaptieren, verzerren und sich mit diesen identifizieren können; das liegt meistens an der Fähigkeit der Musik, sich selbst als authentisch, wahrhaftig und ‚real‘ zu verkaufen.

Auch im Fall der Migration hat Musik Darstellungen hervorgebracht, die die Lage der Migrantinnen und Migranten thematisiert haben. In Deutschland hat das als einfache Darstellung der Gastarbeiter als ‚andere‘ angefangen. In den 1950ern, als die ersten Gastarbeiter nach Deutschland kamen, war populäre Musik als Kulturindustrie meistens mit Sehnsucht und Liebe beschäftigt. Das lag an dem Versuch, die nationalsozialistische Vergangenheit zu vergessen, das ‚Exotische‘ wirkte als Eskapismus und Weltflucht (vgl. Durrani 2002).

Der Schlager ‚Zwei kleine Italiener‘ ist die berühmteste Darstellung von jungen Migranten in der deutschen populären Musik. Es ist kein Zufall, dass die zwei Protagonisten des Liedes aus Italien stammen, nachdem die Vereinbarung über die Anwerbung und Vermittlung von italienischen Arbeitskräften in der Bundesrepublik Deutschland 1955 zwischen BRD und Italien geschlossen wurde. Das Lied wurde von Christian Bruhn komponiert, der Text stammt von Georg Buschor und das Lied wurde mit der Sängerin Conny 1961 aufgenommen.

Gastarbeiter aus Italien hatten seit den 1950ern eine merkbare soziale Präsenz in vielen deutschen Industriestädten, besonders im Ruhrgebiet. Italien war gleichzeitig seit Jahrhunderten ein wichtiges Reiseziel für deutsche Reisende gewesen.

Bahnhöfe, normalerweise temporäre Aufenthaltsorte für Reisende, wurden in den 1960ern zu Treffpunkten, an denen Migranten sich trafen, um die gerade Ankommenden zu grüßen oder die Weggehenden zu verabschieden oder einfach um ‚rumzuhängen‘. Weitere Gründe dafür könnten das italienische Verständnis von öffentlichem Raum sein – man denke an die ‚Piazza‘ –, den Mangel an Lebensraum zu Hause (Gastarbeiter wurden zu Anfang in Herbergen untergebracht) und weil sie allein ohne Familien nach Deutschland kamen.

Die Wahrnehmung der Präsenz von Gastarbeitern in öffentlichen Räumen wird im Lied als einfaches Heimweh interpretiert und durch den abfahrenden Zug symbolisiert.

Der Texter adoptiert die traditionelle Faszination für Italien, indem er von einer Reise redet, die chic und fein ist und beschreibt Neapel als einen Ort mit Stränden und Palmen. Gleichzeitig wird die kulturelle Distanz zwischen Deutschland und Italien schon im Titel des Schlagers deutlich: die zwei Italiener sind ‚klein'. Die kurze Analyse dieses Lieds zeigt, wie populäre Musik gleichzeitig Dialog und Anerkennung, aber auch Geschlossenheit und Stereotypisierung ausdrücken kann.

Das später in den Fokus des Interesses gerückte Musikmachen von Jugendlichen mit Migrationshintergrund wurde meist als exotischer Ausdruck nationaler Gefühle und Sehnsucht verstanden und beschränkt auf die eigene ethnische Herkunft analysiert. Die Fokussierung auf einen komplexen sozialen Kontext der kulturellen Tätigkeiten Jugendlicher mit Migrationshintergrund wurde zuerst in den Literaturwissenschaften wahrgenommen. ‚Gastarbeiterliteratur', oft auf Deutsch geschrieben, thematisierte die politische Lage der jungen Gastarbeiter in der Bundesrepublik. Die Arbeit von Carmine Chiellino (als Schriftsteller und später als Literaturwissenschaftler) hat hier eine wichtige Bedeutung (vgl. Chiellino 2000). Erst Ende der 1980er Jahre gab es ähnliche Entwicklungen auch in der populären Musik.

Erst Hip-Hop gelang es, ‚mächtige' Darstellungen der Jugend mit Migrationshintergrund zu formulieren. Hip-Hop hat eigentlich zwei ganz unterschiedliche Perspektiven verursacht. Eine, die wir hier als affirmative bezeichnen können, wird anhand des Beispiels von Advanced Chemistrys ‚Fremd im eigenen Land' analysiert. Die andere, die wir als kritische bezeichnen, wird durch das Beispiel ‚Ghettolied' von Massiv behandelt.

Advanced Chemistry aus Heidelberg veröffentlichten die Single ‚Fremd im eigenen Land' 1992. Die Band wurde 1987 von Toni L, Linguist, Gee-One, DJ Mike MD (Mike Dippon) und MC Torch gegründet. Sie sind alles Deutsche mit Migrationshintergründen aus Italien, Ghana, Chile und Haiti – ausgenommen der Schwabe Mike Dippon. Die Inspiration dieser Band kommt aus dem ‚conscious rap', so wie von der New York ‚Native Tongue'-Bewegung produziert. ‚Fremd im eigenen Land' ist das beste Beispiel dafür: der Text beweist eine hohe Reflexivität eines Menschen mit Migrationshintergrund, der in Deutschland geboren ist und die Staatsangehörigkeit besitzt. Das Lied kommuniziert die Frustration, ständig als Ausländer bezeichnet zu werden und gleichzeitig das Ziel, andere Menschen zu motivieren, den Zustand des ‚kein Ausländer und doch ein Fremder' zu bekämpfen. Das Lied kann als affirmativ bezeichnet werden, weil es für eine inklusive und erweiterte Definition von Deutsch sein kämpft und weil es das Gefühl von vielen Jugendlichen der zweiten oder dritten Generation authentisch darstellt. Im Videoclip wird die Authentizität noch deutlicher dargestellt; der grüne Pass mit einem goldenen Adler auf diesem wird ständig vor der Kamera geschwenkt und Toni L singt seinen Teil mit einem Arm auf der Schulter des italienischen Vaters. Dazu beweist die bunte Mischung der Leute hinter den drei Musikern weiter die Idee von Inklusion und Zusammenarbeit. Die Beats von Advanced Chemistry würden heutzutage als ‚old school' bezeichnet werden – typisch für den ‚conscious rap' ist die Verwendung von funkigen Bass-Linien und regungslosen Rhythmen.

‚Ghettolied' von Massiv ist im Gegensatz zu ‚Fremd im eigenen Land' viel härter und deutlich kritischer. Das Stück entstand viel später, während sich der Hip-Hop bereits weniger als ‚social consciousness' verstand sondern sich vielmehr zum ‚gangsta' entwickelt hatte. Der Erflog des US-amerikanischen Rappers 50Cent verbreitete weltweit die Benutzung von Gewalt, Sexismus und Kriminalität in der Selbstinszenierung von Hip-Hop-Künstlern; dabei wurde auch die örtliche Darstellung der eigenen Umwelt als Ghetto dargestellt. ‚Ghettolied' erschien 2006 als Single des Albums Blut gegen Blut und hatte großen Erfolg in Berlin und andernorts.

Massiv ist eigentlich kein Berliner (aber „Che Guevara war auch kein Kubaner" wie Massiv selbst im Lied erzählt); er wurde 1982 als Wasiem Taha in Pirmasens von palästinensischen Eltern geboren. Mit der ganzen Familie zog er später nach Berlin um und begann seine musikalische Karriere in Wedding (vgl. Oehmke 2008). Das Stück ‚Ghettolied' fungiert als eine Art Antwort auf irgendjemanden (bspw. die Presse, die Fans oder die ‚High Society'), die ein „Ghettolied auf einem Ghettobeat" erwarteten und stellt Wedding teils als Ghetto (mit Problemen wie Drogenkonsum, Arbeitslosigkeit und allgemeiner Unheimlichkeit), teils als eine Gemeinschaft basierend auf Freundschaft, Liebe für den Bezirk und seine Einwohner und Hoffnung dar. Dieses Stück ist viel widersprüchlicher als ‚Fremd im eigenen Land', es zeigt kein Bedürfnis nach Inklusion, es geht vielmehr um Stolz auf den eigenen Kiez und um eine sterile Kritik an dem Status Quo. Segregation wird negativ betrachtet, aber keine Lösung scheint vorhanden zu sein.

Die hier beispielhaft aufgeführten Darstellungen bieten verschiedene Möglichkeiten zur Identitätsübernahme für Jugendliche mit Migrationshintergründen. Manche können parodistisch benutzt werden, manche beweisen die Notwendigkeit eines interkulturellen Dialogs und manche können sogar in ihrer expressionistischen Selbstinszenierung am interkulturellen Dialog scheitern. Wichtig wäre es in Forschung und Aufklärungsarbeit, die Darstellungs- und Inszenierungsstrategien der Künstlerinnen und Künstler zu analysieren und immer die interkulturelle Dimension ihrer kreativen Arbeit zu zeigen.

5.2 Jugend mit Migrationshintergrund und populäre Musik: Praktiken

Hip-Hop wurde in Deutschland im Gegensatz zu anderen europäischen Länder recht früh adaptiert (vgl. Elflein 1998). Meistens durch Musik, Graffiti und Breakdance zum Ausdruck gebracht entstand diese Jugendkultur in armen Vierteln New Yorks, wie Queens und Brooklyn. Das frühe Ankommen dieser amerikanischen Jugendkultur in Deutschland wird oft mit der großen Präsenz von US-Soldaten auf westdeutschem Boden erklärt. Die US-Armee hatte eigene Radios und Fernsehkanäle, die populäre Musik spielten. Gleichzeitig wurden Diskos, Restaurants und Kneipen speziell für die US-Armee eingerichtet. Es ist deswegen kein Wunder, dass die ersten deutschen Hip-Hop-Acts in US-amerikanischer Sprache rappten – dies zeigt beispielhaft die 1991 erschienene Sammlung Krauts with Attitudes, auf der nur drei Bands die deutsche Sprache in ihren Texten benutzen. Gleichzeitig näherten sich mehr und mehr Jugendliche dem Hip-Hop an: Jugendzentren und Schlafzimmer wurden zu den Orten, an denen Hip-Hop produziert, gehört, aufgenommen und aufgeführt wurde.

Die genaue Rolle von Hip-Hop in der musikalischen Sozialisation Jugendlicher mit Migrationshintergrund zu verstehen, ist zentral für dieses Kapitel. Andy Bennett (1999) hat spezifisch zum diesem Aspekt geforscht und nimmt in seinen Arbeiten Bezug zu Frankfurt am Main und zu dem dort entstanden Rockmobil Projekt. In seiner Forschung definiert er ‚rap music and Hip-Hop culture‘ als etwas das „cannot be reduced to singular or essentialist explanations but must be understood as a series of strategies which are worked out and staged in response to particular issues encountered in local situations" (Bennett 1999, S. 80f.). Bennett reduziert nicht die komplexe Konzeptualisierung von Rasse und Einwanderung in Deutschland zur imaginierten Selbstdarstellung der jungen Migrantinnen und Migranten als Afro-Amerikanerinnen und -Amerikaner, stattdessen untersucht er explizit die Entwicklung einer ‚eigenen Stimme‘ durch Hip-Hop und die Anpassung eines globalen Musikgenres in einem deutschen Kontext, das in diesem Beitrag als ‚interkulturell‘ verstanden wird. Bennett identifiziert nicht eine spezifische ethnische Gruppe, obschon er Bezug nimmt auf Herkunftsländer wie Marokko und die Türkei einiger Frankfurter Hip-Hopper; wichtig für ihn ist vielmehr die Identität, die durch Hip-Hop kreiert und ausgeübt wird. Diese neue Identität, die wir als interkulturell bezeichnen können, ist einerseits stark lokal geprägt und teilt andererseits gleichzeitig die Begierde für das Musikmachen und den musikalischen Ausdruck mit anderen Szenen in der ganzen Welt.

Dasselbe können wir am Beispiel der Berliner Russendisko feststellen und in der literarischen und musikalischen Arbeit von Vladimir Kaminer, dessen Popularität aus der Interaktion seiner russischen Herkunft mit interkulturellen Praktiken typisch von Berlin geprägt ist. Kaminer kam 1990 als Avantgarde der ‚fünften Welle‘ der russischen Emigration nach Ost-Berlin aus seinem Geburtsort Moskau und erhielt aufgrund seiner jüdischer Herkunft eine Aufenthaltsgenehmigung (vgl. Bottà 2006). Nach einer ersten Periode mit verschiedenen Betätigungen entschied er, Schriftsteller und Performer zu werden. Heutzutage gilt Kaminer als eine der wichtigsten Stimmen der gegenwärtigen deutschsprachigen Literatur. Seine Karriere begann bei einem Treffen mit Bert Papenfuss, einem Ostberliner Dichter und mit der Gründung der ‚Neuen Proletarischen Kunst‘ (kurz NKP) im Kaffee Burger. Im Kaffee Burger und in anderen kleinen Kneipen im Stadtteil Prenzlauer Berg begann er, Kurzgeschichten vorzulesen, die von lustigen Anekdoten über die Schwierigkeiten des Lebens als Russendeutscher in Berlin handelten. Die sogenannte spoken-word Szene liebte Kaminer und sein Ruf wurde so groß, dass einige Kurzgeschichten auch in der Tageszeitung TAZ erschienen. Gleichzeitig fing Kaminer an, auch für Radio Multikulti zu arbeiten und auch Partys in Tacheles zu veranstalten. Auf diesen Partys legte er auch als DJ obskure und unbekannte russische Musik der 1960er und 1970er Jahre auf, die die Aufmerksamkeit der Berliner Jugend erhielt. Kaminer wurde ein interkultureller Katalysator für die osteuropäischen Minderheiten in Berlin und gleichzeitig erwachte der Mythos der ersten russischen Migrationswelle der

Goldenen Zwanziger Jahre wieder. Seine Berühmtheit außerhalb Berlins wuchs 2000 mit der Veröffentlichung des Buches Russendisko im Goldmann Verlag (welches kürzlich verfilmt wurde und in die Kinos kam). Das Buch mit einem roten Stern auf dem Cover wurde nicht nur in Deutschland erfolgreich.

Wichtiger für diesen Zusammenhang ist jedoch Kaminers Fähigkeit des Selbstmarketing in verschieden Medien: Russendisko bezeichnet heutzutage ein Buch, eine Sammlung von CDs, einen Club, eine Radio-Show und eine Website – und das Logo ist verschiedentlich auf Merchandising zu finden. Gleichzeitig hat Kaminer eine subkulturelle Glaubwürdigkeit erhalten, die andere Künstlerinnen und Künstler lang verloren hätten. Das liegt viel an seiner entspannten Art aufzutreten und an seiner Fähigkeit mit nationalen, lokalen und szenespezifischen Stereotypen zu jonglieren (vgl. Wickström 2008).

Ein Besuch bei Kaffee Burger an einem Samstag, wenn die Russendisko stattfindet, beweist die Popularität von Kaminer und seiner Arbeit: Hier findet man Touristinnen und Touristen genauso wie Berlinerinnen und Berliner – und nicht nur mit russischen Hintergründen. Dieser Erflog wurde oft mit der zunehmenden Ostalgie erklärt, d. h. mit der Idealisierung und Mythisierung der DDR-Vergangenheit und ihrer Ästhetik, wie dies Filme wie „Good Bye! Lenin" (aus dem Jahr 2003) suggerieren. Doch eine solche Erklärung widerruft die interkulturelle Dimension von Kaminers Arbeit, die nicht nur mit einer deutsch-deutschen Begierde für Heimat, Solidarität und Tradition zu verwechseln ist.

Der Erflog von Kaminer kann besser verstanden werden durch das Konzept des subkulturellen Kapitals. Sarah Thorton (1995) adaptierte Bourdieus Konzept des kulturellen Kapitals in ihrer Studie über die Clubkultur in Großbritannien. Während das kulturelle Kapital für Bourdieu ein Instrument der führenden Klasse, die eigene Position in der Gesellschaft zu bewahren, ist, entsteht das subkulturelle Kapital aus dem Bedürfnis, sich selbst gegen den anderen zu definieren. Diese Strategie drückt sich in der Clubkultur durch die Kenntnis von Musikprojekten, Clubs, Labels, Tanzstilen und Mode aus, die für andere (nicht nur für den Mainstream, auch für andere Szenenangehörige) obskur und unbekannt sind. Russendisko war lange und ist immer noch – wenigstens künstlich – als subkulturelles Kapital zu verstehen. Die Lieder, die aufgelegt werden, sind meistens auch für die Russen unbekannt, Kaffee Burger hat seine muffige Atmosphäre wie vor der Wende erhalten und Prenzlauer Berg gilt immer noch als Künstlerviertel und Insidertipp Berlins. Alle drei Elemente erhöhen deutlich das subkulturelle Kapital der Russendisko und bieten dazu eine neue Möglichkeit der Bewertung musikalischer Sozialisation an. Interkulturelle Praktiken entstehen dort, wo eine Minderheit etwas mit authentischem Ausdruck produziert, das vom Mainstream als subkulturelles Kapital anerkannt wird.

5.3   Jugend mit Migrationshintergrund und populäre Musik: Orte

Wie schon früher erwähnt hat Amin Ash mit ‚micro-cultures of place' (vgl. Amin 2002) ein wichtiges Konzept zur Erforschung interkultureller Sozialisation formuliert. Diese Mikrokulturen entstehen in alltäglichen und banalen Zusammenhängen und können wichtige Instrumente des Dialogs im lokalen Umfeld werden. Hip-Hop kann in diesem Zusammenhang als „Hausmusik" (Mager und Hoyler 2007, S. 61) bezeichnet werden: „Jugendzentrum und Jugendzimmer in West- und Ostdeutschland dienten und dienen in urbanen, suburbanen und ruralen Kontexten als durch musikalische Praktiken konstituierte Orte, an denen urbane HipHop-Sounds auf unterschiedliche Weise konsumiert und produziert werden und für die der Hip-Hop-Sound zu einem Stück Hausmusik geworden ist". In ihrem Artikel behandeln sie die Entwicklung von Hip-Hop in Deutschland (Ost und West) in den 1980er und 1990er Jahren als einen Prozess der ‚Verhausung' innerhalb spezifischer lokaler Orte. Für die Jugend mit Migrationshintergrund „bot sich damit eine Möglichkeit, sich sowohl der Kultur der Elterngeneration als auch einer multikulturellen Integration in die deutsche Gesellschaft zumindest teilweise zu entziehen und sich als Teil verstärkt transnational verflochtener Gemeinschaften zu verstehen, die als diasporische Kulturen musikalische Verbindungen in die USA, nach Deutschland und in die jeweiligen Heimatländer aufwiesen." (ebd., S. 48). Jugendzentren und Jugendzimmer sollten als ‚micro cultures of place' verstanden und ethnographisch erforscht werden. Diese Idee eines Sich-Entziehens von gesellschaftlichen und familialen Kreisen und der gleichzeitigen Vernetzung mit einer transnationalen Gemeinschaft wird noch deutlicher, wenn wir das Internet als Ort musikalischer Sozialisation unter die Lupe nehmen.

Seit Jahren ist das Internet das wichtigste Medium für den Konsum von Musik bei Jugendlichen. mp3s downloaden und ‚sharen', Musikstreaming Software wie Spotify oder LastFM und soziale Medien wie Facebook und MySpace haben das Konsumieren von Musik deutlich verändert und die Grenzen von Illegalität und Legalität streng im Frage gestellt. Die Erreichbarkeit von Musik im Internet ist via Computer, Smart-Tablets und Mobiltelefonen so groß, dass die Musikindustrie selbst neue Strategien (wie die Betonung von Liveauftritten) zum Überleben entwickeln muss

Das Sharing und Downloaden von Musik dient für Jugendliche als wichtiges Mittel für die Suche einer eigenen Identität und zur virtuellen Sozialisation. Die Verfügbarkeit von Musik und die Möglichkeiten, Auskunft über Musik zu erhalten, sind so immens, dass es sehr einfach geworden ist, sich selbst in einer besonderen gegenwärtigen oder vergangenen Nische einzupassen, ohne physisch zu einer lokalen Szene zu gehören. Bennett (2004) spricht in diesem Zusammenhang von ‚virtuellen Szenen', die sich im Internet formieren und mit Hilfe von Foren und Fanpages, die einzelnen Stars gewidmet sind, mit lokal verbundenen Szenen in Kontakt zu treten. Diese Szenen bieten Benutzerinnen und Benutzern, sich translokal und transtemporal im Internet zu bewegen und haben als einzige Diskriminierungsmöglichkeiten Kompetenz, Treue und Engagement.

Das Internet bietet ein riesiges Archiv von Musik und ermöglicht Kontakte mit anderen Menschen, Musik-Interessierten und Musikerinnen und Musikern auf der ganzen Welt. Die Beziehungen zwischen Musik, jugendlichen Migrantinnen und Migranten bzw. Jugendlichen mit Migrationshintergrund und dem Internet wurde bislang noch nicht wissenschaftlich untersucht, obwohl das Internet eine riesige Chance für Migrantinnen und Migranten oder Personen mit Migrationshintergrund bietet. Ein wichtiges wissenschaftliches Netzwerk aber auch ein Mittel zur Erkundung von globalen und lokalen Musikwelten ist das schweizerische Network for Local and Global Sounds and Media Culture (kurz: norient). Das Norient Online Magazin bietet Blogbeiträge und Reportagen aus der ganzen Welt, die sich mit der Entstehung von Musik innerhalb kultureller Strömungen und Entwicklungen beschäftigen, denn: „bewusst arbeitet Norient an den Schnittstellen von Zentrum und Peripherie, Stadt und Land, überbrückt kulturelle Gräben und kontrastiert unterschiedlichste Geschmacks- und Nischenkulturen" (vgl. Network for Local and Global Sounds and Media Culture).

6   Fazit

In diesem Beitrag wurde musikalische Sozialisation Jugendlicher mit Migrationshintergrund primär im freizeitlichen Kontext dargestellt. Musik stellt sich als wichtige Tätigkeit in der Sozialisation von Jugendlichen dar, die besonders relevant in Zusammenhang mit Migration wird. In diesem Kapitel wurde zuerst historisch die Forschung zu Migration, Jugend und Musik untersucht. Im britischen Kontext zum Beispiel wird, obwohl Musik als wichtige Kategorie der subkulturellen Sozialisation verstanden wird, ‚Ethnizität' nur zum Teil wahrgenommen, weil die ‚Klasse' als bedeutungsvoller von Forscherinnen und Forschern des CCCS betrachtet wird.

Im dritten Kapitel wurden ‚Alltag' und ‚Raum' als wichtige Elemente der Erforschung von Sozialisation der Jugendlichen und Musik eingeführt: Musik hören im privaten, öffentlichen, individuellen oder kollektiven Raum ermöglicht die Überwindung von vielen großstädtischen Hindernissen der Sozialisation.

Die zentrale These dieses Beitrags ist aber die Bedeutung der Adoption von Interkulturalismus als wichtiges Instrument der Forschung. Die üblichen Analysen von Migration und Musik im Bezug zu nationalen Musikwelten oder als bi-kulturelle Beziehungen wurden hier überwunden. Einzelne musikalische Darstellungen, Praktiken und Orte wurden hier unter die Lupe genommen, um ihren interkulturellen ‚Wert' besser zu verstehen. Interkulturalismus bietet die Chance, Heterogenität nicht nur in Bezug auf Diaspora, Herkunftsländer und Lebensorte zu ‚messen', sie entspricht einem neuen Verständnis der Beziehung zwischen Jugend, Musik(sozialisation) und Migrationshintergründen. Musik als interkulturelle Tätigkeit zeigt, dass Offenheit und Zusammenarbeit eine positive Wirkung auf Kreativität und Sozialisation haben. Deswegen wurde hier auch die Lokalisierung von globalen Musikpraktiken geprüft, die bedeutsam für die Entwicklung von identitätsspezifischen Selbstdarstellungen sind. Hip-Hop im Besonderen hat in Deutschland die Wirkung gehabt, vielen Menschen mit Migrationshintergrund eine ‚Stimme' zu geben und gleichzeitig als Medium zur gegenseitigen Anerkennung von verschiedenen sozialen Gruppierungen zu fungieren. Dasselbe konnte auch am Beispiel der Russendisko gezeigt werden, wenn dies auch spezifisch für die Szenen Berlins und seine Mikro(sub)kulturen ist. Die Forschung zur Migration im Zusammenhang mit musikalischer Sozialisation im Jugendalter muss als komplexes Feld verstanden werden, in dem lokale und globale Darstellungen, Praktiken und Orte gleichsam berücksichtigt werden müssen.

Literatur

Amin, A. (2002). Ethnicity and the multicultural city. Living with diversity. *Environment and Planning A, 34*(6), 959–980.

Appadurai, A. (2000). Disjuncture and difference in the global cultural economy. In F. Lechner & J. Boli (Hrsg.), *The Globalization Reader* (S. 322–330). Oxford: Blackwell.

Bennett, A. (1999). Hip hop am Main: The localization of rap music and hip hop culture. *Media Culture and Society, 21*(1), 77–91.

Bennett, A. (2004). Consolidating the music scenes perspective. *Poetics, 32*, 223–234.

Bloomfield, J. (2006). Profile of Intercultural Innovators. Comedia. http://www.coe.int/t/dg4/cultu reheritage/culture/cities/Publication/ProfileInterculturalInnovators.pdf. Zugegriffen: 24. Januar 2012.

Bloomfield, J. (2007). Intercultural dialogue: Creating the new. In *Proceedings of the 'expanding cultures' conference*, Melbourne, July 2007. www.culturaldevelopment.net. au/expandingcultures. Zugegriffen: 24. Januar 2012.

Bloomfield, J., & Bianchini, F. (2004). *Planning for the intercultural city*. London: Comedia.

Bohlman, P. (2002). *World music: A very short introduction*. Oxford: Oxford University Press.

Bottà, G. (2006). Interculturalism and new Russians in Berlin. *CLCWeb: Comparative Literature and Culture, 8*(2), 12.

Bottà, G. (2009). Ourvision: Populaarimusiikki, arki ja kulttuurienväliset kokemukset Helsingissä (Ourvision: Popular music, everyday and intercultural practices in Helsinki). In T. Joronen (Ed.), *Maahanmuuttajien vapaa-aika ja kulttuuripalvelut pääkaupunkiseudulla*. Helsinki: Helsingin kaupungin tietokeskus.

Brusila, J. (2003). *Local music not from here. The discourse of world music examined through three Zimbabwean case studies: The Bhundu Boys, Virginia Mukwesha and Sunduza*. Helsinki: Finnish Society for Ethnomusicology.

Bull, M. (2005). No dead air! The iPod and the culture of mobile listening. *Leisure Studies, 24*(4), 343–355.

Bundesamt für Migration und Flüchtlinge (Hrsg.). (2010). *Migrationsbericht des Bundesamtes für Migration und Flüchtlinge. Migrationsbericht 2010*. Berlin: Bundesministerium des Innern. http://www.bamf.de/SharedDocs/Anlagen/DE/Publikationen/Migrationsberichte/migrationsbe richt-2010.pdf?__blob=publicationFile. Zugegriffen: 24. Januar 2012.

Bundesministerium der Justiz (Hrsg.). (2010). *Verordnung zur Erhebung der Merkmale des Migrationshintergrundes (Migrationshintergrund-Erhebungsverordnung – MighEV)*. http://www.gesetze-im-internet.de/mighev/BJNR137200010.html. Zugegriffen: 24. Dezember 2012.

Burkhalter, T. (2011). Avantgarde Musik in Beirut: Weg vom Lokalkolorit! Oder doch nicht? In A. Barber-Kersovan, H. Huber, & A. Smudits (Hrsg.), *West Meets East, Musik im interkulturellen Dialog. Schriftenreihe "Musik und Gesellschaft"* (Bd. 29). Frankfurt/Main: Peter Lang.

Chiellino, C. (2000). *Interkulturelle Literatur in der Bundesrepublik*. Stuttgart: Verlag J.B. Metzler.

Connell, J., & Gibson, C. (2003). *Sound tracks. Popular music, identity and place*. London: Routledge.

Durrani, O. (2002). Popular music in the german-speaking world. In A. Phipps (Ed.), *Contemporary German cultural studies* (S. 197–218). London: Hodder Arnold.

Elflein, D. (1998). From Krauts with attitudes to Turks with attitudes: some aspects of hip-hop history in Germany. *Popular Music, 17*(3), 255–265.

Florida, R. (2002). *The rise of the creative class: And how it's transforming work, leisure and everyday life.* New York: Basic Books.

Hall, S. (2006). Black diaspora artists in Britain: Three 'moments' in post-war history. *History Workshop Journal, 61*(1), 1–24.

Hall, S., & Jefferson, T. (1980). *Resistance through rituals: Youth subcultures in post-war Britain.* London: Hutchinson.

Hebdige, D. (1979). *Subculture: The meaning of style.* London: Routledge.

Hepp, A., Bozdag, C., & Sūna, L. (2010). „Migrantische Jugendkulturen"? (Pop-)Musik und die kommunikative Vernetzung der Diaspora. In J. Lauffer & R. Röllecke (Hrsg.), *Dieter-Baacke Preis – Handbuch 5. Jugend – Medien – Kultur. Medienpädagogische Konzepte und Projekte* (S. 40–46). München: kopaed.

Hermes, W. (2011). *Love goes to buildings on fire.* London: Faber & Faber.

Kaya, A. (2002). Aesthetics of diaspora: Contemporary minstrels in Turkish Berlin. *Journal of Ethnic and Migration Studies, 28*(1), 43–62.

Mager, C., & Hoyler, M. (2007). HipHop als Hausmusik: Globale Sounds und (sub)urbane Kontexte. In D. Helms & T. Phleps (Hrsg.), *Sound and the City. Populäre Musik im urbanen Kontext* (S. 45–63). Bielefeld: transcript.

Network for Local and Global Sounds and Media Culture (Hrsg.), (o.J.): Info. http://norient.com/about/info/. Zugegriffen: 24. Januar 2012.

Oehmke, P. (2008). Poesie aus der Siedlung. In Spiegel Online vom 15.01.2008. http://www.spiegel.de/kultur/musik/0,1518,528704,00.html. Zugegriffen: 24. Januar 2012.

Richards, G., & Palmer, R. (2010). *Eventful cities. Cultural management and urban revitalisation.* Oxford: Elsevier.

Stokes, M. (1997). *Ethnicity, identity and music. The musical construction of place.* Oxford & New York: Berg.

Thorton, S. (1995). *Club cultures: Music, media and subcultural capital.* Cambridge: Polity Press.

Wickström, D.-E. (2008). Marusia visits Berlin. Cultural flows surrounding the Russendisko. *Musik & Forskning, 31*, 65–84.

Wood, P., & Landry, C. (2008). *The intercultural city: Planning for diversity advantage.* London: Earthscan.

Wurm, M. (2006a). Musik in der Migration Beobachtungen zur kulturellen Artikulation türkischer Jugendlicher in Deutschland. *Inauguraldissertation zur Erlangung des Grades eines Doktors der Philosophie im Fachbereich Sprach- und Kulturwissenschaften der Johann-Wolfgang-Goethe-Universität zu Frankfurt am Main.*

Wurm, M. (2006b). The soundtrack of migration youth. German Turks and Turkish Popular Music in Germany. http://www.marix.de/Wurm_Turkish%20popular%20music%20in%20Germany.pdf. Zugegriffen: 24. Januar 2012.

Musizieren und Musikhören im höheren Erwachsenenalter

14

Theo Hartogh

Zusammenfassung

Aufgrund des demographischen Wandels steigt die Nachfrage nach kulturellen und speziell musikalischen Angeboten für ältere Menschen. Längst wurde eine eher defizitorientierte Sichtweise auf das Alter abgelöst von kompetenz- und ressourcenorientierten Altersbildern. Für immer mehr Menschen bietet der nachberufliche Lebensabschnitt die Möglichkeit, bisher zurückgestellte bzw. vernachlässigte Interessen und Aktivitäten wie Singen und instrumentales Musizieren - solistisch oder in der Gruppe - (wieder) aufzugreifen. Sowohl eine zunehmende Lebensqualität wie auch die Möglichkeit nachberuflicher Identitätssicherung machen die existenzielle Bedeutung von Musik im Alter deutlich. Bereits heute existieren in diesem Bereich spezifische Angebote (z. B. Chöre, Orchester, Bands, elementares Gruppenmusizieren) in unterschiedlichen Institutionen (z. B. Akademien, Musikschulen, Musikvereinen, ambulanten und stationären Einrichtungen der Altenhilfe). Musikpädagogik bzw. Musikgeragogik steht hier vor neuen Herausforderungen, um mit zielgruppenorientierten didaktischen und methodischen Konzepten den Bedarfen einer älter werdenden Klientel mit ihren spezifischen musikalischen Biografien und Lebensläufen zu begegnen.

Schlüsselwörter

Musizieren • Alter • Musikgeragogik • Musikpräferenz • Musikbiografie • Identität

T. Hartogh (✉)
Universität Vechta/Fach Musik, 22, Driverstraße, 49377 Vechta, Deutschland
e-mail: theo.hartogh@uni-vechta.de

R. Heyer et al. (Hrsg.), *Handbuch Jugend – Musik – Sozialisation*,
DOI: 10.1007/978-3-531-18912-3_14, © Springer Fachmedien Wiesbaden 2013

1   Einleitung

In den kommenden Jahrzehnten wird sich die demografische Situation in Deutschland weiter zuspitzen, dabei zeichnen sich zwei Megatrends ab: Bei einem deutlichen Bevölkerungsrückgang wird es gleichzeitig immer mehr ältere Menschen geben. Dies war noch in der Mitte des letzten Jahrhunderts anders, die Alterspyramide war mit einem hohen Anteil jüngerer Menschen und verhältnismäßig wenigen Älteren gekennzeichnet. Diese Pyramide entwickelt sich jedoch zunehmend zu einem Alterspilz mit einem relativ schmalen Stiel jüngerer und einem größer werdenden Hut älterer Menschen (vgl. Hamann 2008, S. 203).

Die Geburtenrate der deutschen Bevölkerung befindet sich seit den 1970er Jahren auf konstant niedrigem Niveau, während die Lebenserwartung kontinuierlich ansteigt: Sie beträgt für weibliche Neugeborene derzeit 82,5 Jahre und für männliche 77,3 Jahre. Demnach werden 2050 die Altersjahrgänge der etwa 60-Jährigen am stärksten vertreten sein und der Anteil der 80-Jährigen wird höher sein als der Anteil der Neugeborenen (vgl. Statistisches Bundesamt 2010).

Im Durchschnitt sind die über 60-Jährigen heute wesentlich aktiver und unternehmungslustiger als früher, da sie über mehr Zeit und Geld verfügen und bei besserer Gesundheit sind – an die Ausgestaltung dieser Zeit und die Lebensqualität werden große Ansprüche gestellt. Gegenüber früheren Generationen zeichnet die heutigen Erwachsenen ebenfalls eine größere Lernbereitschaft aus, wodurch sie höhere Bildungsabschlüsse erlangen. In Zukunft ist daher mit deutlich mehr Bildungsteilnehmerinnen und -teilnehmern aus der älteren Generation zu rechnen, sodass eine neue Zielgruppe für anspruchsvolle Bildungsangebote entsteht (vgl. Schröder und Gilberg 2005, S. 62ff.; Köster 2008, S. 44). Dieser Trend wird nicht nur die jungen Alten betreffen, sondern auch die steigende Zahl hochaltriger Menschen, die in Alten- und Pflegeheimen leben, denn psychische und physische Einbußen im hohen Alter müssen nicht zwangsläufig ein Ende von Bildungsinteressen bedeuten.

Die Ergebnisse musikbiografischer Studien zeigen, dass die nachberufliche und nachfamiliäre Lebensphase viel Freiraum für Aktivitäten wie den Wieder- und Neueinstieg in das Spielen eines Instruments oder die Mitwirkung in einem Musikensemble (Orchester, Kammermusikensembles, Bands, Chöre, vgl. Kap. 5) bietet. Zudem kann das aktive Musizieren die Lebensqualität im höheren Alter verbessern (vgl. Hartogh 2005, S. 129ff.) und in der nachberuflichen Phase entscheidend zur Stabilisierung der Identität beitragen bzw. eine Neudefinition der Identität durch die intensive Beschäftigung mit Musik ermöglichen (vgl. Hays und Minichiello 2005; Gembris 2008b, S. 23). Vor dem Hintergrund dieser Forschungsergebnisse, die die existenzielle Bedeutung von Musik belegen, entstehen bundesweit erste Alteneinrichtungen mit musikgeragogischem Schwerpunkt, in denen Fachkräfte den positiven Einfluss von Musik auf die Lebensqualität der Bewohner nutzbar machen (vgl. Jakobi 2011).

2 Bildungsrelevante Tendenzen der demografischen Entwicklung

Der Beginn des Alters kann schwerlich allgemeingültig festgelegt werden, denn im Verlauf des Lebens verliert das chronologische Alter zunehmend an Informationswert (vgl. Staudinger 2003, S. 36). Die individuelle Sicht auf das Alter, das ‚gefühlte Alter‘, muss also keinesfalls in Einklang mit gesellschaftlichen Zuschreibungen stehen, die sich an Verrentung, Entberuflichung und anderen Kriterien orientieren. Wenn überhaupt eine kalendarische Bestimmung vorgenommen wird, so wird als Beginn des Alters häufig das 65. bzw. 67. Lebensjahr angegeben, also der Übergang von der beruflichen in die nachberufliche Phase. Viele Reise-, Konsum-, Kultur- bzw. Bildungsangebote mit dem Zusatz ‚50+‘ suggerieren jedoch, dass Erwachsene bereits ab dem 50. Lebensjahr eine Kohorte mit spezifischen Bedürfnissen und Interessen bilden, die die Wirtschaft längst als kaufkräftige ‚Best Ager‘ und ‚Silversurfer‘ (ältere Internetsurfer) für sich entdeckt hat. In Bezug auf das kulturelle Interesse ist diese Altersgruppe vor allem für hochkarätige Kulturevents zu gewinnen, die angesichts starker beruflicher Belastung und damit verbundenem geringen Freizeitbudget ein besonderes Erlebnis versprechen (vgl. Keuchel 2007, S. 175).

Da immer mehr Menschen ein hohes Alter erreichen, wird die nachberufliche Altersspanne immer länger, so dass Gerontologen mittlerweile zwischen drittem (*junge Alte*) und viertem Lebensalter (*Hochaltrige*) unterscheiden. Sind die jungen Alten eine in der Regel gesunde und kapitalkräftige Konsumentengruppe, auf die sich der Markt vom Seniorenhandy bis zur Seniorenkulturreise einstellt, so rücken bei hochaltrigen Menschen stärker Betreuungs- und Pflegethemen in den Vordergrund. Dieses vierte Lebensalter beginnt ungefähr mit 80 bis 85 Jahren, ein Alter, in dem noch gut die Hälfte der Menschen lebt, die das Alter von 50 bis 60 Jahren erreicht hatten (vgl. Wurm und Tesch-Römer 2007, S. 3).

Die Altersphase vieler Arbeitnehmerinnen und Arbeitnehmer wird heute ausgedehnt durch eine *frühe Entberuflichung*. Dadurch haben sie in der Regel schon vor dem gesetzlichen Rentenalter mehr Zeit für Muße und Freizeitaktivitäten. Eine weitere Entwicklung kennzeichnet Alter und Altern in den Industrienationen: Aufgrund der höheren Lebenserwartung von Frauen kommt es zu einer *Feminisierung* des Alters und mit zunehmendem Lebensalter leben viele vorwiegend weibliche alte Menschen allein (*Singularisierung*). Die *Feminisierung* des Alters zeigt sich z. B. an dem in der Regel größeren Anteil an Frauenstimmen in Chören mit höherem Altersdurchschnitt. Als Motivation für den Beitritt zu einem Chor wird – nicht nur von älteren Sängerinnen und Sängern – neben dem musikalischen Interesse vor allem der Wunsch nach sozialen Kontakten genannt; der Chor fungiert also als Medium gegen *Singularisierung* (vgl. Hartogh 2005, S. 170; S. 178; Hartogh 2010, S. 2f.).

3   Neue Altersbilder und musikkulturelle Vielfalt

Der sechste Altenbericht der deutschen Bundesregierung (BMFSFJ 2010, S. 59) sieht die Ursachen für neue Altersbilder und Altersrollen in „kultur-avantgardistischen" Impulsen von „old professionals" der Künstler- und Intellektuellenszene, zu denen Alters-Ikonen der Massen- und Popular-Kultur gehören wie Tina Turner (*1939), Mick Jagger (*1943) und Udo Lindenberg (*1946). „Hier entstehen Altersbilder einer Alters-Coolness, verstanden als eine Haltung, die das Alter umwertet, Vorstellungen von Integrität und Würde im Alter breitenwirksam renoviert. Solche Alters-Pioniere stellen gewissermaßen in ganzer Person Musterbeispiele für noch nie da gewesene Altersbilder dar" (ebd., S. 102). Die heutige Generation der über 60-Jährigen ist weit weniger von tradierten Rollen und (musikalischen) Lebensstilen bestimmt als ihre Elterngeneration (*Enttraditionalisierung*); individuelle Lebensstilmuster lösen zunehmend traditionelle kulturelle und soziale Strukturen auf.

Heute besetzt die ältere Generation Lebensbereiche, die früher eher der Jugend vorbehalten waren. Von Werbung über Schönheitswettbewerbe bis zum Universitätsstudium drängen ältere Menschen nach vorne und sind gesellschaftlich präsent. Gerontologen sprechen aufgrund dieser Entwicklung, die auch mit dem gegenüber früheren Generationen besseren Gesundheitszustand vieler Senioren zusammenhängt, von einer *Verjüngung des Alters*.

Längst hat man sich in der Altersforschung von einem defizitorientierten Altersbild verabschiedet, das den Blick nur darauf richtet, was der ältere Mensch nicht mehr zu leisten vermag und in welchem Ausmaß körperliche und geistige Beeinträchtigungen zunehmen. Die Kompetenzen und Ressourcen alter Menschen rückten in den letzten Jahrzenten immer stärker in den Blickpunkt: Was kann der älter werdende Mensch (noch) selbst leisten, welche Fähigkeiten und Fertigkeiten sind ihm geblieben, an welche Ansatzpunkte in seiner Lebensgeschichte kann er erfolgreich anknüpfen? Diesen grundsätzlichen Wechsel der Denkrichtung belegen die neueren Alterstheorien: Bezeichnungen wie ‚Aktivitätstheorie' oder ‚Kompetenztheorie' sowie das aktuelle Modell des ‚Erfolgreichen Alter(n)s' bringen diese neue Perspektive auf den Begriff. Vor allem im Bereich der Musik lässt sich diese kompetenz- und ressourcenorientierte Sichtweise des Alters mit zahlreichen Beispielen belegen (vgl. Hartogh 2005, S. 26–37; Kap. 5).

Zur Erläuterung des Konzepts der Selektiven Optimierung mit Kompensation (SOK-Modell), das erfolgreiches Altern auf die zentralen Strategien Selektion, Optimierung und Kompensation zurückführt, wird oft ein Interview mit dem Pianisten Artur Rubinstein zitiert (vgl. Baltes und Baltes 1989, S. 99): Für Instrumentalisten bedeuten Beeinträchtigungen der Feinmotorik in der Regel das Ende der Konzertkarriere. Artur Rubinstein fand für sich jedoch einen Weg, noch im hohen Alter zu konzertieren und altersbedingten Schwächen in seinem Klavierspiel entgegenzuwirken. In einem Interview verriet er seine Strategie: Er reduziere das Repertoire und spiele weniger Stücke (Selektion), die er dann aber häufiger übe (Optimierung). Vor schnell zu spielenden Passagen, die er aufgrund des Alters nicht mehr in so hohem Tempo wie in seiner Jugendzeit spielen könne, führe er ein leichtes Ritardando ein, bremse die Stelle also ein wenig ab, so dass das Nachfolgende schneller erscheine (Kompensation). Auch wenn diese Strategien nicht in jedem musikalischen Setting umgesetzt werden können, beinhalten sie doch für das Laienmusizieren wichtige Aspekte: Man sollte nicht in zu vielen Bereichen musikalische Herausforderungen suchen, sondern sich auf ein zu bewältigendes Pensum konzentrieren, das Erfolgserlebnisse verspricht, sowie Strategien finden, um alterstypischen Gebrechen wie eingeschränkter Motorik und nachlassender Seh- und Hörfähigkeit durch geeignete Maßnahmen gegenzusteuern. Hier ist die Vermittlungskompetenz von Musikpädagoginnen und -pädagogen bzw. Musikgeragoginnen und -geragogen gefordert, die in der musikalischen Bildungsarbeit mit älteren Menschen tätig sind und unter Berücksichtigung vorhandener Grenzen zu einem erfolgreichen und sinnerfüllten aktiven Musizieren anleiten, indem z. B. Übestrategien vermittelt und bei der Repertoireauswahl geholfen wird.

4   Kulturpolitische Positionen zum Musizieren im Alter

Verschiedene politische Akteure und Kulturverbände haben sich des Themas Kultur bzw. Musik im Alter in den zurückliegenden Jahren angenommen. In einem umfangreichen Schlussbericht über die Situation der „Kultur in Deutschland" vom 11.12.2007 betont die Enquête-Kommission des Deutschen Bundestages (2007, S. 400) ausdrücklich den Stellenwert kultureller Bildung in der Lebensperspektive und verbindet ihre kulturelle Bestandsaufnahme in der Bundesrepublik Deutschland mit dem eindringlichen Appell, die Bemühungen um die Integration kultureller Bildung in allen Politikfeldern zu verstärken und als gesellschaftlichen Auftrag zu verstehen. Die Leitlinien und Hinweise für Musikschulen, die vom Deutschen Städtetag, Deutschen Landkreistag und Deutschen Städte- und Gemeindebund 2010 vorgelegt wurden, fordern von den kommunalen Musikschulen, mit Blick auf die Gesamtbevölkerung auch Angebote für Senioren vorzuhalten und in der Zusammenarbeit mit anderen Kultur- und Bildungseinrichtungen sowie sozialen Institutionen auf den demografischen Wandel zu reagieren. Unzureichende Bedingungen für die musikalische Betätigung im Alter und im Besonderen in Alteneinrichtungen konstatiert der Deutsche Musikrat (2007) als Dachverband des deutschen Musiklebens in seiner Wiesbadener Erklärung und fordert u.a., dass die Laienmusikvereinigungen im weltlichen wie kirchlichen Bereich verstärkt Angebote für alle Altersgruppen – generationenübergreifend – bereitstellen sollten und Musik in der Altenpflege, der sozialen Altenarbeit, der Rehabilitation und der Therapie vermehrt eingesetzt werden müsse.

Das Sozialgesetzbuch XII § 71 nennt in Bezug auf die Altenhilfe explizit „Leistungen zum Besuch von Veranstaltungen oder Einrichtungen, die der Geselligkeit, der Unterhaltung, der Bildung oder den kulturellen Bedürfnissen alter Menschen dienen". Hierbei handelt es sich juristisch zwar ‚nur' um eine Sollbestimmung, es wird aber ausdrücklich gefordert, alten Menschen die Teilnahme an kulturellen und damit auch musikalischen Veranstaltungen und Bildungsangeboten zu ermöglichen. Da dies letztlich trotz aller Unterstützung einem Teil der Menschen, vor allem im vierten Lebensalter, nicht mehr möglich ist, steigt auch der Bedarf an mobilen Angeboten (vgl. Kap. 5.3).

5   Institutionen und musikalische Angebote für Ältere

5.1   Ältere als Zielgruppe von Musikangeboten in Bildungs- und Alteneinrichtungen

Der demografische Wandel stellt also auch für die Musikpädagogik eine Herausforderung dar; in den letzten Jahren hat sich für den prosperierenden Bereich des Musizierens im Alter *Musikgeragogik* als eigene Fachdisziplin etabliert, die sich mit didaktisch-methodischen Fragen musikalischer Altenbildung beschäftigt (vgl. Hartogh 2005; Wickel und Hartogh 2005, 2011).

Längst stellen sich Bildungseinrichtungen wie Musikschulen, (Senioren-)Akademien, Volkshochschulen und auch Alteneinrichtungen auf eine wachsende Klientel musikalisch Interessierter ein. Und selbstverständlich geht es hier in erster Linie nicht um das gemeinsame Musizieren mit Gleich*altrigen*, sondern Gleich*gesinnten*, die durchaus jüngeren Alters sein können. So ist es nicht verwunderlich, dass ältere Menschen die Musikschulen für sich als Lern- und Begegnungsorte entdecken: Seit 2000 ist der Anteil der über 60-jährigen Schülerinnen und Schüler um fast das Doppelte angestiegen (vgl. Deutsches Musikinformationszentrum 2010a). Weitere Institutionen neben den Musikschulen sind Musikvereinigungen des Laienmusizierens, Seniorenakademien, Volkshochschulen, Kirchengemeinden, Stadtteiltreffs sowie Einrichtungen der stationären und teilstationären Altenhilfe.

Als Motive, künstlerisch-kulturell selbst tätig zu sein, werden von älteren Menschen soziale Kontakte und das persönlichkeitsbildende Potential künstlerischen Handelns herausgestellt (vgl. Karl 2010, S. 92). Das Gros der Menschen im Alter zwischen 50 und 70 Jahren ist heute davon überzeugt, dass künstlerische Fertigkeiten – wie ein Instrument spielen oder ein Bild malen zu können – durchaus auch noch im Alter erlernbar sind. Ein Drittel der bisher nicht künstlerisch Aktiven zeigt zudem Interesse für entsprechende Angebote, womit unterstrichen wird, dass nach Jahren alte Menschen durchaus „jung im Kopf" bleiben können. Selbst bei den 80-Jährigen und Älteren geben immerhin 54 % an, dass man auch im Alter noch künstlerische Fertigkeiten erlernen und ausbauen kann (vgl. Keuchel und Wiesand 2008, S. 96).

Das Interesse der Generation 50+ an künstlerischer Betätigung könnte auf mittlere Sicht dazu führen, dass kulturelle Bildungseinrichtungen trotz des demografischen Wandels optimal ausgelastet sind (vgl. Keuchel und Wiesand 2008, S. 119). In der zunehmend wichtiger werdenden Frage der Bildungsbeteiligung ist allerdings ein auffallender soziodemografischer Unterschied auszumachen, denn künstlerisch tätige und speziell musikalisch aktive Menschen haben in der Regel eine höhere Schulbildung als der Durchschnitt der Bevölkerung, eine Diskrepanz, die sich in den letzten Jahren immer stärker abzeichnet (vgl. Keuchel 2002, S. 15; Keuchel 2007, S. 176).

5.2   Stationäre und teilstationäre Einrichtungen

In Alten- und Altenpflegeheimen stellen musikalische Angebote eine wertvolle Bereicherung des Alltags dar. Besonders willkommen sind das gemeinsame Singen, Tänze im Sitzen und das gemeinsame Musikhören (vgl. Gembris und Nübel 2006, S. 289). Verantwortlich für die Etablierung solcher Angebote ist in der Regel der Soziale Dienst der Häuser. Häufig sind die hauptamtlich angestellten Sozialarbeiterinnen und -arbeiter, Pflegekräfte und therapeutisches Personal aus zeitlichen Gründen aber nicht in der Lage, entsprechende Angebote persönlich durchzuführen, so dass auf externe Fach- und Honorarkräfte oder ehrenamtliche Mitarbeiter zurückgegriffen werden muss.

Lieder und (Sitz-)Tänze sind begehrte und beliebte Programmpunkte, mit denen ein Großteil der Pflegebedürftigen und dementiell Erkrankten erreicht werden kann. Eine Befragung von Gembris und Nübel (2006) in Paderborn und Gütersloh ergab, dass das Pflegepersonal dem Einsatz von Musik in Einrichtungen der Altenpflege eine große Bedeutung beimisst. Die meisten der befragten Pflegerinnen und Pfleger hatten Erfahrungen in musikalischer Betätigung mit älteren Menschen und zeigten eine große Bereitschaft, sich in diesem Bereich fortzubilden (vgl. ebd., S. 292). Die musikalische Qualifizierung des Pflegepersonals gehört daher zu den dringlichen musikgeragogischen Aufgaben (vgl. Deutscher Musikrat 2007); mittlerweile konnten in Münster, Rendsburg und Berlin Weiterbildungen zur Musikgeragogin resp. zum Musikgeragogen installiert werden, die von der Fachhochschule Münster zertifiziert werden. Da auch immer mehr Migrantinnen und Migranten die Einrichtungen der stationären Altenhilfe in Anspruch nehmen, müssen sich Kulturangebote vor Ort schon jetzt auf eine kulturell breiter gefächerte Klientel einstellen, was selbstverständlich auch Auswirkungen auf das Singen und instrumentale Musizieren in Alteneinrichtungen hat (vgl. Hartogh und Wickel 2008, S. 46f.).

5.3   Mobile Angebote

Mobile Kulturangebote sind ein prosperierender Bereich in der Altenbildung, in dem bereits interessante Modellprojekte initiiert wurden. So wurden im Düsseldorfer Projekt ‚Kultur auf Rädern' Ehrenamtliche darin geschult, persönliche Sammlungen von Bildern und Fotos, Museen im Koffer oder kulturelle Angebote in Privathaushalten und Senioreneinrichtungen zu präsentieren. Dieses Projekt wurde von Inhabern des ‚Kulturführerscheins' auf den Weg gebracht: Mit dieser Lizenz werden vor allem jüngere Seniorinnen und Senioren befähigt, älteren Menschen die Teilhabe am kulturellen Leben bis ins hohe Alter zu ermöglichen (vgl. Amt für Kommunikation Landeshauptstadt Düsseldorf 2007).

Mobile Musikangebote haben sich auf alternde Menschen mit Beeinträchtigungen spezialisiert, denen der Besuch von Bildungsinstitutionen erschwert ist. ‚Musik auf Rädern', ein Team von jungen Musiktherapeutinnen in Münster, hat auf den steigenden Bedarf an mobilen Offerten reagiert und bietet vielfältige Angebotsformen von der Einzelmusiktherapie bis zum Konzert in Alteneinrichtungen an. Mittlerweile hat sich diese Angebotsstruktur mit unterschiedlichen Schwerpunkten in mehreren deutschen Städten etabliert (vgl. Keller 2011).

5.4   Stadtteiltreffs und Kirchengemeinden

In Stadtteiltreffs und Kirchengemeinden werden Altennachmittage angeboten, in denen neben weltlichen Liedern auch Kirchenlieder und Choräle auf dem Programm stehen. Mancherorts gibt es auch andere musikalische Aktivitäten wie Liedbegleitung mit Instrumenten, Verklanglichungen oder Sitztänze und weitere Bewegungsangebote zur Musik. Darüber hinaus bereichern Instrumentalkreise und musikalische Darbietungen geladener Gäste die Angebotspalette. Zielgruppe sind hier vor allem mobile Seniorinnen und Senioren, die die Treffpunkte problemlos erreichen können, gelegentlich zu solchen Treffen aber auch abgeholt werden. Viele Projekte stadtteilorientierter Kulturarbeit sind intergenerativ angelegt.

Innerhalb des preisgekrönten hannoverschen Stadtteilprojekts ‚Musik in Hainholz', das die Musikalisierung eines sozial benachteiligten Stadtteils zum Ziel hat (vgl. MusikZentrum Hannover 2007), sind Angebote für Seniorinnen und Senioren wegen der fehlenden Alteneinrichtungen von besonderer Bedeutung. Da die älteren Menschen in diesem Stadtteil aus über 80 unterschiedlichen Nationen stammen, sind die Nachfragen und Interessen bezüglich musikalischer Aktivitäten naturgemäß ganz verschieden. Es zeichnet sich ab, dass muttersprachliche Musikerinnen und Musiker wie auch Musikpädagoginnen und Musikpädagogen eine entscheidende Rolle bei der Integration von Senioren mit Migrationshintergrund spielen wie bspw. in dem Modellprojekt ‚Polyphonie – Stimmen der kulturellen Vielfalt', das zur kulturellen Beteiligung von älteren Migrantinnen und Migranten aus dem Ruhrgebiet im Rahmen von Ruhr 2010 durchgeführt wurde (vgl. Fricke 2011). Alte Menschen ausländischer Herkunft bilden die am stärksten wachsende Bevölkerungsgruppe in Deutschland; dieser Trend zeigt sich auch in den steigenden Chormitgliedschaften von Menschen mit Migrationshintergrund (vgl. Deutscher Bundestag 2007, S. 193).

5.5   Seniorenorchester und -bands

In einer bundesweiten Bestandsaufnahme konnte Bischoff (2010) insgesamt mehr als 1.300 vereinsgebundene Seniorenorchester ausmachen, die sich in folgenden Formationen präsentieren:

- Blasmusikvereine und Spielleutezüge: 878 Seniorenorchester
- Akkordeon-Vereine: 352 Seniorenorchester
- Sinfonie-/Streichorchester-Vereine: 20 Seniorenorchester
- Zupfmusikvereine: 69 Seniorenorchester

Je nach individuellen Beweggründen für das Musizieren im Ensemble und den vereinsinternen Voraussetzungen lassen sich fünf Typen von Seniorenorchestern unterscheiden (vgl. Bischoff 2010, S. 19f.):

- Vereinsseniorenorchester für ältere Musikerinnen und Musiker, die aus persönlichen Belastungs- oder Geschmacksgründen nicht mehr im Hauptorchester ihres Vereins mitspielen
- Verbandsseniorenorchester, in zwei Varianten:
  - anlassbezogenes Verbandsseniorenorchester
  - Verbandssenioren-Auswahlorchester
- unabhängig von einem Verband oder Verein ins Leben gerufene Seniorenorchester mit semiprofessionellem Zuschnitt (z. B. das 1976 gegründete Karlsruher Seniorenorchester)
- gealterte Orchester
- Seniorenorchester für ältere Menschen, die in späten Jahren ein Instrument lernen möchten, oder für ältere musikalische Wiedereinsteiger

Seniorenorchester haben sich in zahlreichen deutschen Städten gegründet und präsentieren sich auch im Internet: Das Seniorenorchester Karlsruhe hat seit seiner Gründung im Jahre 1976 schon über 600 Konzerte in Konzertsälen, Stadthallen, Stadtgärten, Kurgärten, Gemeindezentren und Altenheimen gegeben (www.seniorenorchester-karlsruhe.de). Das Seniorenorchester Marl ist als eingetragener Verein organisiert und bestritt allein im Jahre 2003 über 40 Auftritte. Das Repertoire besteht überwiegend aus Schlagern, Volksliedern, Tangos, Polkas, Märschen und Walzern. Es wird ausdrücklich darauf verwiesen, dass im Vordergrund der „Spaß an der Freud" steht und es keine Altersbeschränkung gibt (www.marl.de). Häufig sind Seniorenorchester ungewöhnlich besetzt, weil kein interessierter Instrumentalist ausgeschlossen werden soll. Für ein solches Orchester sind keine Partituren im Handel erhältlich, so dass die Nachfrage nach flexiblen Arrangements groß ist.

Der Bundesverband Deutscher Liebhaberorchester e.V. veranstaltet jährlich eine offene Bundesmusikwoche in der Bayerischen Musikakademie Marktoberdorf. Teilnehmerinnen und Teilnehmer sind Musikfreunde über 50 Jahre, die Freude am Singen haben oder ein klassisches Orchesterinstrument bzw. Blockflöte spielen. Professionelle Musikerinnen und Musiker studieren die anspruchsvolle Literatur mit den Teilnehmenden ein und leiten die Aufführungen (www.bdlo.de).

In Seniorenorchestern steht die Freude am Spiel im Vordergrund, daher wird mit altersbedingten Beeinträchtigungen großzügig umgegangen (vgl. Habermacher 2003).

Auch können die älteren Mitspielerinnen und Mitspieler selbst entscheiden, wann sie das Instrument aus der Hand legen und sich in die Rolle eines aktiv Zuhörenden begeben wollen. Es wird in der Regel damit geworben, dass es keine Altersgrenzen nach oben gibt; das Seniorenorchester Hannover erreicht z. B. ein Altersspektrum von 55 bis 97 Jahren (vgl. Filthaut 2007).

Musikalischer Anspruch und Leistung der Orchester fallen natürlich sehr unterschiedlich aus. Manche Ensembles arbeiten äußerst akribisch, bei anderen laufen die Proben eher ,prozessorientiert' ab. Es geht dann nicht in erster Linie um spieltechnische und interpretatorische Perfektion, sondern um die Freude an der Musik und am gemeinsamen Tun, damit Unterhaltung und Geselligkeit nicht zu kurz kommen. Dennoch spielen Aufführungen in der Öffentlichkeit und Halböffentlichkeit oder auch im privaten Kreis eine große Rolle für die Motivation zum Üben und Proben. Das Üben bildet wiederum die Grundvoraussetzung für eine kontinuierliche Weiterentwicklung von Spieltechnik und Literaturkenntnis bzw. verhindert ein zu frühes Nachlassen der Fähigkeiten. Ernst Nisius spricht wohl für einen Großteil älterer musikinteressierter Menschen, wenn er in einem Interview eine anspruchsvolle und durchaus leistungsorientierte Instrumentalausbildung *befürwortet. Erst mit 66 Jahren begann er Geige zu spielen, um in einem Laienorchester mitwirken zu können: Nach meinem sehr anstrengenden Beruf, den ich immerhin über 45 Jahre lang ausgeübt habe, hilft mir nun das aktive Musizieren mit der Geige, die neu gewonnene Freizeit befriedigend und glückbringend auszufüllen* (Zimmerschied 2007, S. 6). Er plädiert – auch im Namen seiner gleichaltrigen Mitspieler im Orchester – dafür, nicht auf altersbedingt nachlassende Kräfte Rücksicht zu nehmen, sondern die Musik in den Vordergrund zu stellen (ebd.).

Bei der Programmauswahl wird häufig auf einzelne Sätze und weniger auf ganze Symphonien oder Konzerte zurückgegriffen. In manchen Seniorenorchestern bilden die Mitglieder ergänzend auch kleinere Ensembles in Kammermusikbesetzung.

Seit Jahren existieren sehr viele Formationen in Deutschland, die sich als Seniorenbands bezeichnen, oftmals mit leicht selbstironischen Bandnamen wie ,Die Optimisten', ,Jungbrunnen', ,Arnsberger Stadtmusikanten', ,Original Schweinfurter Seniorenband', ,Querbeet', ,Die Oldies', ,Die Hippies', ,Early Birds', ,Sechs fröhliche Sieben' oder ,Evergreens'; viele Seniorenbands gehen aus größeren Verbänden hervor wie Musikzügen oder Blasorchestern (vgl. Hartogh und Wickel 2008, S. 66ff.).

5.6   (Senioren-)Chöre

In Deutschland gibt es etwa 55.440 Chöre (davon 60 % Kirchenchöre) mit rund 1.434.000 Mitgliedern; vor allem der Anteil der Singbegeisterten ab 70 Jahren nimmt stetig zu (vgl. Deutsches Musikinformationszentrum 2010b; 2010c). Entsprechend der demografischen Entwicklung findet sich kaum eine größere Stadt in Deutschland, in der nicht mindestens ein Seniorenchor zu Hause ist. Im Internet und in Pressemitteilungen häufen sich Aufrufe von Seniorenchören, die sangesfreudige Mitwirkende suchen. Da diese ihre weltlichen und geistlichen Konzertprogramme auf die Bedürfnisse und musikalische Leistungsfähigkeit der älteren Mitglieder zuschneiden, können sie für viele Sängerinnen und Sänger, die in anderen Chören aus Altersgründen ausscheiden, zu einer attraktiven musikalischen Heimat werden. Ein hohes Durchschnittsalter ist keine Seltenheit: Im Chor der Lebensabend-Bewegung in Essen liegt es z. B. bei über 80 Jahren (vgl. Schwegmann und Gerharz 2007, o.S.).

Seniorenchöre erwachsen häufig aus großen gemischten Chören, wie der Seniorenchor der Singakademie Dresden. Die Sängerinnen und Sänger müssen nicht aus Altersgründen ausscheiden, sondern werden in einem eigenen Ensemble aufgefangen, das auf ihre Möglichkeiten besser eingehen kann. Andere Chöre haben sich in Stadtteilen dank des Engagements von Sozialdezernaten oder auf die Initiative Einzelner zusammengefunden. Der 1993 gegründete Seniorenchor Kiel singt unter dem Motto: „Singen ohne Leistungsdruck, aber mit gesundem Wollen zur Leistung" (www.seniorenchor-kiel.de). Er steht damit exemplarisch für die Haltung vieler Chöre mit älteren Mitgliedern, die sich – ähnlich wie die Seniorenorchester – eine angemessene Balance aus Leistung und Unterhaltung auf die Fahne geschrieben haben. Die Sängerinnen und Sänger des Kieler Chores erklären, dass die Liebe zur Musik und zum Gesang ihr ganzes Leben begleitet habe und dies im Alter so bleiben solle. Sie singen in Gottesdiensten, in Altenheimen, in Krankenhäusern und veranstalten ‚Offene Singen'. Ihr Anspruch ist, dass man ihnen gerne zuhört und sie nicht nur mitleidig erträgt. Neben der Musik wird auf abwechslungsreiche gesellige Stunden während gemeinsamer Busfahrten, Radtouren, Restaurantbesuche und Chorfreizeiten ebenfalls viel Wert gelegt. Ein weiterer wichtiger Aspekt ist die Selbstbestimmung in der Wahl musikalischer Aufgaben: „Wir gehören dem Alter nach zu den Senioren, und wir möchten nicht den Zeitpunkt verpassen, wo wir noch selbst unsere Aktivitäten bestimmen können. Wir setzen uns eigene, unserem Alter angemessene Ziele" (www.seniorenchor-kiel.de).

Die zunehmende *Pluralisierung von Lebensstilen und Lebensformen* in allen Generationen schlägt sich auch in der Vielfalt von Chorformen nieder, die sich in den zurückliegenden Dekaden herausgebildet haben. Traditionelle gemischte (Senioren-) Chöre sowie Männer- und Frauenchöre haben durch Pop-, Jazz-, Barbershop-, Gospel-, Shantychöre und andere Stilrichtungen eine attraktive Erweiterung bekommen. Die Tendenz der Verjüngung macht sich unter anderem darin bemerkbar, dass diese Chöre auch Bewegungs- und Showelemente in ihre Auftritte einbauen, in deren Choreografie auch die älteren Mitglieder eingebunden sind. Wie weit *Verjüngung* und *Pluralisierung von Lebensstilen* greifen, zeigt der eindrucksvolle Dokumentarfilm „Young@Heart" (2008), in dem die Geschichte eines Seniorenchores in Massachusetts dargestellt wird: Die über 80-Jährigen interpretieren Rock- und Punk-Hits der Rolling Stones, Ramones, Bee Gees und von The Clash, aber auch Popsongs jüngerer Bands wie Coldplay. Mit beeindruckender Verve singen sie „Forever young" von Alphaville und beweisen, dass Singen in der Gemeinschaft – trotz der sichtbaren Alterserscheinungen – innerlich jung hält. Emotionen altern nicht, so kann sich die Singfreude und Vitalität unmittelbar auf das Publikum übertragen. In Interviews betonen die Mitwirkenden die existenzielle

Bedeutung des Singens in der Chorgemeinschaft: Es macht Freude und hilft, aus der Isolation auszubrechen und gesellschaftlich präsent zu sein. Das gleiche Ziel verfolgt die britische Rentnerband ‚The Zimmers' (Durchschnittsalter ca. 80 Jahre), die sich nach einer Gehhilfe benannt hat und mit ihrer Coverversion von „My Generation" (The Who) in Europa mit einem Schlag berühmt wurde. Die Textzeile „I hope I die before I get old" wird mit britischer Selbstironie und einem Augenzwinkern zum Besten gegeben. Die nicht nur von diesem Chor gelebte Vitalität belegt, wie hinfällig starre Altersnormen und kalendarische Alterszuweisungen sind. Zwar sind die Auftritte solcher Bands und ihre öffentliche und filmische Präsentation Spiegelbild der zunehmenden Pluralisierung und Verjüngung des Alters, bergen aber auch die Gefahr einer kommerziellen und medialen Stereotypisierung, die der Entwicklung neuer zeitgemäßer Altersbilder abträglich ist.

Das geragogische Leitprinzip biografischer Orientierung bedeutet für das aktive Musizieren, keinesfalls ausschließlich mit bekannten und vertrauten musikalischen Genres zu arbeiten. Musikalische Bildung erschöpft sich nicht im Bekannten, sondern findet immer neue Zugänge zur Musik und erschließt innovative Handlungsoptionen. Die häufig zitierte Formel des lebenslangen Lernens (bzw. lifelong learning) ist nicht auf die Anhäufung von neuem Wissen beschränkt. Gerade im Bereich ästhetischer Bildung geht es um die Erweiterung von ästhetischen Deutungs- und Handlungsmustern (vgl. Hartogh 2005, S. 59f.; S. 80ff.). Neue musikalische Erfahrungen, die in bestehende Erfahrungskontexte eingebettet werden und individuelle Bedeutung erlangen, sind originäre Bildungsprozesse, die zukunftsoffen sind und neue Dimensionen ästhetischen Erlebens erschließen.

Dass Bildung nicht zu einem bestimmten Zeitpunkt im Leben an ihr Ende kommt, sondern auch mit über 70 Jahren neue Wege gegangen werden können, zeigt der 2007 gegründete Kölner Experimentalchor ‚Alte Stimmen'. Neben einem traditionellen Repertoire von Liedern und Schlagern stehen zeitgenössische Chorsätze und Kompositionen auf dem Programm. Der Leiter Bernhard König sucht keine ‚glatten' Stimmen, sondern eine Klangästhetik alter Stimmen, die vielleicht brüchig, tiefer und weniger substanzvoll sind, jedoch eine eigene Expressivität besitzen, die sich über ein langes Leben manifestiert hat. „Im Mittelpunkt der Chorproben steht die Lust am Ausprobieren und die Freude am musikalischen Experiment. Das Ziel des Chores: Gemeinsam improvisieren, das Ausdruckspotential der eigenen Stimme entdecken und irgendwann auf der Bühne stehen" (König 2011). Das Interesse von Seniorinnen und Senioren im Kölner Raum ist so groß, dass für die Aufnahme in diesen innovativen Chor mit über 100 Sängerinnen und Sängern eine Warteliste geführt wird.

5.7   Musikschulen

Öffentliche und private Musikschulen entdecken seit einigen Jahren die ältere Generation als Zielgruppe. In den 1990er Jahren wurde das VdM-Projekt ‚Musikalische Erwachsenenbildung an Musikschulen' initiiert, das auf die speziellen Wünsche,

Bedürfnisse und Anforderungen erwachsener Schülerinnen und Schüler abgestimmt wurde (vgl. Wucher 1999, S. 38). Im Vordergrund stand die Entwicklung und Erprobung von Unterrichtskonzepten, die im Anschluss an dieses Projekt als Handreichungen zu Gesang, Instrumentalfächern und Ensemblespiel vorgelegt wurden. In der Folge wurden an Musikschulen mehr und mehr Schnupperkurse eingerichtet, die die Möglichkeit schufen, sich behutsam (wieder) einem Instrument zu nähern. Im Zuge dieser Entwicklung wurden Ensemblespielmöglichkeiten angeboten oder Fächer wie Musikgeschichte, Instrumentenkunde und Musiklehre speziell für Erwachsene und Ältere in die Programme aufgenommen. Mittlerweile gibt es zahlreiche Modellprojekte zum Musizieren im Alter, welche gezielt die neue Zielgruppe älterer Menschen ansprechen (vgl. Hartogh und Wickel 2008, S. 70ff.; Verband deutscher Musikschulen 2008, S. 77ff.; Wickel und Hartogh 2011).

5.8   Volkshochschulen

Volkshochschulen kümmern sich mit einem breit gefächerten Angebot im Rahmen ihres Auftrags zur Erwachsenenbildung grundsätzlich auch um die spezifischen Belange älterer Menschen. Dazu gehören musikalische Angebote, die in der Regel aber nicht sehr zahlreich und dann meistens generell an Erwachsene jeden Alters adressiert sind. Haben die Kurse in Allgemeiner Musiklehre, Stilkunde, Formenlehre und Musikgeschichte steigende Belegungszahlen zu verzeichnen, so sind die Teilnehmerzahlen musikpraktischer Kurse (Gruppenunterricht in Einzelinstrumenten, Musizieren, Singen) rückläufig (vgl. Deutsches Musikinformationszentrum 2010d). Von den bundesweit im Internet veröffentlichten VHS-Kursen nehmen musikalische Bildungsangebote ca. 1,84 % ein. Den größten Teil der praktischen Musikprogramme für Erwachsene bilden Instrumentalkreise und Instrumentalunterricht für Keyboard und Gitarre (vgl. Hartogh 2005, S. 124). Die Möglichkeiten eines flächendeckenden musikalischen Angebots für Seniorinnen und Senioren an Volkshochschulen scheinen somit noch keineswegs ausgeschöpft.

5.9   Landesmusikakademien

Landesmusikakademien sind zentrale musikalische Fortbildungs- und Begegnungsstätten der Länder und der Landesmusikräte. Ein Blick in die Jahresprogramme für das Jahr 2011 zeigt, dass ältere Menschen eine Zielgruppe sind, die durchaus Berücksichtigung findet. Die Themenpalette der Landesmusikakademien ist vielfältig und reicht vom ‚Zitherseminar für Senioren' (Bayerische Musikakademie Hammelburg) über ‚Singende Senioren' (Landesmusikakademie Berlin) bis zur Seminarreihe für erwachsene Rock- und Popmusikerinnen und -musiker (Bayerische Musikakademie Schloss Alteglofsheim). Die Landesmusikakademie Rheinland-Pfalz hat die Themenreihe ‚Musik ab 50plus' entwickelt, die vom altersgerechten Singen jenseits der Lebensmitte bis zur Samba für Seniorinnen und Senioren reicht (www.landesmusik akademie.de).

5.10   Seniorenakademien und Seniorenuniversität

Seniorenakademien wie die Evangelische Seniorenakademie Hannover oder die Dresdner Seniorenakademie Wissenschaft und Kunst nehmen in ihren Programmen regelmäßig musikgeschichtliche Themen und Gesprächskonzerte auf. Für Seniorinnen und Senioren mit Interesse an Gesang, Instrumentalspiel, Bewegung, Tanz, Darstellendem Spiel, Rhythmik und Musiktheorie bietet die Landesakademie für musisch-kulturelle Bildung im Saarland eine eigene Weiterbildungsreihe zu diesen Themen an (www.landesakademie-saar.de). „Jung bleiben durch aktives Musizieren, Überwindung von Sorgen und Einsamkeit durch Musik und Gemeinschaft, Anregung zur Hausmusik und Überwindung von Generationsproblemen"– das sind die Leitgedanken der 1992 in Hamburg gegründeten und ansässigen Musik-Akademie für Senioren (MAS), einem gemeinnützigen Verein zur musikalischen Fortbildung, speziell ausgerichtet auf die Interessen älterer Menschen (www.musik-akademie.de). Im Programm finden sich Sing- und Chorangebote sowie Instrumentalseminare für Orchester, Kammermusik, Klavierunterricht, Vorträge zu verschiedenen Themen der Musik und Musikgeschichte, auch Neue Musik und Unterhaltungsmusik, Tanz, Musiktherapie und Musiktheorie (vgl. von Kameke 2011).

In Ostwestfalen-Lippe ging im Jahre 2006 das Europäischen Zentrum für universitäre Studien der Senioren Ostwestfalen-Lippe (EZUS) als bundesweit erste Seniorenuniversität an den Start, deren Studium Generale ästhetische Lehrveranstaltungen aus den Bereichen Literatur, Kunst und Musik vorsieht (www.zig-owl.de).

6   Musik im Lebenslauf

6.1   Musikalische Entwicklung und Musikpräferenzen

Die wichtige soziale und identitätsstiftende Funktion von Musik für Jugendliche ist vielfach beschrieben worden. Musik ermöglicht als Leitmedium, sich in der Jugendphase zu erproben und sich selbst zu finden sowie Zugehörigkeit und Abgrenzung zu Gleichaltrigen zu steuern (vgl. Hill und Josties 2007, S. 14f.). Musik ist ein eigener Modus der Welterfahrung, der seine soziale und identitätsbezogene Funktion über alle Lebensalter beibehält und vielfältige individuelle Bedeutungszuschreibungen zulässt (vgl. Kap. 6.5). Die Vielfalt an Zugriffsmöglichkeiten auf Musik- und Medienangebote ist heute dank technischer Medien schier unüberschaubar. Für alle Altersgruppen nimmt

Musik einen vergleichsweise hohen Stellenwert ein, immerhin interessieren sich 44 % der Bundesbürger für Musik; nicht nur für Jugendliche gehört Musikhören zu den beliebtesten Freizeitbeschäftigungen. 11 % der erwachsenen Bundesbürger sind in der Freizeit musikalisch aktiv bzw. schon einmal aktiv gewesen; 80 % der in der Freizeit musikalisch Aktiven spielen ein Musikinstrument (vgl. Keuchel 2002, S. 15). Der Anteil der musikalisch Aktiven ist bei der jüngeren und älteren Generation ungefähr gleich, doch die Musikpräferenzen divergieren in den Altersgruppen: Dominieren bei den Älteren Oldies, Evergreens, deutsche Schlager, Volks- und Blasmusik, so sind es bei Jugendlichen und jungen Erwachsenen englische Rock- und Popmusik, Dance, Hip-Hop und Rap (vgl. Abb. 1).

Das große Interesse der 60-Jährigen und Älteren an Volks- und Schlagermusik konzentriert sich vornehmlich auf den Medienkonsum von Musiksendungen im Fernsehen und weniger auf den Besuch entsprechender Live-Darbietungen, wohingegen Jugendliche häufiger Rockkonzerte besuchen (vgl. Keuchel 2007, S. 171f.). Anhand von Untersuchungen der Altersklassen der Besucherinnen und Besucher klassischer Konzerte und der Analyse der Besucherzusammensetzung in Pop- und Rockmusikkonzerten ist ein deutlicher Kohorteneffekt zu erkennen. Angesichts dieses Effektes, der hohen Affinität zu Rock- und Popmusik bei den 40- bis 49-Jährigen (vgl. Abb. 1) und der vergleichsweise geringen Interessentenzahl dieser Altersgruppe im Bereich Schlager, Volks- und Blasmusik lässt sich auf Grundlage empirischer Studien (siehe Übersicht bei Hamann 2008, S. 200ff.), die eindeutig zeigen, dass kulturelle Vorlieben im Lebenslauf eher stabil bleiben, prognostizieren, dass in den nächsten Dekaden ein deutlicher Präferenzwechsel älterer Musikinteressierter zu verzeichnen sein wird, der als die größte musikgeragogische Herausforderung für die Konzipierung musikalischer Bildungsangebote anzusehen ist.

Für klassische Musikkonzerte ist in der mittleren Altersgruppe von Erwachsenen bis 49 Jahren ein starker Publikumsschwund zu verzeichnen. Demgegenüber stehen ein

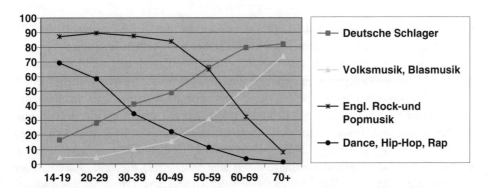

Abb. 1 Bevorzugte Musikrichtungen (in Prozent) nach Altersgruppen (vgl. Musikinformationszentrum 2010b)

gleich bleibendes Niveau bei den 50- bis 64-Jährigen und ein leichter Anstieg bei den 65-Jährigen und Älteren (vgl. Keuchel 2007, S. 172); im Bereich Rock, Pop und Jazz ist ein kontinuierlicher Interessenszuwachs in allen Altersgruppen zu verzeichnen. Vor allem junge Seniorinnen und Senioren der Generation 50+ besuchen sowohl klassische Konzerte als auch Rockkonzerte, bewegen sich also durchaus in verschiedenen musikalischen Lebenswelten (vgl. Keuchel 2007, S. 173f.). Die Befragungen anlässlich des Kulturbarometers 50+ (Keuchel und Wiesand 2008, S. 61f.) zeigen jedoch die eindeutige Tendenz, „dass zunehmend eher jugendorientierte Interessenkonstellationen unter den nachwachsenden Generationen einen Faktor darstellen, der zu einem Publikumsschwund bei klassischen Musikveranstaltungen beitragen wird, sofern man hier nicht gegensteuert."

Auch wenn die musikalische Sozialisation bis etwa zum 25. Lebensjahr weitgehend abgeschlossen ist (vgl. Hamann 2008, S. 203) und im Alter die Musik der Jugendzeit präferiert wird (vgl. Hartogh 2005, S. 175), können sich Menschen in jedem Lebensalter neu zu Musik verhalten (vgl. Kölner Experimentalchor ‚Alte Stimmen', Kap. 5.6). Die Lernvoraussetzungen sind im Alter jedoch stark von der biografischen Entwicklung abhängig (vgl. Köster 2008, S. 42); so haben bildungsgewohnte Menschen bessere Chancen, auch im Alter weiter zu lernen und eine positive Haltung gegenüber neuen Herausforderungen zu entwickeln.

6.2 Typologie musikalischer Lebensläufe

Dem Einzelnen stehen im Verlauf seines Lebens verschiedene Optionen des Musizierens offen, zwischen denen entschieden werden kann. Mit der Individualisierung von Lebensläufen vermehren sich natürlich auch die Möglichkeiten für die persönliche Gestaltung musikalischer Aktivitäten. Zwischen Musikdistanzierten und Lebenszeitmusikerinnen und -musikern gibt es eine Vielzahl von Varianten, die sich unter vier Typen subsumieren lassen:

- *Die (instabilen oder stabilen) Lebenszeitmusikerinnen und -musiker*, die ihr Musikengagement bis ins hohe Alter hinein beibehalten, indem sie mehr oder weniger regelmäßig musizieren. Für stabile Lebenszeitmusikerinnen und -musiker ist das Musizieren integraler Bestandteil ihrer Lebenswelt, während ältere gemäß des SOK-Modells erfolgreichen Alterns Strategien finden, um trotz gesundheitlicher Beeinträchtigungen durch Reduktion von Umfang und Aufwand des Singens, Musizierens und Bewegens zu Musik ihren musikalischen Vorlieben und Aktivitäten treu zu bleiben (vgl. Hartogh 2005, S. 171; Gembris 2008b, S. 20f.).
- *Die (frühen oder späten) Aussteigerinnen und Aussteiger*, die ihre Musikkarriere irgendwann im Lebenslauf endgültig abbrechen und das aktive Musizieren aufgeben. Etwa die Hälfte früherer Instrumentalistinnen und Instrumentalisten bzw. Sängerinnen und Sänger beendet im Alter das aktive Musizieren; als Grund für den

Musikausstieg werden vor allem gesundheitliche Probleme genannt (vgl. Hartogh 2005, S. 171; Keuchel und Wiesand 2008, S. 89).

- *Die (frühen oder späten) Wiedereinsteigerinnen und -einsteiger*, die ihre Musikkarriere über eine längere Zeit unterbrechen, dann aber – in früheren oder in späteren Lebensabschnitten – wieder mit dem Musizieren beginnen. Ein Teil der Heranwachsenden wendet einen nicht unerheblichen Teil seiner Freizeit auf, um außerhalb der Schule aktiv zu musizieren und ein Instrument zu lernen oder zu singen. Während der Pubertät brechen einige von ihnen den Instrumentalunterricht ab. So klagen Orchestervereine über einen starken Einbruch der Mitgliederzahlen bei den 14- bis 19-Jährigen (vgl. Bischoff 2010, S. 18; Bischoff 2011). Ein Teil dieser Jugendlichen wendet sich neuen musikalischen Aktivitäten zu, für andere sind Studium, Berufsfindung und Familiengründung Anlass, musikalische Aktivitäten zu reduzieren bzw. aufzugeben. Im mittleren Erwachsenenalter nehmen manche die musikalischen Aktivitäten wieder auf, wenn eigene Kinder älter geworden sind und berufliche Routinen eingesetzt haben. Diskontinuitäten musikalischer Aktivitäten sind vor allem bei Frauen in der Familienphase festzustellen (vgl. Hartogh 2005, S. 170; S. 174).
- Wiedereinsteigende stellen für Musikvereine (Blas-, Akkordeon-, Zupforchester und Spielmannskorps) im Alterssegment 50+ eine bedeutsame Zielgruppe dar, die mit innovativen Strategien und Lernarrangements beworben wird (vgl. Bischoff 2010, S. 89ff.).
- *Die Neueinsteigerinnen und Neueinsteiger*, die erst nach dem Berufsende mit dem Singen beginnen oder ein Instrument erlernen. Motivation für diesen Neuanfang ist vor allem die Mitwirkung in einem Ensemble. Nach einer Umfrage von Adamek (1996, S. 204) sind ungefähr 20 % der erwachsenen Chorsänger Neueinsteigende. Die noch verhältnismäßig kleine Zielgruppe der Instrumentalistinnen und Instrumentalisten, die nach dem Berufsende mit dem Üben eines Instruments beginnen, wird neben den Wiedereinsteigenden zunehmend von Musikvereinen und Musikschulen beworben (vgl. Keuchel und Wiesand 2008, S. 96; Bischoff 2010, S. 18). In der Generation 50+ ist ein hohes Zutrauen zu verzeichnen, dass künstlerische Fertigkeiten, wie z. B. ein Instrument spielen, auch von älteren Mensch erlernt und ausgebaut werden können: Bei den 50- bis 59-Jährigen sehen drei Viertel der Befragten dieses Bildungspotential für ältere Menschen; das Zutrauen nimmt zwar mit zunehmendem Alter ab, aber von den 80-Jährigen und Älteren äußern sich immerhin noch 54 % positiv zu diesen Herausforderungen (vgl. Keuchel und Wiesand 2008, S. 96).

Je nach individueller Lebensgeschichte sind in den vier Kategorien unterschiedliche Ausprägungen und Formen des Musikengagements zu finden. Die musikalische Karriere stellt also eine lebensgeschichtliche Entwicklungslinie dar, die mit dem Lebenslauf vernetzt ist. Sie wird, wie der Lebenslauf selbst, einerseits sozial geprägt und andererseits als persönliche Musikbiografie individuell profiliert. Vor allem Musikschulen und Musikvereine stehen – als einzelne Institutionen, aber auch in Kooperation – in den kommenden Jahren vor der großen Herausforderung, professionelle und attraktive Bildungsangebote für die genannten musikalischen Bildungstypologien zu entwickeln.

6.3 Einbußen und Kompensation: Biologische Alterungsprozesse und Neuroplastizität

Musikalische Entwicklung und Musiklernen sind maßgeblich von kognitiven Fähigkeiten abhängig. Bereits ab dem 25. Lebensjahr setzen Alterungsprozesse ein, die hauptsächlich durch die verminderte Aktivität zahlreicher Überträgerstoffe im Gehirn verursacht werden. Mit zunehmendem Alter verkümmern Neuronen und neuronale Verbindungen, wovon Wahrnehmung, Gedächtnis und Motorik, deren funktionierendes Zusammenspiel für erfolgreiches Musizieren unabdingbar ist, unmittelbar betroffen sind. Das Musizieren selbst scheint jedoch eine sehr geeignete Aktivität zu sein, diese Abbauvorgänge zu verzögern; so konnte bei erwachsenen Anfängern nachgewiesen werden, dass bereits nach 20 Minuten Klavierüben Nervenzellverbände in den Hörrinden aktiviert werden, die sich funktionell vernetzen. Nach fünf Wochen sind diese Vernetzungen stabil und es kommt zu einer Zunahme des neuronalen Austausches (vgl. Altenmüller 2008, S. 37).

Obgleich im Lauf des Lebens die Schnelligkeit von Lernprozessen abnimmt, können aufgrund der Plastizität des Gehirns auch im Erwachsenenalter neue Musikstücke und Lieder einstudiert werden und selbst im fortgeschrittenen Alter kann ein Instrument erlernt werden (vgl. Altenmüller 2008, S. 39; Gembris 2008a, S. 116ff.; Hartogh und Wickel 2008, S. 133f.; Spahn 2011). Bezüglich der musikalischen Leistungsfähigkeit existieren große individuelle Unterschiede, die stark vom Gesundheitszustand, der genetischen Grundausstattung und den sozialen Lebensbedingungen abhängig sind. So kann ein rüstiger 80-jähriger Pianist, der täglich sein Übungspensum absolviert, spieltechnisch versierter und leistungsfähiger sein als ein 60-jähriger, der mit Konzentrationsproblemen zu kämpfen hat.

Die die Feinmotorik der Hand ist auch die Singstimme einem biologischen Alterungsprozess unterzogen: Das Knorpelgerüst des Kehlkopfes verknöchert, die Schleimhaut der Stimmlippen wird trockener und damit weniger flexibel, wodurch die Stimme dünner und leiser klingt. Durch hormonell bedingte Einbußen wandert häufig die Männerstimme nach oben, während die Frauenstimme tiefer wird. Wie beim Instrumentalspiel gibt es auch bezüglich der Leistungsfähigkeit der menschlichen Stimme in jedem Lebensalter große interindividuelle Unterschiede. Einbußen können durch Übungen kompensiert werden, die gezielt Muskelkraft und Lungenkapazität fördern (vgl. Richter 2008, S. 132f.). Bis zum Alter von 70 Jahren ist das Entwicklungspotential einer wenig geschulten Stimme noch so groß, dass die durch natürliche Alterung bedingten Schwächen ohne Weiteres ausgeglichen und darüber hinaus Tragfähigkeit, Verständlichkeit, Klang und Ausdruck deutlich gesteigert werden können (vgl. Stolze 2007).

Einen nicht zu unterschätzenden Einfluss auf die Singfähigkeit hat auch das Hörvermögen. Mindestens ein Drittel aller Menschen über 65 Jahre ist schwerhörig und der Anteil der Betroffenen steigt mit zunehmendem Alter rapide an. Die Höreinbußen haben weiterhin unmittelbare Auswirkungen auf die Konzentrationsfähigkeit und die Stresstoleranz, so dass eine angemessene Hörgeräteversorgung unerlässlich ist, auch wenn für das Singen und Musikhören technische Hilfen das ursprüngliche Hörvermögen noch nicht zufriedenstellend ersetzen können (vgl. Wickel und Hartogh 2006, S. 46ff.; S. 145).

Die Unterrichtserfahrungen von Gesangs- und Instrumentalpädagoginnen und -pädagogen zeigen, dass erwachsene Schülerinnen und Schüler eine hohe Motivation zum Musizieren und Üben besitzen (Hartogh und Wickel 2008, S. 141). Sie haben konkrete Vorstellungen bezüglich der Literatur, die sie gerne singen oder spielen möchten, und erwarten demzufolge ein Mitspracherecht bei der Auswahl von Stücken. Sie wissen, dass sie nur mit regelmäßigem Üben Forschritte machen können und sind meist davon überzeugt, dass sie ihr musikalisches Niveau halten können. Auch wenn feinmotorische Probleme zunehmen, sind die Bereiche Ausdruck und Interpretation im Alter aufgrund der Lebenserfahrungen ausgeprägter und können sogar noch reifen. Musikalische Entwicklung im dritten und vierten Lebensalter bedeutet also nicht nur die Kompensation von Abbauerscheinungen, sondern beinhaltet auch Lernzuwächse.

Neuere Forschungsergebnisse zeigen, dass auch dementiell erkrankte Menschen durchaus die Möglichkeit haben, trotz kognitiver Einschränkungen ein Instrument und neue Stücke zu erlernen – mit nachweisbar positivem Einfluss auf Lebensqualität, motorische Kompetenzen und kognitive Leistungen (vgl. Sacks 2008, S. 367ff.; Hoedt-Schmidt 2010, S. 47f.; Kehrer 2011, S. 51ff.). Die Forschungsergebnisse zu musikalischen Kompetenzen und Ressourcen dementiell veränderter Menschen bergen gesundheits- und sozialpolitischen Sprengstoff, da sie zum dominierenden bio-medizinischen Paradigma der Demenzbehandlung einen bildungsorientierten Kontrapunkt darstellen. Statt des Demenzkranken, der medizinischer Hilfe bedarf, gerät wesentlich mehr die Person mit dementiellen Veränderungen in den Blick, deren Personsein nicht ausschließlich durch die Demenz und die damit verbundenen Beeinträchtigungen definiert wird. Radikale Befürworterinnen und Befürworter einer personenorientierten Sichtweise auf das Phänomen Demenz fordern, dass dementielle Veränderungen als (natürlicher) Alterungsprozess des Gehirns aufgefasst und statt der intensiv geförderten pharmakologischen Behandlungsformen viel stärker Angebote der sozialen Integration und Teilhabe eröffnet werden (vgl. Dammann und Gronemeyer 2009; Whitehouse und George 2009). Ausdrücklich weisen die Alzheimer-Forscher Whitehouse und George (2009, S. 285) darauf hin, dass die Teilnahme an neuartigen Aktivitäten wie ein Instrument spielen lernen zu den effektiven Maßnahmen gegen einen kognitiven Abbau gehört.

6.4   Einbettung in historische Zusammenhänge

Musikalische Entwicklung variiert auch in Abhängigkeit von historisch-kulturellen Bedingungen. Der Verlauf der individuellen musikalischen Entwicklung ist stark von den vorherrschenden soziokulturellen Bedingungen einer geschichtlichen Ära abhängig,

z. B. die für die heutigen Hochaltrigen in der Jugendzeit prägende musikalische Wandervogel- und Jugendbewegung bzw. die Rockmusik für die so genannten jungen Alten (vgl. Hartogh 2005, S. 95f.).

In Bezug auf die zeitgeschichtlichen Gegebenheiten der jeweiligen Epoche unterliegen individuelle Leben denselben Einflüssen, so dass musikalische Biografien auch unter einer Kohortenperspektive von Interesse sind. Die Lebensläufe einzelner Kohorten weisen Gemeinsamkeiten auf, denn Kohortenangehörige sind zur gleichen Zeit geboren und erleben dieselben zeitgeschichtlichen Ereignisse in denselben Lebensabschnitten. Kohorten unterscheiden sich voneinander dadurch, dass ihre Mitglieder im Verlauf ihres Lebens mit anderen gesellschaftlichen Verhältnissen konfrontiert werden und dass dieselben zeitgeschichtlichen Entwicklungen und Ereignisse in jeweils andere Lebensabschnitte fallen.

Dollase, Rüsenberg und Stollenwerk (1986, S. 181) vermuten, dass zeitgeschichtliche Ereignisse ähnlich verlaufende musikalische Erfahrungen verursachen. Mit dieser These setzt sich eine qualitative Studie von Gembris (1997) auseinander, die den Einfluss zeit- und generationsspezifischer Entwicklungsfaktoren auf die musikalische Biografie untersucht. Auf der Basis dieser biografischen Forschungen lassen sich für die heutigen Erwachsenen im mittleren und höheren Alter vier abgrenzbare Zeiträume unterscheiden (vgl. Tab. 1).

Bei der Analyse musikalischer Lebensläufe unterschiedlicher Geburtenjahrgänge kommt Gembris zu dem Ergebnis, dass zeitgeschichtliche und generationsspezifische Faktoren einen wesentlichen Einfluss auf die musikalische Entwicklung ausüben können. Dieser Einfluss ist jedoch vom Lebensalter der Person abhängig, denn in Kindheit und Jugend haben die zeitgeschichtlichen Einflüsse einer Periode andere Qualitäten als im Erwachsenen- und hohen Alter. Da einzelne Generationen schwer eindeutig definierbar und voneinander abgrenzbar sind und zudem zwischen verschiedenen Gruppen innerhalb ein- und derselben Generation unterschieden werden muss, ist eine allgemeingültige Theorie generationsspezifischer Einflüsse auf die musikalische Entwicklung nicht möglich. Auch fehlen in der Musikpsychologie repräsentative statistische Daten der verschiedenen Kohorten, so dass sich kaum gesicherte Aussagen über die biografische Reichweite und Relevanz zeitgeschichtlicher Entwicklungsfaktoren machen lassen (vgl. Gembris 1997, S. 105f.; vgl. auch Dollase et al. 1986, S. 181).

Tab. 1 Zeitgeschichtliche Einflussfaktoren (nach Gembris 1997, S. 94)

Zeit	Einflussfaktoren
1933–1945	Nationalsozialismus
1945–1959	Ende des Zweiten Weltkriegs, Wiederaufbau
1960–1974	Rock'n'Roll, Elvis Presley
1975–1990	Wechselnde Moden in der Rock- und Popmusik

6.5   Einflüsse auf die musikalische Biografie und Bedeutungszuschreibungen

Von älteren Laienmusikerinnen und -musikern werden vor allem Elternhaus sowie Schul- und Instrumentalunterricht als nachhaltige Einflussfaktoren auf die eigene Musikbiografie genannt (vgl. Badur 1999, S. 135; Hartogh 2005, S. 174). Die Liebe zur Musik wird von Eltern, Lehrerinnen und Lehrern sowie nahe stehenden Personen aus dem sozialen Umfeld meist schon früh geweckt und in der Erinnerung sind es häufig konkrete Situationen und Erlebnisse, an denen die förderliche oder hinderliche bzw. blockierende Qualität der Sozialisationsinstanzen festgemacht wird. Erinnerungen an musikalische Aktivitäten sind oft mit sozialen Kontexten verknüpft und die subjektiven musikalischen Bedeutungszuschreibungen stehen in enger Kommunikation mit anderen (Bezugs-)Personen und sind damit Resultat sozialer Konsens- und Verarbeitungsprozesse. Auch bei Berichten aus der Schulzeit ist es nicht primär der Unterrichtsinhalt, sondern die Persönlichkeit von Lehrkräften, die das musikalische Engagement im positiven oder negativen Sinne beeinflusst. Neben dem institutionellen Musiklernen ist das autodidaktische Lernen eine selbstverständliche und häufige musikalische Aneignungsform. Der Verzicht auf professionelle Unterweisung bedeutet vor allem die Freiheit, sich Musik im individuellen Lerntempo selbstbestimmt zu erschließen. Für diese Gruppe aktiver Musikerinnen und Musiker stehen mittlerweile zahlreiche Lehrfilme im Internet sowie Lehrwerke inkl. CDs (vor allem für Keyboard und Gitarre) zur Verfügung, mit deren Hilfe instrumentale Fähigkeiten erworben werden können.

Musikhören und aktives Musizieren nehmen eine Spitzenposition ein, wenn es um die Erfahrung von Glück und Freude geht (vgl. Hartogh 2005, S. 175; Gembris 2008b, S. 24). Weiterhin dient Musizieren zur Steigerung des Wohlbefindens, zur Lebensbewältigung und zur Selbstverwirklichung; eine besondere Motivation zum musikalischen Lernen besteht für Erwachsene in dem Bedürfnis nach sozialen Kontakten, die im Ensemblespiel oder beim Chorsingen befriedigt werden können (vgl. Klüppelholz 1990; Hartogh 2005, S. 166ff., S. 176ff.; Gembris 2008b, S. 22). Der Aspekt der Spiritualität spielt gegenüber jüngeren Musizierenden eine größere Rolle (vgl. Hartogh 2005, S. 169; Gembris 2008b, S. 23ff.).

7   Musik als Generationen verbindendes Medium

Sängerbünde und instrumentale *Laienmusikverbände* decken ein vielfältiges Spektrum musikalischer Angebote ab, in denen sich verschiedene Generationen begegnen. U. a. bieten Ganztagsschulmodelle den Laienmusikverbänden Kooperationsmöglichkeiten, die zukunftsweisend sind und explizit auch der ‚Verständigung innerhalb der Generationen‘ dienen können (vgl. z. B. Initiativgruppe Ganztagsbetreuung der Musikverbände in Baden-Württemberg 2005, S. 5). Der musikalische Brückenschlag zu jüngeren Generationen ist ein wichtiges Thema autobiografischer Erzählungen älterer Menschen;

generationenübergreifendes Musizieren bereitet besondere Freude, wobei häufig unterschiedliche musikalische Präferenzen ein Hindernis für das gemeinsame Musizieren sind (vgl. Hartogh 2005, S. 175). Dabei gibt es in den älteren Generationen durchaus eine Offenheit gegenüber Musikstilen der Jugendkultur. So sind die Ergebnisse repräsentativer Erhebungen zu Musikpräferenzen (vgl. Abb. 1) keinesfalls strikte Wegweiser für die Konzeption musikalischer Bildungsangebote.

Auch wenn nur 1,2 % der 70-Jährigen und Älteren gerne Hip-Hop hören, heißt dies nicht, dass Seniorinnen und Senioren in dieser Altersgruppe sich nicht mit dieser Musikrichtung auseinandersetzen möchten. So konnte Weicherding (2011) in einer Alteneinrichtung Bewohnerinnen und Bewohner für ein Hip-Hop-Projekt gewinnen, in dem eigene Texte von den Teilnehmenden gerappt wurden. In intergenerativen Singprojekten und Kooperationsprojekten von (Musik-)Schulen und Alteneinrichtungen (vgl. Blanckenburg 2011; Jekic 2011; Werner 2011) tauchen junge und alte Teilnehmerinnen und Teilnehmer in die (fremde) musikalische Lebenswelt der jeweils anderen Generation ein. In den genannten Beispielen geht es um originäre Bildungsarbeit, da neue Dimensionen musikalischer Erfahrungen – sei es Hip-Hop im Altenheim oder das Kennenlernen und Singen des Liedguts einer anderen Generation – eröffnet werden und sich eine qualitativ neue Ebene musikalischen Agierens und Genießens erschließt (vgl. Köster 2008, S. 39). Entscheidend für das Gelingen generationenübergreifender Musikangebote sind die (musik-)geragogische Kompetenz und die Authentizität der Initiatorinnen und Initiatoren bzw. Anleiterinnen und Anleiter.

Ältere Menschen sind nicht nur passive Nutzerinnen und Nutzer intergenerativer Angebote, sondern sie werden auch selbst im Kultur- und Bildungsbereich aktiv, um dort ihr Erfahrungswissen einzubringen. Viele Seniorinnen und Senioren arbeiten ehrenamtlich in kulturellen Zusammenhängen und genießen die intergenerativen Möglichkeiten, in denen sie ihr Erfahrungswissen weitergeben können (vgl. de Groote und Nebauer 2008, S. 19). Exemplarisch seien die Singpatenschaften in Kindertagesstätten genannt, wie sie z. B. durch das ‚Canto elementar‘ -Programm der Yehudi-Menuhin-Stiftung gefördert werden: Allein in Hamburg konnten bisher über 100 ältere Menschen gewonnen werden, die ehrenamtlich zusammen mit Kindern in Hamburger Kindertagestätten singen. Wichtig ist hierbei, dass die alten Menschen nicht nur Vortragende von Liedern und Geschichten sind, sondern mit den Kindern in Interaktion treten. Gleiches gilt für den Besuch von Kindern in Alteneinrichtungen: Nicht ein gelungener Auftritt *vor* alten Menschen, sondern das gemeinsame Musizieren *mit* alten Menschen macht die Qualität intergenerativer Beziehungen aus, in denen Kinder die alten Menschen hautnah erleben können und Ältere erfahren, dass ihre Kompetenzen und ihr Engagement gebraucht werden.

Die Notwendigkeit solcher Projekte belegen die Ergebnisse der vom baden-württembergischen Sozialministerium in Auftrag gegebenen SIGMA-Studie „Generationenverhältnis und Generationenkonflikt in der Bürgerschaft" (1999). In dieser bundesweiten repräsentativen Erhebung wurde das Generationenverhältnis in Deutschland untersucht mit interessanten Teilergebnissen: Nur 4 % der Jugendlichen zwischen 15 und 20 Jahren gaben an, intensivere Kontakte zu über 60-Jährigen außerhalb von Familie und Ausbildung zu unterhalten. Der Aussage, dass Jugendliche und ältere Menschen heute zwei total verschiedenen Welten angehören, stimmten nur 9 % der Befragten „überhaupt nicht" zu. Die größte Zustimmung erhielt diese Aussage von den primären Zielgruppen intergenerativer Arbeit: 35 % der 15- bis 20-Jährigen und 32 % der über 60-Jährigen stimmten dieser Aussage zu (vgl. Jacobs 2006, S. 54ff.). Wenn weiterhin 49 % aller Probandinnen und Probanden dieser Erhebung prognostizieren, dass das Verhältnis zwischen Jung und Alt in der ersten Hälfte des 21. Jahrhunderts schlechter werden wird, untermauert das nur die Dringlichkeit intergenerativer Projekte, um dieser Entwicklung entgegenzusteuern. Über die Ursachen der Generationenkluft kann man nur spekulieren, sicherlich haben in den letzten Jahren das Auseinanderfallen der Großfamilien, die besagte Individualisierung sowie Schlagworte wie „Methusalem-Komplott", „Altenlast", „Krieg der Generationen" und „Generationenfalle", die einseitig auf die sozialpolitischen Probleme der demografischen Entwicklung zielen, das Ihre zu dieser Sichtweise beigetragen. Dabei können die Generationen gerade im Bildungsbereich aufeinander zugehen und einen Dialog ‚auf Augenhöhe' führen, von dem beide Seiten profitieren. Intergenerative Projekte können das sich in der SIGMA-Studie offenbarende Nicht-Wahrnehmen der Altersgruppen aufbrechen, und einen Austausch individueller Erfahrungen und damit verbundener Orientierungen und Werthaltungen initiieren.

Aktives Musizieren eignet sich in besonderer Weise für den ‚Dialog der Generationen', „um ein solidarisches Miteinander von Jung und Alt zu unterstützen und Rahmenbedingungen für einen dauerhaften Dialog und gemeinsames Handeln der Generationen zu schaffen" (Nolte 1997, S. 3). Lebensweltliche Topoi wie Freude, Liebe, Trauer, Natur, Jahreszeiten etc., die zur Erfahrungswelt aller Menschen gehören, sind der Gehalt und Bezugspunkt vieler Musikwerke in Unterhaltungs- und ernster Musik und können Anlass zum intensiven Austausch über diese gemeinsamen Lebenserfahrungen und ihre musikalische Codierung sein. Blanckenburg (2011, S. 284ff.) zeigt am Beispiel des Musicalprojekts *Hannoversche Geschichten*, wie Grundschulkinder und Seniorinnen und Senioren einer Alteneinrichtung in Hannover gemeinsam einen Plot entwickeln, in dem verschiedene regionale Spielorte mit Szenen aus der Kindheit der beteiligten Senioren und denen der Kinder verknüpft werden. Individuelle lebensweltliche Erfahrungen, die an den heimatlichen Spielorten gemacht wurden, werden zum Thema und schlagen eine Brücke zwischen den beiden Zeitebenen und kehren das Gemeinsame der Generationen in den Vordergrund.

Szenisches Spiel und Musicals ermöglichen eine Vielfalt von Aktivitäten, die für das intergenerative Arbeiten genutzt werden können. Das gemeinsame Proben, Spielen und Musizieren ermöglicht ein *gleichzeitiges Agieren* der verschiedenen Altersgruppen. Dieses Synchronisieren des eigenen Tuns mit dem anderen fordert und fördert sensibles und empathisches Wahrnehmen, die Basis für Verstehen und Toleranz unter den Generationen. Zudem können die Ergebnisse der gemeinsamen Arbeit – ob in Chor, Orchester oder Musicalproduktion – in der Öffentlichkeit präsentiert werden und dazu beitragen, dass sich neue zeitgemäße Altenbilder entwickeln, die Stereotypen entgegenwirken.

Literatur

Adamek, K. (1996). *Singen als Lebenshilfe. Zu Empirie und Theorie von Alltagsbewältigung.* Münster: Waxmann.

Altenmüller, E. (2008). Es ist nie zu spät: Zur Neurobiologie des Musizierens im Alter. In Verband deutscher Musikschulen (Hrsg.), *Musik – ein Leben lang! Grundlagen und Praxisbeispiele* (S. 35–40). Bonn: VdM.

Amt für Kommunikation Landeshauptstadt Düsseldorf. (2007). „Kulturführerschein" für Menschen ab 50. Online verfügbar unter www.duesseldorf.de/presse/pld/d2007/d2007_01/ d2007_01_29/p21822.shtml (zuletzt geprüft am 14.07.2011).

Badur, I.-M. (1999). Musikalische Sozialisation in der Familie. Ein Forschungsüberblick. In C. Bullerjahn, H.-J. Erwe, & R. Weber (Hrsg.), *Kinder – Kultur* (S. 131–158). Opladen: Leske & Budrich.

Baltes, P. B., & Baltes, M. M. (1989). Optimierung durch Selektion und Kompensation. Ein psychologisches Modell erfolgreichen Alterns. *Zeitschrift für Pädagogik, 35*(1), 85–105.

Bischoff, S. (2010). Projekt „Musik kennt kein Alter – Qualitätssicherung in deutschen Musikvereinigungen vor dem Hintergrund des demografischen Wandels" (2009–2010). www.isab-institut.de/upload/PDF/bdo/Abschlusspraesentation_Text_04-12-2010.pdf. Zugegriffen: 14. Juli 2011

Bischoff, S. (2011). Musikvereine im demografischen Wandel – Zwischen Tradition und Moderne. In H. H. Wickel & T. Hartogh (Hrsg.), *Praxishandbuch Musizieren im Alter. Projekte und Initiativen* (S. 177–194). Mainz: Schott.

Blanckenburg, A. v. (2011). Musicalarbeit mit Senioren und Grundschulkindern. In H. H. Wickel & T. Hartogh (Hrsg.), *Praxishandbuch Musizieren im Alter. Projekte und Initiativen* (S. 279–288). Mainz: Schott.

Bundesministerium für Familie, Senioren, Frauen und Jugend (BMFSFJ). (2010). Sechster Bericht zur Lage der älteren Generation in der Bundesrepublik Deutschland. „Altersbilder in der Gesellschaft". Bericht der Sachverständigenkommission an das Bundesministerium für Familie, Senioren, Frauen und Jugend. Online verfügbar unter: www.bmfsfj.de/RedaktionBMFSFJ/ Pressestelle/Pdf-Anlagen/sechster-altenbericht,property=pdf,bereich=bmfsfj,sprache=de,rwb =true.pdf (zuletzt geprüft am 14.07.2011).

Dammann, R., & Gronemeyer, R. (2009). *Ist Altern eine Krankheit? Wie wir die gesellschaftlichen Herausforderungen der Demenz bewältigen.* Frankfurt, Main: Campus.

de Groote, K., & Nebauer, F. (2008). *Kulturelle Bildung im Alter. Eine Bestandsaufnahme kultureller Bildungsangebote für Ältere in Deutschland.* München: kopaed.

Deutscher Bundestag .(2007). *Schlussbericht der Enquête-Kommission „Kultur in Deutschland"* . Online verfügbar unter dip21.bundestag.de/dip21/btd/16/070/1607000.pdf (zuletzt geprüft am 14.07.2011).

Deutscher Musikrat .(2007). Wiesbadener Erklärung. Musizieren 50+ – im Alter mit Musik aktiv. 12 Forderungen an Politik und Gesellschaft. Online verfügbar unter www.musikrat.de/ index.php?id=4657 (zuletzt geprüft am 14.07.2011).

Deutsches Musikinformationszentrum. (2010a). Schülerzahl und Altersverteilung an Musikschulen im VdM. Online verfügbar unter www.miz.org/intern/uploads/statistik5.pdf (zuletzt geprüft am 14.07.2011).

Deutsches Musikinformationszentrum. (2010b). Bevorzugte Musikrichtungen nach Altersgruppen 2009. Online verfügbar unter www.miz.org/intern/uploads/statistik31.pdf (zuletzt geprüft am 14.07.2011).

Deutsches Musikinformationszentrum. (2010c). Orchester, Ensembles, Chöre und Musizierende im Laienbereich 2009/2010. Online verfügbar unter www.miz.org/intern/uploads/ statistik39.pdf (zuletzt geprüft am 14.07.2011).

Deutsches Musikinformationszentrum. (2010d). Musikangebote der Volkshochschulen. Online verfügbar unter www.miz.org/intern/uploads/statistik7.pdf (zuletzt geprüft am 14.07.2011).

Dollase, R., Rüsenberg, M., & Stollenwerk, H. J. (1986). *Demoskopie im Konzertsaal*. Mainz: Schott.

Filthaut, K. (2007). Seniorenorchester Hannover. Online verfügbar unter www.musikindeutschlan d.de (zuletzt geprüft am 14.07.2011).

Fricke, A. (2011). Grenzenlos singen. Erfahrungen aus dem Projekt „Polyphonie – Stimmen der kulturellen Vielfalt" zur kulturellen Beteiligung von älteren Migranten aus dem Ruhrgebiet. In H. H. Wickel & T. Hartogh (Hrsg.), *Praxishandbuch Musizieren im Alter. Projekte und Initiativen* (S. 150–164). Mainz: Schott.

Gembris, H. (1997). Generationsspezifische und zeitgeschichtliche Einflüsse auf musikalische Biographien. In R.-D. Kraemer (Hrsg.), *Musikpädagogische Biographieforschung, Fachgeschichte – Zeitgeschichte – Lebensgeschichte* (S. 88–108). Essen: Die Blaue Eule.

Gembris, H. (2008a). Musikalische Entwicklung im Erwachsenenalter. In H. Gembris (Hrsg.), *Musik im Alter. Soziokulturelle Rahmenbedingungen und individuelle Möglichkeiten* (S. 95–129). Frankfurt, Main: Lang.

Gembris, H. (2008b). Musik im Erwachsenenalter: Entwicklungspsychologische Befunde und praktische Perspektiven. In Verband deutscher Musikschulen (Hrsg.), *Musik – ein Leben lang! Grundlagen und Praxisbeispiele* (S. 11–34). Bonn: VdM.

Gembris, H., & Nübel, G. (2006). Musik in Altenheimen. Künftige Arbeitsfelder der Musikpädagogik. In N. Knolle (Hrsg.), *Lehr- und Lernforschung in der Musikpädagogik* (S. 283–297). Essen: Blaue Eule.

Habermacher, S. (2003). Seniorenorchester – die späte Lust am Musizieren. Gemeinsames Musizieren im Alter steigert Wohlbefinden und Lebensfreude. Online verfügbar unter www.sen iorenorchester.ch/wir/musikzeitung.htm (zuletzt geprüft am 14.07.2011).

Hamann, T. K. (2008). Musikkultur – Einfluss der Bevölkerungsentwicklung auf Publikum und Konzertwesen. In H. Gembris (Hrsg.), *Musik im Alter. Soziokulturelle Rahmenbedingungen und individuelle Möglichkeiten* (S. 195–211). Frankfurt, Main: Lang.

Hartogh, T. (2005). *Musikgeragogik – ein bildungstheoretischer Entwurf. Musikalische Altenbildung im Schnittfeld von Musikpädagogik und Geragogik*. Augsburg: Wissner.

Hartogh, T. (2010). Singen mit Senioren. *Forum Kirchenmusik, 61*(1), 2–9.

Hartogh, T., & Wickel, H. H. (2008). *Musizieren im Alter. Arbeitsfelder und Methoden*. Mainz: Schott.

Hays, T., & Minichiello, V. (2005). The meaning of music in the lives of older people: A qualitative study. *Psychology of Music, 33*(4), 437–451.

Hill, B., & Josties, E. (2007). Musik in der Arbeit mit Jugendlichen. In B. Hill & E. Josties (Hrsg.), *Jugend, Musik und Soziale Arbeit. Anregungen für die sozialpädagogische Praxis* (S. 13–41). Weinheim: Juventa.

Hoedt-Schmidt, S. (2010). *Aktives Musizieren mit der Veeh-Harfe. Ein musikgeragogisches Konzept für Menschen mit dementiellen Syndromen*. Münster: Waxmann.

Initiativgruppe Ganztagsbetreuung der Musikverbände in Baden-Württemberg. (2005). Musik in der Ganztagsbetreuung. Online verfügbar unter www.dhv-ev.de/get/b8df7fb-1696-fcb6-b316-c4e17c5681fa0/midganztagsbetr.pdf (zuletzt geprüft am 14.07.2011).

Jacobs, T. (2006). *Dialog der Generationen. Leben – Gesellschaft – Schule. Plädoyer für eine intergenerative Pädagogik*. Hohengehren: Schneider.

Jakobi, R. (2011). Das Kursana Domizil in Gütersloh – eine Pflegeeinrichtung mit musikgeragogischem Schwerpunkt. In H. H. Wickel & T. Hartogh (Hrsg.), *Praxishandbuch Musizieren im Alter. Projekte und Initiativen* (S. 290–295). Schott: Mainz.

Jekic, A. (2011). Unter 7 – Über 70. Ein generationsübergreifendes Musikkonzept für Kinder im Vorschulalter und Senioren. In H. H. Wickel & T. Hartogh (Hrsg.), *Praxishandbuch Musizieren im Alter. Projekte und Initiativen* (S. 272–278). Mainz: Schott.

Karl, U. (2010). Kulturelle Bildung und Kulturarbeit mit älteren und alten Menschen. In K. Aner & U. Karl (Hrsg.), *Handbuch Soziale Arbeit und Alter* (S. 87–97). Wiesbaden: Verlag für Sozialwissenschaften.

Kehrer, E.-M. (2011). Klavierunterricht mit dementiell erkrankten Menschen. In H. H. Wickel & T. Hartogh (Hrsg.), *Praxishandbuch Musizieren im Alter. Projekte und Initiativen* (S. 49–56). Mainz: Schott.

Keller, B. (2011). Musik auf Rädern. Ambulante Musiktherapie im Spannungsfeld der stationären Altenhilfe. In H. H. Wickel & T. Hartogh (Hrsg.), *Praxishandbuch Musizieren im Alter. Projekte und Initiativen* (S. 237–242). Mainz: Schott.

Keuchel, S. (2002). Der Klassik-Purist als Auslaufmodell. Ergebnisse einer repräsentativen Umfrage zum 7. Kulturbarometer. *Neue Musikzeitung, 51*(2), 15.

Keuchel, S. (2007). Mehr Initiative in der Breitenmusikszene für das Publikum von Morgen. In S. Liebing & A. Koch (Hrsg.), *Ehrenamt Musik 2. Vereine und Institutionen auf dem Weg in die Zukunft* (S. 169–179). ConBrio: Regensburg.

Keuchel, S., & Wiesand, A. J. (2008). *Kulturbarometer 50+ . „Zwischen Bach und Blues …".* Bonn: ARCult Media.

Klüppelholz, W. (1990). Erwachsene als Instrumentalschüler. Eine empirische Studie. In W. Pütz (Hrsg.), *Musik und Körper* (S. 263–270). Laaber: Laaber.

König, B. (2011). Alte Stimmen. Ein künstlerisches und soziokulturelles Forschungsprojekt. Online verfügbar unter www.schraege-musik.de/index.php?option=com_content&task=view&id=20 7&Itemid=74 (zuletzt geprüft am 14.07.2011).

Köster, D. (2008). Entwicklungschancen in alternden Gesellschaften durch Bildung: Trends und Perspektiven. In H. Gembris (Hrsg.), *Musik im Alter. Soziokulturelle Rahmenbedingungen und individuelle Möglichkeiten* (S. 31–51). Frankfurt, Main: Lang.

MusikZentrum Hannover. (2007). Musik in Hainholz. www.musikin.de. 14. Juli 2011.

Nolte, C. (1997). Vorwort. In Bundesministerium für Familie, Senioren, Frauen und Jugend. Brücken zwischen Jung und Alt. 158 Projekte – Initiativen – Aktionen. Bonn. S. 3.

Richter, B. (2008). Die Stimme im Alter. In H. Gembris (Hrsg.), *Musik im Alter. Soziokulturelle Rahmenbedingungen und individuelle Möglichkeiten* (S. 131–137). Frankfurt, Main: Lang.

Sacks, O. (2008). *Der einarmige Pianist. Über Musik und das Gehirn.* Rowohlt: Reinbek.

Schröder, H., & Gilberg, R. (2005). *Weiterbildung Älterer im demografischen Wandel. Empirische Bestandsaufnahme und Prognose.* Bielefeld: Bertelsmann.

Schwegmann, A., & Gerharz, W. (2007). Die Noten-Gilde. In Essen singen Deutschlands älteste Chorsänger die Lieder, die sie lieben. In: Westfälische Nachrichten vom 14./15. April 2007 im Magazin zum Wochenende „Panorama". o.S.

Sozialwissenschaftliches Institut für Gegenwartsfragen (SIGMA). (1999). *Generationenkonflikt und Generationenbündnis in der Bürgergesellschaft. Die erste bundesweite Studie zum Verhältnis der Generationen in der Bürgergesellschaft.* Stuttgart: Sozialministerium Baden-Württemberg.

Spahn, C. (2011). Instrumentales Musizieren im Alter. In H. H. Wickel & T. Hartogh (Hrsg.), *Praxishandbuch Musizieren im Alter. Projekte und Initiativen* (S. 14–21). Mainz: Schott.

Statistisches Bundesamt .(2010). Bevölkerung und Erwerbstätigkeit. Sterbetafel Deutschland. Wiesbaden

Staudinger, U. (2003). Das Alter(n). Gestalterische Verantwortung für den Einzelnen und die Gesellschaft. Aus Politik und Zeitgeschichte. Beilage zur Wochenzeitung Das Parlament, 53.Jg.,B. 20. 35–42.

Stolze, H. (2007). Die Kultivierung der älteren Stimme – eine Chance für mehr Lebensqualität im Alter. www.forum-stimme.de.Zugegriffen: 14. Juli 2011.

Verband deutscher Musikschulen. (Hrsg.) (2008). *Musik – ein Leben lang! Grundlagen und Praxisbeispiele.* Frankfurt, Main: Lang.

von Kameke, E. (2011). Die Musik-Akademie für Senioren in Hamburg. In H. H. Wickel & T. Hartogh (Hrsg.), *Praxishandbuch Musizieren im Alter. Projekte und Initiativen* (S. 140–142). Mainz: Schott.

Weicherding, R. (2011). Hip-Hop/Rap: junge Musik für ältere Menschen. In H. H. Wickel & T. Hartogh (Hrsg.), *Praxishandbuch Musizieren im Alter. Projekte und Initiativen* (S. 223–228). Mainz: Schott.

Werner, C. (2011). Das Projekt Triangel Partnerschaften – klingende Brücken zwischen Jung und Alt. In H. H. Wickel & T. Hartogh (Hrsg.), *Praxishandbuch Musizieren im Alter. Projekte und Initiativen* (S. 263–271). Mainz: Schott.

Whitehouse, P. J., & George, D. (2009). *Mythos Alzheimer. Was Sie schon immer über Alzheimer wissen wollten, Ihnen aber nicht gesagt wurde.* Bern: Huber.

Wickel, H. H., & Hartogh, T. (2005). Ausbildungsdisziplin Musikgeragogik. *Musikforum, 3*(3), 16–18.

Wickel, H. H., & Hartogh, T. (2006). *Musik und Hörschäden. Grundlagen für Prävention und Intervention in sozialen Berufsfeldern.* Weinheim: Juventa.

Wickel, H. H., & Hartogh, T. (Hrsg.). (2011). *Praxishandbuch Musizieren im Alter. Projekte und Initiativen.* Mainz: Schott.

Wucher, D. (Hrsg.). (1999). *Musik selber machen: eine Chance für Jüngere und Ältere an Musikschulen. Musikalische Erwachsenenbildung an Musikschulen, Versuche, Initiativen und Ergebnisse.* Regensburg: ConBrio.

Wurm, S., & Tesch-Römer, C. (2007). Stand der Alternsforschung: Implikationen für Prävention und Gesundheitsförderung. *Informationsdienst Altersfragen, 34*(1), 2–6.

Zimmerschied, D. (2007). Fragen zum Instrumentalunterricht 50 plus. Dieter Zimmerschied im exemplarischen Interview mit einem Spätstarter an der Geige. *Neue Musikzeitung, 56*(4), 6.

Jugend, Musik und Sozialisation: Forschungsdesiderata und Ausblick

15

Robert Heyer, Sebastian Wachs und Christian Palentien

Zusammenfassung

Der Beitrag bündelt abschließend die einzelnen im Verlauf des Handbuchs behandelten thematischen Schwerpunkte in systematischer Form und fokussiert auf Forschungsdesiderata bzw. -perspektiven. Somit dient er zum einen dazu, offene Fragen transparent zu machen und Perspektiven für Fragestellungen zu eröffnen, deren empirische Bearbeitung aussteht. Da es sich bei dem Handbuch auch um einen Band handelt, der Nachwuchswissenschaftlerinnen und -wissenschaftler zu einer Beschäftigung mit dem Gegenstand anregen möchte, werden hier auch Perspektiven für eigene Forschungsarbeiten – bspw. Abschlussarbeiten – eröffnet. Zum anderen fokussiert das Kapitel ausblickhaft den Zusammenhang von Musik und Ganztagsschule unter der Perspektive einer lebenslangen Bildung im formal-institutionellen Rahmen – auch bezogen auf den Gegenstand Musik – und über diesen in Bereichen non-formaler wie informeller Bildung hinaus.

Schlüsselwörter

Forschungsdesiderata Jugend und Musik • Forschungsperspektiven Jugend und Musik • Musik und Schule • Ganztagsschule und musikalische Bildung

R. Heyer (✉) · S. Wachs · C. Palentien
FB 12 - Erziehungs- und Bildungswissenschaften, Universität Bremen, 1-3, Bibliothekstr, 28359 Bremen, Deutschland
e-mail: rheyer@uni.bremen.de

S. Wachs
e-mail: s.wachs@uni-bremen.de

C. Palentien
e-mail: palentien@uni-bremen.de

R. Heyer et al. (Hrsg.), *Handbuch Jugend – Musik – Sozialisation*,
DOI: 10.1007/978-3-531-18912-3_15, © Springer Fachmedien Wiesbaden 2013

Im vorliegenden Band werden unterschiedliche Perspektiven auf den Zusammenhang von Sozialisationsprozessen vornehmlich im Jugendalter und musikalischen Aneignungs-, Funktions- und Umgangsweisen dargestellt. Festzuhalten ist für dieses anschließende Kapitel die hohe Bedeutung von Musik im Jugendalter – in ihren aktiven, passiven wie rezeptiven Formen. Wie die einzelnen Beiträge zeigen, ist Musik im Zuge von Sozialisationsprozessen weit bedeutsamer als ein einfaches freizeitliches Interesse, hat sie doch für die Entwicklung, das Aufwachsen und zur Verortung von Jugendlichen im sozialen Raum verschiedene Funktionen. Es ist zunächst diese immense Heterogenität der Nutzungs- und Funktionskontexte, die es erschwert, Musik in seiner Bedeutung für jugendliches Aufwachsen möglichst umfassend zu beschreiben. Das zeigt die Musikgeschichte – in der sich die musikalischen Stile fortwährend entwickelt haben, so dass heute nicht nur eine Vielzahl von Stilen oder Musikformen existiert, sondern ‚Insider‘, besonders Jugendliche, nicht müde werden, diese auch innerhalb eines Stils gegeneinander abzugrenzen[1] und dabei gleichsam regionale Ausprägungen in der genauen Kategorisierung von Musik(sub)stilen berücksichtigen. Auch die Rezeptionskontexte von Musik haben sich stetig erweitert, nicht zuletzt auch durch auf- weichende Stilgrenzen oder *cross overs* mit anderen Musikstilen (ähnlich formuliert dies Pape (in diesem Band): „zu Unklarheiten und Unsicherheiten" führe, „dass Musik mehr oder weniger nur ein Wort bleibt, das ohne jegliche Differenzierung in musikalische Genres bzw. musikstilistische Schwerpunktbildungen auskommt"). Zudem ist es die Heterogenität jugendlichen Aufwachsens in sozialen, geschlechtsspezifischen, kulturel- len, religiösen, ethnischen und vielen anderen Zusammenhängen, die berücksichtigt

---

[1] Ein illustratives Beispiel: Metal als Genre oder übergreifender Musikstil wird von Szeneanhängerinnen und -anhängern heute nicht nur in zahlreiche Unterformen wie Death Metal, Black Metal, Power Metal, Thrash Metal, Viking Metal, Pagan Metal, Speed Metal, Doom Metal, True Metal, New Wave of British Heavy Metal oder einfach Heavy Metal unterschieden. Hinzu kommen bei der Einordnung oder Kategorisierung eines Musikstils historische Entwicklungen – am Beispiel: in Norwegen im Underground entstandener Black Metal (mit umstrittenen Bands wie Mayhem oder Burzum) im Gegensatz zu Formen nach seiner Kommerzialisierung (bspw. Dimmu Borgir) – und regionale Besonderheiten – etwa beim unterschiedlich geprägten Melodic Death Metal (ein Vertreter: Children of Bodom) wie in der ‚Göteburger Schule‘ (Dark Tranquility, In Flames). Schließlich werden inhaltliche Differenzierungen hinsichtlich des Aussagegehalts oder der *message* der Musik vorgenommen – etwa durch die Auseinandersetzung mit politi- schen Themen (Nevermore) oder der Symbolik heidnischer und mythologischer Themen (im Pagan Metal, z.T. Moonsorrow, Equilibrium). Dabei kommt es oft zusätzlich zur Überlappung unterschiedlicher musikalischer Einflüsse – wie im Folk Metal mit traditionellen, folkloristi- schen Elementen. Diese Differenzierungen sind zwar in ihren Grundzügen gängig, die einzelne ‚Kategorisierung von Bands‘ kann aber individuell sehr unterschiedlich sein und führt in der Szene zu Diskussionen. Es handelt sich oft um Lesarten und eigene Interpretationen oder ist den ‚Weiterentwicklungen‘ von bestimmten Bands (die immer auch Thema ist) geschuldet (Metallica ist hier ein gutes Beispiel, die mit Speed Metal anfingen, wesentlich ‚seichter‘ wurden und mit dem Album ‚St. Anger‘ in Richtung ‚back to the roots‘ gingen).

werden muss, um die Bedeutung musikalischer Wirkungen und Funktionen in Sozialisationsprozessen herauszustellen.

Ziel dieses Ausblicks ist zweierlei: Zu Beginn werden die in den einzelnen Beiträgen formulierten Forschungsdesiderata und -perspektiven und damit die Expertisen der jeweiligen Autorinnen und Autoren systematisiert.[2] Im Anschluss daran wird ausblickhaft versucht, Musik im Zusammenhang zu Schule und Schulentwicklung zu beschreiben – ein Beitrag, der in diesem Handbuch fehlt und dennoch sehr notwendig erscheint, ist doch die Schule eine der zentralen Sozialisationsinstanzen des Kindes- und Jugendalters und öffnet sich Schule heute zunehmend den Sozialräumen Jugendlicher, schafft Angebote außerhalb des ‚klassischen' Unterrichts, vereint formalisierte Bildungsangebote mit non-formalen und informellen – insbesondere im ganztägigen Betrieb (vgl. w.u.).

1   Forschungsdesiderata und -perspektiven

Zunächst besteht dringender Forschungsbedarf in der Untersuchung bestimmter wenig beforschter musikalischer (Sub-)Genres und ihren Bedeutungen für Jugendliche. Sind zu Hip-Hop und Techno nicht nur deshalb, da beide Szenen sich schon mehrere Jahrzehnte einer breiten Resonanz erfreuen, schon verstärkt Aussagen gemacht worden (vgl. bspw. die jeweiligen Kapitel bei Ferchhoff in diesem Band), sind einzelne ‚neuere' oder aktuell populäre Stile wissenschaftlich noch Neuland – wie bspw. Emo und House genauso wie Metal mit seinen verschiedenen Spielarten. Es geht dabei weniger um die Beschreibung von Symbolen, typischen Bands, Kleidungsstilen oder Vergesellschaftungspraktiken im rein deskriptiven Sinne. Vielmehr ist danach zu fragen, inwieweit die musikalischen Angebote ihre jeweilige Bedeutung bei Jugendlichen entfalten. Dabei spielen Rezeptions- und Aneignungskontexte eine Rolle und die Art des Zugangs zu einer bestimmten Szene (im biografischen bzw. sozialisatorischen Sinne). Es ist zu fragen, welche Bedeutung bestimmte Musikstile (oder auch einzelne) Bands für Jugendliche haben und ob diese Bedeutung musikinhärent ist – ob sie also das musikalische Material (‚geniale Riffs', ‚mitreißende Beats' o.Ä.), den Text (‚faszinierend lyrisch', ‚darin finde ich mich wieder' o.Ä.) oder die Art und Weise ihrer Verknüpfung betreffen – oder (auch) außerhalb der Musik zu finden ist und die ‚message' insgesamt (Musikerinnen bzw. Musiker in ihren spezifischen Ausdrucksweisen und der Art ihrer Präsentation sowie musikalisches Material insgesamt) ihre Relevanz erzeugt. Hier spielen – neben den oft zitierten sozialen – auch ästhetische, emotionale und musikpsychologische Funktionen eine entscheidende Rolle und erhalten ihre Bedeutung möglicherweise durch spezifische biografische Kontexte oder Entwicklungsphasen (in denen etwas schnell Bedeutung erlangen, schnell

---

[2] Dies dient auch einem Überblick für Leserinnen und Leser, deren Interesse sich zunächst auf Forschungsdesiderata bezieht.

aber auch wieder an Bedeutung verlieren kann). Friedemann und Hoffmann (in diesem Band) fragen in diesem Zusammenhang nach der Bedeutung von „Porno- und Gangsta-Rap" sowie Porno Pop. Die sog. ‚Atzen-Musik' spielt hier eine entscheidende Rolle mit Vertretern wie ‚Frauenarzt', der zeitweilig durch seine sexistisch-pornographische Art mit Texten umzugehen in der Kritik stand – genauso wie der Berliner Gangsta-Rapper ‚Bushido'.

Reinhardt und Rötter (in diesem Band) sehen besonderen Forschungsbedarf bei Fragen zur Präferenzentwicklung Jugendlicher im Zusammenhang mit Medien – Computer und mp3-Player sind heute die meistgenutzten Medien zur Musikrezeption, die Nutzung von Online-Angeboten hat sich zwischen 2007 und 2010 annährend verdoppelt, wie Jünger (2012, S. 16f.) anhand statistischer Daten beschreibt (vgl. auch Schorb 2012, S. 124). Dabei fragen Reinhardt und Rötter (in diesem Band), wie die sozialen Funktionen des Internets, bspw. die Timeline bei Facebook, die von Jugendlichen dazu benutzt wird, „persönlichste[...] Details von der Geburt bis zum Tod der Nutzergemeinschaft zugänglich [zu] machen", in Zusammenhang mit Peers („zwischen Freunden, Meinungsführerinnen und -führern") zur Entwicklung von Musikpräferenzen führt – ein Begriff, der in seiner Verwendung bislang noch nicht konsensfähig ist (vgl. Reinhardt und Rötter in diesem Band). Friedemann und Hoffmann (in diesem Band) konstatieren, dass „Aneignungs-, Nutzungs- und Zugangsweisen von Musik [...] und die Verfügbarkeit von mobiler Musik" in „Zeiten des Web 2.0" durch zahlreiche mobil einsetzbare Medien stetig zunehmen, „doch Studien über Rezeptions- und Aneignungskontexte liegen bisher dazu nicht vor"; sie betonen damit auch den immensen Forschungsbedarf im Bereich Musik und Medien. Denn: Internetfähige Medien bieten nicht nur die Musikstücke als auditive Erfahrungen, „sondern [sind] deutlich bemüht [...], den Bedürfnissen ihrer (potentiellen) NutzerInnen durch zusätzliche (audio-)visuelle Elemente, Hintergrundinformationen sowie Kommunikations- und Interaktionsmöglichkeiten gerecht zu werden" (Schorb 2012, S. 9). Daraus resultieren „komplexe[...] Mediennutzungsstrukturen der Jugendlichen" (ebd., S. 10).

Das Internet und neue Medien hinsichtlich der „Selbstpositionierung und Identitätssuche" von Jugendlichen unter Berücksichtigung „schichtabhängige[r] Differenzierungen" und des Einflusses der Familie wird auch von Pape (in diesem Band) hervorgehoben. Friedemann und Hoffmann (in diesem Band) verweisen darüber hinaus auf den Bedarf von Studien, „die sich mit der Erforschung langfristiger Wirkungen von Musik beschäftigen". Dabei seien neben der sozialisatorischen Relevanz Parameter der Musikaneignung zu berücksichtigen. Besonders die biografische Bedeutung müsse in Bezug auf die „intensive Auseinandersetzung mit Musik, Songtexten, Stars, Fans etc. im Jugendalter für bestimmte Identitätsfacetten von Menschen" untersucht werden – „situative Kontexte und Motive zu untersuchen" ließe „nur auf unmittelbare, eventuell auch habitualisierte Rezeptionsmodi schließen" (ebd.).

Einige Ergebnisse zur medialen Musikaneignung Jugendlicher liefert die Studie ‚Klangraum Internet' (vgl. Schorb 2012; Jünger 2012). Es zeigt sich, dass Jugendliche zwischen zwölf und 19 Jahren insbesondere YouTube nutzen, um Musik zu rezipieren, da hier eine große Auswahl vorliegt und Informationen über die Musik hinaus zu finden sind; zentrale Rolle spielt dabei allerdings weiterhin der rein musikalische Inhalt, während die Community nur für gut ein Viertel der Befragten von Bedeutung ist (vgl. Jünger 2012, S. 22ff.; sowohl Internetseiten etablierter Musiksender als auch MySpace werden von etwa einem Viertel der Befragten genutzt (vgl. ebd., S. 26ff. bzw. 30ff.) – letzteres ließe sich so erklären, dass MySpace ggf. interessanter für Jugendliche ist, die selbst Musik produzieren, um sich einer Community von Gleichgesinnten – anderen Musikerinnen und Musikern – zu präsentieren, vgl. ebd., S. 33f.). Moderierende Größe bei der individuellen Nutzung sei, so Jünger (ebd., S. 37), das Alter.

Eine Untersuchung zu „identitäre[n] Prägungen" ehemaliger intensiver Nutzerinnen und Nutzer sei darüber hinaus medienbiografisch interessant (vgl. Friedemann und Hoffmann in diesem Band.); zudem erscheint es hier möglich, Anschlüsse für die Rekonstruktion der „Konstitutionsprinzipien von Musikstar-Images" zu finden. Hier bestehe eine Leerstelle, wie Eulenbach (in diesem Band) konstatiert. Auch Pfaff (in diesem Band) sieht hier Leerstellen zur Erklärung von „Politisierungen von Individuen oder einzelnen Szenen", um „daraus Schlussfolgerungen zu Prozessen der politischen Sozialisation" zu ziehen. Weitere Bereiche der Aneignung und Rezeption von Medien bilden Fragen der „Aneignung von Musikvideoclips" oder „die sozialisatorische Funktion von Castingshows" (Friedemann und Hoffmann in diesem Band).

Funktionen von Musik für das Jugendalter, wie sie des Öfteren in diesem Band formuliert und auch durch Studien empirisch belegt worden sind, müssten zudem – so Reinhardt und Rötter (in diesem Band) – darauf geprüft werden, inwieweit sie „wie Markenzeichen"– also rein funktional – verwendet werden und inwieweit Musik „nicht mehr bewusst erlebt" wird – hier bestehe Forschungsbedarf „in verschiedenen Altersgruppen". Besonders bei der Entwicklung musikalischer Kompetenzen und Entwicklungsprozessen in ihrem Zusammenhang mit „familialen Voraussetzungen und Einflüssen" und familialer Interaktionsprozesse sieht Pape (in diesem Band) dringenden Forschungsbedarf. Diese Interaktionsprozesse sind in verschiedenen Dimensionen zu beforschen: Sowohl die Einflussnahme von Eltern auf ihre Kinder sei zu wenig bekannt (insbes. bei Vätern), auch in anderer Richtung (inwieweit aktivieren musizierende Kinder ihre Eltern, angelehnt an Zinnecker et al. 1999) und innerhalb von Geschwisterbeziehungen bestünden Forschungslücken (vgl. Pape in diesem Band). Weiterhin seien „[m]usikbezogene Einstellungen und alltägliche Umgangsweisen mit Musik [… von Kindern im Grundschulalter] eher selten erhoben worden" (Badur 2007, S. 56). Insgesamt bedürfe (n. Pape in diesem Band) und bedarf es für die Debatte um die (musikalische) Selbstsozialisation weiterer theoriebildender Forschungen (vgl. auch Lenz in diesem Band) – ein Diskurs, der eng verknüpft ist mit dem in der Sozialisationstheorie und -forschung.

Unlängst hat sich die Debatte um die Auswirkungen musikalischer Betätigung – aktives Musizieren, Hören usw., sog. Transfereffekte – auf Kompetenzsteigerung sozialer und sprachlicher Art, mathematisch-räumliches Vorstellungsvermögen, kognitive Leistungen oder sogar zur Verbesserung von Intelligenz – erschöpft: „die Forschung dazu brachte bislang nur wenig und dann sehr widersprüchliche Ergebnisse" (Pfeiffer in diesem Band). Diese Debatte, die von Wissenschaftlerinnen und Wissenschaftlern verschiedener Disziplinen – bspw. (Musik-)Psychologinnen und Psychologen, Neurowissenschaftlerinnen und -wissenschaftlern, Musikwissenschaftlerinnen und -wissenschaftlern – geführt wird, hatte ihren Ausgangspunkt in dem sog. ,Mozart-Effekt': 1993 erhielt eine US-amerikanische Studie, durchgeführt und veröffentlicht durch Rauscher, Shaw und Ky in der Zeitschrift Nature, besondere (zunächst insbesondere mediale) Aufmerksamkeit, denn das Forscherteam wertete seine Ergebnisse als Zuwachs von Intelligenz bei Studierenden nach dem Hören eines Mozart-Stücks (später revidierten sie ihre Aussage, ein Effekt hätte sich nur temporär bezogen auf verbessertes räumliches Vorstellungsvermögen gezeigt). Es folgten ähnliche Studien und auch Replikationsversuche, die zu insgesamt sehr unterschiedlichen Ergebnissen führten: Der ,Mozart-Effekt' war nur einer neben Schubert-, Bach-, Popmusik-, Kinderlieder- und Stephen-King-Effekten (zu den teils sehr umstrittenen Studien vgl. bspw. Rauscher et al. 1995; Steele et al. 1999; Chabris 1999; Hetland 2000; Bastian 2000; Schellenberg 2005; Jansen-Osmann 2006; Knigge 2007 und zusammenfassend die einzelnen Beiträge in BMBF 2006; 2009). Diese Studien sind für den vorliegenden Gegenstand von doppelter Bedeutung: Zum einen aktiviert musikalische Betätigung oder Beschäftigung eine Vielzahl unterschiedlicher Hirnregionen und ist daher ein Stimulus ähnlich der Sprache, der weiterhin viele Fragen mit sich bringt und bei dem sicher noch nicht alle Effekte nachgewiesen sind. Zum anderen, da der Wert und Sinn von Musikunterricht immer wieder diskutiert und oft „zugunsten ,bedeutender Fächer' aus der Stundentafel verbannt" wird, um „ein Bewusstsein für bzw. die Einsicht in die Notwendigkeit musikpädagogischer Bildungsprozesse zu schaffen" (Pfeiffer in diesem Band). Deshalb werde der „Eigenwert musikalisch-künstlerischer Tätigkeit" immer wieder betont. Sicherlich gilt dies nicht nur für das Schulfach Musik, sondern auch für jugendliche Lebens- und Freizeitwelten, in denen Musik eine besondere Rolle in vielfältigen Formen ästhetischer und funktionaler Art spielt.

Bezogen auf familiale musikalische Sozialisation postuliert Pape (in diesem Band) ein Defizit an Forschungsarbeiten und die „Lückenhaftigkeit" von empirischen Ergebnissen. Er kritisiert die vornehmlich aus der „mittleren und oberen Mittelschicht sowie der Oberschicht" rekrutierten Experimentalgruppen, die Sozialisationsprozesse weniger privilegierter Gruppen bleibe weitgehend im Dunkeln. Durch Studien an „benachteiligten Familien könnte immerhin ein kleiner Beitrag zur Entwicklung kultureller Strategien geliefert werden, welche die bestehende soziale Ungleichheit bzw. soziale Exklusion nicht zu beseitigen vermögen, jedoch bestimmte Formen dieser Ungleichheit […] sowie eine um sich greifende Orientierungslosigkeit durch gezielte bildungs- und freizeitpolitische Maßnahmen etwas abschwächen könnten" – betroffen seien besonders auch Familien mit Migrationshintergrund (ebd.).

Zum Umgang Jugendlicher mit Migrationshintergrund mit Musik liefert Maria Wurm (2006) einige qualitative Ergebnisse. Sie befragte junge Frauen mit türkischem Migrationshintergrund zu ihrer Musiknutzung – Ergebnisse, die immer wieder zitiert werden (vgl. auch Bottà in diesem Band). Musik wird von den von ihr befragten

Jugendlichen als Gesprächsthema genutzt, zur Regulation von Stimmungen und als Anregung zum Nachdenken, zum Mitsingen und -tanzen (oft auch in Gesellschaft), was auch eine befreiende Wirkung habe: „Das Hören von Musik ist die verbreitetste Art, Musik zu nutzen (vgl. dazu auch Boos-Nünning und Karakaşoğlu 2006, S. 138f.). Musik wird in jeder Lebenssituation und zu jeder Tageszeit gehört […]. Musik wird eingesetzt zur Entspannung, zur Beruhigung oder zur Motivation. In einigen Fällen dient sie als Gedächtnisorganisation und sogar als Familienersatz in Form einer Geräuschkulisse" (Wurm 2006, S. 110ff.). Diese Ergebnisse sind, wie andere Studien zeigen, nicht spezifisch für Jugendliche mit Migrationshintergrund. Doch zeigt Wurm auch musikalische Sozialisationsmechanismen auf, welche im Zusammenhang mit Migrationserfahrungen, persönlichen Erlebnissen oder Zugehörigkeit zu einer Szene stehen (vgl. ebd., S. 105ff.). Jugendliche greifen in unterschiedlichen Kontexten zu unterschiedlicher Musik, sie präferieren beispielsweise „weichere englischsprachige Musik, […] aber bei türkischer Musik deutlich rockigere Stücke" (ebd., S. 108). Auch im Zusammenhang mit freizeitlichen Discobesuchen ist zu fragen, inwieweit Diskotheken bestimmte Zielgruppen ansprechen oder sich von ‚konventionellen‘ Diskotheken unterscheiden (vgl. ebd., S. 118). Dietz et al. (1998, S. 117) bspw. zeigen, dass junge Aussiedlerinnen Diskothekenbesuche als eine der beliebtesten Freizeitbeschäftigungen angeben und dabei solche Diskotheken präferieren, die selbst von Aussiedlerinnen und Aussiedlern betrieben werden, weil „dort häufig russische Musik läuft und die Jugendlichen sich frei fühlen, ihrer Tanzkultur, ihren Umgangsformen und Verhaltensweisen nachzugehen" (vgl. auch die ‚Russendisko‘ bei Bottà in diesem Band).

Eine ähnliche Herkunftsorientierung zeige auch das Internetforum www.rus-chat. de, ein Portal, in dem Aussiedlerinnen und Aussiedler über verschiedene Themen diskutieren, in dem populäre (Chart-)Musik jedoch kaum von Interesse ist, sich dagegen Musik russischer Herkunft größter Beliebtheit erfreue (vgl. Vogelgesang und Elfert 2008, S. 195ff.). Dieses Forum, das viele Aspekte der Herkunftskultur enthält (russische ‚Nicknames‘ und Werbung, teilweise Nutzung der russischen Sprache), werde vermutlich bewusst zur Distinktion eines Kreises von Expertinnen und Experten hinsichtlich Hintergrund und Sprache genutzt (vgl. ebd.). Lundquist (2002, S. 626) konstatiert, Musik sei als kulturelle Identitätsstütze im Migrationskontext von herausragender Bedeutung; sie könne darüber hinaus dazu beitragen, die kulturelle Herkunft von Generation zu Generation zu tragen (Hargreaves und North 1999, S. 75). Diese einzelnen Ergebnisse verweisen auf eine deutliche Herkunftsorientierung bezogen auf spezifische Kontexte. Jedoch zeigen Hepp et al. (2010) noch ethno- und weltorientierte Vergesellschaftungsmuster Jugendlicher im Migrationskontext auf und verweisen auf eine Öffnung des „hermetischen Paradigmas", wobei hinter dieser Typologie immer noch ein zu „statisches Verständnis von Identität und kultureller Zugehörigkeit" stehe, wie Bottà (in diesem Band) konstatiert, Identitäten durch Musik vielmehr „in Bewegung gesetzt werden und gleichsam neue interkulturelle Identitäten" bilden.

Quantitative Studien könnten diese Einzelergebnisse präzisieren. Funktions- und Nutzungskontexte von Musik für bestimmte Gruppen Jugendlicher mit

Migrationshintergrund bilden nur ausschnitthafte Einblicke und sind – auch aufgrund der Befragten – nicht verallgemeinerbar (so bspw. auch „die Bedeutung von
Musikmedien für junge Migrantinnen und Migranten", die zwar bereits deskrip-
tiv dargestellt wurden (vgl. Bonfadelli et al. 2008), jedoch wenige „Rückschlüsse auf
ihre Bedeutung zur Identitätskonstruktion dieser jungen Menschen" zulassen, vgl.
Friedemann und Hoffmann in diesem Band). Perspektivisch erscheint die Auflösung
einer dichotom gedachten Differenzkategorie ‚Migrationshintergrund – kein
Migrationshintergrund' für bestimmte Fragestellungen notwendig, vielmehr könnten empirische Studien einer kulturellen Pluralität Rechnung tragen, denn ein solcher
Zugang (Bottà (in diesem Band) versteht dies als interkulturalistischen Zugang) entspre-
che „einem neuen Verständnis der Beziehung zwischen Jugend, Musik(sozialisation)
und Migrationshintergründen", in dem die „Forschung zur Migration im
Zusammenhang mit musikalischer Sozialisation im Jugendalter […] als komplexes Feld
verstanden werden [muss], in dem lokale und globale Darstellungen, Praktiken und Orte
gleichsam berücksichtigt werden müssen" (ebd.).

2   Musik und Ganztagsschule – ein Ausblick

Eine zentrale Sozialisationsinstanz des Kindes- und Jugendalters wurde in diesem
Band nur randständig betrachtet: Die Schule. Zwar hat Pfeiffer (in diesem Band) aus
Perspektive der Musikpädagogik einen Zusammenhang hergestellt zwischen jugendlicher Sozialisation und Musik im schulischen Rahmen, doch soll hier diese Perspektive
in anderer Form aufgegriffen werden und um das Stichwort ‚Bildung' erweitert werden (vgl. dazu auch von Gross und Walden in diesem Band). Denn Bildung hat
heute einen immensen Stellenwert für die Zukunftschancen des Einzelnen und ist
die zentrale Ressource für Beschäftigung – sie steigert die individuellen Chancen auf
dem Arbeitsmarkt – und Einkommen und (damit auch) sozialer Partizipation und
Integration, zudem ein Schlüssel für die soziale und kulturelle Entwicklung Einzelner.
Zudem geht mit dem Erwerb von Bildung die Möglichkeit einher, dass individuelle
Lebenslagen gestaltbar werden.

Bildung wird darüber hinaus heute nicht nur verstanden als ‚gebildet sein' – im Sinne
eines belesen Seins oder viel zu wissen usw. Sie ist vielmehr eine Persönlichkeitsbildung,
die sich in lebenslangen Bildungsprozessen (vgl. hierzu Dohmen 2001) ausformt und
nicht nur durch (klassische) Bildungsinstitutionen wie Schule, Ausbildungsstätte und
Universität erworben wird. Sie wird zudem nicht mehr (nur) wertend verstanden (gebildet ist, wer in bestimmten Bereichen eine wie auch immer geartete Allgemeinbildung
oder gar ‚legitime Bildung' hat), sondern schließt heute vielmehr alltägliche Bildungsorte
und -anlässe ein, die überall zu finden sind und an denen spezifische Formen von
Wissen und Können erworben, angewendet und verändert werden können: Überall
dort nämlich, wo Subjekte in Interaktionsprozessen mit anderen im Austausch stehen
und von anderen lernen können, sich nicht nur Wissen, sondern auch Kompetenzen in

sozialen, emotional-psychischen und kommunikativen Bereichen bilden und bewähren (vgl. Rohlfs et al. 2008 und die einzelnen Verweise bei Harring in diesem Band). Diese Veränderung, man könnte auch sagen Erweiterung des Bildungsbegriffs, die seit gut einer Dekade wissenschaftlich diskutiert wird, geht gleichsam einher mit der Diskussion um die Settings einzelner Bildungsorte und -anlässe, deren Ausformungen und Logiken in formalen, non-formalen und informellen Bereichen.

Die formelle oder formale Bildung ist im Kontext von Institutionen angesiedelt. Schulen, Hochschulen oder Stätten der Ausbildung sind Einrichtungen eines formell gestalteten Bildungssystems und markieren damit eine deutliche Orts- bzw. Institutionsgebundenheit. Lernprozesse orientieren sich an verschiedenen Richtlinien wie Curricula oder Rahmenplänen, und auch die Ausgestaltung eines Lehr-Lern-Prozesses folgt diesen Grundsätzen. Für die Lernenden ist das formale Lernen zielgerichtet – folgt also einer Struktur, die bspw. auf Lernziele und aufgewendete Zeit hinweist – und verbunden mit einer formalen Qualifizierung oder Zertifizierung. Gerade für Kinder und Jugendliche ist die Schule ein klassischer Ort formalisierter Bildung. Formale Bildung im Bereich Musik ist also bspw. der (klassische) curriculare Unterricht. Nicht-formelle oder non-formale Bildung dagegen hat zwar ebenfalls institutionalisierten Charakter, ist aber bedingt durch eine offene Angebotslage, deren Nutzung und Inanspruchnahme damit freiwillig ist. Das Ziel von non-formaler Bildung ist im Gegensatz zum Erwerb von zertifizierten Qualifikationen im formalen Bildungsbereich eher im Überfachlichen anzusiedeln, da Ziele auf personaler oder sozialer Ebene liegen (vgl. ebd.). Organisatorisch müssen Angebote non-formaler Bildung keinen festgeschriebenen oder gesetzlich verankerten Richtlinien folgen, sind aber dennoch oft strukturiert. Orte formaler Bildung im Bereich der Musik sind z. B. Musikschulen – hier der Instrumentalunterricht – oder musikorientierte Arbeitsgemeinschaften mit institutionellem Charakter – bspw. Ensembles und Orchester mit einer fachlichen Anleitung, regelmäßigen Probenzeiten und ggf. Konzert- und Aufführungsterminen. Mit informeller Bildung schließlich werden Bildungsorte und -anlässe überschrieben, die sich sowohl bewusst als auch unbewusst außerhalb von strukturierten und kontrollierten Lernarrangements vollziehen. Lernen ist bei informeller Bildung situativ und eher beiläufig oder ungeplant, kann jedoch ebenso zielgerichtet sein. Somit ist beim informellen Lernen nicht mehr der Ort, sondern der Prozess von vorrangiger Bedeutung. Informelle Bildungsprozesse finden bspw. in der Familie oder Peer-Group statt und befinden sich damit und darüber hinaus oft im Alltag von Kindern und Jugendlichen. Fragt man danach, inwieweit Musik informelle Bildungsprozesse initiieren kann, so sind das Reden über Musik, das gemeinsame Musikmachen mit Gitarre oder in einer Band und das Texten, Songschreiben sowie arrangieren von Coversongs neben vielen anderen alltägliche Beispiele.

Die Bedeutung von non-formalem und insbesondere auch informellem Lernen legt die These nahe, dass gerade auch im außerunterrichtlichen Rahmen schulischer Angebote Lernprozesse initiiert werden müssen, die Möglichkeiten alternativen Lernens ermöglichen, um Bildung ganzheitlich und ausgerichtet auf lebenslangen

Kompetenz- und Wissenserwerb hin zu gestalten (den wir hier allerdings nur bis zum Ende der Schulzeit bezogen auf Musik erörtern, vgl. für spätere Lebensalter Hartogh in diesem Band) – Musik zeigt durchaus positive Wirkungen bezogen auf das Lernverhalten, auf Sozialkompetenzen, Lern- und Leistungsmotivation und auf das Fähigkeitsselbstkonzept (vgl. Wehrum et al. 2009, S. 148ff.). Zu fragen ist daher, wie diese Bildungsorte bzw. -anlässe nun mit der institutionalisierten Bildung in Zusammenhang stehen. Anhand geplanter und gezielter Verknüpfungen zwischen dem vorschulischen und schulischem Bereich und dem Aufbau der Ganztagsschule ließe sich die Frage nach der Verbindung formalisierter, non-formaler und informeller Lernprozesse vereinen – was damit auf die Notwenigkeit zielt, curriculare Angebote mit solchen zu verbinden, die auf anderen Wegen Wissen und Kompetenz vermitteln können. Angebotsstrukturen müssen angepasst werden an einerseits Bedürfnisse von Kindern und Jugendlichen, andererseits darauf abzielen, Potenziale dieser Altersgruppe zu nutzen.

Bildung – hier in musikalischer Hinsicht – ist ein lebenslanger Prozess. In ihrer institutionalisierten bzw. formalisierten Form beginnt sie schon im *Elementarbereich*, dem heute eine große Bedeutung zukommt, denn in ihm ist die Förderung von Kindern von zentraler Relevanz und kann Sozialisations- und Erziehungs-leistungen kompensieren, die in Familien defizitär verlaufen. Somit ist es möglich, die Leistungs- und Lernfähigkeit auch von Kindern auch aus ungünstigen Lebensverhältnissen zu steigern. Diese ganz allgemeinen Forderungen könnten sich bezogen auf Musik so ausgestalten, dass Kindern im Elementarbereich bereits musikalische Perspektiven eröffnet werden. Hier müssen Angebote für Kinder gemacht werden, um erste Einblicke in die – auch stilistische – Vielseitigkeit von Musik zu geben. Das gemeinsame Singen, erste rhythmische Übungen mit einfachen Instrumenten, über Musik sprechen und erste, noch schwer in Worte zu fassende Aussagen über Musik zu machen sind Möglichkeiten, Kinder sowohl aktiv als auch rezeptiv an Musik heranzuführen, sie psychisch zu aktivieren und eine subjektive Sinnhaftigkeit zu erzeugen (vgl. Kleinen 2003, S. 35f.) – das stellt darüber hinaus „eine entwicklungspsychologische Chance für die Musikpädagogik dar" (Gembris und Schellberg 2007, S. 90). Auch im Spiel befassten sich Kinder mit musikalischer Praxis (vgl. Badur 2007, S. 68). Durchgeführt werden können musikalische Angebote nicht nur durch Erzieherinnen und Erzieher der Einrichtung, sondern – zusätzlich – auch durch engagierte Musikpädagoginnen und -pädagogen, die musikalische Früherziehung – als Kooperationspartnerinnen und -partner eines eher non-formalen Bildungsbereichs – anbieten oder mit (musikalisch interessierten oder tätigen) Eltern auf den mehrfach im Jahr gemeinsam gestalteten Festen.

Angeknüpft werden muss an den Elementarbereich im *Primar- und Sekundarbereich* der Schule in *ganzheitlicher* Hinsicht (schon dort, wo es um einen Übergang in die Primarstufe geht). In der Schule wird zunächst auf curricularer Ebene Information sowie Wissensvermittlung betrieben und eine gezielte Förderung angestrebt, wobei systematisch trainierter Wissenserwerb nach stringent aufgebauten Lehrplänen mit gut abgestimmten Unterrichtseinheiten die Grundlage für den Aufbau von intellektuellen und sozialen Fähigkeiten und Fertigkeiten von Kindern und Jugendlichen bildet und die Erfahrungen des Elementarbereichs einbezogen werden. Im Idealfall vermittelt schulischer Unterricht Kompetenzen, die sowohl in innerschulischen als auch in außerschulischen Bereichen umgesetzt werden können. Ein guter, lernzielgesteuerter und schülerorientierter Unterricht hat in diesem Sinn daher eine unmittelbare Bedeutung für den Aufbau und die Stärkung individueller Verarbeitungs- und Problembewältigungskompetenzen von Schülerinnen und Schülern, gerade in einer reizüberfluteten und unübersichtlichen Welt. Eine zweite Ebene ist vor allem im Hinblick auf die Stärkung der sozialen Kompetenzen Jugendlicher von Bedeutung. In der Schule findet täglich und über viele Stunden hinweg Kommunikation zwischen Schülerinnen und Schülern sowie zwischen der Schüler- und Lehrerschaft statt. In beiden Bereichen bietet sich Musik zum Aufbau von ‚hard-‘ und ‚soft-skills‘ an. So sind Möglichkeiten eines entdeckenden Umgangs mit musikalischen Medien sinnvoll, die bereits von Kindern produktiv und kreativ genutzt würden (vgl. Kleinen 2003, S. 279f.). Gleichsam dienen sie einem Anbahnen des Umgangs mit neuen und technischen Medien, „die eine aktive Auseinandersetzung mit Musik und Musikkultur herausfordern, wie z. B. eine Beschäftigung mit Musikstars, Tanzschritten, Bandinstrumenten und Liedtexten" (Badur 2007, S. 68). Eine frühe Beschäftigung mit einer großen Bandbreite musikalischen Materials ist auch insofern von Bedeutung, da die Präferenzen von Kindern zu Beginn der Grundschule „noch weitaus offener und weniger festgelegt sind" (Gembris und Schellberg 2007, S. 72). Diese sog. ‚Offenohrigkeit‘ nehme „bereits im Laufe des Grundschulalters" ab (ebd.). Mit dem sich anbahnenden Wechsel zu einer weiterführenden Schule verändern sich nicht nur die (sozialen) Orientierungen der Jugendlichen – das Elternhaus verliert an Bedeutung, während die Orientierung an Gleichaltrigen zunimmt –, sondern auch die musikalischen Vorlieben: Präferenzen festigen sich, Abgrenzungen (besonders gegen Erwachsene) nehmen zu (vgl. Gembris und Schellberg 2007; Müller et al. 2002).

Hierauf nur mit curricular gesteuertem Musikunterricht zu reagieren, wäre zu kurz gegriffen, denn die Möglichkeiten und Chancen, mit und durch Musik (gemeinsam) zu lernen, gingen verloren (vgl. dazu auch Harring in diesem Band). Zudem stellt sich die Frage, inwieweit durch eine auf Musikunterricht konzentrierte Angebotsstruktur überhaupt einen Großteil der Jugendlichen erreichen kann – unserer Ansicht nach liegen die Potenziale in einer ganzheitlicheren Betrachtung, womit die Schule in struktureller Hinsicht in den Blick genommen werden muss: Eine wesentlich weitere Öffnung als bisher ist notwendig, um „ein musikpädagogisches Gesamtkonzept zu entwickeln", in dem „eigenes Tun und Reflexion" im Mittelpunkt stehen (Lehmann-Wermser et al. 2010, S. 16). Außerschulische Kooperationen des non-formalen Bildungsbereichs sind hier von zentraler Bedeutung als echte Partnerinnen und Partner im Sinne einer sozialräumlichen Orientierung.[3] Für die Organisation einer Einzelschule bedeutet dies aber auch, die Relevanzsetzungen der in ihr vereinten Angebote neu zu denken: So erscheint es nicht

---

[3] Ein interessantes Projekt gibt es seit einiger Zeit in der Bremer Oberschule GSO. Der gut aufgestellte Musikbereich der Schule kooperiert mit der Bremer Kammerphilharmonie (vgl. die Homepage der GSO unter http://502.joomla.schule.bremen.de/index.php)

sinnvoll, curriculare Angebote – wie den Mathematik-, naturwissenschaftlichen und Fremdsprachenunterricht – am Vormittag, alle ‚weichen' Angebote am Nachmittag anzubieten, sondern sich auch an den Bedürfnissen ihrer Akteure zu orientieren und frei wählbare, räumlich wie zeitlich offenere und selbstbestimmbare Angebote zu schaffen. Mit diesen außerschulischen Kooperationen würde auch ein „Bezug zur Freizeit- und Lebenswelt der Schülerinnen und Schüler" hergestellt (Lehmann-Wermser et al. 2010, S. 80). Diese Wahlfreiheit ermöglicht damit auch, dass sich Jugendliche ihre eigenen Räume gestalten und sich mit ‚ihren' Themen auseinandersetzen können, so dass informelle Bildungsprozesse gemeinsam mit Gleichaltrigen oder Gleichgesinnten initiiert werden. Denkbar ist hier zum Beispiel eine Rockband, die die Räumlichkeiten und das Equipment der Schule nutzen kann – ohne zu viel Einmischung durch Pädagoginnen und Pädagogen, die oft andere Vorstellungen haben. Auch Pfeiffer (in diesem Band) kommt zu ähnlichen Positionen, denn in „Orchester, Bigband, diversen Chören, Schulband, im Musicalensemble", bei „Konzerte[n] und Aufführungen" „vermischen sich Freizeitbereich und Schule, hier gehen die Interessen der Jugendlichen und die musikdidaktischen Ziele eine oft gelungene Symbiose ein".

Musikalische Tätigkeiten aktiver, passiver und rezeptiver Art sind für Jugendliche interessant und relevant, wie bspw. auch die Produktion: „Die Möglichkeiten, eigene Kompositionen aufzunehmen sind durch die stetig fortschreitende Ausstattung an Informations- und Kommunikationstechnologien […] besonders im Bereich der Aufnahmetechnik auch im Hobby- und Freizeitbereich" (Heyer 2010, S. 413) zu finden. Warum Jugendlichen nicht die Möglichkeit geben, ihre Interessen dahingehend zu unterstützen, Räume der Schule zu nutzen? Denn es kann Ganztagsschulen gelingen, einerseits „integrierend zu wirken und Benachteiligungen auszugleichen", andererseits, ihrer Schülerschaft „herausgehobene Erfahrungen machen zu lassen, ihnen auf vielerlei Weise Erfolgserlebnisse zu ermöglichen und so die Wahrnehmung der Schule positiv zu verändern" (Lehmann-Wermser et al. 2010, S. 211). Freilich ist dies kein kurzfristig umsetzbares Ziel, denn eine notwendige *Umbewertung* der Schule bei seinen Klientinnen und Klienten – der Schuler- wie der Lehrerschaft (!) – muss damit einhergehend stattfinden. Schule darf nicht nur als ‚lästige Pflicht' empfunden werden, wenn sie auch Lebensraum sein will und damit Räume und Freiheiten zur Selbstentfaltung schaffen will. Doch erscheint es ohne deutlich sichtbare Veränderungen in der Organisation und im Denken seiner Vertreterinnen und Vertreter kaum möglich, wirkliche Veränderungen zu initiieren, wodurch Bildungsprozessen in ihren formalen, nonformalen und informellen Bereichen gleichsam Bedeutung beigemessen wird. Derlei Verbindungen innerhalb der Ganztagsschule am Beispiel von Musik sind, da sie noch in den Kinderschuhen stecken, nur in Ansätzen beforscht (vgl. z. B. Lehmann-Wermser et al. 2010). Festzuhalten ist: „Kooperationen sind hier [i.e. an Ganztagsschulen, d. Verf.] notwendig und wichtig, da es bei der Idee des ganztägigen Lernens nicht vordergründig darum geht, den Pflichtunterricht zeitlich zu erweitern, sondern die Freizeit der Schülerinnen und Schüler mit ihren schulischen Lernzeiten zu verschränken oder zumindest einen gemeinsamen Ort für Schule und Freizeit zu bieten.

Musisch-kulturelle Bildungsangebote spielen hier eine wichtige Rolle" (Buchborn 2011, S. 1f.). Zwar gebe es Praxisprojekte und kleinere Studien zu „organisatorischen, inhaltlichen oder methodisch-didaktischen Möglichkeiten, Chancen und Schwierigkeiten" oder es werden „innovative Unterrichtsideen und -materialien" entwickelt (ebd., S. 2), aber diese ganzheitliche Betrachtung von Lern- und Bildungsprozessen im Raum Ganztagsschule und ihre sozialräumliche Öffnung stehen noch relativ am Anfang: „Es bedarf der Entwicklung individueller, der jeweiligen Situation angemessener Lösungen bei der Einrichtung von Ganztagesangeboten; die enge Kooperation und der inhaltliche Einbezug aller Projektpartner verbessert die Arbeitsatmosphäre und die Qualität; musisch-kulturelle Bildungsangebote, die im Kontext von Schule angesiedelt sind, begünstigen die Bildungschancen von im musisch-kulturellen Bereich traditionell benachteiligten Gruppen wie Jungen, Schülerinnen und Schülern aus bildungsdistanten Familien sowie aus Familien mit Migrationshintergrund; die Schülerinnen und Schüler nehmen Schule, Unterricht sowie ihr soziales Umfeld in der Schule durch die Teilnahme an Zusatzangeboten positiver" wahr (ebd., S. 3f.). Dies verweist auf ein komplexes Feld, dessen Entwicklung nur durch strukturiertes Umdenken vorangebracht werden kann.

Literatur

Badur, I.-M. (2007). Selbstinitiierte musikbezogene Aktivitäten von Kindern im Grundschulalter. Teilergebnisse des Forschungsprojekts „Musik und Kind". In W. Auhagen, C. Bullerjahn, & H. Höge (Hrsg.), *Musikpsychologie. Jahrbuch der Deutschen Gesellschaft für Musikpsychologie. Musikalische Sozialisation im Kindes- und Jugendalter* (Bd. 19, S. 55–70). Göttingen: Hogrefe.

Bastian, H. G. (2000). *Musik(erziehung) und ihre Wirkung. Langzeitstudie an Berliner Grundschulen.* Mainz: Schott.

Bonfadelli, H., Bucher, P., Hanetseder, C., Hermann, T., Ideli, M., & Moser, H. (2008). *Jugend, Medien und Migration. Empirische Ergebnisse und Perspektiven.* Wiesbaden: VS Verlag für Sozialwissenschaften.

Boos-Nünning, U., & Karakaşoğlu, Y. (2006). *Viele Welten leben. Zur Lebenssituation von Mädchen und jungen Frauen mit Migrationshintergrund* (2. Aufl). Münster: Waxmann.

Buchborn, T. (2011). Rezension zu Lehmann-Wermser, A., Naacke, S., Nonte, S., & Ritter, B. (2010). Musisch-kulturelle Bildung an Ganztagsschulen. Empirische Befunde, Chancen und Perspektiven. Weinheim, München: Juventa. In b:em, (Bd.2, H. 2). Online verfügbar unter [http://www.b-em.info/index.php?journal=ojs&page=article&op=view&path[]=56&path[]=148] (zuletzt geprüft am 09.06.2012).

Bundesministerium für Bildung und Forschung (Hrsg.). (2009). *Pauken mit Trompeten. Lassen sich Lernstrategien, Lernmotivation und soziale Kompetenzen durch Musikunterricht fördern?.* Bonn/Berlin.

Bundesministerium für Bildung und Forschung (Hrsg.) (2006). Macht Mozart schlau? Die Förderung kognitiver Kompetenzen durch Musik. Berlin.

Chabris, C. F. (1999). Prelude or requiem for the ‚Mozart Effect'. *Nature, 400,* 826–827.

Dietz, B., Roll, H., & Greiner, J. (1998). *Jugendliche Aussiedler – Porträt einer Zuwanderergeneration.* Frankfurt, Main: Campus.

Dohmen, G. (2001): Das informelle Lernen. Die internationale Erschließung einer bisher vernachlässigten Grundform menschlichen Lernens für das lebenslange Lernen aller. Herausgegeben vom Bundesministerium für Bildung und Forschung. Bonn

Gembris, H., & Schellberg, G. (2007). Die Offenohrigkeit und ihr Verschwinden im Grundschulalter. In W. Auhagen, C. Bullerjahn, & H. Höge (Hrsg.), *Musikpsychologie. Jahrbuch der Deutschen Gesellschaft für Musikpsychologie. Musikalische Sozialisation im Kindes- und Jugendalter* (Bd. 19, S. 71–92). Göttingen: Hogrefe.

Hargreaves, D. J., & North, A. C. (1999). The Functions of music in everyday life: Redefining the social in music psychology. *Psychology of Music, 27*(1), 71–83.

Hetland, L. (2000). Listening to music enhances spatial-temporal reasoning: Evidence for the ‚Mozart effect'. *Journal of Aesthetic Education, 34*(3/4), 105–148.

Hepp, A., Bozdag, C., & Süna, L. (2010). „Migrantische Jugendkulturen"? (Pop-)Musik und die kommunikative Vernetzung der Diaspora. In J. Lauffer & R. Röllecke (Hrsg.), *Dieter-Baacke Preis – Handbuch 5. Jugend – Medien – Kultur* (S. 40–46). München: kopaed.

Heyer, R. (2010). Peer-Education. In M. Harring, O. Böhm-Kasper, C. Rohlfs, & C. Palentien (Hrsg.), *Freundschaften, Cliquen und Jugendkulturen. Peers als Bildungs- und Sozialisationsinstanzen* (S. 407–421). Wiesbaden: VS Verlag für Sozialwissenschaften.

Jansen-Osmann, P. (2006). Der Mozart-Effekt – Eine wissenschaftliche Legende? Oder: Der Einfluss von Musik auf die kognitive Leistungsfähigkeit. *Musik-, Tanz und Kunsttherapie, 17*(1), 1–10.

Jünger, N. (2012). Der Stellenwert des Internets als Musik- und Hörmedium Heranwachsender. In B. Schorb (Hrsg.), Klangraum Internet. Report des Forschungsprojektes Medienkonvergenz Monitoring zur Aneignung konvergenter Hörmedien und hörmedialer Online-Angebote durch Jugendliche zwischen 12 und 19 Jahren. Online verfügbar unter [http://www.uni-leipzig.de/~mepaed/gallery2/main.php?g2_view=core.DownloadItem&g2_itemId=719&g2_GALLERYSID=TMP_SESSION_ID_DI_NOISSES_PMT] (zuletzt geprüft am 09.06.2012). S. 15–37.

Kleinen, G. (Hrsg.). (2003). *Musik und Kind. Chancen für Begabung und Kreativität im Zeitalter der Neuen Medien.* Laaber: Laaber Verlag.

Knigge, J. (2007). *Intelligenzsteigerung und gute Schulleistungen durch Musikerziehung. Die Bastian-Studie im öffentlichen Diskurs.* Saarbrücken: VDM Verlag Dr. Müller.

Lehmann-Wermser, A., Naacke, S., Nonte, S., & Ritter, B. (2010). *Musisch-kulturelle Bildung an Ganztagsschulen. Empirische Befunde, Chancen und Perspektiven.* Weinheim, München: Juventa.

Lundquist, B. R. (2002). Music, culture, curriculum and instruction. In R. Colwell & C. Richardson (Hrsg.), *The new handbook of research on music teaching and learning. A project of the Music Educators National Conference* (S. 626–647). New York: Oxford University Press.

Müller, R., Glogner, P., Rhein, S., & Heim, J. (2002). Zum sozialen Gebrauch von Musik und Medien durch Jugendliche. Überlegungen im Lichte kultursoziologischer Theorien. In R. Müller, P. Glogner, S. Rhein, & J. Heim (Hrsg.), *Wozu Jugendliche Musik und Medien gebrauchen. Jugendliche Identität und musikalische und mediale Geschmacksbildung* (S. 9–26). Weinheim, München: Juventa.

Rohlfs, C., Harring, M., & Palentien, C. (Hrsg.). (2008). *Kompetenz-Bildung. Soziale, emotionale und kommunikative Kompetenzen von Kindern und Jugendlichen.* Wiesbaden: VS Verlag für Sozialwissenschaften.

Palentien, C. (2007). Die Ganztagsschule – als Möglichkeit zur Überwindung ungleicher Bildungschancen. In M. Harring, C. Rohlfs, & C. Palentien (Hrsg.), *Perspektiven der Bildung. Kinder und Jugendliche in formellen, nicht-formellen und informellen Bildungsprozessen* (S. 279–290). Wiesbaden: Verlag für Sozialwissenschaften.

Rauscher, F. H., Shaw, G. L., & Ky, K. N. (1995). Listening to Mozart enhances spatial-temporal reasoning: Towards a neurophysiological basis. *Neuroscience Letters, 185*, 44–47.

Schellenberg, E. G. (2005). Music and Cognitive Abilities. *Current Directions in Psychological Science, 14*(6), 317–320.

Schorb, B. (Hrsg.). (2012). Klangraum Internet. Report des Forschungsprojektes Medienkonvergenz Monitoring zur Aneignung konvergenter Hörmedien und hörmedialer Online-Angebote durch Jugendliche zwischen 12 und 19 Jahren. Online verfügbar unter [http://www.uni-leipzig.de/~mepaed/gallery2/main.php?g2_view=core.DownloadItem&g2_itemId=719&g2_GALLERYSID=TMP_SESSION_ID_DI_NOISSES_PMT] (zuletzt geprüft am 09.06.2012).

Schorb, B. (2012). Der Klangraum Internet. Ein Fazit. In B. Schorb (Hrsg.), Klangraum Internet. Report des Forschungsprojektes Medienkonvergenz Monitoring zur Aneignung konvergenter Hörmedien und hörmedialer. Online-Angebote durch Jugendliche zwischen 12 und 19 Jahren. Online verfügbar unter [http://www.uni-leipzig.de/~mepaed/gallery2/main.php?g2_view=core.DownloadItem&g2_itemId=719&g2_GALLERYSID=TMP_SESSION_ID_DI_NOISSES_PMT] (zuletzt geprüft am 09.06.2012). S. 122–133.

Steele, K. M., Bass, K. E., & Crok, M. D. (1999). The mystery of the Mozart effect: Failure to replicate. *Psychological Science, 10*(4), 366–369.

Vogelgesang, W., & Elfert, M. (2008). *Jugendliche Aussiedler. Zwischen Entwurzelung, Ausgrenzung und Integration*. Weinheim, München: Juventa.

Wehram, S., Degé, F., Schwarzer, G., & Stark, R. (2009). Positive Wirkungen von Musik auf Lernverhalten und Emotion. In Bundesministerium für Bildung und Forschung (Hrsg.), *Pauken mit Trompeten. Lassen sich Lernstrategien, Lernmotivation und soziale Kompetenzen durch Musikunterricht fördern?* (S. 148–159). Bonn\Berlin.

Wurm, M. (2006). *Musik in der Migration. Beobachtungen zur kulturellen Artikulation türkischer Jugendlicher in Deutschland*. Bielefeld: transcript.

Zinnecker, J., Hasenberg, R., & Eickhoff, C. (1999a). Musikalische Kompetenzen:Selbstsozialisation oder musikalisches Erbe der Familie? In R. K. Silbereisen & J. Zinnecker(Hrsg.), *Entwicklung im sozialen Wandel* (S. 429–444). Weinheim: Beltz.

Autorenverzeichnis

Bottà, Giacomo   Jg. 1974, Dr. Privatdozent für Stadtwissenschaften an der Universität Helsinki und wissenschaftlicher Mitarbeiter am Deutschen Volksliedarchiv in Freiburg. Arbeitsschwerpunkte: Urbane Kulturen, populäre Musik und Stadt, Subkulturen.

Eulenbach, Marcel   Jg. 1973, Dipl.-Päd., wissenschaftlicher Mitarbeiter am Institut für Erziehungswissenschaft der Justus-Liebig-Universität Gießen, Abt. Pädagogik des Jugendalters. Arbeitsschwerpunkte: Jugend- und Sozialisationstheorien, Jugendkulturen, Rechtsextremismus im Jugendalter, Mediensozialisation.

Ferchhoff, Wilfried   Jg. 1947, Prof. Dr., Professur für Pädagogik und Soziale Arbeit an der EFH-Bochum und an der Fakultät für Erziehungswissenschaft der Universität Bielefeld.

Friedemann, Sebastian   Jg. 1984, Soziologe (BA), derzeit Masterstudent am Institut für Medien und Kommunikationsforschung (IKM) der Deutschen Sporthochschule Köln. Arbeitsschwerpunkte: Rezeption und Ökonomie von Sportmedien, Sportmedienangebot im internationalen Vergleich.

Harring, Marius   Jg. 1977, Prof. Dr. phil., Dipl.-Päd., Juniorprofessor für empirische Schulforschung/Schulpädagogik an der Johannes Gutenberg-Universität Mainz und Vorstandssprecher des Zentrums für Kindheits- und Jugendforschung; Arbeitsschwerpunkte: empirische Bildungs- und Sozialisationsforschung (Jugendforschung, informelle Bildungsprozesse und Kompetenzvermittlung in schulischen und außerschulischen Kontexten, Peer-Interaktionen, qualitative und quantitative Methoden der Sozialforschung.

Hartogh, Theo   Jg. 1957, Dr. phil. habil., Professor für Musikpädagogik an der Universität Vechta. Arbeitsschwerpunkte: Musik in der Sozialen Arbeit und Musikgeragogik.

R. Heyer et al. (Hrsg.), *Handbuch Jugend – Musik – Sozialisation*, DOI: 10.1007/978-3-531-18912-3, © Springer Fachmedien Wiesbaden 2013

Heyer, Robert   Jg. 1983, wissenschaftlicher Mitarbeiter an der Universität Bremen in den Arbeitsbereichen Bildung und Sozialisation. Arbeitsschwerpunkte: Sozialisations- und Bildungsforschung mit besonderem Augenmerk auf Lebenswelten Jugendlicher und musikalische Sozialisation.

Hoffmann, Dagmar   Jg. 1964, Soziologin, Professorin für Medien und Kommunikation an der Universität Siegen. Arbeitsschwerpunkte: Jugend- und Mediensoziologie, Sozialisationsforschung.

Lenz, Friedemann   Jg. 1979, M.A., Musikpädagoge, Wissenschaftlicher Mitarbeiter an der Universität Bremen im Institut für Musikwissenschaft und Musikpädagogik. Arbeitsschwerpunkte: Musik in audiovisuellen Medien, Musiksoziologie und Identitätsforschung.

Palentien, Christian   Jg. 1969, Prof. Dr., Hochschullehrer an der Universität Bremen und Leiter des Arbeitsbereichs Bildung und Sozialisation. Arbeitsschwerpunkte: Sozialisations- und Bildungsforschung mit besonderem Fokus auf Kindheits-, Jugend- und Armutsforschung.

Pape, Winfried   Jg., Prof. em. Dr. phil., bis 2003 Professor für Musikpädagogik am Institut für Musikwissenschaft/Musikpädagogik der Justus-Liebig-Universität Gießen. Forschungsschwerpunkte: Musikalische Verhaltensweisen Jugendlicher; Jugendszenen/Jugendkulturen und Populäre Musik; Musikalische Sozialisation; Amateurmusiker.

Pfaff, Nicolle   Jg. 1976, Dr. phil., Professorin für ethnische Differenzierung und Heterogenität am Institut für Pädagogik der Bildungswissenschaftlichen Fakultät Universität Duisburg-Essen. Arbeitsschwerpunkte: Schul- und Jugendforschung, bildungsbezogene Ungleichheitsforschung, Triangulation quantitativer und qualitativer Methoden.

Pfeiffer, Wolfgang   Jg. 1956, Professor für Musikpädagogik an der Friedrich-Alexander Universität Erlangen-Nürnberg. Arbeitsschwerpunkte: Funktion der Musik im System Schule, ausgehend von biografischen Forschungen zum Musiklehrer bis zu den Effekten musikalischer Tätigkeiten bei Schülerinnen und Schülern. Im künstlerischen Bereich steht im Zentrum die Arbeit am Musiktheater in- und außerhalb des Unterrichts.

Reinhardt, Jan   Jg. 1978, Dr. phil. Arbeitsschwerpunkte: Funktionale Musik, Musikwahrnehmung und -verarbeitung, Beeinflussbarkeit von Musikpräferenzen, Musik und Drogen.

Rötter, Günther Jg. 1954, Dr. phil. habil., Universitätsprofessor für systematische Musikwissenschaft an der Technischen Universität Dortmund. Arbeitsschwerpunkte: Musik und ihre Wirkung, Angewandte Musikpsychologie.

Schrader, Tina-Berith Jg. 1982, M.A., wissenschaftliche Mitarbeiterin am Institut für Pädagogik der Bildungswissenschaftlichen Fakultät Universität Duisburg-Essen. Arbeitsschwerpunkte: Jugendforschung, qualitative Methoden in der erziehungswissenschaftlichen Forschung, Gender Studies.

von Gross, Friederike Jg. 1977, wissenschaftliche Mitarbeiterin der AG9 – Medienpädagogik, Jugendforschung und Forschungsmethoden – der Fakultät für Erziehungswissenschaft an der Universität Bielefeld. Arbeitsschwerpunkte: Jugendkulturen online, informelles Lernen in Jugendszenen.

Wachs, Sebastian Dipl. Päd., Jg. 1981, Universitätslektor an der Universität Bremen im Arbeitsbereich Bildung und Sozialisation. Arbeitsschwerpunkte: Empirische Jugendforschung mit Fokus auf Cyber-Aggressionen; Bildungsförderung von Risikoschülern und Armut und Bildung.

Walden, Thomas Jg. 1968, Lecturer der AG9 – Medienpädagogik, Jugendforschung und Forschungsmethoden – der Fakultät für Erziehungswissenschaft an der Universität Bielefeld. Schwerpunkte der Lehre: Qualitative Medienanalyse, Kreativwerkstatt Medien (Medienproduktion), (Pop)kultur.